VOLTAIRE EN SON TEMPS

sous la direction de

RENÉ POMEAU

de l'Institut

5

RENÉ POMEAU

On a voulu l'enterrer

1770–1791

avec la participation de

André Billaz, Marie-Hélène Cotoni,
Robert Granderoute, Henri Lagrave,
André Magnan et Sylvain Menant

VOLTAIRE FOUNDATION
TAYLOR INSTITUTION
OXFORD

1994

ISBN 0 7294 0471 4

Voltaire Foundation
99 Banbury Road
Oxford OX2 7RB

En France

Universitas
62 avenue de Suffren
75015 Paris

Couverture

Statue de Voltaire, exécutée par
Jean-Antoine Houdon en 1781 pour Beaumarchais.
Institut et musée Voltaire, Genève
(photo, François Martin).

Printed in England at The Alden Press, Oxford

«On m'a voulu enterrer. Mais j'ai esquivé. Bonsoir.»

Voltaire à Mme Denis, 1746 (D3428).

NOTE

En tête de ce volume comme des précédents, nous tenons à exprimer notre gratitude au Centre d'étude des XVIIe et XVIIIe siècles de la Sorbonne, unité de recherche associée 96 du CNRS, et à son directeur M. Marc Fumaroli.

René Pomeau a assumé la rédaction de l'ensemble du volume.

Henri Lagrave a apporté une contribution particulièrement importante pour les questions théâtrales, le retour à Paris, la mort et les obsèques de Voltaire (chapitres X en partie, XII-XIX, XX en partie).

Nous sommes redevables pour leur aide à :

Sylvain Menant (chapitre IV)

Robert Granderoute (chapitre IX)

Marie-Hélène Cotoni (chapitre XI)

André Magnan (chapitre XX, sur l'édition de Kehl)

André Billaz (chapitre XXI)

Sylvain Menant a assuré une tâche de coordination.

Odile Barckicke a effectué, avec autant de compétence que de dévouement, le travail qu'a exigé la réalisation du manuscrit remis à l'éditeur.

Nous remercions Ulla Kölving qui a bien voulu établir l'index de ce volume.

LISTE DES ABRÉVIATIONS

BN Bibliothèque Nationale, Paris.

BnC *Catalogue général des livres imprimés de la Bibliothèque nationale. Auteurs*, t.214 (1978).

BV *Bibliothèque de Voltaire: catalogue des livres* (1961).

Caussy *Voltaire seigneur de village* (1912).

Choudin *Ferney-Voltaire. Pages d'histoire* (1990).

CLT Grimm, *Correspondance littéraire*, éd. M. Tourneux (1877-1882).

D *Correspondence and related documents*, éd. Th. Besterman, dans *OC*, t.85-135 (1968-1977). Le chiffre qui suit D renvoie au numéro de la lettre.

De Beer G. de Beer et A. M. Rousseau, *Voltaire's British visitors*, Studies 49 (1967).

Desnoiresterres *Voltaire et la société française au XVIIIe siècle* (1871-1876).

Duvernet *La Vie de Voltaire* (1786).

Faure Edgar Faure, *La Disgrâce de Turgot* (1961).

Galland Elie Galland, *L'Affaire Sirven* (1910).

Koser-Droysen *Briefwechsel Friedrichs des Grossen mit Voltaire* (1908-1911).

Leigh *Correspondance complète de Jean-Jacques Rousseau*, éd. R. A. Leigh (1965-). Le chiffre qui suit renvoie au numéro de la lettre.

Marginalia *Corpus des notes marginales de Voltaire* (1979-).

M *Œuvres complètes de Voltaire*, éd. L. Moland (1877-1885).

OC *Œuvres complètes de Voltaire / Complete works of Voltaire* (1968-). En cours de publication.

OH Voltaire, *Œuvres historiques*, éd. R. Pomeau (1957).

Romans et contes Voltaire, *Romans et contes*, éd. Deloffre, Van den Heuvel, Hellegouarc'h (1979).

RHLF *Revue d'histoire littéraire de la France.*

Studies *Studies on Voltaire and the eighteenth century.*

Wagnière Longchamp et Wagnière, *Mémoires sur Voltaire* (1826).

NOTE SUR LES MONNAIES

Les valeurs relatives des monnaies françaises au dix-huitième siècle sont les suivantes:

12 deniers	=	1 sol (ou sou)
20 sous	=	1 livre ou franc (les deux termes sont équivalents)
3 livres	=	1 écu
10 livres	=	1 pistole
24 livres	=	1 louis

Il est fort difficile de donner des équivalents dans nos monnaies de 1994. Celles-ci sont instables, et la différence des modes et niveaux de vie rend toute comparaison aléatoire.

Afin de faciliter les estimations, même approximatives, de la fortune, des prêts et des dépenses de Voltaire, indiquons que la livre du dix-huitième siècle vaut environ 80 francs 1982 (Jean Sgard, «L'échelle des revenus», *Dix-huitième siècle* 14 (1982), p.425-33). Pierre Malandain, dans une étude sur l'argent dans *Manon Lescaut* (Prévost, *Histoire du chevalier Des Grieux et de Manon Lescaut* (Paris 1990), p.210) précise qu'«en valeur actuelle de pouvoir d'achat, on peut évaluer la livre aux alentours de 100 francs 1990». Comme il n'y eut pas de mutations des monnaies entre 1726 et 1789, ces chiffres restent valables pour la période correspondant au présent volume.

Introduction

Quand ils arrivent à la dernière phase de cette longue existence, les biographes de Voltaire, a-t-on dit, sont fatigués.[1] Ils abrègent, éliminent, comme pressés d'enterrer leur auteur. Les contemporains déjà avaient connu cette hâte. Dès 1756, on l'avait donné pour mort. Le bruit de son départ pour un autre monde avait couru encore en 1759, 1760 et en 1776, alors plus vraisemblablement (il a quatre-vingt-deux ans).[2] L'abbé de La Bletterie, plaisant et méchant, prétendit qu'il avait oublié de se faire enterrer.[3]

Se faire enterrer, ce n'est pas chose si facile: on le verra dans le présent volume. L'idée de sa fin prochaine revient, récurrente, dans les pensées du septuagénaire, puis de l'octogénaire. Il y est sans cesse rappelé par les disparitions autour de lui, que nous signalerons, d'hommes et de femmes de son âge, ou plus jeunes, parfois beaucoup plus jeunes. Où donc fixera-t-il son tombeau, en ce temps où la seule sépulture est ecclésiastique, et quand l'Eglise paraît bien déterminée à lui refuser le repos «en terre chrétienne»? Finalement, on le sait, ce sera la Révolution, dans une période initiale encore relativement paisible, qui le conduira à sa dernière demeure. Cela, il ne pouvait le prévoir, et encore moins deviner – ce qui l'eût indigné – qu'il dormirait là en compagnie de Rousseau: au cœur de Paris, au Panthéon.

Auparavant le public, son public, l'avait en quelque sorte enseveli dans sa gloire. Jamais il n'avait été tant admiré. Génie unique, supérieur dans tous les genres de la littérature, grand philosophe, homme d'action bienfaisant, justicier suprême: telle était, en ses dernières années, sa réputation. Peu furent comme lui, de la part de tout un peuple, l'objet de manifestations d'enthousiasme

1. André Delattre, *Voltaire l'impétueux* (Paris 1957), p.13-14, à propos des «quatorze conférences d'Ascoli sur Voltaire [...], l'une des meilleures présentations». Mais «il y a trop à dire sur Voltaire; Georges Ascoli, comme tous les autres biographes, à mesure qu'il avance, mutile, sacrifie, jette par-dessus bord».

2. D7089 (20 décembre 1756), à Polier de Bottens: «On m'avait tué un peu trop tôt, mon cher ami»; D7695 (vers le 25 mars 1759), à d'Alembert: «Vous m'apprenez que je suis mort; je le crois, et j'en suis bien aise»; D8865 (21 avril 1760), à Collini: «On m'a dit mort. Cela n'est pas entièrement vrai»; D20004 (17 mars 1776), à un correspondant non identifié: «Des nouvellistes de Paris, qui disent toujours vrai, comme chacun sait, ont fait courir le bruit, Monsieur, que j'étais mort et ils ne se sont guère trompés».

3. D15383 (19 août 1768), à Marin.

comparables à son triomphe parisien du 30 mars 1778, ou au transfert de ses cendres, le 11 juillet 1791. Sa longue absence loin de la capitale a favorisé la formation d'une image idéale de Voltaire, comme le plus grand écrivain de son siècle, sinon de tous les temps, comme le champion de l'humanité. Ce travail de l'imaginaire aurait pu être gêné par la proximité de l'homme, par exemple par ses interventions publiques, parfois saugrenues, aux représentations théâtrales, comme il en fit, nous le verrons, sur la scène de Châtelaine. Mais le héros est là-bas, très loin, et loin aussi dans le temps. Plus d'un quart de siècle, c'est beaucoup, surtout en une époque où la démographie faisait que les générations se renouvelaient plus rapidement qu'en notre fin du vingtième siècle. Dans les années 1770, le public est majoritairement constitué d'hommes beaucoup plus jeunes que de nos jours. Pour ceux-là, il a toujours eu le prestige d'un classique. Ce qui implique pour lui une conséquence fâcheuse. Le culte dont il est l'objet s'adresse à l'homme sans doute, mais dans son œuvre principalement aux ouvrages des périodes précédentes.

Il continue d'écrire. Le rythme de sa production n'a pas faibli. Publie-t-il trop? Sans doute. Le fait est, en tout cas, que son public lit, relit, porte aux nues ses ouvrages antérieurs, et ne s'intéresse plus guère à ce qu'il fait de nouveau. Est-ce bien du neuf, d'ailleurs? Voltaire n'a pas échappé au triste sort du vieil écrivain. «Personne», confiait Jean Guéhenno, «n'a plus de peine qu'un écrivain à bien vieillir.» Il faudrait ne pas continuer à écrire pour son public de lecteurs vieillissants: «c'est consolider dans sa vieillesse tout ce qui a vieilli».[4] Voltaire se répète. Il «radote», note cruellement le journaliste de la *Correspondance littéraire*. On tire donc un trait sur ses productions récentes. On s'en tient à ce qu'il a donné dans les décennies précédentes: ce qui est bien aussi une manière de l'«enterrer».

Mais, deux siècles après, nous sommes bien au-delà de ces années où, auteur vieilli, il écrivait pour un public vieillissant. Ses redites? A celles-ci, un lecteur profane qui s'aventure aujourd'hui dans ses ouvrages de la fin n'est plus sensible, pour la raison qu'il n'a pas lu ou a peu lu ce qui précède dans son immense production. Le lecteur est au contraire séduit par la vivacité, l'esprit, la gaîté et l'imprévu, par ce sel voltairien qui ne s'est nullement affadi dans ses derniers écrits. On aura plaisir, pensons-nous, à découvrir un conte comme *Le Taureau blanc*, ou la verve polémique d'*Un chrétien contre six juifs*. On considérera aussi que les répétitions traduisent chez lui le retour incessant, voire obsessionnel, de préoccupations majeures. A cet égard, elles méritent l'attention du biographe. Sait-on enfin qu'il a donné, presque octogénaire, l'une de ses œuvres les plus importantes: les *Questions sur l'Encyclopédie*, si différentes du *Dictionnaire philo-*

4. Jean Guéhenno, *Carnets du vieil écrivain* (Paris 1971), p.19, 23.

sophique? Ouvrage considérable non seulement par son ampleur – c'est probablement le plus long qu'il ait composé – mais par la variété et la richesse des sujets abordés, dans le tout venant de l'ordre alphabétique. Œuvre tôt occultée par les éditions de ses œuvres complètes, qui la noyèrent en un immense «mélange» d'articles de toutes provenances rangés selon l'alphabet: il appartiendra aux éditeurs des *Œuvres complètes* en cours de publication de nous restituer l'ouvrage original que furent les *Questions sur l'Encyclopédie*.

Nous avons donc de bonnes raisons de continuer, en tant que biographes, à lire attentivement ces écrits de la fin. Ils demeurent étroitement imbriqués dans l'histoire d'une vie. Mais d'une vie qui change. A partir de l'attaque de strangurie de 1773, Voltaire, «éternel malade», est en proie désormais au mal qui va insidieusement le ronger et finalement le détruire. Affaibli, il se replie davantage sur son travail. Il se fait plus rare pour les visiteurs dont la foule ne cesse de grossir. Il s'adonne encore à sa passion du théâtre, mais seulement par intermittences, bien malgré lui. Nous le verrons, en son ultime année, se hâter d'écrire, de publier, insoucieux du faible écho que suscitent ses derniers livres ou libelles. Il sent que la mort le talonne.

Comment allait-il donc finir? Apparemment ainsi que le prévoyait Louis XVI, à son avènement. Un jour on apprendra que M. de Voltaire s'est éteint, en son château de Ferney, et cette fois ce sera vrai. Au bout de peu de temps, la nouvelle se répandra à Paris, puis en Europe. L'autorité appliquera les mesures que le jeune roi a déjà arrêtées. Et bientôt l'on n'en parlera plus, l'événement s'étant produit au loin, selon l'ordre normal des choses.

Mais voici qu'une nouvelle fois – ce sera la dernière – Voltaire étonne, stupéfie son monde. Un beau matin, on apprend qu'il vient d'arriver à Paris, après une absence de près de vingt-huit ans. Un «prophète», un «apôtre», le journaliste de la *Correspondance littéraire* écrirait presque «un Messie», tombant des nues, n'aurait pas fait un plus foudroyant effet. Du coup le récit biographique, menacé par la routine du dénouement attendu, rebondit. Nous aurons un dernier acte à sensation. A vrai dire, Voltaire ne prévoyait pas que ce serait le dernier.

Ces mois parisiens de la fin, on a tendance à les expédier, pour les raisons que nous avons dites. Pourquoi, médicalement parlant, Voltaire va-t-il mourir? On s'est trop souvent rangé au diagnostic, erroné, de Tronchin. Le vieillard, dans l'ivresse de la capitale retrouvée, en aurait trop fait. Il serait mort de surmenage. En réalité, il était condamné, à échéance rapprochée, avant même d'arriver à Paris. Nous sommes en mesure, croyons-nous, d'éclairer d'un jour neuf cette dernière période, riche en péripéties. Nous suivrons Voltaire parfois au jour le jour. Nous montrerons avec quelle énergie le vieil homme a su faire face, et même lancer des entreprises ambitieuses, pendant qu'il est dévoré et, par crises, atrocement torturé par un mal qui, nous le savons, ne pardonne pas. Quand il est enfin terrassé, nous verrons avec quelle difficulté, entre le 11 et le 30 mai 1778, la Parque, ou plutôt le cancer, est venu à bout de cet homme dont la vitalité paraissait inépuisable.

Au terme de ce propos liminaire, nos lecteurs comprendront dans quel esprit nous abordons la dernière partie de notre entreprise. Non certes avec un sentiment de lassitude, mais animés du désir, aussi vif que dans nos précédents volumes, de connaître et de comprendre.

1. Défense de Dieu, chute de Choiseul

(juillet - décembre 1770)

En cette seconde moitié de l'année 1770, les choses continuaient d'aller leur train. Parmi les affaires à suivre, Voltaire ne risque pas d'oublier l'offensive russe contre l'empire ottoman. Catherine II y veille. Jamais elle n'avait écrit aussi fréquemment à Ferney. Chaque semaine, ou peu s'en faut, elle envoie des messages, qui sont des communiqués de guerre. Experte en l'art de la propagande, elle fait valoir le moindre succès de ses armes, en Moldavie, en Crimée, dans la mer Egée. Selon une technique qui sera souvent reprise, les échecs sont minimisés, ou passés sous silence, les pertes de l'ennemi, majorées. A lire ces bulletins de victoire, on croirait le Turc à la veille d'être exterminé. Les progrès pourtant sont lents. Les troupes de la tsarine peinèrent à franchir le Dniestr, et à occuper Bender. C'est seulement au seuil de l'hiver que Catherine II peut annoncer la prise de Bucarest.[1]

Un détachement russe avait réussi à prendre pied en Morée (l'ancien Péloponnèse): il dut l'évacuer. La flotte de l'amiral Orlov inflige de lourdes pertes aux escadres ottomanes, mais sans résultat décisif. Voltaire répond avec ponctualité à sa chère impératrice. Il renchérit poliment sur l'optimisme de son auguste correspondante: elle ne peut manquer de s'emparer bientôt de Constantinople, de libérer la Grèce captive. Objectifs en réalité inaccessibles. Voltaire doit en avoir quelque soupçon, et un certain scepticisme se laisse deviner dans l'exagération de ses éloges.

Autre refrain, mi-sincère, de sa correspondance: il vieillit. A soixante-dix-sept ans, il lui reste peu à vivre. Il se dit «furieusement tombé». Les idées «s'enfuient»; «l'esprit s'affaiblit avec le corps; les souffrances augmentent, et les pensées diminuent».[2] Il se croit – du moins l'affirme-t-il – sur le point de franchir «les frontières de ce vaste pays inconnu, où tout le monde va, et dont personne ne revient».[3] Les témoins pourtant ne le jugent point si moribond. D'Alembert et Condorcet ont passé deux semaines auprès de lui en septembre. Ils l'ont trouvé «plein d'activité et d'esprit».[4] Rien de comparable chez lui à ce qui est advenu à son contemporain le président Hénault, le confident de Mme Du Deffand, décédé

1. D16825 (15 décembre 1770).
2. D16629 (3 septembre 1770), à d'Argence.
3. D16958 (11 janvier 1771), à Frédéric Guillaume, prince de Prusse.
4. D16791 (27 novembre 1770).

à Paris le 24 novembre. Selon la marquise, de ce pauvre homme il ne restait depuis deux ans «que sa représentation». Il avait sombré dans la dévotion, sans y croire: «il remplaçait les plaisirs et les amusements, auxquels son âge le forçait de renoncer, par de certaines pratiques, la messe, le bréviaire, etc.» Voltaire commente: apparemment, il voulait «faire sa cour à Dieu», comme il l'avait fait à la reine, «par de mauvais vers».[5]

Le patriarche, quant à lui, a étonné d'Alembert et Condorcet par les activités qu'il déploie pour le bien de son canton. Il veille sur les ateliers d'horlogerie où il a recueilli, à Ferney, les artisans calvinistes émigrés de Genève. Il a installé trois de ces entreprises en quelques mois.[6] Il s'emploie à écouler leur production. Comme son neveu Dompierre d'Hornoy s'est marié, il lui envoie en cadeau une montre des manufactures fernésiennes. Il obtient des commandes de ses correspondants, tels le chef de brigade Rochefort d'Ally et sa femme, «Madame la philosophe Dixneufans».[7] Sous sa houlette, ces hérétiques vivent en bonne entente avec les sujets catholiques de Sa Majesté très chrétienne. Le 25 août, on a célébré à Ferney la Saint-Louis, fête du roi: banquet de cent couverts, feu d'artifice. Les calvinistes s'y sont fraternellement associés. Voltaire le fait savoir à Choiseul, et conclut: «pas moyen de refuser un édit de tolérance».[8] Mais de ce côté, rien n'avance. Versoix, cité de la tolérance, reste à l'état de projet. Voulant prêcher d'exemple, Voltaire s'est fait réserver un terrain, sur plan: il y construira une maison. Il se force à l'optimisme. Il mande au protestant Ribote-Charron que dans la ville future «la liberté de conscience sera établie, soit sous un titre, soit sous un autre. Rien n'est plus sûr, et on peut y compter».[9]

Malheureusement la situation locale n'est guère favorable. En ce début d'hiver, le pays de Gex souffre. Le pain atteint un prix excessif. La disette s'installe. Le problème majeur de l'économie française au dix-huitième siècle, l'insuffisance de la production céréalière, se pose avec acuité, chaque fois que la récolte est mauvaise. Ferney n'est pas épargné. Comme d'autres, ailleurs, Voltaire essaie un produit de substitution: un mélange d'un tiers de farine de pomme de terre et de deux tiers de farine de blé. Il a goûté le pain fabriqué à partir de cette mixture. Il l'a trouvé bon. Il en expédie un spécimen à Sartine, lieutenant de police à Paris, où le ravitaillement est si difficile.[10] Hélas! Voltaire est voué à rester un inventeur méconnu. Son pain de pomme de terre ne réussira pas mieux que, dans un autre domaine, son char de combat.

5. D16814 (9 décembre 1770); D16838 (16 décembre 1770).
6. D16955 (11 janvier 1771).
7. D16561, D16700.
8. D16615 (27 août 1770).
9. D16806 (5 décembre 1770).
10. D16816 (10 décembre 1770).

Moins que jamais, le patriarche ne s'enferme dans son horizon provincial. Il suit attentivement ce qui se passe dans la capitale. La souscription pour sa statue n'est pas encore close. Il fait en sorte qu'on obtienne la contribution de têtes couronnées, comme le roi de Danemark. S'il a bien fallu accepter l'obole de Rousseau, instruction est donnée qu'on refuse du moins les souscriptions éventuelles de Fréron et de Palissot.[11] Autre exclusion : celle du président de Brosses, qui s'avise d'être candidat à l'Académie française. Soutenu par Foncemagne et par Richelieu, de Brosses a ses chances. Voltaire fait donc campagne pour écarter «le nasillonneur président». Il menace de démissionner, si l'Académie lui choisit un tel confrère. Il fait état d'un mauvais tour que lui aurait joué le propriétaire de Tourney. On sait que Voltaire avait commis la faute en 1758 d'accepter, pour une sorte de location-vente du domaine, des conditions très défavorables: prix calculé sur la base d'un revenu très supérieur à la réalité, obligation de rétrocéder avec le château tout ce qu'il contient. Voltaire avait tenté de revenir, après coup, sur de telles dispositions. Comme il paraissait pouvoir obtenir gain de cause, de Brosses avait menacé, en termes voilés, de le dénoncer comme auteur d'ouvrages dangereux. Voltaire informe les électeurs académiques d'un si infâme procédé.[12] Effectivement, de Brosses est écarté de la succession de Moncrif au profit de Roquelaure, évêque de Senlis, et de celle de l'abbé Alary au profit de Gaillard, un historien estimé.[13] Un grand électeur tel que M. de Voltaire avait droit de la part d'un candidat à des ménagements. Mais le président dijonnais n'a pas su résister à son humeur processive.

Le patriarche tient en haleine le public parisien. On apprend en Europe que l'empereur de Chine est, comme Frédéric II, poète. On a traduit de lui un poème «en vers chinois et en vers tartares». Voltaire adresse donc à ce confrère exotique une *Epître*. Il se propose de peindre à ses «regards chinois» notre «Parnasse» français. Sous ce prétexte comparaissent des gens dont Kien-long devait fort peu se soucier: Pompignan, Jean-Jacques, Palissot, Fréron... Cette fantaisie, fort gaie, était calculée pour le méridien, non de Pékin, mais de Paris. Aussi remporta-t-elle un plein succès dans la capitale française. «Tout le monde court [...] après le roi de la Chine», accommodé par Voltaire, «comme après le rhinocéros» du jardin des Plantes, précise-t-il. «Voilà ce que c'est que de venir de loin.»[14] On tira de

11. D16738, commentaire: Palissot a rendu une dernière visite à Voltaire, à Ferney, le 30 novembre 1770. Le patriarche lui aurait dit «qu'il ressemblait à un jeune tigre qui venait relancer un vieux lion sur sa litière.» Palissot comprit que Voltaire ne lui pardonnait pas ses attaques contre les philosophes.

12. D16934 (2 janvier 1771), à Legouz de Gerland. Voltaire affirme avoir en main la lettre de menace. Elle ne nous est pas parvenue: ce qui ne prouve pas que ce soit une invention de Voltaire, comme l'affirme Foisset (voir D16934, n.3).

13. D16969, D17029.

14. D16762 (novembre 1770), à Cramer.

l'*Epître au roi de la Chine* quelques milliers de copies, avant qu'elle n'arrivât imprimée.[15]

Ne pourrait-il réussir aussi bien, fût-ce sous des noms d'emprunt, à la Comédie-Française, par des pièces nouvelles? Son *Dépositaire* demeure en attente, le censeur hésitant à l'autoriser. Il a rénové l'antique *Sophonisbe* de Mairet, qu'il attribue à un jeune homme nommé Lantin. Puis le voici saisi d'un nouvel accès d'irritation anti-crébillonienne. Il a relu *Atrée et Thyeste*, l'un des grands succès du vieux maître: il a jugé que ce prétendu chef-d'œuvre n'était que «le tombeau du sens commun, de la grammaire et de la poésie».[16] Il se met donc, comme aux beaux jours de sa maturité, à refaire la pièce de Crébillon, sous le titre *Les Pélopides*. Mais sera-t-elle jamais jouée? «Le bon temps est passé», soupire-t-il, «nous sommes en tout dans le siècle du bizarre et du petit.» On a donné à Paris «une comédie où il n'était question que de la manière de faire des portes et des serrures»: c'est ainsi qu'il résume l'une des bonnes pièces de Sedaine, *La Gageure imprévue*. Sa *Sophonisbe*? «elle aurait réussi il y a cinquante ans». Aujourd'hui elle se trouve «hors de mode», étant écrite en vers. Le goût des Français se porte maintenant vers ces monstres: les tragédies en prose.[17]

Voltaire se sent moins déphasé sur le terrain de la lutte philosophique. L'affaire Sirven touche à sa fin. Il n'est plus question que d'évaluer le dédommagement, aléatoire, dont la famille pourtant aurait le plus grand besoin.[18] Le grand redresseur de torts est sollicité déjà pour une autre cause. Lally-Tollendal lui soumet, par une lettre-mémoire, le cas de son père naturel, le comte de Lally, ancien gouverneur de l'Inde française, décapité par sentence du parlement de Paris, peu avant le chevalier de La Barre, et aussi injustement.[19] Voltaire va s'engager dans un nouveau combat de réhabilitation.

Il a pris en mains, en ces mêmes mois, une affaire d'une aussi longue haleine: celle des 12 000 «esclaves» qui végètent, oubliés de tous, vers le Mont-Jura. La Franche-Comté avait été réunie à la France par le traité de Nimègue, en 1678. A cette date le servage était aboli dans le reste du royaume. Mais il avait subsisté dans la province sous le régime espagnol. Selon l'usage, à l'annexion le roi garantissait à ses nouveaux sujets la possession de leurs biens. Or les serfs faisaient partie des propriétés de ceux qui en détenaient. De sorte que près d'un siècle après l'intégration de la Franche-Comté dans le royaume, le servage y restait établi. Situation intolérable: non seulement le serf est «attaché à la glèbe» qu'il

15. D16813 (8 décembre 1770), Grimm à Voltaire.

16. D16955 (11 janvier 1771), à Mme d'Argental.

17. D16665 (26 septembre 1770), à d'Argental.

18. D16717 (21 octobre 1770), Mme Ramond à son père. L'hiver précédent, réfugiés en Suisse, ils auraient souffert du froid et de la faim, sans les secours de Voltaire (Galland, p.429).

19. D16564 (6 août 1770).

cultive pour le profit exclusif de son seigneur et maître, mais, en cas de mariage avec un homme ou une femme libre, le conjoint devient lui-même serf, et si par mégarde un étranger passait une année sous le toit d'un de ces malheureux, il se trouvait légalement réduit à la servitude. Une circonstance avait rendu cet état de choses encore plus scandaleux: le monastère bénédictin de Saint-Claude possédait des serfs. Or les religieux avaient été sécularisés en 1742. Les moines étaient devenus chanoines. Ils avaient pris le titre de comte. Mais ce changement n'avait en rien modifié l'état de servitude de leurs paysans. Voltaire aura beau jeu de dénoncer la cupidité, peu chrétienne, de ces anciens moines, qui ne sont plus qu'au nombre d'une vingtaine.

Les communautés locales avaient entamé des démarches pour se libérer, revendiquant les droits qui appartiennent à des sujets du roi de France. Ils étaient conseillés par un avocat de la province, Christin, en relation avec Voltaire qui l'appelait son «petit philosophe». On avait rédigé une requête *Au roi en son conseil pour les sujets du roi qui réclament la liberté en France*, signée par trois «procureurs spéciaux». Le texte avait été à Ferney quelque peu «retouché»: insuffisamment, semble-t-il, car il demeure assez confus, et ne mérite guère de figurer dans les œuvres complètes du philosophe.[20]

Voltaire prévoyait de fortes oppositions de la part de ceux qui «sont intéressés à rendre éternelle la tyrannie dont on se plaint».[21] Il entend donc lier la libération des serfs au projet de Versoix. Il se trouve que la route reliant cette cité nouvelle à la France passera par la Franche-Comté. Il serait révoltant que la voie traversât des terres où les paysans gémissent dans la servitude. Voyant pourtant que Versoix tarde à naître, Voltaire en mai 1770 adresse à la duchesse de Choiseul la requête *Au roi en son conseil*. La réponse qu'il reçoit est réservée. L'épouse du tout-puissant ministre estime la cause «bonne en soi», mais craint que le nom de Voltaire ne lui fasse tort.[22] Les choses restant en l'état, le patriarche en octobre relance l'affaire. De nouveau, il plaide auprès de la duchesse de Choiseul pour «la délivrance d'esclavage» des 12 000 serfs du Mont-Jura. Un personnage bien en cour, le comte de Schomberg, vient de lui faire visite à Ferney, à la fin de septembre 1770. Quelques jours après, il lui fait parvenir une *Nouvelle requête au roi en son conseil*:[23] «Sire, douze mille de vos sujets mouillent encore le pied de votre trône de leurs larmes».[24] Tant de larmes n'eurent cependant aucun résultat.

20. M.xxviii.353-60.

21. D16120 (30 janvier 1770), à Christin.

22. D16341 (13 mai 1770), la duchesse de Choiseul à Mme Du Deffand; D16372 (1er juin 1770), Voltaire à Mme Du Deffand.

23. D16684 (5 octobre 1770), à la duchesse de Choiseul; D16686, même date, à Schomberg. Sur la visite de celui-ci, D16682.

24. M.xxviii.369.

Le pouvoir oppose sa force d'inertie, qui est grande en ces dernières décennies de l'ancienne monarchie. Et Choiseul, comme nous le verrons, n'était guère en état, à ce moment-là, de s'intéresser aux serfs du Mont-Jura. Voltaire reprendra sa démarche plus tard, dans une conjoncture apparemment plus favorable.

Mais la grande affaire de cet été et de cet automne 1770, ce fut *Dieu*. On sait que Voltaire avait immédiatement réagi, dès le mois de mai, à la philosophie athéiste du *Système de la nature*.[25] Il avait pris la défense de l'Etre suprême, par une brochure de 56 pages, imprimée par Cramer, sous le titre *Dieu, réponse au Système de la nature*. Sous-titre: «Article d'un livre intitulé *Questions sur l'Encyclopédie*, en quelques volumes in-8°, qui n'a pas encore paru». Il ne s'en tient pas au débat d'idées. Il va plaider la cause de Dieu, comme naguère celles de Calas et de Sirven. Il mène campagne par correspondance. Il a fait tirer au moins 2 000 exemplaires de *Dieu*.[26] En toutes directions il expédie la brochure, accompagnée d'une lettre calculée selon la personnalité du destinataire. Avec Marin, il badine en lui envoyant sa «petite drôlerie sur l'Etre éternel».[27] Avec le jeune Frédéric Guillaume, prince héritier de Prusse, qu'il a connu enfant à Potsdam, il est sérieux, et le prince le félicite d'avoir montré «combien l'idée d'un Dieu intelligent et bon est nécessaire au bien général de la société, et au bonheur particulier de l'homme».[28] Quand il fait l'envoi aux grandes dames ses correspondantes, mondaines blasées, il parle de son *Dieu* comme d'un «rogaton théologique». «Mais, mon cher Voltaire», lui écrit Mme Du Deffand, «ne vous ennuyez-vous pas de tous les raisonnements métaphysiques sur les matières inintelligibles?»[29] Il répond à la duchesse de Choiseul, sachant que la marquise en sera informée: «Je n'ai pu encore à mon âge m'accoutumer à l'indifférence et à la légèreté avec laquelle des personnes d'esprit traitent la seule chose essentielle.»[30] *Unum porro necessarium*: une fois de plus la sincérité de Voltaire s'exprime à travers une réminiscence évangélique.[31]

L'affaire lui tient à cœur. Le *Système* attaquait son credo. Il en réaffirme donc l'expression avec chaleur, à l'intention de quelqu'un dont «l'indifférence et la légèreté» lui sont bien connues. Le maréchal de Richelieu lui a écrit une longue lettre décousue, presque illisible. On y déchiffre pourtant ceci: «Si vous voulez coller sur votre peau cette philosophie que je déteste, je veux faire des efforts

25. Voir *Voltaire en son temps*, iv.413-14.
26. D16608 (22 août 1770).
27. D16581 (13 août 1770).
28. D16759 (12 novembre 1770).
29. D16606 (22 août 1770).
30. D16626 (2 septembre 1770).
31. Luc x.42.

pour vous prouver qu'elle vous fera les effets de la robe de Nessus.»[32] Voltaire riposte par retour, sur «les philosophes et la philosophie» que Richelieu lui «reproche toujours»: «J'aime passionnément la philosophie qui tend au bien de la société et à l'instruction de l'esprit humain.» En foi de quoi, il lui envoie *Dieu*, pour lui et pour sa fille la comtesse d'Egmont.[33]

Voltaire n'était pas le seul à s'alarmer. Le marquis d'Argenson craint que la «nouvelle philosophie» du *Système* n'amène «une révolution horrible si on ne la prévient.»[34] Il a donc lui aussi rédigé une réfutation. Ainsi a fait à Saint-Pétersbourg, «le Solon de l'empire russe», le physiocrate Lemercier de La Rivière.[35] Frédéric II professe, à part soi, une philosophie fort matérialiste.[36] Pourtant il a aussi réfuté d'Holbach, défendant les rois plutôt que Dieu, mais il sent que les deux causes sont solidaires. Il a dû s'en entretenir avec l'empereur Joseph II, à leur entrevue de Neisse, où il fut question de Voltaire.[37]

Le patriarche mesure la force du *Système* holbachien: «un terrible livre et qui peut faire bien du mal», qui «effraie tout le monde», et que «tout le monde veut lire».[38] Les «philosophes», à l'en croire, seraient «tous» partisans de ce *Système*. Aussi auraient-ils «étouffé autant qu'ils l'ont pu» la diffusion de la brochure *Dieu*. Cependant, Voltaire enregistre un certain succès à la cour: *Dieu* a reçu les éloges du cardinal de Luynes. Que Cramer fasse passer d'autres exemplaires à Versailles, et une douzaine à Fontainebleau lorsque la cour s'y transporte en septembre.[39] A cette occasion, Voltaire reconnaît ce qui fait la faiblesse de son théisme. Bientôt, il s'en flatte, on cessera de croire au paradis et à l'enfer. «Bientôt, on sera réduit à aimer Dieu pour lui-même, sans crainte et sans espérance, comme on aime une vérité mathématique.» Mais, avoue-t-il, «cet amour-là n'est pas de la plus grande véhémence. On aime froidement la vérité.»[40]

Sur le plan politique, Voltaire craint que le *Système de la nature* ne ruine l'alliance avec le pouvoir qu'il ne cesse de préconiser. Le 18 août, l'avocat-général Séguier a prononcé devant le parlement de Paris un réquisitoire, à la suite duquel

32. D16678 (30 septembre 1770). Hercule ayant revêtu une tunique trempée dans le sang du centaure Nessus, il en fut consumé; pour échapper à la douleur, il se brûla lui-même sur l'Œta.

33. D16692 (8 octobre 1770).

34. D16695, D16697.

35. D16810 (7 décembre 1770), à Hennin.

36. Qu'il expose à Voltaire, sous le nom d'un «philosophe de sa connaissance», D16731 (30 octobre 1770).

37. D16592 (18 août 1770), Frédéric II à Voltaire.

38. D16569, D16565.

39. D16682 (vers le 1er octobre 1770), D16653 (septembre 1770), à Cramer. Autres envois de *Dieu*: à Maupeou (D16605), à Saint-Lambert (D16607), au marquis de Villevielle et au duc Du Châtelet, son colonel (D16768).

40. D16775 (21 novembre 1770), à Frédéric II.

furent brûlés plusieurs ouvrages, dont *Dieu et les hommes* et le *Système de la nature*.[41] Un «philosophe», le président bordelais Dupaty, a été emprisonné à Pierre-Encise, par lettre de cachet, puis exilé dans le village berrichon de Sancoins. «La philosophie n'a pas beau jeu», constate Voltaire.[42]

Il craint qu'un climat si mauvais ne gêne la diffusion de ses *Questions sur l'Encyclopédie*. *Dieu* avait été lancé en avant-coureur, et aussi pour répondre à l'urgence: il fallait sans attendre contrecarrer le succès du *Système de la nature*. Les *Questions sur l'Encyclopédie* ne seront pas prêtes avant plusieurs mois. *Dieu* d'ailleurs, selon l'ordre alphabétique, ne pouvait paraître dans les premiers volumes. Pendant l'été de 1770, Voltaire fait imprimer par Cramer, au fur et à mesure de la rédaction, trois tomes correspondant aux lettres A B C. Simultanément l'ouvrage est en fabrication à Neuchâtel, par la Société typographique, sur les épreuves envoyées de Genève. Cramer, on le comprend, apprécie peu cette concurrence voulue par l'auteur. Il s'arrange pour faire les expéditions avec retard. Car l'éditeur genevois prévoit une fructueuse opération. Il envoie une circulaire aux libraires annonçant les trois premiers volumes. Il propose à un certain L'Esprit, qui tient boutique au Palais-Royal, deux mille exemplaires, l'ouvrage entier devant à ce moment-là compter six volumes in-8°.[43] Van Duren frères en Hollande sont alléchés. Commerçants avant tout, ils ne tiennent pas rigueur à l'auteur de *Candide* de son Vanderdendur. Mais ils s'inquiètent auprès de l'éditeur neuchâtelois: «Les ouvrages du même auteur sont souvent très libres sur les matières les plus graves.» La Société typographique les rassure.[44] Ils doivent d'ailleurs faire la réflexion que Voltaire confie aux Cramer: «Plus la sauce est piquante, mieux le poisson se vendra.»[45] Nous sommes en octobre. En quittant Ferney, d'Alembert a emporté les trois volumes en épreuves, mais incomplets.[46] Voltaire doit faire patienter le pasteur Allamand. Il lui enverra ses «rogatons alphabétiques» dès qu'ils paraîtront. C'est chose faite le 10 décembre.[47]

On s'interroge sur la relation avec l'*Encyclopédie* de ces *Questions* qui sont supposées porter sur le *Dictionnaire des sciences et des arts*. L'introduction de Voltaire ne nous éclaire pas. Il y fait l'éloge du «monument qui honore la France», dénonce ses persécuteurs. Les articles des *Questions* n'ont en réalité avec

41. D16691, n.4. Ce qui n'empêche pas Séguier, se rendant en Languedoc au mois de septembre, de faire halte à Ferney. Il faillit s'y rencontrer avec d'Alembert et Condorcet.

42. D16665 (26 septembre 1770), à d'Argental; D16802 (4 décembre 1770), d'Alembert à Voltaire.

43. D16579 (12 août 1770), D16671 (27 septembre 1770).

44. D16681 (1er octobre 1770).

45. D16705 (vers le 15 octobre 1770).

46. D16694.

47. D16756 (12 novembre 1770), D16817.

l'*Encyclopédie* qu'un lien très lâche, voire inexistant. Quand Voltaire, assez rarement, se réfère au célèbre *Dictionnaire*, c'est souvent pour le critiquer. Ainsi son article «Art poétique» s'ouvre sur un éloge bien senti de Diderot, «savant presque universel», «l'homme même de génie, qui joint la philosophie à l'imagination». Mais ensuite il blâme les expressions dédaigneuses de «l'homme de génie» à l'encontre de Boileau, dans son article «Encyclopédie». «*L'Art poétique* de Boileau est admirable», proteste Voltaire.[48] Parfois il n'use d'aucun ménagement. Il critique une phrase malheureuse de l'article encyclopédique «Ange»: à savoir que «toutes les religions ont admis l'existence des anges, quoique la raison naturelle ne la démontre pas.» Tout d'abord il n'existe pas d'autre raison que la «naturelle»: «Ce qui est surnaturel est au-dessus de la raison.» Ensuite il est faux que *toutes* les religions aient reconnu des anges. Puis Voltaire, sans plus se soucier de l'*Encyclopédie*, passe en revue celles qui croient aux anges, en commençant par le *Shasta*, jusqu'aux Grecs et aux Romains, sans oublier au passage les Juifs et le livre d'Enoch. Critique plus acerbe encore à l'article «Arot et Marot»: la notice du *Dictionnaire encyclopédique* prouve «combien les plus savants hommes peuvent se tromper». Voltaire cite un passage inspiré des pires préjugés contre «l'imposteur Mahomet». Arot et Marot seraient deux anges du Coran qui, après avoir bien bu chez une jolie femme, essaient d'attenter à sa vertu: histoire ridicule qui ne se trouve nulle part dans le Coran, contrairement à ce qu'affirme le collaborateur de Diderot. Parfois l'article de Voltaire se propose seulement d'ajouter quelque chose à celui de l'*Encyclopédie* («Ane», «Charlatan», «Clerc»...). Plus souvent encore il se développe sans y renvoyer le moins du monde. Ainsi «Apparition». Voltaire n'a pas besoin de quelque point de départ que ce soit pour remarquer que «les histoires des apparitions sont innombrables», et qu'elles manifestent seulement la faiblesse des «cervelles allumées».[49]

Les *Questions sur l'Encyclopédie* deviendront une œuvre de Voltaire gravement méconnue, par la faute des éditeurs de Kehl. Ceux-ci, on le sait, prirent le parti de fondre les *Questions* dans un vaste magma alphabétique, où elles se mêlent aux articles du *Portatif*, et à divers fragments hétéroclites. Il faut dire que Voltaire s'était prêté à cette fâcheuse opération. Il ne se gêne pas pour reprendre dans les *Questions* des textes déjà publiés, dans le *Portatif*, ou dans ses *Mélanges*. Il y reproduit même, sous la rubrique «Confiance en soi-même», le conte de *Memnon*. Pourtant, débarrassées de ces adjonctions, proportionnellement peu importantes, les *Questions sur l'Encyclopédie* apparaissent comme une œuvre vraiment originale, dans l'immense production voltairienne. Contrairement à ce que ferait croire la présentation des *Œuvres complètes* depuis Kehl, les *Questions* diffèrent grandement

48. M.xvii.429.
49. M.xvii.245, 381, 335.

du *Dictionnaire philosophique*. Sans doute l'esprit voltairien y est présent. Mais la collection des années 1770 n'est plus orientée vers un objectif militant, avec l'espérance d'un succès proche. Voltaire, sans y renoncer, s'est relâché de sa campagne pour «écraser l'Infâme». La critique biblique, l'histoire de l'Eglise n'ont pas disparu, mais ces sujets n'occupent plus une place prédominante. Les *Questions* pratiquent un encyclopédisme en liberté. La succession alphabétique dispense de tout ordre préétabli. Voltaire met à profit cette commodité plus largement encore que dans le *Portatif*. Le déséquilibre entre les lettres de l'alphabet, déjà sensible dans le *Dictionnaire* de 1764, s'accentue dans le recueil des *Questions*. La lettre A, à elle seule, compte 84 articles; B n'en a plus que 33 et C 48. L'auteur se livre au plaisir d'un vagabondage dans l'immense érudition accumulée au soir de sa vie. Il écrit des articles historiques: «Alexandre», pour défendre le conquérant civilisateur contre de mesquines critiques; «Auguste Octave» sur «l'infamie des mœurs d'Auguste» (en conformité avec sa tragédie du *Triumvirat*); «Amazones» sur la question des femmes soldats («la nature semble avoir donné aux femmes une autre destination»).

Il s'arrête volontiers à l'un de ses sujets préférés, peu présent dans le *Portatif* de 1764: la littérature. Il consacre à l'«Art dramatique» un article qui prend les dimensions d'un opuscule. Lui qui a commenté Corneille, il rattrape le regret qu'il a de n'avoir pas commenté Racine, si supérieur selon lui à son rival. Il analyse acte par acte *Iphigénie*, comme le sommet du théâtre racinien, puis fait l'éloge d'*Athalie*, «le chef-d'œuvre de l'esprit humain». Convaincra-t-il un jour de ces évidences les Britanniques aveuglés par leur Shakespeare? L'un d'entre eux va jusqu'à préférer au vers d'*Iphigénie*:

> Mais tout dort, et l'armée et les vents, et Neptune,

cette platitude d'un soldat au début d'*Hamlet*:

> Je n'ai pas entendu une souris trotter.

«Sachez», dit-il à son Britannique, «que les Français contre lesquels vous vous déchaînez, admettent le simple, et non le bas et le grossier.» Ce bas, ce grossier, combien Shakespeare les prodigue, il le rappelle une fois de plus, par des traductions à sa manière d'*Antoine et Cléopâtre*, d'*Henri V*. Il concède cependant: «Il y a une chose plus extraordinaire que tout ce qu'on vient de lire, c'est que Shakespeare est un génie.» Lui, l'homme des livres, n'oublie pas de donner un article «Bibliothèque». Il y rend hommage à la Bibliothèque du roi (qui deviendra la Bibliothèque Nationale), «la plus belle du monde entier, moins encore par le nombre et la rareté des volumes que par la facilité et la politesse avec laquelle les bibliothécaires les prêtent à tous les savants». Et comme il vient de fabriquer du pain avec des pommes de terre, il traite sous la rubrique «Blé ou bled» de l'actualité frumentaire. Un article s'imposait, l'avant-dernier de la lettre C:

«Curiosité». Voltaire s'y dit «curieux et sensible». Peu de ses œuvres en effet n'attestent aussi bien que ses *Questions sur l'Encyclopédie* la diversité de ses intérêts.

Les trois volumes sortirent en librairie quelques jours avant un séisme politique qui allait détourner d'eux l'attention du public.

La lettre de Choiseul à Voltaire, le 17 septembre 1770, laissait percer quelque préoccupation. Le ministre n'y employait plus les termes plaisamment enjoués, comme il avait coutume, s'adressant à sa «chère marmotte».[50] Sur Versoix, il reste évasif. Quant aux serfs du Mont-Jura, dont il ne souffle mot, on soupçonne qu'il lui est impossible de prendre en mains un tel dossier. Choiseul pourra encore faire nommer au grade de brigadier un petit-neveu du patriarche, Marchant de La Houlière.[51] Mais déjà il sent son pouvoir menacé.

Grand seigneur, il n'avait pas pu dissimuler son peu d'estime pour la nouvelle favorite, la fille Jeanne Bécu, promue comtesse Du Barry. Celle-ci complotait sa perte. Elle y était aidée par des personnages influents, l'abbé Terray, Contrôleur général, c'est-à-dire ministre des Finances, le chancelier Maupeou, et par Richelieu, confident du roi fort écouté. Après onze années passées à la tête du gouvernement, Choiseul subissait l'usure du pouvoir. A l'automne de 1770, il projetait d'engager la France dans une entreprise aventureuse. Depuis le traité de Paris, il préparait la revanche contre l'Angleterre. Il croit le moment venu, à l'occasion d'un conflit sur les îles Malouines ou Falkland. Mais l'état des finances n'aurait pas permis de faire face aux dépenses d'une guerre, les sévères économies de l'abbé Terray étant contrecarrées par les prodigalités de l'avide Du Barry. Et sur le plan intérieur, la situation est préoccupante. La fronde parlementaire s'aggrave. En vain le roi a sommé le parlement de Paris d'arrêter la procédure contre le duc d'Aiguillon (juin 1770). Bien loin de se soumettre, les parlementaires ont bravé ouvertement l'autorité du souverain. Ils lui ont adressé des remontrances arrogantes, et ont suspendu le cours de la justice (décembre 1770). Choiseul n'en continuait pas moins à soutenir le parlement. La crise menaçait donc, depuis des semaines.

Elle éclata brutalement. Le lundi 24 décembre, Louis XV fit porter à son «cousin le duc de Choiseul» l'ordre de quitter ses fonctions ministérielles et de s'exiler en son domaine de Chanteloup.[52] Verbalement, La Vrillière, porteur du message, lui enjoignit d'être parti avant le lendemain midi. Fut pareillement exilée toute

50. D16657. Pierre Calmettes, *Choiseul et Voltaire* (Paris 1902), qui a publié cette correspondance, en fait la remarque, p.246. Mais il est faux, comme le croyait Calmettes, que cette lettre soit la dernière de Choiseul à Voltaire.

51. D16702 (14 octobre 1770), et D16715 (21 octobre). La Houlière était le petit-fils d'une tante de Voltaire, Marie Arouet.

52. P. Calmettes, p.247-48, donne le texte de l'ordre royal, et du billet qui l'accompagna.

la parenté Choiseul: Mme de Grammont, sœur du duc, son frère l'archevêque de Cambrai, César Gabriel de Choiseul, le duc de Praslin et Jacques Philippe de Choiseul, comte de Stainville.[53] En quelques jours, tous quittèrent Versailles. Le roi avait été tenté d'envoyer le duc dans un exil plus lointain encore, afin de couper plus radicalement tout contact avec la cour. C'est par égard pour la duchesse de Choiseul qu'il se contenta de l'assigner à résidence en son domaine de Chanteloup, situé au bord de la Loire, près d'Amboise. Du vaste château il ne subsiste aujourd'hui qu'une construction annexe, mais imposante: la pagode pseudo-chinoise, haute de quarante mètres, en six étages. Il était signifié que le duc ne devait recevoir là-bas que les membres de sa famille et les personnes autorisées par le roi. On savait qu'en un si long règne le ministre s'était constitué une nombreuse clientèle. Ses partisans escortèrent son carrosse à son départ, sur le chemin de l'exil. Beaucoup calculaient qu'il serait un jour ou l'autre rappelé, soit par Louis XV, soit par son successeur.

Le roi avait pris sa décision dans le plus grand secret, et si rapidement que la relève aux ministères vacants n'avait pas été prévue. Des rumeurs circulèrent sur les successeurs. On parla du cardinal de Bernis pour les Affaires étrangères. Il fallut attendre jusqu'en juin 1771 pour que fût nommé à ce poste important le duc d'Aiguillon. Révolution de palais, sans doute, mais que des historiens du vingtième siècle, tel Pierre Gaxotte, ont justifiée.[54] Le vieux roi – Louis XV, nominalement, régnait depuis cinquante-cinq ans – démentit sa réputation, d'ailleurs exagérée, de nonchalance. Il fit montre, le 24 décembre 1770, non seulement d'autorité, mais de clairvoyance. Il entendait stopper une dérive qui conduisait, comme on le verra par la suite, la monarchie à sa perte. Il allait redresser la situation par une réforme parlementaire, dont la mise à l'écart de Choiseul constituait le préalable. Il est facile pour nous, assurément, de juger après coup. Ce qu'on reprocherait plutôt à Louis XV, avec le recul qui est le nôtre, c'est d'avoir été, en 1771, trop timide. Le vice majeur du régime, le désordre des finances, resta inchangé, malgré la politique rigoureuse menée par l'abbé Terray. Il eût fallu modifier l'administration fiscale et l'assiette de l'impôt, renoncer aux largesses inconsidérées au bénéfice de favoris – et de favorites. Il fallait en même temps que Choiseul renvoyer Mme Du Barry... A cela, le vieux roi ne pensa pas, fût-ce un seul instant.

Les contemporains apprécièrent l'événement non pas bien évidemment dans une longue perspective, mais selon leurs intérêts propres. Il est une personne qu'un coup si inattendu plongea dans un complet désarroi: Mme Du Deffand. La marquise voyait sa position mondaine du jour au lendemain très amoindrie.

53. D16875 (28 décembre 1770), Mme Du Deffand à Voltaire.

54. Pierre Gaxotte, *Le Siècle de Louis XV* (Paris 1933).

Elle perdait la part d'influence que lui assuraient ses relations étroites avec les Choiseul. Et surtout le soutien moral d'une confidente très chère, sa «grand-maman» la duchesse, lui est soudain enlevé. Celle-ci est partie le jour même de Noël, «au milieu des cris et des pleurs de ses amis», montrant quant à elle «un courage, une fermeté, une douceur, une tranquillité inouïe». La pauvre aveugle se sent désormais comme «condamnée à un cachot perpétuel». Il ne lui «reste plus à perdre que la vie», mande-t-elle à Voltaire.[55]

Celui-ci, à Ferney, fut informé de la nouvelle le 31 décembre. Son premier commentaire porte sur l'instabilité dans un régime de pouvoir arbitraire: «On ne peut compter sur rien de ce qui dépend de la cour. Le premier homme de l'Etat n'est jamais sûr de coucher chez lui.»[56] Il envoie aussitôt à la duchesse une lettre de sympathie.[57] Mme d'Argental lui fait savoir qu'en haut lieu (le roi? Mme Du Barry?) on lui déconseille d'écrire à Chanteloup. Trop tard, et il est inadmissible qu'on «commande l'ingratitude».[58] Il a écrit aussi à Choiseul. Il lui a proposé de lui rendre visite dans son exil. Mais le ministre disgracié l'en dissuade. Ce serait braver trop tôt l'interdiction royale.[59] A défaut, Voltaire fait parvenir aux bords de la Loire une épître en décasyllabes: *Benaldaki à Caramouftée, femme de Giafar le Barmécide*.[60] Thème:

Chacun bénit Barmécide le juste.

Si l'on demande à l'un ou à l'autre l'origine des bienfaits qu'il a reçus, il répond: «C'est Barmécide». «Le calife» lui-même dans son sommeil répète involontairement le refrain. Aussi «bientôt sa sagesse / a rappelé sa première tendresse». Mais c'est ce qui n'arrivera pas.

Voltaire a vu immédiatement une première conséquence, qui le touche sensiblement. La chute de Choiseul entraîne la ruine de Versoix. «Je fondais Carthage; et trois mots ont détruit Carthage.»[61] Les mêmes «trois mots» lui ont fait perdre à Versailles un précieux protecteur. Qui donc désormais à la cour veillera aux intérêts du patriarche dans le pays de Gex ou à Genève? Qui empêchera que ses imprudences de plume ne le mettent en péril? Le vieil homme dans sa soixante-dix-septième année se voit obligé de s'assurer de nouveaux appuis haut placés.

On peut se fier à son entregent pour y parvenir. Mais en supposant ce problème résolu, un autre va surgir. Comment se concilier à la fois les faveurs de Versailles

55. D16875 (28 décembre 1770).

56. D16946 (7 janvier 1771), à Elie Bertrand.

57. D16877 (31 décembre 1770), à la duchesse de Choiseul.

58. D16935 (3 janvier 1771). Voir aussi, à la même, D16955 (11 janvier 1771).

59. La lettre de Choiseul est perdue, mais voir D16988 (24 janvier 1771), de la duchesse de Choiseul à Voltaire.

60. M.x.440-41. Voltaire envoie l'épître à Mme Du Deffand le 19 janvier, D16976.

61. D16931 (1er janvier 1771).

et les bonnes grâces de Chanteloup ? Comment en approuvant les uns pourrait-il ne pas s'aliéner les autres ? La difficulté va très vite s'avérer insurmontable.

2. Les parlements Maupeou

L'institution parlementaire ne faisait-elle pas partie de cette sorte de constitution non écrite à laquelle certains se référaient sous le nom de lois fondamentales du royaume? Montesquieu en avait affirmé l'utilité. Les parlements, formés de magistrats propriétaires de leurs charges et donc indépendants du roi, étaient, selon l'auteur de *L'Esprit des lois*, l'un de ces corps intermédiaires interposés entre le souverain et le peuple. Ils remplissaient éminemment la fonction d'un pouvoir qui doit arrêter le pouvoir.[1] A les supprimer, ou ce qui revenait au même à supprimer leur indépendance, on courait grand danger d'instaurer, en la place de la monarchie modérée, un abominable despotisme. Au cours des années et des mois précédant la chute de Choiseul, le parlement de Paris et ceux de province n'avaient cessé de démontrer leur aptitude à contrecarrer l'autorité du roi: refus d'enregistrer des édits fiscaux évidemment impopulaires; remontrances, notamment dans les affaires religieuses; poursuites contre des agents de l'exécutif tel le duc d'Aiguillon. Le pouvoir parlementaire avait si bien «arrêté» le pouvoir royal qu'on en était arrivé, à la fin de 1770, à une situation de blocage.

Aussi les décisions de Maupeou en janvier et février 1771 furent-elles accueillies par beaucoup comme une sorte de coup d'Etat. Sans doute on ne pouvait en droit considérer comme illégitime une politique inspirée, ou tout au moins approuvée, par le roi. Mais que l'opinion n'accepte plus que le souverain puisse tout faire, sans respecter aucune règle, ni aucune tradition, est un signe des temps. Le chancelier Maupeou frappa d'abord la tête de la contestation robine: le parlement de Paris. Dans la nuit du 19 au 20 janvier, les magistrats reçurent à domicile la visite de mousquetaires. «O nuit désastreuse! ô nuit effroyable!» ironisera Voltaire, parodiant Bossuet.[2] On leur remettait une lettre du roi les sommant de dire par oui ou par non s'ils étaient disposés à obéir. Une trentaine acceptèrent, dont plusieurs se rétractèrent ensuite. La nuit suivante, les mousquetaires vinrent arrêter les réfractaires pour les conduire en résidence forcée dans des provinces lointaines. Ensuite, par un édit du 23 février, Maupeou créa six Conseils dans le ressort de l'ancien parlement: à Paris, Arras, Blois, Châlons, Clermont, Lyon et Poitiers. La vénalité des charges était abolie. Les juges des nouvelles cours seraient nommés par le roi et rémunérés comme des fonctionnaires, sur le budget de

1. Montesquieu, *De l'esprit des lois*, ii.4 et xi.4.

2. M.xxviii.404. L'exclamation est reprise de l'*Oraison funèbre d'Henriette d'Angleterre*.

l'Etat. Les parlements provinciaux prirent évidemment parti pour leurs collègues récalcitrants de la capitale. Maupeou les supprime à leur tour et les remplace par des Conseils établis sur les mêmes bases que les Conseils de Paris et des cinq autres villes.

Deux des parents de Voltaire étaient affectés par ces bouleversements, mais en sens inverse. Son petit-neveu Dompierre d'Hornoy,[3] président à l'ancien parlement de Paris, fut exilé à Sancoins, près de Nevers, puis destitué. En revanche son neveu l'abbé Mignot[4] fut nommé doyen de la Grand-Chambre dans le nouveau Conseil. Cette circonstance n'embarrasse nullement le philosophe. Il se prononce hautement pour la «révolution» opérée par Maupeou.[5] Il s'en est abondamment expliqué. Il voit toujours dans les parlementaires déchus les «assassins» – c'est son mot – du chevalier de La Barre, du comte de Lally, et par extension de Calas, de Sirven («assassiné» en effigie seulement), et en outre du malheureux Martin.[6] Cruauté délibérée de la part de ces hauts magistrats? Voltaire parfois, sous le coup de la colère, les en accuse, les injuriant: tigres altérés de sang... Mais il comprend bien aussi que ces sentences sanguinaires s'expliquaient par des causes structurelles. Le ressort du parlement de Paris s'étendait démesurément. Une ville comme Angoulême relevait encore de cette juridiction. Il en résultait un extraordinaire encombrement, notamment à la chambre responsable des affaires capitales, celle de la Tournelle. On a vu avec quelle précipitation scandaleuse elle avait, malgré la légèreté des charges, confirmé la sentence de mort du chevalier de La Barre. Même hâte révoltante dans l'affaire Martin.[7] La situation s'aggravait dans la seconde moitié du dix-huitième siècle par suite de l'accroissement de la population. L'un des grands éloges de Voltaire vise l'aspect certainement le moins contestable de la réforme Maupeou: l'immense ressort du parlement de Paris est désormais réparti entre six juridictions.[8] Ainsi, par exemple, le justiciable d'Angoulême n'est plus obligé d'aller plaider dans la capitale, à une semaine de voyage. Il lui suffit de se rendre à Poitiers.

Les nouveaux Conseils auront en outre l'avantage d'administrer la justice gratuitement. Les «épices» sont supprimées, en même temps que la vénalité des charges. Voltaire s'était assez indigné qu'un quidam, parfois incompétent, achetât pour son argent le droit de juger les hommes. Comment n'aurait-il pas applaudi

3. Il était né d'un premier mariage de la plus jeune nièce de Voltaire, Marie Elisabeth Mignot, avec Nicolas Joseph de Fontaine de Dompierre. Elle avait épousé ensuite le marquis de Florian, et mourut en février 1771.

4. Second enfant de la sœur de Voltaire, Mme Mignot.

5. M.i.116.

6. D16998, D17034, M.xxviii.416.

7. M.xxviii.417.

8. D17066 (9 mars 1771), à Mme d'Argental; Voltaire juge admirable «la nouvelle pièce en six actes que le roi vient de faire».

à la suppression de ce qu'il considère comme un abus, né non pas du souci d'assurer l'indépendance des magistrats, mais de la détresse des finances royales, et perpétué par celle-ci, mal chronique de l'ancienne monarchie? Il est un point surtout que souligne dans cette réforme l'auteur de *La Henriade* et du *Siècle de Louis XIV*: le roi y affirme son autorité légitime. Le parlement de Paris est allé jusqu'à prétendre que «le roi lui devait sa couronne», contre-vérité manifeste: l'historien n'a pas de peine à rappeler les arrêts du parlement contre Henri de Navarre, héritier légitime du royaume.[9] On apprend à Ferney que le parlement de Rouen a déclaré illégaux les nouveaux Conseils. La réaction est immédiate: «Une telle insolence doit être réprimée, ou bien nous sommes dans l'anarchie.» Et ceci, catégorique: «Le roi sera le maître et il doit l'être.»[10] En vertu d'un tel principe, Voltaire défend le duc d'Aiguillon qu'après ses démêlés de Bretagne les parlements ont déclaré «entaché» dans son honneur. Mais Louis XV en son Conseil, «sur les pièces mêmes du procès», l'a jugé «exempt de tout soupçon», comme «ayant fidèlement servi». Voltaire estime donc d'Aiguillon justifié par la sentence souveraine.[11] Comme le bruit courait en avril 1771 que le roi reviendrait sur la réforme de Maupeou, il rappelle un principe énoncé par Louis XIV: une fois prise une décision, le roi doit s'y tenir.[12] Ceux qui ont reproché, et reprochent encore, à Voltaire d'avoir sapé la monarchie, non seulement ignorent un pan de son œuvre, mais oublient le parti qu'il prit devant la tentative faite par Louis XV, en 1771, pour restaurer l'autorité royale.

Voltaire ne s'en tient pas à répéter son appui à Maupeou dans des lettres adressées aux siens. Il mène en faveur des nouveaux Conseils une campagne de presse: la presse étant représentée à l'époque, on se le rappellera, non par des journaux mais par de courts libelles paraissant à intervalles rapprochés. Selon son habitude et son goût, il varie les présentations. C'est d'abord, en trois pages, la *Lettre d'un jeune abbé* (fin février ou début mars 1771):[13] le prétendu jeune abbé répond à une *Lettre écrite au nom de la noblesse de France*, où il est dit que le roi n'est entouré que «d'hommes aveugles et corrompus». Puis Malesherbes ayant rédigé, contre Maupeou, de *Très humbles et très respectueuses remontrances de la Cour des aides*, qu'il préside, Voltaire donne une *Réponse aux remontrances de la Cour des aides*, «par un membre des nouveaux Conseils souverains», en six pages, dont on connaît cinq rééditions.[14] Voltaire y demande en outre la suppression de la

9. M.xxviii.394.
10. D17158 (27 avril 1771), et D17157 (même jour), à Marchant de La Houlière.
11. D17037, D17039, M.xxviii.393.
12. D17161 (29 avril 1771), à Dompierre d'Hornoy, renvoyant au *Siècle de Louis XIV*.
13. BnC 4239, deux lettres à Richelieu contiennent des échos de la *Lettre*: D17047 (27 février), sur l'opéra-comique et les enquêtes, D17071 (11 mars), sur la Cour des monnaies.
14. BnC 4240-48, M.xxviii.385-88.

question, c'est-à-dire de la torture, «supplice pire que la mort». Mais les édits de Maupeou ne prévoyaient pas une telle mesure. Suivent: le *Fragment d'une lettre écrite de Genève* [...] *à un bourgeois de L*[*yon*], destiné à faire valoir aux Lyonnais l'avantage d'une réforme qui créait en leur ville une cour de justice; l'*Avis important d'un gentilhomme*, en faveur du duc d'Aiguillon; les *Sentiments des six Conseils établis par le roi*: toutes publications désavouées par Voltaire, ce qui n'est guère décisif. Mais l'attribution de certaines ne repose effectivement que sur l'appréciation tardive de Decroix. Cependant les *Très humbles et très respectueuses remontrances du grenier à sel* doivent bien être de lui, si l'on en juge par le titre et par le recours ici à un procédé maintes fois employé par Voltaire, lequel consiste à plaider si mal que la plaidoirie se retourne contre son auteur. Ainsi le «grenier à sel», se souvenant de Montesquieu, dit au roi: «Nous sommes, entre vos sujets et vous, un *corps intermédiaire*, semblable à ces humeurs corrompues qui forment un dépôt dans le corps humain, et se nourrissent de sa substance.»[15] Nulle hésitation en revanche sur l'attribution des onze pages, intitulées *Les Peuples aux parlements*. Les «peuples» font la leçon aux anciens parlements et «rendent grâce aux six Conseils établis qui préviennent la ruine de six cents familles».[16] Dernière de la série: *L'Equivoque*, pour dénoncer la confusion entre le parlement d'Angleterre doté d'un pouvoir politique, et ceux de France, institutions purement judiciaires. A quoi s'ajoutent de petits vers à la gloire du chancelier Maupeou. Le poète «veut bien croire» aux prodiges de l'Antiquité:

Mais que Maupeou tout seul du dédale des lois
  Ait su retirer la couronne,
Qu'il l'ait seul rapportée au palais de nos rois,
Voilà ce que je sais, voilà ce qui m'étonne.

Les exploits mythologiques sont «admirables»,

Mais par malheur ce sont des fables;
Et c'est ici la vérité.[17]

Cet encens, dira-t-on, n'était guère spontané. Maupeou aurait sollicité Voltaire de mettre sa plume au service de sa politique. «On assure», écrivent les *Mémoires secrets* à la date du 21 janvier, «que M. le chancelier, sentant la nécessité d'avoir dans son parti des plumes éloquentes, s'en est attaché plusieurs, et qu'il fait même solliciter de loin M. de Voltaire dont il flatte la vanité.»[18] Maupeou se conduisait en homme politique moderne lorsqu'il s'efforçait de soutenir par un effort de propagande une réforme qui rencontrerait beaucoup d'oppositions. Mais

15. M.xxviii.404, souligné par nous.
16. M.xxviii.419.
17. M.x.588.
18. Cité par Desnoiresterres, vii.384.

a-t-il pris l'initiative de susciter la participation de Voltaire «de loin» (par lettre? par un émissaire?)? Rien ne confirme ce que le journaliste présente comme une rumeur. Les mesures prises contre les parlements correspondaient si bien aux vœux du philosophe qu'il n'avait sans doute nul besoin d'être encouragé pour les approuver. Il avait même en ce mois de janvier 1771 une raison précise d'applaudir. On se rappelle qu'en septembre de l'année précédente il avait reçu à Ferney la visite de Séguier, avocat général au parlement de Paris. Le magistrat lui avait transmis un avertissement menaçant. Il se disait vivement sollicité par des confrères de poursuivre l'*Histoire du parlement de Paris*. S'il ne se décidait pas, ils porteraient plainte eux-mêmes. L'échéance était fixée en janvier 1771.[19] Or en ce même mois ce parlement qui se préparait à sévir était supprimé. On comprend que Voltaire ait alors exprimé son approbation, qu'il ait été ou non sollicité par Maupeou. Il aurait adressé au chancelier une lettre de félicitations: laquelle, si elle exista réellement, ne nous est pas parvenue.[20] Ce qui est vrai, c'est que d'une part le ministre le remercia de «la justice qu'[il rendait] à [ses] vues»,[21] et que d'autre part il fit réimprimer deux des écrits de Voltaire sur la question: la *Réponse aux remontrances de la Cour des aides*, et *Les Peuples aux parlements.* Mais il prit soin d'apporter au texte original quelques corrections. Il retranche notamment les éloges que Voltaire décernait à Choiseul d'être «le plus généreux et le plus juste des hommes», «si cher à la nation».[22] Ces épithètes disparaissent de l'édition ministérielle.

Le seigneur de Ferney s'efforçait en effet de ménager le ministre disgracié, mais en vain. Son parti pris affiché pour les «parlements Maupeou» suscita l'indignation de Chanteloup: noire ingratitude, disait-on là-bas, et même pure et simple trahison d'un ancien obligé du puissant ministre. «Quelle abomination que celle de Voltaire! [...] Ses lettres me dégoûtent», écrit la duchesse à Mme Du Deffand. Le duc, quant à lui, s'en tient à la muette réprobation, laquelle fera faire au coupable «quelques réflexions».[23] Voltaire n'avait pourtant pas ménagé sa peine, afin d'apaiser les Choiseul. Il se dit «choiseulliste», quoique non «parlementaire».[24] Il tente de maintenir balance égale entre les éloges décernés à la politique intérieure et extérieure naguère menée par le duc, et l'approbation aux réformes présentes de Maupeou. Comme on ne lui répond plus de Chanteloup,

19. D17193 (15 mai 1771), où Voltaire explique à la duchesse de Choiseul cette raison particulière qu'il a de détester les anciens parlements.

20. D17179, commentaire. Voltaire lui envoya un choix de ses œuvres en vers. D17084, D17085 (mars 1771), à Cramer.

21. D17179 (7 mai 1771).

22. M.xxviii.416.

23. D17072 (11 mars 1771), Choiseul à Mme Du Deffand, et commentaire.

24. D17128 (7 avril 1771), à Saint-Lambert.

il fait passer le message par La Ponce, le secrétaire de Choiseul: s'il juge «admirable» la création des nouveaux Conseils, il n'en conserve pas moins la plus vive gratitude pour les bienfaits de l'ancien ministre.[25] Ses protestations sont confiées le plus souvent à Mme Du Deffand. Comme la marquise doit se rendre à Chanteloup, il lui fait savoir qu'à son avis «quand on a [comme Choiseul] tous les cœurs pour soi, on est le premier personnage de la terre». Ces «tracasseries parlementaires», il les minimise: «des sottises de pédants, des pauvretés misérables».[26] Il sait qu'il flatte ainsi le scepticisme de la vieille dame. Elle tient trop à la correspondance de Voltaire: elle n'y renoncera pas pour si peu. Elle sert donc d'intermédiaire utile. Qu'elle fasse connaître à qui de droit que Voltaire sera «attaché à M. le duc et à Mme la duchesse jusqu'au dernier moment de [sa] vie», sans pour autant cesser d'approuver les six Conseils de Maupeou.[27] Ces efforts et d'autres,[28] n'eurent à Chanteloup aucun succès. «Qu'il est pitoyable, ce Voltaire, qu'il est lâche! [...] il fait dégoût et pitié», répond brutalement la duchesse.[29] L'épisode eut néanmoins pour conséquence de resserrer les relations de Voltaire avec Mme Du Deffand. Lorsqu'un certain Vabelle envoie à Ferney un quatrain contre les philosophes composé par la marquise, il n'apprend rien au destinataire sur les sentiments de sa correspondante. Mais ce fut l'occasion d'une explication franche. «Vous haïssez les philosophes, et moi je hais des tyrans bourgeois», écrit Voltaire: qu'ils se pardonnent donc réciproquement leurs haines; car il reste le seul des anciens amis de Mme Du Deffand. Elle acquiesce, en protestant qu'elle ne hait point la philosophie, mais qu'elle estime peu «ceux qui n'en ont que le masque».[30]

Quelques mois plus tôt, au temps des anciens parlements, une atroce affaire avait démontré une fois de plus le mauvais fonctionnement de l'institution judiciaire et l'urgence d'une réforme.

A Saint-Omer, la veuve Monbailli, âgée d'une soixantaine d'années, vivait dans un logement exigu avec son fils et sa belle-fille. La vieille femme s'adonnait à l'alcool. Son intempérance avait altéré sa santé, engendrant notamment un énorme embonpoint. Son fils et sa belle-fille tentaient de combattre ses habitudes éthyliques, sans autre résultat que de provoquer de vives altercations. Un soir, après l'une de ces scènes, la bonne femme s'était endormie dans l'unique chambre

25. D17086 (mars 1771).
26. D17091 (16 mars 1771).
27. D17124 (5 avril 1771).
28. D17220 (vers le 1er juin 1771), à Choiseul, D17251 (17 juin), à la duchesse, qui resteront sans réponse.
29. D17124, n.6.
30. D17175 (5 mai 1771), D17194 (15 mai).

du logis, qu'elle occupait seule. Ses enfants avaient, comme à l'ordinaire, couché dans l'antichambre. Le lendemain, 27 juillet 1770, une ouvrière se présente, à sept heures du matin : elle veut parler à la veuve qui dirige une manufacture de tabac. Comme rien ne bouge dans la pièce voisine, on attend. Finalement on ouvre et l'on découvre la vieille femme «renversée sur un petit coffre près de son lit, la tête penchée à terre, l'œil droit meurtri d'une plaie assez profonde, faite par la corne du coffre sur lequel elle était tombée, le visage livide et enflé, quelques gouttes de sang échappées du nez».[31] Manifestement l'ivrognesse avait été terrassée par une apoplexie. Le chirurgien de l'endroit, après avoir saigné Monbailli le fils qui s'était évanoui, constate le décès.

L'affaire paraissait tout à fait claire. Mais une rumeur se répandit dans les rues de Saint-Omer. Le ménage Monbailli, après une querelle, aurait assassiné la vieille femme. Accusation absurde. La veuve, en fait d'héritage, ne laissait à ses enfants que des dettes. Elle vivait d'une petite manufacture de tabac concédée par la ferme générale. Elle disparue, la concession ne passait pas à ses héritiers. Ceux-ci d'ailleurs sont gens paisibles, d'une parfaite honorabilité. Le jeune Monbailli n'a pas d'autre passion que la culture des fleurs. Le magistrat local, impressionné, fait emprisonner Monbailli et son épouse. Il demande une expertise médicale : le rapport ne permet pas de conclure à un assassinat. Néanmoins, sous la pression de l'opinion, le juge condamne les deux Monbailli à un «plus ample informé» d'une année, pendant laquelle ils resteront en prison.

Le procureur du roi fit appel *a minima* au Conseil d'Artois dont ressortit Saint-Omer. Les accusés n'avaient contre eux non seulement aucune preuve, mais même aucun indice sérieux. Monbailli fut pourtant soumis aux tourments de la question : «ordinaire», puis «extraordinaire». Sous la torture, il persista à protester de son innocence. Quoique ne pouvant invoquer ni preuves, ni aveu, le Conseil d'Arras le condamna à mort, ainsi que sa femme (9 novembre 1770). L'exécution eut lieu à Saint-Omer (19 novembre). Selon la sentence rendue contre Monbailli, on lui coupa la main. «Cette main n'est point coupable d'un parricide», affirma-t-il. Puis on le couche sur la roue. Avant d'expirer, les membres brisés, au confesseur qui se tenait à ses côtés il se déclara encore innocent.

On s'étonne de tant d'horreurs. Comment des juges ont-ils pu décréter un supplice aussi cruel, sans la moindre justification ? Mais on se rappellera qu'alors un tribunal n'était pas tenu de motiver ses sentences. Sur l'état d'esprit des juges d'Arras, une seule hypothèse paraît plausible. Ces magistrats, persuadés d'avoir à remplir une mission essentiellement répressive, sont convaincus de la perversité intrinsèque de la nature humaine. L'homme, depuis la chute, est foncièrement mauvais. Un simple soupçon, comme celui qui pèse sur les époux Monbailli,

31. Voltaire, *La Méprise d'Arras*, M.xxviii.430.

même en l'absence de toute preuve, a toutes chances de tomber juste. Mais on s'étonnera aussi que le condamné n'ait pas disposé du moindre recours contre un arrêt inique.

En l'occurrence, les circonstances vont permettre cependant un appel: il sauvera non Monbailli, mais son épouse. La jeune femme était enceinte. La barbarie de la législation n'allait tout de même pas jusqu'à permettre l'exécution d'une femme pendant sa grossesse. Un sursis fut donc accordé à Mme Monbailli jusqu'à son accouchement. C'est alors que plusieurs personnes saisirent Voltaire de l'affaire. On lui communiqua la procédure. L'innocence des condamnés en ressortait à l'évidence.[32] La justice aurait sans doute suivi son injuste cours, et Mme Monbailli aurait été exécutée, s'il n'était intervenu. Il fait appel au chancelier Maupeou. Et il publie un bref exposé de la cause, sous le titre *La Méprise d'Arras*.[33] Le récit, très convaincant, fait une forte impression.[34] La réforme des parlements est alors en cours dans tout le royaume. Le Conseil supérieur d'Arras, bien qu'il ne soit pas un parlement, a été remplacé par un nouveau Conseil. Maupeou lui renvoie donc l'affaire, pour révision. Mme Monbailli est ainsi acquittée, son mari réhabilité. Mais l'irréparable ne pouvait être réparé. On ne pouvait songer à demander des comptes aux premiers juges. Le nouveau Conseil n'accorda aucun dédommagement qui permît à la jeune veuve de subsister et de faire vivre ses deux enfants.[35]

Voltaire n'en a pas fini avec les affaires judiciaires. Nous verrons comment, en ces dernières années de sa vie, il est amené, soit de son propre mouvement, soit parce qu'on fait appel à lui, à prendre en mains plusieurs causes, avec des succès inégaux.

Une question restait posée à Voltaire, sur le plan local. Les successeurs de Choiseul allaient-ils maintenir la protection accordée par le ministre disgracié à la «colonie» horlogère de Ferney?

Renonçant à la ville nouvelle de Versoix, Voltaire avait installé près de lui, en son village, les artisans émigrés de Genève. Il avait fait construire pour eux des maisons, pour un montant de cent mille francs. Afin qu'ils s'équipent, il leur a

32. D'après Duvernet, *Vie de Voltaire* (Genève 1786), p.228. Duvernet commence alors les recherches pour sa biographie de Voltaire.

33. L'opuscule, qui paraît sous son nom, est imprimé à Lausanne, chez François Grasset.

34. Voir les réactions de d'Alembert, D17457 (18 novembre 1771), et de Mme Necker, rapportée par Moultou, D17567 (24 janvier 1772).

35. Le couple avait déjà un enfant au moment du drame. Sur l'absence de dédommagement, voir D17728 (4 mai 1772), Voltaire à Marin, *Commentaire historique*, M.i.106, *Le Prix de la justice et de l'humanité*, M.xxx.578. Cependant Condorcet écrira dans sa *Vie de Voltaire*, que le Conseil d'Arras «s'imposa lui-même le devoir d'assurer des jours paisibles à l'infortunée dont il avait détruit le bonheur» (M.i.266).

prêté cent mille autres francs, sans intérêt. Il a garanti les emprunts qu'ils ont contractés auprès de son banquier de Lyon, qui est désormais un certain Schérer.[36] Il s'enorgueillit de compter ainsi en son Ferney quatre fabriques de montres, plus trois autres petites manufactures.[37] La localité s'en trouve transformée. Elle a perdu son aspect de misérable bourg rural. Un voyageur s'étonne d'y voir «des maisons joliment bâties», d'y croiser dans les rues, non des paysans, mais des artisans, «très bien vêtus».[38] Mais il faut que tout ce monde vive de son travail. Ce n'est pas facile. Les nouvelles entreprises, contrecarrées par leurs concurrents genevois, et situées hors des circuits commerciaux, ont de la peine à mettre sur le marché leur production. Les horlogers de Paris achètent leurs montres. Ils les vendent, mais sous leurs noms, en prélevant des commissions de 33 %, voire de 50 %. Manifestement, comme leurs confrères de Genève, les Parisiens aimeraient étouffer cette concurrence villageoise. A défaut, ils l'exploitent. Aussi Voltaire va-t-il s'efforcer d'obtenir pour ses fabricants des conditions d'exploitation favorables. Il demande son aide au nouveau ministre des Affaires étrangères, le duc d'Aiguillon. Il reçoit en réponse une belle lettre, énonçant de vagues promesses.[39] Par un autre canal, il apprend qu'en réalité, on ne se soucie guère de ses horlogers en haut lieu. «Tout le monde applaudit», mais l'argent manque. Les ministres se renvoient l'affaire de l'un à l'autre.[40] En décembre 1771, la situation devient critique. Voltaire est obligé de vendre pour 80 000 francs de valeurs, afin de soutenir trois de ses fabriques, sur le point de sombrer.[41] Il veille lui-même à l'écoulement de la production. Les expéditions en «boîtes» se font par Lyon. Il multiplie donc les lettres aux deux responsables installés en cette ville: un M. d'Ogny, intendant des postes, et son adjoint Joseph Vasselier. Il accompagne pour ainsi dire chaque envoi d'un courrier à ces Messieurs, qui se chargent des réexpéditions. Choiseul avait accordé la franchise de port aux boîtes acheminées par cette voie. Mais voici que Fabry prétend annuler cette faveur: il réclame des droits de poste. Il faut que Voltaire proteste pour préserver le privilège.[42] Il finira par obtenir, pour le courrier de Ferney, un accord avec le service postal, destiné à faciliter les opérations commerciales.[43]

Rien qui ressemble moins à nos productions et commercialisations en série que ces fabrications artisanales. Chaque montre constitue une réalisation unique,

36. D17771 (5 juin 1772), à d'Ogny; D17449 (15 novembre 1771), à Schérer.

37. D17375 (20 septembre 1771), à d'Argental.

38. D17918 (18 septembre 1772), d'un visiteur resté anonyme. Voltaire l'a reçu longuement jusqu'à minuit.

39. D17395 (9 octobre 1771).

40. D17415 (20 octobre 1771), d'Argental à Voltaire, de Fontainebleau.

41. D17532 (28 décembre 1771).

42. D17771 (5 juin 1772).

43. D18827, commentaire; délibération du 18 mars 1774.

amoureusement confectionnée. Ce sont en effet de fort beaux objets, comme on peut en juger par les exemplaires qui subsistent.[44] Ils méritent pleinement les éloges prodigués par le commanditaire. Car Voltaire pratique, toujours par correspondance, une véritable campagne de promotion. Il sollicite la cour de France, mais aussi Catherine II, et l'Espagne, voire la cour pontificale par Bernis, ambassadeur du roi à Rome. Mais que de difficultés dans ces démarches! Pour envoyer à Paris, par d'Argental, un modeste colis de cinq montres, il lui faut écrire lettres sur lettres.[45] Et une fois faite la livraison, il doit insister pour que ses horlogers soient payés. En la matière le mauvais exemple vient de haut. Pour le mariage du dauphin – le futur Louis XVI – avec l'archiduchesse Marie-Antoinette les artisans de Ferney ont fourni deux montres garnies de diamants. La cérémonie eut lieu le 16 mai 1770. Or le 17 octobre 1772, les fournisseurs n'étaient pas encore payés. Ils ne l'étaient toujours pas le 19 mai 1773.[46] Catherine II, moins gênée en ses finances que le roi de France, s'acquitte plus ponctuellement. Mais, en ce cas, le transfert des fonds de Saint-Pétersbourg à Ferney, via Paris, s'avère malaisé et d'une extrême lenteur.[47] Manifestement, les entreprises horlogères de Ferney n'auraient guère été viables sans le puissant appui financier de Voltaire.

Sa fortune serait-elle, en ces années-là, menacée? On conçoit des craintes à lire sa correspondance. Il ne cesse de gémir sur la défection de ses débiteurs. Sur la succession de Guise – affaire interminable –, il ne réussit pas à toucher les sommes qui lui sont dues. 15 600 livres étaient à payer en janvier 1771; vingt mois après, en octobre 1772, il n'a toujours rien reçu.[48] Il a, on le sait, placé une partie de son capital en rentes viagères. Or il arrive que les bénéficiaires de ses prêts laissent passer les échéances sans s'acquitter. En ce même mois d'octobre 1772, il se plaint que des arrérages dus depuis 1769 ne soient pas encore rentrés. Il lui faut tenir, avec son banquier Schérer à Lyon, avec son notaire Laleu à Paris, la comptabilité de ses échéances. Il a particulièrement à l'œil celui qui est, parmi ses débiteurs, le plus mauvais payeur: le duc de Wurtemberg. Ce prince allemand, pour soutenir un train de vie sans rapport avec ses ressources, s'endette vertigineusement. Voltaire lui a accordé d'importants emprunts. Mais il a pris ses sûretés. Le duc possédait une enclave en territoire français, Montbéliard. Les intérêts des prêts sont prélevés directement sur les revenus des domaines et des industries sis en

44. Voir la reproduction de l'une de ces montres dans la première édition de la *Voltaire's Correspondence* par Th. Besterman, t.77, fig.435, ainsi que les reproductions de Choudin, *Ferney-Voltaire, pages d'histoire*, p.232-50.

45. Voir notamment D17501 (7 décembre 1771).

46. D17969, D18378.

47. D17506 (9 décembre 1771), Catherine II à Voltaire.

48. D17964. Il donne pouvoir à son petit-neveu Dompierre d'Hornoy pour récupérer la somme.

cette principauté. Voltaire n'a donc affaire qu'aux administrateurs locaux, les sieurs Jeanmaire et Rosé: de simples virements devraient suffire. Dans la réalité, les trésoriers, partagés entre les exigences du créancier et les besoins sans cesse croissants du prince, sont constamment en retard. Il faut que Voltaire réclame, et pour des sommes considérables: ainsi en juin 1772, les retards s'élèvent à 10 500 livres, plus 13 200 livres de précédentes échéances.[49] En novembre, il attend toujours le règlement de ce qui était dû pour le 30 septembre. Les trésoriers tentent de l'apaiser en lui envoyant des lettres de change. Mais il perd beaucoup à l'escompte de tels papiers. Il exige d'être payé en or, «dans [son] château».[50] Sans grand résultat. En juillet 1773, il a reçu, sur ce qu'on lui doit, 18 333 livres: 6 200 livres sont encore à payer. Le 19 novembre de la même année, il lui faut réclamer le versement de la rente, due à l'échéance du 30 septembre, sur les bénéfices des forges d'Audricourt. Le duc de Wurtemberg s'enfonce.[51] Il cherche de nouveaux prêts. Voltaire s'est récusé. Il a sollicité des banquiers. Mais personne ne fait confiance à ce prince en faillite. Voltaire alors consent à lui prêter encore 80 000 livres.[52] On s'étonne d'une telle générosité. S'est-il laissé prendre à l'engrenage bien connu: un créancier prêtant toujours plus à un débiteur de moins en moins solvable, de peur de perdre la totalité des créances antérieures? Il se peut aussi que par cette largesse il ait voulu consolider sa position de créancier prioritaire. On voit en effet que Jeanmaire et Rosé font l'impossible pour satisfaire d'abord, sur leurs maigres ressources, le seigneur de Ferney.

Celui-ci, en définitive, n'est pas tellement à plaindre. Ses récriminations épistolaires ne doivent pas faire illusion. Comme il est naturel, il parle peu des fonds qui rentrent bien, sinon pour annoncer l'envoi à Schérer ou à Laleu. Or de telles expéditions sont fréquentes, sous forme de lettres de change, d'un montant souvent élevé, par exemple deux lettres de plus de 6 000 livres le 7 février 1772.[53] La provenance est rarement indiquée. De sorte que la constitution de son portefeuille nous reste pour une bonne partie inconnue. On constate qu'il continue à investir dans le négoce maritime à Cadix et sans doute ailleurs. En 1772, il entre avec des associés genevois dans l'armement d'un navire baptisé l'Hercule.[54] Dans le même temps, il place de l'argent dans un bateau qui doit appareiller pour le Bengale.[55] Mais, comme dans les décennies précédentes, ces opérations n'ont guère laissé de traces, et cette source de ses revenus, sans doute considérable, nous échappe à peu près totalement.

49. D17788 (20 juin 1772), à Rosé.
50. D18002 (7 novembre 1772), à Jeanmaire.
51. D18397 (25 mai 1773), D18451 (3 juillet), D18696 (19 novembre), D18652 (27 novembre).
52. D17980 (27 octobre 1772), D18315 (13 avril 1773).
53. D17590 (7 février 1772), à Schérer.
54. D17642 (16 mars 1772), à Schérer.
55. D17590 (7 février 1772), à Schérer.

Manifestement le seigneur de Ferney est plus qu'à l'aise en ses finances. Il n'éprouve aucune difficulté à verser à échéance des pensions aux siens : 20 000 livres de rente annuelle à Mme Denis, 1 800 à chacun de ses neveux, Mignot et Dompierre d'Hornoy.[56] Pour faire face aux dépenses courantes, il se fait envoyer par son banquier Schérer du numéraire : des «groupes», ou «groups», c'est-à-dire des rouleaux de pièces de monnaie, enveloppés de toile cirée, acheminés par la poste. Il suffit qu'il commande à son banquier par exemple «des rouleaux de quadruples en petites pistoles d'Espagne». Il a de quoi faire face aux dépenses d'une grosse maison : domesticité nombreuse, table toujours bien fournie. Jusqu'à la fin, l'opulence contribuera au prestige de Monsieur de Voltaire.

56. D17963, D17536, commentaire.

3. «J'ai encore bec et ongles»[1]

Voltaire ne cesse de revenir aux mêmes argumentations. Répétitions qui ne le gênent nullement. Car chaque fois qu'il aborde les questions primordiales, elles se posent à lui avec une urgence qui leur confère une fraîche nouveauté. Surtout, ce qui ne s'use pas en lui, c'est l'inquiétude sur de telles interrogations. Il n'a pas de réponses sûres, définitives. Aussi continue-t-il d'en ressentir la permanente actualité.

Ce qui change, ce sont les approches qu'invente sa fantaisie. Les *Lettres de Memmius*? Il les présente comme un manuscrit découvert à Rome dans la bibliothèque du Vatican. Et par qui? Par Sheremetof, amiral de Catherine II. Ce Russe l'aurait traduit en sa langue, et Voltaire l'aurait retraduit du russe en français. Après quoi, «tous les savants ont reconnu unanimement pour être de Memmius» ces *Lettres* deux fois transposées.[2] Qui est Memmius? Celui-là, Voltaire ne l'a pas inventé de toutes pièces. Lucrèce, au premier chant du *De rerum natura*, dédie son poème à un Romain qui porte ce nom. Mais le Memmius de Voltaire écrit à Cicéron – «mon cher Tullius» – pour lui annoncer que Lucrèce vient de se donner la mort. Le philosophe français reprend en effet la tradition suspecte, relatée par saint Jérôme, du suicide du poète épicurien.[3] Il la rectifie seulement sur un point essentiel. Son Lucrèce s'est donné la mort non pas dans un accès de folie, pour avoir bu un filtre amoureux, comme le prétend la tradition ecclésiastique, mais délibérément, afin de mettre un terme aux souffrances d'une maladie incurable: «Il s'est servi du droit de sortir de sa maison quand elle est prête à tomber.»[4] En cela Memmius l'approuve. Au contraire, sur les principaux articles de la philosophie lucrétienne, le disciple émancipé des leçons du Maître va dire son désaccord. Memmius-Voltaire certes continue à juger admirable tout ce que Lucrèce a dit contre la superstition, fléau universel, particulièrement extravagant chez les Juifs de Syrie. Le Memmius voltairien connaît bien leurs mœurs: à son avis, «Crassus et Pompée ne les ont point assez châtiés» (deuxième lettre). Simple préambule. Memmius «entre en matière» avec sa troisième lettre. Il va soutenir, «malgré Lucrèce et Epicure», qu'il existe un Dieu. «Bien des

1. D17908 (11 septembre 1772), à d'Argental: «Allons donc, combattons, j'ai encore bec et ongles».
2. M.xxviii.437, 438.
3. Lucrèce, *De la nature*, introduction d'A. Ernout (Paris 1924), p.v.
4. M.xxviii.438.

philosophes me siffleront, ils m'appelleront *esprit faible*». C'est bien ainsi, paraît-il, que Diderot qualifiait Voltaire, apôtre du «Rémunérateur et vengeur».[5] La fiction antique ici se dissipe. En même temps l'auteur renonce à la forme épistolaire. Memmius-Voltaire juge plus expédient d'envoyer à son «Cicéron» un traité de type voltairien: succession de courts chapitres, abordant l'un après l'autre les problèmes métaphysiques.

Le premier s'intitule «Qu'il n'y a qu'un Dieu, contre Epicure, Lucrèce et autres philosophes». Paix aux cendres d'Epicure et de Lucrèce. Ce sont les «autres philosophes» qui sont visés. On n'en peut douter quand on lit un peu plus loin: «Je ne sais si, dans la suite des temps, il se trouvera quelqu'un d'assez fou pour assurer que la matière, sans penser, produira d'elle-même des milliards d'êtres qui pensent.»[6] C'est donc toujours au *Système de la nature* qu'il s'agit de répondre, fût-ce en évoquant le Balbus du traité de Cicéron *Sur la nature des dieux*. Il arrive même à «Memmius» de faire allusion à Buffon.[7] En liaison avec le problème de Dieu, sont abordées les questions du mal, du déterminisme (pour employer notre vocabulaire), de l'immanence, de la nature de l'âme et de son immortalité, de la morale dont «les principes sont dans le cœur de l'homme», et de l'avenir de la religion romaine (païenne). Mais l'essentiel est bien la question de Dieu: elle occupe les neuf premiers chapitres, et commande les treize suivants. Contrairement à ce qu'il a fait dans l'opuscule *Dieu*, Voltaire ne mentionne nullement ici la nécessité sociale du théisme. L'aspect «rémunérateur et vengeur» de la divinité n'est pas évoqué. Voltaire peut-être tient à respecter une certaine vraisemblance, cette notion étant par trop étrangère à la pensée épicurienne. En revanche, il s'appuie sur le polythéisme antique pour repousser dédaigneusement toute idée d'incarnation, pour rejeter «tous ces prétendus fils de Dieu, les Bacchus, les Hercule, les Persée, les Romulus, etc., etc.» Ce sont «des contes de sorciers». «Un Dieu se joindre à la nature humaine! J'aimerais autant dire que les éléphants ont fait l'amour à des puces, et en ont eu de la race: cela serait bien moins impertinent.»[8] L'évidence, pour lui rationnelle, est l'existence d'un Dieu maître de l'univers. Mais au-delà, il ne voit qu'incertitudes. «J'ai contemplé le divin ouvrage, et je n'ai point vu l'ouvrier; j'ai interrogé la nature, elle est demeurée muette.» Pourtant, malgré le silence de la nature, Voltaire conclut: «Il m'est impossible de nier l'existence de ce Dieu», ajoutant qu'il est «impossible de le connaître».[9] Devant cette impuissance à définir Dieu, Voltaire manifeste ici une indulgence qui ne lui est pas habituelle, envers ceux qui veulent imaginer une

5. M.xxviii.440.
6. M.xxviii.444.
7. M.xxviii.459.
8. M.xxviii.443.
9. M.xxviii.442.43.

divinité compatissante à leurs malheurs. «Ceux qui, dans leurs tourments, me baignent de leurs larmes, qui cherchent un Dieu consolateur, et qui ne le trouvent pas, ceux-là m'attendrissent; je gémis avec eux, et j'oublie de les condamner.»[10] Il comprend – au moins en ce texte – la sensibilité chrétienne qui a besoin du réconfort d'un Dieu proche. Mais ce qu'il ne peut admettre, «c'est la dédaigneuse et sotte indifférence dans laquelle croupissent presque tous les hommes, sur l'objet qui les intéresse le plus, sur la cause de leurs pensées, sur tout leur être.»[11] Sans doute, en traçant cette phrase, pensait-il à l'indifférence dédaigneuse (mais non «sotte») d'une Mme Du Deffand, et de ses semblables. Il reste lui, ce Voltaire-Memmius, le «philosophe ignorant» dont l'inquiétude fondamentale vivifie la pensée répétitive.

Les *Lettres de Memmius* furent imprimées par Cramer, en une brochure de faible tirage, discrètement diffusée.[12] Voltaire les réédite dans le tome IX et dernier des *Questions sur l'Encylopédie*. La vogue de cet ouvrage vaut aux *Lettres* d'atteindre un beaucoup plus large public.[13] L'auteur reçoit alors les approbations de ses lecteurs habituels. Marmontel les a lues «avidement» et les a fait lire à sa voisine Mlle Clairon.[14] Moultou et Mme Necker applaudissent,[15] et Frédéric II aussi.[16] Voltaire n'a pas osé les envoyer à Mme Du Deffand. Il lui en parle cependant: accepterait-elle de se les faire lire?[17]

Mais rapidement à Ferney un écrit chasse l'autre. Voltaire est occupé à rédiger sur les mêmes questions l'opuscule *Il faut prendre un parti*. Ce texte fait suite aux *Lettres de Memmius* auxquelles il se réfère.[18] Voltaire le rédige dans l'été de 1772. Parvenu à un article «Du mal dans l'animal appelé homme», il se souvient d'un anniversaire de ce qui fut l'un des sommets du «mal»: «aujourd'hui 24 auguste, ou 24 août 1772, jour où ma plume tremble dans ma main, jour de l'anniversaire centenaire de la Saint-Barthélemy».[19] Renonçant à toute mise en scène, il s'adresse directement à son lecteur. «Prendre un parti»? Mais non point entre les parties

10. M.xxviii.446.

11. M.xxviii.453.

12. Voltaire les confia à Cramer, D17247 (vers juin 1771). Elles furent envoyées en novembre à Marmontel, à d'Alembert, à Vasselier, D17447, D17457, D17456, D17473. L'existence de cette brochure est attestée par l'arrêt du Conseil de Genève, qui l'interdit, le 22 avril 1772, D.app.356.

13. D17681 (6 avril 1772).

14. D17447 (14 novembre 1771), D17530 (27 décembre 1771), à Voltaire: à cette date, il s'agit de la brochure.

15. D17567 (24 janvier 1772). Selon Moultou, Voltaire «relève nos espérances en nous prouvant invinciblement un Dieu que ce siècle affecte de méconnaître», mais pourquoi «ne se livre-t-il pas davantage à l'espoir de l'immortalité»?

16. D17708 (22 avril 1772), Frédéric II se dit «prêt à risquer ce symbole de foi philosophique».

17. D17726 (4 mai 1772).

18. M.xxviii.521.

19. M.xxviii.537.

belligérantes alors aux prises, ni dans la politique intérieure, ni dans les querelles théologiques, ni «entre les opéras bouffons français et italiens». Tout simplement, «il ne s'agit ici que d'une petite bagatelle, de savoir s'il y a un Dieu; et c'est ce que je vais examiner très sérieusement et de très bonne foi, car cela m'intéresse, et vous aussi».[20] Que la question «l'intéresse», c'est peu dire. Nous constations, en lisant l'un après l'autre ses ouvrages, qu'elle est pour lui capitale et qu'il ne cesse d'y revenir. Comme dit son titre, sur celle-ci «il faut», il lui faut «prendre un parti». Toujours le même. Mais ici il aborde la question en physicien et métaphysicien. Il part d'une évidence: «tout est en mouvement, tout agit, et tout réagit dans la nature.» Il faut donc qu'un «moteur unique et très puissant», qu'«une intelligence unique, universelle» mette en branle la totalité de ce qui existe. Son action s'exerce de toute éternité. Ce serait «une contradiction absurde» que de dire: «L'Etre agissant a passé une éternité sans agir [...]; l'Etre nécessaire a été pendant une éternité l'Etre inutile».[21] La position de Voltaire est celle de l'immanence, non de la transcendance. Il est affirmé notamment que l'Etre agit à l'intérieur de nous. «Il fait tout en nous. Il ne nous a point exceptés du reste de la nature.» Il nous fait penser et vouloir. Plus exactement, il pense et veut en nous. Voltaire rejoint ici la «prémotion physique» des jansénistes: il le reconnaît, en répudiant pourtant les ridicules du jansénisme.[22] Qu'est-ce donc que la liberté de l'homme? Réponse: «L'homme est libre [...] quand il peut ce qu'il veut; mais il n'est pas libre de vouloir.»[23] Voltaire en arrive à l'inévitable objection du mal, toujours insoluble. Il passe en revue les diverses solutions, toutes insuffisantes. Ou plutôt il fait défiler les tenants de chaque théorie. L'athée, le manichéen, le païen, le turc (c'est-à-dire le musulman) viennent dire l'un après l'autre leur avis «sur tout cela». Le ton change. De la spéculation grave, on passe à une bouffonnerie de plus en plus accentuée. Voltaire cède à sa pente habituelle. Parti de l'examen «très sérieux», il s'est laissé entraîner par sa verve: vivacités, mots d'esprit, caricatures, se pressent sous sa plume. Comme il faut tout de même finir autrement que par des plaisanteries, un «théiste», puis un «citoyen», très proche du théiste, viennent clore le défilé: ils font entendre la voix du bon sens.

On a l'impression que Voltaire a écrit cet *Il faut prendre un parti* surtout pour lui-même. Aucun effort de sa part pour diffuser l'opuscule, sous forme de brochure. On n'en connaît pas d'édition séparée. Il se contente de l'insérer dans la collection de ses *Nouveaux mélanges*, au tome XVII, en 1775.

Il en alla tout autrement des *Questions sur l'Encyclopédie*. Les trois premiers tomes,

20. M.xxviii.518.
21. M.xxviii.521.
22. M.xxviii.526, 527.
23. M.xxviii.532.

sortis en décembre 1770, n'épuisaient même pas la lettre C en sa totalité. Ainsi s'annonçait une très volumineuse publication, «l'œuvre», a-t-on dit, «la plus longue que Voltaire ait jamais entreprise».[24] L'actualité politique de fin décembre 1770 (la chute de Choiseul) ne retira pas longtemps la vedette aux *Questions*. On s'aperçut vite que cette nouvelle production de l'illustre auteur, attrayante comme naguère le *Portatif* par sa forme fragmentée, avait devant elle un «marché prodigieux et rentable».[25] La Société typographique de Neuchâtel reste avide plus que jamais de réimprimer le plus rapidement possible les feuilles composées à Genève par Cramer. D'autres éditeurs sont décidés à profiter de la manne, avec ou sans l'accord des ayants droit. On connaît ainsi des réimpressions à Amsterdam, à «Londres», à Lyon.[26] Nous savons également que les tirages sont poussés au maximum de ce que permettent alors les techniques d'impression: 4 000 pour l'édition Cramer, plus de 2 500 pour Neuchâtel.[27] L'ensemble atteindra neuf tomes. Après les trois premiers de fin 1770, Voltaire rédige les six suivants en moins d'un an. Le neuvième et dernier est sous presse chez Cramer au début de décembre 1771. Et Neuchâtel, à la fois associé et concurrent, s'efforce de suivre le train d'enfer: la Société typographique a mis cinquante-et-une semaines pour composer les neuf volumes, et quarante-sept pour les tirer.[28] Au terme de cet intense labeur, Voltaire se présente comme «un homme qui ne sort pas de son lit, et qui dicte au hasard de ses rêveries».[29] Ce qui est ainsi dicté «au hasard» ne doit pas être perdu: auprès de lui, trois secrétaires recueillent son propos: Wagnière toujours, le père Adam appelé en renfort, et un nouveau venu, l'opiniâtre et envahissant Durey de Morsan. Ce troisième homme, Björnståhl l'a trouvé, en 1773, solidement établi comme copiste et secrétaire du patriarche.[30]

Etonnante figure de la bohème littéraire au siècle des Lumières.[31] Fils d'un fermier général richissime, beau-frère du futur intendant de Paris Bertier de Sauvigny, Durey avait accumulé d'énormes dettes: plus d'un million de livres, selon Voltaire.[32] Une publication obscène lui vaut quelques mois de Bastille en 1741. Il mène «une vie errante et aventureuse». Il tâte du journalisme en Hollande, donne quelques ouvrages qui lui valent, «on ne sait trop comment», d'entrer à

24. J. Vercruysse, *Studies* 230 (1985), p.339.
25. Vercruysse, p.334.
26. BnC 3607, BnC 3605.
27. Vercruysse, p.359, 386.
28. Vercruysse, p.368, 382.
29. D17572 (28 janvier 1772), à Condorcet.
30. *Lettere* (Poschiavo 1782-1787), ii.105s. consacrent au personnage un long développement.
31. J. Vercruysse, «Joseph Marie Durey de Morsan chroniqueur de Ferney (1769-1772) et l'édition neuchâteloise des *Questions sur l'Encyclopédie*», *Studies* 230 (1985), p.323-91, a publié l'étude la plus complète sur ce personnage et sur l'édition des *Questions* par la Société typographique de Neuchâtel.
32. D15441.

l'Académie de Nancy. De son mariage, de ses nombreuses liaisons, lui naissent plusieurs enfants, dont une fille qui vivotera, vers 1773, à Lausanne, grâce à l'assistance de Voltaire. Nous le retrouvons en septembre 1763 à Môtiers, auprès de Rousseau. Rapidement les deux hommes se brouillent. Mais Durey s'était introduit à Neuchâtel dans la Société typographique. De là, il se rend à Ferney pour plusieurs séjours, en 1768, 1769.[33] Il s'y installe ensuite pendant plusieurs mois, d'avril 1769 au 1er avril 1770,[34] puis de mars 1772 à novembre 1773. Le patriarche lui accorde sa sympathie. Touché par le récit de ses malheurs, Voltaire met sur pied un plan qui lui permettrait de sortir de sa détresse financière. Il trouve aussi en ce bohème un infatigable copiste. Couché à minuit, Durey est levé à sept heures, et dans l'intervalle toujours «la plume à la main».[35] Ce faisant, il a soin de servir les intérêts de la Société typographique de Neuchâtel, pour la publication des *Questions sur l'Encyclopédie*. Il sait trouver les moments favorables, afin de se faire entendre du Maître. Quand viennent des visiteurs, Voltaire se détourne de lui, ne prêtant pas attention aux papiers qu'il lui remet. Mais Durey «gagne», auprès de celui qu'il nomme «le Nestor», «dans le tête-à-tête»: on écoute ce qu'il dit en faveur de l'édition neuchâteloise des *Questions*.[36] Voltaire sait bien quelle fonction d'intermédiaire rémunéré est assumée par son copiste. Durey reproduit un «Dialogue entre le Nestor et moi»:

> [Voltaire]. Combien vous donne votre banneret pour m'importuner?
> [Durey]. Cent mille écus d'estime et d'amitié pour chaque mot que je dis en sa faveur.
> [Voltaire]. Cette monnaie ne va pas aux marchés.

Bien évidemment, Durey reçoit du banneret Osterwald et de la Société typographique des espèces qui «vont aux marchés». Voltaire tient à maintenir un délai entre l'édition de Genève et celle de Neuchâtel: «huit jours», afin que Cramer mette en vente le premier le tome VIII des *Questions*. Durey voudrait obtenir deux articles inédits qui assureraient un avantage à Neuchâtel. Mais «le Nestor» se dérobe: que Durey en fasse un, il fera l'autre...[37]

L'achèvement des *Questions* ne mit pas fin à la misère de Durey ni à ses relations avec Voltaire. En mai 1774 le pauvre diable est revenu à Ferney, toujours quémandeur: «son âme rampante le retient dans le plus vil esclavage [...] C'est sa misérable conduite et sa fille naturelle qui le lient à cette position.» Il se plaint

33. Voir *Voltaire en son temps*, iv.406.

34. Voltaire le loge alors dans «l'aile du théâtre», désaffecté depuis le départ de Mme Denis, D15828 (16 août 1769), à Mme Denis. Durey est accompagné d'une gouvernante, nièce de l'abbé Nollet: Voltaire la propose comme servante à Mme Denis, qui n'en veut pas.

35. Vercruysse, p.373.

36. Lettre à Osterwald, principal responsable de la Société typographique, 16 octobre 1771, dans Vercruysse, p.365.

37. Vercruysse, p.369-70, lettre de Durey à Osterwald, 3 décembre 1771.

du «Patron» à un tiers. Il apparaît pourtant qu'il jouit toujours «avec le P. Adam [de] toute la confiance du patriarche», au point que Mme Denis en est jalouse.[38] C'est en 1774 que Voltaire achève d'élaborer le montage financier qui devrait permettre à l'aventurier de sortir de ses embarras d'argent. Ensuite n'ayant plus rien à attendre de Ferney, Durey n'y reparaît plus.[39]

Les *Questions sur l'Encyclopédie* restent une œuvre de Voltaire à redécouvrir. Certains de ces «articles», se référant à l'actualité, relèvent du journalisme. Par exemple «Cicéron», dans le tome IV (1771), répond à une diatribe anti-cicéronienne que Linguet a cru bon d'insérer dans un ouvrage où elle n'a nullement sa place, sur les *Canaux navigables* (1769): Voltaire défend la politique de Cicéron, notamment dans la conjuration de Catilina.[40] Autre actualité: à la date du 30 juillet 1771 parut une brochure, *Récit surprenant sur l'apparition visible et miraculeuse de N.S.J.C. au S. Sacrement de l'autel qui s'est faite* [...] *dans l'église paroissiale de Paimpol* [...] *le jour des Rois 1771*.[41] «Surprenant» en effet ce que rapportent ces pages. Pendant l'office du salut, le jour des Rois de 1771, une lumière sortit du saint sacrement. Jésus y apparut «en figure naturelle», pendant «une demi-heure entière». Quand l'apparition se fut retirée, ses pieds «restèrent imprimés sur le tabernacle» et le curé trouva aussitôt sur l'autel «une lettre que Jésus y avait laissée», mais si lourde que le prêtre ne put la lever. Il fallut aller quérir l'évêque de Tréguier: le prélat «la prit sans difficulté» et en donna lecture à haute voix. Le Jésus de Paimpol tient des propos peu évangéliques. Il admoneste et menace. Ceux qui ne lui obéiront pas attireront son «bras vengeur sur leurs têtes». «Ils seront accablés de malheurs», et après leur mort «ils seront précipités dans les flammes éternelles, où ils souffriront des peines sans fin, qui sont le juste châtiment réservé à leurs crimes.» Mais le plus «surprenant» est que le document fut publié non pas en Bretagne, comme on aurait pu le croire, mais à Bourges, «avec permission». Voltaire a reproduit le récit d'un tel «miracle» au tome VIII des *Questions* (1771), à l'article «Superstition». Par la suite il a consulté son informateur breton, l'avocat de Tréguier Le Brigant.[42] Par lui, il apprend qu'à Tréguier et dans les environs, on n'a jamais entendu parler de l'apparition imprimée à Bourges. De grossières erreurs dénoncent la falsification. Paimpol appartient non à l'évêché de Tréguier, mais à celui de Saint-Brieuc. L'évêque de Tréguier ne réside plus depuis deux ans; il est à la cour. En Bretagne, un curé porte le nom

38. D18955, commentaire, en date du 9 mai 1774.

39. Vercruysse, p.328-29. On retrouve Durey à Genève sous la Révolution, et à Paris en 1795; puis on perd sa trace.

40. M.xviii.178-82.

41. Voir D17867, n.5.

42. Voir *Voltaire en son temps*, iv.257, et D17867 (15 août 1772), Le Brigant à Voltaire.

de recteur, etc. Voltaire fait écho à la mise au point de Le Brigant dans une réédition de 1774.[43]

A l'instar de Bayle, il place parfois en titre des mots énigmatiques. Que peut contenir un article intitulé en latin *Quisquis*? Le «cher lecteur» (car la référence à l'*Encyclopédie* est désormais bien oubliée) est d'abord informé qu'au seizième siècle les persécutions contre Ramus portaient sur la prononciation de *quisquis* et de *quanquam*. Suit une énumération de gens de lettres victimes d'odieux persécuteurs: Théophile et le père Garasse, Helvétius et les jésuites, Montesquieu et la *Gazette ecclésiastique*; puis l'on en vient à Patouillet, Nonnotte, Larcher, et en dernier lieu, longuement, à La Beaumelle: triste ramas d'attaques diffamatoires.[44] Voltaire ne peut pas se décider à lâcher ses victimes. Le lecteur a donc hâte de passer à l'article suivant, «Raison». Qui s'attendrait à lire, sous ce titre prestigieux, de graves considérations rationalistes, est tout de suite détrompé. Voltaire raconte l'histoire d'un homme qui a raison, et qui toujours en est puni. Il va reprocher à Law sa politique inflationniste: il est emprisonné à Saint-Lazare. A Rome, il accuse le pape de «faire tout le contraire de ce que le Christ a fait et commandé»: incarcération au Château Saint-Ange. A Venise, il se moque des noces du doge avec la mer: on l'envoie sous les plombs. A Constantinople, il vient dire au muphti que «Mahomet n'était qu'un imposteur hardi qui trompa des imbéciles». Cette fois, on le fit empaler. «Cependant, il avait eu toujours raison.»[45]

A la différence de cet article, celui de «Religion» aborde la question de front. Voltaire y réaffirme la nécessité sociale d'une religion. Que Messieurs les athées «philosophent» tant qu'il leur plaît, entre eux, à huis-clos. «Je crois entendre des amateurs qui se donnent un concert d'une musique savante et raffinée; mais gardez-vous d'exécuter ce concert devant le vulgaire ignorant et brutal.» La société étant ce qu'elle est, «si vous avez une bourgade à gouverner, il faut qu'elle ait une religion.» Mais laquelle? Voltaire redit, avec une parfaite netteté, ce qui lui paraît souhaitable: «l'adoration de l'Etre suprême, unique, infini, éternel, formateur du monde, qui le meut et le vivifie». Une religion «qui nous réunirait à cet Etre des êtres pour prix de nos vertus, et qui nous en séparerait pour le châtiment de nos crimes». Qu'on renonce aux rituels compliqués et absurdes, pour s'en tenir à quelques «cérémonies augustes». Un clergé, subsistant avec décence, sans usurper dignités, pouvoir et richesse. Point de couvents, asiles de la «fainéantise», mais des maisons accueillant vieillards et malades. Après quoi, Voltaire ne se fait aucune illusion. Cette religion du meilleur des mondes «sera dominante dès que les articles de paix perpétuelle que l'abbé de Saint-Pierre a

43. M.xx.447-51.
44. M.xx.318-34.
45. M.xx.334-36.

proposés seront signés de tous les potentats».[46] Scepticisme qui aboutit au maintien du statu quo, pratiqué par Voltaire dans sa «bourgade» de Ferney.

L'auteur des *Questions* ne s'en tient pas là. Il ajoute à l'article «Religion» une deuxième section dont on a remarqué depuis longtemps combien elle s'écarte de l'idée trop étroitement «voltairienne» qu'on se fait d'ordinaire de Voltaire. Nous passons de la religion sociale à une religion si l'on ose dire proprement religieuse.

D'emblée nous sommes transportés dans une sorte d'au-delà. «Je méditais cette nuit». Voltaire contemple l'ordre cosmique. Il éprouve l'évidence qui s'en dégage. «Il faut être stupide pour n'en pas reconnaître l'auteur. Il faut être fou pour ne pas l'adorer.» Mais il va dépasser ici son thème habituel de la théophanie céleste. Nous glissons vers un songe, dans une ambiance onirique.[47] Voici que vient à ses côtés un «génie des intermondes». Ce sera pour lui le guide indispensable dans tout voyage initiatique. Voltaire découvre un désert couvert d'ossements entassés. Entre les «monceaux des morts», des allées plantées d'arbres toujours verts. A l'extrémité de chaque allée se dresse «un grand homme d'un aspect auguste, qui regardait avec compassion ces tristes restes». Voltaire interroge son guide céleste. Les tas d'ossements sont ceux des humains massacrés par des fanatiques: Juifs de l'Ancien Testament, chrétiens, «Américains» indigènes exterminés par les conquérants européens, ou Asiatiques victimes de la conquête musulmane. A côté, des piles d'or et d'argent: les massacres avaient pour but l'accaparement d'immenses richesses. Sur de telles horreurs Voltaire pleure. Ses larmes lui donnent droit d'avancer vers l'étape suivante de l'initiation. Il est conduit à l'extrémité de chaque allée, successivement auprès de chacun des grands hommes, bienfaiteurs des hommes, de Numa Pompilius à Socrate. Voltaire enfin aborde un dernier personnage. L'ange fait signe de ne point demander son nom. Mais comment le méconnaître? Voltaire se trouve en présence d'«un homme d'une figure douce et simple [...] âgé d'environ trente-cinq ans». Il a «les pieds enflés et sanglants, les mains de même, le flanc percé, et les côtes écorchées de coups de fouet». Voltaire l'interroge plus longuement qu'aucun des sages précédents. Les responsables de son supplice? Des prêtres et des juges, «hypocrites», «orgueilleux», «intéressés»: leurs semblables, ajoute Jésus – on l'a reconnu -, en feront toujours autant, s'ils le peuvent, à quiconque leur aura trop rendu justice. «Ces monceaux affreux d'ossements» autour d'eux? Réponse: «Je n'ai vu qu'avec horreur ceux qui se sont rendus coupables de tous ces meurtres.» Et «ces monuments de puissance et de richesse, d'orgueil et d'avarice, ces trésors, ces ornements, ces signes de grandeur», que Voltaire a vus «accumulés sur la route

46. M.xx.340-42.

47. On sait que Voltaire rêve, et qu'il s'est interrogé sur le phénomène du rêve. Après l'article «Songes» du *Portatif*, les *Questions sur l'Encyclopédie* comportent un article «Somnambule et songes». Voir aussi M.xx.435, le fragment où Voltaire raconte un de ses rêves.

en cherchant la sagesse», viennent-ils de Jésus? Non, il a vécu, lui et les siens, «dans la pauvreté et dans la bassesse»: «ma grandeur n'était que dans la vertu.» Voltaire demande enfin en quoi consiste «la vraie religion». Le message de Jésus est simple, et de portée universelle: «Aimez Dieu, et votre prochain comme vous-même.» Quant aux pratiques telles que faire maigre le vendredi, se confesser, aller en pèlerinage, Jésus les a toujours ignorées. Faut-il s'enfermer dans la retraite d'un couvent, «avec des sots»? Réponse: «Pour moi, j'ai toujours fait de petits voyages de ville en ville.» Faut-il «prendre parti pour l'Eglise grecque ou pour la latine»? Jésus, tolérant, ne faisait «aucune différence entre le Juif et le Samaritain» quand il était au monde.

Le dialogue se dénoue ici. Voltaire qui se donne le dernier mot déclare que, «s'il est ainsi», il prend Jésus non seulement pour son maître, mais pour son «seul maître». Jésus lui fit «un signe de tête», qui le «remplit de consolation». «La vision», conclut le narrateur, «disparut, et la bonne conscience me resta.»[48]

Beaucoup d'images différentes de Jésus traversent l'œuvre de Voltaire: celle du jeune fanatique semblable à George Fox, apôtre des quakers, la caricature grimaçante du *Pot-pourri*. Mais celle aussi d'un Jésus, le «premier des théistes».[49] C'est cette dernière image que met en scène et fait vivre, avec une évidente sympathie, la «vision» de «Religion II». Non que Voltaire soit devenu chrétien. Son Christ est homme, «homme incomparable» sans doute,[50] mais seulement homme. Il appartient à la lignée des sages, même s'il se situe à un niveau quelque peu supérieur.[51] Point de surnaturel en son cas, ni à sa naissance, ni au cours de sa vie (les miracles sont passés sous silence), ni après sa mort (Résurrection, Ascension). Beaucoup d'autres avant Voltaire et après lui,[52] se sont efforcés de restituer le message évangélique en sa pureté originelle. On écarte les ajouts de la Tradition, les surcharges théologiques et tout ce qu'a apporté l'institution ecclésiastique, au point, dit-on, de dénaturer la parole du Christ. Parmi tant d'épurateurs, Voltaire est peut-être le plus radical, lorsqu'il va jusqu'à incarner dans la personne de Jésus son idéal humain.

Un idéal seulement. Voltaire est fort éloigné de l'esprit de paix évangélique. L'âge n'a en rien émoussé sa combativité. Frédéric II s'indigne que dans les *Questions sur l'Encyclopédie* il se soit encore acharné contre Maupertuis depuis longtemps

48. M.xx.342-48.

49. Voir *Voltaire en son temps*, iv.372.

50. Selon la formule de Renan, qui fit scandale dans sa leçon inaugurale au Collège de France.

51. M.xx.346, précise que le «bosquet» où se tient Jésus est «situé au-dessus des bocages» occupés par les autres sages.

52. Parmi lesquels, paradoxalement, Henri Guillemin dans son dernier livre, *Malheureuse Eglise* (Paris 1992).

décédé. Le roi se dit lassé de retrouver toujours, «à tout propos», Desfontaines, Fréron, Lefranc de Pompignan, Chaumeix, et autres.[53] Voltaire, lui, ne se lasse pas. La liste de ses ennemis et victimes vient même de s'allonger d'un nom. Le jeune Clément de Dijon tentait de percer dans la bohème littéraire de Paris. Voltaire qu'il encense sans vergogne l'adresse à La Harpe. Malheureusement les tragédies du débutant sont refusées par la Comédie-Française. Clément se tourne alors vers la satire. Ses *Observations critiques* (Genève 1771) attaquent non sans esprit, Delille, Saint-Lambert, Voltaire lui-même. Le patriarche de son côté traite l'impudent de «crapaud du Parnasse». Clément revient à la charge. Après l'*Epître à Boileau*,[54] il entreprend par une réponse de *Boileau à Voltaire* de «venger Despréaux des pasquinades dont on ose barbouiller son tombeau». Voltaire donne sa riposte dans une *Epître* cette fois *à Horace* (1772). Clément y est épinglé dans les premiers vers comme un «plat secrétaire» de Boileau.[55] D'autres coups de griffes ensuite sont distribués, au fil des alexandrins, aux habituelles victimes. A Maupertuis toujours, dans une évocation des soupers de Potsdam. Puis voici le «pédant d'Annecy», Mgr Biord, et un «Nonnotte hébété», et Fréron, et l'abbé Grizel. Les coups sont portés à l'improviste, en passant. Ils émaillent comme au hasard, sans nécessité, ce qui est le sujet de l'*Epître*: à savoir la vie épicurienne que mène Voltaire à Ferney, selon l'exemple d'Horace.[56]

En ces années, il pratique plus volontiers ce genre de composition poétique illustré par Horace et Boileau: la satire ou l'épître en vers, sur un thème donné. Poète selon l'esthétique classique, rompu de longue date à la discipline de l'alexandrin, il manie la forme versifiée avec une grande aisance, exempte des raideurs et gaucheries parfois d'un Boileau. Dans une satire, *Les Deux siècles*, il exalte le siècle de Louis XIV par un long dénigrement du siècle suivant. Les attaques personnelles dès lors cessent de surgir à la marge: elles servent à démontrer la bassesse du temps présent. Voici donc encore Maupertuis, qui veut percer un trou au centre de la terre et disséquer les cerveaux des Patagons; Buffon démontrant que «les monts sont formés par les mers»; l'inévitable Needham avec ses «anguilles»; et Rousseau, honoré d'un long couplet bouffon.[57] La même année 1771, Voltaire écrit sur le conflit de l'obscurantisme et des Lumières une satire

53. D17312 (25 juillet 1771), Frédéric II à d'Alembert.

54. Voir *Voltaire en son temps*, iv.389.

55. La polémique de Clément se poursuivra jusqu'en 1776, date de la sixième des *Lettres critiques*. Il accusera Voltaire d'être le petit-neveu du rôtisseur Mignot, que Boileau traite d'empoisonneur. En réalité il n'existait aucun lien de parenté entre Mignot qui épousa la sœur de Voltaire, leur fils l'abbé Mignot et à plus forte raison Voltaire, d'une part, et d'autre part le personnage dont parle Boileau. Voltaire demande réparation au chancelier Maupeou (D18695, 20 décembre 1773). Clément s'exécuta, de mauvaise grâce.

56. M.x,441-47.

57. M.x.158-61.

dialoguée: *Le Père Nicodème et Jeannot*. Un religieux enseigne à son élève que «la philosophie est un démon d'enfer»:

> Pour faire ton salut, ne pense point, Jeannot,
> Abrutis bien ton âme, et fais vœu d'être un sot.

Contre les Archimède, Newton, Locke, le Père exalte les «bienheureux» Larcher, Coger, Nonnotte, Fréron, Jean George évêque du Puy. Mais Jeannot renâcle. Il sait qu'en Espagne Aranda rogne les ailes de l'Inquisition, qu'en Angleterre, qu'à Versailles

> la sage tolérance
> D'une éternelle paix nous permet l'espérance.

Pour convaincre son disciple, Nicodème doit lui promettre qu'au cas où il accepterait

> De demeurer un sot au sortir du collège,

il recevrait «un bon canonicat», et peut-être un évêché.[58]

Peu après,[59] une autre satire, *Les Systèmes*, s'en prend à l'esprit systématique, fort en honneur au temps du *Système de la nature*. Voltaire imagine que Dieu a convoqué «devant son trône» les plus éminents métaphysiciens. A chacun il demande d'expliquer le système du monde. Tour à tour répondent Thomas d'Aquin, Descartes, Gassendi, Spinoza, Malebranche, Arnauld, Maupertuis encore, et le consul de Maillet:

> Chacun fit son système; et leurs doctes leçons
> Semblaient partir tout droit des Petites-Maisons.

Qu'en pensa Dieu? Il «ne se fâcha point: c'est le meilleur des pères». Il charge l'ange Gabriel de tirer la conclusion:

> En Sorbonne, aux Charniers, tout se mêle d'écrire:
> Imitez le bon Dieu, qui n'en a fait que rire.[60]

On remarque que la satire ne souffle mot du «système» alors d'actualité, celui des athées parisiens. Tout au plus Spinoza, leur inspirateur, vient-il dire à Dieu: «je pense, entre nous, que vous n'existez pas.» C'est que Voltaire quelques jours auparavant leur avait déjà dit leur fait dans une autre satire, *Les Cabales*.[61] Des cabales, il en est de toutes sortes. Le poète passe en revue rapidement celles des journalistes, du théâtre, des deux parlements, l'ancien et le nouveau. Mais il

58. M.x.162-66.

59. D17778 (14 juin 1772), à d'Argental. Voltaire aurait improvisé *Les Systèmes* en une matinée.

60. M.x.167-76. Aux Charniers des Saints-Innocents, fosse commune des indigents, se tenaient des écrivains publics.

61. Voltaire l'envoie à Richelieu le 25 mai, D17753.

s'arrête à celle que forme «un groupe de savants». L'un d'eux l'entreprend. Voltaire a combattu les convulsionnaires, les «fils de Loyola», les moines, il lui faut maintenant aller plus loin:

Acceptez à la fin votre brevet d'athée.

Ainsi interpellé, il décline «cet excès d'honneur». «L'univers [l']embarrasse»; il ne peut songer

Que cette horloge existe et n'ait point d'horloger.

Quoi qu'il ait pu dire contre les dévots, il «croit pourtant un Dieu». L'athée alors se fâche, et tente de l'endoctriner:

Ignorant, vois l'effet de mes combinaisons:
Les hommes autrefois ont été des poissons.
La mer de l'Amérique a marché vers le Phase;
Les huîtres d'Angleterre ont formé le Caucase...

Après d'aussi belles preuves, ose-t-il croire encore «une essence suprême»? A-t-il lu le *Système de la nature*? Oui, mais le livre l'a ennuyé. L'athée alors explose:

Va, sot adorateur d'un fantôme impuissant.
Nous t'avions jusqu'ici préservé du néant;
Nous t'y ferons rentrer, ainsi que ce grand Etre
Que tu prends bassement pour ton unique maître.
De mes amis, de moi, tu seras méprisé.

Ils «insulteront à [son] génie usé», ils déverseront à grands flots dans sa bière «des brochures sans nombre». Voltaire demande «un peu d'indulgence». Qu'ils discutent pacifiquement de leur désaccord sur Dieu. Dès sa jeunesse comme Chaulieu il a aimé «les charmes de la paix», et dans la brochure imprimée, in-8° de huit pages, il a sous-titré *Les Cabales*: «œuvre pacifique».[62]

Voltaire avait une raison précise de s'en prendre à la «cabale» des athées. Il répondait à une attaque venant de ce côté-là. En avril 1772 parut un libelle, *Réflexions sur la jalousie, pour servir de commentaire aux derniers ouvrages de M. de Voltaire*. On l'accusait de jalousie envers les naturalistes, tel de Maillet, dont il combattait les idées, ainsi qu'envers Descartes, Montesquieu, Helvétius. On l'accusait de «caresser les gens en place, et d'abandonner ceux qui n'y sont plus»: allusion à Maupeou et à Choiseul. Voltaire a reçu cet écrit la veille de Pâques, pour l'aider à faire pénitence, plaisante-t-il.[63] Il ne tarde pas à en identifier l'auteur. Non pas Diderot, comme on le lui a dit, mais un ancien ami d'Helvétius: Georges Leroy, inspecteur des chasses du parc de Versailles.[64] Leroy avait

62. M.x.177-86.
63. M.xxviii.489.
64. D17707 (22 avril 1772), à d'Alembert; D17717 (29 avril 1772), à d'Argental.

collaboré à l'*Encyclopédie*, notamment par l'article «Instinct». Zoologue, il avait publié des *Lettres sur les animaux* en 1768, approuvées alors par Mme Du Deffand et par Voltaire.[65] En bon matérialiste, les critiques du patriarche contre le livre d'Helvétius, *De l'Esprit*, et contre *Le Système de la nature* l'avaient irrité. Il les impute à une basse jalousie. Voltaire rédige aussitôt une *Lettre sur un écrit anonyme*, réponse cinglante, datée du 20 avril. Après ses plaisanteries habituelles sur les «coquilles», sur les marsouins ancêtres de l'homme, le ton devient sérieux. Il connaît les «cabales» de Paris: le mot vient sous sa plume, et nous lisons une esquisse en prose de la satire en alexandrins. «Je sais combien on se passionne pour un système chimérique; [...] trois ou quatre énergumènes s'unissent pour décrier, pour injurier, pour perdre même, s'ils le peuvent, quiconque n'est pas de leur avis.» Il se justifie sur Choiseul, sur Maupeou, et termine en déclarant à l'auteur des *Réflexions* qu'il méprise ses «cabales absurdes, autant que [ses] lettres anonymes».[66]

Diderot mit fin à l'incident. Il adressa à Ferney une lettre apaisante. Voltaire répond en termes chaleureux.[67] Et comme Naigeon reprenait les accusations de Leroy – jalousie, ingratitude, courtisanerie –, Diderot, sans refuser les accusations, défend en Voltaire celui qui «tint toute sa vie son fouet levé contre les tyrans, les fanatiques», le «constant ami de l'humanité», celui qui a «prêché la liberté de penser, inspiré l'esprit de tolérance». Il conclut par la formule souvent citée: «Un jour cet homme sera bien grand, et ses détracteurs seront bien petits.»[68] Il est évident que Diderot ne veut pas que le désaccord philosophique soit poussé jusqu'à la rupture.

De son côté, Voltaire tient à se montrer actif sur l'autre front: celui du combat contre le fanatisme et la superstition. L'abbé Guénée lui en procure l'occasion. Ce professeur au collège du Plessis est un homme d'esprit. Pour répondre aux critiques bibliques, il prend le masque de correspondants juifs, évidemment experts en la matière. Il publie en 1769 des *Lettres de quelques juifs portugais et allemands à M. de Voltaire*.[69] Il imagine pour ses champions de l'Ancien Testament des noms très «couleur locale»: Joseph ben Jonathan, Aaron Mathataï, David Winker. Le débat porte notamment sur le célèbre épisode du veau d'or. Exode xxxii rapporte, on le sait, comment Moïse s'attardant à converser avec Dieu sur

65. D15471 (8 février 1769), Mme Du Deffand à Voltaire; D15483 (22 février), réponse de Voltaire.

66. M.xxviii.493, 494.

67. D17749 (18 mai 1772), à Diderot: la lettre de Diderot à Voltaire ne nous est connue que par cette réponse.

68. D17783 (vers juin 1772), Diderot à Naigeon.

69. Voltaire en possède un exemplaire dans sa bibliothèque, où il a inscrit quelques notes, *Marginalia*, iv.250-52.

le Sinaï, le peuple resté dans la plaine s'agite et interpelle Aaron: «Faites-nous des dieux qui marchent devant nous.» Aaron collecte alors les pendants d'oreilles des femmes, des fils et des filles, les «jette en fonte» et en forme un veau d'or. Le contexte implique que l'opération ne prit pas plus d'un jour ou deux. Dieu informe Moïse de ce qui se passe en bas, non sans faire cette remarque: «Je vois que ce peuple a la tête dure.» Moïse se hâte de redescendre parmi les siens. Il les trouve dansant autour du veau d'or. Saisi de fureur, il s'empare de la statue, la jette dans le feu et la pulvérise. Il dissout la poudre ainsi obtenue dans de l'eau et la fait boire aux Israélites. Puis, sur son ordre, les Lévites massacrent 23 000 hommes du peuple hébreu, pour les punir de leur idolâtrie. Un tel récit avait laissé Zapata, dans ses *Questions*, fort dubitatif. Etait-il possible de fondre, en un ou deux jours, une statue assez grande pour être vue de tout un peuple? Une statue d'or se laisse-t-elle réduire en poudre? «Sont-ce deux miracles?», demandait Zapata.[70]

Les apologistes du dix-huitième siècle se croyaient obligés de défendre l'exacte vérité historique du texte saint, en toutes ses parties. Guénée s'efforce donc de justifier Exode xxxii, du point de vue de la physique et de la chimie. Il assure qu'un fondeur, si on le presse, et si on le paie bien, peut fabriquer un veau d'or «en moins d'une semaine». Guénée a même trouvé deux artisans qui ne demandaient que trois jours. En cherchant bien, il ne désespère pas d'en trouver qui feront le travail encore plus rapidement. Voltaire de son côté a fait son enquête. Pendant le séjour de Pigalle à Ferney il l'a consulté.[71] Réponse du statuaire: il faut six mois au moins, la fonte d'une statue exigeant vingt opérations successives. Voltaire riposte donc à Guénée par un article «Fonte» destiné aux *Questions sur l'Encyclopédie*. Il y reproduit la déclaration écrite de Pigalle, datée du 3 juin 1770; il énumère par le détail les vingt opérations. Autres impossibilités: en jetant une statue d'or dans le feu, on ne la réduit pas en poudre, on la liquéfie. Quant à «l'or potable», c'est une «charlatanerie».[72] Mais Voltaire ne veut pas attendre que la réponse à Guénée paraisse à sa place alphabétique, en 1771, au tome VI des *Questions*. Il la publie dès août 1770 sous le titre *Fonte: art de faire en fonte des figures considérables d'or ou de bronze: réponse à un homme qui est d'un autre métier*. L'article fait suite dans la même brochure de cinquante-six pages à *Dieu, réponse au Système de la nature*. Voltaire entend ainsi marquer un équilibre: il combat tout ensemble les athées et ceux qui s'obstinent à défendre l'Ancien Testament. Il n'en a pas fini pour autant avec Guénée. Nous retrouverons celui-ci plus loin, lorsque les Juifs de l'abbé auront reçu le renfort de trois nouvelles recrues.

70. *Les Questions de Zapata*, *OC*, t.62, p.389.
71. Voir *Voltaire en son temps*, iv.427.
72. M.xix.161-68.

L'Ancien Testament continue donc d'exercer les facultés critiques du vieil homme. Il va advenir cependant que son esprit inventif ne s'en tiendra pas aux discussions et contestations. Il vit si bien dans ce monde biblique, tout ensemble irrité et fasciné, qu'il en tire un conte, dont le héros est encore un bovin, mais celui-là bien vivant, et même fort humain.

En mai 1772, il reçoit une lettre de Rome lui annonçant l'arrivée d'un neveu de son ami Ivan Shouvalov, le prince Fedor Nikolaevitch Galitzin.[73] Le prince, très jeune (il est né en 1751), a l'intention d'étudier à Genève. Voltaire l'héberge à Ferney et s'en dit très satisfait. «Tout malade que je suis, j'ai vu combien il est aimable. Il a fait la conquête de toutes les dames qui étaient chez moi.»[74] Le patriarche fut séduit au point d'offrir à l'aimable garçon un cadeau de nature, pensait-il, à le divertir. Un jour, un domestique apporta au jeune prince un cahier manuscrit. C'était *Le Taureau blanc*, dont nous trouvons ici la première mention. Qu'en pensa Fédor Nikolaevich? Rien de bon, apparemment. Quand il partit, quelques jours plus tard, il laissa le manuscrit sur la table de sa chambre. Marque de désapprobation dont Voltaire fut, nous dit-on, assez désappointé.[75] Le jeune Russe, élevé apparemment dans la révérence des Saintes Ecritures, était resté réfractaire à ce que manifestait le récit du *Taureau blanc*: chez le vieil homme la permanence d'une vitalité que des accidents de santé allaient mettre bientôt à dure épreuve.

73. D17732 (8 mai 1772), Basile Poliansky à Voltaire. Th. Besterman adopte l'orthographe Golitsuin, M. P. Alexeyev celle de Féodor Galitzine. Nous nous en tenons à celle qu'emploie Voltaire: Galitzin.

74. D17796 (27 juin 1772), à Ivan Shouvalov.

75. Cet épisode est rapporté, d'après une tradition de famille confirmée par une biographie de F. N. Galitzin, dans M. P. Alexeyev, *Voltaire et Schouvaloff, fragments inédits d'une correspondance franco-russe au XVIIIème siècle* (Odessa 1928), p.8, 24, n.14. Nous supposons que ce *Taureau blanc* de 1772 ressemblait à la version manifestement archaïque qui sera publiée en 1774. Voir ci-dessous, p.71-72.

4. Une diplomatie des Lumières

Fedor Nikolaevitch appartenait à cette Europe des princes que, du moins dans sa partie orientale, Voltaire croyait largement acquise à sa cause. Il énumère volontiers ces augustes cautions: Catherine II, Frédéric II, le roi de Danemark, «beaucoup de princes de l'Empire et toute l'Angleterre». En tête de l'énumération vient l'exotique «empereur de la Chine»: bien à tort, malgré le *Poème de Moukden* de Kien-long et l'*Epître* voltairienne *au roi de Chine*. En revanche, c'est à juste titre qu'il inscrit dans la liste «la reine de Suède», c'est-à-dire la sœur de Frédéric II Louise Ulrique, et surtout «son fils», le futur Gustave III.[1]

Le prince royal de Suède avait des titres à sa reconnaissance. Ce neveu de Frédéric II s'était initié au français et aux Lumières par *La Henriade*.[2] Sous la direction de ses précepteurs, et notamment du comte Karl Frederik Scheffer, à l'âge de quatorze ans il commentait le poème épique, par écrit, en français.[3] Enthousiaste des idées nouvelles, le jeune prince ose intervenir dans l'affaire *Bélisaire*.[4] Il apporte par une lettre son appui à Marmontel contre la Sorbonne. Il profite, assure-t-il, «des grandes leçons», que l'auteur donne aux rois, «et à ceux qui sont destinés à l'être». «Le plaisir», continue-t-il, «d'avoir contribué au bonheur des hommes vaut mieux que celui d'avoir contenté quelques docteurs en théologie.» Louise Ulrique, sa mère, ajoute en post-scriptum quelques mots d'approbation. Marmontel s'empresse d'envoyer à Voltaire une copie de la missive.[5] Le philosophe de Ferney pouvait donc à bon droit compter parmi les protecteurs, «dans le nord», de la philosophie, «si mal accueillie par les princes du midi», le jeune Gustave et la reine de Suède.[6]

Au début de 1771, le prince fait un séjour à Paris, accompagné de Scheffer et de son frère cadet (qui sera Charles XIII). Ses contacts avec les philosophes – Marmontel, Grimm, Thomas, Morellet, Helvétius – le déçoivent quelque peu:

1. D16778 (23 novembre 1770), à d'Alembert. Enumération comparable dans D17619 (2 mars 1772), à d'Argental, où est ajouté le roi de Pologne, Stanislas Auguste Poniatowski.

2. G. von Proschwitz, *Gustave III par ses lettres* (Stockholm, Paris 1986), p.9.

3. G. von Proschwitz, *Idées et mots au siècle des Lumières* (Göteborg, Paris 1988), p.201.

4. Voir *Voltaire en son temps*, iv.325.

5. D14471 (8 octobre 1767). Marmontel publie la lettre dans le recueil des *Lettres écrites à M. de Marmontel au sujet de «Bélisaire»*; von Proschwitz, *Idées*, p.204, n.11.

6. Comme le lui écrivait d'Alembert, D15438 (19 janvier 1769).

ces gens-là «sont plus aimables à lire qu'à voir».[7] Mais il se plaît fort et réussit bien dans les salons parisiens. On apprécie que ce futur souverain se présente «sans aucun cérémonial». On lui «donne à souper en petite compagnie», comme à un simple particulier. Il apparaît «d'une très bonne conversation, poli, gai, facile», et est bien reçu de Louis XV.[8] Voltaire espère sa visite à Ferney pour Pâques.[9] Mais le roi de Suède Adolphe Frédéric meurt (12 février). Gustave, prince héritier, doit rentrer à Stockholm. Il semble pourtant quitter Paris à regret. Il s'attarde encore près d'un mois et demi, prenant le temps de se rendre à l'Académie des sciences.[10]

L'année suivante, le nouveau roi va faire un coup d'Etat. Depuis la mort de Charles XII un régime parlementaire aristocratique s'était installé en Suède. Mais au fil des années l'institution s'était dégradée. La lutte des deux partis, les «chapeaux» et les «bonnets», paralysait le Sénat, assemblée quasi-souveraine. Le 19 août 1772, Gustave décide de s'emparer des pleins pouvoirs. Dès qu'il est informé, Voltaire approuve «la belle révolution de Suède, opérée avec tant de fermeté et de prudence par le roi».[11] Il félicite Gustave III par une épître en vers:

> Un Etat divisé fut toujours malheureux.
> De sa liberté vaine il vante le prestige.
> Dans son illusion sa misère l'afflige.[12]

En cette reprise en main, d'ailleurs discrètement appuyée par la France, il voit l'application de ce qui est l'un des aspects de sa politique: l'absolutisme éclairé. Gustave III a réussi ce que tente Stanislas Auguste Poniatowski dans la malheureuse Pologne, royaume menacé de mort par l'anarchie de la diète. Voltaire fait le rapprochement dans une note de ses *Lois de Minos* (V.4).

La Suède, en ce dernier tiers du siècle, n'occupe en Europe qu'une position marginale. Le jeu politico-militaire se développe, pour l'essentiel, autour de la Pologne et de l'empire ottoman, entre la Prusse, l'Autriche et la Russie. Dans ces affaires, Voltaire va s'engager et se méprendre gravement.

En 1768, le sultan avait déclaré la guerre à la Russie, à l'occasion d'un incident de frontière lié aux opérations russes en Pologne. En suite de quoi, les troupes de Catherine multiplièrent les succès contre les Turcs.[13] La flotte russe de la

7. Von Proschwitz, *Idées*, p.208.
8. D17031 (19 février 1771), Mme Du Deffand à Voltaire.
9. D17052 (1er mars 1771), à Frédéric II.
10. D17099 (19 mars 1771), n.7: Gustave III rend visite à l'Académie des sciences le 7 mars et part pour son royaume le 25.
11. D17911 (15 septembre 1772), au landgrave de Hesse-Cassel.
12. M.x.447-48.
13. Voir *Voltaire en son temps*, iv.129.

Baltique s'était dirigée vers la Grèce, partie intégrante de l'empire ottoman; l'Angleterre avait fourni les fonds et l'encadrement nécessaires. En février 1770, un débarquement eut lieu sur la côte ouest du Péloponnèse. Mais, contrairement aux espoirs russes, les populations ne saisirent pas cette occasion pour se révolter contre leurs maîtres turcs. La flotte russe alors s'attaqua à la flotte ottomane et remporta une victoire complète à Tschesmé: victoire malheureusement peu exploitable, puisque les navires russes ne peuvent pas franchir les détroits. Le but de Catherine était évidemment d'agrandir son territoire, et de faciliter son accès à la mer. Elle voulait s'assurer la libre navigation sur la mer Noire, notamment en contrôlant la forteresse de Kerch, située entre la mer d'Azov et la mer Noire. Elle voulait aussi d'une part détacher le khanat de Crimée de l'empire ottoman, d'autre part assurer sa domination sur la Valachie et la Moldavie. L'offensive contre les Turcs lui donnait les moyens de réaliser ses ambitions. Mais elle inquiétait les autres puissances, particulièrement l'Autriche. La diplomatie française aidait à la fois le sultan et les confédérés de Bar, ces patriotes soulevés contre la mainmise russe sur la Pologne. Les embarras de la guerre russo-turque accordaient aux confédérés un répit bienvenu. De son côté, de Broglie, chef de la diplomatie secrète, alors fort active, était favorable à un traité défensif entre la France et la Turquie. L'Autriche était alliée à la France, et la Prusse à la Russie: les entreprises de Catherine II risquaient donc d'entraîner une guerre générale, un «embrasement général», comme l'écrit Frédéric II à Voltaire.[14]

En présence d'un tel danger, l'Autriche et la Prusse opérèrent un rapprochement qui va amener Catherine II à accepter la paix. Le 6 juillet 1771, l'Autriche inquiète conclut avec la Porte un accord secret qui garantissait l'intégrité de l'empire ottoman: elle préférerait tenir la Russie à l'écart du Danube, où elle veut exercer une influence exclusive. La tension croît entre Vienne et Saint-Pétersbourg. Dès 1769, Joseph II, récemment associé à l'empire par sa mère Marie-Thérèse, a rencontré Frédéric II à Neisse, en Silésie. Il l'a revu en septembre 1770 à Neustadt en Moravie, à la demande des Turcs qui souhaitent leur commune médiation. Frédéric II, quant à lui, n'est plus le roi belliqueux qu'il a été. Il développe une nouvelle réflexion politique, prenant mieux en compte les inconvénients économiques et les risques du recours aux armes. Il ne veut pas prendre parti dans le conflit russo-turc, et a beau jeu de rappeler à Voltaire la condamnation de la guerre dans l'article du *Dictionnaire philosophique* traitant de ce sujet.[15] Il craint que la Russie et l'Autriche ne profitent de l'écrasement de l'empire ottoman pour se partager les territoires européens des Turcs. Finalement l'attitude des puissances, mais aussi des difficultés intérieures –

14. D17099 (19 mars 1771).
15. D18581 (9 octobre 1773).

la révolte de Pougatchev – conduisent Catherine II à faire la paix avec le sultan par le traité de Kütchük-Kaynardja (21 juillet 1774), après une dernière offensive décisive des troupes russes (avril-juillet 1774): le maréchal Rumyantsev pénètre en Bulgarie et affronte l'armée du grand vizir.

Sans doute Catherine II ne réalisait pas le rêve, complaisamment évoqué par Voltaire, de se faire couronner à Constantinople.[16] Elle renonçait à la Moldavie, la Valachie, la Bessarabie. Pourtant elle obtenait des avantages non négligeables: le contrôle de la Crimée (purement et simplement annexée en 1783), la présence à Istanbul d'un ambassadeur permanent, le statut de protecteur de tous les orthodoxes de l'empire ottoman, des droits politiques pour les Roumains, et surtout la liberté pour les bateaux russes de naviguer dans la mer Noire et en Méditerranée. Au terme d'un conflit long et difficile, l'impératrice avait sensiblement affaibli la puissance ottomane.

Voltaire ne peut qu'approuver cette paix. Toujours «la paix est une très belle chose».[17] Mais il avait souhaité des résultats plus spectaculaires. Dès le début des hostilités, il avait préconisé la guerre à outrance contre cette sorte d'Infâme qu'est la domination ottomane. Il l'avouera, c'est bien une «croisade», qu'il prêche, à l'instar de «ce fou de Pierre l'ermite».[18] Il se réjouit vivement de chaque victoire russe annoncée par les gazettes ou par Catherine II elle-même. Il compare les expéditions de ses armées à celle d'Hannibal. Il dit «l'excès» de sa «joie» à chaque victoire; «Catherine la surprenante» est son «héroïne». Il résume son attitude dans une formule amusante: «On est un peu Mustapha à Rome et en France. Je suis catherin et je mourrai catherin.»[19]

Dans son enthousiasme belliqueux, il va jusqu'à proposer à la tsarine l'engin de mort qu'il a inventé: son char de combat muni de faux, inspiré de l'antiquité. «Hier», lui mande-t-il, «deux excellents meurtriers allemands m'assurèrent que l'effet des chars était immanquable dans une première bataille, et qu'il serait impossible à un bataillon ou à un escadron de résister à l'impétuosité et à la nouveauté d'une telle attaque.» Il ajoute – considération qui a son importance en temps de guerre – que cette arme serait peu dispendieuse.[20] A la différence du ministère français, naguère,[21] Catherine prend la proposition au sérieux. Elle consulte des officiers, fait fabriquer deux prototypes. Mais les hommes du métier ne sont pas convaincus. Les opérations que mènent les troupes russes ne

16. D16616 (28 août 1770), à Catherine II.

17. D18943 (16 mai 1774), à Catherine II.

18. D18501 (28 octobre 1773), à Frédéric II.

19. D16071 (2 janvier 1770); D16616 (28 août 1770); D17052 (1er mars 1771); D16549 (27 juillet 1770); D16348 (18 mai 1770). Mustapha est le sultan régnant alors à Constantinople.

20. D16285 (10 avril 1770).

21. *Voltaire en son temps*, iii.309.

comportent guère de batailles rangées. La dispersion des ennemis les soustrairait donc au choc des chars. On ajoutera que les chars de Voltaire, nécessairement à traction animale, étaient très vulnérables. Il leur manquait un moteur. L'idée tactique était juste. Mais la technologie permettant de la mettre en œuvre n'apparaîtra qu'au vingtième siècle. Voltaire cependant ne se décourage pas. Pendant plusieurs mois il insiste, adoptant pour n'être pas importun un ton badin: «je voudrais avoir du moins contribué à vous tuer quelques Turcs.»[22]

Cette ardeur militaire du philosophe le met dans une étrange situation. Ses correspondants couronnés, peu scrupuleux pourtant à verser le sang, lui rappellent les sombres réalités des batailles. Frédéric ironise: «Vous qui avez de tout temps déclamé contre la guerre, voudriez-vous perpétuer celle-ci?»[23] Et Catherine II, évoquant le port de Clazomène, rouge de sang après la destruction de la flotte turque: «La guerre est une vilaine chose, Monsieur.»[24] Mais, dans l'esprit de Voltaire, cette guerre ne ressemble point aux autres. Elle est une croisade vraiment, entreprise pour une grande cause. Il voudrait que sa chère impératrice ne fût pas seule à mener le bon combat, contre le Barbare. En novembre 1770, Catherine II, inquiète des réactions hostiles de l'opinion française, songe à recourir à son illustre correspondant. De sa part, le comte André Shouvalov, l'habituel intermédiaire, demande à Voltaire de trouver «un jeune littérateur débutant» qui écrirait un article de propagande en faveur de la tsarine. Il fournit même le plan, en six points à traiter successivement. L'article sera payé 1 000 ducats, confiés en dépôt au philosophe de Ferney.[25] Voltaire répond plaisamment qu'il sera le littérateur débutant – moyennant les 1 000 ducats.[26] Il compose sur le champ le texte demandé. Il l'intitule *Le Tocsin des rois*.[27] Il rappelle les mauvais traitements que la Sublime Porte se plaît à infliger aux ambassadeurs européens: insultes, coups, incarcération... Il exhorte les puissances à s'unir contre les Turcs dont il souligne la menace qu'ils représentent pour l'Europe. Il minimise au contraire le danger d'une extension de la puissance russe. L'appel s'adresse en premier lieu à «l'impératrice des Romains, Marie-Thérèse», et à son fils Joseph II. Voltaire souhaiterait associer à l'opération la république de Venise (qui devrait reconquérir Candie),[28] mais surtout Frédéric II. Il encourage le roi de Prusse à soutenir les efforts militaires de la tsarine. Il caresse même, au moins en rêve, un vaste projet.

22. D16575 (11 août 1770), à Catherine II.
23. D16803 (4 décembre 1770).
24. D16670 (27 septembre 1770).
25. D17464 (20 novembre 1771).
26. D17526 (25 décembre 1771), à André Shouvalov.
27. Le *Mercure de France* refuse le texte: la Turquie est une alliée traditionnelle de la France. *Le Tocsin des rois* parut dans *Le Mercure historique et politique*, feuille de moindre audience (M.xxviii.463-68).
28. D16788 (26 novembre 1770), à Catherine II.

Frédéric pourrait de son côté chasser le pape: «Que ne vous chargez-vous du vicaire de Simon Barjone tandis que l'impératrice de Russie époussette le vicaire de Mahomet?»[29] Double croisade, qui débarrasserait le monde des deux chefs les plus redoutables des religions révélées, en qui se confondent, de façon exemplaire, pouvoir temporel et mainmise spirituelle. Réaliste, Voltaire tient compte des ambitions territoriales des uns et des autres. Il fait miroiter à Frédéric qu'il ne serait pas étonné «si, dans ce charivari, Votre Majesté arrondit sa Prusse», et, oublieux de la géographie, il lui conseille encore en 1771 de «s'arrondir» en «poussant par delà Belgrade».[30] Quant à l'empereur, il saisirait «l'occasion pour s'emparer de la Bosnie et de la Servie, ce qui ne coûterait que la peine du voyage».[31] Il faut bien récompenser les artisans d'une noble entreprise.

Celle-ci ne consiste pas seulement à chasser le sultan. Les expressions les plus savoureuses, dans la correspondance, visent Mustapha, «ce gros cochon», «le cochon du croissant», qu'il faut «rosser».[32] La croisade s'inspire en outre d'une plus vaste ambition. Sur la décadence de la Grèce, Voltaire se limite à des vues sommaires. Il ne tient nul compte du déclin de l'époque romaine, ni de celui de l'empire byzantin. Il accuse uniquement la conquête ottomane. Ce sont les Turcs qui «ont dévasté, appauvri et abruti la Grèce entière»; ils furent «les destructeurs de la patrie d'Homère, de Sophocle et de Démosthène».[33] Il revient sans cesse sur ce thème. «Ces vilains Turcs» furent «les éteignoirs de la belle Grèce».[34] Il se dit «toujours affligé de voir un pacha fouler aux pieds la cendre de Thémistocle et d'Alcibiade».[35] D'une vision aussi simplificatrice résulte ce qu'il attend, si se réalisent ses «belles espérances de voir les mahométans chassés d'Europe». Dans l'hypothèse où Joseph II aurait bien voulu «à la tête d'une armée attendre Catherine seconde à Andrinople», que serait-il arrivé, selon le philosophe de Ferney? On aurait vu «l'éloquence, la poésie, la musique, la peinture, la sculpture, renaissantes dans Athènes». Hélas! ni Frédéric II ni l'empereur ne veulent «courir au Bosphore». Ils ne veulent point faire de croisade.[36] La propagande anti-turque de Voltaire s'inspire donc bien de l'esprit des Lumières, tel qu'il les conçoit: l'apogée d'une civilisation se manifestant par l'éclat des lettres et des arts. Il s'agit de ressusciter la Grèce, telle qu'elle fut au siècle de Périclès et d'Alexandre –

29. D16397 (8 juin 1770).

30. D16549 (27 juillet 1770); D17135 (12 avril 1771).

31. D16549 (27 juillet 1770), à Frédéric II.

32. D16215 (10 mars 1770); D17223 (3 juin 1771); D17557 (14 janvier 1772).

33. D17379 (23 septembre 1771), à la Polonaise Jablonowska, qui plaide pour une alliance de la Pologne avec les Ottomans contre la Russie.

34. D18012 (13 novembre 1772), à Frédéric.

35. D18538 (4 septembre 1773), au même. Il ajoute: «Cela me fait autant de peine que de voir des cardinaux caresser leurs mignons sur le tombeau de Marc Aurèle».

36. D18538 (4 septembre 1773), à Frédéric II; D18557 (22 septembre 1773), au même.

l'un des quatre grands siècles de l'histoire humaine. Condition nécessaire et, selon Voltaire, suffisante : la libérer de la domination ottomane.

Politique idéaliste, où se plaît son imagination de poète. Il transfigure Catherine II en une sorte d'héroïne de tragédie, « une héroïne de la maison d'Ascanie ».[37] Une femme d'exception, entourée d'une *aura* de sensualité et de violence. Combattant pour l'empire d'Orient, elle semble sortir de la légende antique, et son histoire d'un poème homérique : « Araxe, le Cirus, le Phase [...], le Pont-Euxin sont de bien beaux mots à prononcer ».[38] En 1771, il compose une *Epître à l'impératrice de Russie, Catherine II*, où sont rassemblés les éléments épars dans sa correspondance. L'essentiel, que disent les premiers vers, est l'admiration pour la souveraine éclairée :

> Elève d'Apollon, de Thémis, et de Mars,
> Qui sur ton trône auguste as placé les beaux-arts,
> Qui penses en grand homme, et qui permets qu'on pense ;
> Toi qu'on voit triompher du tyran de Byzance,
> Et des sots préjugés, tyrans plus odieux [...]
> C'est du Nord aujourd'hui que nous vient la lumière.

Assertion hyperbolique, qu'accompagne un sourire. Il continue :

> Je ne veux point qu'un Turc à son plaisir se joue
> Des droits de la nature et des jours des humains [...]
> Tu venges l'univers en vengeant la Russie.
> Je suis homme, je pense ; et je te remercie.

Il en vient ensuite à son thème préféré : la libération de la Grèce, qui retrouvera sa grandeur antique :

> Puissent les dieux surtout, si ces dieux éternels
> Entrent dans les débats des malheureux mortels,
> Puissent ces purs esprits émanés du grand Etre [...]
> Conduire tes guerriers aux champs de Marathon,
> Aux remparts de Platée, aux murs de Salamine !
> Que, sortant des débris qui couvrent sa ruine,
> Athènes ressuscite à ta puissante voix [...]
> Tu changeras les Grecs en guerriers généreux ;
> Ton esprit à la fin se répandra sur eux.

Car, contrairement à ce que prétend Montesquieu,

> Ce n'est point le climat qui fait ce que nous sommes.
> Pierre était créateur, il a formé des hommes.

37. D16683 (2 octobre 1770), à Catherine II.
38. D16686 (5 octobre 1770), au comte de Schomberg.

Tu formes des héros... Ce sont les souverains
Qui font le caractère et les mœurs des humains.[39]

Belle confiance dans une politique éclairée !

Une confiance aveugle ? Moins qu'on ne l'a dit.[40] Il ne faut pas se fier totalement aux dithyrambes de la correspondance, ou aux éloges publics comme celui-ci. Que Voltaire ait quelque connaissance de la réalité, telle qu'elle existait dans la «Russie profonde», deux affaires vont le manifester.

D'abord celle du *Voyage en Sibérie*. L'abbé Chappe d'Auteroche avait accompli en 1761 une mission géographique en Russie, «par ordre du roi». Il était allé jusqu'à Tobolsk. Il avait établi «le nivellement de la route entre Paris» et cette ville sibérienne. «Muni de toute la science de l'Europe» et des meilleurs instruments, il avait observé à Tobolsk le passage de Vénus sur le soleil. Mais il ne s'en était pas tenu à une enquête scientifique. Il n'avait pas, comme le prétendra Catherine II, «couru la poste dans un traîneau bien fermé».[41] Il avait examiné, sur son trajet, ces populations russes, si peu connues, si différentes du reste de l'Europe. A son retour il publia un *Voyage en Sibérie* [...] *contenant les mœurs, les usages des Russes et l'état actuel de cette puissance*. Il révélait qu'une fois dépassés Saint-Pétersbourg et la façade occidentalisée de l'empire, les réformes avaient peu affecté la masse du peuple. Il rapportait des coutumes archaïques, parfois fort choquantes pour un Européen de l'Ouest.[42] Ce livre mit Catherine II en fureur, précisément par ce qu'il avait de trop véridique. Il fallait d'urgence combattre son effet désastreux sur l'opinion éclairée, en un moment où la politique de conquête menée par la tsarine était si critiquée. Catherine II fit rédiger par sa confidente la princesse Dashkova, aidée de Shouvalov et de Falconet, un *Antidote ou examen du mauvais livre superbement imprimé intitulé « Voyage en Sibérie »* (s.l. 1770). Voltaire avait dans sa bibliothèque cet *Antidote*, mais aussi l'ouvrage de l'abbé Chappe.[43] La princesse Dashkova se trouvant en France, elle jugea utile de se rendre elle-même auprès du grand homme. Ce fut une visite tout à fait hors protocole. Invitée à souper pour le 10 mai 1773, à sept heures du soir, elle trouve Voltaire malade, affaibli, en pleine dépression. Il a eu la nuit précédente une hémorragie. Il est allongé dans un grand fauteuil. Mais, comme la princesse

39. M.x.435-37.

40. Albert Lortholary, *Le Mirage russe en France au XVIIIème siècle* (Paris 1951): l'ouvrage, à sa date, vise indirectement un autre «mirage russe», celui qui avait gagné une partie de l'opinion après la deuxième guerre mondiale.

41. D19912 (9 février 1776), à Bailly ; D16999 (3 février 1771), Catherine II à Voltaire.

42. Ainsi, il rapporte qu'au cours d'un mariage, on exhibait à l'assistance les preuves de la virginité de l'épousée.

43. L'*Antidote* dans une édition de Marc Michel Rey (Amsterdam 1771), le *Voyage en Sibérie* dans l'édition de Paris, 1768.

s'excuse, il lève les bras au ciel théâtralement: «Qu'est-ce que j'entends? Sa voix est véritablement celle d'un ange.» Porté par ses gens, il assiste au repas sans y prendre part. La princesse soupe en compagnie de deux fermiers généraux. Il l'invite à revenir. Elle revient en effet le lendemain. Transformation complète de Voltaire. Tout ragaillardi, il lui paraît tel qu'elle l'imaginait, d'après ses écrits.[44] Elle l'entretient de Catherine II, longuement: «quatre heures de suite». Voltaire admire: «J'ai cru voir Thomyris qui parle français.»[45]

L'a-t-elle pour autant détourné de croire l'abbé Chappe? Non. Il confiera à Rulhière, bon connaisseur de la Russie, qu'il a pris le parti de l'abbé contre la princesse Dashkova.[46] Les marques de lecture dans son exemplaire du *Voyage en Sibérie* le confirment: elles indiquent ce qui a retenu son attention. Il a placé un signet à la gravure représentant le «supplice du knout ordinaire». En cet endroit, Chappe raconte l'histoire de Mme Lapuchin. Cette dame, l'une des plus belles femmes de la cour, fut condamnée au knout. Elle fut donc fouettée en public, dans la rue. Cette scène barbare se passait à Saint-Pétersbourg, récemment, sous le règne d'Elisabeth Petrovna. Un autre signet, et une note de Voltaire, «esclaves», marque un parallèle de l'abbé Chappe entre l'esclave ou serf polonais, qui est un paysan, et l'esclave russe qui, sans attache terrienne, est ivrogne et voleur:

> L'esclavage a détruit chez les Russes tous les droits de la nature: l'homme est en Russie une denrée de commerce qu'on vend quelquefois à vil prix; on arrache souvent des enfants des bras de leurs mères pour les vendre à des personnes livrées à la débauche.[47]

Voltaire dut faire la réflexion que les esclaves de Russie étaient plus malheureux encore que ses chers serfs du Mont-Jura.

Les réformes de Catherine II s'accompagnaient de ce qui en est la négation: l'extension du servage, et sa dégradation, réduisant le serf à l'état d'esclave. Le sort affreux infligé aux moujiks fut pour beaucoup dans le succès que remporta la révolte de Pougatchev. Ce chef de cosaques prit la tête d'une jacquerie sauvage de paysans, réduits au servage au profit de la noblesse. La révolte s'étendit parmi les cosaques du Don et de l'Oural, et chez les Bachkirs de la Volga. L'armée des insurgés compta jusqu'à 25 000 hommes. Pougatchev prétendait être Pierre III, c'est-à-dire le mari même de Catherine II, ressuscité.[48] Il s'empara d'Orenbourg et de Kazan. On craignit à un certain moment un soulèvement des serfs de Moscou. L'insurrection dura quatre ans (1771-1775). Catherine II fut obligée d'envoyer contre Pougatchev une armée commandée par Bibikof, à laquelle se joignirent des nobles volontaires de Kazan. Finalement, Pougatchev fut livré par

44. D.app.343, mai 1771.
45. D17191 (15 mai 1771), à Catherine II; D17255 (21 juin 1771), à Marmontel.
46. D19067 (8 août 1774).
47. *Marginalia*, ii.487-99.
48. Comme le remarque Voltaire, D18833 (4 mars 1774), à Richelieu.

les siens. Conduit devant la tsarine, il fut condamné à mort, décapité, et son corps fut découpé en morceaux.[49] L'événement entachait l'image d'une Russie foyer des Lumières. Le dénouement intervint pendant le séjour de Diderot à Saint-Pétersbourg. Le philosophe français est informé. Mais la souveraine dans ses entretiens avec lui évite un tel sujet: il «ne dérange en rien», assure-t-elle, le plaisir qu'elle prend à ces conversations. A Voltaire, elle ne parle de Pougatchev qu'au moment où elle est sûre d'avoir le dessus, le 30 janvier 1774, et elle minimise: ce n'est qu'une «incartade de l'espèce humaine», imputable à «un voleur de grand chemin».[50] Voltaire répond sur le même ton badin, faisant mention de «M. de Pougatchev», du «marquis de Pougatchev». Il a pourtant exprimé son étonnement:

> Je croyais que la province d'Orenbourg était le plus agréable pays de votre empire, que les Persans y avaient apporté tous leurs trésors pendant leurs guerres civiles, qu'on ne songeait qu'à s'y réjouir, et il se trouve que c'est un pays barbare, rempli de vagabonds et de scélérats.[51]

Aveu, où il laisse entrevoir son intuition de la réalité. «Vos rayons ne peuvent pas pénétrer partout en même temps», concède-t-il dans la même lettre. Mais lorsque, quelques mois plus tard, Constant d'Hermenches lui annonce son dessein d'entrer au service de la Russie et qu'il sollicite sa recommandation, il le dissuade de prendre un tel parti: l'officier aurait tort «d'aller chercher dans un climat affreux» ce qu'il ne trouverait peut-être pas.[52] Depuis longtemps, Voltaire avait, confidentiellement, désigné à d'Alembert Catherine II comme «la puissance la plus despotique qui soit sur la terre».[53] Après ses mésaventures prussiennes, il sait combien sont à craindre les despotes, si éclairés qu'ils se prétendent. Toutefois l'intérêt supérieur de la cause philosophique exige qu'on se ménage l'appui de souverains aussi prestigieux.

Voltaire estime Catherine II en mesure de combattre l'obscurantisme de la Sublime Porte et pareillement de réprimer en Pologne le fanatisme religieux. Les deux entreprises vont de pair. «Un petit démon familier» a dit «tout bas à l'oreille» du philosophe de Ferney que la tsarine, «en humiliant d'une main l'orgueil ottoman», pacifiera «de l'autre la Pologne».[54] Le royaume polonais comprenait, dans ses frontières antérieures au partage, à côté de la majorité catholique, d'importantes minorités religieuses: orthodoxes, nombreux dans sa partie ukrai-

49. D19298 (20 janvier 1775), Catherine II à Voltaire.
50. D18782 (30 janvier 1774), Catherine II à Voltaire.
51. D18831 (2 mars 1774), à Catherine II.
52. D19023 (15 juillet 1774), à Constant d'Hermenches.
53. D18438 (26 juin 1773).
54. D17283 (6 juillet 1771), à Catherine II.

nienne, luthériens à l'ouest, pour ne rien dire de la population juive. Nous avons vu comment Catherine II était intervenue dans cette Pologne anarchique en prétendant défendre la tolérance en faveur des dissidents.[55] Il échappe à Voltaire qu'elle veut ainsi assurer son influence à Varsovie. Il croit que la résistance armée aux Russes, celle des confédérés de Bar, n'est, comme le lui écrit Catherine II, qu'un rassemblement de «brigands», lesquels «commettent tous les jours des férocités épouvantables envers tous ceux qui ne se joignent pas à leur clique pour brûler et piller leur propre pays».[56] La cause polonaise a de puissants appuis en France, notamment dans la haute société, où les Polonais sont nombreux. On publie à Paris un *Manifeste de la république confédérée de Pologne*. Voltaire réplique. Il revêt cette fois le personnage d'un pope orthodoxe, ou «papa», et il donne un *Sermon du papa Nicolas Charisteski, prononcé dans l'église de Sainte-Toleranski, village de Lithuanie, le jour de Sainte-Epiphanie*: brochure dont la *Correspondance littéraire* rend compte, ironiquement, à la date d'avril 1771.[57] Selon le «papa», c'est bien la tolérance qui est en cause. Il s'indigne de l'«alliance monstrueuse» des confédérés «avec la Porte des Turcs». Heureusement, «la main puissante de Catherine, qui écrase l'orgueil ottoman [...], est celle qui a signé que la première de ses lois est la tolérance». Le «papa» fait l'éloge de Stanislas Auguste Poniatowski, qui doit sa couronne à la protection russe: «roi sage», «roi juste». Les confédérés le persécutent, affirme-t-il, parce qu'ils le soupçonnent de sympathie pour la tolérance.[58]

Le «papa» Voltaire ne change pas d'opinion, après la tentative que fait auprès de lui une personnalité que nous avons déjà rencontrée, la princesse de Talmont, grande dame française, née Maria Jablonowska, cousine de Stanislas Auguste Poniatowski. Elle lui adresse une lettre émouvante, accompagnée du manifeste des confédérés, et lui envoie un émissaire.[59] Voltaire refuse d'entendre. Quand il s'agit d'affaires politiques, il a une réponse toute prête: il ne se mêle pas des «affaires d'Etat».[60] «Ce vieillard», mande-t-il à la princesse, «est fort éloigné d'oser se mêler aux querelles des nations.»[61] Il est d'autant moints tenté de changer d'avis qu'un événement à la fin de 1771 semble lui donner raison. Des confédérés ont tenté d'assassiner le roi Stanislas. Les conjurés ont prêté serment devant le maître-autel de la Vierge noire de Czestochowa, patronne de la Pologne,

55. *Voltaire en son temps*, iv.128.
56. D17224 (4 juin 1771).
57. CLT, ix.283-84. Voltaire a bien entendu envoyé à Catherine II le *Sermon*, «réponse modeste aux mensonges un peu grossiers et ridicules que les confédérés de Pologne ont fait imprimer à Paris», D17191 (15 mai 1771).
58. M.xxviii.411-12.
59. D17227 (4 juin 1771).
60. D17123 (5 avril 1771), au prince de Beauvau.
61. D17240 (15 juin 1771).

après avoir communié. Nul doute: «le crime est bien le fruit du fanatisme religieux».[62] Aussi les ombres de Clément, Ravaillac et autres régicides planent-elles sur les récits indignés que Voltaire fait de l'attentat.

L'émotion ranime alors sa veine tragique. Il va transposer à sa manière la situation polonaise, dans une nouvelle tragédie, *Les Lois de Minos*. Il improvise rapidement selon son habitude: le manuscrit est présenté pour lecture aux Comédiens-Français en mars 1772.

Ces *Lois de Minos* vont avoir, nous le verrons, une destinée malheureuse.[63] La pièce ne sera jamais jouée à Paris. Les contemporains la dédaigneront. Elle conserve aujourd'hui une mauvaise réputation: «une tragédie bien soporifique», selon Jean Fabre.[64] Nous ferons ici appel de ce jugement. Pièce sans doute non jouable, mais qui prend intérêt dans son contexte historique, par les thèmes politiques qu'elle développe. Voltaire se référait à la Pologne, au temps de la confédération de Bar. Il a pris soin de communiquer les clefs de l'œuvre, dans une lettre à Richelieu. Son roi Teucer représente Stanislas Auguste Poniatowski, le grand prêtre n'est autre que l'évêque de Cracovie, et dans le temple de Gortyne, lieu de l'action, il faut reconnaître le sanctuaire de Czestochowa.[65]

En apparence, nous sommes dans la Crète antique, à une époque où les «lois de Minos», fort sanguinaires, restent en vigueur. Le royaume étant en guerre avec le peuple des Cydoniens, ses voisins, une jeune Cydonienne nommée Astérie vient d'être enlevée. Le «grand sacrificateur» Pharès exige qu'en application desdites lois la jeune fille soit sacrifiée aux dieux. Le roi Teucer voudrait la sauver. Mais il est loin de pouvoir imposer sa volonté. Il n'est qu'un roi électif, puisque dans cette Crète «la naissance a cessé de donner la suprême puissance» (I.1). Les grands ne choisissent les rois «que pour les outrager» (I.1). Nous apprenons qu'en Crète tout noble a le droit au Sénat «de s'opposer d'un mot à toute nouveauté» (II.4): une note de Voltaire précise qu'il s'agit du *liberum veto*. Nous sommes donc bien, sous un déguisement antique, dans cette Pologne du dix-huitième siècle où le veto d'un seul noble de la diète avait le pouvoir d'empêcher toute décision. Cependant Voltaire corse à sa manière le drame polonais. Le Sénat crétois est dominé par un parti religieux fanatique, que dirige Pharès, ce Pharès étant une nouvelle incarnation du prêtre voltairien assoiffé de sang. «Un prêtre veut mon sang», soupire Astérie (II.3). Comme l'action se situe dans une antiquité pratiquant en ses temples les sacrifices d'animaux, le poète peut donner libre cours à un imaginaire associant fanatisme et sang versé. Les temples sont ici – ce qui n'était évidemment pas le cas des églises de la Pologne

62. D17493 (6 décembre 1771), à Frédéric II.
63. Voir ci-dessous, ch.VI, p.88-89.
64. *Stanislas-Auguste Poniatowski et l'Europe des Lumières* (Paris 1984), p.325.
65. D17774 (8 juin 1772).

catholique – des lieux de carnage, souillés des restes répugnants des animaux immolés aux dieux: des «boucheries en colonnades», où opèrent des «prêtres bouchers» (III.1). Teucer va tenter d'arracher Astérie au sort affreux qui l'attend. Rien à espérer des voies légales (II.2):

> J'entends de mes rivaux la funeste industrie
> Crier de tous côtés: Religion! Patrie!
> Tout prêts à m'accuser d'avoir trahi l'Etat,
> Si je m'oppose encore à cet assassinat.

Ce roi fait penser, bien entendu, au souverain de bonne volonté que fut Stanislas Auguste Poniatowski. Il aurait comme Stanislas mérité «des sujets plus humains, un culte moins barbare» (II.3). Un moment il songe à prendre appui, contre Pharès et son parti, sur les Cydoniens. Mais ici Voltaire imagine une donnée tout à fait différente de la réalité polonaise. Ses Cydoniens sont un peuple agreste, à la vertu «dure et sauvage», une sorte d'Helvétie quelque peu rousseauiste. Ils n'ont rien de commun avec les Russes de la despotique Catherine II. Et, contrairement à Stanislas Auguste, Teucer refuse de faire appel à eux. Ce serait ouvrir la porte à la guerre civile (II.2). Un parfait manichéisme empêche donc les sympathies de s'égarer. Les bons, du côté de Teucer, ne sont entachés d'aucune alliance compromettante. Et les méchants – Pharès et ses fanatiques – sont aussi détestables qu'il est possible. Entre les uns et les autres, la tendre Astérie, qu'il faut sauver. Teucer projette de la faire enlever par des hommes sûrs, et de la mettre à l'abri dans une haute tour. Malheureusement le plan va échouer. Un commando de Cydoniens, conduit par Datame, le fiancé d'Astérie, attaque l'escorte. Mais Datame et les siens, ainsi qu'Astérie, tombent aux mains des hommes de Pharès. Voilà donc Astérie et Datame sur le point d'être immolés dans le temple par le «grand sacrificateur». L'issue fatale va cependant être évitée, grâce à un *deus ex machina*. Un «bon vieillard», Azémon, ressemblant à l'Arzémon des *Guèbres*, c'est-à-dire à Voltaire lui-même,[66] accompagnait le commando cydonien. Le vieil homme détient un secret, qu'il révèle enfin: Astérie n'est autre que la fille de Teucer. Dès lors la situation se renverse. Teucer n'a aucune peine à libérer Datame, lequel pénètre jusqu'à sa chère Astérie. Il la sauve au moment même où elle était (V.3):

> Prête à verser [son] sang sous les coups d'un bourreau.

Ce bourreau, qui n'est autre que Pharès, est mis à mort par le valeureux jeune homme. Teucer tire la conclusion: «l'antique barbarie» est détruite. Une «nouvelle vie» commence...

Voltaire a soin de souligner la leçon politique qui se dégage de l'action, celle

66. Voir *Voltaire en son temps*, iv.390-91.

même qui ressortait de l'anarchie polonaise: «Il faut avoir un maître». Aux derniers vers de la tragédie (V.4), le peuple

> Eperdu, consterné, rentre dans son devoir,
> Abandonne à son prince un suprême pouvoir.

Une note précise que, «suprême», ce pouvoir n'est pas «arbitraire». La différence? L'autorité, suprême mais non arbitraire, est «fondée sur les lois et tempérée par elles»; «juste et modérée», elle respecte «la liberté et la vie d'un citoyen», elle «se soumet à la justice». L'idée rejoint ainsi celle qu'exprimait Voltaire à propos de la révolution royale opérée en Suède par Gustave III. Il le dit à d'Alembert: le rôle de son Teucer traçait la voie au roi de Pologne, et il se trouve que c'est le roi de Suède qui s'est conformé à ce modèle.[67] *Les Lois de Minos*, tragédie à allusions, pouvaient également évoquer dans le public français une autre actualité: le Sénat hostile à Teucer ne ressemblait-il pas aux anciens parlements, contrecarrant la politique du roi avant leur suppression par Maupeou? Ces références aux événements contemporains auraient dû, selon Voltaire, séduire les spectateurs. Mais les acteurs de la Comédie-Française n'en croyaient rien.

Les Lois de Minos proposent aussi une autre leçon, qui a trait à la religion. En un instant décisif de l'action, le vieil Azémon prononce une invocation à l'Etre des Etres, si différent des dieux sanglants des superstitieux:

> O toi, divinité qui régis la nature [...]
> Nous n'avons point d'autels où le faible t'implore.
> Dans nos bois, dans nos champs, je te vois, je t'adore.
> Ton temple est, comme toi, dans l'univers entier:
> Je n'ai rien à t'offrir, rien à sacrifier;
> C'est toi qui donnes tout

Ainsi parlait le patriarche rustique de Ferney: Voltaire tente de retrouver, en alexandrins de tragédie, les accents de la «Prière à Dieu» de son *Traité sur la tolérance*.

Le poète des *Lois de Minos* ne prévoyait pas que les puissances européennes allaient donner au drame polonais un dénouement fort différent de son cinquième acte. La Prusse et l'Autriche, en accord avec la Russie, décident le partage de la Pologne par les traités de Saint-Pétersbourg, en juillet 1772: à cette date, *Minos* (ainsi l'auteur simplifie-t-il son titre) est fait. Il n'a pas encore été porté à la scène (il ne le sera pas), ni imprimé (l'édition Valade paraîtra au début de 1773). Pourtant l'œuvre est déjà dépassée par les événements. Frédéric II, Marie-Thérèse et Catherine se sont entendus pour retirer au royaume de Stanislas Auguste, à

67. D18010 (13 novembre 1772).

leurs profits respectifs, un quart de son territoire et un tiers de ses habitants (quatre millions).

D'abord, quand le partage était encore en discussion, Voltaire n'en voulut pas «croire un mot».[68] Bientôt il doit se rendre à l'évidence. Quel parti allait-il donc prendre? Il ne pouvait pas se brouiller avec Frédéric II, avec Catherine, pour «quelques arpents» de terre polonaise. Aussi, sans gloire, il approuva l'opération. Frédéric obtenait, quant à lui, l'avantage inappréciable de réduire la fâcheuse fragmentation de son royaume: il réunissait les deux principales parties, le Brandebourg et la Prusse orientale, par l'annexion de la Pologne riveraine de la Baltique. Voltaire le félicite: «Vous avez connu et saisi le vrai en tout.»[69] Envers Catherine II, pas un mot de reproche, au contraire. Il persévère dans la louange outrageusement hyperbolique: il n'a plus qu'un souffle de vie, mais ce souffle, il l'emploiera à «invoquer» la tsarine, «comme [sa] sainte, et la plus sainte que le Nord ait jamais portée». Il n'oublie pas d'englober dans la même appréciation les deux axes de la politique russe: Pologne et empire ottoman. Du règlement intervenu, il retient le seul aspect qu'un philosophe puisse approuver, la fin des combats. «Vous les rangez tous à leur devoir» [Polonais et Turcs], lui écrit-il, «et ils doivent vous remercier tous de leur donner à quelque prix que ce soit, la paix dont ils avaient très grand besoin.»[70] Certes, les peuples ont toujours «très grand besoin» de la paix. Mais le prix à payer était lourd pour les Polonais, et même pour les Ottomans.

Voltaire mit assez longtemps à comprendre que son «brelan de rois» l'avait dupé.[71] C'est seulement au début de 1775 qu'il se plaint très franchement à Frédéric d'avoir été «attrapé comme un sot». Il croyait «bonnement» que «l'impératrice de Russie s'entendait avec le roi de Pologne pour faire rendre justice aux dissidents, et pour établir seulement la liberté de conscience». Il s'aperçoit, tardivement, que la tolérance religieuse, qu'il avait prise pour l'objectif réel de Catherine II, cette souveraine éclairée, n'était que le prétexte d'une politique impérialiste (pour employer notre vocabulaire). La tsarine avait habilement exploité, en la détournant à ses fins propres, la passion de Voltaire pour la tolérance. «Vous autres rois», continue-t-il à l'adresse de Frédéric, «vous êtes

68. D17740 (15 mai 1772), à Marin.

69. D17840 (31 juillet 1772).

70. D17844 (1er août 1772).

71. «J'ai brelan de rois dans le nord», écrivait-il à Dompierre d'Hornoy, D18142 (18 janvier 1773). Le brelan se jouait avec trois cartes. «Avoir brelan» signifiait avoir trois cartes de même figure. Le «brelan» de Voltaire comprend le roi de Prusse, celui de Pologne, et Catherine II. Il ajoute qu'il n'a pas «brelan quatrième», visant sans doute l'Autriche qui refuse d'appuyer l'offensive russe en direction de Constantinople.

comme les dieux d'Homère, qui font servir les hommes à leurs desseins, sans que ces pauvres gens s'en doutent. »[72]

Cet aveuglement de Voltaire lui a été, à juste titre, amèrement reproché. Encore faut-il observer que sa politique se réclamait de principes valables, s'inspirant des Lumières. Tel était, par exemple, celui de la tolérance des dissidents en Pologne. C'est Catherine II qui eut tort de s'en servir comme prétexte ; le tort de Voltaire fut de ne l'avoir pas compris à temps. Sur les remèdes à administrer au malheureux royaume de Stanislas Auguste Poniatowski, il est à noter que, vers le même temps où Voltaire se prononçait, Rousseau de son côté donnait un avis, solidement argumenté, dans ses *Considérations sur la Pologne* (sans tenir compte d'ailleurs de ce que proposait son rival).[73] En résumé, l'auteur du *Contrat social* exhorte ce royaume archaïque à devenir une nation, formée de patriotes libres et égaux en droits, capables dès lors de résister aux envahisseurs. Rousseau en détaille les modalités, en particulier la création d'une éducation nationale. Ses *Considérations* traçaient la voie de l'avenir. La Pologne deviendra une nation, mais dans la longue épreuve, au dix-neuvième siècle, de sa disparition comme Etat.[74] Dans les années 1770, l'avènement d'une nation en Pologne aurait exigé une révolution sociale (abolition du servage et de la féodalité), qui n'advint pas.

La solution de Voltaire, telle que la dessinaient *Les Lois de Minos*, était différente, comme on l'a vu. Stanislas Auguste Poniatowski aurait dû, à l'instar de Gustave III en Suède, mettre fin aux agitations anarchiques de la diète, et instituer un absolutisme éclairé. La politique de Voltaire en ses dernières années continue à faire confiance aux souverains autoritaires pour assurer le progrès des Lumières. Un roi de Pologne tenant bien en main le pays aurait été capable de le rénover et de le défendre. En fait, le remède de Voltaire s'avérait aussi inapplicable que celui de Rousseau. Le philosophe de Ferney semble oublier que Stanislas Auguste Poniatowski, porté au trône polonais par la volonté de Catherine II, demeure un roi sous protectorat, ce que n'est pas le Teucer des *Lois de Minos*. La tsarine interdirait toute velléité d'émancipation. Elle a empêché par exemple la suppression de ce *liberum veto*, garant de l'anarchie (ce que Voltaire semble ignorer). Aussi Stanislas Auguste, malgré sa bonne volonté, ne pourra empêcher un deuxième puis un troisième partage. Mais Voltaire ne connaîtra pas ce sinistre dénouement (en 1793 et 1795).

Du côté de la Grèce, la croisade que prêche le vieillard de Ferney était-elle chimérique ? L'avenir allait démontrer que non. C'est bien à une opération conjointe des puissances européennes, analogue à celle qu'il préconisait, que la

72. D19340 (15 février 1775).

73. *Œuvres complètes* (Paris 1964), iii.953-1041.

74. On note que ces embryons d'Etat, le Grand-Duché de Varsovie découpé par Napoléon, et la république de Cracovie instituée par les traités de Vienne, n'eurent qu'une existence éphémère.

Grèce devra sa libération du joug ottoman dans les années 1820. Une différence pourtant, d'importance décisive: l'intervention européenne appuie une insurrection patriotique des Grecs, que Catherine II avait vainement attendue lors de l'expédition de sa flotte en mer Egée. En 1770, l'entreprise était manifestement prématurée.

Les déconvenues, les déviations de la diplomatie voltairienne des Lumières ne condamnent pas celle-ci si l'on s'en tient à son inspiration première. Ces échecs prouvent seulement qu'il est fort difficile d'imposer les grands principes dans le jeu des intérêts. Que de politiques, parfois et même souvent, invoquent de nobles idéaux, pour couvrir des calculs peu avouables! La chose est banale, et Voltaire, tout historien qu'il était, se montra naïf en l'oubliant.

5. «La mort sur le bout du nez»[1]

Voltaire voit mourir parmi ses connaissances des contemporains, ou des personnes plus jeunes que lui. Après le président Hénault, Helvétius s'en est allé, le 26 décembre 1771. Puis c'est le tour de Duclos, secrétaire perpétuel de l'Académie française, le 26 mars 1772. Il a perdu son indéfectible admiratrice, sa fidèle correspondante, la duchesse de Saxe-Gotha. Il est informé que l'épouse d'un des principaux ministres, la duchesse d'Aiguillon, s'en est allée aussi.

Deux autres femmes, beaucoup plus proches de lui, ont également disparu. La cadette de ses nièces, Elisabeth Mignot, devenue Mme de Fontaine, puis après son veuvage Mme de Florian, de santé maladive a terminé sa vie prématurément. Le marquis de Florian[2] en fut d'abord désespéré. Mais, venu à Ferney pour se consoler, il ne tarda pas à s'éprendre d'une Genevoise, Mme Rillet, à la beauté piquante malgré une légère boiterie. Voltaire, trop vite oublieux de sa nièce défunte, favorise leur projet d'union.[3] Les nouveaux mariés lui plaisent. Afin de les garder près de lui, il leur fait construire à Ferney une jolie maison, qu'il nomme «Bijou». Hélas! la santé de la nouvelle épouse donne bientôt des inquiétudes. Atteinte de tuberculose, elle commence à cracher le sang. Son mari la conduit à Montpellier: elle consulte les sommités médicales, sans profit aucun. Voltaire suit dans sa correspondance avec Florian les progrès du mal. Il comprend vite que «le petit serin», comme il appelait la jeune femme, ne viendra pas, au printemps suivant, chanter en sa maison de «Bijou». La seconde marquise de Florian s'éteint en effet au début de mai 1774.[4]

Et puis voici le coup le plus dur: le douteux et pourtant très cher ami, son compagnon depuis leurs communes années de jeunesse, Thiriot est mort.[5]

1. D18356 (8 mai 1773), à d'Argental: «j'ai la mort sur le bout du nez, si ce n'est pas pour cette année, c'est pour l'année prochaine.»

2. Florian le poète (Florianet selon Voltaire) est son jeune neveu.

3. Qui n'allait pas sans difficulté: Florian est catholique, Mme Rillet est protestante et de surcroît divorcée d'un mari toujours vivant. Voltaire tenta, par l'intermédiaire de Bernis, d'obtenir en cour de Rome une dispense qui, lui répondit-on, ne pouvait même être sollicitée. Florian et Mme Rillet furent mariés en Allemagne par un pasteur luthérien.

4. Veuf pour la deuxième fois, et pour la deuxième fois désespéré, Florian ne tarda pas cependant à convoler une troisième fois, avec une jeunesse. Voltaire approuve (voir D19184, 11 novembre 1774). Sur la mort de sa deuxième épouse, D18928, n.2.

5. D17530 (Helvétius), D17670 (Duclos), D17331 (Louise Dorothée de Saxe-Gotha), D18069 (Thiriot).

Ces disparitions lui font sentir combien, à l'âge qu'il a atteint, il se trouve en sursis. Sa vieillesse, sa mort prochaine, deviennent des thèmes majeurs de sa correspondance, et non seulement pour éluder ou abréger des réponses à des importuns. Il cite volontiers le chiffre de ses ans, mais le plus souvent sans aucun souci de rigueur chronologique. Le chiffre de son âge prend ordinairement sous sa plume une valeur impressionniste. Tel jour, il se donne soixante-dix-huit ans sans les avoir, quelle que soit la date de sa naissance qu'on retienne.[6] Et il mettra en avant ses prétendus quatre-vingts ans, bien avant l'année 1774. En tout cas, il mourra bientôt: constatation raisonnable, compte tenu de la longévité moyenne de l'époque. Peut-être sera-ce en 1772, année bicentenaire de la Saint-Barthélemy: une bonne manière de marquer l'événement.[7] Il ne pense pas, en tout cas, pouvoir vivre jusqu'à quatre-vingt-deux ou quatre-vingt-trois ans.[8]

Il en résulte que son état habituel de malade prend une résonance nouvelle: il faut qu'on sache qu'il est mourant, et il s'en persuade lui-même. Il l'a dit à Mme Gallatin en janvier 1771, en se plaignant de son ophtalmie hivernale, sans doute très réelle.[9] Cette dame entretient une correspondance assidue avec le landgrave de Hesse-Cassel. Rendant visite régulièrement à Ferney, elle informe le prince allemand de ce que dit et fait l'illustre vieillard, et de sa santé qu'elle observe d'un œil sûr. Au début de l'été, il prétend être «tombé très lourdement, après avoir fait encore quelques tours de passe-passe». Il se sent entraîné dans le déclin du grand siècle. De ce brillant passé, «il ne reste plus rien», croit-il; «il est enterré et je m'enterre aussi». «Je suis comme un homme mort.» La preuve: on est en train de publier quatre éditions de ses œuvres, et il soutient qu'on les fait sans le consulter. Il se compare à «une espèce d'agonisant qui voit vendre sa garde-robe avant d'avoir rendu le dernier soupir». Il conclut sa lettre par un «bonsoir, mon agonie est votre très humble servante».[10] Eternel malade mais qui fait preuve d'un étonnant ressort. Mme Gallatin l'a vu, le 24 août 1772, date bicentenaire de la Saint-Barthélemy. Il est couché depuis trois ou quatre jours. Il ne veut voir personne. Il n'a fait exception que pour cette seule visiteuse. Une Mme Caze, nièce de l'abbé Terray, le redoutable ministre des Finances, se présente au château. Il refuse obstinément de la recevoir. On insiste. Finalement, il se résigne. Dans l'entretien, il sort de sa prostration, «se monte peu à peu», et bientôt excité

6. D17581 (1er février 1772): «mon âge de soixante-dix-huit ans». Cf. D17414 (20 octobre 1771), à Thiriot: «Vous approchez de la soixante-et-dixième, moi de la soixante-et-dix-huitième».

7. D17663 (30 mars 1772), à Christin.

8. D17726 (4 mai 1772), à Mme Du Deffand.

9. D16991 (29 janvier 1771).

10. D17279 (1er juillet 1771), à d'Argental; D17790 (22 juin 1772), au même; D17634 (12 mars 1772), à d'Alembert.

par l'échange de propos apparaît tout à fait charmant.[11] Mme Gallatin a porté son diagnostic. Il est en bonne santé. Sa gaîté en est le signe. Mais il ne permet pas qu'on le lui dise.[12]

Que le vieil homme conserve quelque vigueur, un incident, en décembre 1772, va le prouver. Il recevait parfois en son cabinet une accorte personne, Judith de Saussure, fille du professeur de Saussure, «l'un des meilleurs physiciens de l'Europe». La demoiselle n'était pas âgée de dix-huit ans, comme le prétendra la *Correspondance littéraire*. Née en 1745, elle accuse dix années de plus. C'était une beauté épanouie, rebondie. Elle passait pour n'être pas avare de ses faveurs. Vers le milieu de décembre, Mme Denis faisait les honneurs d'un grand dîner. Voltaire, comme cela lui arrivait souvent, n'y participait pas. Il mangeait dans sa chambre un plat de légumes. Mais non point seul. Mlle de Saussure lui tenait compagnie. En tête à tête avec cette affriolante jeune femme, il eut un premier évanouissement, puis un deuxième. Au troisième, Mme Denis intervint.[13] Alors une rumeur prêtant au patriarche des exploits galants se répandit. D'abord à Genève. «Tudieu, quel compère!», s'exclame le résident de France Hennin.[14] Puis à Paris, et à Versailles. L'affaire fut rapportée au roi lui-même qui, en connaisseur, dut apprécier.[15] Richelieu, autre connaisseur, voulut savoir ce qu'il en était. Voltaire lui adressa une lettre d'explication, guère convaincante: devant Mlle de Saussure, il se serait évanoui «de crainte et de respect».[16] La *Correspondance littéraire* reproduit la lettre, avec un commentaire sarcastique: le journaliste laisse entendre qu'il croit aux exploits érotiques du patriarche, en faisant mine de réprouver «la calomnie». Richelieu, pour lui, répond par une épître salace. Il félicite Voltaire et l'encourage à persévérer.[17] Quant à l'héroïne de l'incident, elle afficha effrontément sa bonne conscience. Malgré Mme Denis elle continue à rendre des visites au château.[18]

11. D17887 (26 août 1772), Mme Gallatin au landgrave de Hesse-Cassel. L'abbé Terray avait une autre nièce, sœur de la précédente, Mme La Paulze. Celle-ci se présenta à Ferney cinq ans plus tard, en juin ou juillet 1777, se recommandant pareillement de l'abbé Terray. Mais Voltaire refusa de la recevoir: «Dites à Mme de Paulze qu'il ne me reste plus qu'une dent et que je la garde contre son oncle.» (D20723, 10 juillet 1777, Moultou à Meister).

12. D17395 (9 octobre 1771), commentaire.

13. Ce récit s'appuie sur le rapprochement de CLT, x.135-36 (janvier 1773), et D18098, avec dans le commentaire la lettre de Du Pan à Freudenreich (30 janvier 1773).

14. D18144 (18 janvier 1773), à Voltaire.

15. D18147 (20 janvier 1773), à Hennin.

16. D18098 (21 décembre 1772).

17. D18107 (29 décembre 1772).

18. Wagnière donne de l'épisode une version peu crédible (i.346). Il était dans la chambre de Voltaire, en compagnie de Mlle de Saussure. Son patron lui dictait lorsqu'il fut pris d'un évanouissement. Ce serait Mme Denis qui aurait répandu la rumeur scandaleuse, par jalousie de Mlle de Saussure et par inimitié contre Mme Rillet dont Mlle de Saussure était parente. Visiblement, Wagnière tend à la fois à disculper son maître et à charger Mme Denis, qu'il n'aime pas. Aucune autre source ne parle

5. «LA MORT SUR LE BOUT DU NEZ»

La «réputation d'Hercule»[19] que certains firent alors à Voltaire était sans doute largement usurpée. Bientôt, en tout cas, il ne sera plus question de prouesses de cette sorte. Au début de février 1773, il subit l'attaque d'un mal qui faillit l'emporter. Vers le 5 de ce mois, il se lève en pleine nuit, par une température rigoureuse, sans prendre la précaution de s'habiller. Il veut allumer son feu et travailler. «Il gagna un coup de froid qui se jeta sur sa vessie, de là une rétention d'urine», raconte le résident Hennin.[20] D'abord il refuse d'appeler un médecin. Il a pour principe, «depuis longtemps», de n'en consulter aucun.[21] Il se soigne à sa manière. Il en résulte qu'au bout de quatre jours son état s'est aggravé: «fièvre considérable», «strangurie inflammatoire».[22] Alors on envoya chercher Cabanis. Le practicien le mit dans un bain pendant quatre heures. Il n'en résulte que peu d'amélioration. Le malade souffre beaucoup. Ses jambes ont enflé: les deux fuseaux sont devenus «gros comme des tonneaux».[23] Il se voit «entre les bras de la mort». Il commence une lettre à son cher d'Argental par un «*De profundis*».[24] Son entourage juge imminente l'issue fatale. Pourtant, le 17 mars, il est encore en vie et s'en étonne.[25] Il se remet lentement, incomplètement. Le 3 mai, c'est-à-dire au bout de quatre mois, la rétention et l'enflure des jambes n'ont pas disparu.[26] Les séquelles persisteront longtemps. Evanouissements prolongés, accès de fièvre et, plus d'un an après, en mars 1774, rechute de la strangurie. «Je souffre comme un damné que je suis», gémit le malade.[27] La science médicale d'aujourd'hui nous permet d'avancer un diagnostic, non formulé par les médecins du temps (qui pratiquent plutôt une médecine du pronostic). La crise de 1773 nous paraît être la première manifestation du mal qui l'emportera cinq ans plus tard: un adénome, ou plus vraisemblablement un cancer de la prostate.[28]

Voltaire, on le sait, n'avait pas attendu une si grave alerte pour faire des réflexions sur la mort – celle des autres – et sur la sienne. Mourir gaiement, voilà qui lui

de sa présence entre Voltaire et Mlle de Saussure. Voltaire lui-même n'en fait pas mention dans son récit à Richelieu.

19. Expression de Voltaire, D18147.

20. D18214 (20 février 1773): récit détaillé que nous suivrons.

21. D17068 (10 mars 1771), à Marchant de La Houlière qui a consulté Tissot par lettre.

22. Pour désigner la difficulté des mictions, la médecine emploie aujourd'hui le terme de dysurie, voir J. Bréhant et R. Roche, *L'Envers du roi Voltaire* (Paris 1989), p.188.

23. D18206 (15 février), à Marmontel; D18211 (19 février), à Richelieu.

24. D18238 (3 mars 1773); D18221 (27 février 1773).

25. D18253, à Marin.

26. D18348, Mme Denis à Révillon, médecin à Gex, qu'elle appelle en consultation.

27. D18553 (18 septembre 1773), commentaire; D18863 (21 mars 1774), à d'Alembert; D18864 (même date), à d'Argental.

28. Voir Bréhant et Roche, p.205.

aurait plu. Il raconte une telle fin dans son *Epître à Horace*. Le poète latin lui aurait enseigné

> A sortir d'une vie ou triste ou fortunée,
> En rendant grâce aux dieux de nous l'avoir donnée.

Il allait, assure-t-il, mettre en pratique la leçon, certain jour où il se croyait sur le point de franchir le pas:

> [...] lorsque mon pouls, inégal et pressé,
> Faisait peur à Tronchin, près de mon lit placé;
> Quand la vieille Atropos, aux humains si sévère,
> Approchait ses ciseaux de ma trame légère.

Alors, affirme-t-il, son «cher Esculape-Tronchin»

> [...] a vu de quel air je prenais mon congé;
> Il sait si mon esprit, mon cœur était changé.
> Huber me faisait rire avec ses pasquinades,
> Et j'entrais dans la tombe au son de ses aubades.[29]

Le journaliste de la *Correspondance littéraire*, venant à parler de l'*Epître à Horace*, déclare qu'il a interrogé les deux témoins, Tronchin et Huber; ils ont confirmé l'authenticité de l'épisode: «le mourant faisait tant de plaisanteries, il disait tant de folies, qu'il y avait de quoi étouffer de rire.»[30] Mais se sentait-il réellement «mourant»? La scène, on le notera, est antérieure à la grave crise de strangurie, en 1773. On soupçonne que Voltaire s'amusait plutôt à jouer le moribond.

On n'esquive pas si facilement la pensée de la mort. La vie est-elle autre chose qu'«un moment entre deux éternités»? Pascal l'a dit, et avant lui Platon, dans le *Timée*. De ce point de vue, ce qui est éternel, ce ne sont point les individus, mais, selon Voltaire, les espèces.[31] Après la mort de son ami Thiriot, il s'était interrogé: quand nous ne serons plus, que fera-t-on «de notre chétif corps et de notre prétendue âme»?[32] Deux questions, en effet: celle du corps, celle de l'âme. La première l'inquiète. «Personne ne peut être enterré comme il voudrait.» A-t-il songé pour lui-même à une incinération à l'antique? Il se plaint en tout cas que «ceux qui seraient bien aises d'être dans une urne sur la cheminée d'un ami sont obligés d'aller pourrir dans un cimetière, ou dans quelque chose d'équivalent.» On n'est point libre non plus de se soustraire aux obédiences religieuses. «Ceux qui auraient envie de mourir dans la communion de Marc Aurèle, d'Epictète et

29. M.x.446.

30. CLT, x.94. Suit un long article sur Huber alors à Paris, et une lettre de celui-ci à Voltaire, où il se justifie: «je vous ai dit cent fois que je savais précisément la dose de ridicule qu'il fallait à votre gloire.»

31. D17726 (4 mai 1772), à Mme Du Deffand.

32. D18099 (22 décembre 1772), à Frédéric II, dont Thiriot avait été le correspondant.

de Cicéron sont obligés de mourir dans celle de Calvin, s'ils sont à Genève, et dans celle du pape, s'ils sont à Rome.»[33] Le problème de la sépulture se pose avec plus d'urgence dans la crise de 1773. Non vraiment, «on ne meurt point comme on veut dans les heureux pays libres qu'on appelle papistes ou papaux». Il espère pourtant qu'il «s'en tirera galamment».[34] Il a imaginé un compromis ingénieux. Il a fait construire une petite pyramide, à l'égyptienne, surmontée d'une urne. C'est là qu'il veut reposer pour l'éternité. Tombe non chrétienne, par conséquent. Mais il a placé la pyramide contre le mur extérieur de *son* église, sous l'avancée du toit.[35] Il restera ainsi dans une sorte de mouvance catholique. Les autorités ecclésiastiques auraient-elles accepté le subterfuge?[36] La question restera sans réponse, puisque le petit mausolée de Ferney demeurera vide.

Mais son âme? Quelle destinée Voltaire prévoit-il pour elle après sa mort? Il doute de son immortalité. Il ne semble plus retenir l'hypothèse plusieurs fois énoncée d'une survie liée à une certaine molécule persistant après la dissolution du corps. Dans la crise de 1773, c'est l'anéantissement qui lui paraît le plus probable. Il le disait déjà, à propos de la mort de la duchesse d'Aiguillon: «Tout est passé et on passe enfin soi-même pour aller trouver le néant, ou quelque chose qui n'a nul rapport avec nous, et qui est par conséquent le néant pour nous.»[37] Quand il a «la mort sur le bout du nez», en mai 1773, c'est d'un «anéantissement prochain» qu'il parle.[38] De ces mois critiques date sans doute un petit poème *Le Songe-creux* dont les éditeurs de Kehl retrouveront le manuscrit dans ses papiers. Le texte présente une analogie évidente avec des vers en tête d'une lettre à Frédéric II, du 22 avril 1773.[39] Voltaire rapporte à son royal correspondant, en octosyllabes, ce qu'il va rencontrer après sa mort, dans un au-delà gréco-latin: «les trois rivières», «la triple Hécate», «les trois fileuses de notre vie», «les trois gueules de leur chien», et «les trois juges» de l'enfer. Il était «épouvanté»

De voir ainsi de tout côté
Des trinités dans l'autre monde.

Mais la descente aux abîmes tourne court. Voltaire invoque Frédéric II, lequel aurait «en enfer du crédit»: il est exaucé, il vit encore.

33. D17727 (4 mai 1772), à l'abbé Duvernet, à propos d'un certain Marchand, avocat à Paris, qui avait imaginé de publier un *Testament* de Voltaire.

34. D18356 (8 mai 1773), à d'Argental.

35. Voir L. Gielly, *Voltaire, documents iconographiques* (Genève 1948), p.77.

36. Elles seraient d'autant moins disposées à toute concession que Voltaire a renoncé envers elles aux bonnes manières de naguère: en 1773, il y a deux ans qu'il n'a pas remis les pieds dans son église, d'après Björnståhl, v.112.

37. D17811 (4 juillet 1772), à Richelieu.

38. D18356, à d'Argental.

39. D18331.

Le Songe-creux reprend à son début cette *nékuya* à la manière d'Homère et de Virgile.[40] La nuit précédente, Voltaire a rêvé qu'il était mort, et «il ne se trompait guère». Dans l'au-delà de la vie, il rencontre donc ces étonnantes trinités païennes: les «trois gosiers» de Cerbère, les «trois rivières», les «trois sœurs filandières», les «trois juges» infernaux,

> Car, Dieu merci, tout se faisait par trois.

«Lieux d'horreur». Mais «un heureux génie» survient, qui le conduit «aux champs élysiens». Là, il rencontre «mille héros» bienfaisants, «le grand Bacchus», «cent demi-dieux des Grecs et des Romains»:

> En tous les temps tout pays eut ses saints.

Vite, il se dégoûte de ce fade Elysée:

> Pour m'esquiver je cherchais une issue,
> Quand j'aperçus un fantôme effrayant,
> Plein de fumée, et tout enflé de vent.

Interrogé, le fantôme répond: «je suis le Néant»:

> Toi le Néant! jamais il n'a parlé...
> – Si fait, je parle; on m'invoque, et j'inspire
> Tous les savants qui sur mon vaste empire
> Ont publié tant d'énormes fatras...
> – Eh bien, mon roi, je me jette en tes bras.
> Puisqu'en ton sein tout l'univers se plonge,
> Tiens, prends mes vers, ma personne et mon songe:
> Je porte envie au mortel fortuné
> Qui t'appartient du moment qu'il est né.[41]

On ne lit pas Voltaire. Ou plutôt on lit de lui toujours les mêmes textes. La faute en est sans doute à l'immensité de sa production. Dans une telle masse un lecteur d'aujourd'hui doit choisir. On privilégie ainsi un aspect de son œuvre: contes, facéties. Mais qu'on sache au moins qu'il ne se cantonne pas dans le frivole. Il affronte, et même souvent, des idées parmi les plus graves qui peuvent s'offrir à la réflexion de l'homme. On en jugera par ces quelques écrits de la crise qui, en 1773, le conduisit au seuil de la mort.

L'épuisement physique affecta sa correspondance. Il écrit ou dicte moins de lettres, et moins longues.[42] Mais ces semaines et ces mois montrent aussi quelles ressources de vitalité subsistent en lui. Aux pires moments, il continue à travailler, profitant de chaque répit. Hennin en témoigne: «Il a l'air de dire à la mort:

40. *Odyssée*, chant XI; *Enéide*, chant VI.

41. M.x.71-72.

42. D18553 (18 septembre 1773), à d'Argental.

attends cette page »...[43] Il continue à imprimer cette édition des *Lois de Minos* avec des « pièces détachées » qui lui tient à cœur. « Lazare ressuscité », il veut même se rendre à Lyon, pour faire jouer ces infortunées *Lois de Minos* et y rencontrer Richelieu. Il irait volontiers jusqu'à Bordeaux.[44] En ces moments de résurrection, il peut faire illusion. Au point que tel visiteur lui reproche de jouer le malade, et de ne l'être point du tout : « Il n'est guère possible de jouir d'une meilleure santé à son âge. »[45] Mais Mme Gallatin, qui le connaît bien, apprécie plus justement les phases de rémission : il se porte très bien « actuellement ».[46]

Voici, au reste, un épisode très révélateur des alternances voltairiennes, de l'excitation à l'affaissement. Pendant l'été de 1773 la mode, dans la haute société européenne, était d'aller consulter à Lausanne une sommité médicale, le docteur Tissot. La duchesse de Wurtemberg s'y était rendue et de là elle avait gagné Ferney. La duchesse était la fille de Wilhelmine, margrave de Bayreuth. Elle ressemblait à sa mère. Voltaire retrouve avec grande émotion celle qu'il a connue encore enfant à Potsdam à la cour de Frédéric II (qui est son oncle). Il voit revivre en la visiteuse la princesse sa protectrice et amie. « Tu es mon papa, je suis ta fille », lui dit la duchesse. Le surlendemain François Tronchin la reçoit aux Délices (dont il est redevenu le propriétaire). Voltaire est invité, mais il arrive en retard, après le dîner, au moment où la duchesse allait monter en carrosse pour Paris. Emotion derechef, effusion, scène, nous dit-on, fort attendrissante, à tel point que la duchesse, au lieu de s'éloigner vers la capitale française, retourne à Ferney. Mais c'en est trop pour Voltaire. La nuit suivante, un violent accès de fièvre le terrasse. Le voici alité, prostré, attendant à son tour le médecin Tissot.[47]

Pour achever de se ragaillardir, Voltaire, à l'automne suivant, publie *Le Taureau blanc*. Il en conservait le manuscrit dans ses papiers depuis plus d'un an. Jugeant sans doute particulièrement tonique cette histoire qui a pour héros un animal emblème même de la vigueur, il en reprend le texte pour révision. Mais il se trouve que dans sa hâte, ou dans son désordre, il va produire deux *Taureau* assez différents.

Le manuscrit qu'avait lu, en juin 1772, le jeune prince Fedor Galitzin donnait à peu de chose près, on peut le supposer, le texte archaïque qui paraîtra imprimé comme « traduit du syriaque, par dom Calmet, à Memphis 1774 ». Ce premier

43. D18214 (20 février 1773).

44. D18310 (11 avril 1773), à Richelieu.

45. D18955, commentaire (9 mai 1774) : Frey qui est allé à Ferney.

46. D18441 (28 juin 1773), commentaire.

47. L'épisode nous est connu par D18542 (9 septembre 1773), François Tronchin à Voltaire, et commentaire, et par D18557 (22 septembre 1773), à Frédéric II. Le retour à Ferney est attesté par D18549 ([11 septembre 1773]), à Tissot, si du moins la lettre est bien datée.

Taureau blanc était en huit chapitres. La version révisée en comptera onze. Mais la trame du récit ne sera pas profondément modifiée. Le personnage central du conte n'est autre que Nabuchodonosor, roi de Babylone, métamorphosé en taureau. C'est ainsi que Voltaire interprète dans l'Ancien Testament le texte de Daniel iv.29-30. Au faîte de sa puissance le monarque, après un songe prémonitoire correctement expliqué par Daniel, a été «chassé de la compagnie des hommes»; il habite «avec les animaux et les bêtes sauvages»; il «mange du foin comme un bœuf». Cela dura sept ans. Sur ce bizarre épisode biblique, les commentateurs se partagent en deux écoles. Les uns, avec dom Calmet (*Commentaire littéral*, t. XV, «Dissertation sur la métamorphose de Nabuchodonosor») pensent que le roi, en conservant la forme humaine, s'imagina être bœuf et se mit à vivre dans les bois. Il était atteint «de la maladie qu'on appelle lycanthropie». D'autres, en petit nombre, sont d'avis qu'il fut réellement transformé en bœuf.[48] Voltaire préfère cette seconde interprétation, beaucoup plus plaisante. Il la corse par des inventions de son cru. Il conduit son taureau-Nabuchodonosor en Egypte. L'animal est tenu en laisse par une vieille femme qui n'est autre que la pythonisse d'Endor, celle-là même qui dans I Rois xxviii.15, à la demande de Saül, consultait «l'esprit de python» et fit apparaître le fantôme de Samuel.

Nabuchodonosor broute donc l'herbe sur les bords du Nil. Pour le garder, autour de «Mademoiselle d'Endor», Voltaire a groupé toute une petite faune vétéro-testamentaire: une ânesse (celle de Balaam), un chien (celui de Tobie), un bouc (le bouc émissaire), un serpent (celui de la Genèse qui séduisit Eve); à proximité dans le fleuve un énorme poisson émerge à demi de l'eau: c'est celui qui avala Jonas. Tous ces animaux (le taureau et le poisson exceptés) sont doués de parole. Or, un certain jour, la jeune Amaside, fille du roi de Tanis en Egypte, se promenait dans ces parages. A ses côtés, le sage Mambrès, âgé de treize cents ans, «ancien eunuque et mage des pharaons», maintenant membre du conseil royal, préposé à la garde d'Amaside, et perpétuellement plongé dans de profondes méditations. Amaside gémit. Depuis près de sept ans, elle n'a plus revu son cher amant, Na... Mambrès l'interrompt. Il lui rappelle ce qui la menace. Nabuchodonosor a naguère conquis l'Egypte: fort bel homme, dont Amaside s'est éprise. Mais le roi de Tanis, furieux contre le conquérant, interdit à sa fille non seulement de le rencontrer, mais même de prononcer son nom. Si elle enfreint cet ordre, son père lui tranchera la tête. Or voici qu'en apercevant la princesse, le taureau se précipite à ses pieds, en pleurant, faute de pouvoir parler. La princesse se sent prise pour l'animal d'une intense sympathie, comme si elle pressentait qu'il n'est autre que son cher amant. Mambrès, après un entretien à cœur ouvert avec Mlle d'Endor, sa consœur dans le métier de prophète, reconnaît

48. Voir notre édition du *Taureau blanc* (Paris 1957), p.74-77.

le danger de la situation. Il envoie un message secret au grand-prêtre de Memphis. Le bœuf Apis, qui est dieu, vient de mourir: Mambrès fait savoir qu'il en tient un autre à la disposition de son correspondant. Que le grand-prêtre vienne donc à Tanis, avec tout son clergé. Divers épisodes interviennent. Mambrès invite à dîner trois personnages faméliques, Daniel, Ezéchiel et Jérémie: repas aussi copieux que délicieux. Amaside a plusieurs entretiens en tête à tête avec le serpent. On sait comme la conversation de cet animal est dangereuse pour les femmes. Il amène la princesse à prononcer étourdiment Nabu, Nabucho, enfin Nabuchodonosor. Tout le palais, toute la nature retentissent de ce nom sonore. C'en est donc fait. Le roi va couper le cou à sa fille, et l'on va jeter le taureau blanc en pâture au poisson de Jonas. A ce moment-là apparaît à l'horizon, au son d'une fanfare exotique, une immense procession de prêtres et de dieux. Mambrès les attendait. Ils viennent saluer le taureau blanc comme le nouvel Apis. Mais les sept ans sont écoulés. Le taureau reprend sa forme humaine, et sans plus de façon «épouse» sa chère Amaside devant la foule assemblée. Puis Nabuchodonosor, redevenu le roi des rois, distribue des récompenses à tout le petit monde du conte.

Le Taureau blanc n'est sans doute pas le meilleur parmi les contes de Voltaire, mais certainement l'un des meilleurs. En cette œuvre de sa vieillesse, on admire «la grâce, la fraîcheur, la fantaisie, [...] du grand art, parfaitement maîtrisé et brillant de mille feux.»[49] Comme en ses grandes années, l'imagination voltairienne se joue ici avec bonheur: bonheur du conteur, bonheur du lecteur. Seul conte biblique dans toute l'œuvre du philosophe, *Le Taureau blanc* reprend certaines de ses rengaines. Mais elles ne reparaissent pas comme du déjà dit, ainsi que c'est parfois le cas dans d'autres œuvres. Elles surviennent comme par surprise, quoique attendues. Ainsi Ezéchiel se trouve déjeuner à la table de Mambrès, avec ses confrères Daniel et Jérémie... Le lecteur familier des facéties voltairiennes prévoit qu'on en viendra aux inévitables «tartines» du prophète. Mais d'abord, on semble les avoir oubliées. «Tourte de langues de carpes», «foies de lottes», «poulets aux pistaches», «innocents aux truffes»: tout cela est si bon qu'enfin Ezéchiel ne peut se retenir: «Il me fut ordonné une fois [...] de manger [...] du pain d'orge, de millet, de vesces, de fèves et de froment couvert de ..., je n'ose pas dire.» On lui sait gré de la réticence, comme de sa discrétion à la question suivante: «A propos, dit Mambrès, expliquez-moi ce que vous entendez par votre Oolla et par votre Ooliba, qui faisaient tant de cas des chevaux et des ânes? Ah! répondit Ezéchiel, ce sont des fleurs de rhétorique.»[50] Le mode allusif ainsi que l'«à propos» de Mambrès supposent un lecteur informé des «scies» voltairiennes.

49. Christiane Mervaud, «‹L'ongle du lion caduc›; les dernières œuvres de Voltaire devant la critique», *Œuvres et critiques* 16 (1991), p.71-82.

50. *Le Taureau blanc*, p.42-43.

Ce même lecteur percevra le jeu des parodies. Le royaume de Tanis, vieille monarchie qui fait penser parfois à Versailles, a son style officiel. C'est celui que parle Mambrès, en y mêlant celui d'un dignitaire ecclésiastique. L'ancien mage et eunuque se trouve être le personnage le plus consistant du récit, à égalité avec le serpent. Cet animal, qui parle et fort bien, s'exprime en galant homme et en courtisan injustement disgracié. On l'a puni pour avoir conseillé la dégustation du fruit de l'arbre de la science. Quelle aberration ! On aurait dû l'en remercier. «L'esprit n'est-il pas fait pour s'éclairer, pour se perfectionner ?»[51] Le serpent est «philosophe», comme l'est aussi, secrètement, Mambrès. Ce vieux sage respecte ostensiblement les rites et croyances officiels, sans y croire. Il ne croit pas le moins du monde à la divinité du bœuf Apis, lui qui, à l'intronisation de l'animal, murmure tout bas à l'oreille de «son ami le serpent» : «Daniel a changé cet homme en bœuf et j'ai changé ce bœuf en dieu.»[52]

Voltaire a glissé dans son texte une sorte d'art poétique du conte. Le serpent ayant entrepris des récits de ce genre, pour «consoler» Amaside, la princesse lui explique ce qu'elle en attend. Elle veut «qu'un conte soit fondé sur la vraisemblance et qu'il ne ressemble pas toujours à un rêve». Elle voudrait surtout «que, sous le voile de la fable, il laissât entrevoir aux yeux exercés quelque vérité fine qui échappe au vulgaire».[53] *Le Taureau blanc* déroge totalement au premier précepte : rien de moins vraisemblable que cette histoire. Mais c'est précisément pour cette raison qu'il se trouve en conformité avec la seconde exigence de la jeune fille. La «vérité fine» se laisse entrevoir, et même voir bien clairement, dans toutes ces métamorphoses. On ne manque pas de rappeler la compétition de Moïse avec les magiciens du pharaon, parmi lesquels Mambrès, changeant des baguettes en serpents, le jour en ténèbres, des rivières en sang ; affrontement que Moïse remporta de justesse, au dernier assaut.[54] Le même Mambrès, pour atténuer le désespoir d'Amaside, lui démontre que la transformation de son amant en bœuf n'est nullement un phénomène unique. Il énumère les précédents : Lycaon changé en loup, Callisto en ours, Io en vache, Daphné en laurier, Syrinx en flûte, la femme de Loth en statue de sel. Toutes métamorphoses qu'ils ont lues «ensemble» dans «l'histoire véritable». Or cette «histoire véritable», ce sont les *Métamorphoses* d'Ovide. Une métamorphose biblique s'est pourtant glissée dans la liste, celle de la femme de Loth. Ce qui suggère que les prodiges de l'Ancien Testament sont du même ordre, et aussi peu crédibles, que ceux du paganisme. Autre référence qui vient à l'esprit : les *Mille et une nuits*. Les *Mémoires*

51. *Le Taureau blanc*, p.18.

52. P.63. Noter que (p.51), pour faire l'éducation d'Amaside, Mambrès lui a lu «l'*Entendement humain* du philosophe égyptien nommé Locke».

53. P.51-52.

54. P.8, et Exode vii.11, 22 ; x.21-23.

secrets firent le rapprochement.[55] Nous sommes dans une province de cet Orient fabuleux, l'Egypte. Cette même Egypte qui fut, n'en déplaise à Bossuet, la terre classique de la zoolâtrie. Au finale, précédés de «quatre mille prêtres [...], montés chacun sur un hippopotame», défilent «la brebis de Thèbes, le chien de Bubaste, le chat de Phoebé, le crocodile d'Arsinoé, le bouc de Mendès»: tous ces animaux sont dieux et vont rendre hommage au dieu bœuf, le grand Apis; dans la même procession paraissent les oignons sacrés, qui sont presque dieux.[56] Mascarade de la superstition, laissant «entrevoir» une vérité évidente à des «yeux exercés».

Au mois de juillet 1773, le chevalier de Lisle est à Genève. Il accompagne la comtesse de Brionne qui vient consulter le médecin Micheli. De Lisle, capitaine des dragons, était «philosophe» et même «un des meilleurs cacouacs que nous ayons».[57] Voltaire l'invita à Ferney. Il s'entendit si bien avec lui que de Lisle passa quinze jours au château. Le Maître, quoique toujours gémissant sur ses maux, se montra très gai, très en verve. Il se levait de bon matin, faisait de longues promenades, travaillait beaucoup. Le soir, longs soupers, et couchers tardifs.[58] Pendant cette période euphorique, Voltaire reprend le manuscrit de son *Taureau blanc*. Point de refonte totale, analogue à celle dont était sorti le texte de *L'Ingénu*. Il améliore le découpage du récit, en tirant des derniers chapitres VI, VII, VIII du texte initial, trois nouveaux chapitres, portant le total à onze. Ici et là, il retranche quelques mots, quelques lignes. Des corrections de détail améliorent l'expression. Une fois terminée cette toilette, il confie le manuscrit au chevalier de Lisle, lequel repart, d'abord pour Chanteloup, d'où il gagnera Paris, vers le début d'octobre.[59] Voltaire a déjà dans la capitale un mois plus tôt alerté La Harpe. «Qui vous a donc parlé du *Taureau blanc*?», lui demande-t-il ingénument. «N'est-ce pas une traduction du syriaque par un professeur du collège royal?»[60] Son intention n'est pas pourtant d'imprimer le conte, du moins dans l'immédiat. Il le rappelle à de Lisle: «je serais fâché que le Taureau blanc parût en public et me frappât de ses cornes.» Il recommande de le mettre seulement «dans des écuries bien fermées dont les profanes n'aient point la clé.»[61] Que signifie la métaphore? La suite va l'expliquer. C'est à la *Correspondance littéraire*, revue

55. *Mémoires secrets*, 11 mai 1774.
56. *Le Taureau blanc*, p.60.
57. D18683 (15 décembre 1773), à d'Alembert.
58. D18469 (12 juillet 1773), Voltaire à de Lisle, et commentaire.
59. Avant le 1er septembre, d'après D18534, à Saint-Lambert.
60. D18535 (2 septembre 1773).
61. D18583 (13 octobre 1773), à de Lisle.

manuscrite réservée à un très petit nombre d'abonnés,[62] qu'il destine d'abord son *Taureau blanc*.

Ce remarquable périodique s'était montré jusqu'alors peu favorable à Voltaire. Il traitait ses faits, gestes et écrits avec une ironie souvent acerbe. Ainsi en juillet 1772, il avait déploré la «faiblesse extrême» du *Dépositaire*. Il avait jugé très médiocres les vers du poème rappelant le second centenaire de la Saint-Barthélemy. Il rend compte sur le mode sarcastique, en octobre, du couronnement du buste de Voltaire chez Mlle Clairon. Les *Nouvelles probabilités en fait de justice* sont traitées avec mépris: «un radotage du patriarche». En janvier 1773, le journaliste daigne parler de sa nouvelle tragédie, *Les Lois de Minos*: encore un «radotage».[63] Mais soudain, en octobre de cette même année, le ton change. La *Correspondance* rend compte de *Réflexions critiques* d'un anonyme, portant aux nues ces mêmes *Lois de Minos*: elle ne trouve rien à redire à cet éloge d'une pièce tenue quelques mois plus tôt pour un «radotage». En novembre, elle loue les *Fragments sur l'Inde* de «cet homme célèbre».[64] C'est qu'en effet un changement venait d'intervenir dans la direction du périodique. Diderot était parti pour la Russie, via La Haye. Grimm avait quitté Paris pour l'Allemagne. Il avait confié la charge de la *Correspondance littéraire* à Jacques Henri Meister. Ce Suisse consciencieux et discret éprouvait beaucoup de respect pour le grand homme de Ferney. Il subissait aussi l'influence du chevalier de Lisle qui avait ses entrées au périodique, et également celle du chevalier de Chastellux. Celui-ci, auteur d'un traité *De la félicité publique*, encyclopédiste hardi, a reçu du chevalier de Lisle *Le Taureau blanc*. Il le transmet à Meister. *La Correspondance littéraire*, depuis longtemps, avait fait de Voltaire un «collaborateur» involontaire, en insérant, sans lui demander son accord, des manuscrits qui circulaient dans Paris: lettres, poèmes, fragments divers.[65] Jamais encore cependant le périodique n'avait accueilli une œuvre étendue. Meister innovait en donnant *Le Taureau blanc* dans son intégralité, et certainement avec l'assentiment de l'auteur. Le conte fut donc «publié» dans les trois livraisons de novembre, décembre 1773, janvier 1774. Le sous-titre porte: «traduit du syriaque».

Comme il fallait s'y attendre, le texte de la *Correspondance littéraire* fut piraté. On connaît quatre éditions qui en procèdent, datées de 1774, trois d'entre elles ajoutant à «traduit du syriaque» un lieu qui s'imposait: «à Memphis».[66] On commençait à parler de ce nouvel écrit venu de Ferney. De Grenoble, le comte

62. Quinze ou seize, selon U. Kölving et J. Carriat, *Inventaire de la «Correspondance littéraire» de Grimm et Meister*, Studies 225 (1984), p.XVIII-XIX, qui donne une liste d'abonnés.

63. CLT, x.6, 51-52, 72-73, 84, 137.

64. CLT, x.301-302, 208.

65. Voir Emile Lizé, *Voltaire, Grimm et la Correspondance littéraire*, *Studies* 180 (1979).

66. Voir l'édition de R. Pomeau, p.XXIII-XXIV.

de Clermont le demande à Hennin: il a sans doute été informé par son épouse qui séjourne alors à Genève.[67] A Paris, avec l'accord de Voltaire, de Lisle en a donné lecture à Mme Du Deffand. La vieille dame ne l'a pas aimé. Voltaire, à son avis, «fait depuis quelque temps un bien plat usage de ses talents»; «mettre au même niveau la Bible et la fable: cela valait-il la peine d'écrire?»[68] Les courtiers en littérature jugent en tout cas qu'il vaut la peine de s'en procurer le manuscrit. De Lisle est obligé, à la date du 22 décembre, de freiner les ardeurs d'un certain Guinement de Kéralio, pressé de publier une édition du *Taureau blanc*. Non, lui répond-il, le conte ne paraît pas encore; il faut attendre. Le chevalier serait navré «si le patriarche avait à [lui] reprocher de l'infidélité». En admettant même, ajoute-t-il, qu'il y en ait des exemplaires dans Paris, «ce seraient deux ou trois extrêmement furtifs comme tout ce qui vient de Genève; mais je pense qu'il n'y en a point et que Monseigneur arrivant au mois de février, apportera les premiers qui se soient vus imprimés».[69]

Le cas du *Taureau blanc* laisse entrevoir les procédures tortueuses de transmission et d'édition des écrits en provenance de Ferney. Après l'insertion dans la très confidentielle *Correspondance littéraire* (dont Guinement de Kéralio semble cependant avoir eu connaissance),[70] Voltaire voulait attendre jusqu'en février pour envoyer dans la capitale des exemplaires imprimés sous son contrôle à Genève. Quelque haut personnage, «Monseigneur», échappant aux inquisitions des policiers, se serait chargé des volumes dans son bagage. Mais il fut devancé par les contrefaiteurs. Des éditions pirates parurent au début de 1774: la famille des éditions «traduit du syriaque» procédant de la *Correspondance littéraire*; et aussi une autre famille, fort surprenante, d'une origine différente.

Comment se fait-il que paraissent, sans doute au début de 1774, deux éditions sous-titrées «traduit du syriaque, par dom Calmet, à Memphis»?[71] Elles donnent un texte visiblement archaïque, en huit chapitres, antérieur à la révision de juillet 1773. Comment cette première version n'est-elle pas restée dans les papiers de Ferney? La correspondance avec Marin permet d'avancer une hypothèse. Ce Marin, personnage influent à la cour et dans le monde de la librairie, rendait à Voltaire de grands services comme intermédiaire. C'est à lui par exemple qu'avait été adressé le manuscrit de *L'Ingénu*. C'est lui qui s'était chargé d'obtenir

67. D18592 (18 octobre 1773), commentaire.

68. D18583 (13 octobre 1773), à de Lisle: Voltaire prévoit que la marquise ne se plaira guère à «de telles fadaises»; D18596 (24 octobre), commentaire.

69. D18702.

70. D'après la réponse, D18702, il faisait état auprès du chevalier de Lisle de la présence du *Taureau blanc* dans «certaines nouvelles [manuscrites] que je connais».

71. Ce même texte est repris dans le tome XII des *Nouveaux mélanges*, 1774, ce que Voltaire semble vouloir empêcher dans D18873 (26 mars 1774), à Vasselier.

«l'autorisation tacite».[72] Bientôt Voltaire va être mis en garde contre certains agissements du personnage.[73] Mais en novembre 1773, il continue à lui faire confiance. Marin lui a demandé le manuscrit du *Taureau blanc*. Voltaire le cherche, mais, malade, ne le trouve pas. Deux jours plus tard, il a «retrouvé les cornes du Taureau», c'est-à-dire le début du conte, mais il cherche encore «sa queue». Il fait une confidence qui peut expliquer l'apparition du *Taureau* archaïque: il est dans son lit «depuis près de quinze jours»; il n'a pu «mettre aucun ordre dans le tas énorme de [ses] paperasses».[74] Nous supposons qu'il finit par retrouver l'intégralité du texte. Mais il ne s'aperçut pas que c'était la version non revisée. Il l'envoya à Marin, qui s'empressa de la faire imprimer.[75]

Cependant, à Ferney, au début de février, il continue à travailler au *Taureau blanc*, selon Mme Gallatin.[76] Comprenons qu'il procède à une deuxième révision, d'où sortira le texte définitif: à savoir l'édition sous-titrée «traduit du syriaque par Mr. Mamaki, interprète du roi d'Angleterre pour les langues orientales», un in-octavo de 68 pages, daté «A Londres, MDLXXIV». Mais quel est donc ce «Mr. Mamaki»? Pour porter un nom aussi comique, on pourrait croire qu'il s'agit d'un être du même genre que le Dr Ralph de *Candide*, ou les Zapata, les Pediculoso... Il n'en est rien. M. Mamaki a existé. Il appartient à la nombreuse lignée des Mamachi de Lusignan. François-Marie Arouet avait eu pour condisciple à Louis-le-Grand un Vincent Mamachi. Un frère de celui-ci, Pierre Daniel Mamachi (né vers 1705 – mort après 1786) fut effectivement «interprète pour les langues orientales», mais du roi de France et non du roi d'Angleterre.[77]

Voltaire à la fin de 1773 a recouvré sa vigueur: non pas celle que le Taureau redevenu homme déploie sur le champ, mais la vigueur de l'écrivain. Björnståhl qui, après trois années, le revoit en octobre 1773 en témoigne. Il juge qu'il a fort décliné. Pourtant il s'aperçoit avec étonnement qu'il est encore capable de dicter d'affilée une soixantaine de vers.[78]

Le personnage à la mode cette année-là est le comte de Guibert. Cet homme jeune – il n'a pas trente ans – s'était distingué sur les champs de bataille de la

72. D14402, D14410.

73. Voir ci-dessous, p.88, 95.

74. D18632 (17 novembre 1773), D18635 (19 novembre), à Marin.

75. Le 11 décembre, D18678, à Marin, Voltaire ne l'avait pas encore retrouvé: «Le Taureau blanc court, et ne m'a laissé que ses cornes».

76. D18793 (2 février 1774), D18807 (9 février), Mme Gallatin au landgrave de Hesse-Cassel.

77. Voir R. Pomeau, «Défense de M. Mamaki», *RHLF* 76 (1976), p.239-42. Ce Mamaki interfère sans doute dans la mémoire de Voltaire avec l'aventurier qu'il connut à Londres, Carolus Rali Dadichi, interprète, celui-là, du roi d'Angleterre «pour les langues orientales»; cf. *Voltaire en son temps*, i.243.

78. Björnståhl, v.113-14.

guerre de Sept Ans. Il avait inspiré à Mlle de Lespinasse une violente passion. D'Alembert en sera désespéré quand il le découvrira, à la mort de son amie.[79] Guibert avait fait la campagne de Corse en 1769. Il était alors entré en relations avec Voltaire. Il lui avait écrit du camp de San-Fiorenzo, c'est-à-dire Saint-Florent. Sa lettre justifiait les opérations auxquelles il participait. Il juge très sévèrement le chef corse Pascal Paoli: «le beau mot de liberté» ne serait chez lui que «l'étendard de la tyrannie et du fanatisme». Les armes françaises apporteront aux populations de l'île «le bonheur de vivre en société, de cultiver leurs terres et les arts, et de n'être pas assassinés par des gens qui ont le chapelet à la main»: «action digne d'un siècle» que Voltaire a éclairé.[80] La force militaire au service des Lumières, c'est une idée chère à Guibert. Aussi est-ce en toute bonne conscience qu'il s'affirme un théoricien de la guerre, l'un des plus importants de son temps. Il publie en 1772 un *Essai sur la tactique générale* qui fait du bruit. Tirant la leçon des victoires prussiennes, il préconise une tactique nouvelle, laquelle suppose une refonte complète de l'organisation des armées. Par cette réflexion doctrinale, il participe au redressement militaire entrepris par Choiseul, poursuivi après lui, en vue de la revanche après les défaites de la guerre de Sept Ans. On sait qu'un tel mouvement contribuera pour une part aux victoires révolutionnaires. Le livre de Guibert influencera même la pensée de Napoléon. Le théoricien de la *Tactique* rendit visite, en 1773, à Frédéric II. Il assista à des manœuvres en Silésie. A son retour il s'arrête à Ferney. Ce militaire est aussi homme de lettres. Il porte dans ses bagages le manuscrit d'une tragédie, *Le Connétable de Bourbon*. Il la lit – pas trop bien – à Voltaire qui y salue de beaux vers. Le patriarche juge que son hôte est «fait pour le grand en quelque genre qu'il travaille».[81] Il a lu l'*Essai sur la tactique*. Il réagit à l'esprit général du livre. Sur cette question d'actualité, il compose après le départ de Guibert une de ces satires en vers qui, partie importante de son œuvre en sa dernière période, mériteraient d'être mieux connues. Il destine le poème à la *Correspondance littéraire*: les alexandrins de *La Tactique* y sont insérés dans le même fascicule (novembre 1773) que le début du *Taureau blanc*.[82]

Voltaire raconte. Il s'est rendu chez son libraire Caille, «qui, dans son magasin» – fatalité de la rime – «n'a souvent rien qui vaille».[83] Le marchand lui recommande

79. D20189 (24 juin 1776), à Voltaire.

80. D15851 (29 août [1769]): il ressort de cette lettre que Voltaire connaissait déjà Guibert de réputation, et avait parlé de lui au ministre Chauvelin.

81. D18601 (28 octobre 1773), à Frédéric II; D18613 (6 novembre), à d'Argental; D18621 (15 novembre), au même.

82. Le texte a été envoyé le 15 octobre à d'Argental, le 16 à Mme Du Deffand, le 19 à d'Alembert et à Voisenon (D18621, D18629, D18634, D18638).

83. M.x.187-93. Caille répondit qu'il vendait «les ouvrages de M. de Voltaire».

un livre nouveau, *La Tactique*. Voltaire l'achète. Il espère trouver là «l'art de prolonger [sa] vie», «d'adoucir les chagrins», etc. Hélas! dans ce «livre si divin», que lit-il?

Mes amis! C'était l'art d'égorger son prochain.

Il court chez le libraire, lui rend le volume, «encore épouvanté», et lui dit son horreur de la guerre:

Je hais tous les héros, depuis le grand Cyrus

jusqu'à Frédéric II. Voltaire, tout en parlant, aperçoit dans un coin de la boutique un jeune homme en uniforme, aux «regards assurés, mais tranquilles et doux». C'est Guibert lui-même. Le militaire va se défendre, posément. Il conçoit qu'un «vieillard philosophe» déteste le métier qu'il fait, lui officier du roi. «Métier nécessaire». Que Voltaire se rappelle les justes combats d'Henri IV, de Fontenoy. Si les armées françaises n'avaient pas alors arrêté l'ennemi à la frontière, les lettres et en particulier le théâtre n'auraient pu continuer à briller dans la capitale.

Souffrez donc qu'un soldat prenne au moins la défense
D'un art qui fit longtemps la grandeur de la France,
Et qui des citoyens assure le repos.

Voltaire doit reconnaître que Guibert a raison. N'empêche: il forme des souhaits

Pour que ce beau métier ne s'exerçât jamais,
Et qu'enfin l'équité fît régner sur la terre
L'impraticable paix de l'abbé de Saint-Pierre.

Le débat n'était pas médicore. Guibert dans sa réponse à Voltaire va continuer à plaider la cause d'une guerre «éclairée», tant dans ses méthodes que dans ses fins: «toutes les Lumières se touchent, et l'on n'est plus féroce dès qu'on s'éclaire.» On doit au moins «se consoler de la guerre par tout ce qu'elle produit de grand». Sans la guerre, «où Corneille aurait-il pris ses héros, Homère son poème, et vous la *Henriade*?»[84]

La *Correspondance littéraire* inséra encore en avril 1774 un long poème de Voltaire, la satire *Dialogue de Pégase et du vieillard*. Huber avait découpé un Voltaire monté sur Pégase, le cheval ailé symbole de la poésie. Le poète, brandissant un long fouet, était emporté dans les nues par l'animal, toutes ailes déployées. En 1774, ces chevauchées triomphales appartiennent au passé. Voltaire prend comme thème de sa poésie l'absence de l'inspiration poétique. Pégase, toujours piaffant, l'aperçoit dans un champ, «au coin d'une masure», occupé de travaux agricoles: défricher, semer, bâtir. L'animal tente de le stimuler. Mais le vieillard se refuse à de nouveaux envols. Les «beaux esprits» – Fréron, La

84. D18666 (6 décembre 1773), Guibert à Voltaire.

Beaumelle... – l'ont persécuté. On a falsifié ses ouvrages, et d'ailleurs il a trop écrit:

> On ne va point, mon fils, fût-on sur toi monté,
> Avec ce gros bagage à la postérité.

Pégase a beau rappeler ses triomphes au théâtre; peine perdue:

> Plus de vers et surtout plus de philosophie [...]
> J'ai marché dans la nuit sans guide et sans flambeau:
> Hélas! voit-on plus clair au bord de son tombeau?[85]

«Au bord de son tombeau»: cet hémistiche n'est point dit au hasard. A ce moment même, Voltaire subit une nouvelle attaque de la strangurie qui l'avait «voulu tuer l'année passée». La menace est précise: «cela m'avertit de faire mon paquet et de déloger incessamment.»[86] Car désormais, à ses maux habituels, qui l'accompagnent depuis des décennies, s'en est ajouté un autre, mortel, il le sait. Il le sentira présent en lui, pendant les quatre ans qui lui restent à vivre. Mais, quoi qu'il en ait dit à Pégase, il ne sera pas pour autant réduit au silence, ni en vers, ni en prose.

85. M.x.195, 205.
86. D18863 (21 mars 1774), à d'Alembert.

6. Fin de règne

Voltaire avait-il espéré qu'après la chute de Choiseul le nouveau pouvoir, ennemi des anciens parlements, allait se montrer plus libéral, et plus favorable aux philosophes? Il n'en fut rien. L'opinion désigne vite comme un «triumvirat» les trois principaux ministres, Maupeou, Terray, d'Aiguillon. Nous devons faire effort pour imaginer la connotation sinistre d'un tel terme. Le mot renvoie aux triumvirs romains, Antoine, Octave, Lépide, qui régnèrent par la terreur, après l'assassinat de César, avant la prise définitive du pouvoir par Octave devenu Auguste. Trois despotes sanglants, retranchés dans l'île, d'où ils lancent des ordres de proscription: parmi leurs victimes, Cicéron, exécuté par leurs tueurs. Ce moment particulièrement odieux de l'histoire de Rome restait en 1771 très présent dans les esprits. Crébillon, puis Voltaire l'avaient pris comme sujet de tragédies intitulées précisément l'une et l'autre *Le Triumvirat.* Bien entendu, c'était calomnier Maupeou, Terray et d'Aiguillon, qui ne furent nullement des ministres sanguinaires. Mais il est vrai que, gouvernant dans des conditions difficiles, ils menèrent une politique énergiquement répressive.

On aurait pu penser que l'appui de Voltaire aux réformes de Maupeou lui aurait valu quelque indulgence, ne serait-ce que dans l'acheminement de son courrier. Or au contraire la sévérité du contrôle se renforce. A leur sortie, les tomes VI et VII des *Questions sur l'Encyclopédie* ne peuvent parvenir à Paris que camouflés dans les bagages de voyageurs: de Dupuits, ou de Mme Le Gendre, sœur du résident Hennin.[1] Bientôt interdiction est faite d'expédier la moindre brochure. On y veille: rien ne passe. Le village de Ferney «envoie tous les ans pour cent mille francs de marchandises au bout du monde»; en revanche, impossible d'«envoyer une pensée à Paris».[2] La répression s'accompagne d'une mesure fiscale. Un impôt de 78 livres par quintal frappe les ouvrages français imprimés à l'étranger: ce dont pâtissent particulièrement Cramer et ses confrères genevois.[3]

On tend à revenir sur les timides concessions de tolérance précédemment octroyées. Un juge avait autorisé la sépulture chrétienne d'un protestant. Le défunt reposait donc en «terre sainte». Mais l'évêque fait appel. Le premier

1. D17430 (8 novembre 1771), à d'Argental; D17446 (14 novembre 1771), à d'Alembert.
2. D18511 (13 août 1773), à Mme Du Deffand.
3. D17513 (décembre 1771), à Cramer.

président tente de gagner du temps. Or arrive un ordre du roi de faire venir l'affaire sans délai. Il fallut, en applicaton de la loi, décider l'exhumation. Ce qui fut exécuté. Le premier président reçoit un avertissement d'avoir à se conformer strictement désormais aux ordonnances. «Toute [la] dévotion de la cour», commente l'abbé Morellet, «consiste à croire les prêtres sur les inculpations d'impiété, et à les laisser maîtres des coups qu'ils veulent porter à ceux qui se montrent trop ouvertement.»[4] Même l'affaire *Unigenitus*, qu'on avait cru enfin terminée, ne l'est pas tout à fait. Un «appelant» notoire, M. de Monclar, ancien procureur au parlement d'Aix, meurt dans sa terre de Saint-Saturnin. Le curé lui a administré les derniers sacrements. Le lendemain, l'évêque d'Apt exige que le curé signe un faux: M. de Monclar aurait accepté la bulle *Unigenitus*, et fait amende honorable pour avoir requis au parlement la destruction des jésuites. Le curé cède puis, sur la pression de la famille, se rétracte. Voltaire rédige une *Relation* sur cette fâcheuse affaire.[5]

On «s'appesantit» surtout contre les philosophes. Voltaire le constate: le gouvernement ne veut pas «déraciner la superstition». A preuve, ces reliques incongrues qu'on tolère: «le prépuce de Jésus-Christ dans l'église du Puy-en-Velay», «la robe de la vierge Marie dans le village d'Argenteuil». Le pouvoir sera «toujours content pourvu que le peuple paye et obéisse».[6] Contrairement à ce que le ministère avait fait quelques années plus tôt au sujet de *Bélisaire*, il n'intervient pas quand en décembre 1772 éclate une autre querelle du même ordre. L'université de Paris est maintenant dirigée par un survivant des combats autour de *Bélisaire*, le recteur Coger. Sous l'influence de celui-ci, la Faculté de théologie, pour le concours d'éloquence de 1773 propose un thème qui invitera les candidats à pourfendre, en latin, les philosophes. Mais la Faculté reste toujours malheureuse en ses énoncés: on se rappelle l'*indiculus ridiculus* de 1767. Le texte latin de 1773 risque de signifier le contraire de ce qu'il veut dire. Le voici, en effet: «*Non magis Deo quam regibus infensa est ista quae vocatur hodie philosophia.*» Ce qui peut se traduire: «La philosophie n'est pas plus ennemie de Dieu que des rois.»[7] Le pataquès des latinistes remporta le succès qu'on peut imaginer. La philosophie n'est pas ennemie de Dieu, elle ne l'est pas des rois: c'est ce que Voltaire se tue à répéter depuis toujours. Il passe donc une nuit blanche, du 31 décembre au 1er janvier, à rédiger, mais en français, une composition sur le sujet proposé par les théologiens.[8] C'est le *Discours de Me Belleguier*.[9]

4. D18884 (10 avril 1774), Morellet à Voltaire.
5. D18360 (vers le 10 mai 1773), à J. Vernes, et D.app.374.
6. D17401 (14 octobre 1771), au pasteur Gal-Pomaret.
7. D18104 (26 décembre 1772), d'Alembert à Voltaire.
8. D18110 (1er janvier 1773), à d'Alembert.
9. M.xxix.9-18.

Voltaire-Belleguier pose une évidence: «La philosophie est expressément l'amour de la sagesse». D'où il suit que «ce serait le comble de la folie d'être l'ennemi de Dieu, qui nous donne l'existence, et des rois, qui nous sont donnés par lui pour rendre cette existence heureuse, ou du moins tolérable.» Le *Discours* se développe ensuite en deux parties. Une section «De Dieu» rappelle ce que sont les «véritables philosophes»: l'astronome, le «physicien» (ou naturaliste) dans leurs recherches découvrent «l'éternel Artisan». Le moraliste «qui cherche un point d'appui à la vertu doit admettre un être aussi juste que suprême». Conclusion: «*ista quae vocatur hodie philosophia*, cette [*sic*] qu'on nomme aujourd'hui philosophie est le plus digne soutien de la Divinité, si quelque chose peut en être digne.» Dans la seconde section, «Du gouvernement», Voltaire-Belleguier puise dans sa prodigieuse érudition historique pour démontrer que tous les fauteurs des guerres civiles – de la Ligue, de la Fronde –, les instituteurs des massacres – la Saint-Barthélemy – n'étaient certes pas des philosophes. *A contrario*, l'Angleterre s'arracha aux désordres sanglants de l'époque de Cromwell, lorsque l'influence des Locke, des Newton devint prépondérante. La «main pure» de la philosophie «porte le flambeau qui doit éclairer les hommes; elle ne s'en est jamais servie pour allumer l'incendie en aucun lieu de la terre. Sa voix est faible, mais elle se fait entendre; elle dit, elle répète: *Adorez Dieu, servez les rois, aimez les hommes.*» Bien imprudemment, la Faculté de théologie avait procuré à Voltaire l'occasion d'un réquisitoire contre le fanatisme et la superstition, d'où il ressortait que les antiphilosophes s'acharnaient à défendre une cause indéfendable.

Une autre affaire surgit, quelques jours après, à l'initiative de Christophe de Beaumont, archevêque de Paris, lequel manifeste une fois de plus son génie de l'inopportunité. Un incendie a détruit l'hôpital de l'Hôtel-Dieu. Monseigneur lance un mandement à ce propos. La cause du sinistre, selon le prélat? «Nos crimes»: on devine lesquels. En conséquence, l'archevêque instaure une fête annuelle du «triomphe de la foi»: on y prononcera un sermon contre les philosophes. A l'Académie française, d'Alembert prend la mouche. Il s'étonne publiquement que «Monsieur l'archevêque n'ait pas dit dans son mandement que c'étaient les philosophes qui avaient mis le feu à l'Hôtel-Dieu».[10] On rit.[11] En réponse, d'Alembert fait une collecte parmi les membres de l'Académie française pour les pauvres de l'Hôtel-Dieu: 1 200 livres, chaque académicien versant trente livres. On porte les fonds à Christophe de Beaumont, au moment même où il s'habille pour aller célébrer à l'église Saint-Roch «le triomphe de la foi»: il avait l'intention de prononcer lui-même le sermon contre les philosophes. On lui

10. D18127 (9 janvier), d'Alembert à Voltaire.

11. A l'exception de ceux que d'Alembert appelle «Tartuffe», le père de Radonvilliers, ancien jésuite, et «Laurent», l'abbé Batteux.

représente alors qu'il va faire une sottise. Il renonce au dernier moment à se rendre à Saint-Roch et confie à un autre orateur l'homélie antiphilosophique.[12]

L'Académie est devenue majoritairement favorable aux philosophes. Après la mort de Duclos, elle a choisi pour son secrétaire perpétuel d'Alembert. Elle élit Delille et Suard, patronnés par Voltaire, et réputés «philosophes».[13] Pour cette raison, Louis XV refuse l'élection, sans justifier sa décision. Car le pouvoir surveille l'Académie française. La Harpe (qui n'en est pas encore membre) a prononcé devant elle un éloge de Fénelon. Le texte doit être imprimé. Mais à la demande des archevêques de Paris (Christophe de Beaumont, toujours) et de Reims, un arrêt du Conseil «supprime» l'éloge d'un auteur jugé suspect de «philosophie». Désormais les éloges académiques devront être approuvés par deux théologiens de la Sorbonne.[14] Quant à l'Académie des sciences, elle se donne comme secrétaire perpétuel Condorcet.[15] Ainsi les deux Académies les plus influentes ont à leur tête deux militants des Lumières, tout dévoués à Voltaire.

Puis se produit une intervention inacceptable du roi. Il a nommé de sa propre autorité, hors de toute élection, un membre de l'Académie des sciences. Une délégation s'est rendue, en vain, à Versailles, pour présenter une protestation.[16] Cet arbitraire se manifeste au moment même où l'Académie patronne des recherches d'un grand avenir: celles qui mettent en évidence les phénomènes électriques. Elle a créé un prix destiné à récompenser des travaux «sur la nature du tonnerre et sur les moyens de le détourner». On sait qu'avec Benjamin Franklin les premières expériences sur l'électricité tentaient, fort dangereusement, de capter cette force inconnue à partir de la foudre. Voltaire s'intéressait à cette nouveauté.[17] Il envoie sa souscription pour le prix académique. Il a lui-même fait élever dans son jardin un paratonnerre – ou «antitonnerre» – de 100 pieds de haut (soit une trentaine de mètres).[18]

Mais tandis que des savants font des découvertes appelées à transformer la vie de l'homme, l'ambiance est à la réaction. En témoigne ce qu'il advint à La Condamine, celui qui quarante ans plus tôt était allé en Amazonie mesurer le méridien terrestre. Le vieux savant meurt, non sans quelque héroïsme, des suites d'une opération expérimentale à laquelle il avait voulu se soumettre «par zèle pour l'humanité». Libre penseur, La Condamine tenait cependant à se mettre en règle avec l'Eglise. Il a cherché «un confesseur qui le dispenserait de croire». En

12. D18127 (9 janvier 1773), D18131 (12 janvier), d'Alembert à Voltaire.
13. Election double du 7 mai 1772, D17737, n.2.
14. D17393 (7 octobre 1771), d'Alembert à Voltaire.
15. Le 8 mars 1773, D18179, n.2.
16. D18860 (17 mars 1774), de Lisle à Voltaire.
17. *Voltaire en son temps*, iv.353.
18. D18850 (14 mars 1774), à Condorcet; D18852 (même date), à Laleu.

d'autres temps, un homme qui comme lui n'a jamais affiché son incrédulité aurait pu se procurer sans trop de peine une telle assistance. Mais en mars 1774, La Condamine rendit le dernier soupir avant d'avoir trouvé un confesseur de bonne volonté.[19]

Va-t-on même revenir sur la suppression des jésuites? Certains y travaillent. Et il faut reconnaître que la fermeture des collèges avait laissé un vide qui n'était pas comblé. On projette de rétablir la Société de Jésus en France, sous le nom d'une communauté de prêtres se consacrant surtout à l'enseignement. D'Alembert craint que par ce biais les jésuites ne recouvrent tout ou partie de leur influence. Voltaire, alerté par ses soins, publie une *Lettre d'un ecclésiastique*... Le ministère rejette le projet. Cependant, sans se décourager, les partisans de l'ancienne Société imaginent d'autres plans d'associations à finalité pédagogique.[20] En attendant, le pouvoir malmène rudement l'un des plus notoires parmi les ennemis des jésuites, et aussi du duc d'Aiguillon: le célèbre La Chalotais. Le tribun au parlement de Bretagne a maintenant soixante-quatorze ans. Il est gravement malade, «pissant le sang, écorché de gravelle». Malgré son triste état, il est traîné en prison à Loches.[21]

On comprend que dans de telles circonstances une nouvelle tentative de Voltaire pour revenir à Paris ait échoué, comme les précédentes.

Voltaire compte toujours, pour ouvrir la voie, sur un succès au théâtre. Un récent triomphe lui avait montré l'efficacité que conservaient auprès du public ses meilleures pièces. Le théâtre de Ferney restait désaffecté. Mais à quelque distance de là, un entrepreneur de spectacle, nommé Saint-Gérand, avait décidé de répondre à la passion de plus en plus vive des Genevois pour les représentations proscrites par le Consistoire. Un théâtre avait été installé à Châtelaine, à la frontière même de la République. Il suffisait de traverser une rue pour passer de Genève en France.[22] Les séances commençaient à quatre heures de l'après-midi. On venait à pied de la ville, distante seulement d'une demie lieue (deux kilomètres). Parfois, il fallait se presser après le spectacle pour rentrer avant la fermeture des portes. En cas de retard, on s'arrangeait pour passer gaiement la soirée et la nuit hors des murs.[23] Voltaire venait volontiers à ce théâtre. Il y avait sa loge, à gauche de la scène. Il se sentait là comme chez lui. Il ne se privait pas d'intervenir sur le plateau même, ainsi qu'il faisait à Ferney, pour corriger le jeu

19. D18837 (6 mars 1774), Condorcet à Voltaire.

20. D18824 (26 février 1774), d'Alembert à Voltaire; D18837 (6 mars 1774), D18880 (mars-avril 1774), Condorcet à Voltaire.

21. D18838 (7 mars 1774), Voltaire à Florian. Voir aussi D18839, n.5.

22. Selon le témoignage d'un érudit local, recueilli par Desnoiresterres, vii.423.

23. Desnoiresterres, vii.424.

d'un acteur ou rectifier l'interprétation d'une scène. D'autres fois, il s'enfermait dans une sorte d'incognito. En juin 1772, il a assisté à une représentation de *Nanine*, sa loge étant voilée par une gaze.[24]

Ce même été, Voltaire eut l'idée de faire venir Lekain au théâtre de Châtelaine. Il obtient pour lui un congé de la Comédie-Française et de Saint-Gérand la promesse d'un somptueux cachet. Le 14 septembre, l'acteur est à Ferney. Il jouera du Voltaire : *Adélaïde Du Guesclin*, *Mahomet*, *Sémiramis*. On répète. Voltaire se rend lui-même à Châtelaine pour diriger *Mahomet*. Le comédien amateur chargé du rôle de Séïde jouait mal une scène, au gré du Maître. Alors Voltaire intervient : il l'a interprétée lui-même «avec un feu qui nous surprit tous», rapporte Mme Gallatin. Quand le démon du théâtre le possède, tous ses maux s'envolent. Il a passé la journée entière, avec une seule pause, à la répétition de sa pièce, sans fatigue aucune.[25] Ensuite les représentations d'*Adélaïde Du Guesclin*, de *Mahomet*, de *Sémiramis*, Lekain tenant les principaux rôles, soulevèrent dans le public genevois un enthousiasme allant jusqu'au délire. Nous avons le récit détaillé du spectacle du samedi 19 septembre, où l'on donnait *Sémiramis*. L'auteur de la relation est un pasteur, Antoine Mouchon, personnage fort grave, mais qui n'avait pu résister à l'attraction du fruit défendu.[26] D'autres pasteurs d'ailleurs étaient présents avec lui dans la salle. Dès onze heures et demie le théâtre était plein. Le public s'y est rué avec «fureur», malgré un temps affreux. Le jeu de Lekain surpassa tout ce qu'on en avait dit. Mais particulièrement au moment où il sort du tombeau, ayant tué sans le savoir sa mère Sémiramis, hagard, les bras sanglants, environné d'éclairs : c'était selon Mouchon «le triomphe de la nature», salué dans la salle par un «frémissement universel». Voltaire était présent, presque sur la scène, «assis contre la première coulisse, en vue de tous les spectateurs». Il applaudissait «comme un possédé». Il frappait de sa canne. Il poussait des exclamations : «On ne peut pas mieux, ah ! mon Dieu, que c'est bien !» Il pleurait, «portant sans cesse son mouchoir à ses yeux». Au moment où Lekain-Ninias fait sa sortie après avoir défié le traître Assur, Voltaire court après lui, lui serre la main avec effusion. Ce qui eût été comique dans une ambiance moins survoltée. Car sur la scène le vieil homme avait l'allure d'un vieillard de comédie, «bas roulés sur les genoux», affublé d'un costume «du bon vieux temps», marchant courbé sur sa canne. Après ces spectacles, Voltaire est «dans l'extase». Il a vu et entendu tous ses Genevois crier «de douleur et de plaisir». «Des femmes se sont trouvées mal, et en ont été fort aises.» Triomphe provincial sans doute. Mais à Paris même, Lekain a rénové la tragédie voltairienne. «Il m'a fait connaître *Sémiramis* que je ne connaissais point du tout» : Voltaire avoue qu'avant lui il

24. D17789 (20 juin 1772), Mme Gallatin au landgrave de Hesse-Cassel.
25. D17917 (18 septembre 1772), Mme Gallatin au landgrave de Hesse-Cassel.
26. D17922 (20 septembre 1772), A. Mouchon à son frère.

n'avait «point d'idée de la véritable tragédie».[27] Les interprétations mélodramatiques du grand acteur, suivant le goût de l'époque, ont ouvert à ce théâtre une nouvelle carrière qui se prolongera pendant la Révolution et au-delà.

Mais Voltaire sait bien qu'à Paris ce ne sont pas des reprises, si fêtées soient-elles, de son ancien répertoire qui mettront fin à son exil. Il lui faudrait remporter le succès avec une pièce nouvelle. Il en a une toute prête, qui selon lui devrait réussir, *Les Lois de Minos*. Tragédie d'actualité: le public pourrait se plaire à y trouver des allusions soit aux parlements Maupeou, soit aux affaires de la Pologne, soit à la toute récente révolution de Suède. Par précaution, Voltaire l'a présentée aux Comédiens comme n'étant pas de lui. Le manuscrit fut lu aux acteurs, accepté, mais on a tout de suite reconnu l'auteur.[28] Puis les mois passent, sans qu'aucune date soit prévue pour la création de l'œuvre. Alors Voltaire demande à Lekain de donner une lecture de ses *Lois de Minos* chez Mme Du Deffand. Le succès, dont il ne doute pas, devrait susciter dans le public le désir de voir la pièce enfin portée sur la scène. La séance eut lieu le 17 novembre. Ostensiblement, la marquise applaudit: «En vérité, mon cher Voltaire», mande-t-elle à l'auteur, «vous n'avez que trente ans.» Mais elle pense tout le contraire. Son jugement sincère, c'est à Walpole qu'elle en fait confidence: «La vieillesse ne fait que des efforts impuissants [...] Je suis bien trompée si cette pièce a le moindre succès».[29] Ce qui doit être aussi l'avis des Comédiens-Français, nullement pressés de monter une première qui serait un fiasco.

Voltaire pourtant croit imminente la création de sa pièce,[30] lorsque survient un événement qui le consterne. Un libraire parisien, Valade, donne une édition pirate des *Lois de Minos*: la pièce perd ainsi l'attrait de la nouveauté; sa représentation devient fort problématique. Mais quel est le traître qui procura un manuscrit à Valade? Voltaire reconnaît dans le texte pirate des vers corrigés ou refaits par ses amis parisiens, d'Argental, Thibouville. Il lui paraît impossible qu'ils soient responsables de la fuite. Faudrait-il accuser Lekain?[31] Il apprendra plus tard que l'auteur du mauvais coup était un homme en qui il avait toute confiance, François Louis Claude Marin. Voltaire est très affecté de la piraterie Valade. Il écrit quinze lettres ce même 1er février 1773, sur cette affaire. Il ne déplore pas seulement qu'on lui ait volé son ouvrage. Mais, comme il le dit à Richelieu, il avait fondé sur *Minos* «l'espérance de faire sa cour à Paris» à son héros, autrement dit d'obtenir la fin de son exil. Il ne renonce pas cependant. Il insiste auprès de Richelieu, qui précisément est de service cette année-là à la

27. D17923 (21 septembre 1772), à d'Argental.
28. D17650 (21 mars 1772), Lekain à d'Argental.
29. D18022 (18 novembre 1772), et commentaire.
30. D18018 (18 novembre 1772), à Cramer.
31. D18175 (1er février 1773), à Richelieu, D18177 (même date), à Thibouville.

cour. Que le duc use de son autorité pour imposer *Minos* à la Comédie-Française. Qu'il l'inscrive au programme des fêtes de Versailles et de Fontainebleau. En même temps, Voltaire sollicite pour une autre pièce prête à être jouée, une *Sophonisbe*, adaptée de l'antique *Sophonisbe* de Mairet, l'une des premières en date parmi les tragédies françaises. Il fait intervenir d'Argental mais aussi une amie de Richelieu, Mme de Saint-Julien. La jeune femme était venue à Ferney. Elle avait plu par sa gaîté, sa fantaisie. «Papillon philosophe», disait d'elle Voltaire. Ce papillon aimait la chasse. Elle avait tiré du gibier sur les terres du patriarche. On lui demande donc en contrepartie de patronner *Minos* et *Sophonisbe*.[32] Mais Richelieu se dérobe. D'Alembert avait bien prévenu son ami. Le maréchal, personnage d'ailleurs décrié, est hostile aux philosophes.[33] Voltaire le sait, il n'en ménage pas moins son «héros»: il n'a pas tant d'appuis auprès du roi. Il apprend que Richelieu, sur la liste des pièces à jouer à Fontainebleau, a barré les siennes et les a remplacées par du Crébillon. Il ne laisse rien paraître de son ressentiment. Il continue à plaider pour *Minos* et *Sophonisbe*. Qu'on les donne donc aux fêtes prévues pour le mariage du comte d'Artois. Ce serait, continue-t-il, l'occasion de «faire adoucir certaines lois dont vous savez que je ne parle jamais».[34] Il n'en parle jamais, mais y pense toujours, et y fait souvent allusion. Une concession est finalement accordée à Voltaire en faveur de *Sophonisbe*. La tragédie imitée de Mairet est jouée à Fontainebleau, à la fin d'octobre 1773. Cette *Sophonisbe* est ensuite créée à la Comédie-Française le 15 janvier, et assez mal reçue, malgré l'interprétation de Lekain.[35] Quant aux *Lois de Minos*, elles ne seront jamais jouées, ni à la cour, ni au Théâtre-Français.[36] Rien donc qui justifie le rappel de l'exilé.

Le retour de Voltaire à Paris paraît décidément bien difficile. Au début de l'année, d'Argental avait consulté un important personnage, sans doute Maupeou. En cas de succès des *Lois de Minos* (on pouvait l'espérer, à cette date), l'auteur aurait-il permission de revenir dans la capitale? Réponse, poliment: non.[37]

Voltaire pense alors à une intercession à laquelle il eut recours jadis, au temps de Mme de Pompadour: celle de la favorite. L'échec antérieur ne le décourage pas. Il sait que Mme Du Barry a pris sur le vieux roi une grande influence. Peut-être

32. D18381 (19 mai 1773), à Mme de La Tour du Pin de Saint-Julien, D18564 (25 septembre 1773), à la même.

33. D18193 (9 février 1773), d'Alembert à Voltaire.

34. D18412 (4 juin 1773), à Richelieu, D18482 (19 juillet), au même.

35. D18613 (6 novembre 1773), à d'Argental, D18753, commentaire. Voir plus loin, p.158.

36. Mais la tragédie fut jouée à Lyon, «avec beaucoup de succès», selon Voltaire, D18501 (7 août 1773).

37. D18119 (4 janvier 1773), à d'Argental.

pourrait-elle obtenir ce qui fut refusé à la précédente maîtresse du prince. Lekain a communiqué à la jeune femme un manuscrit des *Lois de Minos*.[38] Mais Voltaire hésite. Il est informé que la comtesse est en relation avec La Beaumelle, par la belle-sœur de celui-ci. Ce qui va se révéler sans importance. Car la favorite, passée des bas-fonds dans le lit royal, sent combien sa position est fragile. Pour d'excellentes raisons, elle n'a rien de bon à attendre du côté dévot, à la cour comme dans le public. Elle voudrait, comme l'avait fait jadis Mme de Pompadour, gagner des sympathies chez les philosophes, et d'abord chez le plus influent d'entre eux. Précisément, elle a près d'elle un personnage tout disposé à servir d'intermédiaire: Laborde, valet de chambre du roi. Le titre ne doit pas évoquer de modestes activités ménagères. Le «valet de chambre» était banquier de la cour. Il était aussi compositeur de musique. Il avait, on se le rappelle, écrit une partition pour *Pandore*. L'opéra pourrait être joué à la cour. Laborde conseille à Voltaire de s'adresser à Mme Du Barry pour le lui demander.[39] Ce que celui-ci ne fait pas, autant qu'on sache, en particuler parce qu'il ne veut pas compromettre davantage ses relations avec les Choiseul. Or voici que Laborde est chargé d'une mission à Naples. Sur le trajet, il s'arrête bien entendu à Ferney. Il en profite pour faire exécuter quelques morceaux de *Pandore*.[40] Surtout il est porteur d'un message de la favorite. Il remet de sa part à Voltaire un médaillon renfermant son portrait. Il a mission de dire que la jeune femme a donné à son effigie deux baisers, destinés au patriarche. Comment résister à une aussi gracieuse avance? Voltaire alors ose écrire à Mme Du Barry. Il insère dans sa lettre un madrigal:

Quoi! deux baisers sur la fin de ma vie!
Quel passeport vous daignez m'envoyer!
Deux! C'en est trop, adorable Egérie,
Je serais mort de plaisir au premier.

Néanmoins, il prend «la liberté» de rendre au médaillon les deux baisers.[41] Ainsi s'engagent des relations entre le patriarche et la favorite. Elle a soin de répondre dans les termes les plus flatteurs: les ouvrages du poète lui semblent toujours «animés des feux de la première jeunesse». Elle souhaite que le nouveau théâtre qu'on va construire (sur l'emplacement de l'actuel Odéon) «ne soit ouvert que par un de vos nouveaux drames».[42] Peu après, Mme Du Barry accepte de recevoir des montres de Ferney, destinées aux dames accompagnant la nouvelle comtesse d'Artois. Elle se chargera de les distribuer. A titre de spécimen elle recevra pour

38. D18323 (19 avril 1773).
39. D18351 (5 mai 1773).
40. D18482 (19 juillet 1773), à Richelieu.
41. D18456 (vers le 5 juillet 1773).
42. D18477 (juillet 1773). Il échappe à Mme Du Barry que le «drame» n'est pas un genre particulièrement prisé par Voltaire.

elle-même, sur facture, une montre «ornée de diamants». Voltaire souligne qu'elle fut fabriquée «sous [ses] yeux», et qu'elle ne coûte que mille francs: une misère...[43]

Mais le retour à Paris? L'affaire n'avance pas d'un pouce.[44] Pour que Voltaire puisse revenir dans la capitale, il faudrait abattre l'obstacle insurmontable: le veto de Louis XV.

Le Triumvirat fut assez vite affecté par l'inévitable usure du pouvoir. Au bout d'une année de gouvernement, des rumeurs circulent sur les divisions au sein du Conseil d'Etat, au sujet de Maupeou et d'Aiguillon. On parle de démission.[45] D'Aiguillon, chargé des Affaires étrangères, n'avait pu empêcher le premier démembrement de la Pologne (juillet 1772). L'abbé Terray ne parvenait pas à résorber le déficit du Trésor royal. Les dépenses s'accroissaient vertigineusement: traitements versés aux nouveaux parlementaires, frais de l'expédition de Corse, sommes énormes prodiguées à la favorite: Mme Du Barry avait reçu pour la seule année 1774 plus de six millions. Pour faire face, Terray réduisait les rentes et les pensions, contractait des emprunts forcés, suspendait de temps à autre les paiements de l'Etat: toutes mesures qui n'aboutissaient qu'à accroître l'impopularité du ministère.

Mais ce qui devait affaiblir le plus gravement Maupeou et son gouvernement, en discréditant les nouveaux parlements, ce fut l'affaire Goezman. Au centre de celle-ci, Pierre Augustin Caron, dit de Beaumarchais. Il était issu de l'artisanat parisien. Caron son père tenait boutique d'horloger rue Saint-Denis. Ces fabricants de montres au dix-huitième siècle sont des inventeurs. Ils travaillent à perfectionner des engins présentant de multiples défauts. Ainsi au sortir de l'adolescence, Pierre Augustin avait mis au point un procédé «d'échappement» recherché en vain depuis longtemps: il s'agissait d'un mécanisme régularisant la détente du ressort. Un concurrent ayant tenté de dérober l'invention, il en résulta un procès d'où le jeune Caron et son père sortirent vainqueurs. L'affaire fit du bruit. Pierre Augustin fut introduit à la cour, d'abord comme horloger. Il eut l'honneur d'expliquer le nouvel échappement au roi lui-même. Sa Majesté voulut bien se pencher sur le boîtier ouvert d'une montre sortie de l'atelier Caron. Beau garçon, d'un aplomb imperturbable, le jeune homme consolide sa position par une charge à la table du roi, et plus sérieusement par des leçons de harpe qu'il donne à Mesdames, filles de Louis XV, et par les mille menus services qu'il leur rend. Il s'assure des ressources en épousant successivement deux riches veuves.

43. D18554 (20 septembre 1773). La montre, malgré la modicité (toute relative) de son prix, semble bien n'avoir jamais été payée. Quand Mme Du Barry, après la mort de Louis XV, sera disgraciée, la facture restait en souffrance, Desnoiresterres, vii.444, n.1.

44. Voltaire le constate, D18780 (30 janvier 1774), à Richelieu.

45. D17645 (20 mars 1772), aux d'Argental.

L'une et l'autre étant décédées peu après leur mariage, on l'accusera d'avoir hâté leur fin: calomnie, sans aucun doute. Dans l'intervalle le fils Caron est devenu Monsieur de Beaumarchais. Comme tant de ses contemporains il est passionné de théâtre. Il s'essaie dans le genre à la mode du drame bourgeois, qu'il prétend rénover. Parallèlement, il pratique la farce libertine, destinée au huis-clos des petits théâtres de société. Lenormant d'Etioles, époux théorique de Mme de Pompadour, mais richissime fermier général, s'est pris d'amitié pour cet amusant garçon. Beaumarchais fait donc jouer aux fêtes d'Etioles, entre autres piécettes de sa confection, *Le Sacristain*, dont le dialogue ne craint pas d'offenser la pudeur. C'est l'histoire en Espagne d'un jeune gaillard, nommé Lindor, fort ardent. Sous le déguisement d'un sacristain et maître de musique, il fait une cour pressante à Rosine, laquelle se morfond auprès d'un vieux mari impuissant, Bartholo. Les deux amants exploitent la bigoterie superstitieuse du bonhomme. Ils lui font croire que sa maison est hantée. Au dénouement Lindor, déguisé en diable avec des complices, pendant une nuit noire secouée par un orage, apparaît à Bartholo terrorisé et enlève Rosine. On a reconnu une première esquisse du *Barbier de Séville*, avec cette différence que le barbier Figaro en est absent.

On l'a compris, Beaumarchais est l'un de ces lecteurs qui adorent Voltaire. Dès 1765, il avait pris l'initiative d'écrire au philosophe de Ferney. Le patriarche lui répondit en le plaisantant sur «[ses] trente-deux dents, [sa] philosophie gaillarde et [son] âge». Il lui demande aussi des informations sur l'Espagne, où Beaumarchais va se rendre.[46] Celui-ci correspond également avec le duc de La Vallière. A cet ami de Voltaire, il raconte sa visite à la bibliothèque du couvent de San Lorenzo, à l'Escurial. «Auprès du chœur des moines» est affichée publiquement la liste des livres prohibés. Presque tous les philosophes français figurent sur ce palmarès. Voltaire y a droit à une mention spéciale. Sont condamnés «non seulement tous les ouvrages qu'il a faits, mais encore tous ceux qu'il fera par la suite».[47] On ne sait si l'intéressé fut avisé de cette étonnante proscription. L'admiration de Beaumarchais restera indéfectible. Il publiera plus tard, comme nous le verrons, l'édition posthume des *Œuvres complètes*, celle de Kehl. Or, voltairien de tempérament et d'esprit, il va se trouver engagé dans un procès qui tournera au procès de la réforme Maupeou, tant prônée par Voltaire.

Ce fut la conséquence d'une «bizarre suite d'événements», selon l'expression de Figaro. Beaumarchais avait gagné la confiance d'une richissime financier, Pâris-Duverney, à tel point que celui-ci non seulement avait fait sa fortune, mais l'avait associé étroitement à ses affaires. Les intérêts de l'un et de l'autre se trouvant inextricablement emmêlés, il avait fallu, quand Duverney approcha de

46. La lettre de Voltaire ne nous est pas parvenue. Elle nous est connue par ce que Beaumarchais en dit à son père, Louis de Loménie, *Beaumarchais et son temps* (Paris 1875), i.152.

47. Loménie, i.504, lettre du 24 décembre 1774.

sa fin, procéder à un arrêté de compte. Ce fut fait sous la forme d'une grande feuille double. Après la mort du financier, son héritier le comte de La Blache accuse le document d'être un faux. D'où l'un de ces procès interminables qui remplissent la vie de Beaumarchais. Mais ce fut, de tous, le plus sensationnel.[48]

L'arrêté de compte avait d'abord été déclaré valable par le tribunal dénommé les Requêtes de l'hôtel. La Blache ayant fait appel, le procès fut rejugé par le parlement de Paris, un «parlement Maupeou». La réforme du chancelier n'avait en rien modifié la procédure. Le tribunal, comme par le passé, suivait habituellement les conclusions d'un seul magistrat, désigné comme rapporteur. En l'occurrence, on avait choisi pour cette tâche le conseiller Goezman, personnage disgracieux, marié à une trop jeune femme, aussi légère qu'agréable. Comme les autres plaideurs, Beaumarchais devait exposer son cas à la faveur d'audiences accordées par le rapporteur. Or il ne parvient pas à être reçu par Goezman. La date du jugement approchant, il se désespère. Mais on lui fait savoir que Mme Goezman, moyennant cent écus, lui obtiendrait l'audience tant désirée. Il fait parvenir la somme par divers intermédiaires. La porte s'ouvre. Il constate hélas! que le conseiller est bien décidé à lui faire perdre son procès. Il demande donc une deuxième audience: accordée, au prix d'une montre ornée de diamants et de quinze louis à remettre, lui dit-on, à un secrétaire. Pourtant, la veille du procès, cette deuxième audience est refusée. On lui restitue les cent louis, la montre, mais non les quinze louis prétendument remis au secrétaire. Manifestement le comte de La Blache avait couvert l'enchère. Beaumarchais est condamné: il est non seulement déshonoré comme faussaire, mais totalement ruiné et chassé de la maison qu'il habite avec toute la famille Caron. Un autre homme eût renoncé: c'est ce que lui conseille son père. Mais Beaumarchais décide de lutter. Il réclame à Mme Goezman les quinze louis, sachant qu'ils n'ont pas été remis au secrétaire. Il tient là le moyen de sa revanche. Que l'argent lui soit restitué ou non, dans les deux cas Mme Goezman et derrière elle son mari sont convaincus de vénalité. Alors le conseiller contre-attaque: il poursuit Beaumarchais devant le parlement pour tentative de corruption. Goezman espérait l'emporter facilement. Il a pour lui la solidarité des parlementaires. Et l'opinion est hostile à son adversaire.

Beaumarchais, dans une telle situation, décide de s'adresser à cette opinion même. Il fait paraître successivement quatre *Mémoires*, tracés de sa meilleure plume, chefs-d'œuvre de clarté convaincante et d'excellente plaisanterie. Défilent des personnages réjouissants: Mme Goezman, tête légère qui ne sait pas répéter ce qu'on lui a seriné; les louches intermédiaires, Lejay le libraire, Bertrand d'Airolles, Baculard d'Arnaud qu'on retrouve ici, et autres: «une chaîne», dit

48. Pour plus de détails, on se reportera à R. Pomeau, *Beaumarchais ou la bizarre destinée* (Paris 1987), p.51-62.

Beaumarchais, «dont il [Goezman] prétend que je tiens le premier chaînon comme corrupteur et lui le dernier comme incorruptible». Incorruptible? Comment le croire? Passant de mains en mains le sac d'écus parvient à Mme Goezman: «la dame le reçoit, et le juge paraît.» On attend à Paris avec gourmandise le régal du *Mémoire* suivant. On est persuadé qu'un homme si plaisant a pour lui le bon droit. Mme Du Barry s'est tant amusée qu'elle fait monter en dialogue comique, pour les petits appartements, le désopilant *Mémoire* des confrontations de Mme Goezman. Louis XV a ri de bon cœur. Il a fait un mot – car il ne manque pas d'esprit –: «On disait que le nouveau parlement ne prendrait pas; il prend et de toutes mains.» Beaumarchais a gagné devant le public avant même que les magistrats se prononcent sur la plainte du conseiller Goezman.

Voltaire avait reçu, successivement, par envoi de l'auteur, chacun des *Mémoires*. Il n'a pas répondu. Il est gêné. Il sait que Beaumarchais a un beau-frère horloger: Jean Antoine Lépine, ancien apprenti devenu l'associé puis le successeur du père Caron, dont il a épousé l'une des filles. Ce Lépine dont les affaires prospèrent (il a inventé un nouveau «calibre» de montres) a installé un «comptoir» à Ferney: il y fait fabriquer une partie de sa production vendue à Paris.[49] Voltaire le connaît: «un honnête homme», «sage, laborieux et pacifique».[50] Ce beau-frère ne pourrait-il aider à étouffer l'affaire? «Ce serait une très bonne action.»

Car Voltaire est mécontent qu'un de ses hommes de confiance, Marin, soit vilainement mis en cause dans les *Mémoires*. Marin, directeur de la *Gazette de France*, censeur royal, protégé par le duc d'Aiguillon et par le lieutenant de police Sartine, s'était acquis une grande influence. Il rendait de précieux services, pour l'acheminement des manuscrits ou des productions imprimées de Ferney. Voltaire en retour ne ménageait pas dans ses lettres cajoleries et flatteries. Il en était venu à concevoir une grande estime pour le personnage. A tel point qu'il osa le proposer pour un fauteuil académique, contre de Brosses.[51] Or voici que Beaumarchais, dans ses *Mémoires*, révèle un homme des plus douteux. Il détaille les mensonges de l'individu – Marin, contre l'évidence, prétend n'être pas l'ami de Goezman –, ses démarches louches entre le conseiller et l'accusé. Bref, conclut Beaumarchais, «*j'appelle un chat un chat*, et Marin un *fripier* de mémoires, de littérature, de nouvelles, d'affaires, de colportage, d'espionnage, d'usure, d'intrigue, etc., etc., etc., etc. Quatre pages d'*et coetera*.»[52]

Sur ces entrefaites, Voltaire est informé que le responsable de la douloureuse édition Valade, ce fut ce même Marin. C'est lui qui, par cupidité, vendit

49. Choudin, dans *Ferney-Voltaire*, p.239-40.

50. D18600 (25 octobre 1773), à Marin: ce que paraît confirmer le portrait de Lépine, dans *Ferney-Voltaire*, p.239.

51. D16815 (10 décembre 1770), à d'Alembert.

52. Beaumarchais, *Œuvres* (Paris 1988), p.795.

clandestinement au libraire parisien un manuscrit des *Lois de Minos*. A ce moment-là, pour détourner les soupçons, il adressa à Ferney une lettre aussi odieuse qu'insolente. «Pourquoi faut-il, monsieur, que je vous gronde toujours?» Marin «gronde» le grand homme parce que celui-ci a confié le secret de son *Minos* à d'innombrables correspondants dans Paris, avant de l'en informer. Marin serait «la 1454ème personne qui sache» qu'il existe une tragédie intitulée *Les Lois de Minos*.[53] Ainsi attaqué, Voltaire n'imagine pas encore qu'il fut trahi précisément par Marin. Il l'apprend pourtant, en définitive, en décembre 1773 dans le même temps où Beaumarchais a dévoilé pour lui l'intrigant avide qu'était ce Marin.[54] Mais que faire désormais? D'Argental conseille la prudence. Le personnage, si peu sûr qu'il soit, conserve de puissants appuis.[55] Il pourrait faire beaucoup de mal. Il faut donc dissimuler. Voltaire suit le conseil. Il continue à correspondre avec Marin, sur le même ton, mais en se gardant de rien dire de compromettant.

S'il n'a pas répondu à Beaumarchais, il a bien lu tous ses *Mémoires*, l'un après l'autre. Et il a été conquis, malgré lui. La vivacité, la force comique de ces plaidoyers l'enchantent. Jamais il ne s'est «tant amusé». Quelle excellente comédie! «Il se bat contre dix ou douze personnes à la fois, et les terrasse comme Arlequin sauvage renversait une escouade du guet.»[56] Le «quaterne» le comble. Dans ce quatrième *Mémoire*, Beaumarchais, sentant qu'il a cause gagnée, se livre à sa verve, en toute liberté. Il arrange à sa manière l'affaire de son voyage en Espagne. Il laisse de côté la réalité (une mission pour conquérir de juteux contrats en faveur du consortium Duverney). Il en fait une farce dramatique: le frère vengeur – lui-même – accourant de Paris à Madrid pour obliger Clavijo, fiancé évanescent, à épouser sa sœur, la tendre Lisette. «Point de comédie plus plaisante», que cette histoire racontée par Beaumarchais.[57] Un homme qui sait si bien faire rire ne peut avoir empoisonné ses femmes, comme on l'en accuse. Beaumarchais publiera dans son édition de Kehl cette correspondance où il est question de lui. Il ne pourra se retenir de l'annoter. Au rappel de la calomnie, il réagit. Il ne va pas se répandre en inutiles protestations d'innocence. Il préfère raconter une scène. Un certain personnage, non nommé, a dîné chez d'Argental. Il faut savoir que «l'ange» est très hostile à Beaumarchais, ce que celui-ci omettra d'indiquer. On lit à table une lettre de Voltaire, celle où le philosophe de Ferney déclarait ne pas croire que Beaumarchais ait jamais empoisonné personne, «et qu'un homme si gai ne peut être de la famille de Locuste».[58] D'Argental combat l'opinion de son ami.

53. D17761 (27 mai 1772).
54. D18691 (19 décembre 1773), d'Argental à Voltaire.
55. D18845 (11 mars 1774), d'Argental à Voltaire.
56. D18710 (30 décembre 1773), à d'Argental; D18728 (3 janvier 1774), à Florian.
57. D18823 (26 février 1774), à Florian.
58. D18783 (31 janvier 1774), à d'Argental.

Avant l'affaire Goezman, Beaumarchais avait la plus mauvaise réputation: non seulement «fatuité», «insolence», mais «scélératesse» d'un homme qui a assassiné ses femmes: sur cet article d'Argental a sinon des preuves, «au moins les présomptions les plus fortes». Dans l'affaire Goezman il est certainement coupable. Le premier juge en était intimement convaincu. Et d'ailleurs, à la cour, ce Beaumarchais est en horreur, «du moins auprès du maître et du ministre», le duc d'Aiguillon.[59] Après avoir entendu ce réquisitoire, le quidam se rend au théâtre. A l'entracte, il rapporte ce qui s'est dit chez d'Argental. Il renchérit. Que Beaumarchais ait empoisonné ses trois femmes, «c'était un fait dont on était bien sûr parmi messieurs du parlement». Un cercle s'est formé. Quelqu'un écoute, qui fait signe qu'on se taise. Quand l'homme eut terminé, ce quelqu'un intervient:

Il est si vrai, monsieur, que ce misérable homme a empoisonné ses trois femmes, quoiqu'il n'ait été marié que deux fois, qu'on sait de plus au parlement Maupeou qu'il a mangé son bon père en salmis, après avoir étouffé sa mère entre deux épaisses tartines; et j'en suis d'autant plus certain, que je suis ce Beaumarchais-là, qui vous ferait arrêter sur-le-champ, ayant bon nombre de témoins, s'il ne s'apercevait à votre air effaré que vous n'êtes point de ces rusés scélérats qui composent les atrocités, mais seulement un des bavards qu'on emploie à les propager, au grand péril de leur personne.

Effrayé, le bavard s'enfuit bien vite, renonçant à voir la fin du spectacle. L'anecdote, souvent citée, a pour source unique la note attachée à une lettre de Voltaire dans l'édition de Kehl.[60] Peut-être arrangée, elle atteste en tout cas le génie péremptoire, spontanément théâtral, de Beaumarchais dans son comportement quotidien.

Sur le fond, Voltaire a vite jugé le procès «dans sa tête». Il a donné raison à Beaumarchais, convaincu par ses arguments. Son vrai disciple dans l'art d'emporter la persuasion, en mettant les rieurs de son côté, ce n'est pas d'Alembert, ce n'est pas Condorcet, c'est «ce Beaumarchais-là». L'issue de l'affaire ne l'étonne pas. «Ce brillant écervelé» avait «au fond raison contre tout le monde».[61] Beaumarchais a comparu devant ses juges le 26 février au petit matin. Sur l'accusation qui lui est intentée, il risque gros: non la mort, mais les galères à perpétuité. Selon la procédure toujours en usage, il est seul devant le tribunal, sans avocat. Mais il n'a pas de meilleur avocat que lui-même. Il ne va pas se laisser étrangler, comme le malheureux chevalier de La Barre. Il parle, lui, et longuement, l'audience ayant duré de cinq heures du matin à dix heures du soir. Accusé, il accuse. Les juges sont inquiets, mal à l'aise. Ils entendent au dehors le brouhaha d'une foule amassée, toute favorable à Beaumarchais. Le tribunal se

59. On peut reconstituer les propos de d'Argental d'après D18845 (11 mars 1774), où d'Argental presse Voltaire d'«abandonner Beaumarchais».

60. D18783, n.3.

61. D18687 (15 décembre 1773), à de Lisle; D18710 (30 décembre 1773), à d'Argental.

décide enfin à rendre une sentence de compromis, incohérente. Beaumarchais est «blâmé», Mme Goezman l'est aussi. Mais son mari est déclaré «hors de cour», c'est-à-dire, implicitement, coupable. Même décision au sujet de Marin. Puis les juges, craignant les réactions du public, s'échappent par une porte dérobée. Ils n'oseront pas ensuite infliger à Beaumarchais, comme ils l'auraient dû, le cérémonial du «blâme» en séance solennelle. Quant au «blâmé», il triomphe. Le soir même, le prince de Conti se présente chez lui, et l'invite à une grande réception pour le lendemain. «Nous sommes», lui dit-il, «d'assez bonne maison pour donner l'exemple à la France de la manière dont on doit traiter un bon citoyen tel que vous.»[62]

Voltaire fut informé par une lettre du chevalier de Lisle, écrite le soir même de la sentence. Il répond: «Pour moi, je ne blâme que ceux qui m'ennuient, et en ce sens il est impossible de blâmer Beaumarchais.»[63] Il sait bien que l'affaire a porté un coup très dur aux parlements Maupeou. A la création des nouveaux conseils, il avait souhaité qu'on pût trouver des magistrats compétents. Recruter pour les parlements de Maupeou, en un bref laps de temps, des juges expérimentés et intègres: la difficulté était bien réelle. Le cas du conseiller Goezman montrait qu'on avait fait appel à des personnages bien peu dignes de confiance. Les *Mémoires* de Beaumarchais jettent le discrédit sur l'ensemble de l'institution mise sur pied par le chancelier en 1771. Voltaire en est conscient.[64] L'arrêt du 26 février a aggravé les choses. Arrêt «absurde», «lâche», selon Condorcet. «Sans celui de La Barre, on serait tenté de regretter l'ancien parlement.»[65] Tout un secteur de l'opinion travaille à attiser de tels regrets. Les anciens parlementaires, déchus, sont toujours là. Ils ont conservé leurs fortunes, leur influence sur la société. Combien leur prestige sort grandi de la comparaison avec le piteux Goezman! Autour d'eux se groupent les mécontents, et ils sont nombreux: victimes des rigueurs financières de l'abbé Terray, ennemis du duc d'Aiguillon, amis de Choiseul, vertueux censeurs de Mme Du Barry. Une sorte de parti tend à se former. A sa tête, le prince de Conti, qui s'est affirmé déjà le protecteur de Rousseau, qui vient de manifester avec éclat son appui à Beaumarchais, le soir même de la condamnation au «blâme». Conti est prince du sang, c'est-à-dire apparenté au souverain. Déjà a commencé contre le roi la fronde de la famille royale, qui bientôt ajoutera aux difficultés de l'infortuné Louis XVI. Cette opposition aristocratique s'avère dangereuse. Elle s'est renforcée dans l'affaire Goezman au moment où Louis XV approche de sa fin.

62. Note de Beaumarchais à D18838 (7 mars 1774), à Florian.

63. D18839 (7 mars 1774), à de Lisle. Voltaire continue: «Il faut qu'il fasse jouer son *Barbier de Séville* et qu'il rie en vous faisant rire.» La création du *Barbier de Séville* à la Comédie-Française avait été ajournée pendant le procès. Elle ne sera autorisée qu'un an plus tard (23 février 1775).

64. D18710 (30 décembre 1773), à d'Argental.

65. D18837 (6 mars 1774), Condorcet à Voltaire.

Que Voltaire dispose à Paris d'un correspondant qui le tient au courant, au jour le jour si besoin est, ses informations sur la maladie et la mort du roi portent à le croire.[66]

Louis XV est tombé malade, atteint de la variole, le 27 avril 1774. Voltaire le sait à Ferney le 5 mai.[67] Le mal s'aggrave. La variole, ou petite vérole, est alors souvent mortelle. Voltaire y avait survécu de justesse dans ses jeunes années.[68] Mais le roi a soixante-quatre ans. S'il disparaît, avec lui s'en iront la favorite et des ministres détestés. Afin de gagner du temps, Mme Du Barry annonce que la convalescence est proche. Le duc d'Aiguillon s'est fâché, parce qu'un bulletin de santé a parlé de délire. Sur la foi de ces «informations», Voltaire prévoit que «toute la musique de la France roulera sur des *Te Deum* dans peu de jours».[69] Nous sommes le 13 mai. Or à cette date Louis XV est mort depuis trois jours (10 mai). La nouvelle parvient à Ferney le 16.[70]

Deux jours après, Voltaire est informé de la conséquence immédiate de l'événement: l'exil de Mme Du Barry. Dans l'éloignement où il est, il voit les événements comme les péripéties d'une action théâtrale: «Voilà déjà une actrice [la favorite] qui disparaît au troisième acte, contre toutes les règles de la tragédie.» Mais selon les mêmes règles, la mort du roi est un «coup de théâtre» qui va tout changer. Il est déjà au fait des rumeurs de Versailles: disgrâce de Maupeou, rappel des anciens parlements, et peut-être aussi de Choiseul.[71] Voici encore une fois que lui, le moribond, il survit à quelqu'un de beaucoup plus jeune: il avait seize ans de plus que le roi, né en 1710. Lui qui a vu la fin de Louis XIV, il assiste à la fin de l'arrière-petit-fils du grand roi. Il n'avait guère eu à se louer du long règne de Louis XV: il ne le laissera pas partir cependant sans saluer l'événement. Dès le 20 mai il fait imprimer par Cramer deux opuscules.

L'un d'eux traite *De la mort de Louis XV*, par la variole. Le roi aurait contracté le mal par une voie «étrange». Au cours d'une chasse il aurait rencontré un enterrement: il s'arrête, se renseigne. On porte en terre, lui répond-on, une jeune fille morte de la petite vérole. Voltaire ignore, ou veut ignorer, un mode de contagion beaucoup plus vraisemblable. Louis XV aurait distingué et fait conduire dans son lit une jeune personne déjà malade.[72] Voltaire, en tout cas, saisit l'occasion de plaider une fois de plus pour l'inoculation, seul remède alors contre

66. Ce que confirme D18053 (30 novembre 1772), à Marin. A propos d'un «brave homme qui soulage la curiosité du prochain régulièrement pour une somme honnête», Voltaire écrit: «J'en ai déjà un qui m'envoie des nouvelles, mais il n'entre pas dans de grands détails.»

67. D18924 (5 mai 1774), à Constant d'Hermenches.

68. Voir *Voltaire en son temps*, i.169.

69. D18936 (13 mai 1774), à de Lisle, et note de de Lisle.

70. D18942 (16 mai 1774), à Vasselier.

71. D18946 (18 mai 1774), à de Lisle; D18945 (même date), à d'Argental.

72. M.xxix.299, n.3 de Beuchot.

le fléau, n'en déplaise aux «prud'hommes» du parlement de Paris.[73] Il énumère les princes qui se sont faits inoculer: le duc d'Orléans et ses enfants, Marie-Thérèse d'Autriche, les rois de Danemark et de Suède, Catherine II, laquelle en outre a envoyé dans son vaste empire des «chirurgiens inoculateurs». Elle a sauvé ainsi, selon Voltaire, «le quart de ses peuples, qui mouraient auparavant de cette peste continuelle répandue sur toute la terre, et plus funeste en Russie qu'ailleurs». Le sort fatal de Louis XV doit servir de leçon. Qu'on ose enfin braver préjugés et phobies. «Rois et princes nécessaires aux peuples, subissez l'inoculation si vous aimez la vie; encouragez-la chez vos sujets si vous voulez qu'ils vivent.»[74]

Voltaire s'est en outre donné les gants de rédiger un *Eloge funèbre* de Louis XV, censément prononcé «devant une Académie». Il entre en matière sur l'oraison funèbre telle qu'elle doit être pratiquée en un siècle éclairé. Non plus de ces morceaux d'apparat, à la manière des Bossuet, des Fléchier, mais un discours «simple et vrai», comme l'était, assure Voltaire, «le monarque dont nous déplorons la perte». L'*Eloge* rappelle les grands moments du règne: la victoire de Fontenoy; comment le roi courant sus à l'ennemi, et arrêté à Metz par la maladie, suscita une émotion universelle dans son peuple: c'est alors qu'il fut nommé «Louis le Bien-aimé». Autres titres de gloire: la réforme des parlements, l'établissement de l'Ecole Militaire. Quelques éléments négatifs du bilan sont néanmoins indiqués: l'instabilité des ministres, les «abus invétérés» non corrigés, les lois qui changent d'une province à l'autre. L'orateur signale discrètement les faiblesses de l'homme: «son indifférence», simple «défaut d'attention», nous assure-t-il; sa défiance de lui-même. Tout ceci indiqué en termes prudemment mesurés. Il est visible que Voltaire ne dit pas tout ce qu'il pense d'«Ericard».[75] Il travaille ici à ménager une transition. Ne dire ni trop de bien ni trop de mal du souverain défunt. Tourné vers l'avenir, il fait en sorte de glisser une allusion flatteuse à la nouvelle reine de France, Marie-Antoinette. Et à l'adresse du successeur de Louis XV, ceci qui est sa conclusion: «Nous attendrions une félicité entière» de Louis XVI, «si elle était au pouvoir des hommes».[76]

Manifestement, dans les derniers jours de mai 1774,[77] le philosophe octogénaire de Ferney s'interroge sur ce que lui réserve le nouveau règne.

73. Les conseillers avaient rendu le 8 juin 1763 un arrêt contre l'inoculation. Non tout à fait sans raison: l'inoculation, d'homme à homme, entraînait quelquefois des accidents mortels, risque qui disparaîtra à la fin du siècle avec la vaccination de Jenner.

74. M.xxix.301.

75. Nom de code de Louis XV, sous sa plume au moment des «lettres d'Alsace», voir *Voltaire en son temps*, iii.186.

76. M.xxiv.292-96.

77. L'*Eloge funèbre* est envoyé à Richelieu le 31 mai, D18967.

7. Turgot: l'espoir

Le nouveau roi n'avait pas vingt ans. La reine Marie-Antoinette était dans sa dix-huitième année.[1] Leur jeunesse leur valut d'être accueillis avec une sorte d'enthousiasme. Ils bénéficiaient en outre de l'impopularité, allant jusqu'à la haine, qui avait accompagné la fin du règne précédent. Après les débauches du vieux Louis XV, acoquiné à sa Du Barry, voilà qu'apparaissait un jeune souverain, vertueux. En lui, pensait-on, s'incarnait cette vertu qui est une des valeurs de l'esprit philosophique dominant. On lui prêtait les meilleures intentions, à juste titre. Car le drame du malheureux Louis XVI est qu'il a réellement voulu le bien de son peuple. Par intermittences, il tentera de donner l'image d'un souverain éclairé. Et son règne, en sa première partie, sera marqué par des réformes inspirées des Lumières: abolition de la «question» (qui n'était autre que la torture, pratiquée comme procédure judiciaire), édit de tolérance en faveur des protestants. Ces mesures, quoiqu'intervenues bien tardivement (1780 et 1787), et trop tard pour que Voltaire les connaisse, n'en justifieraient pas moins la confiance placée en lui à son avènement. Le public en 1774 ne soupçonnait pas les faiblesses de ce sympathique jeune roi. La moindre était sans doute son inexpérience. Son grand-père Louis XV n'avait rien fait pour l'initier aux affaires. Le plus grave tient à l'homme lui-même. Il se sait peu doué, notamment par comparaison avec son frère cadet, le comte de Provence, le futur Louis XVIII, le seul parmi les trois petits-fils de Louis XV – les trois derniers rois de France – qui ait eu la tête politique, le seul aussi qui soit mort dans son lit, roi régnant. Louis XVI connaît son infériorité; il en souffre. Une autre infériorité, d'ordre intime, ajoute à son sentiment de gêne. Marié depuis quatre ans à l'ardente Marie-Antoinette, il n'a pas encore été capable de consommer son mariage.[2] «Gauche, honteux, empêché»,[3] il se laisse aller aux tendances de son tempérament: l'inertie, l'indécision. Défauts qui auront les conséquences que l'on sait, chez ce monarque dont tout dépend

1. Louis XVI est né le 25 août 1754, Marie-Antoinette le 2 novembre 1755.

2. Ce sera chose faite en 1777 seulement, à la suite d'un voyage de son beau-frère l'empereur Joseph II, qui, sans fausse pudeur, aurait donné les conseils appropriés. La stérilité du couple royal risquait d'avoir des conséquences diplomatiques. La cause, imputable au seul Louis XVI, était connue dans les hautes sphères européennes. Frédéric II y fait allusion dans une lettre à Voltaire, D19577 (27 juillet 1775).

3. Selon les termes de Sainte-Beuve, cités par Edgar Faure, *La Disgrâce de Turgot* (Paris 1961), p.47.

bien que son «absolutisme» soit seulement de principe, et qui accède au pouvoir en un moment historique où des réformes doivent être conduites avec intelligence et détermination.

Mais en 1774, ignorant la vraie personnalité du nouveau roi, on s'en tient à des apparences prometteuses,[4] et Voltaire tout le premier. Le philosophe de Ferney est sensible au fait que le jeune Louis XVI soit comparé couramment au héros de sa *Henriade*, poème alors universellement connu et admiré. A la statue d'Henri IV sur le Pont-Neuf le bon peuple a accroché un écriteau : «Il a ressuscité».[5] Voltaire est informé de quelques gestes et propos attestant, croit-il, les sympathies «éclairées» du jeune souverain. Il s'est fait inoculer, ce qui passe à l'époque pour une audace philosophique.[6] Comme dans le Languedoc les protestants avaient tenu, «au désert», une assemblée où l'on pria à la mémoire de Louis XV et pour Louis XVI, l'archevêque d'Auch porta plainte auprès du roi contre ces réunions interdites. Le roi aurait répondu qu'il convenait de laisser en sommeil les édits anciens proscrivant ce genre de manifestation.[7] On a objecté devant lui que son nouveau ministre, Turgot, était encyclopédiste. Louis répliqua, selon Condorcet : «Il est honnête homme et cela me suffit.» Commentaire de Voltaire : «Ces paroles n'annoncent pas un bigot gouverné par la prêtraille. Elles manifestent une âme juste et ferme.»[8] Aussi Voltaire ne tarit-il pas d'éloges, en juin, juillet et août 1774, sur cette «âme» supposée «juste et ferme». Sa correspondance retentit des comparaisons les plus flatteuses. Louis XVI sera un Marc Aurèle, un Solon.[9] Un «beau siècle» se prépare : un «siècle de Louis XVI».[10] Car le jeune roi «veut le bien et il le fait»; «il est né prudent et ferme».[11] Exalter la «fermeté» de Louis XVI ! Propos pour nous stupéfiant ! Mais Voltaire partage l'illusion générale sur les débuts du règne. Aussi entonne-t-il son refrain habituel. Il rend grâce comme le vieil homme de l'Evangile, apercevant en ses derniers jours celui qui sera le Sauveur : ainsi que le bon vieillard Siméon, il «bénit Dieu».[12]

Dans de telles circonstances, ce dont il rêve depuis si longtemps, son retour à Paris, ne devient-il pas réalisable ? L'obstacle, le veto personnel de Louis XV, a disparu. D'Argental lui suggère de tenter l'aventure. A toute éventualité, il fait

4. Voir, entre autres témoignages, celui de J. R. Frey à Iselin, D18955 (23 mai 1774).

5. En latin, «*Resurrexit*», d'après la *Correspondance* de Mettra, 19 janvier 1775, citée par E. Faure, p.189.

6. D19000 (26 juin 1774), à Cramer. Louis XVI s'est fait, ou plutôt s'est laissé inoculer le 18 juin.

7. D19000, D19001 (26 juin 1774).

8. D19073, D19074 (12 août 1774), à d'Argental, à Condorcet.

9. D18987 (15 juin 1774), à d'Alembert ; D19070 (10 août 1774), à Marin.

10. D19230 (11 décembre 1774), à La Harpe ; D19017 (8 juillet 1774), à Mme d'Epinay.

11. D18987 (15 juin 1774), à d'Alembert ; D19017 (8 juillet), à Mme d'Epinay.

12. D19143 (10 octobre 1774), à Turgot.

fabriquer à Ferney, au début de l'été, une voiture conçue pour faire le voyage.[13] Il est informé des «bonnes intentions» de la reine. On dit même qu'elle souhaite le voir.[14] Pourtant il hésite. Ses entreprises de Ferney, les maisons qu'il y fait construire, les affaires locales exigent sa présence. Autres obstacles: son âge, son état de santé. A propos de ce projet de voyage, il se compare à ces vieillards «qui s'imaginent quelquefois les matins être en état de se marier, et qui le lendemain envoient chercher leur notaire pour faire leur testament.» Et s'il allait mourir à Paris? C'est un risque auquel il songe. Il n'est pas sûr en outre qu'on soit à Versailles si désireux de le revoir.[15]

Ses hésitations s'accrurent de ce que Frédéric II lui écrivait sur les débuts du règne. Le roi de Prusse a repris avec Ferney une relation épistolaire des plus confiante. Comme aux plus beaux jours, il s'épanche librement en dissertations de la philosophie la plus hardie.[16] Sur la politique européenne il demeure fort bien informé, et perspicace. Il met en garde Voltaire contre des enthousiasmes prématurés. Il faut, lui mande-t-il, attendre, et même quelques années, pour juger Louis XVI.[17] Plusieurs mois ayant passé, il porte un jugement réservé. Sans doute le nouveau roi est animé des meilleures intentions. Mais il est bien jeune. Il ne saura pas résister aux sollicitations intéressées des courtisans. Il est «ballotté par une mer bien orageuse; il lui faut de la force et du génie pour se faire un système raisonné et s'y tenir.» Frédéric II analyse lucidement la situation française. Il discerne d'un regard sûr les qualités que doit posséder le souverain pour faire face aux périls: celles précisément dont est cruellement dépourvu le pauvre Louis XVI.[18] De plus, Frédéric considère un aspect de la question qui continue à lui tenir à cœur. Depuis longtemps Voltaire dans sa correspondance avec ses intimes a cessé de parler de l'Infâme. Mais non pas le roi de Prusse.[19] Il accuse Louis XVI d'avoir été très mal formé, par des suppôts de cette Infâme: «Il a été dans son enfance à l'école du fanatisme et de l'imbécillité [...] Il manquera de résolution pour examiner par lui-même ce qu'on lui a appris à adorer stupidement.»[20]

Ayant reçu l'avertissement, Voltaire lui fait écho prudemment, parlant à Condorcet «d'un maître très attaché aux anciens usages».[21] Mais s'il savait ce que

13. D19161 (24 octobre 1774), à d'Argental.

14. D19387 (26 mars 1775), Frédéric II à Voltaire; D19335 (12 février 1775), n.1.

15. D19264 (31 décembre 1774), à Thibouville; D19260 (30 décmbre 1774), à d'Argental; D19335 (12 février 1775), n.1.

16. Ainsi dans D19774 (4 décembre 1775), il expose une théorie de l'âme toute sensualiste.

17. D19057 (30 juillet 1774).

18. D19604 (13 août 1775), D19652 (8 septembre 1775), Frédéric II à Voltaire.

19. D19652 (8 septembre 1775): «C'est du gouvernement que doit partir la sentence qui écrasera l'Infâme».

20. D19604 (13 août 1775).

21. D19617 (20 août 1775).

les «anciens usages» ont inspiré au jeune maître! S'il savait ce que le prétendu Solon ou Marc Aurèle dans le plus grand secret préparait contre lui!

Louis XVI ne régnait que depuis quelques semaines lorsqu'il s'avisa d'une urgence: prévoir des mesures pour le jour, apparemment assez proche, où mourrait le philosophe de Ferney. Vers le 15 juillet ce souverain, d'ordinaire hésitant, donne ses instructions précises et détaillées. Dès que Voltaire sera décédé, les autorités entreront au château, feront connaître à la famille les ordres du roi, et ouvriront «toutes les chambres et cabinets, armoires et autres endroits» de ses maisons. Tous les écrits, et surtout tous les manuscrits seront saisis. Ils seront envoyés à Louis XVI: il veut les examiner par lui-même. Il craint que le philosophe ne tienne caché quelque testament virulent, à diffuser après sa mort. Le roi entend «soustraire aux yeux du public» les écrits «qui peuvent être dangereux soit sur la religion et la prétendue philosophie, soit sur le gouvernement et les têtes couronnées». Ce qui signifie que Louis XVI fera le tri et probablement détruira ce qu'il juge condamnable. Les ordres signés par lui sont transmis par la voie hiérarchique: au ministre Bertin qui a dans son département certaines provinces, à l'intendant de Bourgogne Amelot de Chaillou, au subdélégué Fabry, au résident de France à Genève Hennin. Chacun accuse réception, et promet le secret absolu exigé par Louis XVI.[22] Car ici se manifeste un trait du caractère royal: cet homme timide est volontiers sournois. Il se plaît aux «petits papiers»: correspondances privées interceptées, dossiers de police plus ou moins scandaleux. Quelle aubaine s'il pouvait avoir en sa possession les manuscrits de Ferney!

Les ordres du roi plongent dans le plus grand embarras le personnage situé à l'extrémité de la chaîne administrative: le résident Hennin. D'esprit libéral,[23] Hennin entretient avec Voltaire des relations d'amitié. Une circonstance accroît sa gêne. Il a besoin d'argent. Il s'adresse donc à Voltaire pour obtenir un prêt de 3 600 livres.[24] En recevant les ordres du roi le 25 juillet, il avait dans son accusé de réception laissé percer quelques réserves. Il soulignait d'ailleurs que M. de Voltaire se trouvait en excellente santé.[25] Ayant mûrement réfléchi à la question, il adresse le 27 octobre une longue lettre au ministre Bertin.[26] Il ose exposer les inconvénients des mesures ordonnées par Sa Majesté. Frédéric II, la tsarine de Russie, d'autres têtes couronnées et hauts personnages ne manqueront pas de s'irriter quand ils sauront que leurs correspondances privées sont entre les mains

22. D19025 (vers le 15 juillet 1774); D19031 (18 juillet), Bertin à Louis XVI; D19033, D19040 (Marly, 19 juillet); D19045 (23 juillet); D19047 (25 juillet); D19089 (18 août).

23. Il entreprendra bientôt d'épouser une protestante, ce qui lui causera quelques ennuis, D19885 (29 janvier 1776).

24. D19138 (4 octobre 1774).

25. D19047 (25 juillet 1774), à Bertin.

26. D19164 (27 octobre 1774).

du roi de France. Des difficultés diplomatiques sont à prévoir. En France, la saisie des papiers sera certainement interprétée par les philosophes comme une persécution: l'effet probable sera de resserrer leurs rangs. Enfin le secret risque d'être bientôt éventé: cinq personnes déjà sont dans la confidence. Si l'affaire s'ébruite, elle créera un fâcheux scandale. Hennin continue en proposant une autre procédure, plus habile. A la mort de Voltaire, on présentera à Mme Denis et aux neveux un ordre du roi leur enjoignant seulement de ne rien distraire des papiers du défunt. On leur suggérera qu'en paraissant agir de leur propre chef ils confient l'examen des documents à deux personnes de confiance, afin d'en retirer les écrits dangereux. Il propose pour cette mission lui-même et un familier de Ferney, Henri Rieu. Pour qu'on ne se méprenne pas sur ses intentions, le résident conclut en protestant de sa foi chrétienne et de sa fidélité au roi.

Ces représentations d'un diplomate chevronné restèrent sans réponse, du moins sans réponse écrite. Mais on peut supposer qu'elles montèrent jusqu'au roi et firent leur effet. De cela le résident fut verbalement informé. Dans une conversation avec le nouvel intendant de Bourgogne, successeur d'Amelot, il laisse entendre que l'affaire relative à un certain «paquet» – les ordres cachetés du roi – «n'aurait pas lieu».[27] Près d'une année passe. En septembre 1775, Hennin est sur le point de faire un voyage à Paris. Il n'a toujours pas reçu de réponse à sa lettre du 27 octobre précédent. Il interroge Bertin. Si M. de Voltaire venait à décéder pendant son absence, doit-il mettre son secrétaire au courant des ordres du roi? Non, répond le ministre. Que le résident vienne le voir. Bertin lui expliquera pourquoi il n'a pas reçu la réponse qu'il attendait.[28] Ce qui signifie évidemment que les mesures arrêtées en juillet 1774 ont été abandonnées. Effectivement lorsque Voltaire mourra en 1778 – à Paris, mais tous ses papiers sont restés à Ferney –, il ne sera procédé à aucune saisie. L'épisode révèle la fâcheuse propension de Louis XVI. Il se montre autoritaire par accès. Il prend alors des décisions mal conçues. Puis quand surgissent les difficultés, il renonce et laisse aller les choses.

Pendant tous ces mois, Voltaire n'a rien soupçonné de ce qui se tramait clandestinement entre Versailles et Genève. Il persiste à accorder au jeune roi une confiance à peine moins chaleureuse. Il fonde son optimisme sur le choix des ministres. A vrai dire, la première désignation n'annonçait guère un renouveau. Pour prendre la tête du gouvernement, Louis XVI alla chercher dans son exil à Pontchartrain un homme de soixante-quatorze ans, Maurepas, disgracié depuis 1740: un revenant. La nomination en réalité était habile. Ce courtisan écarté des affaires

27. D19287 (15 janvier 1775), Bacquencourt à Bertin.
28. D19657 (13 septembre 1775), D19672 (22 septembre).

pendant si longtemps s'était acquis une sorte de virginité. Son expérience passée, son âge faisaient de lui le mentor dont le très jeune roi sentait le besoin à ses côtés. Et Maurepas permettait de se soustraire à une pression insistante. La coterie favorable à Choiseul avait espéré que la mort de Louis XV entraînerait presque nécessairement le retour du grand ministre. Des sollicitations multiples furent exercées en ce sens. Mais Louis XVI n'aime pas Choiseul, et en outre il ne veut pas être dès ses débuts éclipsé par une personnalité aussi prestigieuse. Il concéda à Choiseul une satisfaction d'amour-propre. Choiseul revint à Paris et à Versailles, ovationné par ses nombreux partisans. Le roi le reçut en audience, assez froidement. Puis il retourna à Chanteloup. Le parti choiseulien restera actif, s'assurant même à un certain moment l'appui de la frivole Marie-Antoinette. Mais Louis XVI maintiendra son refus.

Voltaire suit depuis Ferney ces événements versaillais. Il réitère ses assurances de fidélité à Choiseul: toujours en vain. Il se plaint que son ancien bienfaiteur soit injuste envers lui.[29] Il en prend en fin de compte son parti. Choiseul, c'est bien évident, appartient désormais au passé. Voltaire sait que le nouveau maître, Maurepas, bien que d'esprit voltairien, n'est pas précisément de ses amis. Il espère cependant qu'il le laissera «mourir en paix».[30] Mais il va bientôt être comblé d'aise par les nominations ministérielles qui suivront. Il note que l'un des nouveaux venus, Bertin, a fait jadis le pèlerinage de Ferney.[31] Voici surtout qu'est promu un vrai philosophe, un collaborateur de l'*Encyclopédie*: Turgot. Maurepas, quant à lui, était trop sceptique pour adhérer aux idées nouvelles. Il savait néanmoins, en politique avisé, épouser le mouvement de l'opinion. On aspirait au changement. Il irait donc dans ce sens, quitte à se raviser quand le vent tournerait. Le choix de Turgot paraissait s'imposer. Non seulement, intendant de Limoges, il s'était distingué comme un excellent administrateur; mais dans ce poste difficile, en une province pauvre, il avait risqué avec succès des innovations inspirées d'une philosophie humaniste. Il jouit d'une réputation incontestée d'homme sérieux, infatigable au travail, très efficace dans l'action. Il était connu, au surplus, pour ses idées de physiocrate. On pouvait donc compter qu'un personnage d'une telle envergure réorienterait avec succès la politique économique du royaume, après l'abbé Terray. Maurepas le fait nommer d'abord ministre de la Marine (20 juillet 1774): ministère dont relèvent tout le commerce maritime et colonial et le secteur de la construction navale. Il ne va pas tarder à être investi de responsabilités encore plus importantes. Il fallait liquider l'impopulaire Triumvirat. D'Aiguillon avait été renvoyé le premier. Puis vint le tour de

29. D18999 (25 juin 1774), à Mme Du Deffand.

30. D18988 (15 juin 1774), à d'Argental, D19161 (24 octobre 1774), au même.

31. D19161 (24 octobre 1774), à d'Argental. Voltaire ignore que Bertin collabore aux ordres du roi pour la saisie de ses papiers.

Maupeou et de Terray. Ils furent disgraciés le 24 août: on parla d'une Saint-Barthélemy des ministres. A la nouvelle, le peuple manifesta bruyamment: on brûla sur la place publique des mannequins représentant ces deux personnages exécrés. Le poste essentiel des finances était donc à pourvoir. Maurepas fit nommer Turgot Contrôleur général et aussi ministre d'Etat, ce qui lui donnait le droit de siéger au Conseil. Louis XVI aurait objecté que le nouveau ministre n'allait jamais à la messe. Maurepas aurait eu l'à-propos de répliquer «qu'en récompense M. l'abbé Terray y allait tous les jours».[32]

Voltaire accueille avec enthousiasme la bonne nouvelle, annoncée par Condorcet.[33] Il voit les philosophes accéder au pouvoir. Outre le fait de ne pas aller à la messe, Turgot a fait ses preuves au service de la bonne cause. On n'a pas oublié, dans la bataille autour de *Bélisaire*, son intervention décisive contre l'*indiculus ridiculus* de la Sorbonne.[34] Voltaire se rappelle fort bien l'avoir reçu à Ferney, accompagné de Condorcet, en 1770, quand il rédigeait les *Questions sur l'Encyclopédie*. Il a pu se convaincre que ce théoricien de l'économie libérale était aussi un chaud défenseur de la tolérance, sur laquelle il a rédigé un essai. On applaudit plus encore à Ferney lorsqu'on apprend que s'installe auprès du contrôleur général toute une équipe militante des idées nouvelles.

Condorcet, à la tête de celle-ci, remplit en quelque sorte les fonctions d'un chef de cabinet, avec le titre officiel d'inspecteur général du commerce, auquel s'ajoutera la direction des Monnaies. Il conseille le ministre. Homme de science, il fait pleine confiance à la rationalité. Moins économiste que le reste de l'entourage, il a pour objectif l'établissement d'une société où seraient assurés les droits de la personne. Il s'inspire du modèle anglais, du moins sur le plan juridique. Il encourage son ministre à aller vite. Turgot, selon son expérience d'administrateur, juge prudent d'avancer avec ménagement. Il méconnaît en cela une loi politique: qu'un nouveau ministre dispose de la plus large marge d'action dans ses débuts; ensuite ses possibilités se rétrécissent de plus en plus. Edgar Faure a sans doute raison quand il estime que Turgot aurait dû à sa prise de fonction, comme le conseillait Condorcet, brusquer les choses.[35] Homme de cabinet, Condorcet n'en a pas moins un sens politique aigu. Ainsi il met en garde son ministre contre les dangers d'un rétablissement de l'ancien parlement. Il connaît les hommes. Il aime les contacts, directs ou par lettres. Il dicte quotidiennement une abondante correspondance. Notamment en direction de Ferney. Il a soin de tenir Voltaire

32. D19282 (9 janvier 1775), à Christin. C'est à tort selon nous qu'E. Faure, p.353, n.4, refuse absolument de croire authentique l'anecdote.

33. D19043 (22 juillet 1774).

34. Voir *Voltaire en son temps*, iv.327.

35. E. Faure, p.78.

informé de l'expérience en cours. Il sait quel puissant appui pourra venir éventuellement de ce côté-là.

Voltaire comprend quelle lourde charge de travail incombe à Turgot. Pendant son ministère, il lui écrit peu et brièvement. Mais il écrit beaucoup aux autres membres de l'équipe. Ainsi Jean de Vaines: Turgot pendant son intendance l'a apprécié comme directeur des domaines à Limoges. Il l'appelle à son ministère en qualité de premier commis. En contraste avec une certaine raideur de son patron, de Vaines est souple, conciliant. A tel point qu'il restera en fonction après Turgot, sous Necker son successeur. C'est à lui que Voltaire adresse de multiples lettres, pour solliciter l'appui du ministère dans des affaires comme l'émancipation douanière du pays de Gex, ou la réhabilitation de Gaillard d'Etallonde. Pour les matières plus spécifiquement économiques Voltaire écrit à Dupont de Nemours. Ce théoricien, après avoir prêché la bonne parole dans les *Ephémérides du citoyen*, était passé en Pologne avec l'espoir d'y tenter des expériences, et de renflouer ses finances. Turgot l'en fait revenir et l'installe à côté de lui avec à peu près le même titre que Condorcet: inspecteur général du commerce et des manufactures. Voltaire s'adresse à lui comme partageant les mêmes idées économiques. Le patriarche aurait certainement applaudi au brillant essor de la firme qui portera son nom, devenu prestigieux.

Nous retrouvons dans ce qui est comme le cabinet du ministre l'abbé Morellet, ou *Mords-les*. Ainsi, après une quinzaine d'années, les vétérans des luttes philosophiques reparaissent, portés au pouvoir ou installés dans ses entours. On se souvient comment au temps de l'affaire Palissot, Morellet s'était engagé avec courage et imprudence et avait été puni d'un séjour à la Bastille.[36] Morellet n'est pas vraiment un économiste, quoiqu'il le prétende. Son *Dictionnaire du commerce*, auquel il travaille depuis des lustres, ne paraîtra jamais. Mais il a de l'esprit, de l'entregent. Turgot l'a installé à son bureau des dépêches. Il reçoit les innombrables visiteurs et quémandeurs, ayant charge de les orienter, ou éconduire, avec de bonnes paroles. La correspondance adressée au ministre lui parvient par paquets entiers. Là aussi, il trie et oriente. Il a un soin particulier de conserver le contact avec Ferney. Un contact qui n'est pas seulement épistolaire. En juin 1775, quand l'expérience Turgot vient de traverser une crise grave (la guerre des farines), il se rend auprès de Voltaire, qu'il trouve «plein de vie et de santé et de gaîté».[37]

Une autre jonction entre Ferney et la capitale, plus fréquente quoique plus capricieuse, est assurée par une femme: Mme de Saint-Julien. Ce «papillon-philosophe» que nous avons déjà rencontré, a des attaches en la province. Son

36. Voir *Voltaire en son temps*, iv.88.
37. D19530 (29 juin 1775).

frère, La Tour Du Pin, est lieutenant général de Bourgogne; son mari, receveur général du clergé du pays de Gex: fonction qui n'implique nullement chez lui, et encore moins chez sa femme, des sentiments de dévotion. Mme de Saint-Julien aime venir à Ferney pour faire de l'équitation et pour chasser sur les terres de Voltaire. En septembre 1775, elle gagne en un tournemain un concours de tir à l'arquebuse: le prix est une médaille d'or à l'effigie de Turgot.[38] Dans l'espoir de la retenir quelque peu auprès de lui, Voltaire lui fait construire une maison parmi celles qui s'édifient dans le village. Las! le bâtiment s'écroule: il faut le reprendre à la base. Le papillon-philosophe continue donc à virevolter entre le pays de Gex, la Bourgogne et Paris ou Versailles. A l'occasion, Voltaire l'emploie comme messagère. Il lui confie *Le Temps présent*, épître en vers à la gloire de Turgot, pour qu'elle la remette à d'Argental. Mme de Saint-Julien, avec d'autres dames, telle la duchesse d'Enville, sans occuper de poste officiel (chose alors impensable), apportait à la politique de réforme un appui mondain fort appréciable.

A la tête de l'équipe si nombreuse et d'une telle qualité, Turgot dirigeait lui-même un département beaucoup plus large qu'un simple ministère des finances et de l'économie. Il en viendra à contrôler aussi les transports publics, et même à prendre en main le maintien de l'ordre. Sans en avoir l'ambition, il a conquis l'autorité du ministre prépondérant. Ce qui lui attirera inévitablement des difficultés de la part de Maurepas, théoriquement son supérieur hiérarchique.

Turgot croyait à l'économie de marché. Sa réflexion théorique l'avait persuadé que la liberté du commerce était la condition du développement. Débarrassées des entraves réglementaires, les forces de production, stimulées en outre par le dynamisme des échanges, créaient la richesse et la diffusaient dans la masse de la société. De longue date Voltaire était acquis à une telle économie politique. Il en avait vu l'efficacité, presque un demi-siècle plus tôt, au cours de son séjour à Londres. C'était là l'une des leçons dégagées par ses *Lettres philosophiques* de 1734. Ce petit livre-manifeste avait mis en évidence, par des traits vifs, les divers aspects, inséparables entre eux, du libéralisme tant religieux, que politique et économique. Il ressortait que la liberté, procédant du caractère britannique, foncièrement indépendant, avait fait de l'Angleterre la première nation de l'Europe. Voltaire ne pouvait donc qu'applaudir Turgot. Mais sans doute ne prévoyait-il pas les difficultés que rencontrerait la réforme en sa première entreprise, la libération du commerce des grains.

En effet à peine installé au pouvoir, le nouveau Contrôleur général avait à appliquer d'urgence ses principes au secteur céréalier: la moisson s'achevant, le blé, impatiemment attendu, allait être mis en vente.

38. D19653, D19654 (10 septembre 1775).

Nous devons nous représenter qu'au dix-huitième siècle, pour la masse de la population française, au niveau de vie très bas, le pain constituait la base de l'alimentation. Or, même dans les bonnes années, la production céréalière couvrait à peine les besoins. Aussi quand la récolte était mauvaise, la situation devenait-elle critique. Le prix du pain de quatre livres s'élevait jusqu'à seize sous, voire au-delà. Le salaire quotidien du manœuvre ne dépassait pas alors dix ou vingt sous. On cite dans la campagne près du Mans un cas, sans doute extrême, mais significatif. Un journalier doit nourrir de son travail sa femme et ses six enfants : pour ces huit personnes, il faut chaque jour six livres de pain, soit 48 sous, au prix de 8 sous la livre. Mais le malheureux n'en gagne que 12.[39] L'insuffisance des salaires s'aggravait encore du fait qu'en raison du grand nombre des fêtes chômées, l'année ne comptait que deux cents ou deux cent cinquante jours de travail.[40] Ainsi, en période de pénurie, fréquemment éclataient des manifestations tournant à l'émeute. Des gens du peuple, et au premier rang les femmes, réclamaient du pain, à bas prix. Après les mauvaises récoltes de 1770 et 1771, Terray avait, pour approvisionner les marchés à un niveau de prix accessible, institué un système de réglementation stricte. Par exemple, le producteur ne peut vendre sa récolte que sur le marché ; il ne peut la conserver dans son grenier que pendant une période limitée ; à l'ouverture du marché, les particuliers[41] doivent être servis les premiers ; interdiction au producteur de remporter sa marchandise : il doit la vendre, avant la fin du marché, à quelque prix que ce soit... Un régime spécial était appliqué à Paris, où l'approvisionnement était particulièrement difficile.

Les tenants de l'économie libérale accusaient, à juste titre, un tel système d'entraver le commerce et de décourager la production. A peine arrivé au pouvoir, Turgot décida de donner sa chance à la liberté des échanges. Par l'édit du 13 septembre 1774, il abolit la réglementation de Terray. Un long préambule justifiait la nouvelle politique. Turgot soulignait qu'il n'appartenait pas à l'administration de s'occuper du commerce. Dans les années excédentaires,[42] des particuliers constitueraient des réserves, afin d'approvisionner le marché en période de pénurie : aussi supposait-on que les prix, après avoir provisoirement augmenté, reviendraient à la normale.

Dès que l'édit du 13 septembre lui est connu, Voltaire manifeste son enthou-

39. E. Faure, p.196 : nous renvoyons à cet ouvrage pour un exposé détaillé des politiques céréalières de Terray et de Turgot.

40. Ce qui éclaire la revendication de Voltaire et des philosophes pour une réduction du nombre des fêtes religieuses obligatoirement chômées, voir *Voltaire en son temps*, iv.387-88.

41. Beaucoup de consommateurs fabriquaient encore leur pain chez eux : ils achetaient donc le grain sur le marché.

42. En fait, aucune ne l'était : sur ce point Turgot se trompe, comme d'ailleurs Terray.

siasme. Un «chef-d'œuvre», mande-t-il à d'Alembert et à Condorcet. Il y voit l'annonce de «nouveaux cieux» et d'une «nouvelle terre».[43] A l'auteur du «chef-d'œuvre», Turgot, il adresse un bref billet de félicitation.[44] Mais déjà la nouvelle politique rencontre des oppositions. Linguet, brillant polémiste, publie un article en décembre 1774, contre la liberté du commerce des grains: elle dégarnirait les marchés et il conviendrait de rétablir les contraintes instituées par Terray. Voltaire lui répond par un *Petit écrit*, inséré dans le *Mercure* de janvier 1775. En «citoyen obscur d'une petite province», il témoigne des inconvénients de l'ancienne réglementation. Dans le malheureux pays de Gex, aux routes peu praticables, le paysan avait grand peine à respecter l'obligation d'aller vendre son grain uniquement sur le marché de la capitale. De tous côtés on fraudait une législation aussi déraisonnable. Les agents de l'autorité s'en donnaient à cœur joie: amendes, confiscations, arrestations des contrevenants. Aussi, en lisant l'édit du 13 septembre, «la province versa des larmes de joie, après en avoir versé longtemps de désespoir». On admira «l'éloquence sage [...] avec laquelle on faisait parler le roi»; on bénit «un maître qui donnait la liberté à des hommes qu'on avait rendu esclaves». Voltaire admet que le régime libéral comporte des risques: celui de l'accaparement par les «monopoleurs». Mais le danger existe aussi dans un système réglementé. Le prix du pain augmente exagérément dans les années de mauvaise récolte? Voltaire se rappelle 1709: il aurait alors mangé du pain bis pendant deux ans, il s'en serait trouvé bien. Il met en avant son expérience récente d'un pain confectionné pour moitié avec de la farine de pomme de terre. Il existe d'autres succédanés: châtaignes, orge, riz... Bref, «fions-nous à la Providence», fions-nous surtout à un «ministre très éclairé, qui n'a jamais fait que du bien».[45]

Il attend beaucoup de Turgot. Il applaudit lorsque celui-ci abolit le bizarre privilège de l'Hôtel-Dieu de vendre de la viande pendant le carême.[46] Il demande aussi, dès mars-avril 1775, la suppression des corvées.[47] Il espère encore des mesures, hors du domaine économique, qui auraient trait à la tolérance. Une question demeurait en suspens depuis des années: celle des mariages protestants. Il compte sur les «ministres sages» désormais au pouvoir pour promulguer un règlement qui les légitimera. Il a écrit, fait écrire, fait parler en ce sens. Il a transmis le mémoire du pasteur Paul Rabaut. Voilà ce qu'il fait savoir à Ribote-Charron, à Etienne Chiron, qui le sollicitent. La chose ne devrait pas faire

43. D19130 (28 septembre 1774).

44. D19133 (28 septembre 1774).

45. M.xxix.343-47.

46. A l'origine l'hôpital de l'Hôtel-Dieu était seul habilité à fournir de la viande à certains malades pendant le carême. Il en était venu à fonctionner pendant cette période «maigre» comme une boucherie ouverte à tous.

47. D19396, à l'abbé Baudeau, directeur des *Nouvelles éphémérides*.

difficulté. Il se flatte qu'à partir de là «à la fin on admettra une tolérance que la raison ordonne et que la religion ne peut réprouver».[48] Pourtant, dans l'intervalle, un fâcheux retour en arrière avait tempéré son optimisme.

Peu après la mort de Louis XV, le bruit se répandit que les anciens parlements allaient être rappelés. Les conseils institués en 1771 avaient été atteints par certains scandales, comme l'affaire Goezman. Ils partageaient l'impopularité du Triumvirat, condamné à disparaître à brève échéance (d'Aiguillon déjà avait été disgracié). Cependant, politiquement, le renvoi des parlements Maupeou ne s'imposait nullement. Au bout de trois ans, ces conseils s'étaient installés. Ils fonctionnaient de manière satisfaisante. Certains parlementaires étaient prêts à reprendre leurs activités dans le cadre de ceux-ci: on cite le président de Lamoignon, avec quatre-vingts de ses collègues.[49] Un roi lucide devait maintenir cet acquis de son prédécesseur. Il suffisait de donner quelques satisfactions à l'opinion – réintégration de parlementaires prestigieux, épuration des conseils – sans compromettre pour autant la réforme de 1771. Mais en cette affaire Louis XVI révéla sa nature peu clairvoyante et influençable. Le ministre qu'il avait choisi, Maurepas, œuvrait pour le retour des anciens parlements. Il s'appuyait à la cour sur le parti Choiseul, toujours puissant, espérant toujours que son grand homme reviendrait au pouvoir. La majorité des anciens parlementaires, conduits par le prince de Conti, reprenait donc confiance. Tous les privilégiés de l'entourage, secrètement inquiets des réformes dont on parlait, se sentiraient rassurés par la mise en place de ces verrous qu'avaient été les parlements avant Maupeou. Le jeune roi, enveloppé de pressions efficaces, se laissa manœuvrer. Maurepas fit si bien que Louis XVI en vint à croire que le retour des parlements était de sa part une décision souveraine, prise en toute indépendance. Le 12 novembre 1774, il tint un lit de justice: les conseillers Maupeou sont exilés; l'ancien parlement de Paris (et ceux de province par la suite) sont rétablis dans leurs fonctions antérieures. La population parisienne laissa alors éclater sa joie, et Louis XVI est heureux. Car telle est la faiblesse de ce roi. Il veut sentir autour de lui une ambiance d'approbation. Il veut être admiré et se croire aimé. Il ne comprenait pas qu'ainsi il restaurait une opposition qui n'allait pas le ménager, pas plus qu'elle n'avait ménagé Louis XV. Il dressait lui-même une force d'obstruction devant les réformes les plus nécessaires, notamment fiscales. En novembre 1774 s'amorçait le processus devant conduire à la pré-Révolution de 1787-1788, qui sera principalement parlementaire. Personne certes, le jour du lit de justice, ne pouvait prévoir de tels développements. Mais il est juste de reconnaître qu'en 1771 Louis XV avait su couper court à de pareilles éventualités.

48. D19283 (10 janvier 1775), D19414 (11 avril 1775).
49. E. Faure, p.128.

Voltaire d'abord n'avait pas voulu croire au renvoi de Maupeou: «pourrait-on ne pas sentir le service essentiel qu'il a rendu à la couronne, et j'ose dire à la nation?»[50] Après la disgrâce du chancelier, dans «la Saint-Barthélemy des ministres», il ne veut pas croire encore qu'il en résultera le rappel des anciens parlements: «il ne serait ni honnête ni utile de sacrifier ceux qui ont servi le roi à ceux qui l'ont bravé.»[51] Deux jours plus tard, il n'en peut plus douter: ces horribles tribunaux vont revenir. Il va «revoir en place ceux qui ont assassiné avec le poignard de la justice» ce malheureux Lally; ceux qui «ont souillé leurs mains du sang» du chevalier de La Barre. Dans son imaginaire, l'exécution du jeune homme devient encore plus cruelle qu'elle ne fut dans la réalité: un supplice infernal.[52] Voltaire alors «pleure sur Jérusalem».

Après le lit de justice, il se rassure quelque peu. L'un des parlementaires rétablis est son neveu Dompierre d'Hornoy, qui n'est certes point un homme sanguinaire. Maurepas, remarque-t-il, a fait en sorte qu'aucune atteinte ne fût portée à l'autorité royale; des articles de l'édit lui paraissent «très propres à brider cette compagnie».[53] Mais on ne tarde pas à savoir ce qu'il en est. Triomphants, les parlementaires restaurés se montrent plus audacieux que jamais. Ils commencent par adresser des remontrances au roi sur les limitations de leur pouvoir. C'est, commente Voltaire, comme si Lazare ressuscité «avait fait des reproches à Jésus-Christ».[54]

Dans cette affaire, l'historien s'interroge sur la conduite tenue par Turgot. Il protestera plus tard qu'il n'eut aucune part au rétablissement des parlements.[55] Mais il n'a rien fait non plus pour s'y opposer. Pourquoi? Parce que, sans doute, il se sent de cœur avec le milieu parlementaire. En outre, il ne veut pas contrecarrer la politique de Maurepas, son «patron». Aussi attend-il le retour des anciens parlements pour soumettre à cette instance les «lettres patentes» sur l'édit établissant la liberté du commerce céréalier. L'enregistrement eut lieu sans aucune difficulté. Turgot prévoyait-il que quelques mois plus tard il rencontrerait au parlement de Paris l'opposition la plus dangereuse, responsable en grande partie de son échec?

Les économistes du dix-huitième siècle, tant libéraux que dirigistes, méconnais-

50. D19050 (28 juillet 1774), à d'Argental.

51. D19110 (5 septembre 1774), à d'Argental.

52. D19112 (7 septembre 1774), à Mme Du Deffand: le poing coupé, la langue arrachée, être brûlé [vivant] à petit feu sur le bûcher: aucun de ces tourments ne fut infligé au chevalier, que Voltaire d'ailleurs rajeunit («un enfant de seize ans»).

53. D19198 (24 novembre 1774), à d'Argental, et témoignage de Moultou à Meister, D19227 (10 décembre 1774).

54. D19245 (vers le 19 décembre 1774), à Vasselier.

55. D19965, n.2.

saient la précarité de la situation. Ils supposaient la production de blé suffisante, en année normale, non seulement pour répondre à la demande mais pour constituer des stocks. Les enquêtes ultérieures des historiens ont prouvé qu'il n'en était rien. Turgot savait qu'en tout cas la récolte de 1774 serait mauvaise. Pour faire face à la pénurie, il comptait sur les vertus du marché, ainsi que sur les ateliers de charité : ces établissements distribueraient du pouvoir d'achat aux indigents, capables en conséquence d'acquérir les grains malgré leur enchérissement. Cela, en théorie. En fait les choses se passèrent fort mal.

A la fin d'avril 1775, bien avant la «soudure», le blé manquait sur les marchés d'Ile-de-France. Les prix montaient. Les spéculateurs accentuaient la hausse : ils achetaient pour revendre après une augmentation substantielle. Fureur des populations souffrant de la pénurie, à qui n'échappait pas ce trafic. Des violences éclatèrent, impliquant des centaines, voire des milliers de pauvres gens, entre le 27 avril et le 10 mai. Autour de Paris d'abord : Beauvais, Pontoise, Saint-Germain, Nanterre, Gonesse, Saint-Denis, puis le 2 mai à Versailles, et le 3 à Paris. L'émeute se livre au pillage ; les boulangeries, les moulins sont agressés et vidés. Mais le mouvement insurrectionnel se propose en même temps un autre objectif : imposer un «bon prix» du pain, soit 2 sous la livre. Des troubles du même genre se produisent à Dijon. Ils sont vite connus à Ferney, et attirent d'autant plus l'attention que le responsable de l'ordre en ce secteur est le marquis de La Tour Du Pin, frère du papillon-philosophe. En plusieurs endroits les soulèvements populaires restent quelque temps maîtres du terrain. Par les foules qu'ils mobilisent, par la conscience politique qui s'en dégage (imposer la taxation), ils préfigurent assurément 1789. Mais en 1775 l'appareil de l'Etat reste solide, et il se trouve entre les mains d'un homme déterminé. Turgot réprime l'émeute sans état d'âme. A Versailles, les manifestants n'approchent pas du Palais. On disperse les foules, on procède à des arrestations, on juge par des procédures expéditives ; deux hommes, pas plus coupables que des centaines d'autres, sont pendus pour l'exemple. En même temps des mesures sont prises pour faire baisser le prix du pain.[56]

Voltaire suit les événements depuis sa lointaine province. Il les impute sans hésitation aux ennemis de Turgot. Une conjonction peut paraître troublante. Au moment où commencent les désordres, un adversaire du Contrôleur général, Necker, fait paraître à Paris son traité en deux volumes *Sur la législation et le commerce des grains*. Il préconise contre Turgot une politique plus pragmatique, compromis de liberté et de réglementation selon l'état du marché. Voltaire en a reçu un exemplaire, appuyé d'une lettre de Mme Necker.[57] La publication de

56. Pour le détail des événements, on se reportera à l'étude très fouillée d'E. Faure.

57. D19456 (vers le 1er mai 1775), Mme Necker à Voltaire, et BV, n° 2558.

l'ouvrage à cette date est évidemment simple coïncidence. Les braves gens de Pontoise et autres lieux manifestaient parce qu'ils manquaient de pain, non parce qu'ils avaient lu les arides considérations du banquier genevois. Mais il est certain qu'à la cour et à la ville Necker apportait un renfort d'un grand poids aux ennemis de Turgot, tout en se proposant comme un successeur possible. Le caractère spontané de l'agitation ne peut être contesté. Cependant des agents, stipendiés ou non, sont-ils intervenus pour exciter les mécontents? Que certaines émeutes se soient produites à proximité des domaines du prince de Conti, donne à réfléchir. Voltaire quant à lui est bien persuadé que c'est «l'abominable superstition populaire et parlementaire qui s'élève contre la liberté du commerce des blés et contre la liberté de tout commerce».[58] La superstition? Bientôt, il précise: les émeutiers ont été «inspirés par de bons prêtres».[59] Telle sera la conclusion d'une *Diatribe* qu'il publie à chaud, avec l'intention d'aider Turgot.

Voltaire se présente comme un «cultivateur», lecteur au fond de sa «province ignorée» des *Nouvelles éphémérides*. Il écrit au rédacteur, l'abbé Baudeau. Oui, lui dit-il, «l'agriculture est la base de tout»: postulat de l'économie physiocratique. Il retrace, depuis les origines mythiques, l'histoire de la vie champêtre, «si respectable et si méprisée aujourd'hui dans nos grandes villes». Il en vient à la politique actuelle d'un «homme plus instruit peut-être que Sully, et qui a d'aussi grandes vues que Colbert, avec plus de philosophie véritable dans l'esprit que l'un et l'autre». On a reconnu Turgot. L'auteur aborde enfin, dans la dernière partie de la *Diatribe*, l'article des blés. La question l'intéresse, car il est «laboureur», – un laboureur qui a quatre-vingts personnes à nourrir. Sa grange est à trois lieues de la ville la plus proche. On l'obligeait à se rendre si loin pour vendre son grain, ou pour en acheter: c'était du temps de l'abbé Terray. Il fallait un acquit-à-caution, et ne point perdre ce papier. Sans quoi prison, procès, bagne peut-être. Le laboureur s'indignait: «Quoi! j'aurai rassemblé des colons pour cultiver avec moi la terre, et je ne pourrai acheter librement du blé pour les nourrir, eux et ma famille! Et je ne pourrai en vendre à mon voisin quand j'en aurai de superflu!» Or un édit royal vient de rendre aux laboureurs la liberté du commerce. Une douzaine d'entre eux, réunis sous un orme de Sully, sont si émus qu'ils décident d'aller remercier le roi à Versailles. Mais à l'approche de Pontoise, ils assistent à un étrange spectacle. Environ dix ou quinze mille paysans courent «comme des fous en hurlant: les blés, les marchés! les marchés, les blés!» A leur tête, «un petit prêtre» crie d'une «voix de stentor»: «Saccageons tout, mes amis, Dieu le veut.» Interrogé par le laboureur, le prêtre avoue:

Quelques-uns de mes confrères et moi nous conduisons ce cher peuple. Nous avons reçu

58. D19438 (26 avril 1775), à Condorcet: à cette date, il ne connaît encore que les incidents de Dijon. Même chose à Mme de Saint-Julien, D19461 (5 mai 1775).

59. D19475 (12 mai 1775), à Vasselier.

de l'argent pour cette bonne œuvre. Nous jetons tout le blé qui nous tombe sous la main, de peur de la disette. Nous allons égorger dans Paris tous les boulangers pour le maintien des lois fondamentales du royaume [allusion aux prétentions du parlement].[60]

Cette «explication» de la «guerre des farines» (ainsi a-t-on dénommé ces troubles) relève du pur fantasme. Voltaire, remarquait V. S. Lublinski, «s'égarait sur le chemin habituel de la satire anticléricale».[61] Sans doute quelques curés se trouvèrent mêlés aux incidents, mais seulement par solidarité avec leurs paroissiens dont ils partagent la misère. On ne connaît aucun cas de prêtre, et de prêtre stipendié, conduisant les foules au pillage.

S'il y eut bien, dans l'été de 1775, une alliance du clergé et du parlement, dirigée en fait contre Turgot, elle se situe à un tout autre niveau, et prend corps précisément contre la *Diatribe* de Voltaire. Les hauts dignitaires du clergé tiennent en 1775 leur assemblée quinquennale. Ils s'émeuvent et protestent contre ce pamphlet anticlérical. Ils rencontrent alors un écho favorable au parlement. Mais Turgot avait pris les devants: un arrêt du Conseil du 19 août a supprimé la *Diatribe*. Et La Harpe se trouve subir le contrecoup de l'affaire. Cet ami de Voltaire avait donné dans le *Mercure* du mois d'août un long compte rendu, fort élogieux, de la *Diatribe*, agrémenté de citations. Indignation du clergé, qui porta plainte: l'article est «supprimé», le censeur coupable de l'avoir accepté est révoqué. Le parlement de son côté, sur réquisitoire de Séguier, condamne au feu le texte de Voltaire. L'assemblée du clergé exprima sa satisfaction. «Cette reconciliation des deux puissances si longtemps antagonistes se faisait, en réalité, contre la politique de Turgot.»[62]

La *Diatribe* avait donc plutôt nui au contrôleur général. Voltaire lui apporta un soutien d'un meilleur aloi, par une lettre où il réitère son adhésion à sa politique libérale: «La liberté du commerce des grains amène l'abondance, non seulement dans ma petite province, mais dans tous les pays voisins, soit français, soit étrangers. Le blé est un peu cher, mais il doit l'être, mais personne n'en manque [...] L'agriculture est partout encouragée.»[63]

De telles assurances n'étaient pas superflues. Vainqueur sur le terrain, Turgot sortait politiquement affaibli de la guerre des farines. Confortés par les difficultés qu'il rencontre, les ennemis de ses réformes s'étaient rapprochés. Un personnage paraissait désormais disposé à les aider, le moment venu: Maurepas. Pendant toute la crise, ce chef du gouvernement était resté totalement passif. Le jour de

60. M.xxix. 359-69.

61. V. S. Lublinski, «Voltaire et la guerre des farines», *Annales historiques de la Révolution française* 2 (1959), p.141.

62. E. Faure, p.383.

63. D19529 (29 juin 1775), à Turgot. Morellet séjourne alors à Ferney et apporte à Voltaire des informations plus détaillées sur la situation.

la bataille parisienne, il était à l'Opéra. Turgot s'était substitué à lui pour coordonner et diriger les opérations. De se sentir ainsi supplanté, Maurepas conserve une rancœur qui attend le moment opportun pour se manifester. En revanche, Turgot avait reçu l'appui indéfectible de Louis XVI. C'est l'un des épisodes – on en compte quelques-uns au cours de son règne – où ce souverain, ordinairement hésitant, a fait preuve de constance. Est-ce à dire que les incidents du printemps 1775 n'ont pas laissé en lui d'impressions fâcheuses? On peut conjecturer que, sans en rien dire encore, le roi commence à concevoir des doutes sur la politique de réformes qu'on lui fait mener.

Est-il d'ailleurs véritablement acquis, comme le suppose Voltaire, aux Lumières? Ne se laisse-t-il pas plutôt entraîner, séduit par la réputation flatteuse dont jouissent alors en Europe les souverains éclairés? L'épisode de son sacre, aussitôt après la guerre des farines, allait le montrer fort attaché à l'archaïsme. Il tint à se rendre à Reims, selon la tradition – un sacre à Paris eût pris une allure plus «moderne». Là il se soumet à des cérémonies que Frédéric II dans sa correspondance avec Voltaire juge «bizarres». Il s'agit de la sainte ampoule, «dont l'histoire», selon le roi de Prusse, «est digne des Lapons».[64] On sait en effet que, selon la légende, un ange sous la forme d'une colombe aurait apporté du Ciel, pour le baptême de Clovis, la sainte ampoule remplie d'une huile, le saint Chrême, aux propriétés miraculeuses. Après l'onction de l'huile sainte, le roi de France est censé acquérir un pouvoir thaumaturgique: celui de guérir les écrouelles. On désignait par ce nom, et par celui de scrofules, des tumeurs ganglionnaires d'origine tuberculeuse. Au sujet de ce don (que ne possédait pas le roi de Prusse), Frédéric II raconte à Voltaire une anecdote. Des Espagnols vinrent en France afin de se faire guérir des écrouelles par Louis XV. Mais le roi, amant de Mme de Pompadour et de tant d'autres femmes, se trouvait en état de péché mortel: le pouvoir n'opéra pas. Les Espagnols s'en retournèrent bien déçus. Frédéric II ajoute que Louis XVI ne risque pas de tomber dans un péché mortel de cette sorte.[65]

Effectivement, après son sacre, le roi de France a «touché» des malades atteints d'écrouelles. Exactement 2 400. Voltaire a lu ce chiffre dans la *Gazette de France* du 19 juin. Il espère que tous ces malheureux furent guéris. Mais il se rappelle un épisode du règne – sinon du «siècle» – de Louis XIV: une des maîtresses du roi mourut des écrouelles, «quoiqu'elle eût été», précise l'historien, mais cela allait sans dire, «très bien touchée».[66]

64. D19562 (12 juillet 1775).

65. D19577 (27 juillet 1775): c'est l'allusion à l'impuissance de Louis XVI dont nous avons parlé plus haut, n.2.

66. D19553 (7 juillet 1775), à Frédéric II.

Un chiffre aussi élevé de malades laisse perplexe. Reims et les environs ne comptaient sans doute pas – du moins on l'espère – 2 400 scrofuleux. Le sacre a provoqué apparemment un afflux de patients, convaincus de la puissance surnaturelle du roi. Quant à Louis XVI lui-même, que pensait-il de cette cérémonie, qui dura probablement de longues heures ? Il imposait en effet les mains sur chaque tête malade et prononçait : « Le roi te touche, Dieu te guérit. » S'il avait voulu seulement se conformer à la tradition, il lui suffisait d'opérer sur un petit échantillon. Mais il voulut admettre tous ceux qui se présentaient, par bonté d'âme certes, et aussi, vraisemblablement, parce qu'il croyait à l'efficacité de son geste. Plus tard, pendant des épisodes dramatiques de la Révolution, sa conduite s'explique mieux, si l'on tient compte de sa conviction d'être lui, l'oint du Seigneur, protégé d'En-Haut.

8. Voltaire libère le pays de Gex

Les causes étaient connues qui maintenaient le pays de Gex dans la pauvreté. Ses communications avec le reste du royaume, à travers trois cols du Jura, restaient en toute saison peu praticables. De la ville de Genève, son débouché naturel et son principal fournisseur, il était séparé par une frontière politique et surtout douanière. Comme dans toute l'administration fiscale de l'Ancien Régime, le service des douanes était confié ici aux Fermes générales, cette association de financiers chargés de percevoir l'impôt, et d'en faire l'avance au roi. Les agents des Fermes contrôlaient donc le trafic des marchandises entre Gex et Genève. Ils faisaient payer les droits ou imposaient le respect des interdictions d'importer ou d'exporter. Pour assurer leur service, ils étaient répartis en quatorze bureaux : ce qui est beaucoup pour une si petite province. Mal surveillés, vivant à l'aise dans une population indigente qui les déteste, ils se permettent souvent des exactions. La situation avait empiré sous le ministère de l'abbé Terray, porté à l'excès de la réglementation. Les douaniers multiplient les saisies, le plus souvent injustifiées. Ils surveillent aussi le trafic intérieur. Un paysan de Ferney est allé acheter à Gex du blé pour ensemencer son champ. Les commis saisissent son cheval et la semence : le pauvre homme avait omis de se procurer l'acquit-à-caution exigé par le règlement. Un gagne-petit de Saconnex va vendre, sur pieds, le lait de ses ânesses à Genève : les bêtes portent dans une musette le picotin de la journée ; or interdiction d'exporter du grain : saisie des ânesses avec leur déjeuner. Les agents ont le droit d'emprisonner et en usent. En 1772, une centaine de personnes furent incarcérées pour contrebande.[1]

La fraude, objet de la répression, portait souvent sur une denrée de première nécessité, le sel. Ce produit était alors indispensable moins pour l'assaisonnement des aliments que pour leur conservation. Il était difficile d'entretenir les animaux pendant la mauvaise saison. On en tuait donc un grand nombre avant l'hiver. Pour préserver les viandes de la corruption, on les salait abondamment : seul procédé de conservation alors connu. Aussi avait-on un besoin vital de sel en grande quantité, et cette denrée faisait l'objet d'un commerce profitable. Les Fermes générales en avaient obtenu le monopole. Mais la tentation était grande dans le pays de Gex d'aller acheter son sel à Genève où, hors monopole, il était

1. Exemples cités, d'après les archives de Genève, par Fernand Caussy, *Voltaire seigneur de village* (Paris 1912), p.283.

moins cher. Surveillance renforcée, de ce fait, aux postes frontières. On faisait même la chasse aux jambons qui n'auraient pas été salés avec du sel licite: sel gris de Bourgogne, sel blanc de Franche-Comté.[2]

Depuis longtemps on avait tenté de mettre fin à une situation aussi désastreuse, par une mesure simple: la désunion des Fermes générales. La frontière douanière serait reportée sur le Jura. Le commerce du pays de Gex avec Genève deviendrait libre. Une première tentative avait été faite en 1753,[3] par conséquent bien avant l'arrivée de Voltaire. Charles de Brosses de son côté avait songé à un projet analogue. Voltaire d'abord avait tenté de coordonner son action en ce sens avec le président. La brouille des deux hommes n'avait pas permis d'aboutir.[4] Mais lorsque Turgot arrive au pouvoir, le seigneur de Ferney juge le moment favorable.

Voltaire s'adresse à de Vaines.[5] Il fait passer à Turgot une première requête: qu'au moins le pays de Gex obtienne les marchandises de Marseille et du midi dans les mêmes conditions que Genève.[6] La démarche est bien accueillie au ministère, pourtant préoccupé à ce moment par la guerre des farines. Un homme de l'équipe Turgot, l'abbé Morellet, se trouvant fin juin à Ferney, un projet est rédigé avec son concours. L'abbé promet de suivre le dossier à son retour à Paris.[7] Turgot confie l'affaire à Trudaine. Bientôt le principe de la désunion du pays de Gex par rapport aux Fermes générales est acquis. Deux questions restent à régler. A quelles conditions les Fermes continueront-elles à approvisionner la province en sel?[8] D'autre part, les douanes leur rapportaient annuellement un certain profit. Il convient de les indemniser. Mais à quel niveau? Voltaire propose 20 000 livres par an, puis moins encore: 15 000, prétendant que les Fermes ne tirent du pays que 7 000 livres annuelles.[9] Les Fermes quant à elles avaient demandé 60 000 livres, puis 55 000. Turgot fait étudier la question par ses services. Une indemnité de 30 000 livres par an paraît équitable. On rechigne à Gex. La somme sera à prélever sur le pays, sous forme d'impôts. Voltaire tente de ramener le chiffre à 25 000. Mais Turgot maintient son estimation.[10]

L'accord doit être entériné par la réunion des Etats locaux. Ce sera, le 12

2. Caussy, p.261.

3. Caussy, p.266.

4. *Voltaire en son temps*, iv.23. D10165 (20 novembre 1761), Voltaire avait proposé à Bouret, fermier général, un projet d'abonnement reportant les douanes au Jura. Même projet dans D10166, à Trudaine.

5. D19383 (24 mars 1775).

6. D19395 (vers le 31 mars 1775).

7. D19528 (29 juin 1775), à Trudaine, et n.2.

8. D19616 (19 août 1775), Trudaine à Voltaire; D19632 (30 août 1775), Voltaire à Trudaine.

9. D19660 (vers le 15 septembre 1775), à Trudaine.

10. D19698 (8 octobre 1775), à Turgot; D19739 (13 novembre 1775), à Trudaine. Voir aussi D19769, D19770, D19771, D19784, ainsi que D19817 (25 décembre 1775), Trudaine à Voltaire.

décembre 1775, une séance mémorable. Voltaire tient à y assister, tout malingre qu'il est. Il craint des oppositions, notamment du côté du clergé. Il s'est fait accompagner, du château jusqu'à Gex, par une escorte de douze dragons de Ferney: milice locale, qui revêt l'uniforme et prend les armes pour les grandes occasions. Les dragons se tiennent sur la place devant la maison où siègent les Etats, pendant toute la séance. A l'arrivée du vieil homme dans la salle, on le fait asseoir. Tous se rangent autour de lui: en fait il préside. Malgré l'extinction de voix dont il souffre, il prononce d'emblée un discours éloquent, pour l'acceptation pure et simple. Aucun avis n'ose s'élever là-contre. Les Etats étaient constitués, selon la tradition, par ordres: clergé, noblesse, tiers état. C'est par ordre aussi que l'on vote. Le porte-parole du clergé apporte l'adhésion des siens «de la manière la plus honnête». Les deux autres ordres suivent. On dresse le protocole. Les députés signent. En conclusion, on prie le seigneur de Ferney d'aider les Etats dans la répartition du nouvel impôt «et de continuer à s'occuper des avantages du pays dont il faisait le bonheur». La décision étant acquise, Voltaire ouvre la fenêtre sur la place et s'écrie: «Liberté». Les dragons saluent du sabre. La foule s'est massée devant la maison, à l'écoute de ce qui se passe à l'intérieur. Cris de joie aussitôt, et une fête improvisée: on met des cocardes aux chevaux du patriarche, on jette dans son carrosse des feuilles de laurier (à défaut de fleurs: nous sommes en décembre); des détonations partent des «canons de poche». Il reprend rapidement la route de Ferney. A la traversée des villages, ce sont encore des ovations. A l'arrivée chez lui, «tous ses sujets» font la haie. On le salue avec «des boîtes», des pots-à-feu. Il oublie qu'il a quatre-vingt-deux ans.[11]

L'enthousiasme populaire était accru par les récentes vexations qu'avaient commises les agents des Fermes. Furieux de devoir bientôt quitter le pays, ils firent en sorte de se montrer plus odieux que jamais. Une brave femme était allée acheter des langes à Genève. Elle en avait emmailloté son bébé. Les douaniers saisissent les langes: objets de contrebande! Ils remettent l'enfant entièrement nu entre les bras de sa mère. D'autres à Saconnex, lascars lubriques, sous prétexte de vérifier que des religieuses ne portent sur elles aucune marchandise prohibée, lèvent publiquement leurs jupes.[12] Dans leurs derniers jours, ce ne furent qu'arrestations, confiscations, brimades de toutes sortes. On comprend le soulagement de la population quand on les vit déguerpir enfin, en janvier 1776.

Les premiers moments de joie passés, restaient les problèmes. Le pays de Gex devenait «province réputée étrangère». Le contrôle douanier des Fermes générales était reporté vers l'intérieur du royaume, ce qui n'allait pas sans inconvénient.

11. La séance du 12 décembre nous est connue par trois récits: D19794 (14 décembre), à Mme de Saint-Julien; D19800 (16 décembre), Mme Gallatin au landgrave de Hesse-Cassel; D19803 (19 décembre), Hennin à Vergennes.

12. D19689 (3 octobre 1775), à Mme de Saint-Julien.

Pour payer les 30 000 livres annuelles aux Fermes, à quoi s'ajoutait la contribution pour la suppression de la corvée, il fallait lever un nouvel impôt. Mais sur quelles bases? Turgot, en conformité avec la doctrine physiocratique, voulait le répartir sur les biens-fonds des seuls propriétaires, proportionnellement à leur valeur réelle: préfiguration de l'impôt territorial que le Contrôleur général souhaitait étendre à l'ensemble du royaume. Mais Voltaire retrouvait ici le paradoxe de son *Homme aux quarante écus*. Pouvait-on dispenser de tout impôt les marchands et artisans, dépourvus de terres certes, mais souvent fort riches? N'allait-on pas décourager l'agriculture par la fiscalité?[13] La question était à régler par les Etats de Gex. Au printemps de 1776, on voit Voltaire se conduire comme une sorte de président d'un Conseil général informel. Il réunit, en son château, les syndics, le conseil des trois ordres. Il parle. Personne n'ose le contredire, ni même élever la voix. Mais en sourdine une opposition prend forme. L'un des dirigeants est Fabry, hostile à Voltaire qui continue pourtant à le combler de prévenances. Il a renoncé à démissionner de son poste de syndic du tiers état: le seigneur de Ferney y aurait fait nommer un homme à sa dévotion.[14] Il faut dire que Fabry n'a pas la conscience bien nette. Un problème urgent à régler est la fourniture de sel. Selon le ministère, les Fermes générales auraient dû continuer à approvisionner le pays. Mais le subdélégué a profité des circonstances et de sa position: il en a acheté en quantités importantes à Berne: 2 000 quintaux, espérant sans doute opérer une fructueuse spéculation.[15] Craignant de se trouver en mauvaise passe, il n'a pas de peine à gagner contre Voltaire l'appui du président de Brosses et du frère de celui-ci, de Brosses de Tournay. Le petit président a porté plainte à Malesherbes: il supplie qu'on «les tire de l'esclavage». Il s'exprimerait au nom de tout le pays de Gex;[16] exagération évidente d'un notable, supportant mal la popularité de Voltaire.

Pendant que se négociait la désunion des Fermes générales, la belle saison de 1775 fut pour le maître de Ferney une saison heureuse, marquée de fêtes. Mme Denis avait été gravement malade pendant des semaines. On célébra son rétablissement par des manifestations de joie, le 18 mai. La journée s'ouvrit – mais oui – par une grand-messe «accompagnée de musique et de symphonie». Puis défilèrent des compagnies d'infanterie et de cavalerie, au son des timbales

13. D19899 (4 février 1776), à Dupont de Nemours.

14. D20008 (19 mars 1776), Fabry au président de Brosses. Voir aussi D20013 (vers le 20 mars 1776), La Forest à de Brosses, comte de Tournay. Voltaire veut faire nommer syndics Dupuits et Rouph de Varicourt.

15. D19907 (7 février 1776), Voltaire à Fabry, commentaire. Dans D19928 (13 février 1776), Fabry se défend auprès du président de Brosses de toute mauvaise intention.

16. D20039 (vers le 31 mars 1776).

et des violons. On portait des cocardes. Un banquet de trois cents couverts fut dressé en plein air. Il y eut ce jour-là, selon Voltaire, environ quatre mille personnes qui chantèrent, dansèrent et burent. On récita à Mme Denis des compliments en vers et en prose. On joua pour elle «une petite comédie de proverbe».[17] Nouvelle fête le 25 août. C'est le jour de la Saint-Louis, patron du roi. Cette date est devenue au dix-huitième siècle une sorte de fête nationale, préfigurant celles de la Révolution. A Ferney, sous le ministère de Turgot, on a toutes sortes de raisons de la célébrer. Voltaire le fait savoir à Versailles. Le prince de Hesse-Darmstadt et son épouse étaient présents. C'est ce jour-là qu'eut lieu le concours de tir à l'arquebuse remporté par Mme de Saint-Julien. Le papillon-philosophe mit à son cou le prix, une médaille à l'effigie de Turgot.[18] Le 4 octobre suivant, on commémora encore un saint: saint François cette fois, dont le seigneur de Ferney porte le nom. Illumination de tout le village. Les troupes en armes escortèrent «quarante-cinq carrosses au bruit du canon»: décidément les Fernésiens raffolaient de ces parades militaires. Le soir, grand souper et bal.[19]

Ferney ainsi célébrait sa prospérité. Le village atteignait les dimensions d'une petite ville par l'accroissement de sa population: huit cents ou douze cents habitants, selon les estimations. Environ quatre-vingts maisons, la plupart neuves, construites par Voltaire qui les loue. Elles sont occupées par des artisans, des horlogers en majorité. La fabrication de montres fait désormais un chiffre d'affaires de 500 000 livres: elle n'a plus besoin d'être aidée. Les produits sont vendus surtout en Espagne et au Levant.[20] Voilà ce qui arrive lorsque le seigneur veut bien résider sur place. Hennin le souligne dans une lettre à son ministre: Voltaire donne un exemple à suivre par ces gens riches qui négligent leurs domaines provinciaux.[21]

Des visiteurs continuent à affluer, curieux de voir l'étonnant M. de Voltaire. Aucun sans doute ne fut plus admiratif que Mme Suard. Cette épouse d'un personnage important dans le monde littéraire parisien, et sœur du libraire Panckoucke, était d'avance éblouie. Elle raconte ses visites, du 2 au 13 juin 1775, dans des lettres presque quotidiennes à son mari.[22] Lorsqu'elle entre dans l'allée

17. D19476 (14 mai 1775), à Christin, D19484 (18 mai), à J. Vernes, D19486 (19 mai), à Dompierre d'Hornoy. Les compagnies étaient constituées de Fernésiens ayant revêtu l'uniforme. «L'allégresse nous a transformés en militaires», disaient-ils (*Mémoires secrets*, dans Desnoiresterres, viii.35). Il en sera de même des parades militaires qui suivront.

18. D19623 (22/27 août 1775), D19637 (31 août), à de Vaines.

19. D19691 (4 octobre 1775), commentaire, D19693 (5 octobre), à Mme de Saint-Julien.

20. D19281 (6 janvier 1775), Moultou à Meister, D19711 (17 octobre), Dompierre d'Hornoy à Sinner.

21. D19492 (23 mai 1775), Hennin à Vergennes.

22. Elle en publiera en 1802 une version révisée et étoffée, évidemment moins crédible, voir D.app.413.

conduisant au château, le cœur lui bat avec violence. On lui dit que Voltaire est absent: elle respire. Soudain, elle le voit sortir de son cabinet: «Où est-elle, cette dame? Où est-elle? C'est une âme que je viens chercher»... Mme Suard est frappée par la bonne mine du vieillard: mais non, lui dit-on, il est «mourant», c'est un «hôpital» qu'elle visite. Une douzaine de personnes sont présentes en son salon. On parle de Turgot et de Necker. Puis il lui fait visiter son jardin. Le jour suivant, elle dîne avec lui chez les Florian. Elle lui demande... de la bénir. Il se contente de l'embrasser. Elle lui trouve «l'air d'un seigneur de la cour de Louis XIV», par sa politesse, ses belles manières – et son vêtement démodé. Le 9 juin, après dîner, il la conduit à travers bois jusqu'à sa ferme. Elle admire ses vaches, fort bien tenues. Elle boit un bol de leur lait. Les adieux, le 13 juin, sont déchirants, et d'autant plus que Voltaire ce jour-là est alité. Elle pleure à chaudes larmes. Son frère Panckoucke qui l'accompagne pleure aussi. On peut ironiser sur l'idolâtrie, teintée de sensibilité rousseauiste, de la bonne dame. Elle permet en tout cas d'apprécier ce qu'était alors la gloire de Voltaire: celle tout à la fois du philosophe, du grand écrivain, de l'apôtre de l'humanité. Elle lui a dit quelles acclamations s'élèvent, aux séances publiques de l'Académie, chaque fois que son nom est prononcé. Elle le presse de revenir à Paris.[23]

Tous les visiteurs n'étaient pas, il est vrai, aussi admiratifs. Ainsi Vivant Denon qui se présente à Ferney quelques jours après le départ de Mme Suard. Malgré sa jeunesse (il n'a alors que vingt-huit ans), il est déjà gentilhomme ordinaire de la chambre du roi: il avait su plaire à Mme de Pompadour. Il revenait de la cour de Russie, où il avait bien réussi, comme il réussira plus tard à celle de Napoléon Ier. Il reste connu aujourd'hui, non par sa comédie morale *Le Bon père* (1769), mais par un récit lestement enlevé, dans la veine des *Liaisons dangereuses*, *Point de lendemain*. Le 3 juillet, en qualité de «camarade» s'adressant à un autre gentilhomme de la chambre du roi, il prend la liberté de demander audience. Voltaire l'invite à souper dans sa «caverne».[24] Denon sait aussi dessiner et peindre. Mais ici les choses se gâtent. Pour en fixer le souvenir, il a reproduit la tête de son hôte dans un médaillon. Il envoie l'estampe à Ferney. Le patriarche aussitôt se récrie. Une caricature! Denon l'a dessiné «en singe estropié, avec une tête penchée et une épaule plus haute que l'autre». De quoi réjouir Fréron et Clément! Comme modèle il lui envoie une petite boîte de buis, sur le couvercle de laquelle le philosophe est représenté dans «une posture honnête et décente», avec «une ressemblance parfaite». Denon proteste de ses bonnes intentions. Tout le monde autour de lui trouve son Voltaire fort ressemblant. A Ferney, c'est tout le contraire. La famille, les amis et «le meilleur sculpteur de Rome» alors en visite

23. D19499, D19501, D19502, D19505, D19507, D19511, de Mme Suard à son mari, D19508, de Mme Suard à Condorcet.

24. D19543, D19544 (3 juillet 1775).

auprès du philosophe, sont indignés de l'image du grand homme produite par Denon. Il aggrave son cas en faisant circuler une estampe, *Le Déjeuner de Ferney*. Voltaire voudrait l'attribuer à Huber. Denon atteste qu'elle est bien de lui.[25]

Ces représentations nous ont été conservées. Elles nous donnent l'impression d'avoir été prises sur le vif. Le Voltaire de Vivant Denon n'est nullement simiesque.[26] Le visage, tourné vers la gauche, respire intelligence et vivacité; la position de l'épaule droite est déterminée par la perspective. *Le Déjeuner de Ferney* est plus animé.[27] Le philosophe assis dans un lit de repos, devant une table basse portant son déjeuner, parle à un personnage corpulent assis à gauche dans un fauteuil. Accoudé derrière celui-ci, le père Adam. A droite, s'appuyant sur le lit de repos, une jeune servante. Devant, assise, Mme Denis. Celle-ci certes n'est pas flattée. Courte et toute en rondeurs, elle contraste avec la finesse de la servante. Voltaire n'aimait pas ces images de lui-même, véridiques pourtant. De même Huber lui déplaisait fort: il lui reproche de le représenter «vieux, maigre et polisson»: ce que certes il était. Il voudrait s'imaginer en un personnage dégageant une impression de noblesse. Ainsi l'a peint Rosset:[28] mais ce Voltaire figé, inerte dans sa dignité, n'est pas Voltaire. On retiendra toutefois comme un trait fondamental de sa personnalité l'aspiration à la grandeur – une grandeur qu'il s'irrite de ne pas reconnaître dans ses effigies.

Voltaire au quotidien, en cette période, se révèle à nous d'autre part à travers un certain nombre de témoignages. Dans sa domesticité, un personnage pittoresque était la Barbera ou Barberat: une «grosse servante suisse» (différente donc de la fine chambrière représentée dans le *Déjeuner de Ferney*). Barbera chaque matin lui «porte sa chemise». Il bavarde alors avec elle. Il n'est pas pour sa femme de chambre un grand homme. Elle «lui témoigait naïvement le mépris qu'elle avait pour son esprit prétendu, l'assurant de la meilleure foi du monde qu'elle ne concevait pas comment il y avait des gens assez bêtes pour lui trouver seulement une once de bon sens». Ces leçons de modestie devaient l'amuser: il gardera toujours la Barbera à son service.[29] La suite de l'emploi du temps, les jours ordinaires, nous est connue par une lettre de Moultou à Meister,[30] visible-

25. D19776 (5 décembre 1775), D19804 (20 décembre), D19831 (vers le 31 décembre), D19892 (vers le 30 janvier 1776).

26. *Album Voltaire* (Paris 1985), n.375.

27. L. Gielly, *Voltaire, documents iconographiques*, p.44.

28. Gielly, p.46.

29. Gaston de Genonville, *Cent et une anecdotes sur Voltaire* (Paris 1878), cité par Gary Lambert, «Antoine Adam», *Studies* 302 (1992), p.56. Voltaire recommanda le mari de la Barbera pour un emploi de contremaître («piqueur d'ouvriers») sur le chantier de Versoix (D15531, 21 mars 1769, à de Caire). En mai 1778, il écrit de Paris à Wagnière, de retour à Ferney, de lui verser une gratification (D.app.504, D21209).

30. D19217 (8 décembre 1774).

ment destinée à informer le rédacteur de la *Correspondance littéraire*. M. de Voltaire reste alité jusqu'à midi. S'étant levé, pendant deux heures il reçoit des visiteurs ou travaille. Il ne prend pas l'habituel repas du milieu de la journée, ou «dîner»: seulement du café ou du chocolat. Puis jusqu'à quatre heures il se promène en carrosse, avec Wagnière, dans ses bois ou dans la campagne. Ensuite, travail jusqu'à huit heures. Il se montre pour le souper, si son état de santé le permet. Moultou ajoute d'intéressantes informations sur les finances de Voltaire. Le seigneur de Ferney possède 150 000 livres de rentes. Une bonne partie provient de ses investissements maritimes, que nous connaissons si mal. La dépense du château s'élève à 40 000 livres, plus 20 000 pour le gaspillage, les imprévus... Restent 90 000 livres: de cette somme, un notable pourcentage est employé à des constructions dans Ferney: «il commande une maison à son maçon, comme un autre commanderait une paire de souliers à son cordonnier». Il veut que son village devienne une agglomération considérable. Moultou observe qu'il garde la haute main sur toute l'administration, intérieure et extérieure, de ses biens. La dépensière Mme Denis est tenue à l'écart.

Quant à santé du vieil homme, Moultou mais aussi Mme Suard et d'autres sont étonnés des alternances d'euphorie et de dépression. De passage à Ferney en 1775, Lekain admire la gaîté de son hôte: «ce feu élémentaire, ce principe vital»...[31] Un autre jour, dans son salon où l'attend Adam Ferguson, il fait une entrée sépulcrale: «Qui veut voir une ombre?»[32] De temps à autre, le cancer se rappelle à lui par un nouvel accès de rétention.[33] Mais le 22 octobre 1775, c'est une attaque d'«apoplexie» qui le frappe: il subissait ce genre d'accident pour la quatrième fois, depuis 1759. Il aura une autre «apoplexie» en mars 1777. Incidents bénins, au dire des spécialistes d'aujourd'hui, qui diagnostiquent en 1775 une anoxie cérébrale passagère (insuffisance ou absence d'oxygénation).[34]

Voltaire, quant à lui, n'est nullement rassuré. L'attaque du 22 octobre le laisse déprimé, pendant plusieurs jours. Il la tient pour «un petit avertissement de la nature»: «Tu mourras demain». Il lui faut être prêt à «s'aller rejoindre à l'Etre des êtres».[35]

Cependant ce sont les autres qui meurent autour de lui. Sa correspondance enregistre les annonces de décès. Son notaire parisien Laleu s'en va, le laissant dans l'embarras. Puis d'Argental perd en quelques semaines son frère Pont-de-Veyle, et son épouse, cette «Mme Scaliger» si utile censeur des compositions

31. D19571 (24 juillet 1775): Frédéric II rapporte à Voltaire ce que lui a dit Lekain, alors à Berlin.

32. D19183 (9 novembre 1774), A. Ferguson à W. Robertson. «Ombre» au sens du dix-huitième siècle: un «fantôme».

33. Signalé par Mme Gallatin, D19365 (8 mars 1775), commentaire.

34. Bréhant et Roche, p.142-43.

35. D19729 (6 novembre 1775), à d'Alembert, en latin: «*Cras enim morieris*». Voir aussi D19727.

dramatiques de Voltaire. Vient le tour de de Belloy et celui de Fréron lui-même. Comme le journaliste laissait une fille sans ressource, Mme veuve Fréron propose au patriarche rien moins que de la recueillir et de la marier, à l'instar de Mlle Corneille...[36] Voltaire goûte cette offre inattendue comme une sorte de revanche sur l'impitoyable critique. Mais quelle leçon – pascalienne – sur la condition humaine que toutes ces disparitions! «Nous sommes tous dans ce monde comme des prisonniers dans la petite cour d'une prison, chacun attend son tour d'être pendu sans en savoir l'heure, et quand cette heure vient, il se trouve qu'on a très inutilement vécu.»[37] D'ici là, cependant, il faut vivre.

La désunion du pays de Gex par rapport aux Fermes générales semblait amorcer des réformes applicables à tout le royaume.[38] Réforme fiscale, par un impôt territorial prélevé sur toutes les terres, nobles ou non, analogue à ce que Turgot avait proposé aux Gessois. Un impôt qui ne serait plus réparti et prélevé par les fermiers généraux (Turgot semble avoir prévu leur suppression),[39] mais par des assemblées locales, telle celle du pays de Gex sur laquelle Voltaire exerçait son influence. Ainsi l'assiette de l'impôt deviendrait plus large, sa perception beaucoup moins coûteuse. On pouvait espérer de la sorte réduire, puis supprimer le déficit du trésor royal, maladie chronique, finalement mortelle, de l'ancienne monarchie. Pour soutenir une telle réorganisation, le ministre prévoyait une hiérarchie de «municipalités», couronnée par une municipalité nationale, siégeant auprès du roi. Grandiose projet, tendant à doter la France d'une constitution. Mais nous ne sommes pas en 1789.[40] En 1776, des projets de bien moindre ambition se heurtent à une puissante opposition.

Au Conseil pourtant le parti des réformes s'était apparemment renforcé. Muy, ministre de la Guerre, le seul au ministère, selon Voltaire, qui ait «le malheur d'être dévot», meurt. Sans doute son successeur Saint-Germain, ancien jésuite, homme étrange, ne devait apporter à Turgot aucun appui, bien au contraire.[41] En revanche, le Contrôleur général a réussi à faire entrer dans le Conseil Malesherbes, comme ministre de la Maison du roi (c'est-à-dire à peu près ministre de l'Intérieur). Renfort considérable, estime-t-il (mais il sera déçu). Voltaire se

36. Successivement D19077 (15 août 1774), D19116 (14 septembre 1774), D19219 (9 décembre 1774), D19394 (31 mars 1775), D20022 (23 mars 1776).

37. D19116, sur la mort de Pont-de-Veyle.

38. C'était l'avis de Voltaire, D19849 (8 janvier 1776): «Cet essai que M. Turgot vient de faire l'engagera peut-être à établir la même liberté dans toute la France». Voir aussi D19861 (11 janvier 1776), à de Vaines.

39. E. Faure, p.173.

40. E. Faure, p.357-58.

41. D19599 (vers le 10 août 1775), à Frédéric II. On découvre à Ferney que Saint-Germain avait enseigné à Dôle dans le même collège que le père Adam, D19730, D19732, D19757.

réjouit: «Voilà donc de tous côtés le règne de la raison et de la vertu.» «La philosophie qui est auprès du trône sera bientôt dedans.» Optimisme tempéré cependant par quelque inquiétude. Trop de gens ont intérêt à soutenir «l'erreur et la sottise»: «il faudrait bouleverser la terre entière pour la mettre sous l'empire de la philosophie.»[42]

Au début de 1776, Turgot lance un second train de réformes. Le 6 février, le roi signe six édits dont les deux plus importants suppriment d'une part les maîtrises et jurandes, d'autre part les corvées. Condorcet en informe Voltaire dès le 8. L'une et l'autre disposition s'imposaient. Le système corporatif des maîtrises et jurandes, gagné par la sclérose, avait développé d'innombrables abus. Les familles de «maîtres» accaparaient les professions par divers procédés: exigence d'un «chef-d'œuvre», parfaitement inutile mais fort coûteux, frais de réception inaccessibles, longueur interminable de l'apprentissage. On cite le cas d'un ouvrier qui a subi sept ans d'apprentissage pour apprendre à faire des tonneaux: «il n'en faudrait pas tant», disait-on, «pour apprendre à construire un vaisseau.» La défense jalouse des privilèges de chaque profession conduisait à des épisodes burlesques. Les «jurés perruquiers» faisaient arrêter dans la rue les passants «pour s'assurer qu'ils ne portent pas sur eux quelque outil» de la profession. On dénonce les femmes qui font de la broderie hors corporation. Et depuis deux cent cinquante ans les fripiers sont en procès avec la profession voisine des tailleurs: quatre cents jugements ont été rendus...[43] Ce système néfaste, qui faisait obstacle à l'expansion de l'économie, Turgot décide de le supprimer totalement.[44] En l'apprenant, Voltaire «bénit» l'abolition des maîtrises qu'il compare – abusivement – aux confréries des «pénitents bleus, blancs et gris» de Toulouse, fatales à Jean Calas. Il n'applaudit pas moins l'édit des corvées.[45] Les paysans requis pour l'entretien des routes n'avaient guère le cœur à l'ouvrage, c'est le moins qu'on puisse dire. Et en tout cas ils manquaient de compétence. Un réseau routier moderne, avec ouvrages d'art, ponts, escarpements, murs de terrasse, exigeait une main-d'œuvre spécialisée et permanente, dirigée par des ingénieurs qualifiés. Turgot avait compris qu'une des conditions du développement était l'existence de communications sûres et rapides. Il mit fin à l'anarchie des messageries.[46] Il constitua un ensemble coordonné, avec tarifs et horaires bien établis, s'appuyant sur des relais

42. D19563 (15 juillet 1775), à d'Argental; D19580 (29 juillet 1775), à Frédéric II.

43. E. Faure, p.431.

44. L'idéologie corporatiste connut un regain de faveur en France au début du régime de Vichy. Lucien Laugier, *Turgot ou le mythe des réformes* (Paris 1979), p.60-70, présente quelques arguments en faveur des maîtrises et jurandes d'Ancien Régime.

45. D20020 (23 mars 1776), à Dupont de Nemours.

46. Anarchie telle qu'il fallait, par exemple, quatre jours pleins, par les messageries publiques, pour aller de Paris à Arras (E. Faure, p.351).

de postes régulièrement disposés et approvisionnés en chevaux de rechange. Il mit en circulation une voiture légère et rapide, la turgotine, qui sillonnera la France jusqu'à l'apparition des chemins de fer. Ce système moderne supposait un bon substrat routier. Or le régime des corvées assurait au contraire la permanence des mauvaises routes. Notamment dans le pays de Gex, en raison des conditions climatiques. Voltaire se plaint que la grande route de Gex à Genève soit devenue «une fondrière affreuse», défoncée par les chariots lourdement chargés. Mais supprimer les corvées entraînait la création d'un nouvel impôt, et payable par tous, sans distinction de rang.[47] Selon Voltaire à l'abolition d'un système aussi archaïque, «tout le monde crie hosanna!»[48] En réalité, il s'en fallait beaucoup.

Les édits du 6 février soulevèrent d'innombrables protestations, de la part des privilégiés du régime fiscal et de tous les bénéficiaires des anciens abus. Turgot rencontra, en ce qui concerne les maîtrises et jurandes, la difficulté de passer d'une économie réglementée à l'économie libérale. Allait-il indemniser, et comment, les titulaires des monopoles? N'était-il pas plus commode de maintenir purement et simplement les corporations existantes? L'opposition se manifesta par deux affaires, visant indirectement Turgot. Dans l'une comme dans l'autre, Voltaire tenta d'intervenir.

Un ancien oratorien, Delisle de Sales, avait publié en 1770 *La Philosophie de la nature*, traité déiste du genre diffus.[49] L'autorité mit du temps à discerner le scandale d'une telle publication. La cas d'abord n'avait pas paru si pendable: ordre avait été donné de cesser les poursuites. Cependant Delisle de Sales fut exilé à Franconville. Soudain, en février 1776, on relance les tracasseries contre le livre et l'auteur. Delisle de Sales avait cru pouvoir revenir à Paris. Le Châtelet prend contre lui un décret d'arrestation. Le malheureux philosophe s'enfuit seul, à pied, par une nuit glaciale, n'emportant qu'une partie de ses manuscrits. Le jour suivant, les sbires enfoncent ses portes, font l'inventaire de ce qu'il a laissé. Le dossier est transmis au parlement, après qu'on en eût retiré les pièces à décharge, comme le manuscrit du traité, ayant obtenu en 1770 l'avis favorable du censeur.[50] Delisle se cache en Ile-de-France, à proximité du comte de Tressan, son protecteur. Dans le même temps, le libraire Saillant, éditeur de *La Philosophie de la nature*, est inquiété. Voltaire voit à l'origine de la persécution l'archevêque

47. L'alternative était le péage: Voltaire y a songé pour la route de Gex à Genève, D20037 (30 mars 1776), à de Vaines.

48. D19596 (9 août 1775), à Constant d'Hermenches.

49. Voltaire avait dans sa bibliothèque une édition de 1777, où il porta quelques annotations, *Marginalia*, iii.67-70. Mais Delisle de Sales lui avait envoyé la première édition (Amsterdam 1770), D16390, que Voltaire déclare avoir lue «avec enchantement».

50. D19956 (26 février 1776): Delisle fait à Voltaire le récit de ses malheurs.

de Paris Christophe de Beaumont et le parlement.[51] Une nouvelle campagne, croit-il, est déclenchée contre les philosophes. On compte bien y impliquer Turgot, au moment où viennent de paraître les édits réformateurs du 6 février 1776. Voltaire alerte Tressan, d'Argental, Condorcet, Morellet. «Y a-t-il un dessein formé contre la liberté de penser et d'écrire?», demande-t-il. Et même: «A quand la Saint-Barthélemy?»[52] Transmise au parlement, l'affaire paraît en voie d'apaisement. La persécution cependant continuera après la chute de Turgot: en avril 1777, Delisle de Sales est jeté en prison.[53]

L'affaire Boncerf compromettait Turgot plus directement. Ce Boncerf venait de publier un livre, *Les Inconvénients des droits féodaux*, approuvé par le censeur Coqueley de Chaussepierre. L'auteur ne s'en prenait qu'à des droits archaïques, de faible rapport: banalités, lods et ventes, corvées seigneuriales. Il en proposait non l'abolition, mais le rachat. Rien là de criminel, remarque un contemporain.[54] Mais Boncerf est le principal secrétaire du Contrôleur général. Les ennemis de Turgot veulent voir en lui le porte-parole du ministre. Le prince de Conti, les parlementaires, qui ont de bonnes raisons de défendre les droits seigneuriaux, petits et grands, poursuivent à outrance l'ouvrage du secrétaire. L'avocat général Séguier dénonce «un parti méditant secrètement la subversion» (23 février 1776). *Les Inconvénients des droits féodaux* sont condamnés au feu, et l'auteur décrété d'ajournement personnel.

Voltaire a félicité Boncerf par une lettre ostensible. Il est touché que l'auteur ait au passage évoqué la malheureuse situation des serfs de Saint-Claude. Il affirme, imprudemment, que les idées du livre sont celles même de Turgot. Boncerf, très heureux d'un tel appui, fait circuler la lettre. Il projette même de la publier.[55] Mais le ministre, embarrassé par une telle approbation qui donne raison à ses ennemis, met le holà. Il condamne publiquement la lettre, et en empêche la publication dans les gazettes étrangères. Boncerf se soumet.[56]

Le parlement de Paris, comme on pouvait s'y attendre, avait adressé au roi des remontrances contre les édits du 6 février. Un lit de justice devenait donc nécessaire. Il se tiendra le 12 mars. Voltaire soutient Turgot, contre des adversaires déterminés et puissants. Il le fait par toute une batterie d'opuscules. Par ses soins, un prétendu «Père Polycarpe, prieur des bernardins de Chézery», est supposé

51. D19962 (1er mars 1776), à Condorcet.

52. D19922, D19951.

53. D20620, D20638. Voir Pierre Malandain, *Delisle de Sales, philosophe de la nature*, Studies 203 (1982), p.151-206.

54. E. Faure, p.443-44.

55. D19974 (8 mars 1776), à Boncerf.

56. D20015 (21 mars 1776), Turgot à Vergennes; réponse de Vergennes, D20019; D20016 (21 mars 1776), Boncerf à Gosse. Voir J. Vercruysse, «Turgot et Vergennes contre la lettre de Voltaire à Boncerf», *Studies* 57 (1969), p.65-71.

féliciter chaleureusement l'avocat général Séguier pour avoir pourfendu l'ouvrage de Boncerf. Les trois ordres, l'Eglise, la noblesse et la robe, «trop souvent opposés l'un à l'autre», doivent, selon Polycarpe, se réunir maintenant contre l'ennemi commun:

L'Eglise excommuniera les auteurs qui prendront la défense du peuple; le parlement, père du peuple, fera brûler et auteurs et écrits, et par ce moyen, ces écrits seront victorieusement réfutés.[57]

Puis voici un «bénédictin de Franche-Comté» écrivant au même avocat général Séguier. Il s'indigne contre «cette fausse maxime de la philosophie moderne». Laquelle? C'est une phrase de Turgot, dans son exposé des motifs en tête de l'édit supprimant les jurandes, phrase, nous dit-on, restée célèbre et qui le mérite:

Le droit de travailler est le droit de tout homme; cette propriété est la première, la plus sacrée, et la plus imprescriptible de toutes.[58]

Le parlement de Paris, celui de Dijon, ont adressé au roi des remontrances? Le pays de Gex, à son tour, par la plume de Voltaire, adresse au même roi ses «remontrances». Des remontrances qui sont des félicitations. Le jeune Louis XVI, «sévère pour lui-même et indulgent pour les autres», est célébré pour avoir «mis la frugalité, la simplicité, l'économie, à la place de la profusion, du faste et du luxe». Les «pauvres et honnêtes cultivateurs» de Gex sont censés écrire: «Nos voix, qui ne s'étaient jamais fait entendre pour se plaindre de l'oppresson, éclatent pour remercier Votre Majesté de notre bonheur.»[59]

Voltaire relève qu'en effet le roi n'a cessé d'apporter son appui au ministre réformateur. En réponse aux remontrances du parlement contre les édits du 6 février, Louis XVI aurait dit: «Je vois bien qu'il n'y a que M. Turgot et moi qui aimions le peuple.»[60] Comme on objectait qu'on «dégraderait» la noblesse en l'imposant pour l'entretien des routes, le souverain répondit qu'il paierait lui-même cet impôt dans ses domaines et ne se croirait pas «dégradé».[61] Pendant le lit de justice, lorsque Séguier prétendait que le peuple risquait de se révolter contre la suppression des corvées et des maîtrises, «le roi se mit à sourire».[62] En réalité, le discours de Séguier, habile, insinuant, a porté. Louis XVI est ébranlé, mais il n'en laisse encore rien paraître. Voltaire continue à faire confiance à la fermeté du roi: le souverain, espère-t-il, soutiendra son ministre «contre une cabale odieuse».[63]

57. M.xxx.337.
58. M.xxx.340.
59. M.xxx.342-44. Les *Mémoires secrets* signalent cet opuscule à la date du 26 mars 1776.
60. D19950 (23 février 1776), Condorcet à Voltaire.
61. D19986 (vers le 13 mars 1776), à Audibert.
62. D20021 (23 mars 1776), à Vasselier.
63. D19861 (11 janvier).

Pour l'encourager dans la bonne voie, il compose un conte en vers allégorique. Sésostris, roi d'Egypte, se promène au bord du Nil, accompagné de son bon génie (Turgot). Il demande comment faire pour mériter sa couronne. En guise de réponse, le génie le conduit vers un labyrinthe. A l'entrée, le prince aperçoit une beauté séduisante. Mais derrière elle se dressent «trois spectres hideux». C'est, explique le génie, la Volupté, escortée par le Dégoût, l'Ennui, le Repentir. Plus loin apparaît une figure noble, d'allure plus austère. Pour plaire à celle-ci, il faut

Un esprit juste, un cœur pur et fidèle.

Car elle n'est autre que la Sagesse. A Sésostris de choisir. Le jeune roi appliqua sur la joue de la première figure «deux baisers en passant»,

Mais il donna son cœur à la seconde.[64]

Ce flatteur poème, Voltaire l'envoie à d'Argental, avec mission de le faire parvenir à Maurepas, et plus haut encore. «Entre nous je ne serais pas fâché que Sésostris eût quelque bonne opinion de moi.»[65] Sésostris et aussi celle qu'il appelle «Sésostra».[66] Il déborde d'optimisme. Malgré tant de gens qui sont encore dans Paris du «siècle de fer», voici «le siècle d'or». «Vous pouvez compter», mande-t-il à Turgot, «sur la fermeté de Sésostris.»[67] Las! A cette date – le 3 mai 1776 – Turgot avait de bonnes raisons d'en douter.

Pendant qu'à Versailles se trame la chute du grand ministre, à Ferney une visite entretient l'euphorie du patriarche: celle de l'intendant des finances Trudaine. Ce collaborateur de Turgot avait suivi spécialement le dossier de la désunion du pays de Gex. Il vient sur les lieux, comme en tournée d'inspection. Voltaire lui fait une réception, selon ce qui est devenu un rituel fernésien. Cent habitants ont revêtu l'uniforme de dragons. Le 30 avril, ils vont attendre l'illustre voyageur à la frontière de Genève. De là, ils l'escortent, suivis de leurs femmes et enfants qui l'acclament, jusqu'au château de Voltaire.[68] La visite faite, Trudaine revient à Sécheron, entre Ferney et Genève, où il a fixé sa résidence. Il a préféré ne pas se présenter aux yeux du public comme l'hôte de Voltaire, se plaçant ainsi en arbitre éventuel entre le seigneur de Ferney et ses ennemis. Le lendemain 1er mai, Trudaine reçoit en audience chez lui Fabry, les syndics des trois ordres, le doyen Castin. Voltaire n'est pas de la réunion. Après avoir esquivé une harangue du doyen, Trudaine aborde les questions sérieuses. La nouvelle imposition: il

64. M.x.68-70.

65. D19969 (6 mars 1776), à d'Argental.

66. En envoyant au même d'Argental, D20035 (30 mars 1776), les *Remontrances du pays de Gex*, il souhaite qu'elles puissent aller «jusqu'à Sésostris et à Sésostra».

67. D20105.

68. D20096, commentaire, D20097 (1er mai 1776), Fabry à de Brosses de Tournay.

propose que le tiers porte sur l'industrie et les non-propriétaires. Le sel pose un problème difficile. L'intendant des finances offre «le sel rouge des îles d'Hyères». Réponse: il est impropre à la fabrication des fromages. Celui de Salins est trop cher, en raison des frais de transport. Celui de Peccais conviendrait. Trudaine devine que les Gessois ont l'intention d'en tirer bénéfice en en revendant une partie dans le Bugey. Il les met en garde: en ce cas la Ferme générale risque de s'approprier ledit bénéfice. Bref, la question du sel n'est pas tout à fait réglée. Celle de la voirie ne l'est pas non plus. Des adjudications ont été ouvertes pour la réparation des grandes routes. Trudaine proteste: l'édit du roi ne donne pas aux syndics le pouvoir de lancer de telles opérations. Les syndics font grise mine: beaucoup d'intérêts locaux seraient lésés.[69]

Voltaire fut certainement informé de ces discussions. Le lendemain, le 2 mai, après une visite à Versoix, Trudaine va dîner à Ferney. Son hôte vient d'apprendre un nouveau progrès de la politique réformiste: liberté vient d'être rendue au commerce des vins. Au cours de cette entrevue et des suivantes, il tâte l'émissaire du gouvernement sur une question qui lui tient à cœur: l'émancipation des serfs du Mont-Jura. Trudaine s'y déclare favorable, comme le sont Turgot et Malesherbes. L'affaire devrait donc enfin aboutir. Trudaine se rend pour quelques jours à Lyon. Il va superviser en cette province l'abolition des corvées et des jurandes. Soudain arrive un courrier extraordinaire: Turgot a été renvoyé. L'intendant revient en toute hâte à Sécheron, où l'attendait sa femme, repart pour Paris, «et», ajoute Voltaire, «nous laissa dans le désespoir».[70]

Coup de foudre, pour Voltaire très inattendu. Dans l'éloignement, il n'avait pas perçu les signes avant-coureurs. Même la prochaine démission de Malesherbes, dont il avait eu vent dès le 26 avril, ne l'avait pas alarmé.[71] Maintenant, «atterré et désespéré», il demande à Condorcet des informations.[72] Le confident du ministre disgracié lui rapporte donc par le détail comment les choses se sont passées. Témoignage partial certes, mais de quelqu'un qui était bien placé pour voir et pour juger. Condorcet a certainement raison d'incriminer à l'origine la jalousie de Maurepas. Depuis la guerre des farines, celui-ci voit en Turgot un concurrent qui risque de l'évincer. Or Maurepas n'avait en politique qu'un seul principe: se maintenir au pouvoir.[73] Il fomente donc en sous-main, avec la complicité du garde des sceaux Miromesnil, la résistance du parlement. Les parlementaires, d'autant plus attachés aux privilèges de la noblesse que la leur

69. D20097 (1er mai 1776), Fabry à de Brosses de Tournay.

70. D20143 (30 mai 1776), à Christin. La disgrâce de Turgot est du 12 mai 1776.

71. D20088, à de Vaines.

72. D20126, D20151 (5 juin 1776), à Condorcet.

73. Voir le portrait fouillé qu'en trace un bon connaisseur, Gaston de Lévis, *Souvenirs, portraits*, éd. J. Dupâquier (Paris 1993), p.87.

est le plus souvent de fraîche date, sont très hostiles à l'édit sur les corvées (qui les assujettirait à l'impôt compensateur). On murmure au roi, par l'intermédiaire de Maurepas, que «M. Turgot était un ennemi de la religion et de l'autorité royale, et qu'il allait bouleverser l'Etat». Le roi, «peu éclairé, [...] porté naturellement à la défiance», fut ébranlé. Malesherbes, devenu ministre à son corps défendant, n'ayant ni goût ni capacité pour ses fonctions, porta un coup très dur à Turgot, qui l'avait nommé, en démissionnant. Le ministre réformateur se trouvait ainsi totalement isolé au Conseil. En outre il avait contre lui l'animosité de la reine. Non en raison des réformes, dont la frivole Marie-Antoinette n'avait cure, mais parce qu'il s'était opposé à l'un de ses favoris, le scandaleux de Guines. Enfin la situation financière redevenait critique. Il fallait d'urgence soit augmenter les impôts, soit opérer des coupes sombres dans les gaspillages de la cour. Louis XVI, homme de goûts simples, aurait accepté le second parti. Mais Maurepas veillait. Il manœuvra pour empêcher Turgot d'obtenir un entretien. Le samedi, le roi était à la chasse: il ne pouvait recevoir le ministre. Le lendemain, Maurepas persuada le souverain qu'il ne devait pas attendre sa démission, mais prendre les devants en signifiant à Turgot qu'il était renvoyé. En sa place, Louis XVI nomma Contrôleur général des finances un certain M. de Clugny, «fripon, dur, emporté, ivrogne, joueur et débauché».[74] Louis XVI inaugurait la série, qui sera longue, de ses choix malencontreux.

La chute de Turgot est l'un de ces événements sur lesquels il est loisible de spéculer. Poserons-nous la question, toujours sans réponse, de l'Histoire qui aurait pu se faire, en lieu et place de celle qui s'est faite? Qu'on imagine Turgot réussissant. Il aurait, par les vertus de l'économie libérale, accru la prospérité du royaume. Il aurait introduit les réformes politiques allant de pair avec les réformes économiques. La société d'ordres, avec ses privilèges, eût été abolie, sans heurts dramatiques; un nouveau régime fiscal élargissant la base de l'impôt, et le prélevant à moindre frais par la suppression de la Ferme générale, aurait assuré au roi des finances saines. Un système de représentation, local et au sommet national, aurait transformé la France en une monarchie constitutionnelle. Les réformes successives, progressives, auraient épargné au pays le cataclysme de la Révolution... Rêverie? Pas tout à fait. Turgot aurait pu continuer sa tâche, mais à une condition: que Louis XVI lui conservât son appui. Le ministre avait eu finalement contre lui toutes les forces vives du pouvoir: les parlements, la cour, l'entourage royal. Le soutien de l'opinion philosophique s'était avéré bien insuffisant, et l'on pouvait mesurer que la caution même de Voltaire comptait peu. D'ailleurs une partie du secteur philosophique, autour de Necker et de son

74. D20194 (juin-juillet 1776), Condorcet à Voltaire. Au départ de Turgot, Maurepas prit le titre de Contrôleur général des finances. Mais la fonction était exercée par Clugny.

influent salon parisien, s'était désolidarisée de sa politique. Les bénéficiaires, paysans délivrés des corvées, pauvres ouvriers débarrassés du joug corporatiste, n'avaient aucun moyen de se faire entendre. Il restait qu'un roi de France pouvait, malgré la résistance des milieux influents, imposer une politique et des ministres. Louis XV en avait donné l'exemple à son successeur, en portant au pouvoir et en y maintenant Maupeou et Terray. On a dit souvent qu'entre 1774 et 1792 l'histoire de la France eût été différente si le hasard de la naissance avait porté sur le trône un homme autre que Louis XVI. On le constate ici, en 1776. Le roi comprenait-il la nécessité des réformes? On en peut douter. L'inertie qui fait le fond de son caractère l'inclinait plutôt au conservatisme. Pourquoi donc s'obstiner à soutenir un Turgot réformateur, en bravant une opinion dont au contraire sa faiblesse cherchait l'approbation? En conséquence, Turgot parti, les édits sur les corvées, sur les corporations, furent bientôt abrogés (11 et 28 août), sans avoir été réellement appliqués.

Voltaire s'efforça d'apporter au disgracié un réconfort, selon ses moyens. Il écrit à Turgot pour lui dire «ses respects, ses hommages et sa reconnaissance».[75] Et il lui envoie son *Epître à un homme*. Une nouvelle fois – ce sera la dernière – il s'acquitte de cette fonction classique du poète: s'exprimer sur les grands événements de la vie publique. Il s'adresse au «philosophe indulgent», au «ministre-citoyen»:

> Qui ne cherchas le vrai que pour faire le bien,
> Qui d'un peuple léger, et trop ingrat peut-être,
> Préparais le bonheur, et celui de son maître.

Parmi les causes de la disgrâce, Voltaire évoque principalement l'hostilité du public:

> Un peuple aimable et vain, que son plaisir entraîne,
> Impétueux, léger, et surtout inconstant.

En contraste avec ces têtes légères, Turgot est comparé à la figure légendaire de Caton qui

> Mourut pour les Romains, sans prétendre à leur plaire.

Malesherbes («Lamoignon») est associé à l'hommage.[76]

Afin qu'il reste quelque chose de l'œuvre réformatrice, Voltaire réunit et publie à Neuchâtel les *Edits de Sa Majesté Louis XVI pendant l'administration de*

75. D20177 (17 juin 1776).

76. M.x.451-52. Lorsqu'en octobre 1776, Necker fut nommé adjoint au Contrôleur général des finances – début de sa carrière politique – Voltaire jugea prudent de maintenir balance égale, par une épître en octosyllabes (la différence des mètres a un sens) adressée à Mme Necker (M.x.453). Voir ci-dessous, p.213.

M. Turgot: «Une collection unique», qui sera «un jour bien précieuse». Ce jour, il sait qu'il ne le verra pas. A supposer que dans l'avenir la conjoncture ramène au pouvoir une équipe philosophique, le vieil homme ne sera plus là. A quatre-vingt-deux dans, il ne voit plus devant lui que la mort.[77] Nous le savons, il lui reste presque vingt-quatre mois à vivre: des mois qui ne seront pas un temps vide.

77. D20163 (10 juin 1776), à La Harpe.

9. Dernières affaires

«Combattre contre l'injustice»: voilà le destin de Voltaire. Et c'est un «devoir» qu'il veut remplir encore «dans les derniers jours de [sa] vie».[1] «Ces petites affaires-là», confie-t-il, «tiennent la vieillesse en haleine.»[2] Or il en est quatre qui sollicitent alors sa combativité.

En avril 1772, il s'était engagé dans la ténébreuse affaire Morangiés. Le comte de Morangiés, maréchal de camp, couvert de dettes, cherchait de l'argent. Une courtière, la Charmet, le met en rapport avec une dame Véron, veuve d'un banquier, ou prétendu tel. Le 24 septembre 1771, le comte touche 1 200 francs, et signe des billets – une reconnaissance de dette – pour 300 000 francs ou 100 000 écus. Ici commence le mystère. La dame Véron, soutenue par sa fille, une dame Romain, et son petit-fils François Dujonquay, affirme avoir versé les 300 000 francs. Le comte soutient qu'il n'a reçu que les 1 200 francs. Il reconnaît cependant avoir signé les billets: ils devaient être négociés auprès d'une compagnie; il n'en a rien été. Le 27 septembre, la dame Véron porte plainte auprès du lieutenant de police. Elle accuse Morangiés de lui réclamer 300 000 francs qu'elle assure lui avoir déjà versés. Trois jours plus tard, Morangiés à son tour se présente chez le lieutenant de police. Il reconnaît avoir signé des billets à ordre au nom de la Véron, destinés à être négociés, mais affirme n'avoir pas reçu d'argent. De quel côté est donc l'escroquerie?[3]

L'affaire, portée devant la Grand-Chambre et la Tournelle assemblées, se complique. Le petit-fils prétend avoir livré lui-même les 100 000 écus, en espèces, à Morangiés, à pied, en treize voyages. Il produit des témoins du transport. S'agit-il de faux témoins? Et comment donc cette dame Véron, qui vit misérablement dans un galetas de la rue Saint-Jacques, pouvait-elle posséder une somme si considérable? Etant fort âgée – quatre-vingt-huit ans – elle décède pendant le cours du procès (12 mars 1772). A l'article de la mort, elle affirme solennellement avoir prêté l'argent. Est-ce encore un faux témoignage? Morangiés a choisi pour avocat Linguet, polémiste virulent. Ses brillants factums remportent un grand

1. D19443 (27 avril 1775), à Richelieu.

2. D17308 (20 juillet 1771), à Richelieu; D20143 (30 mai 1776), à Christin.

3. Sur l'affaire Morangiés, voir Marc Chassaigne, *Le Procès du comte de Morangiés* (Paris 1929); John Renwick, *Voltaire et Morangiés, 1772-1773, ou les Lumières l'ont échappé belle*, Studies 202 (1982).

succès. Le défenseur des Véron ne manque pas de talent non plus. L'opinion est plutôt favorable aux adversaires de Morangiés. «Presque toute la France», reconnaît Voltaire, «élève [...] la voix pour une famille du peuple trompée, volée, opprimée par un homme qui n'a pour lui que sa qualité et des dettes.»[4] Hésitants, les juges renvoient l'affaire au bailliage de Paris (11 avril 1772).

C'est à la suite de cette sentence que Voltaire commence à s'intéresser à la cause.[5] Pour quelles raisons? Des amis de Morangiés sont intervenus auprès de lui, sans doute, et des liens personnels l'unissent aux Morangiés, alliés des Châteauneuf.[6] Cependant il n'a jamais vu le comte. Il proteste qu'il n'est conduit par aucun intérêt en faveur de ce personnage. En réalité, il est attiré par l'obscurité même de l'affaire. En l'absence de toute preuve déterminante, il faut peser les «probabilités». Ainsi procède-t-il dans un *Essai sur les probabilités en fait de justice* qu'il publie dans l'été de 1772, bientôt suivi de *Nouvelles probabilités en fait de justice*.[7] Il s'efforce – démarche pour le moins originale – de quantifier par des chiffres les «probabilités» en faveur de chacune des parties. Il penche au total plutôt du côté de Morangiés. Ses informations multipliées, sa documentation très sérieuse lui font découvrir certes une affaire «absurde» de part et d'autre, mais l'inclinent aussi à penser que le comte n'a jamais touché les 100 000 écus. L'opinion est favorable aux Véron? Mais précisément les clameurs bruyantes hostiles à Morangiés, dans une affaire mal éclaircie, ne vont-elles pas conduire à une erreur judiciaire? Voltaire le redoute. Il n'hésite pas à se placer à contre-courant, à se dissocier de ses amis philosophes, et à mettre sa plume au service de l'aristocrate contre le roturier, même si cet aristocrate est coutumier de conduites indélicates.

Nous ne suivrons pas dans ses méandres cette fastidieuse affaire. Il suffira d'en noter les principales étapes. Le 28 mai 1773, les sept juges du bailliage, siégeant de cinq heures du matin jusqu'à minuit, acquittent Morangiés du chef de subornation de témoins, mais le condamnent à payer les billets signés, outre 23 000 livres de dommages et intérêts aux héritiers de la dame Véron. Voltaire n'est pas surpris:

> J'ai toujours dit qu'ayant eu l'imprudence de faire des billets, [Morangiés] serait obligé de les payer, quoiqu'il soit évident qu'il n'en ait jamais touché l'argent. J'ai toujours dit encore que les faux témoins qui ont déposé contre lui, ayant eu le temps de se concerter et de s'affermir dans leurs iniquités, triompheraient de l'innocence imprudente.[8]

4. M.xxviii.510.
5. D17715 (27 avril 1772), à Marin.
6. D18238 (3 mars 1773), à Rochefort d'Ally; Voltaire aurait lui-même «passé une partie de [sa] jeunesse» avec la grand-mère et la mère du comte, le notaire Arouet étant le conseil de la famille, D17715, D17815, D18544.
7. M.xxviii.495-516, 577-86.
8. D18413 (4 juin 1773), à Mme de Saint-Julien.

Morangiés interjette appel devant le parlement. Un revirement progressif de l'opinion se manifeste en sa faveur. Voltaire fait habilement état de ce changement dans un *Précis du procès de M. le comte de Morangiés contre la famille Véron* (été 1773). A peine a-t-il diffusé cette pièce, qu'il fait parvenir à Paris une *Lettre à Messieurs de la noblesse du Gévaudan*. Il exploite un propos de Louis XV («il y a mille probabilités contre une que Morangiés n'a pas reçu les billets»), et un témoignage d'aristocrates du Gévaudan, où sont situées les terres du comte. Une deuxième, puis une troisième *Lettres* suivent, en ce mois d'août 1773. Sans ménagement, Voltaire peint dans sa réalité sordide le clan Véron, et la conclusion s'impose: «Est-il quelque chose de plus commun que de voir des usuriers escrocs?»[9]

Le parlement se prononce le 3 septembre. Morangiés est reconnu innocent. Dujonquay, petit-fils de Mme Véron, est condamné à 8 000 livres de dommages et intérêts, et banni du royaume pour trois ans. Voltaire laisse entendre que le succès est dû au premier président Bertier de Sauvigny et à son discernement lors d'un interrogatoire «de deux coquins de la bande Jonquay».[10] Mais, comme le suggère la *Correspondance littéraire*, Morangiés est surtout redevable aux brochures de Voltaire.[11] Le comte remercie froidement, en grand seigneur. Le patriarche en fut piqué.[12] Lorsque Morangiés, en 1778, se présentera à la porte de Voltaire, il ne sera pas admis.

L'affaire des serfs du Mont-Jura se situait à un tout autre niveau et méritait pleinement, celle-là, les peines que prit Voltaire.

Pendant la visite de Trudaine à Ferney, il avait espéré, on l'a vu, arracher enfin la liberté de ses protégés. Outre Trudaine, Turgot et Malesherbes sont favorables. Hélas! l'équipe Turgot est renvoyée. Désolation de Voltaire: «le reste de ma vie ne sera plus que de l'amertume.»[13] Pourtant il ne renonce pas. Christin non plus. En octobre 1776, l'avocat ayant obtenu que la cause fût présentée au Conseil, il reprend espoir. Mais il déchante lorsqu'il apprend que c'est le prince de Montbarrey, grand seigneur trop intéressé à préserver tous les privilèges, qui en sera le rapporteur. Il se dit, et cette fois le destin lui donnera raison: «Je ne verrai point la fin de ce procès, je vais incessamment dans un pays où on ne trouve ni esclaves ni tyrans.»[14] En février 1777, le Conseil interdit «toutes ces pièces extrajudiciaires

9. M.xxix.82.
10. D18586 (15 octobre 1773), à d'Argence.
11. CLT, septembre 1773, x.293.
12. D19354 (25 février 1775), Moultou à Meister.
13. D20143 (30 mai 1776), à Christin.
14. D20337 (8 octobre 1776), à Christin; D20511 (9 janvier 1777), à Mirbeck.

dont le public était inondé».[15] Voltaire est visé: l'édition in-quarto de ses *Œuvres* a réimprimé *La Voix du curé sur les serfs du Mont-Jura* (1772), et l'on a proposé de décréter son auteur. Or c'est précisément à cette époque que paraît la *Requête au roi pour les serfs de Saint-Claude*.[16] Voltaire y ramasse fortement les arguments qu'il avait, avec le temps, accumulés sans succès. Une fois rappelés les «crimes de faux» jadis commis par les moines pour assurer frauduleusement leur possession, il développe éloquemment la question de droit. La France est le pays de la liberté et pourtant la Franche-Comté est encore pleine de cultivateurs «qui, malgré les lois de la nature, de la religion et de l'Etat», sont serfs d'un couvent ou d'une collégiale. L'historien intervient ici pour rappeler que les ancêtres de Louis XV: Louis VI, Louis VIII, la reine Blanche, Louis IX, etc., ont réprimé cette tyrannie. Héritier du saint roi Louis, Louis XVI qui, dès sa jeunesse, apparaissait comme le «père de la patrie», souffrira-t-il cette «tache», vestige de la barbarie féodale? N'imitera-t-il pas le roi de Sardaigne, uni par le sang à la famille royale de France,[17] qui a supprimé toute servitude en Savoie dès 1762? Le requérant rappelle enfin que les serfs sont prêts à indemniser les seigneurs pour obtenir leur liberté, et que le président de Lamoignon avait, en 1682, dressé le projet d'un édit tel que la France le demande: «Il appartient, sire, à Votre Majesté de consommer l'ouvrage que Louis XIV voulut entreprendre.» Mais on ne semble pas pressé, en haut lieu, d'en finir avec cette irritante affaire. Plusieurs mois s'écouleront sans que Voltaire, sollicité par d'autres soucis, puisse songer à en hâter le dénouement. En vain, il lance un dernier appel direct à Louis XVI dans l'article «Esclaves» de son *Commentaire sur l'Esprit des lois*. Seul Necker serait à même d'illustrer son ministère par la suppression de la servitude. Mais le patriarche estime qu'il n'est pas en son pouvoir de l'y intéresser.[18]

L'année 1778 s'ouvre sur un aveu d'inquiétude et de lassitude. Il tremble pour ses «chers Saint-Claudiens», qui risquent bien d'être «mangés par les pharisiens et les publicains». «Tout ce que je vois», ajoute-t-il, «me fait horreur et me décourage. Je vais mourir bientôt en détestant les persécuteurs.»[19] En effet, il mourra sans avoir vu aboutir son long effort.

15. D20558 (10 février 1777), à Christin. L'opuscule *La Voix du curé* remontait à octobre 1772. Voltaire suppose qu'un curé vient de prendre ses fonctions dans une paroisse du Mont-Jura peuplée de serfs. Bouleversé par les doléances de ses paroissiens, il tente d'obtenir des moines de Saint-Claude, devenus chanoines, qu'ils renoncent à des privilèges aussi peu chrétiens (en songe, le curé voit Jésus reprochant aux moines la perversion du message évangélique): le curé échoue dans son entreprise de libération (M.xxviii.567-75).

16. M.xxx.375-78; *Mémoires secrets*, 17 février 1777.

17. Les petites-filles du roi de Sardaigne ont épousé les deux frères de Louis XVI, Provence (14 mai 1771) et Artois (16 novembre 1773).

18. D20959 (23 décembre 1777), à Christin.

19. D20983 (13 janvier 1778), à Christin. Voltaire explique que le mariage de Belle et Bonne avec Villette l'a brouillé avec les Necker.

Sa campagne insistante a pourtant marqué l'opinion. Par un édit d'août 1779, Louis XVI, encouragé par Necker, rendra la liberté aux serfs du domaine royal. La même année, l'Académie française propose comme sujet de prix «la servitude féodale abolie dans les domaines du roi sous le règne de Louis XVI». Le concours ayant été renouvelé les années suivantes, le prix sera attribué en 1782 à Florian pour son *Voltaire et le serf du Mont-Jura*. La fiction du poème repose sur une coutume de la Franche-Comté, qui veut qu'un mainmortable affranchisse sa famille s'il meurt en terre libre. Un vieillard expirant, dont la vie résume les malheurs de la condition serve, se rend, accompagné par les siens, auprès de Voltaire. Arrivé à Ferney, «Arrêtez, leur dit-il, j'ai touché cette terre, je suis libre, il suffit...». Simple et émouvante, la formule résonne comme un hommage rendu à l'œuvre libératrice du philosophe.[20]

Cependant l'édit de Louis XVI ne s'appliquait pas aux biens ecclésiastiques. L'espoir de voir suivre l'exemple royal dans le reste du royaume sera déçu. En dépit des sollicitations répétées du ministre, le chapitre de Saint-Claude refusera obstinément de renoncer à ses droits. Les habitants du Mont-Jura ne seront affranchis que par la Révolution, en 1789.

Voltaire ne verra pas non plus le dénouement de deux affaires qu'il va poursuivre pendant les dernières années de sa vie. L'une et l'autre mettent en accusation l'abominable parlement qui a fait périr le jeune La Barre. Il s'agit en effet d'obtenir la réhabilitation posthume du comte de Lally et celle de d'Etallonde, toujours vivant.

Voltaire avait connu jadis Thomas Arthur, baron de Tollendal, comte de Lally, gentilhomme irlandais issu d'une des familles qui avaient suivi en France Jacques II Stuart chassé d'Angleterre. En 1745, il l'avait fréquenté lorsque les deux frères d'Argenson, ministres, préparaient l'envoi d'un corps expéditionnaire en Ecosse, pour appuyer le prétendant Charles Edouard. Au début de la guerre de Sept Ans, après le rappel de Dupleix, le comte de Lally avait été chargé de défendre les établissements de la Compagnie française des Indes. Voltaire prévoit alors que cette «diable de tête irlandaise» pourrait bien mettre à mal les intérêts des actionnaires, dont il est, et lui faire perdre ses 20 000 livres de dividende annuel.[21] Ses craintes bientôt s'avèrent justifiées. Après une offensive heureuse contre les Anglais sur la côte de Coromandel, Lally essuie défaite sur défaite. Il manque de ressources, se heurte à l'hostilité du Conseil de la Compagnie, à l'indiscipline des troupes: situation encore aggravée par la violence de son caractère. Le 25 janvier 1760, il doit se replier sur Pondichéry. Découragé et malade, il veut résister

20. *Année littéraire* (1782), vi.177s.; La Harpe, *Correspondance*, ii.416, iii.111, 225.
21. D8757 (15 février 1760), à d'Argental.

derrière les murs de la ville investie. Mais il doit capituler entre les mains du général anglais (16-17 janvier 1761). Pendant qu'il est transféré comme prisonnier à Londres (septembre 1761), les haines se déchaînent contre lui à Paris. Membres du Conseil de Pondichéry, employés de la Compagnie, officiers, tous le dénoncent comme responsable de la défaite. Libelles et accusations se multiplient et trouvent bon accueil auprès du public. Lally alors veut aller sur place défendre son honneur. Il obtient de l'amirauté anglaise la permission de se rendre en France comme prisonnier sur parole. A ses accusateurs, il réplique avec violence, sans convaincre. Une requête au roi et une plainte motivée du Conseil de Pondichéry n'entraînent pas d'abord de poursuites. Mais Choiseul incline à donner satisfaction à l'opinion. Sur lettre de cachet, Lally est enfermé à la Bastille (3 novembre 1762). Ensuite de longs mois s'écoulent sans qu'il apprenne les griefs qui lui sont reprochés. «On commence toujours en France par mettre un homme trois ou quatre ans en prison, après quoi on le juge», observe pertinemment Voltaire.[22] Mais la découverte d'un mémoire du père Lavaur, supérieur des jésuites de Pondichéry, précipite les choses. Le document regroupe les chefs d'accusation contre Lally. Il circule dans un public de plus en plus échauffé. Alerté, le procureur général Joly de Fleury dépose une plainte, fondée sur le mémoire de Lavaur. Le procès commence en avril 1764. Pasquier, qui s'illustrera bientôt contre La Barre, est nommé rapporteur. Lally, privé de la communication du dossier et du secours d'un conseil, n'a guère les moyens de se défendre. Le 6 mai 1766, il est condamné à la décapitation, comme «coupable et convaincu d'avoir trahi les intérêts du roi, de son Etat et de la Compagnie des Indes, d'abus d'autorité, vexations et exactions envers les sujets du roi et étrangers». Maupeou, premier président du parlement, accorde un sursis de trois jours. On compte sur une grâce du roi, mais en vain. Transféré à la Conciergerie, Lally apprend, le 9 au matin, sa condamnation. Il ne s'y attendait pas. Après avoir clamé son indignation, il tente de se donner la mort à l'aide d'un compas dont il se servait en prison pour dessiner les côtes de Coromandel. Il réussit seulement à se blesser. Placés devant une telle situation, ses gardes s'affolent, et l'exécution va se faire dans des conditions scandaleuses. Pour étouffer les cris du condamné, on le bâillonne. Comme il est blessé, on décide de ne pas attendre le carrosse qui devait le conduire place de Grève. On réquisitionne un tombereau de boue et on l'y installe. Il fait ainsi le trajet, au milieu d'une foule qui l'insulte. Sur un échafaud branlant dressé à la hâte, le bourreau, Samson le fils, au premier coup de couperet, le manque: il réussit seulement à découvrir le cerveau et doit frapper une seconde fois pour faire tomber la tête. Le peuple, néanmoins, applaudit.[23]

22. D12002 (21 juillet 1764), à Richelieu.

23. Voir Marc Chassaigne, *Le Comte de Lally* (Paris 1938), p.309-13. Cet auteur récuse, sans raison valable, le témoignage de Mme Du Deffand: «Le peuple battait des mains pendant l'exécution.»

Voltaire à juste titre va protester contre l'injustice de la condamnation et la barbarie du supplice. Il n'a cessé de harceler ses correspondants habituels pour s'informer. Le 29 mai, il a fini de «lire le sujet de la tragédie du pauvre Lally». «La catastrophe», note-t-il, «ne me paraît annoncée dans aucun des actes.»[24] Il constate, une fois lus les mémoires, qu'il n'y a ni apparence de concussion, ni apparence de trahison. Certes, avec son caractère absurde et chimérique, violent, intéressé aussi, Lally a pu se faire détester de tous à Pondichéry. Mais Voltaire refuse de voir là un motif de condamnation à mort. Il ne peut d'ailleurs pas admettre des arrêts de mort qui, selon l'usage parlementaire, ne sont pas motivés: c'est «une barbarie arbitraire qui insulte au genre humain».[25]

Il va s'efforcer d'abord de justifier Lally en tant qu'historien. Son *Précis du Siècle de Louis XV*, au chapitre 34, relatant l'expédition désastreuse, montre que le lieutenant-général devait se révolter contre la situation qu'il trouvait à son arrivée: une colonie misérable, gangrenée par la corruption. Il raconte les heurts de plus en plus forts entre des esprits aliénés et un chef fougueux, emporté. Quand il en vient au procès, il constate qu'en l'absence de péculat et de trahison, les juges s'en tinrent aux allégations de témoins, tous hostiles à l'accusé. «Le cri public sert quelquefois de preuve», écrit-il hardiment, «ou du moins», ajoute-t-il, «fortifie les preuves.» Il souligne que le grief d'avoir «trahi les intérêts du roi» signifie seulement avoir mal conduit, avoir oublié ces intérêts, mais ne désigne nullement le crime digne de la peine capitale: la haute trahison, ou la lèse-majesté.[26] Un an après le *Précis*, il revient brièvement sur Lally, dans la *Défense de Louis XIV*, à l'occasion de la politique coloniale du grand roi. Il rappelle le climat d'hostilité dans lequel s'est déroulé le procès, et conclut: «Sa fatale catastrophe est aujourd'hui confondue avec tant d'autres qui font inutilement frémir la nature humaine et que Paris oublie le lendemain.»[27] Il n'oublie pas, lui: désormais il associe le nom de Lally à celui des Calas, Sirven, La Barre, d'Etallonde, dans ses énumérations récurrentes des victimes d'erreurs judiciaires.

Au cours de l'été de 1770, il reçoit une lettre non signée: elle venait d'un chevalier Trophime Gérard de Lally-Tollendal.[28] La famille de Lally présente en effet cette particularité qu'on y est bâtard de père en fils.[29] Le comte lui-même était né enfant naturel. Il laissait un fils, issu de ses relations hors mariage avec une

24. D13324 (29 mai 1766), à Chabanon (qui travaille à une tragédie).

25. D13351 (14 juin 1766), à Constant d'Hermenches; D13369 (22 juin 1766), aux d'Argental.

26. *OH*, p.1505.

27. M.xxviii.337.

28. D16564 (6 août 1770).

29. Comme le remarque spirituellement Pierre-Antoine Perrod, auteur d'un livre important, *L'Affaire Lally-Tollendal. Une erreur judiciaire au XVIIIème siècle* (Paris 1976).

Irlandaise, Félicité Crafton. Agé alors de dix-neuf ans, Trophime Gérard a décidé de réhabiliter son père. Il adresse donc au grand redresseur de torts, Voltaire, une longue lettre, en forme de mémoire. Il prend appui sur le chapitre du *Précis* consacré à Lally. Ce texte avait valu à l'historien une brutale attaque, des *Lettres des Indes à l'auteur du Siècle de Louis XIV* (Paris 1770), anonyme, en fait d'un certain de La Flotte. Lally-Tollendal réfute point par point les assertions de l'accusateur, et en même temps justifie Voltaire. Il ne demande pas encore expressément l'intervention du patriarche. Mais il se prépare à le faire. Il est protégé par Saint-Priest, l'intendant du Languedoc. Il peut compter sur les bonnes dispositions de Louis XV, qui se reproche la mort de Lally, et de Maupeou, devenu chancelier. Sa bâtardise le rend sans doute juridiquement incapable d'ester au nom de son père.[30] Cependant il obtient le droit, par les lettres patentes du 13 juin 1772, de porter le titre irlandais de Tollendal mentionné dans son acte de baptême. A cette faveur s'en ajoutent d'autres: une indemnité de 40 000 francs et un brevet de capitaine. Sa position étant ainsi consolidée, il se tourne à nouveau vers Voltaire.

Sa lettre est accompagnée d'une lettre de la comtesse de Laheuze, née Irlandaise, que Lally-Tollendal présente comme sa cousine. Il demande expressément au grand homme de l'aider à venger son père. «L'aveu du roi» sera nécessaire, mais, écrit-il, «la voix du public est souvent l'oracle des rois, et la voix des sages est toujours l'oracle de l'univers». Il veut donc «intéresser» à son projet le «cœur» et le «génie» de son correspondant. Car «un homme tel que M. de Voltaire n'est pas né pour lui seul et est comptable à l'humanité de tout le bien qu'il peut lui faire».[31]

Le philosophe est désormais disposé à s'engager. D'abord parce qu'il conserve un bon souvenir de ses relations anciennes avec le malheureux Lally, et qu'il croit sa condamnation injuste. En outre les circonstances, en 1773, paraissent propices. La Compagnie des Indes n'existe plus depuis le 13 août 1769.[32] La réforme Maupeou a mis en place un nouveau parlement, qui reste cependant contesté. Il est bon de rappeler, avec le cas de Lally, un nouvel exemple des erreurs meurtrières de l'ancien parlement. Et dans cette affaire se retrouve le bourreau du chevalier de La Barre: le conseiller Pasquier.

Voltaire promet donc son appui. Il guide Lally-Tollendal dans les démarches à faire. Au cours des semaines suivantes, des lettres s'échangent entre le philosophe

30. Comme le fait remarquer Voltaire, D18439 (26 juin 1773), à Marin.

31. D18318 (14 avril 1773). Lally-Tollendal joint à sa lettre un factum manuscrit: Voltaire en jugea la publication inopportune, ce texte n'apportant aucune preuve péremptoire.

32. Un *Mémoire* de l'abbé Morellet avait démontré l'inutilité du privilège d'une compagnie incapable de se soutenir par elle-même. Un arrêt a donc supprimé ce privilège et autorisé les particuliers à commercer librement dans les Indes.

et le chevalier, par l'intermédiaire de Marin. Voltaire indique ceux qui peuvent apporter aide et protection: Mme Du Barry, le maréchal de Richelieu, Saint-Priest. Il recommande la rédaction d'un mémoire composé au nom de la famille, présenté dans les formes légales et signé d'un avocat au Conseil. Car une requête en renvoi se justifie seulement s'il est prouvé que des pièces importantes n'ont pas été prises en considération.[33]

Il se trouve qu'au moment même où il entreprend la réhabilitation de Lally, Voltaire est en train de découvrir l'Inde moderne et surtout ancienne. Il a lu Holwell. Il croit y apprendre que l'antique civilisation indienne est à l'origine de bien des croyances religieuses de l'ancien Orient.[34] Il situera donc la défense de Lally dans un cadre large, «philosophique». Il rédige des *Fragments sur l'Inde et le général Lally*. Les articles réunis sous ce titre, au nombre finalement de trente-six,[35] traitent également «Des brames», «De la science des brachmanes», de leur religion, de leur «ancienne mythologie», «De la Trinité» qu'ils reconnaissent, et de leur «paradis terrestre»... Dans ce qui a trait aux opérations de Lally, racontées en détail, l'historien ne masque pas les emportements du lieutenant-général, mais il a soin de montrer qu'ils sont une réponse à la méfiance et à l'hostilité ambiantes. Voltaire restitue le climat moral corrompu des établissements où règnent la cupidité, la mauvaise foi, les sourdes dissensions. Lally ne pouvait qu'être mal reçu, lui qui avait été expressément chargé, et il ne s'en cachait pas, de combattre la corruption et les abus: tâche au-dessus de ses forces. De plus Voltaire marque l'insuffisance des moyens, si sensible dès l'embarquement du corps expéditionnaire et qui ira s'accentuant au fil des opérations. Ainsi les *Fragments* décrivent comment un environnement défavorable a suscité chez le lieutenant-général des réactions de vive irritation et comment s'est institué un cycle infernal: l'aliénation des esprits redoublant les contrariétés et les aigreurs de Lally qui, à leur tour, avaient pour effet de renforcer l'aversion générale.

Les *Fragments* et la prise de position de Voltaire firent évoluer l'opinion. Les *Mémoires secrets*, le 20 septembre 1773, avaient condamné l'audace du philosophe («il est incroyable comment ce célèbre auteur peut se permettre du sein de sa retraite de juger ainsi le parlement»). Mais trois ans après les mêmes *Mémoires* (16 juin 1776) reconnaissent que l'entreprise de réhabiliter Lally «prend plus de consistance». Grâce à Voltaire l'image du général malheureux et non coupable s'est imposé au public. Les progrès furent lents cependant, et le jeune Lally-

33. D18394 (24 mai 1773), à Lally-Tollendal; D18395 (même date), à Marin; D18414 (5 juin 1773), à d'Argental.

34. «Il nous a dévoilé ce qui était caché depuis tant de siècles», M.xxix.125; voir ci-dessous, p.175.

35. Les trente premiers articles, juin-août 1773, paraissent en une brochure de iv-162 pages. Les seize autres articles sont publiés à la fin de 1773 avec un *Fragment* sur Morangiés, un autre sur Monbailli, un troisième sur l'*Histoire générale*.

Tollendal s'impatientait.[36] A l'automne de 1774, le rappel de l'ancien parlement paraît de mauvais augure: on va donc «revoir en place ceux qui ont assassiné avec le poignard de la justice le brave et malheureux comte Lally, qui ont eu la lâcheté barbare de le conduire à la grève dans un tombereau d'ordures avec un bâillon à la bouche».[37] Mais, d'autre part, une longue lettre que Voltaire reçoit de Pondichéry est de nature à le confirmer dans ses sentiments. Un témoin oculaire, Bourcet de La Saigne, lui assure que Lally mérite d'être pleinement justifié: il n'a pas vendu Pondichéry aux Anglais, qui étaient assurés de prendre la ville; l'établissement était déjà réduit aux expédients bien avant l'arrivée du lieutenant-général; les cabales, les calomnies, les révoltes ont fait que l'ennemi était plus à l'intérieur de la place qu'à l'extérieur.[38]

Parallèlement, Tollendal agit efficacement. Les Dillon, parents du supplicié, sont en faveur auprès de Marie-Antoinette. Par eux, la reine manifeste de la sympathie au jeune chevalier. Tollendal aurait reçu de Louis XVI «la promesse formelle [...] d'une protection spéciale et suivie».[39] Il espère ainsi lever l'obstacle de sa bâtardise. Il présente des pièces, vraisemblablement apocryphes: le certificat de mariage de ses parents à Londres en 1761, dix ans après sa naissance; ou encore le testament que Lally aurait rédigé entre sa condamnation et son exécution en faveur de son «fils légitime».[40] Quoi qu'il en soit, encouragé par les assurances reçues, il finit par déposer, le 5 décembre 1776, une requête en cassation près le Conseil du roi. La démarche est celle qui avait été suivie dans l'affaire Calas: la seule juridiquement valable, s'agissant d'une sentence rendue par un parlement. Comme dans l'affaire Calas, un arrêt du Conseil ordonne la communication des charges et informations (21 avril 1777).

Voltaire ne perd pas de vue l'action entreprise. Il fait parvenir à Tollendal des mémoires, jadis confiés par le chevalier et retrouvés parmi ses papiers.[41] En 1777, il ajoute à l'*Histoire du parlement de Paris* un dernier chapitre, deux paragraphes en faveur de Lally: il indique comment le public, après avoir, sur «les cris de ses

36. Il écrit injustement, à Saint-Priest, le 6 juin 1775, qu'il n'a pas eu à se louer de Voltaire: «Il a trompé mes espérances après les avoir flattées. Ses *Fragments sur l'Inde* sont l'ouvrage d'une âme faible, qui n'ose pas être vraie tout à fait et qui adule bassement le crime heureux» (BN, F. fr.9232, f.159).

37. D19112 (7 septembre 1774), à Mme Du Deffand.

38. D19897 (1er février 1776), Bourcet commente le chapitre du *Précis du Siècle de Louis XV*.

39. D20263 (18 août 1776), Tollendal à Voltaire.

40. La comtesse de Laheuze, pour des raisons d'intérêt, combattit ces prétentions par une action au Châtelet. Le 20 juillet 1777, le juge reconnaît la justesse de la contestation, sans se prononcer sur la légitimité de la filiation de Tollendal. La comtesse fait appel de la sentence (*Mémoires secrets*, 13 février 1778).

41. D20662 (6 mai 1777), à Chastellux.

ennemis», «demandé du sang», est désormais «persuadé de son innocence». Il est persuadé lui-même que la cassation sera prononcée.[42]

Elle l'est effectivement, au terme d'une journée de délibération du Conseil du roi, par quarante et une voix contre vingt-quatre. Nous sommes le 25 mai 1778. Voltaire agonise. Nous verrons qu'il put cependant apprendre la nouvelle.

La cassation n'était pas réhabilitation. Comme les Calas après l'arrêt du Conseil du 4 juin 1764, Lally devait être rejugé. Voltaire avait eu grandement raison jadis de craindre que l'affaire fût envoyée devant un autre parlement: on se rappelle que l'acquittement définitif des Calas fut prononcé par une instance différente, les «Requêtes de l'hôtel».[43] Au contraire, c'est le parlement de Rouen qui fut désigné pour juger le cas de Lally. Par solidarité, les nouveaux magistrats confirmèrent la condamnation du parlement de Paris (12 mai 1780).[44] Lally-Tollendal obtint une deuxième cassation et le renvoi, cette fois, devant le parlement de Dijon. Mais, dans le climat d'agitation parlementaire qui régnait alors, la solidarité entre les «grandes robes» se manifesta à nouveau: le jugement de Paris fut une deuxième fois confirmé (23 août 1783).[45] Par l'acharnement de Tollendal, on s'acheminait vers une troisième cassation, et un quatrième procès. Dysfonctionnement manifeste de l'institution judiciaire: près de vingt ans après avoir fait exécuter le comte de Lally, les juges en étaient encore à s'interroger sur sa culpabilité. La Révolution interrompit le processus en supprimant, dès 1789, les parlements.

Contrairement à ce que l'on croit souvent, Lally ne fut donc jamais réhabilité, au sens strictement juridique du mot. Mais sa réhabilitation était acquise devant l'opinion et devant l'histoire, grâce à son fils naturel, appuyé par Voltaire.

Voltaire n'a jamais oublié l'atroce supplice du chevalier de La Barre. Il l'a dit maintes fois: les images sanglantes d'une abominable erreur judiciaire l'obsèdent. Du drame il restait un survivant, Gaillard d'Etallonde. Le jeune libertin avait été, vraisemblablement (quoiqu'un doute subsite),[46] coupable du sacrilège commis sur le crucifix d'Abbeville. Mais, avec la complicité de sa famille, il avait pu s'enfuir à temps. En 1772, sous le nom de Morival, il sert comme officier de l'armée prussienne en Rhénanie, à Wesel. Il demeure sous le coup de la condamnation par

42. D20809 (22 septembre 1777), à Richelieu.

43. Voir *Voltaire en son temps*, iv.158.

44. D'Eprémesnil fit beaucoup pour emporter cette décision (voir P.-A. Perrod, p.229-98). Né à Pondichéry, d'Eprémesnil était solidaire des intérêts de la Compagnie des Indes.

45. Sur ce procès, où intervint encore d'Eprémesnil, voir toute la troisième partie du livre de P.-A. Perrod qui a découvert le journal des débats tenu par un des parlementaires dijonnais, Bouthier de Rochefort.

46. Voir *Voltaire en son temps*, iv.295.

contumace, la plus cruelle qui ait été prononcée: avoir le poing coupé, la langue arrachée, avant d'être décapité et brûlé. Certes la sentence ne risque pas d'être exécutée. Elle le place néanmoins dans une situation difficile. Il souhaiterait hériter des biens qu'il tient de sa mère et dont son père jouit après confiscation, sans lui venir en aide. Son père lui-même étant maintenant fort âgé, il entend avoir part, le moment venu, à son héritage. Chose impossible, tant qu'il est sous le coup du jugement de 1766. Il voudrait donc obtenir des lettres de grâce.

Voltaire l'avait généreusement encouragé au début de son exil, en 1767. Il lui avait même annoncé qu'un temps viendrait où son procès serait «revu par la raison», et ses «infâmes juges» condamnés.[47] Puis la correspondance s'était interrompue. Gaillard d'Etallonde renoue en écrivant à son protecteur le 23 novembre 1772.[48] Voltaire répond en demandant à Frédéric II une promotion pour le compagnon de La Barre. Le roi proteste de sa bonne volonté, mais il se trouve qu'il a oublié qui était ce Morival (à moins qu'il n'oppose à la demande d'avancement une feinte ignorance):[49] il promet de s'informer. Enfin, près d'un an plus tard, Frédéric se dit prêt à soutenir l'officier, qui jouit du témoignage favorable de ses supérieurs. Voltaire transmet la bonne nouvelle à l'intéressé.[50]

Quant aux lettres de grâce, il explique la marche à suivre. D'Etallonde doit s'adresser, non à l'ambassadeur de France en Prusse, mais en France au chancelier. Pendant l'instruction de l'affaire, il conviendra qu'il soit présent sur le territoire du royaume. Voltaire propose de demander pour lui un congé d'un an. Il lui offre de le recevoir alors à Ferney: si près de la frontière, d'Etallonde sera en sûreté, et Voltaire mieux en mesure de guider ses démarches.[51] Ce plan s'exécute. Frédéric II accorde à l'officier une permission d'une année, et l'autorisation de se rendre à Ferney. Mais il doute que le roi de France puisse se contredire au point de gracier le condamné, après avoir permis le supplice de La Barre. Pendant longtemps Frédéric s'en tiendra, dans l'affaire, à des dispositions d'ironie critique que Voltaire s'efforcera de combattre par une correspondance assidue.

L'officier en congé reçoit encore de son protecteur l'indispensable «viatique»: «161 florins et 17 sous de Hollande», que lui remet Marc Michel Rey à Amsterdam.[52] Il arrive à Ferney en avril, pour un séjour qui durera seize mois. Installé

47. D14469 (6 octobre 1767), à d'Etallonde.

48. La lettre n'a pas été retrouvée, mais elle est connue par D18069, D18080.

49. Voltaire avait largement anticipé en annonçant à d'Alembert, D18070 (8 décembre 1772), que Frédéric II «vient de donner une compagnie» à d'Etallonde.

50. D18581 (9 octobre 1773), Frédéric II à Voltaire; D18693 (20 décembre 1773), à d'Etallonde.

51. D18693 (20 décembre 1773), à d'Etallonde.

52. D18760 (17 janvier 1774), à d'Etallonde; D18875 (26 mars 1774), d'Etallonde à Voltaire. Le frère aîné de Gaillard d'Etallonde, qui à la différence de son père, ne se désintéresse pas du sort du condamné, remercie Voltaire et propose son aide (D18846, 11 mars 1774).

au château, ce garçon, «d'une figure douce, honnête, d'un maintien modeste»,[53] émeut d'emblée la sympathie habituelle du patriarche pour la jeunesse. Le vieil homme ne manque pas de constater que l'éducation de son protégé a été fort négligée. Il s'emploie donc à la compléter, mais en tenant compte de la spécialité de l'officier: il fait donner à d'Etallonde, sous la direction de l'ingénieur Claude-François Berthelot, des leçons de géométrie, de fortification et de dessin. Ce qui permet à Voltaire d'insérer dans chaque lettre à Frédéric II l'éloge du jeune homme: il ne tarit pas sur sa sagesse, sa circonspection, sa retenue, ses bonnes mœurs, sa passion pour le métier militaire et le progrès de ses connaissances. Frédéric assurément ne peut qu'accorder sa protection à un élève si méritant, dont l'unique ambition est «de vivre et de mourir» au service de la Prusse: ainsi est ménagée une retraite dans l'armée prussienne au cas où l'entreprise, en France, viendrait à échouer.

Voltaire commence à agir avec vivacité. Il projette de faire appel au chancelier Maupeou: une grâce accordée à d'Etallonde dénoncerait une fois de plus l'indignité des anciens parlements. Il compte sur la protection de Louis XV, encouragé par Mme Du Barry. Mais Louis XV meurt (10 mai 1774), la favorite est exilée. Maupeou, dernier recours, après s'être maintenu quelque temps en place, est également renvoyé (24 août). Voltaire reporte alors ses espoirs sur le nouveau garde des sceaux, Miromesnil. Il juge utile d'appuyer la démarche par un certificat de Frédéric II lui-même, qui témoignerait de la bonne conduite et de la sagesse de d'Etallonde. Mais le roi refuse: une pareille pièce ne serait pas du «style de la chancellerie». Il se contente de faire parvenir une attestation du général commandant le régiment de Morival, et invite son ambassadeur à recommander l'affaire.[54]

Au cours de l'automne de 1774, les projets de Voltaire vont se modifier. Les lettres de grâce s'accompagnent de formalités humiliantes: le requérant doit se mettre à genoux pour leur entérinement. Et faut-il demander grâce, quand il s'agit de demander justice? Au fil des semaines, son opinion s'affermit: Voltaire préfère la voie, sans doute moins expéditive mais plus honorable, d'une révision du procès par contumace.[55] Dans cette direction pourtant, que d'embûches! Pour purger une contumace, les ordonnances prévoient un délai de cinq ans, et huit ans se sont écoulés depuis le jugement confirmatif rendu le 4 juin 1766 par le parlement de Paris. Autre embarras: ce parlement qui a condamné d'Etallonde avec La Barre, vient d'être rétabli. Il serait imprudent de faire rejuger le procès par le même tribunal.[56]

53. Ainsi le décrit Mme Suard lors de sa visite, l'année suivante (D19507, juin 1775).

54. D19141 (8 octobre 1774), Frédéric II à Voltaire.

55. D19134 (2 octobre 1774), D19142 (10 octobre 1774), et enfin D19166 (29 octobre 1774), à d'Alembert, D19168 (30 octobre 1774), à Dompierre d'Hornoy.

56. D19196 (23 novembre 1774), à Condorcet.

Voltaire entrevoit pourtant des chances de succès. En décembre, il a reçu le procès-verbal du jugement rendu à Abbeville, «avec toutes ses contradictions, ses imbécillités et ses noirceurs». Le succès d'une révision désormais lui paraît sûr. La justification de d'Etallonde devrait entraîner dans l'opinion la réhabilitation du chevalier de La Barre. Il adresse à Condorcet, le 30 décembre 1774, un projet de requête qu'un avocat au Conseil, suffisamment «généreux» et «philosophe» est prié de «réformer» et de signer.[57]

Il estime nécessaire que d'Etallonde se rende à Abbeville, afin d'éclaircir certains points et de recueillir les pièces manquantes. A cette fin, il tente d'obtenir pour l'officier un sauf-conduit d'un an. Comme d'Etallonde est au service de la Prusse, la faveur dépend du ministre français des Affaires étrangères. Voltaire fait donc intervenir la duchesse d'Enville qui doit intéresser à Maurepas l'affaire; il sollicite aussi son fils le duc. Démarches qui laissent supposer un nouveau dessein. Un procès à Abbeville «durerait quatre ou cinq ans», épuiserait les finances des plaideurs, et la patience des juges. Voltaire serait mort «de décrépitude» avant que le premier arrêt satisfaisant ait été obtenu. Le sauf-conduit permettrait de couper court: d'Etallonde pourrait réunir sur place les preuves évidentes pour demander justice par la voie d'une cassation au Conseil du roi, dans une conjoncture moralement sûre.[58]

Il fera valoir que l'affaire procédait d'inimitiés entre familles, mêlées aux tensions propres à une petite ville. Le principal juge, Duval de Soicourt, était animé d'un ressentiment implacable contre l'abbesse de Villancourt, Mme Feydeau. En outre Voltaire a découvert la présence parmi les trois juges d'un nommé Broutelle, marchand de cochons, soi-disant avocat, mais «déclaré inadmissible en cette qualité par un acte juridique de tous les avocats au siège», ce qui rendrait nulle la sentence d'Abbeville.[59] Sur cette base, il rédige une *Consultation*, sous le nom de d'Etallonde. Il l'adresse à Frédéric II, et la fait parvenir à ses conseillers parisiens.[60] Il a l'intention de la diffuser parmi les principaux jurisconsultes d'Europe. Pour d'Etallonde lui-même, il demande au roi de Prusse, en même temps que la prolongation du congé d'un an, une promotion au grade de lieutenant et le titre d'ingénieur, ce qui lui conférerait plus d'autorité en France. Frédéric accorde à l'officier la permission de rester à Ferney tout le temps nécessaire et de s'attribuer les titres qui lui conviennent le mieux. Dès mars, Voltaire présente son protégé comme l'aide de camp et l'ingénieur du roi de Prusse.[61]

57. D19228 (11 décembre 1774), à Condorcet, D19260.
58. D19286 (15 janvier 1775), Mme Du Deffand à Voltaire; D19288 (16 janvier 1775), à la duchesse d'Enville; D19291 (même date), à d'Alembert et Condorcet; D19300 (21 janvier 1775), au duc de La Rochefoucauld.
59. D19373 (17 mars 1775), à l'abbé Mignot; D19424 (16 avril 1775), à d'Argental.
60. Selon Koser-Droysen (iii.321n.) une copie se trouvait au Göritz-Lübeck-Stiftung à Berlin.
61. D19361 (28 février 1775), Frédéric II à Voltaire.

Survient alors l'incident fâcheux de l'*Epître* d'un prétendu «chevalier Morton», en réalité Cubières-Palmézeaux, au comte de Tressan, «sur ces pestes publiques qu'on appelle philosophes». Frédéric II y est attaqué, et comparé à Vanini. Tressan a eu l'imprudence de répliquer. Désolation de Voltaire: il faut, dans l'affaire d'Abbeville, «suspendre tout [...], se taire pendant quelque temps».[62] Peu après, arrivent des avis défavorables sur la *Consultation*. Frédéric II, se fiant à ses jurisconsultes, déclare que le parti le plus sûr est de renoncer. A Paris, Elie de Beaumont déconseille de recommencer le procès.[63]

Il convient donc d'opérer un repli. D'Etallonde n'a plus qu'un «seul refuge», une «dernière ressource»: Frédéric.[64] De fait le roi tient parole: l'officier aura en Prusse brevet et pension de capitaine ingénieur. Voltaire s'empresse de répandre l'heureuse nouvelle. Il oppose, au regard du public, comme dans un vaste tableau symbolique du combat des Lumières, d'un côté la générosité du roi, guidé par la philosophie et l'humanité, de l'autre la barbarie inspirée par la superstition et le fanatisme. Frédéric est appelé à faire figure de législateur éclairé, défenseur de l'innocence, réparateur des abominations commises. La réussite de Morival en Prusse doit apparaître comme la justification de celui-ci, et un défi aux bourreaux d'Abbeville et de Paris.

Voltaire cependant tente un dernier effort. En juillet 1775 paraît *Le Cri du sang innocent*, appel lancé à la justice de Louis XVI, à l'occasion de son sacre.[65] Le «sang innocent», c'était celui du chevalier de La Barre. Certes d'Etallonde, non plus que son malheureux compagnon, n'avait pas mérité l'affreux supplice décidé par la sentence d'Abbeville. Mais, sur lui, animateur des jeunes esprits forts de la cité, pesaient des soupçons dans l'affaire de la croix mutilée. Il est censé se justifier par ce *Cri du sang innocent*. Voltaire l'y fait parler à la première personne. Afin de masquer ses torts, il lui prête une version falsifiée des faits. D'Etallonde se trouvait étudier l'allemand dans la Gueldre, lorsque commença le procès d'Abbeville: Voltaire omet de dire qu'il était alors en fuite, afin de se soustraire à un ordre d'arrestation. Quant à l'affaire elle-même, le d'Etallonde du *Cri* met au premier plan l'épisode mineur de la procession non saluée. Il tente d'escamoter la mutilation du crucifix: cette croix en bois sur le pont neuf avait été endommagée

62. D19409 (8 avril 1775), à d'Alembert et Condorcet.

63. D19468 (10 mai 1775), Frédéric II à Voltaire; D19714 (18 octobre 1775), Elie de Beaumont à Voltaire.

64. D19279 (5 janvier 1775), Frédéric II à Voltaire; D19387 (26 mars 1775), du même au même. Selon Koser-Droysen (iv.340-41n.), d'Etallonde fut nommé capitaine dans un corps des ingénieurs à Berlin, le 20 octobre 1775.

65. Imprimé peut-être à Lausanne, en une brochure in-8° de 37 pages, *Le Cri du sang innocent* est suivi d'un *Précis de la procédure d'Abbeville*. Il est envoyé à Paris le 7 juillet 1775: D19549, D19552, à Condorcet, D19554, à de Vaines. De nombreux exemplaires furent saisis à la poste; quelques-uns cependant réussirent à passer (D19620, 21 août 1775, à d'Argental).

«depuis quelque temps, soit par vétusté, soit par quelque charrette». C'est Duval de Soicourt (nommé ici Saucourt) qui aurait monté toute l'accusation pour assouvir ses haines personnelles. Voltaire dans une note prend soin de disculper Belleval, «l'un des plus dignes magistrats d'Abbeville», pourtant coupable au même titre que Duval. Il minimise la responsabilité du parlement de Paris, quoiqu'il sache bien que le «sang innocent» avait été répandu par la sentence de la Tournelle, jugeant en dernier ressort.[66] Cette présentation fallacieuse prétend faire de celui qui parle une figure exemplaire: «*Divus Etallondus*, martyr de la philosophie».[67]

Bien entendu, Louis XVI n'a pas répondu au *Cri du sang innocent*, à supposer même qu'il en ait pris connaissance. D'Etallonde, n'ayant plus rien à espérer en France, quitte Ferney (31 août). Il est chaleureusement accueilli par le roi à Potsdam. Au cours de l'année 1776, Voltaire aime à répéter que Frédéric a «bien consolé» d'Etallonde de la «barbarie des Welches», que le mérite du jeune homme a été reconnu et récompensé par un grand roi. «Il est doux de voir prospérer un officier très estimable qu'on a traité avec une cruauté de cannibale.»[68]

A son arrivée en Prusse, d'Etallonde avait adressé à Voltaire, selon les convenances, une lettre de remerciement. Il avait assuré son «respectable et cher bienfaiteur» qu'il aurait toute sa vie pour lui un «inviolable attachement».[69] La promesse ne sera pas tenue. En 1787, Voltaire est mort depuis neuf ans. Frédéric n'est plus: Frédéric-Guillaume lui a succédé à Berlin. D'Etallonde vieillissant voudrait revenir en sa patrie, et rentrer en possession de ses héritages. Il obtient alors les «lettres d'abolition et d'extinction» nécessaires, mais au prix d'un reniement. Dans sa requête, il proteste qu'il ne se rendra pas «l'apologiste de ces hommes audacieux qui n'aspirent qu'au misérable mérite de blasphémer la religion seule vraie». Sans doute, ce genre de demande doit être rédigé dans un style «masqué»,[70] mais était-il nécessaire que le requérant expliquât ses impiétés de jeune homme par «l'enthousiasme d'un adolescent pour des erreurs de vieillards envers lesquels notre nation a porté l'indulgence à l'excès»? Non seulement *Divus Etallondus* a renié celui qui a tant fait pour lui, mais il regrette que Voltaire, ce «vieillard», n'ait pas été davantage puni. La bassesse du demandeur fut récompensée. Il vint se mettre volontairement, en tant que contumace, sous l'écrou de la Conciergerie. Il comparut à genoux devant Messieurs de la Grand-Chambre

66. M.xxix.375-82.

67. La formule est de Frédéric II, D19652 (8 septembre 1775), aussitôt adoptée par Voltaire, sous la forme: «Saint d'Etallonde, martyr de la philosophie» (D19677, 27 septembre 1775, à Condorcet).

68. D20110 (10 mai 1776), à Dompierre d'Hornoy.

69. D19747 (16 novembre 1775), d'Etallonde à Voltaire.

70. Selon la remarque de Christiane Mervaud, *Voltaire et Frédéric II*, Studies 234 (1985), p.487-88, où est cité le texte de d'Etallonde.

assemblée. On lui fit subir un interrogatoire en forme. Après quoi on lui remit les «lettres d'abolition et d'extinction», «scellées du grand sceau de cire verte en lacs de soie rouge et verte». La cérémonie eut lieu le 2 décembre 1788. Les Etats généraux avaient été convoqués. Bientôt les bailliages éliront leurs députés. Si d'Etallonde avait attendu quelques mois, il aurait obtenu ce que, très légitimement, il souhaitait, mais sans déshonneur. Cet homme, qui fut un aimable médiocre, termina tranquillement sa vie à Amiens. La mort avait épargné à Voltaire d'être témoin de l'abjuration de *Divus Etallondus*, et de bien d'autres.

«J'emploierai», avait promis le vieux lutteur, «[...] mes derniers moments à rendre exécrables les lâches assassins juridiques de Morival d'Etallonde, du chevalier de La Barre.»[71] On verra en effet que sur son lit d'agonie une de ses ultimes pensées visera les «assassins juridiques». «Il faut», déclare-t-il encore, «dans cette vie combattre jusqu'au dernier moment.»[72] C'est ce qu'il fait en cette fin de son existence, non seulement comme «avocat des causes perdues», mais comme intarissable auteur de contes, de pièces de théâtre, d'écrits en tous genres, méritant mieux que le dédain dont ils pâtissent de la part des contemporains et plus encore de la postérité.

71. D20657 (avril-mai 1777), à Frédéric II.
72. D19393 (30 mars 1775), à Richelieu.

10. De *Sophonisbe* à *Jenni*

Le 23 avril 1770, la Comédie-Française s'était installée aux Tuileries. L'ancien théâtre de la rue des Fossés Saint-Germain tombait en ruines. Depuis longtemps, le public réclamait un lieu nouveau, mieux adapté au goût grandissant du spectacle et aux exigences techniques de la scène. Or en 1770 une vaste salle se trouve vacante aux Tuileries, celle où avait trouvé refuge l'Opéra après l'incendie de ses locaux en 1763. La troupe lyrique réintégrait son théâtre du Palais-Royal, après reconstruction.

La salle des Tuileries datait de 1660.[1] Elle était destinée aux grandes fêtes de la cour : d'où une décoration somptueuse et des proportions gigantesques. Aménagée pour les besoins de l'Opéra, elle reçut encore quelques modifications pour accueillir la Comédie-Française. On accusa les comédiens d'avoir trop songé à leurs intérêts. Ils obtinrent, par exemple, l'installation de ces «petites loges» qu'ils avaient multipliées dans l'ancienne salle, pour leur plus grand profit. On reprocha aux restaurateurs d'avoir reculé la scène, au détriment de l'acoustique. Les acteurs se plaignaient comme le public : salle malsaine et glaciale, où ils usent leur santé «par l'obligation où ils sont de forcer continuellement leur voix».[2] Il est vrai qu'ils ne sont installés là que provisoirement. Le provisoire allait durer douze ans.[3]

Voltaire ne découvrira la salle des Tuileries qu'à son retour à Paris en 1778. Mais c'est là que, pendant les dernières années de sa vie, son répertoire tragique continue à triompher, et qu'il tente de faire jouer quelques pièces nouvelles. Le vieil homme à l'approche de sa fin a tout lieu d'être fier : soixante ans bientôt d'une production presque ininterrompue ; plus de cinquante pièces. C'est à la Comédie-Française qu'il a donné l'essentiel de son œuvre : vingt-huit ouvrages, dont seize sont «restés au théâtre» (treize tragédies, trois comédies). Les registres nous permettent de mesurer l'étendue d'un répertoire qui ne cesse de grossir, jusqu'à atteindre des proportions étonnantes. Il y a des années que Voltaire est «millionnaire» ; millionnaire, s'entend, en billets vendus. De 1718 à sa mort, plus

1. Voir Albert Babeau, *Le Théâtre des Tuileries sous Louis XIV, Louis XV et Louis XVI* (Paris 1895) ; *La Comédie-Française*, catalogue de l'exposition de la Bibliothèque Nationale, 1980.

2. Lekain assure que la salle a une influence néfaste sur «leurs tempéraments» ; le 14 mai 1773, il est enrhumé du fait de l'humidité «qui s'évapore des souterrains» (lettre citée par J. Valmy-Baisse, *Naissance et vie de la Comédie-Française*, Paris 1945).

3. En 1782, le Théâtre-Français sera transféré dans l'imposant édifice qui est devenu l'Odéon actuel.

de 1 300 000 places ont été occupées pour l'applaudir, rarement pour le siffler. Encore ce chiffre vertigineux est-il loin de traduire exactement la réalité. Il ne comprend ni les entrées gratuites (officiels, auteurs, domestiques, comédiens et leurs familles, fraudeurs de toutes sortes), ni les «abonnés à vie», ni surtout les occupants de ces «petites loges» louées à l'année et qui rapportaient à l'ancien théâtre, puis aux Tuileries, 60 000 et 200 000 livres par an.[4] On a pu évaluer à cinq cents environ le nombre de ces spectateurs supplémentaires par représentation depuis 1770.[5] L'affluence attirée par Voltaire doit donc être sérieusement révisée à la hausse: il n'est pas exagéré de l'évaluer à deux millions environ. A quoi s'ajoute son succès en province, difficile à mesurer exactement, mais certainement considérable, et dû en grande partie aux tournées de Lekain.

A Paris ses plus grands succès sont, dans l'ordre, *Zaïre*, *Alzire*, *Mérope*, *Sémiramis*, *Œdipe*, *Tancrède*, *L'Orphelin de la Chine* et *Mahomet*. En vingt ans, de 1750 à 1770, sa part dans les affluences, au moins pour la tragédie, n'a cessé d'augmenter. Elle est passée de 27% à 38%. Après un léger recul, cette part se fixe à 33% entre 1775 et 1778. Il représente pour les comédiens la valeur sûre: pendant la saison 1775-1776 par exemple, il compense la disette de bons ouvrages en attirant, à lui seul, près de la moitié des spectateurs de tragédies.

Certes, une présence aussi dominante s'explique aussi par l'affaiblissement progressif de la concurrence. Voltaire a eu raison de tous ses rivaux, même du plus dangereux, Crébillon. Le public avait choisi. A la fin de sa vie sa supériorité était incontestable; et La Harpe pouvait affirmer qu'elle n'était plus «disputée même par ses ennemis»:

> S'il en reste encore quelques-uns qui lui opposent ou lui préfèrent Crébillon, c'est par une sorte d'entêtement puéril à soutenir ce que personne ne croit plus, c'est l'imperceptible reste de l'esprit de parti qui a longtemps fait du bruit et même du mal et dont aujourd'hui l'on ne s'aperçoit que pour en rire.[6]

Les véritables concurrents de Voltaire demeurent les maîtres du genre, Corneille et Racine, dont la part, à eux deux, reste encore inférieure à la sienne, et diminue dans les dernières années du siècle, comme celle de la tragédie dans son ensemble. Voltaire peut se vanter de voir presque toujours son nom associé à ceux des

4. Leur recette n'apparaît jamais, pour cause, dans les recettes journalières. Pendant les trois saisons 1776-1777, elle se monte à 250 000 livres en moyenne par an. Ce produit «extraordinaire» représente alors le tiers des recettes totales de la Comédie. Voir J. Lough, *Paris theatre audiences in the 17th and 18th centuries* (Oxford 1957), p.169.

5. Lough, p.170.

6. *Lycée* 9 (An VIII), p.1-2.

grands classiques. Quant aux contemporains, ils ne doivent guère leur survie, toute provisoire, qu'à un seul «chef-d'œuvre».[7]

C'est le répertoire de Voltaire qui continue à soutenir la Comédie-Française. Le vieil homme ne l'ignore pas. Aussi, en dépit de l'inéluctable déclin et de quelques moments de découragement, croit-il encore en son génie. Il ne quittera le théâtre qu'à la dernière extrémité. Sa confiance est plus forte que ses craintes. Il est et reste le maître de la scène.

C'est de quoi l'une de ses grandes interprètes, Mlle Clairon, voulut témoigner, reconnaissante envers celui qui lui procurait tant de rôles à succès. L'actrice recevait chez elle, rue du Bac, le mardi. A l'une de ces réceptions, en septembre 1772, elle organisa une manifestation d'hommage.[8]

Au milieu de son salon, elle installa sur un piédestal un buste de Voltaire. Puis, devant ses invités, habillée en prêtresse d'Apollon, elle déposa sur le front du grand homme une couronne de lauriers. Ensuite, tournée vers «le marbre insensible», comme si Voltaire pouvait «l'entendre et s'animer à sa voix», elle récita une ode de Marmontel, «avec ce bel organe et cette déclamation harmonieuse et sublime» qui soulevaient l'enthousiasme de son public. Les vers imploraient la «tendre Vénus», la «sage Uranie», les «dieux du Lycée et du théâtre», de venir se joindre à l'hommage. Etaient évoqués Corneille et Racine, prédécesseurs de Voltaire:

Grand comme l'un, quand il veut l'être,
Moins sage que l'autre peut-être,
Plus véhément que tous les deux;
Le dirai-je, encore plus tragique,
Dans cet art profond et magique
Il a pénétré plus loin qu'eux.

Ces paroles reflétaient l'opinion alors généralement répandue sur Voltaire auteur de tragédies.[9] De Ferney, le héros de la fête répondit par un hommage à l'actrice:

Vous avez orné mon image
Des lauriers qui croissent chez vous:
Ma gloire, en dépit des jaloux,
Fut en tous les temps votre ouvrage.[10]

7. *Inès de Castro* (La Motte), *Médée* (Longepierre), *Gustave Wasa* (Piron), *Iphigénie en Tauride* (Guimond de La Touche), *Didon* (Lefranc de Pompignan), *Le Comte de Warwick* (La Harpe), *Hypermnestre* (Lemierre).

8. Lekain est alors à Ferney. On peut penser que Mlle Clairon profite de l'absence de son rival pour tenir cette cérémonie à la gloire de Voltaire.

9. D17931 (vers le 25 septembre 1772), La Harpe à Voltaire; voir aussi D17936, D17938.

10. M.x.591.

Il faut reconnaître que le vieil homme avait grand besoin d'être réconforté par des cérémonies de ce genre. Il assistait, croyait-il, à la décadence du théâtre. En ce même mois de septembre 1772, il apprend le succès à Paris de *Roméo et Juliette*, adapté de Shakespeare par Ducis: dix-neuf représentations... Il tranche: «pièce visigothe», «Paris est devenu welche».[11] Il gémit auprès de d'Argental sur le «mauvais goût», «la barbarie dans laquelle nous retombons», «l'avilissement des spectacles». On lui a parlé d'une reprise de *Béverlei* de Saurin, tragédie en prose! Les «barbares» qui veulent de telles pièces, les méritent. «Qu'on leur en donne à ces pauvres Welches, comme on donne des chardons aux ânes.»[12] On l'informe qu'on a exécuté à Lyon un matricide, d'un supplice aussi horrible que celui de Damiens, et que le spectacle a attiré une foule considérable. Il ne s'en étonne pas. Le public aime le sang: voilà pourquoi «on court depuis quelques temps aux tragédies dans le goût anglais».[13]

Il tente donc d'enrayer le déclin, par de bons exemples. Lui qui fut si longtemps un novateur, en ses dernières années il ne donne plus que des tragédies à contre-courant, au risque de n'être pas joué. «La précision, la clarté, les grâces sont passées de mode»?[14] Eh bien, il va en donner, lui, des modèles.

Un modèle – au moins en intention –, ce fut sa *Sophonisbe*. Une fois de plus, il y propose le «corrigé» de pièces manquées. Certes il ne connaît pas toutes les œuvres écrites, depuis celle de Trissino (1510), sur ce sujet, l'un «des plus rebattus de la littérature européenne».[15] Tite-Live en effet (xxx.12-15) avait offert aux auteurs un récit déjà tout préparé pour la scène. L'historien latin rapporte un épisode des guerres puniques: Scipion a débarqué en Afrique et menace Carthage, obligeant Hannibal à revenir sur la terre africaine. L'héroïne Sophonisbe, nièce d'Hannibal, est avant tout animée par la haine des Romains. Elle avait d'abord aimé Massinissa. Mais elle épouse le vieux Syphax parce qu'il combat Rome. Syphax étant vaincu, elle tombe aux mains des Romains et de leur allié Massinissa, qui l'épouse. Scipion cependant exige que la jeune femme soit livrée comme prise de guerre. Massinissa alors lui envoie une coupe de poison. En reprenant un tel sujet, Mairet avait eu soin de le moraliser. Il paraissait choquant que Sophonisbe eût simultanément deux maris. Mairet fait donc mourir le premier Syphax au combat, à la fin de l'acte II. La jeune veuve étant empêchée par les Romains d'épouser Massinisse, la pièce se dénoue par un double suicide: Sophonisbe se

11. D17900 (5 septembre 1772), à d'Argental.

12. D17908 (11 septembre 1772); D17572 (28 janvier 1772), à Condorcet.

13. D17359 (13 septembre 1771), à Bordes.

14. D17614 (25 février), à La Harpe: «Je ne connais guère que vous et M. d'Alembert qui sachiez écrire.»

15. Corneille, *Théâtre*, éd. A. Niderst (Rouen 1986), iii.1.231.

donne la mort par le poison que Massinisse lui a fait parvenir, et celui-ci s'ennoblit en se tuant de désespoir. Lorsque Corneille reprend le sujet en 1663, il veut contre Mairet revenir à Tite-Live: il élimine l'élément «cornélien» introduit par son prédécesseur. Comme l'historien latin, il en fait un drame de la sensualité africaine. La nation numide, fait-il savoir, «est sujette à l'amour»:

> Mais cet amour s'allume et s'éteint en un jour.

En quelques heures en effet l'ardente Sophonisbe passe des bras de Syphax dans ceux de Massinisse. Ni l'un ni l'autre ne lui résiste. Elle renvoie dédaigneusement le poison que Massinisse lui fait tenir. Elle se tue elle-même cependant, afin d'échapper au déshonneur de défiler à Rome dans le cortège triomphal du vainqueur. Quant au Massinisse de Corneille, il fait au dénouement piètre figure. Il survit sous la protection de Scipion. Peut-être se consolera-t-il dans les bras d'une certaine Eryxe.

Voltaire juge intolérable cette *Sophonisbe* de Corneille d'où sont absents les grands sentiments. On voit sa propre interprétation du sujet prendre forme dans les remarques, fort critiques, du *Commentaire*. Que la reine épouse le vainqueur de son mari, le jour même où ce mari est fait prisonnier, et «dans la même maison qu'habite encore le mari»: voilà une «indécence», un «mépris de la pudeur». A quoi s'ajoute une scène comique: le vieux mari, Syphax, «vient revoir sa femme» et «la trouve mariée à un autre». Le comble est que le Massinisse de Corneille, «apprenant que le jeune Scipion arrive, conseille à sa femme d'aller lui faire des coquetteries, et de tâcher d'avoir en un jour trois maris!» Corneille est passé à côté de son sujet. Massinisse devait «répondre avec dignité à Lélius», légat de Scipion; «faire valoir les droits des rois et des nations, opposer la violence africaine à la grandeur romaine». C'est ce que fera le personnage voltairien.[16] Voltaire prétend revenir à Mairet. Il présente sa pièce comme l'œuvre du vieux maître, simplement rajeunie, et il l'impute à un jeune inconnu nommé Lantin.[17] Comme Mairet, il évite une Sophonisbe bigame. Mais plus radicalement, il élimine Syphax, dès le premier acte en le tuant au combat. Voilà donc, à l'acte II, la reine aux mains des vainqueurs. Elle retrouve Massinisse qu'elle a jadis aimé. Le Numide, plus épris que jamais, lui offre de l'épouser. Elle accepte à condition qu'il abandonne l'alliance romaine. Le mariage est célébré, non sans précipitation, entre les actes III et IV. Mais Scipion et Lélie protestent: Sophonisbe est leur captive; elle sera conduite à Rome pour paraître à la cérémonie du triomphe. Fureur de Massinisse: c'est ici qu'il fait valoir «les droits des rois et des nations».

16. *OC*, t.55, p.908-10.

17. Il admet cependant, D16353 (21 mai 1770), à d'Argental, que «des malins» diront «qu'il n'y a pas un mot dans *Sophonisbe* qui ressemble à celle de Mairet».

Mais fureur impuissante. Il est fait prisonnier ainsi que Sophonisbe par les troupes de Scipion. Le chef romain croit alors avoir soumis ce Numide inconstant:

> un coursier indompté
> Que son maître réprime après l'avoir flatté.

Il se réjouit trop tôt. Les deux époux ont pris une décision héroïque. Une porte s'ouvre. Apparaît Sophonisbe, «étendue sur une banquette, un poignard enfoncé dans le sein». Concession évidente à la mode de la «barbarie anglaise». A ses côtés Massinisse agonise du poison qu'il a absorbé. Il a le temps encore, cependant, de lancer contre Rome des imprécations annonçant, plusieurs siècles à l'avance, la ruine future de l'empire.

Ainsi une fois de plus Voltaire, cornélien contre Corneille, a mis en scène de grandes âmes, exprimant de nobles sentiments en une versification majestueuse. Il n'espère guère pourtant que cette *Sophonisbe* puisse être jouée. Il la fait imprimer dès juin 1770.[18] C'était compter sans Lekain. Le prestigieux interprète du théâtre voltairien voit dans Massinisse un rôle qu'il pourra imposer. D'abord jouée à Fontainebleau (fin octobre 1773), la pièce est créée à la Comédie-Française le 15 janvier 1774.[19] Première houleuse, malgré les efforts de Lekain. Le public s'ennuie. Vieillerie, ces dialogues à travers lesquels l'action chemine lentement. On hue quelques vers mal venus. Ce fut le dénouement seul – Sophonisbe étendue «poignard dans le sein» – qui «sauva la pièce d'une chute complète».[20] Le public décidément veut de la «barbarie anglaise». Le lendemain, après quelques corrections opérées par La Harpe, *Sophonisbe* réussit mieux. Elle n'obtint pourtant au total que quatre représentations.

Après le corrigé de Corneille, celui de Crébillon: *Les Pélopides*. Ce nom désigne les Atrides, les deux frères ennemis, Atrée et Thyeste, étant fils de Pélops. Voltaire entreprend donc de refaire l'un des plus grands succès du vieux maître, son *Atrée et Thyeste*, qui a connu une brillante carrière depuis sa création (1707). Il va récrire en bons vers la pièce du «visigoth nommé Crébillon».[21] En outre il va rectifier une intrigue invraisemblablement romanesque. Chez Crébillon, Thyeste a enlevé Erope épouse de son frère Atrée. Puis vingt années ont passé. Comment donc croire que l'époux outragé n'a songé à se venger qu'«après vingt ans de cocuage»?[22] En réalité, Crébillon supposait qu'Atrée avait repris, peu après l'enlèvement, cette Erope et le fils, Plisthène, qu'elle avait eu de Thyeste. Il a fait

18. Par Duchêne à Paris, d'après D16424 (17 juin 1770), à Thiriot.
19. D18613, n.1.
20. CLT, x.336-40, janvier 1774.
21. D16842 (19 décembre 1770), aux d'Argental.
22. D16953 (9 janvier 1771), à Thibouville.

mettre à mort l'infidèle, mais pendant vingt années il a élevé ce Plisthène, lui faisant croire qu'il est son propre fils. Patiemment il fera de Plisthène son propre vengeur. Cruauté suprême: Thyeste périra donc de la main de son enfant. Au reste la légende ménageait cet intervalle, et Crébillon tirait de beaux effets du lent accomplissement du destin, de la menace du parricide, suspendue si longtemps. Il est vrai que Crébillon a corsé l'intrigue – d'une simplicité extrême à l'origine – par une étrange péripétie. Il imagine qu'une tempête disperse la flotte de Thyeste et le jette avec sa fille Théodamie sur la côte de l'île d'Eubée, où règne Atrée. Plisthène les accueille et tombe amoureux de Théodamie, qu'il ne sait pas être sa sœur. Thyeste s'est déguisé. Cependant Atrée le reconnaît, et conçoit une autre vengeance, celle de la légende. Il fait égorger Plisthène et présente à son frère une coupe pleine du sang de celui-ci. Thyeste voit l'horrible coupe, apprend l'affreuse vérité, et sans toucher au breuvage se tue. Crébillon atteignait ici le sommet de ce tragique de l'horreur qui est sa spécialité.

Voltaire a voulu simplifier l'action et la ramener au vraisemblable. «Point de fils de Thyeste amoureux d'une jeune inconnue trouvée sur le sable de la mer, et qui est reconnue enfin pour sa sœur.»[23] Il supprime le long délai de vingt ans. L'enfant né des amours de Thyeste et d'Erope est encore un bébé au berceau. *Les Pélopides* se réduisent ainsi à une tentative de réconciliation qui échoue. La mère des deux frères et leur ancien gouverneur veulent imposer un pacte: Thyeste rendra Erope, et se contentera de régner sur Mycènes. Mais ni l'un ni l'autre n'accepte vraiment le compromis. Atrée moins encore que son frère, lorsqu'Erope vient lui dire en face qu'elle aime Thyeste, qu'elle l'a épousé, et qu'elle en a un enfant. Atrée feint de se résigner. Cependant, à part soi, il a décidé une atroce vengeance. Pour la cérémonie de la réconciliation on est allé quérir certaine «coupe de Tantale». Le récipient trône sur l'autel, entouré des deux frères et des autres personnages. Il est rempli d'un noir liquide. On allait commencer lorsqu'accourt la nourrice affolée: des soldats ont enlevé l'enfant de Thyeste et d'Erope. On comprend que la coupe fatale a recueilli le sang de la malheureuse victime. Pas plus que le Thyeste de Crébillon celui de Voltaire ne touche à l'horrible breuvage. Atrée le fait assassiner avec Erope – dans la coulisse. A ce moment, grondement de tonnerre; des ténèbres se répandent sur la terre. Atrée se sent damné:

> L'enfer s'ouvre!... Je tombe en l'éternelle nuit.

s'écrie-t-il, pendant que le rideau s'abaisse. Ou plutôt devrait s'abaisser. Car Voltaire n'est pas parvenu à faire jouer ses *Pélopides*. En épurant le sujet de Crébillon, il l'a vidé d'une grande partie de sa substance. Il n'a plus les moyens de remplir les cinq actes. Les personnages s'attardent à dialoguer longuement sur

23. D16867 (26 décembre 1770), à Mme d'Argental.

leurs inquiétudes, leurs états d'âme. Comme le note justement La Harpe, après l'exposition où l'on parle «d'accommodements», pendant quatre actes «il n'est question d'autre chose que de pourparlers très inutiles», sans la moindre action.[24] Plus sévèrement encore le prince de Beauvau conjecture que l'auteur (Voltaire avait mis la pièce sur le compte d'un certain «M. Durand») «bâillait» en composant cette tragédie.[25] Il en jugeait ainsi après lecture. Car Voltaire, renonçant à porter ses *Pélopides* sur la scène, les avait publiés, en édition séparée.[26]

Une autre tragédie, *Don Pèdre*, aurait mérité un meilleur sort. Depuis longtemps Voltaire en conservait les esquisses dans ses papiers. Il avait conçu la pièce en 1761, dans la veine romanesque de *Tancrède*: action à rebondissements, qu'il situe à Tolède au quatorzième siècle, sous le règne de Don Pèdre, nommé parfois aussi Pierre le Cruel. En sa forme définitive, c'est le drame d'une rivalité tout ensemble amoureuse et politique. Le bâtard Henri de Transtamare dispute à son frère Don Pèdre et la couronne de Castille et Léonore, secrètement mariée au roi. Transtamare a pour lui, outre le testament du roi défunt, l'appui du sénat et du peuple, ainsi que les troupes du roi de France Charles V lesquelles, conduites par Du Guesclin, marchent sur Tolède. Un premier affrontement tourne en faveur de Don Pèdre: Transtamare est capturé. Mais Du Guesclin arrive devant Tolède. Ultimatum à Don Pèdre: qu'il cède à Transtamare son royaume et Léonore. Après un combat sous les murs de la ville, Don Pèdre est pris et lâchement assassiné par Transtamare. Le bâtard victorieux somme Léonore de l'épouser: la princesse préfère se tuer devant lui, sur la scène. Mais Du Guesclin vient blâmer Transtamare, au nom du roi de France. C'est le connétable qui par sa grandeur d'âme s'impose au dénouement comme le véritable héros de la pièce.

De la bonne confection: une tragédie voltairienne «de série B», serions-nous tentés de dire. Pourtant à l'origine, Voltaire voyait là «un beau sujet», capable de donner «un peu de force à la tragédie française».[27] Il y travaille pendant plusieurs mois, jusqu'au jour où ce *Don Pèdre* lui paraît «glaçant»: il l'abandonne pour *Olympie*.[28] Pas si «glaçant», cependant. Le 20 janvier 1762, il relit la première scène: elle l'a «réchauffé», il va s'y remettre.[29] Il l'abandonne derechef, puis la reprend, songe à la faire jouer par Lekain.[30] Ensuite il la délaisse pour plusieurs années. A l'automne de 1774, il exhume enfin ce vieux manuscrit «à demi brûlé». Louis XV est mort. Louis XVI lui a succédé. «*Altri tempi, altre cure*».[31] Il fait

24. La Harpe, *Œuvres* (Paris An VII), x.428-32.
25. D17609 (19 février 1772), commentaire.
26. BnC 1381 (Genève, Paris 1772), repris dans le t.XII des *Nouveaux mélanges*.
27. D9683 (19 mars 1761), à d'Argental.
28. D10081 (20 octobre 1761), aux d'Argental.
29. D10276 (20 janvier 1762), aux d'Argental.
30. D11930, D12115, D12987, D13732.
31. D19424 (16 avril 1775), à d'Alembert.

disparaître une centaine de vers à allusions, devenus sans objet. Il ne conserve qu'une tirade visant les anciens parlements.[32] Cette toilette faite, il publie *Don Pèdre* dans un recueil composite.[33] Lekain a lu trois fois le texte imprimé. Il le jouerait volontiers, si Voltaire voulait bien retoucher le cinquième acte. Mais Voltaire entend ne s'adresser qu'à une élite. Il s'explique dans la *Dédicace*. Sa tragédie ne prétend plaire qu'à une douzaine d'académiciens, clairement désignés, tels: de Belloy, Saurin, La Harpe, Delille. Elle tente de s'opposer au courant des œuvres à la mode, «ces insipides barbaries en style visigoth». Quand il apprend qu'on a tiré quatre éditions de son *Don Pèdre*, il a un faible sourire: «Il y a encore des gens qui aiment les vers passablement faits.»[34] Mais on le sent découragé: «Le bon temps est passé [...] La barbarie est venue à force d'esprit.»[35] Il s'en faut pourtant qu'il ait, en tant qu'auteur tragique, dit son dernier mot.

En cette phase ultime, en même temps que des tragédies, Voltaire publie ses dernières fictions en prose.

En septembre 1774, paraît en édition séparée un court dialogue, *De l'Encyclopédie*, repris en janvier suivant parmi les textes annexes de *Don Pèdre*.[36] Scène des mieux venues, que Voltaire sans doute conservait depuis fort longtemps dans ses papiers. Elle vise en effet à obtenir que soit levée l'interdiction de distribuer les tomes imprimés de l'*Encyclopédie*, ce qui nous reporte à une date antérieure à 1766, année où les in-folio imprimés purent enfin être expédiés aux souscripteurs. Nous sommes au souper de Louis XV, à Trianon, «en petite compagnie». Un courtisan se plaint qu'il ne connaît même pas la composition de la poudre avec laquelle il tire le gibier à la chasse, ou se fait tuer à la guerre. Mme de Pompadour, présente à l'entretien, ne sait pas davantage de quoi sont constitués les fards qu'elle utilise, ni comment sont fabriqués ses bas. Intervention du duc de La Vallière: «C'est dommage que Sa Majesté nous ait confisqué nos dictionnaires encyclopédiques [...]: nous y trouverions bientôt la décision de toutes nos questions.» On envoie chercher, par trois robustes valets, les vingt-et-un tomes in-folio. On y découvre sans peine les informations désirées, et bien d'autres

32. D19394 (31 mars 1775), à La Harpe. Il dit ailleurs «soixante ou quatre-vingt vers», «épars», D19402, D19424. On ne sait rien de ces allusions, sinon qu'elles visaient «certaines gens un peu dangereux dont on parlait avec une liberté helvétique», D19394. La tirade contre les parlements, «gothiques ramas», se lit à la fin de l'acte II, scène 7.

33. La tragédie est accompagnée d'une *Dédicace* à d'Alembert, et d'un *Discours historique et critique*. Sont joints: l'*Eloge historique de la raison*, *De l'Encyclopédie*, *Dialogue de Pégase et du vieillard*, *La Tactique*.

34. D19377 (18 mars 1775), à d'Argental.

35. D19380 (20 mars 1775), à Thibouville.

36. D19106 (1er septembre 1774), Hennin à Voltaire; D19114 (10 septembre 1774), Voltaire à Marin.

encore: «Chacun se jetait sur les volumes comme les filles de Lycomède sur les bijoux d'Ulysse; chacun y trouvait à l'instant tout ce qu'il cherchait.» Le roi lui-même y lit «tous les droits de sa couronne». «Mais vraiment, dit-il, je ne sais pourquoi on m'avait dit tant de mal de ce livre.» Louis XV fait restituer aux grands seigneurs de son entourage les volumes confisqués:[37] ce qui n'est pas encore la levée générale de l'interdiction, mais y conduit. Pourquoi Voltaire n'a-t-il pas publié en temps utile ce plaidoyer efficace, en forme de dialogue? On l'ignore. Il avait songé à l'insérer dans une nouvelle édition des *Questions sur l'Encyclopédie*: il n'en avait rien fait.[38] Il dut considérer, à l'automne de 1774, qu'il était opportun de mettre au jour cet entretien bien enlevé, dans le même temps où il publiait *Don Pèdre*, resté aussi en souffrance depuis tant d'années.

Il n'en est pas réduit pourtant à la condition de ces écrivains épuisés par l'âge qui tentent de rester présents par l'édition d'anciens manuscrits. Il continue à produire. L'*Aventure de la mémoire*, l'*Eloge historique de la raison* ont dû être composés peu avant leur publication, en 1775. Ces écrits sont-ils des contes? On en peut douter, bien que la tradition les range dans cette section de l'œuvre voltairienne.[39] Des deux, *Aventure de la mémoire* est le plus original. Voltaire imagine une expérience de psychologie, pourrait-on dire pathologique. Irritée par les divagations de la Nonsobre (la Sorbonne) sur l'âme, la muse Mnémosyne décide de retirer aux hommes la faculté de se souvenir. Voltaire décrit alors tous les troubles du comportement quotidien: on ne sait plus ni parler, ni manger, ni se vêtir, toutes les convenances et pudeurs ont disparu. Au bout de quelques jours, la Muse, prise de pitié, restitue la mémoire aux pauvres humains. Mais elle leur administre à cette occasion une leçon de psychologie lockienne: «Ressouvenez-vous que sans les sens, il n'y a point de mémoire, et que sans la mémoire il n'y a point d'esprit.»[40]

L'*Eloge historique de la raison* rappelle la revue de l'Europe philosophique dans *La Princesse de Babylone*. C'est l'histoire de deux allégories, la Raison et sa fille la Vérité. Pendant les siècles de barbarie, la mère et la fille se sont cachées au fond d'un puits. Après quelques brèves tentatives de sortie, elles osent enfin se montrer, pour se rendre à Rome sous le règne du pape Clément XIV (Ganganelli). Le pontife les reçoit en audience: il vient de supprimer les jésuites. Elles parcourent l'Italie. A Venise elles applaudissent le magistrat qui a rogné les griffes de l'Inquisition. En Allemagne, la Raison se réjouit que trois religions consentent maintenant à se tolérer. L'Angleterre leur plaît plus encore. Vient en dernier lieu

37. M.xxix.325-27.

38. D19114 (10 septembre 1774), à Marin.

39. S. Menant, non sans de bonnes raisons, les écarte de son édition des *Contes en vers et en prose* (Paris 1992-1993).

40. *Romans et contes*, p.563-66.

la France. Elles y entendent «les acclamations de vingt millions d'hommes qui bénissent le ciel». C'est que Louis XVI règne et que Turgot gouverne. Tous les maux du royaume sont en passe d'être guéris: désordre des finances et de la législation, intolérance des protestants, iniquité de la justice... La Raison pourtant n'est pas entièrement rassurée. Elle dit à sa fille: «Jouissons de ces beaux jours; restons ici, s'ils durent; et, si les orages surviennent, retournons dans notre puits.»[41] Le tour d'Europe dans la première édition comportait de dithyrambiques flatteries à l'adresse de Frédéric II. Le couplet disparaît complètement des éditions suivantes. De même, l'éloge de la grande Catherine de Russie est atténué et celui de Marie-Thérèse et de son fils l'empereur Joseph II demeure discret.[42] Pourquoi ces changements? Voltaire, sans doute soucieux de modeler son personnage pour la postérité, veut éviter de s'exposer une fois de plus au reproche de basse courtisanerie. Et il garde rancune aux puissances copartageantes de la Pologne de l'avoir trompé sur leurs motivations véritables. Le roi de Prusse, ici totalement censuré, fut sans doute des trois le plus cynique tenant non de la Raison, mais de la raison d'Etat.

A la différence des deux textes précédents, *Les Oreilles du comte de Chesterfield* et l'*Histoire de Jenni* appartiennent incontestablement à la catégorie des contes. Ce seront les derniers de Voltaire.[43]

Il était resté en correspondance avec une des relations aristocratiques de son séjour en Angleterre, Philip Dormer Stanhope, lord Chesterfield.[44] Après une longue interruption, Chesterfield renoue en 1771: il recommande au seigneur de Ferney un visiteur de ses amis, lord Huntingdon. Donnant à cette occasion des nouvelles de sa santé, il se plaint de sa surdité, «devenue totale». Ayant reçu Huntingdon, Voltaire répond à son ancien ami. Il le console de n'avoir qu'un seul de ses cinq sens qui soit affaibli: «milord Huntingdon assure que vous avez un bon estomac, ce qui vaut bien une paire d'oreilles.»[45] Chesterfield meurt quelques mois plus tard (24 mars 1773). Voltaire reçoit ensuite au moins à deux reprises la visite du fils, héritier du nom.[46] Ce qui lui remet en mémoire et l'ami défunt et les souvenirs anglais. C'est alors sans doute qu'il écrit *Les Oreilles du comte de Chesterfield et le chapelain Goudman.*

Le récit commence dans la meilleure veine voltairienne. Goudman rapporte sa

41. *Romans et contes*, p.567-75.

42. Voir à ce sujet Fr. Deloffre, *Romans et contes*, p.1189-91.

43. *Les Oreilles du comte de Chesterfield* paraissent au t.XVII des *Nouveaux mélanges*, juin 1775; *Histoire de Jenni*, en volume séparé, juillet 1775.

44. Voir *Voltaire en son temps*, i.239-40.

45. D17133 (10 avril 1771), Chesterfield à Voltaire; D17381 (24 septembre 1771), à Chesterfield.

46. De Beer, p.174-76; en octobre 1773 et en juin 1774.

mésaventure. Un bénéfice ecclésiastique, c'est-à-dire un poste de curé anglican, est vacant. Lord Chesterfield en a la nomination. Goudman voudrait l'obtenir, ce qui lui permettrait d'épouser sa bien-aimée, Miss Fidler. Il se précipite chez milord, expose son cas. Le noble comte l'envoie chez un M. Sidrac. Mais ce Sidrac est un chirurgien: il prétend sonder l'urètre de son visiteur. Chesterfield, complètement sourd, avait compris que Goudman souffrait de la vessie. Pendant ce temps un concurrent obtient et la cure et la main de Miss Fidler. Voilà donc comment «la fatalité gouverne irrémissiblement toutes les choses de ce monde». Les oreilles défaillantes de milord ont fait le malheur de Goudman, et méritent ainsi de figurer au titre du conte.[47] Averti de sa bévue, Chesterfield promet de la réparer. Mais il meurt deux jours plus tard. Le récit est-il terminé? Non, car Goudman s'est lié d'amitié avec Sidrac. Le conte devient dialogue. Les deux hommes discutent de la nature. «Il n'y a point de nature, tout est art», soutient Sidrac. Puis on parle de l'âme. Le médecin doute que Dieu l'insuffle dans l'ovule dès la fécondation. Il lui a toujours paru «ridicule que Dieu créât une âme au moment qu'un homme couche avec une femme».[48] Un certain Grou vient se joindre aux entretiens: il a fait le tour du monde avec le capitaine Cook. Ce qui permet à Voltaire d'utiliser ce qu'il vient de lire dans l'ouvrage d'Hawkesworth, *Relation des voyages* [...] *dans l'hémisphère méridional*, récemment traduit en français (Paris 1774). Le voyageur anglais rapportait que les Tahitiens «après avoir vu nos cérémonies religieuses dans la matinée, jugèrent à propos de nous montrer dans l'après-midi les leurs, qui étaient très différentes».[49] Grou brode complaisamment sur le récit de Hawkesworth, sans pourtant le dénaturer. La cérémonie religieuse des Tahitiens consiste dans la relation sexuelle d'un jeune homme et d'une jeune fille, devant une nombreuse assistance, très édifiée, sous la présidence de la reine. Goudman n'est pas autrement étonné d'un tel culte: il cite le Lingam des Indiens, et autres dévotions du même genre.[50] Voltaire apparemment a oublié le long combat mené naguère contre Hérodote et Larcher au sujet de la prostitution sacrée de Babylone. L'entretien suivant est dominé par un éloquent paradoxe de Sidrac affirmant que tout en ce monde dépend de la chaise percée:[51] couplet de scatologie rabelaisienne, assaisonnée d'humour britannique. Puis voici le dénouement. Miss Fidler et son curé ont divorcé. La cure est à nouveau vacante. L'intendant du défunt comte la propose à Goudman, à condition qu'il lui cède Miss Fidler. Comme le bénéfice rapporte cent cinquante guinées, le chapelain

47. *Romans et contes*, p.577-78. On hésite à suivre Frédéric Deloffre quand il suggère, p.1206, que ces «oreilles» pourraient avoir une signification obscène.

48. *Romans et contes*, p.575, 583.

49. *Marginalia*, iv.268, Voltaire a marqué: «sacrifice à Vénus».

50. *Marginalia*, iv.589-90.

51. *Marginalia*, iv.592-94.

accepte. «Il eut la cure, il eut Miss Fidler en secret, ce qui était bien plus doux que de l'avoir pour femme.» Conclusion: le bon Goudman «est devenu un des plus terribles prêtres de l'Angleterre; et il est plus persuadé que jamais de la fatalité qui gouverne toutes les choses de ce monde.»[52]

Ainsi s'accentue la tendance déjà manifestée dans l'histoire de *L'Homme aux quarante écus*: l'élément narratif sert d'encadrement à un «pot-pourri» de dialogues, où s'ébat librement la verve de Voltaire.

L'*Histoire de Jenni*, encore un «conte anglais», suit de près *Les Oreilles du comte de Chesterfield*. Voltaire y travaille en décembre 1774, d'après certains indices de la correspondance.[53] En avril, il a remis son manuscrit à Cramer: il réserve pour lui six exemplaires de l'édition. Mme Gallatin annonce l'*Histoire de Jenni* au landgrave de Hesse-Cassel pour le prochain courrier.[54] La diffusion fut lente, cependant. La *Correspondance littéraire* l'annonce dans sa livraison datée de juillet. Mais c'est en septembre seulement que Voltaire l'adresse, en épreuves, à de Vaines.[55] Il faudra attendre décembre pour que les *Mémoires secrets* en rendent compte. Dans l'intervalle, Voltaire a fait une lecture qui se rapporte directement au sujet de son conte, celle du traité athéiste de d'Holbach, *Le Bon sens ou idées naturelles opposées aux idées surnaturelles*, dans une édition datée de Londres, 1774. Il l'a achevée à la fin de juillet 1775. Il reconnaît la force d'un tel ouvrage. «Il y a plus que du bon sens dans ce livre; il est terrible», mande-t-il à d'Alembert. Il identifie l'auteur avec celui du *Système de la nature*, mais estime qu'il «s'est bien perfectionné». Il se contente, pour le moment, de juger une telle publication inopportune. Turgot est au pouvoir, et l'on ne manquera pas de dire: «Voilà les fruits du nouveau ministère.»[56] Toutefois sa réaction de lecteur fut bien autrement vive. Il a inscrit dans les marges de son exemplaire des annotations, toutes critiques, à très peu d'exceptions près.[57] Il y dialogue avec d'Holbach, comme dans l'*Histoire de Jenni* Freind avec Birton. Mais le dialogue du conte était déjà rédigé lorsqu'il entreprend, à la manière de son héros, de réfuter, sur son volume du *Bon sens*, les arguments de l'adversaire athée. Il lui arrive ainsi de se référer

52. *Romans et contes*, p.595.

53. D19243 (19 décembre 1774), à Lalande: en remerciant celui-ci pour l'envoi de son *Astronomie* en trois volumes, il parle des «oréris d'Angleterre», «misérable petite copie du grand spectacle de la nature», cf. *Histoire de Jenni*, p.632.

54. D19413 (vers le 10 avril 1775), à Cramer; D19419 (12 avril 1775), Mme Gallatin au landgrave de Hesse-Cassel.

55. D19644 (3 septembre 1775), à de Vaines; sous la date Wagnière a inscrit un 5: il s'agirait, selon Th. Besterman, de la cinquième section de *Jenni* accompagnant la lettre (soit le chapitre «On veut marier Jenni»); D19656 (10 septembre), Voltaire envoie à de Vaines son «dernier *Jenni*», et annonce une nouvelle édition du conte.

56. D19579 (29 juillet 1775), à d'Argental.

57. *Marginalia*, iv.407-21.

implicitement à un épisode de son récit. D'Holbach prétend que «les hommes n'admirent et n'adorent que ce qu'ils ne comprennent pas», ce qui ne vise pas particulièrement le spectacle de la nature. Voltaire pense cependant à ce temps fort de son récit, ses personnages contemplant la voûte étoilée d'une magnifique nuit d'Amérique, et il répond à d'Holbach: «On peut admirer le cours des astres. On le connaît parfaitement.» Il répond aussi dans les marges à un argument des athées de sa fiction: d'Holbach affirme que le monde «est sa cause à lui-même». A ce postulat de l'athéisme, Voltaire réplique: «Vous le supposez.»[58] Le plus fâcheux pourtant, ce fut qu'on accusa le patriarche d'être l'auteur de ce *Bon sens*, publié anonymement. Il voit là une «petite cabale» de la coterie parisienne. Ces messieurs veulent le «mettre de leur parti». Ils sont «aussi ridicules que ceux qui ont voulu faire passer saint Augustin pour un moliniste». Il proteste qu'il a «toujours regardé les athées comme des sophistes impudents», et il allègue le conte qu'il vient de terminer: «l'auteur de *Jenni* ne peut être soupçonné de penser comme Epicure.»[59]

Dans les premières éditions, l'*Histoire de Jenni* était sous-titrée «ou le sage et l'athée». Mais quand Voltaire insère l'œuvre dans l'édition «encadrée» de ses *Œuvres complètes*, il inverse l'ordre des deux mots. Le titre définitif sera *Histoire de Jenni, ou l'athée et le sage*.[60] Il importe d'annoncer d'emblée que le sage aura le dernier mot et qu'il réfutera définitivement la doctrine de l'athée. C'est en ce sens en effet que ce dernier conte s'affirme «philosophique». Il est construit pour amener deux dialogues, et surtout le second entre l'athée et le sage. L'action toutefois n'est pas aussi réduite qu'elle l'était dans *Les Oreilles du comte de Chesterfield*. L'«histoire» de Jenni apparaît même fort mouvementée.

Elle est racontée par un M. Sherloc,[61] ami inséparable du protagoniste, le «respectable Freind». Voltaire fait ici un effort de réalisme, historique et géographique, exceptionnel dans ses contes, même dans le récit précisément daté et situé de *L'Ingénu*.[62] L'histoire n'en sera, estime-t-il, que plus convaincante. Son héros correspond à un personnage réel, John Freind, qui accompagna effectivement lord Peterborough pendant l'expédition d'Espagne en 1705. Mais il en fait un homme d'Eglise – de l'Eglise anglicane. Ce qui lui permet de lui prêter un christianisme plus théiste que chrétien. Manifestement Voltaire s'est

58. *Marginalia*, iv.410, 409. Voir *Romans et contes*, p.614: «ils prétendent [...] que tout s'est fait de soi-même».

59. D19590 (4 août 1775), à d'Argental.

60. Voir *Roman et contes*, p.1230.

61. Personnage historique qui prononça des sermons contre l'athéisme et termina sa carrière comme évêque anglican de Londres. Le traducteur supposé, l'abbé de La Caille, n'est pas non plus fictif. Voir *Roman et contes*, p.1233-34.

62. Voir à ce sujet les annotations de Fr. Deloffre.

plu à dessiner en lui un admirable type britannique, parangon du sang-froid et de la sagesse, comme il ne s'en rencontrait aucun dans les *Lettres anglaises* de 1734, et bien autrement vivant que les pasteurs Bourn et autres prête-noms de ses pamphlets. Une première partie met en contraste toutes ces vertus anglaises avec les faiblesses, de tous ordres, des populations méditerranéennes : en l'occurrence les Espagnols ou Catalans de Barcelone, assiégés par lord Peterborough. Le fils de Freind, Jenni, vingt ans, a voulu être de l'expédition. Il est blessé et fait prisonnier «à l'attaque du Montjouy». Une doña Las Nalgas («les Fesses») raconte comment le jeune Anglais fut aux prises à la fois avec le grand inquisiteur don Caracucarador et avec les charmes pulpeux de doña Boca Vermeja, au nom prometteur, laquelle est déjà la maîtresse du grand inquisiteur. Jenni allait être brûlé vif dans un bel autodafé. Heureusement la veille les troupes anglaises se sont emparées de Barcelone. Ces péripéties introduisent un premier dialogue, entre Freind et un «bachelier de Salamanque». Sur le pontificat romain, la nécessité de s'en tenir purement et simplement à l'Evangile, le mariage des prêtres, et autres questions, Freind est si convaincant que le bachelier espagnol, converti sur-le-champ, décide de se faire anglican et de se marier.

Jenni et son père étant revenus à Londres, l'ambiance change. Nous quittons la satire voltairienne ordinaire, d'un petit monde catholique méridional, sensuel, dévot jusqu'au fanatisme, intellectuellement sous-développé. Le récit va viser une tout autre cible, lorsque Jenni tombe sous la coupe d'une Anglaise beaucoup plus dangereuse que Boca Vermeja. La belle Clive-Heart, «très effrontée, très emportée, très masculine, très méchante»,[63] entraîne le fils du respectable Freind dans le petit groupe de débauchés qu'elle dirige. Ces jeunes gens se vautrent dans le vice par principe de philosophie. Ils ont lu dans les livres qu'il n'est pas de Dieu, et qu'ainsi tout est permis. Clive-Heart se donne à Jenni, en continuant d'accorder ses faveurs au libertin Birton, et à bien d'autres. Dans ses désordres Jenni s'endette «par-dessus les oreilles». Il perce d'un coup d'épée l'un de ses créanciers.[64] Freind intervient alors, avec son flegme habituel. Il rembourse les dettes de son fils. Il entreprend de marier Jenni à une ravissante Miss Primerose. Mais, furieuse, Clive-Heart empoisonne la fiancée. Elle s'enfuit avec Jenni et Birton au-delà de l'Atlantique, dans les nouvelles colonies anglaises du Maryland. Freind et le fidèle Sherloc se lancent à leur poursuite. Le récit s'engage à partir de là dans des aventures qui ne sont pas sans rappeler les pérégrinations transatlantiques et américaines du *Cleveland* de l'abbé Prévost. S'enfonçant à l'intérieur des terres, Freind et Sherloc rencontrent un père de famille indigène, Parouba, «bon sauvage» qui ne manque pas de professer la religion naturelle.

63. *Romans et contes*, p.613.
64. *Romans et contes*, p.615.

Parouba les dirige sur la piste des fugitifs, jusque chez les sauvages, plus sauvages, des Montagnes bleues. Comme Clive-Heart affrontait ces indigènes avec son habituelle insolence, ils l'ont tuée, et selon leur coutume ils l'ont mangée. Jenni et Birton sont libérés et l'on revient par voie d'eau vers les pays civilisés. Pendant la traversée, sur le pont, en présence d'une nombreuse assistance, une discussion s'instaure entre Freind et Birton au sujet de ce qui est la cause de tous ces malheurs : l'athéisme. Visiblement tant d'aventures ont été imaginées pour amener entre «l'athée et le sage» ce grand dialogue qui va occuper les quatre chapitres suivants, jusqu'au dénouement.

Birton s'avère un champion redoutable. Ce jeune Anglais cynique soutient ses idées avec la vigoureuse indépendance d'esprit de sa nation. Il fait montre d'une vive intelligence, de grandes connaissances, d'une chaleureuse éloquence. Voltaire ici n'a pas simplifié sa tâche, comme si souvent, en se donnant un débile interlocuteur, tel que l'était encore le «bachelier de Salamanque» dans le premier dialogue du conte. Aux raisons de l'athée, Freind oppose d'abord la machine de l'univers. Voltaire le répète : «tout est art», depuis le système céleste jusqu'à l'organisation biologique des êtres vivants. Il faut donc conclure avec Platon à l'existence d'un «éternel géomètre».[65] Birton oppose l'objection du mal. A quoi Freind, comme Voltaire, a de la peine à répondre. Il s'en tire par une sorte de défaite : «Dieu existe, il suffit ; s'il existe, il est juste. Soyez donc justes.»[66] Malgré tout, Birton est ébranlé. Mais ce ne sera pas un raisonnement qui achèvera sa conversion.

Ici prend place une page dont se souviendra le Chateaubriand du voyage en Amérique. Une admirable nuit s'étend maintenant sur le navire. «Une voûte d'azur transparent, semée d'étoiles d'or ; ce spectacle touche toujours les hommes, et leur inspire une douce rêverie.» A l'aide d'un télescope, opportunément apporté, Freind explique l'immense système du cosmos. «C'est la même lumière [...] qui part de tous ces globes, et qui arrive à nos yeux, de cette planète-ci en un quart d'heure, de cette planète-là en six mois.» Le bon sauvage Parouba fut le premier à exprimer son émotion. Il «se mit à genoux et dit : les cieux annoncent Dieu». «Tout l'équipage était autour du vénérable Freind, regardait, et admirait.» Alors enfin Birton, «le coriace Birton», quoique «sans rien regarder», est touché à son tour. «Eh bien soit ! dit-il, il y a un Dieu, je vous l'accorde.»[67] Il ne se rend pas complètement pour autant. Qu'en est-il de l'immortalité de l'âme ? De nouveau l'objection met dans l'embarras Freind, comme Voltaire. Il rétorque : «Le meilleur parti que vous ayez à prendre est d'être honnête homme tant que

65. *Romans et contes*, p.632-33.
66. *Romans et contes*, p.645.
67. *Romans et contes*, p.546-47.

vous existez.»[68] Le pasteur invoque l'argument social. Si l'athéisme se répand, «tous les liens de la société sont rompus». «Le bas peuple ne sera qu'une horde de brigands.» Suit un horrifiant tableau. Les petites gens passeront leur vie dans des tavernes, «avec des filles perdues». «Ils tombent ivres au milieu de leurs pintes de plomb dont ils se sont cassé la tête; ils se réveillent pour voler et pour assassiner.» L'athéisme ne fait pas moins de ravages dans les couches supérieures: «Qui retiendra les grands et les rois dans leurs vengeances, dans leur ambition, à laquelle ils veulent tout immoler? Un roi athée est plus dangereux qu'un Ravaillac.» «Oui, mes amis», conclut Freind, «l'athéisme et le fanatisme sont les deux pôles d'un univers de confusion et d'horreur.»[69] Pendant ces discours, Birton a progressivement changé. Lui, naguère «si évaporé et si audacieux», a pris «un air recueilli et modeste».[70] Il finit par se jeter «aux genoux de Freind»: «Oui, dit-il, je crois en Dieu et en vous.» Les voyageurs étant revenus à Londres, tout s'arrange pour le mieux. Primerose n'est pas morte: le docteur Mead a su lui rendre la vie et la beauté. On la marie à Jenni. On marie aussi Birton. «Jenni et lui sont aujourd'hui les plus honnêtes gens de l'Angleterre. Vous conviendrez qu'un sage peut guérir des fous.»[71]

L'*Histoire de Jenni* se termine en «conte moral», à la manière de Marmontel. Les *Mémoires secrets* jugent celui de Voltaire «fort sérieux, fort triste, fort philosophique».[72] On est sensible néanmoins à l'ampleur et à la richesse du grand dialogue final. On est même touché par cet effort de Voltaire, l'un des derniers qu'il ait tentés, pour traiter à fond le pour et le contre du problème Dieu, pour lui essentiel. Il reste qu'avec l'*Histoire de Jenni* l'objectif majeur a changé. En même temps, sous l'effet de l'âge sans doute,[73] s'était affaibli l'esprit dont procédaient ses contes: cette humeur caustique, dont étaient nés tant de récits décapants, depuis les *Zadig* et *Micromégas* des années 1740-1750. Le conte moral apparaît chez Voltaire tardivement et comme un genre sans avenir. L'*Histoire de Jenni* ne pouvait être que le dernier de ses contes.

68. *Romans et contes*, p.650.

69. *Romans et contes*, p.652-53.

70. *Romans et contes*, p.650.

71. *Romans et contes*, p.655.

72. Cité par Fr. Deloffre, p.1226.

73. Perfidement CLT, xi.97, cite le mot cruel de Mme d'Houdetot: «depuis quelques années, M. de Voltaire retombe en jeunesse».

11. Dieu, la Bible, Evhémère

Voltaire a vécu une expérience analogue à la nuit américaine de *Jenni*, à peu près à l'époque où il rédigeait le conte.

Lord Brougham, homme politique anglais, se plaisait à voyager en Europe et dans le midi de la France (il mourut à Cannes en 1868). Esprit ouvert, il publia en 1845 *Lives of men of letters*. Au tome I de son ouvrage, il reproduit un document en français relatif à Voltaire, dont voici le texte:

Une matinée du mois de mai, M. de Voltaire fait demander au jeune comte de Latour s'il veut être de sa promenade (trois heures du matin sonnaient). Etonné de cette fantaisie, M. de L... croyait achever un rêve, quand un second message vint confirmer la vérité du premier. Il n'hésite pas à se rendre dans le cabinet du patriarche, qui, vêtu de son habit de cérémonie, habit et veste mordorés, et culotte d'un petit gris tendre, se disposait à partir. «Mon cher comte, lui dit-il, je sors pour voir un peu le lever du soleil; cette *Profession de foi d'un vicaire savoyard* m'en a donné envie... Voyons si Rousseau a dit vrai.»

Ils partent par le temps le plus noir; ils s'acheminent; un guide les éclairait avec sa lanterne, meuble assez singulier pour chercher le soleil! Enfin, après deux heures d'excursion fatigante, le jour commence à poindre. Voltaire frappe ses mains avec une véritable joie d'enfant. Ils étaient alors dans un creux. Ils grimpent assez péniblement vers les hauteurs: les quatre-vingt-un ans du philosophe pesant sur lui, on n'avançait guère, et la clarté arrivait vite; déjà quelques teintes vives et rougeâtres se projetaient à l'horizon. Voltaire s'accroche au bras du guide, se soutient sur M. de Latour, et les contemplateurs s'arrêtent sur le sommet d'une petite montagne. De là le spectacle était magnifique. Les roches pères [*sic*] du Jura, les sapins verts, se découpant sur le bleu du ciel dans les cimes, ou sur le jaune chaud et âpre des terres; au loin des prairies, des ruisseaux; les mille accidents de ce suave passage qui précède la Suisse, et l'annonce si bien, et enfin la vue se prolonge encore dans un horizon sans bornes, un immense cercle de feu empourprant tout le ciel. Devant cette sublimité de la nature, Voltaire est saisi de respect; il se découvre, se prosterne, et quand il peut parler, ses paroles sont un hymne. «Je crois, je crois en Toi!» s'écria-t-il avec enthousiasme; puis décrivant avec son génie de poète, et la force de son âme, le tableau qui réveillait en lui tant d'émotions, au bout de chacune des véritables strophes qu'il improvisait, «Dieu puissant, je crois!», répétait-il encore. Mais tout à coup, se relevant, il remit son chapeau, secoua la poussière de ses genoux, reprit sa figure plissée, et regardant le ciel comme il regardait quelquefois le marquis de Villette lorsque ce dernier disait une naïveté, il ajoute vivement: «Quant à Monsieur le Fils, et à Madame sa Mère, c'est une autre affaire.»[1]

1. Lord Brougham, *Lives of men of letters* (London 1845), i.141-42.

Lord Brougham tenait ce texte d'une «personne respectable et digne de foi» qui n'était peut-être pas le rédacteur du récit. L'épisode en effet n'a pu être raconté que par le principal et quasi-unique témoin (abstraction faite du porteur de lanterne): soit le «jeune comte de Latour»; ou bien celui-ci a consigné lui-même sur le papier une scène aussi remarquable; ou bien il l'a rapportée à quelque confident qui s'est chargé de la mettre en forme. Dans les deux cas, la source est ce comte de Latour. De qui s'agit-il donc? Manifestement d'un familier de Ferney. Outre qu'il est assez connu pour qu'on l'y loge, et qu'on ose le réveiller nuitamment, il a fréquenté un habitué des lieux, le marquis de Villette, qui a fait plusieurs séjours depuis 1765. Ce Latour en outre est informé précisément de l'âge de Voltaire, non pas vaguement quatre-vingts ans, mais quatre-vingt-un ans. Ce qui date la scène de mai 1775 ou de mai 1776, selon qu'on fait naître le patriarche en février ou en novembre 1694. Ces caractéristiques paraissent convenir au frère de Mme de Saint-Julien, La Tour Du Pin Gouvernet, commandant militaire de la Bourgogne. En mai 1775, il fut retenu à Dijon par les troubles de la guerre des farines. Mais en mai 1776 «l'hôtel La Tour Du Pin», qu'on construisait à Ferney pour le «papillon-philosophe», s'écroula.[2] Mme de Saint-Julien étant alors à Paris, on peut supposer que son frère vint sur place pour constater les dégâts. On peut présumer qu'il est «jeune», c'est-à-dire proche quant à l'âge de sa papillonnante sœur. Il est vrai qu'il porte le titre de marquis et non pas de comte. S'agirait-il d'une erreur du narrateur, ou d'un titre acquis ultérieurement que l'auteur du récit lui aurait attribué par anticipation, au moment de la rédaction?[3]

L'auteur, quel qu'il soit, s'est appliqué manifestement à réaliser une narration soignée. Il ménage une progression – celle même de la promenade – jusqu'au point culminant: Voltaire sur la montagne, devant la «sublimité» du soleil levant, proclamant sa foi en l'Etre suprême. Puis un rapide decrescendo amène le mot de la fin sur «Monsieur le Fils» et «Madame sa Mère». Cependant, en dépit de la mise en forme littéraire, facilitée par le comportement spontanément théâtral du protagoniste, on retiendra l'épisode pour authentique sur l'essentiel. Car d'autres témoins ont rapporté des manifestations comparables du patriarche. Le vieil homme, un dimanche, conduisit le fils de Mme Gallatin dans son jardin,

2. D20120 (15 mai 1776), à Mme de Saint-Julien.

3. Les autres identifications possibles paraissent devoir être écartées: celle d'un Boy de La Tour (D17565), «négociant à Lyon»; celle d'un «M. de La Tour, inspecteur général des domaines du roi»: il est venu à Ferney, en juillet 1775, mais Voltaire était malade, et ce qui est dit dans D19570 (14 juillet 1775), n'indique pas qu'il soit un familier. On ne retiendra pas davantage le comte de La Tour Du Pin qui en 1765 écrivit à Voltaire «une lettre digne d'un brave militaire» au sujet de la souscription pour les Calas: l'épithète de «jeune» ne lui convenait certainement pas dix ans plus tard, et il ne semble pas être jamais venu à Ferney.

cette fois pour un «splendide coucher de soleil». Il montre le ciel et dit au jeune garçon: «Là, c'est le dôme fait par le grand Dieu, non pas le Dieu créé par l'homme.» Et, «comme le soleil disparaissait derrière le Jura», il ajouta: «Peut-il y avoir quelque chose de plus grand que cela et qui puisse jamais être imité?»[4] Du Pan de son côté raconte comment, malgré la neige, le patriarche en trois coups de pelle plantait un arbre. Ce qui ne l'empêcha pas pourtant de lancer «une vive et éloquente déclaration contre l'Infâme et l'hiver. Le soleil parut et fut l'objet de ses adorations, mais il se coucha trop tôt, et Voltaire lui criait: arrête, barbare, songe que j'ai soixante et dix ans!»[5] Dieu, non seulement démontré, mais révélé par le cosmos, amène le philosophe à retrouver l'un des plus vivaces archétypes de l'âme humaine: le soleil, symbole de la divinité suprême. Cette valeur religieuse de l'astre du jour, Voltaire l'avait rencontrée chez Rousseau. Il s'y réfère explicitement, annonçant sa promenade comme une vérification: «voyons si Rousseau a dit vrai.» Car le Vicaire savoyard, en prélude à sa *Profession de foi*, conduit son disciple, «à la pointe du jour», «sur une haute colline au-dessous de laquelle passait le Pô»; dans le lointain, «l'immense chaîne des Alpes». Nous sommes en été. Les rayons du soleil rasant les plaines enrichissent «de mille accidents de lumière le plus beau tableau dont l'œil humain puisse être frappé. On eût dit que la nature étalait [...] toute sa magnificence pour en offrir le texte» aux entretiens du Vicaire et de son disciple.[6] L'expérience de Voltaire donne raison à Rousseau. Mais Rousseau est vite oublié, éclipsé qu'il est par des êtres autrement importants: le soleil, Dieu, voire «Monsieur le Fils» et «Madame sa Mère».

D'un côté donc l'Etre des êtres, objet de foi («je crois»...), de l'autre la Vierge-Mère et le Fils, écartés par l'ironie critique. L'idée du Dieu suprême exclut comme superstitieuse la croyance que ce Dieu ait pu revêtir la forme humaine, à l'instar des divinités païennes. C'est l'Incarnation que récuse le théisme voltairien. Le vieil homme, soumis physiquement chaque jour aux misères de notre condition, est de plus en plus exaspéré par ce qu'implique de réalité concrète de la représentation de Dieu fait homme. Son *Examen important de milord Bolingbroke* traitait, en son chapitre XXXVII, des discussions théologiques entre saint Cyrille et Nestorius sur les deux natures de Jésus, et sur une déplaisante question: «si quand il faisait les fonctions animales de l'homme, la partie divine s'en mêlait ou ne s'en mêlait pas». Dans une réédition de 1776, Voltaire ajoute ici une note: «appelons les choses par leur nom». Et il dit «les choses» par leurs noms les plus

4. Dans Marc Peter, *Une amie de Voltaire, Mme de Gallatin* (Lausanne s.d.), p.114: confidence rapportée dans son journal par la petite-fille de Mme Gallatin.

5. Référence dans R. Pomeau, *La Religion de Voltaire* (Paris 1969), p.418.

6. J.-J. Rousseau, *OC* (Paris 1969), iv.565.

crus: passage si violent que l'édition de Kehl n'osera pas le reproduire. De sa part un manquement aussi flagrant aux bienséances donne la mesure de son horreur pour cette sorte de croyance.[7]

Sa virulence cependant est désormais sans illusion. Le mot «l'Infâme» a disparu de sa correspondance. Il n'exhorte plus à «écraser l'Infâme». Il a depuis longtemps reconnu que l'entreprise était irréalisable, du moins à bref délai.[8] «La raison arrive tard», avoue-t-il, «elle trouve la place prise par la sottise; elle ne chasse pas l'ancienne maîtresse de la maison, mais elle vit avec elle en la supportant, et peu à peu s'attire toute la considération et tout le crédit.»[9] Tel est le parti auquel il se résigne à la fin de sa vie. Cohabiter avec «l'ancienne maîtresse de la maison», il le faut bien. Mais il ne renonce pas. Il compte bien gagner «toute la considération et tout le crédit», dans l'opinion, en continuant le combat par ses écrits.

Plus que jamais, immobilisé par l'âge et la maladie, il vit parmi les livres. Ses nouveaux écrits souvent procèdent de ses lectures. Il avait remarqué les ouvrages du chanoine Cornelius de Pauw, lequel vivait à la cour de Frédéric II à Berlin. Il connaissait ses *Recherches philosophiques sur les Américains ou mémoires intéressants pour servir à l'histoire de l'espèce humaine*, deux volumes réédités en 1770 avec une réponse à un contradicteur, l'abbé Pernety.[10] Puis d'Amérique le savant chanoine était passé en Chine, publiant en 1773 ses *Recherches philosophiques sur les Egyptiens et les Chinois*.[11] «Conjectures hasardées» «dans un style obscur et entortillé», au jugement de Voltaire. Mais celui-ci, en 1775, relit les *Recherches* de l'érudit prussien. Il tempère alors sa sévérité. Il ira jusqu'à écrire à Frédéric II, patron du chanoine, que M. de Pauw est «un très habile homme, plein d'esprit et d'imagination, un peu systématique à la vérité, mais avec lequel on peut s'amuser et s'instruire».[12] On «peut s'instruire» avec Cornelius de Pauw, non dans le mal qu'il dit des Chinois, mais dans sa réfutation d'une théorie absurde sur l'origine des populations chinoises. Il s'agissait toujours de rattacher, tant bien que mal, tous les peuples du monde à ceux dont parlait l'Ancien Testament. Ainsi Lafitau avait voulu que les Caraïbes descendissent des Cariens. Les Chinois? Joseph de Guignes avait lu à l'Académie des inscriptions et belles-lettres un *Mémoire* dans lequel il démontrait que «les Chinois sont une colonie égyptienne». Il tirait l'un de ses arguments de la philologie. Le plus ancien empereur chinois se nomme Yu. Or de Guignes a découvert que ce mot Yu transcrivait en chinois le nom de

7. Roland Mortier a reproduit la note dans son édition critique, et a souligné la censure des éditeurs de Kehl. On pourra apprécier le caractère ordurier du texte, en se reportant à *OC*, t.62, p.336.

8. Voir *Voltaire en son temps*, iv.259.

9. M.xxix.494.

10. D16748 (6 novembre 1770), à Mme d'Epinay.

11. D19110 (5 septembre 1774), à d'Argental.

12. D19806 (21 décembre 1775), à Frédéric II.

Ménès, roi de Thèbes en Egypte. Il en résultait évidemment que le premier empereur de la Chine était un souverain égyptien. Voltaire avait «éclaté de rire» en prenant connaissance de cette téméraire spéculation. Il avait déjà épinglé de Guignes dans la préface de l'*Histoire de l'empire de Russie*.[13] La lecture de Cornelius de Pauw lui remet en mémoire un si «énorme ridicule». Il y a donc matière à «s'amuser» dans le savant ouvrage du Prussien. Malgré les quatre-vingts ans de Voltaire, l'érudition n'a pas cessé d'exciter ses facultés ludiques. Il broche des *Lettres chinoises, indiennes, et tartares*, censément adressées à «M. Pauw».

En réalité l'ouvrage commence non comme un recueil épistolaire, mais sous la forme d'une scène dialoguée. Nous sommes à Romorantin, dans la boutique d'un M. Gervais, qui vend à la fois du café et des livres. Un père bénédictin (porte-parole de Voltaire) y a ses habitudes. Un jour il aperçoit sur le comptoir une brochure: le poème de *Moukden*, par l'empereur chinois régnant, Kien-long. Entretien sur ce sujet, d'où l'on passe aux «réflexions de dom Ruinart sur la vierge dont l'empereur Kien-long descend», puis à l'éternelle question de l'athéisme des Chinois. A partir d'ici l'ouvrage prend la forme de lettres à Cornelius de Pauw. La quatrième traite de l'inscription nestorienne de «Sigan-fou», dont les pères jésuites concluaient que l'ancien christianisme «n'a pas manqué de fleurir à la Chine». Voltaire répète les raisons qu'il a – bien à tort – de tenir le document pour apocryphe.[14] On le suit plus volontiers lorsqu'il s'égaie (*Lettres*, VII) sur les savants d'Europe qui font descendre les Chinois des Egyptiens: «ils ont reconnu que le roi chinois Yu est évidemment le roi d'Egypte Menès, en changeant seulement *y* en *me*, et *u* en *nès*».[15] On a aussi supposé que les dix tribus juives, chassées d'Israël par Salmanasar, et disparues sans laisser de traces, s'étaient en réalité établies en Chine, où elles auraient prospéré. D'où la *Lettre chinoise* VIII. Voltaire y raconte l'équipée du prétendu père du scripteur, «le marchand Jean Duchemin». Ce brave homme s'est laissé entraîner, en y dépensant toute sa fortune, depuis Romorantin jusqu'à la province chinoise du Honang. Un jésuite qui l'accompagne lui a certifié qu'ils trouveraient là les dix tribus perdues d'Israël. En réalité les voyageurs ne découvrent qu'une «douzaine de gueux qui vendent des haillons», et qui volent les deux imprudents.[16]

De *chinoises*, les *Lettres* deviennent ensuite *indiennes et tartares*. Voltaire a lu et relu Holwell, dont le livre, paru en 1766-1767, est une riche source d'information

13. D9126 (9 août 1760), à Mairan. L'ouvrage de de Guignes était dans la bibliothèque de Voltaire, *Marginalia*, iv.257-58.

14. Les touristes peuvent aujourd'hui constater l'incontestable authenticité de l'inscription au musée de Xian. Le christianisme nestorien, à partir du Moyen Orient, a pénétré jusqu'en Chine par la route de la soie, qui aboutissait à Xian, alors capitale de l'empire.

15. M.xxix.475.

16. M.xxix.477.

sur l'Inde.[17] Il a repéré, par des notes marginales, les passages d'Holwell qu'il va utiliser dans sa *Lettre* IX. Il retient de son informateur anglais que le *Shastabad* des brachmanes serait le plus ancien livre du monde, antérieur et bien supérieur quant à l'intérêt aux *Y King* des Chinois. Il lui paraît manifeste que les juifs, puis les chrétiens ont emprunté à cet ouvrage vieux de cinq mille ans, rédigé en sanscrit, des dogmes essentiels: l'idée de la Trinité, la chute des mauvais anges. Le paradis terrestre même serait à situer, non en Arabie, mais sur les bords du Gange, où il subsisterait encore. Toutes considérations de nature à ruiner l'autorité des révélations mosaïque et chrétienne.[18] La partie «tartare» se réduit ensuite à une seule lettre sur le grand lama et la métempsychose. Mi-sérieux, mi-plaisant, Voltaire soutient que si le dogme de la transmigration des âmes est assurément «très faux», il n'est point du tout absurde. On peut «supposer en sûreté de conscience que Dieu, le créateur de toutes les âmes, les faisait successivement passer dans des corps différents: car que faire des âmes de tant de fœtus qui meurent en naissant, ou qui ne parviennent pas à maturité?»[19] Pour conclure, dans une *Lettre* douzième et dernière, il guerroie contre un certain Martinelli qui s'est permis de l'attaquer à propos de Dante. Au passage, il dénigre la *Divine comédie*. Puis il rend la parole à son cabaretier-libraire de Romorantin, M. Gervais. Celui-ci renonce à vendre autre chose que le café: «Il y a trop de livres, et trop peu de lecteurs.» Voltaire en est bien d'accord: «La vue d'une bibliothèque le fait tomber en syncope.» Mais, rétorque M. Gervais, croyez-vous qu'on se soucie beaucoup «dans ce pays-ci de vos Chinois et de vos Indiens»? «Eh bien! M. Gervais, n'imprimez pas mes Chinois et mes Indiens. M. Gervais les imprima.»[20] Sur cette pirouette se terminent les *Lettres chinoises*, etc.

Le recueil était en cours d'impression, par les soins non de «M. Gervais», mais de la Société typographique de Neuchâtel, lorsque l'astronome Bailly – le futur maire de Paris en 1789 – fit part à Voltaire de ses «découvertes» sur l'Inde ancienne. Selon lui, tout nous vient des bords du Gange: là se situe «le premier siège de la philosophie et des sciences». Mais les inventeurs seraient non pas les Indiens, peuple décadent, mais un mystérieux peuple antérieur dont on n'aurait recueilli que des «débris». Voltaire exprime son scepticisme: les ancêtres des Indiens actuels peuvent fort bien avoir trouvé tout ce dont Bailly crédite son

17. John Zephaniah Holwell, *Interesting historical events, relative to the provinces of Bengal, and the empire of Indostan* (London 1766). Voltaire en a pris connaissance en décembre 1767 (D14575, D14579). Il y revient en 1773 pour ses *Fragments historiques* (D18387, commentaire; D18421). Voltaire renvoie également à Alexandre Dow, *Fragment de l'histoire de l'Indostan*, mais le volume n'est pas dans BV.

18. M.xxix.479-85.

19. M.xxix.490.

20. M.xxix.497-98.

peuple primitif.[21] Il ne change rien à ses *Lettres chinoises*... L'ouvrage paraît en mars-avril 1776 et n'a que peu d'échos.[22] N'y a-t-il pas vraiment «trop de livres», du moins en provenance de Ferney?

La Bible – le «livre par excellence» – continue à occuper l'esprit de Voltaire comme à susciter son animosité. Les lettres des dernières années restent imprégnées de réminiscences empruntées aux deux Testaments. Certains destinataires sont privilégiés: d'Alembert, d'Argental, Condorcet, Richelieu, Mme Du Deffand, Catherine II, Frédéric II. Certaines périodes paraissent plus riches en références comme l'été 1772 ou l'automne 1775. Mais il faut distinguer. De nombreuses citations correspondent à des clichés, souvent rencontrés dans les décennies antérieures, et ne révèlent pas un contact nouveau avec la Bible. Ainsi le «*Fiat lux*» du début de la Genèse est-il proposé aux philosophes dont les propos restent confus, ou rappelé au sujet des découvertes de Newton.[23] En diverses circonstances, l'expression de l'affliction s'accommode bien de l'image des cheveux blancs descendant au tombeau (Genèse xliv.29).[24] L'homme qui lève les mains au ciel pour le succès de la bonne cause (Exode xvi.11) convient au patriarche quand il regarde les autres combattre.[25] Il agrémente ses remerciements à Vasselier, à Audibert d'un «*Quid retribuam domino?*», emprunté à Psaumes cxv.12.[26] «Tout est vanité» lui est resté familier. Il est toujours «l'homme de douleur» d'Isaïe liii.3,[27] et la voix de celui qui crie dans le désert, ou du bord de son tombeau.[28] Il est Lazare qui, ressuscité, viendra aux rendez-vous fixés par le duc de Richelieu.[29] C'est même une des dernières images qu'il donne de lui en annonçant à d'Argental, le 20 janvier 1778, qu'il sera à Paris vers Pâques, et compte lui «apparaître comme Lazare sortant de son tombeau».[30] Quand il connaît

21. D19847 (7 janvier 1776), Bailly à Voltaire, et réponse D19870 (19 janvier). Voir aussi D19795.

22. Voltaire a quelque peine à en faire parvenir des exemplaires à ses amis parisiens, D19969 (6 mars 1776), à d'Argental; D19979 (11 mars 1776), à Frédéric II; D20074 (19 avril 1776): envois à La Harpe et à de Vaines.

23. D17806 (1er septembre 1772), à Condorcet; D20037 (30 mars 1776), à de Vaines.

24. D16870 (28 décembre 1770), à Bernis; D16884 (vers le 31 décembre 1770), à G. Cramer; D16952 (9 janvier 1771), à Richelieu; D19447 (vers le 30 avril 1775), à Frédéric II; D19974 (8 mars 1776), à Boncerf.

25. D18384 (20 mars 1773), à Christin; D19602 (12 août 1775), au même; D19624 (24 août 1775), à d'Alembert.

26. D18409 (2 juin 1773), D19959 (28 février 1776): «Que pourrai-je donner en échange au Seigneur pour tout ce qu'il m'a donné?»

27. D18624 (novembre 1773), à Cramer.

28. D17181 (8 mai 1771), à Christin; D17223 (3 juin 1771), à Richelieu; D17489 (3 décembre 1771), à Stanislas Auguste Poniatowski; D17915 (16 septembre 1772), à Richelieu; D19274 (1er janvier 1775), à Malesherbes. Cf. Psaumes cxxix.1; Isaïe xl.3.

29. D18310 (11 avril 1773), D18461 (7 juillet 1773), D18967 (31 mai 1774).

30. D20998.

des inquiétudes, il assure opérer son salut «avec crainte et tremblement».[31] Il est toujours «aveugle comme Tobie»; il est plus que jamais «un petit Job ratatiné» sur son fumier de Suisse.[32] Toutefois, en plus de la malice, on sent le plaisir qu'il éprouve à évoquer des histoires qu'il connaît bien:

Et la différence de Job à moi, c'est que Job guérit et finit par être heureux. Autant en arriva au bonhomme Tobie [...]; et le plaisant de l'affaire est qu'il est dit dans la Sainte Ecriture que ses petits enfants l'enterrèrent avec allégresse. Apparemment qu'ils trouvèrent une bonne succession.[33]

Par ses succès, qui font crier au patriarche «Gloire dans les hauts» (Luc xix.38), Catherine II est «bénie par dessus toutes les impératrices et par dessus toutes les femmes». Il aurait bien voulu disposer du «carrosse du bonhomme Elie»,[34] pour être témoin de ses grandeurs. Reviennent des expressions aussi banales que «nul n'est prophète en son pays», pour mentionner l'insuccès des *Scythes* à Paris,[35] ou «l'esprit souffle où il veut», au sujet de l'inspiration littéraire.[36]

On le voit, Voltaire reste fidèle à l'attitude ludique à l'égard de la Bible. Des formules du passé sont gravées dans son esprit et jaillissent spontanément pour colorer la réalité présente. On ne peut qu'être frappé cependant par la diversité des citations, la souplesse de leur emploi, la subtilité des transpositions, le goût du pastiche. Il assure encore à Mme Du Deffand qu'il lit l'apôtre Paul pour son plaisir.[37] De fait, dans ces dernières années, depuis les *Questions sur l'Encyclopédie* juqu'au *Taureau blanc*, de *La Bible enfin expliquée* à l'*Histoire de l'établissement du christianisme*, il n'abandonne guère l'Ecriture.

Mais les réminiscences sont parfois inattendues. Faut-il que Voltaire ait constamment la Bible en tête pour désigner La Harpe par cette périphrase: «ce jeune homme qui porte le nom de l'instrument d'un roi juif»?[38] Il répétera maintes fois à ce même La Harpe, après ses succès littéraires, qu'il fait de ses ennemis «*scabellum pedum tuorum*».[39] De même lorsqu'il remercie Paolo Emilio Campi pour sa tragédie traitant de l'inceste, il ne peut s'empêcher de faire

31. D19994 (16 mars 1776), à Condorcet. Cf. Philippiens ii.12.

32. D16693 (10 octobre 1770), à Grimm; D16735 (1er novembre 1770), au même; D17076 (13 mars 1771), à la duchesse de Choiseul (lettre où il lui propose des articles bibliques des *Questions sur l'Encyclopédie*); D17091 (16 mars 1771), à Mme Du Deffand; D20688 (6 juin 1777), à Richelieu.

33. D20393 (8 novembre 1776), à Frédéric II. Cf. Job xlii.12-13, et Tobie xiv.1.

34. D16683 (2 octobre 1770), D17073 (12 mars 1771).

35. D17619 (2 mars 1772), à d'Argental; D18577 (8 octobre 1773), à Richelieu. Cf. Matthieu xiii.57; Luc iv.24.

36. D17733 (9 mai 1772), à d'Argental. Cf. Jean iii.8.

37. D16715 (21 octobre 1770).

38. D18819 (25 février 1774), à d'Alembert.

39. D19607 (15 août 1775), D20258 (15 août 1776). Cf. Psaumes cx.1: «Tu feras de tes ennemis un escabeau pour tes pieds».

référence à Sara, «sœur d'Abraham son mari», et à Thamar qui proposa le mariage à son frère Ammon.[40] On rencontre de curieux amalgames. A la naissance de son arrière-petit-neveu, il adresse ses félicitations aux parents, en ne mêlant pas moins de quatre textes bibliques:

Qu'elle soit bénie entre toutes les femmes, quoique grâce à vous elle ne soit pas vierge; et que le fruit de son ventre soit béni [...] Je vous souhaite à tous deux la graisse de la terre et la rosée du ciel [...] Surtout portez-vous mieux que votre vieux grand-oncle qui devient aveugle comme Tobie.[41]

Ainsi le voit-on adresser au médecin empirique Pierre Pomme une sorte de pot-pourri biblique:

Mme R^xxx, Monsieur, qui habite dans mon désert, et qui est possédée, depuis longtemps, du même démon que l'hémoroïsse, n'est pas encore guérie par vos déléyants [*sic*], mais ces sortes de démons ne se chassent qu'avec le temps, et je vous tiens toujours pour un très bon exorciste. Je crois bien que vous rencontrerez dans votre chemin des scribes et des pharisiens, qui tâcheront de décrier vos miracles; mais quoi qu'ils fassent votre royaume est de ce monde. Pour moi, je suis possédé d'un démon qui me rend les yeux aussi rouges que les fêtes mobiles dans les almanachs.[42]

On comprend alors son malentendu avec Mme Du Deffand, au sujet des «noëls», en décembre 1774. Elle lui a demandé, sachant qu'elle aura les Choiseul à souper la veille de Noël, des couplets sur l'air des «noëls», afin que tout le monde puisse les chanter. Mais il imagine, de son côté, des vers autour de la naissance de l'enfant Jésus. Il y introduit une rivalité entre la duchesse de Choiseul et Marie, qui fredonnera:

Lorsque le Saint-Esprit
Me prit,
Vous n'étiez donc pas là,
La, la?
Il vous aurait choisie.

La suite est tout aussi irrespectueuse:

Trois rois dans la cuisine
Vinrent de l'Orient;
Une étoile divine
Marchait toujours devant;
Cette étoile nouvelle
Les fit très mal loger,

40. D19022 (14 juillet 1774). Cf. Genèse xii.13, et II Samuel xiii.13.

41. D17439 (11 novembre 1771), à Dompierre d'Hornoy. Outre l'écho de l'*Ave Maria*, Luc i.42; Isaïe vii.14; Genèse xxvii.28-29; et le livre de Tobie.

42. D17262 (27 juin 1771).

Joseph et sa pucelle
N'avaient rien à manger.[43]

Le refus de Mme Du Deffand montre qu'elle perçoit bien, chez Voltaire, une complaisance pour certains sujets, qui touche à la manie:

> Je ne voulais point qu'il fût question ni de l'Ancien ni du Nouveau Testament [...] Tout ce qui vous aurait passé par la tête excepté l'événement d'il y a 1774 ans, mais vous n'en sauriez perdre le souvenir, tout vous y ramène; je ne veux pas plus des trois rois que de la crèche, du bœuf et de l'âne.[44]

Toutefois, quand il s'approprie l'Ecriture, ce n'est pas toujours pour plaisanter gaiement, par le biais d'associations intempestives. Le texte biblique lui offre parfois ce dont il a besoin pour exprimer ses goûts ou ses inquiétudes. Il emprunte facilement à Job v.7, l'idée que l'homme est né pour travailler comme l'oiseau pour voler.[45] Il adresse volontiers aux philosophes le conseil de l'Epître de saint Jean I, iv.7: «Mes enfants, aimez-vous les uns les autres.»[46] La déception de voir, en novembre 1776, ses efforts compromis par le changement de ministère, qui prive sa colonie des avantages obtenus, et rend inutiles les maisons bâties, trouve dans Psaumes cxxvi.1 l'expression la plus juste: «*In vanum laboraverunt qui aedificant eam.*»[47] Mais ce sont surtout les malaises dus au temps, à l'âge, qui le font s'écrier: «*Miserere mei*»,[48] qui lui font adopter les lamentations de Jérémie: «Plût à Dieu que tout ne fût que vanité! Mais la plupart du temps tout est souffrance.»[49] Ce sont les «avertissements de la nature» qui lui font évoquer la vallée de Josaphat: élégante manière de regarder la mort à la fois en face et à distance.[50] Il perçoit sa fin proche à travers une phrase d'Isaïe, glissée à d'Alembert et à d'Hornoy en novembre 1775, à Marmontel en mars 1777: «*Dispone domi tuae, cras enim morieris*».[51] C'est par le truchement de la Bible qu'il exprimera ses dernières préoccupations: par exemple, en décembre 1777, la quête difficile de quelques vérités, «Pilate avait bien raison de dire: Qu'est-ce que la vérité?»;[52]

43. D19209 (2 décembre 1774). D19211 (5 décembre 1774), à Mme Du Deffand.

44. D19225 (9 décembre 1774).

45. D16560 (3 août 1770), à d'Argence.

46. D16693 (10 octobre 1770), à Grimm.

47. D20377 (1er novembre 1776), à Condorcet: «Ceux qui l'ont édifiée ont travaillé en vain.»

48. D19338 (14 février 1775), à Thibouville; D20749 (3 août 1777), à d'Alembert. Cf. Psaumes li.3.

49. D19359, à Mme Du Deffand.

50. D17873 (21 août 1772), à Dompierre d'Hornoy; D19738 (13 novembre 1775), à Panckoucke. Cf. Joël iii.2, 12.

51. D19729 et D19748 (6 et 17 novembre); D20607 (17 mars 1777). Cf. Isaïe xxxviii.1: «Mets en ordre ta maison, demain il te faudra mourir.»

52. D20941 (6 décembre 1777), à de Vaines. Cf. Jean xviii.38.

et, dix jours avant sa mort, l'ultime confiance en son médecin: «*Non in solo pane vivit homo, sed in omni verbo quod oritur ex ore Tronchin.*»[53]

En ces dernières années, sa polémique anti-biblique ne risque guère de s'émousser. Un champion qui l'avait attaqué déjà en 1769, sous le masque de trois juifs,[54] revient à la charge, avec un effectif doublé. L'abbé Antoine Guénée publie en 1776, en trois tomes, des *Lettres de quelques juifs portugais, allemands et polonais à M. de Voltaire.*[55] Les six juifs de Guénée, provenant désormais des principaux pays de la *diaspora*, se nomment Joseph Lopez, Isaac Montenero, Benjamin Groot, «juifs des environs d'Utrecht»; plus trois autres, signataires d'un «petit commentaire» qui suit les *Lettres*: Joseph Ben-Jonathan, Aaron Mathathaï, David Winker. Assez souvent Voltaire s'était déguisé en pasteur protestant, en «papa» grec, en évêque orthodoxe, ou en rabbin juif. L'abbé Guénée[56] eut l'ingéniosité de retourner contre Voltaire les procédés voltairiens. Il se souvenait sans doute des plaintes qu'avait élevées Isaac Pinto, un juif bien réel celui-là, contre les diatribes anti-hébraïques du patriarche. Ses six juifs devraient accabler l'adversaire. Voltaire ne mésestime pas ce «secrétaire juif nommé Guénée», qui a des «connaissances», qui est «malin comme un singe», et «mord jusqu'au sang en faisant semblant de baiser la main». Mais il promet qu'il sera «mordu de même».[57]

Guénée s'est déguisé en six juifs. Voltaire se déguise lui aussi, mais cette fois en chrétien. Un seul chrétien: il s'assure d'emblée la sympathie comme combattant unique assailli par une troupe judaïque. On doit savoir en tout cas que l'auteur de l'opuscule n'est pas le pauvre vieillard de Ferney, presque moribond, contre lequel les «six juifs» et leur secrétaire s'acharnent si méchamment. C'est un de ses amis, «chrétien», qui prend la plume pour défendre le malheureux. Cependant l'ami et le vieillard parfois se confondent. Nous apprenons par exemple que cet ami a été élève au collège des jésuites de Louis-le-Grand, il y a bien longtemps, puisqu'il eut le père Charlevoix comme préfet.[58] Et quel est donc celui qui répond, lorsque Guénée prétend que le sang est un poison, et que Thémistocle mourut pour avoir bu du sang de taureau? L'interlocuteur oppose qu'il a fait saigner un jour un de ses jeunes taureaux, qu'il a bu lui-même une tasse de sang «très impunément», et que ses paysans du canton de Gex consomment tous les

53. D21205 (20 mai 1778), à Théodore Tronchin (d'après Matthieu iv.4): «l'homme ne vit pas seulement de pain, mais de toute parole qui sort de la bouche de Tronchin.»

54. A. Guénée, *Lettres de quelques juifs portugais et allemands à M. de Voltaire* (Paris 1769). Sur l'exemplaire de BV, *Marginalia*, iv.250-52. Voir ci-dessus, p.44-45.

55. *Marginalia*, iv.252-54.

56. D'après M.xxix.566, n.1, il était attaché à la chapelle du roi à Versailles.

57. D20458 (8 décembre 1776), à d'Alembert.

58. M.xxix.530.

jours *la fricassée*, à base de sang.[59] A vrai dire, le masque était tombé dès le début. Nul ne pouvait méconnaître le polémiste de Ferney en ce plaisant «chrétien».

Une fois de plus, il met en œuvre son art de se répéter. Le «chrétien» son ami, loin d'écarter le reproche si souvent formulé, se justifie: «il aime à répéter pour inculquer», ce qui est aussi une répétition.[60] Redites d'ailleurs inévitables ici, puisque Voltaire revient sur les articles que les «six juifs» ont critiqués dans ses précédents écrits bibliques. Il le fait avec une verve inlassable, comme s'il traitait pour la première fois des sujets si souvent ressassés. Reparaissent donc le veau d'or, techniquement irréalisable, qui avait déjà fait l'objet d'une première réponse à Guénée.[61] Et aussi les malheureux Ephraïmites, égorgés au passage du Jourdain parce qu'ils ne pouvaient pas prononcer *Shibolet*. Et les massacres perpétrés sur l'ordre de Moïse et de l'Eternel, 23 000 Juifs d'un côté, 24 000 de l'autre. Guénée veut qu'ils soient morts d'épidémie; non, répond le «chrétien», la Vulgate dit *occisi sunt*, «ils furent tués». Puis voici les anus d'or des Philistins, les 50 070 Bethsamites foudroyés de mort subite pour avoir regardé l'arche, etc.[62] Parfois le «chrétien» s'en prend non aux «six juifs», mais à un autre chrétien, qui reste son guide, Dom Calmet. Ainsi sur cette affaire, dont Voltaire s'est si souvent étonné, du roi Agag coupé en morceaux par Samuel. «Le zèle», écrivait le savant bénédictin, «mit l'épée à la main» de l'exécuteur: «Il pouvait ajouter que le zèle lui donne des forces surnaturelles, car Samuel avait près de cent ans, et à cet âge on n'est guère capable de mettre un roi en hachis. Il faut un furieux couperet de cuisine, et un furieux bras.»[63]

C'est la présence de l'auteur, par ses réflexions, par son ton, qui fait tout l'intérêt de ces pages fort plaisantes. Ainsi les chapitres du Sadder se nomment bizarrement des «portes»: des portes «par lesquelles on entre dans le ciel»... Le «chrétien» invite poliment Guénée: «En voici quelques-unes; entrez, monsieur.» Il précise que «son ami» Voltaire «a écouté à l'une de ces portes», et il relate ce qu'il y a entendu.[64] Mais Guénée vient-il à soupçonner que Voltaire n'a pas lu Hyde, sur la religion des Perses, le «chrétien» s'indigne: «Oui, monsieur, il l'a lu, et moi aussi.» Ce qui est vrai, comme l'attestent les annotations du volume dans la bibliothèque de Ferney.[65] A son habitude Voltaire confond l'adversaire par le déploiement de son érudition. Mais que vaut-elle? Il ne cite presque jamais ses références, et l'on demeure sceptique. Ainsi sur la question de l'âme et de

59. M.xxix.573.
60. M.xxix.552. Voir *Voltaire en son temps*, iv.346.
61. M.xxix.506s. Voir ci-dessus, p.45.
62. M.xxix.505, 510s., 514, 525.
63. M.xxix.534.
64. M.xxix.552.
65. M.xxix.550, et *Marginalia*.

son immortalité, il déverse sur Guénée une prodigieuse avalanche d'autorités: vérification impossible, en tout cas jamais tentée. Est-ce que, par exemple, saint Clément le Romain, au premier siècle, «commence son livre des *Recognitions* [...] par un doute sur l'immortalité de l'âme»? Prit-il, comme l'affirme le «chrétien», «la résolution d'aller en Egypte apprendre la nécromancie, la magie, pour s'instruire à fond sur l'âme»?[66] D'où Voltaire le sait-il? En réalité il le confond avec Clément d'Alexandrie. L'ouvrage du «chrétien», composé selon la méthode habituelle du polémiste, par de courts chapitres, se conclut sur une succession de vingt-quatre «niaiseries» que couronne une «Incursion sur Nonnotte». En effet Guénée se réclamait souvent de cet auteur. Voltaire réédite donc en annexe ses anciens *Eclaircissements historiques* anti-Nonnotte.[67]

Il a travaillé fort vite à cet opuscule anti-Guénée, en novembre et décembre 1776.[68] Il le publie au début de 1777,[69] sous la forme d'un ouvrage de 303 pages, «A La Haye, aux dépens des libraires», en réalité à Genève. Il le reprend sous le titre *Le Vieillard du Mont Caucase aux juifs portugais, allemands et polonais*, et l'insère dans le tome XIV de *L'Evangile du jour*. Mais, quel qu'en soit l'intitulé, l'ouvrage suscite peu d'écho. La *Correspondance littéraire* de Meister néglige d'en parler. Dans son texte même, Voltaire accuse la multitude des livres qui paraissent chaque année en France: 50 000, selon lui. Il les compare à une prolifération d'insectes: «leur grand nombre les fait périr en moins de temps qu'ils ne se forment»; «je veux vivre deux jours avec eux», ajoute-t-il.[70] La remarque vaut surtout, en ces dernières années, pour sa propre production. Un lecteur qui aujourd'hui ouvre *Un chrétien contre six juifs* est séduit par la fraîcheur voltairienne de ce texte: vivacité, imprévu, gaîté de ses critiques, frappées souvent au coin du bon sens.[71] Extrait de son contexte, cet écrit se pare d'une vive originalité. Mais le public de 1777, blasé, n'attend plus rien du philosophe de Ferney. Trop de déjà dit. La pédagogie de la répétition engendre alors ses effets négatifs: lassitude, ennui...[72]

66. M.xxix.548-49.

67. Voir *Voltaire en son temps*, iv.266.

68. D20407 (18 novembre 1776), à d'Alembert: «Raton joue actuellement avec la souris nommée Guénée»; voir aussi D20446 (4 décembre 1776), à d'Argental, D20461 (9 décembre 1776), à Frédéric II.

69. D'après D20550 (4 février 1777), à d'Argental.

70. M.xxix.500.

71. Ainsi M.xxix.514: si le Pentateuque interdit sous peine de mort la fornication avec les boucs et les chèvres, c'est évidemment que les anciens Juifs étaient exposés à de telles pratiques.

72. Charles Bonnet, d'ailleurs fort mal disposé envers Voltaire, témoigne de cet état d'esprit: «On a répondu cent fois à ses objections et il les reproduit toujours comme si elles étaient demeurées sans réponse» (D20300, 18 septembre 1776, à Spallanzani). Dans le même sens, deux ans plus tôt, Hennin, s'adressant à son ministre, assurait que Voltaire avait «bien de la peine à se faire lire, à force d'avoir rebattu les matières de religion» (D19164, 27 octobre 1774, à Henri Bertin).

Depuis plusieurs mois, et peut-être depuis fort longtemps,[73] il avait en chantier un ouvrage sur la Bible, de plus grande ampleur, ne se limitant pas à des réponses à Guénée. En avril 1774, Du Pan parle d'une «compilation du Vieux et du Nouveau Testament», ajoutant: «Il ne travaille presque plus que contre la religion, mais nous ne voyons pas ce qu'il fait, tout va en droiture à Paris.»[74] D'après le comte de Stolberg, en visite à Ferney le 25 août 1775, un *Commentaire de l'Ecriture sainte* de Voltaire était alors sous presse en Hollande.[75] En avril 1776, Frédéric II reçoit des «remarques sur la Bible»: toutes mentions annnonçant évidemment *La Bible enfin expliquée par plusieurs aumôniers de S. M. L. R. D. P.* Les initiales peuvent à volonté désigner les aumôniers de Sa Majesté le roi de Prusse (qui n'en a guère et ne recourt pas à leurs services), ou ceux de Sa Majesté le roi de Pologne. L'ouvrage paraît au milieu de 1776. La *Correspondance littéraire* en parle dans la livraison de septembre, et Condorcet l'évoque le 6 octobre, pour déplorer que «le commentaire ne soit pas complet, et que les aumôniers se soient dégoûtés trop vite».[76] Voltaire en convient, mais fait valoir que «le sujet est horriblement dégoûtant, et [que] ceux que leur intérêt attache au texte sont horriblement fripons».[77] Frédéric, quant à lui, est enchanté. Il demande au ciel de bénir «le plaisant commentateur de ce profond ouvrage».[78]

Voltaire suit la méthode de Dom Calmet dans son *Commentaire littéral*. Il attache chaque commentaire à une citation du texte, avec cette différence que souvent la Vulgate est par ses soins traduite ou adaptée tendancieusement. Dom Calmet ne lui fournit pas seulement un modèle de présentation mais aussi, comme dans tant d'œuvres de Voltaire, une ample érudition: le bénédictin est expressément mentionné vingt fois. Le seul livre de la Genèse comporte cinquante-cinq emprunts littéraux. Voltaire ajoute toutefois à sa source majeure des rapprochements avec d'autres mythologies orientales: la cosmogonie phénicienne, les doctrines des Chaldéens et des Persans. Il redit ce qu'il a dit depuis tant d'années, sur le déluge ou le passage de la mer Rouge, sur Abraham prostituant sa femme, sur le crime de Jacob et de Rébecca, sur l'atrocité des Hébreux dans l'histoire de Dina, sur la cruauté des enfants de Jacob qui désolent leur père en lui montrant la tunique ensanglantée de Joseph.[79] Commentant le livre des Rois, il s'irrite qu'on y voie le créateur de l'univers venir appeler à

73. CLT, xi.348, fait remonter à la période de Cirey la préparation de *La Bible enfin expliquée*.
74. Bibliothèque publique et universitaire de Genève, Suppl.1545, f.135*v*, 171*v*.
75. D19623, le comte de Stolberg à sa femme.
76. D20333.
77. D20354 (18 octobre 1776).
78. D20364 (22 octobre 1776).
79. Voir David Levy, *Voltaire et son exégèse du Pentateuque: critique et polémique*, Studies 130 (1975).

quatre reprises un enfant, Samuel, pendant la nuit. Il juge excessif le chiffre de trente mille chariots de guerre, ou de quarante mille écuries qu'aurait possédés Salomon. Il compare David à un capitaine de bandits. Il s'amuse à argumenter pour savoir si Dieu a donné des hémorroïdes aux vainqueurs des Juifs, ou s'il s'agit d'une autre maladie...[80] Si le Nouveau Testament est beaucoup moins commenté, Voltaire revient sur les preuves de la divinité de Jésus, en discutant les généalogies, en jetant la suspicion sur les prophéties, en soulignant les contradictions. Il ajoute parfois quelque argument nouveau : ainsi il met en doute les paroles de Dieu rapportées par les évangélistes, lors du baptême du Christ : réellement prononcées, elles auraient nécessairement suscité crainte et respect.[81]

Jusqu'aux derniers jours, Voltaire s'intéressera à son ouvrage. Le 14 mai 1778, il demande encore à Wagnière deux exemplaires de *La Bible enfin expliquée*, sous l'enveloppe de M. de Vaines. Mais de Ferney déjà son secrétaire lui en avait fait l'envoi.[82]

Il veut enfin couronner son corpus biblique en traitant un grand sujet : celui des origines chrétiennes. Il reprend le titre qu'avait utilisé J. B. Bullet, «professeur royal de théologie», en 1764, pour un ouvrage en deux volumes, qu'il a lui-même lu et annoté : *Histoire de l'établissement du christianisme*.[83] L'auteur est censé être un Anglais, comme l'était Bullet. Ce qui donne à l'ouvrage sa cohérence, c'est la réduction de la place faite au Christ dans cette histoire du christianisme : Jésus n'en est plus que la cause occasionnelle. Le critique insiste sur l'ignorance où nous sommes du temps de sa naissance et du déroulement véritable de sa vie, si l'on tient compte des contradictions des évangélistes, de l'importance dans les premiers siècles des textes apocryphes, des invraisemblances de récits tels que le massacre des Innocents, de l'inadéquation des prophéties de l'Ancien Testament. Une fois ôtées l'artifice et l'imposture, une fois les obscurités décantées, Voltaire reconstruit l'histoire selon la vraisemblance. Au départ, un paysan peut-être plus éclairé que son entourage, sans qu'il ait forcément su lire et écrire, qui veut constituer une petite secte dans la populace des campagnes ; après sa mort, quelques impostures de ses disciples, qui ne songent pas pour autant à établir une religion nouvelle ; puis l'arrivée d'un homme au caractère ardent, Paul, qui a appris un peu de fatras rabbinique avec son maître Gamaliel, et qui rejoint, par dépit, la secte des Juifs révoltés contre les anciens Juifs. Enfin l'influence des platoniciens d'Alexandrie : on aboutit à la métamorphose d'un homme obscur en

80. M.xxx.160, 161, 163, 171, 182.
81. M.xxx.305.
82. D21190, D21191 (13 mai 1778) ; D21194 (15 mai 1778).
83. *Marginalia*, i.613-15.

fils de Dieu. L'idée que la fin du monde était proche, l'introduction de mystères, sur le modèle des religions orientales, assurèrent le succès de la religion nouvelle.[84]

On le voit, quantité d'éléments concernant Jésus et Paul était déjà dans l'*Examen important* et dans d'autres textes. Mais ce qui frappe dans cette démarche, c'est le souci de faire œuvre d'historien, en laissant de côté la valeur morale naguère recherchée dans le message du «Socrate de la Galilée». Identifier l'origine de toutes les composantes qui, amalgamées, ont constitué le christianisme, dénoncer les impostures qui ont engendré les crimes de l'intolérance, telle est l'orientation de cette *Histoire*. La démarche mène à la relativité et à l'indifférence pour toute religion particulière. Sont signalées ainsi quantité d'incarnations divines, vers le Gange ou à Siam, autant qu'à Jérusalem.[85] Voltaire déplore que si peu de savants aient pris la peine d'examiner la chronologie et les monuments anciens, en comparaison des centaines de milliers de prêtres qui ont mission de tromper, ou qui sont trompés eux-mêmes. Toutefois les derniers mots, exprimant le souhait d'un pardon général, surprennent par leur modération. Il est vrai que le philosophe conservait en manuscrit une conclusion beaucoup plus vigoureuse, où les prêtres étaient invités à faire leur examen de conscience:

> Je ne suis riche que par les fondations de mes compatriotes qui eurent autrefois la faiblesse de dépouiller leurs familles pour enrichir l'Eglise. Serais-je assez lâche pour tromper leurs descendants, et assez barbare pour les persécuter? Je suis homme avant d'être ecclésiastique. Examinons devant Dieu ce que la raison et l'humanité m'ordonnent.[86]

Voltaire travaillait à l'*Histoire de l'établissement du christianisme* depuis 1776, tout au moins. Quatorze feuilles d'épreuves avaient été tirées, qui portent des corrections autographes.[87] Mais l'ouvrage ne parut pas de son vivant. Il fut publié seulement dans l'édition de Kehl des *Œuvres complètes*.

Ces derniers ouvrages de Voltaire convergent vers une apologie du théisme. Ainsi l'*Histoire de l'établissement du christianisme* s'écarte vers sa fin de la démarche purement historique. «A quoi servirait cet écrit», s'interroge l'auteur, «[...] si on ne guérissait pas au moins quelques lecteurs de la gangrène du fanatisme?» «Nous ne sommes pas faits», continue-t-il, pour des spéculations telles qu'en ont développées les théologiens sur le dogme de la Trinité, «mais pour adorer Dieu, pour cultiver la terre qu'il nous a donnée, pour nous aider mutuellement dans cette courte vie».[88] Ce théisme procède d'une source pure: la raison. La raison

84. *Histoire de l'établissement du christianisme*, ch.VI-X.

85. Ch.XXIII.

86. Le texte manuscrit conservé à la BN (N. acq. fr. 24 342) a été reproduit par I. O. Wade, «The search for a new Voltaire», *Transactions of the American philosophical society* 48 (1948), p.58-59.

87. Voltaire, *Œuvres inédites*, éd. F. Caussy (Paris 1914), p.59.

88. *Histoire de l'établissement du christianisme*, ch.XXIII.

«nous fait voir que le monde n'a pu s'arranger de lui-même et que les sociétés ne peuvent subsister sans vertu». Hélas! de cette «source pure» sont sortis des «ruisseaux impurs». Le christianisme est l'un d'eux: c'est ce qu'a prétendu démontrer l'«histoire de son établissement».[89]

Le traité *De l'âme*, sur un sujet différent, aboutit à la même affirmation théiste. Voltaire présente l'opuscule comme l'œuvre de «Soranus, médecin de Trajan». Le point de départ est en effet médical. Le «médecin de Trajan» s'interroge sur l'implantation de l'âme dans le corps. Il suit les nerfs jusqu'au cervelet. A partir de là, il constate que «tout échappe à nos regards». Très vite donc, il doit avouer que «nous n'avons pu savoir le secret de Dieu». Il commente: «La plus grande des probabilités et la plus ressemblante à une certitude est qu'il existe un Etre suprême et puissant, invisible pour nous, un régulateur de la grande machine, qui a formé l'homme et tous les autres êtres». «Il faut», précise-t-il, «que cette puissance formatrice soit unique.» C'est sur cette idée d'un Etre suprême que «Soranus» fonde sa théorie de l'âme: «L'expérience bien avérée de tous les hommes et de tous les temps [...] est [...] que nous voyons par nos yeux, que nous entendons par nos oreilles, et que nous pensons par notre tête. Ainsi l'a voulu l'éternel fabricateur de toutes choses.» L'âme n'est donc pas, comme l'imaginait Homère, «une petite figure aérienne [...] parfaitement ressemblante au corps qu'elle faisait mouvoir», et qui sortirait de ce corps au moment de la mort. Elle n'est «qu'une faculté accordée par le grand Etre, non une personne. Elle est une propriété donnée à nos organes et non une substance.»[90] *In fine*, est abordé le problème du mal. Mais «il n'y a point de mal pour le grand Etre; il n'y a pour lui que le jeu de la grande machine, qui se meut sans cesse par des lois éternelles.» «Soranus» raille l'anthropomorphisme populaire. Il attribue au «premier Anaxagore» cette boutade: «Si les oiseaux se figuraient un dieu, il aurait des ailes; celui des chevaux courrait avec quatre jambes.» Ne sont pas moins dérisoires les imaginations du «vulgaire», se représentant «Dieu comme un roi qui tient son lit de justice dans sa cour». Sont tout aussi irrecevables «les cœurs tendres», lorsqu'ils voient en lui «un père qui a soin de ses enfants». Le sage, quant à lui, «ne lui attribue aucune affection humaine. Il reconnaît une puissance éternelle, qui anime toute la nature, et il se résigne.»[91] Théisme austère, dont Voltaire devine bien que, les hommes étant ce qu'ils sont, la diffusion ne peut être que fort limitée.

Ce «Soranus» connaît les brachmanes, et leur métempsychose. Il fait état du Shasta. On jurerait qu'il a lu Holwell. «Notre religion», écrit-il, «était cachée au fond de l'Inde, et nous ne l'apprenons que d'aujourd'hui. Qui l'eût cru, que la

89. Ch.XXVI.
90. M.xxix.329, 330.
91. M.xxix.331, 334, 339, 341, 342.

chute de l'homme et la chute des demi-dieux fût une allégorie indienne?»[92] Mais ici c'est Voltaire lui-même, sans masque, qui parle, faisant écho à ses *Lettres chinoises*, dont *De l'âme* doit être contemporain. A qui Voltaire destine-t-il le traité de «Soranus»? Il n'en fait mention nulle part dans sa correspondance.[93] On n'en connaît pas d'édition séparée. Inséré dans le dix-huitième volume des *Nouveaux mélanges* (1776), ce petit texte est passé inaperçu. L'impression prévaut que Voltaire le rédigea pour lui-même, afin de mettre au net ses idées sur des sujets qui lui tiennent à cœur.

On en dira peut-être autant des *Dialogues d'Evhémère*. Sans doute il en parut une édition séparée, chez Marc Michel Rey.[94] Mais l'œuvre est absente de la correspondance. Une seule mention du nom d'Evhémère, en 1775, indique-t-elle qu'à cette date déjà Voltaire pense aux *Dialogues*, que les *Mémoires secrets* signalent seulement en novembre 1777? En tout cas la teneur même de l'ouvrage le situe dans la continuité des écrits qui viennent d'être évoqués. Après Soranus, c'est ici Evhémère que l'auteur choisit comme porte-parole. Ce Grec de la fin du troisième siècle avant Jésus-Christ avait été un esprit fort. Il avait exposé une interprétation rationaliste du polythéisme antique: selon lui, les dieux ne furent à l'origine que de simples hommes divinisés par la crainte et l'admiration de leurs contemporains. Voltaire cependant accorde peu d'intérêt à l'évhémérisme. Tout au plus son Evhémère dénonce-t-il en Alexandre, qu'il a suivi jusqu'en Inde, un conquérant transformé par ses victoires en débauché et en despote, pendant que d'aucuns veulent en faire un demi-dieu. Le philosophe grec des *Dialogues* a jadis parcouru «la moitié de la terre»: il n'y a vu que «des folies, des malheurs et des crimes». Dégoûté, il s'est retiré à Syracuse; il y cultive son jardin,[95] comme Candide, comme Voltaire. Comme Voltaire il possède de vastes connaissances, non seulement sur la philosophie ancienne, mais aussi – par prescience? – sur les philosophes et savants modernes, de Copernic à Buffon, et sur l'Europe du dix-huitième siècle. Cet étrange Ancien a devant lui un interlocuteur, Callicrate: lequel d'emblée lui lance, en rafales, toute une série de questions, sur Dieu, sur l'âme, la nature, les lois, la société, les arts... De quoi alimenter les douze dialogues qu'on va lire. On l'a compris: grâce à ce nouveau déguisement, Voltaire va se livrer au plaisir de mettre par écrit sa conversation sur les sujets qui excitent à la fois son intérêt et sa verve.

Tout d'abord, «y a-t-il un Théos?», demande Callicrate. Le Théos, ou Dieu,

92. M.xxix.332-34.

93. Le titre est absent de l'index de l'édition de Th. Besterman, aussi bien que de celui de Michel Léturmy, à la fin du tome XIII de la *Correspondance* publiée par Fr. Deloffre (Paris 1993).

94. (Londres [Amsterdam] 1777), avec une partie du ch.XXVII de *Dieu et les hommes*; réimprimés en 1778 dans le tome XV de *L'Evangile du jour*.

95. M.xxx.467-69.

sera le sujet des *Dialogues*, jusqu'au sixième inclus. Sujet rebattu, objecte Callicrate: car Voltaire est bien conscient de ses redites. L'interlocuteur résume dédaigneusement le discours habituel: «l'arrangement de l'univers» démontrant un «fabricateur», etc. Cela, continue-t-il, ne persuade nullement «nos épicuriens» – entendons les athées parisiens – pour qui c'est la nature qui «a tout fait», qui est «le Grand Etre». Et Callicrate, doué, lui aussi, de prémonition, invite Evhémère à lire le *Système de la nature*, l'*Histoire de la nature*, et autres ouvrages affichant à leur titre le mot «nature». Evhémère coupe court, par une formule que Voltaire a déjà plusieurs fois employée: «Il n'y a point de nature, tout est art.» Après quoi Voltaire-Evhémère s'efforce d'écarter les objections déjà souvent rencontrées. Le mal? Il répond: «Il y a un Etre nécessaire [...]; existera-t-il moins parce que nous souffrons? Existera-t-il moins parce que je suis incapable d'expliquer pourquoi nous souffrons?» Il faut comprendre que Dieu ne peut faire l'impossible. Ainsi il ne peut dispenser les vivants de la mort, condition de la vie.[96] L'âme? «Evhémère» est du même avis que «Soranus»: l'âme n'est pas «une personne habitante de notre corps», mais seulement le nom donné aux facultés de penser, de sentir, dont nous a dotés le grand Etre.[97] L'au-delà? Sans doute, si Dieu est juste, il punit et récompense *post mortem*. Mais peut-il «exister de nous quelque chose de sensible quand tous les organes du sentiment sont détruits, quelque chose qui pense quand la cervelle, où se formait la pensée, est mangée de vers, et quand ces vers et cette cervelle sont en poussière»? Evhémère se tire d'embarras par une hypothèse plusieurs fois énoncée par Voltaire, à savoir que Dieu a mis en l'homme

> une étincelle invisible, impalpable, un élément, quelque chose de plus intangible qu'un atome d'élément, ce que les philosophes grecs appellent une monade; si cette monade était indestructible, si c'était elle qui pensât et qui sentît en nous, alors je ne vois plus qu'il y ait de l'absurdité à dire: cette monade peut exister, peut avoir des idées et du sentiment, quand le corps dont elle est l'âme sera détruit.

Hypothèse très fragile: «Evhémère» le reconnaît, qui s'avoue «philosophe ignorant».[98]

On passe à l'instinct don de Dieu, bien évidemment, bénéficiant à l'animal ainsi qu'à l'homme dans tout ce qu'il accomplit hors du contrôle de la conscience ou de la volonté. Callicrate raille ce Dieu constamment occupé de diriger l'infini détail des fonctions instinctives. Mais non, réplique «Evhémère», Dieu agit par «des lois générales, immuables, éternelles», sans que, pour autant, l'homme soit

96. M.xxx.469-75.
97. M.xxx.476-80.
98. M.xxx.481-84.

capable de «définir» Dieu.[99] Question suivante: «Comment Dieu s'y prit[-il] pour former l'œuvre du monde?» «Evhémère» l'ignore, et ironise sur ce que Platon, Aristote et d'autres ont inventé sur l'astronomie, la physique, la biologie. A partir de là, les six derniers *Dialogues* vont prendre l'allure d'une revue satirique. Mais on retiendra que la moitié de l'ouvrage a été consacrée au problème de Dieu, manifestement préoccupation majeure de Voltaire en ses dernières années. A qui veut bien prendre la peine de lire ses textes, l'interprétation très réductrice de certains apparaît tout à fait inadéquate: celle qu'avance une polémique anti-voltairienne, lorsqu'elle prétend que Voltaire fait semblant de croire en Dieu, et prêche son «rémunérateur et vengeur» à seule fin de défendre contre la «canaille» la richesse du philosophe. Certes l'argument moral et social constitue un élément du théisme voltairien: il n'en est pas le principe générateur. On remarquera d'ailleurs qu'il n'en est pas fait mention dans l'ultime mise au point des *Dialogues d'Evhémère*.

Dans les six derniers *Dialogues*, Evhémère se détache de plus en plus de l'antiquité à laquelle il est censé appartenir. Il annonce les «grandes découvertes des philosophes barbares»: Perconic (Copernic), Leéliga (Galilée), Newton (désigné, sans être nommé)... Voltaire ne manque pas l'occasion de débiter, inlassablement, son sottisier scientifique: Needham et ses «anguilles», Buffon et ses «molécules organiques», Descartes et ses «tourbillons», les faluns de Touraine, les hommes poissons de Telliamed, les «coquilles». Parmi tant de vieilles connaissances, le lecteur est émerveillé de rencontrer, à propos des aliments prodigués par «le grand Démiourgos» aux pauvres humains selon les climats, des évocations gourmandes du riz, de l'oranger, de la noix de coco...[100] «Evhémère» termine en décrivant, sur le ton de l'enthousiasme, les «inventions des barbares»: l'agriculture modernisée, les instruments d'optique, l'imprimerie, la gravure, l'*Encyclopédie*, la poudre à canon, le verre. Hélas! à ces «arts nouveaux» se mêlent des divagations: celles de Maupertuis (que Voltaire ne parvient pas à oublier), de Jean-Jacques Rousseau et de son *Emile*. A quoi s'ajoutent les «couleuvres de l'Envie», répandues dans les spectacles et les journaux. N'empêche, dès qu'il le pourra, Callicrate se rendra dans la ville immense, où prospèrent le pire et le meilleur, «cette capitale des barbares aimables»: Paris.[101]

Voltaire-Evhémère a achevé son habituel bilan, sous la forme d'un tour d'horizon philosophique. Ce sera le dernier. Mais les *Dialogues d'Evhémère* ne sont pas sa dernière œuvre. Les ultimes mois de sa vie, en 1776 et 1777, comptent

99. M.xxx.485-92. Ce Dieu, «la raison nous force à l'admettre, la démence entreprend de le définir» (p.490). Et sous une forme un peu différente, *Marginalia*, iv.444, sur *Le Système de la nature*: «Dieu, la raison l'admet, l'insolence le définit.»

100. M.xxx.523.

101. M.xxx.531.

parmi les plus productifs. Il lui reste d'autres sujets à traiter, d'autres cibles à atteindre (Shakespeare, Montesquieu, Pascal...), d'autres entreprises à tenter, au théâtre, et même à l'Académie.

12. L'anti-Shakespeare

Voltaire continue à répéter qu'il est mort, ou qu'il devrait l'être. Mais, toujours, ce sont les autres qui s'en vont: ainsi Julie de Lespinasse, le 23 mai 1776. «Je la connais mieux que personne», écrivait Voltaire à d'Alembert, en apprenant l'état alarmant de sa santé, «puisque je la connais par l'estime et l'amitié que vous avez pour elle.»[1] C'est dire qu'il ne s'intéresse à elle qu'à travers son «cher philosophe». Ses relations avec Julie restèrent toujours indirectes. Ils ne se sont jamais écrit, sauf par personne interposée.[2] Certes elle est «philosophe». Elle voue au grand homme une admiration sincère. Mais elle lit Jean-Jacques et apprécie Marivaux. Elle s'enthousiasme pour Gessner et partage l'anglophilie des Suard. Shakespeare la met en transes. Elle appartient à ce secteur de l'opinion philosophique qui commence à échapper à l'influence voltairienne. En outre les liens du patriarche avec Mme Du Deffand commandent sans doute une grande réserve à l'égard de l'ancienne demoiselle de compagnie de la marquise, accusée de trahison. Apprenant le décès de Julie de Lespinasse, il plaint d'Alembert, mais est persuadé que «la philosophie le consolera».[3] On imaginait mal celui-ci dans le rôle de philosophe amoureux. Il laisse pourtant percer son désespoir.[4] Il rend un hommage discret, bien que public,[5] à son amie. Puis il ne fut plus jamais question de Mlle de Lespinasse dans sa correspondance avec Voltaire. Que savait-on au juste à Ferney, d'une part du drame de Julie, amante passionnée du marquis de Mora, puis du comte de Guibert, accablée par la mort du premier, par le mariage du second, minée par les regrets, les remords, le mal de vivre; et d'autre part des souffrances de d'Alembert, dont le bonheur, à l'entendre, fut bref, qui connut si longtemps les tortures d'un amour peut-être inavoué, peut-être platonique, avant d'apprendre par les correspondances de la morte qu'elle avait quelques raisons de lui demander pardon, peu avant de mourir, achevée par la phtisie et par l'opium? D'Alembert se tut, ne confiant son secret qu'au papier.[6] Il quitta bientôt la

1. D20085 (25 avril 1776), à d'Alembert.

2. Notamment en 1775, lors de l'affaire des «paquets» envoyés de Ferney, D19601 (11 août), d'Argental à Voltaire; D19729 (6 novembre), Voltaire à d'Alembert.

3. D20146 (31 mai 1776), à Thibouville.

4. D20189 (24 juin 1776), d'Alembert à Voltaire.

5. Lors de la réception de La Harpe à l'Académie, le 20 juin.

6. D'Alembert soulagera son cœur en écrivant deux textes, *Aux mânes de Mlle de l'Espinasse* et *Sur la tombe de Mlle de Lespinasse*, qui ne parurent qu'en 1799. Voir Jean Noël Pascal, «Le rêve d'amour de d'Alembert», *Dix-huitième siècle* 16 (1984), p.163-69.

rue Saint-Dominique, où il vivait près de Julie, pour occuper au Louvre les appartements réservés au secrétaire perpétuel de l'Académie française: une «soupente» triste et obscure où sa santé va bientôt décliner, en dépit des soins de ses proches, et surtout de l'admirable ami que fut pour lui Condorcet.

La fortune apporte cependant à Voltaire quelques sujets de satisfaction. Le lendemain de la disgrâce de Turgot, La Harpe entre à l'Académie. Dès 1770, Voltaire et d'Alembert avaient poussé sa candidature. Ecarté à plusieurs reprises, longtemps contraint de se faire oublier, «Bébé», ou «le petit nain»,[7] avait enfin son tour. La mort du duc de Saint-Aignan, le 22 janvier 1776, avait libéré un fauteuil. Turgot, sollicité, se déroba. Le poète Colardeau fut choisi; il eut l'honnêteté de mourir, le 7 avril, avant d'être reçu. La Harpe obtient son siège le 13 mai. La joie de Voltaire est grande. Son élève et ami, auquel il a pardonné depuis longtemps certaines indélicatesses, sera, il en est convaincu, plus encore qu'un champion de la philosophie, un soutien de la scène et un défenseur acharné du bon goût. Cependant des auteurs dramatiques – Lemierre, Dorat, Sedaine – se plaignirent d'avoir été une fois de plus écartés de l'Académie par le sectarisme du secrétaire perpétuel. Linguet se fait leur interprète dans un article cinglant de son *Journal de politique et de littérature*, dirigé contre le vénérable corps et contre l'heureux élu. Mal lui en prit. Sur la plainte des Immortels, Linguet perd son privilège... au profit de La Harpe.[8] Voltaire goûtait fort les articles que son protégé donnait auparavant au *Mercure*; il en faisait un petit recueil.[9] Il fut donc très heureux du tour que prenaient les choses.[10] Le parti philosophique comptait un adepte de plus dans l'illustre assemblée et se débarrassait, au moins pour un temps, d'un journaliste hostile.

La philosophie fait mieux que résister. Voici qu'elle est défendue par une tête couronnée. En mai 1776, Frédéric II, landgrave de Hesse-Cassel, fait paraître à Lausanne ses *Pensées diverses sur les princes*.[11] Voltaire le remercie dès le 18 mai.[12] Il est fier de compter parmi les souverains éclairés un prince qui a lu Platon, qui a supprimé dans son pays la potence et la censure ecclésiastique, qui a si généreusement accueilli deux de ses «élèves», de Luchet et Mallet Du Pan, qui enfin a fait représenter par ses comédiens *Sémiramis* et *Les Guèbres*. Les *Pensées diverses* établissent les règles d'un absolutisme dévoué au bonheur du peuple,

7. Surnoms donnés à La Harpe par Fréron.

8. Le garde des sceaux, Miromesnil, ne fut pas fâché «de punir sous ce prétexte [...] l'auteur et l'insolence avec laquelle M. Linguet a manqué si souvent à l'ordre des avocats, au parlement et au Conseil» (*Mémoires secrets*, 8 août 1776).

9. D20135 (22 mai 1776), à La Harpe.

10. D20258 (15 août 1776), à La Harpe.

11. Elles dataient de 1760; le landgrave se décide à les publier enfin, par les soins du marquis de Luchet.

12. D20129.

faisant régner, en même temps que l'ordre, la prospérité, la paix, l'humanité, la justice, l'instruction, les arts; un pouvoir soucieux de restreindre l'emprise des corps intermédiaires, notamment du clergé, et imposant, s'il le faut, contre les préjugés, les réformes nécessaires.[13] Voltaire ne peut qu'approuver ce «catéchisme». Il envoie donc l'ouvrage à l'autre Frédéric II (le grand) qui devrait y retrouver son esprit. Mais la réponse du roi refroidit sans doute l'enthousiasme de Voltaire. «Luc» n'a jamais pardonné au landgrave sa conversion au catholicisme.[14] Il lui en veut surtout d'avoir «vendu ses sujets aux Anglais, comme on vend du bétail pour le faire égorger», et de les envoyer se battre en Amérique contre les Insurgents.[15] Trafic courant en Allemagne depuis la guerre de Trente Ans,[16] et le plus gros client de la Hesse-Cassel était l'Angleterre. On ne sait ce que Voltaire pensait d'une «absurdité aussi cruelle».[17]

En France, la situation politique l'inquiète. Contre Clugny, le successeur de Turgot, les témoignages défavorables affluent de tous côtés. La fin du procès de la «Caisse de Poissy», engagé sous Turgot, révéla les tendances du nouveau ministère. Le gouvernement soutint, contre l'abbé Baudeau et tous les «économistes», les financiers titulaires de la ferme du Marché aux bestiaux, accusés de faire des bénéfices scandaleux sur les taxes. On interdit à l'abbé, qui plaidait lui-même, d'imprimer ses mémoires. Son journal fut supprimé, et il fut exilé en Auvergne.[18] Voltaire assiste impuissant à l'événement.

Il craint pour sa colonie de Ferney. Confiant en l'appui de Turgot, il avait continué à la développer. Les quatre-vingt-trois maisons ne suffisaient plus; dix-huit chantiers nouveaux étaient ouverts.[19] En prévision de futures dépenses, Voltaire s'efforce donc de faire rentrer les sommes dues. Certains débiteurs se dérobent, tel l'insaisissable marquis de Saint-Tropez, qui ne paie jamais et «glisse toujours des mains» de l'ami Audibert.[20] Le duc de Wurtemberg, en revanche, consent à payer un arrérage important, 24 500 livres. Rosé, de Colmar, porte lui-même l'argent, le 14 juin, à Ferney.[21] Encouragé par le succès, Voltaire s'enhardit à réclamer le remboursement complet de son dernier prêt, 70 000 livres, par tranches de 20 000, payables de six mois en six mois, à compter de décembre.

13. C'était à peu près la politique de Gustave III de Suède.

14. Voir *Voltaire en son temps*, iii.139-40. Sur les *Pensées* et les relations du prince avec Voltaire, H. A. Stavan, «Landgraf Frederick of Hesse-Cassel and Voltaire», *Studies* 241 (1986), p.161-83.

15. D20180 (18 juin 1776), Frédéric II à Voltaire.

16. Stavan, p.178-79.

17. Cinq mille Hessois furent tués en Amérique, trois mille désertèrent (Stavan, p.179).

18. Voir les *Mémoires secrets* de 1776 des 16, 20 mai; 16, 19, 23, 25 juillet; 1, 6, 13 août; 29 septembre; 14 octobre.

19. Les chiffres sont donnés par Rosé, D20184 (23 juin 1776).

20. D20178 (17 juin 1776), Audibert à Voltaire.

21. D20175 (15 juin 1776), à Sébastien Dupont.

C''est l'affolement à Montbéliard: le Conseil suprême se trouve dans l'impossibilité absolue d'acquitter cette dette.[22] La négociation va se poursuivre.

Ferney excite toujours l'admiration des visiteurs. Les curieux, séduits par ce qu'ils voient – les maisons naissant d'un jour à l'autre, le village devenant ville[23] – se refusent à croire que des dangers menacent la colonie. Leur enthousiasme parfois atteint l'extase. Une certaine Mme de Vismes, lyonnaise, aussi «sensible» qu'Amélie Suard, bénit en Voltaire «l'ami de l'humanité» qui «fait revivre l'âge d'or, dans un paradis terrestre où tout respire le bonheur».[24] Lekain, au cours du séjour dont nous parlerons, célèbre aussi le charme «enchanteur» de Ferney, qu'il compare aux Champs-Elysées. Il est ému par le «touchant spectacle» que présentent la prospérité du lieu, «le pays superbe» qui l'entoure, les «1 300 habitants, tous très occupés, bien logés, bien nourris», qui «vivent en paix et prient Dieu, dans leurs différentes communions, de conserver les jours de leur fondateur». Pourquoi ne placerait-on pas sa statue dans ses jardins? Lekain est frappé par l'activité du vieillard, qui travaille dix heures par jour, ce qui ne l'empêche pas de s'occuper du domaine: «Il est en même temps l'intendant de sa maison, son trésorier, son maître d'hôtel, l'inspecteur de ses bestiaux, etc.» Quand il se repose un peu, il redevient «charmant», et sa conversation brille d'esprit et de gaîté. «Il est vrai», ajoute Lekain, «qu'il est rarement dans ses goguettes, mais il s'y livre avec facilité lorsque la société lui plaît», et qu'elle est peu nombreuse.[25]

La visite de Mme de Genlis, au mois d'août de 1776, a pris dans certaines biographies de Voltaire une place démesurée. On sait le prix qu'il faut accorder à ces *Mémoires*. Les quinze pages[26] qu'elle y consacre à Voltaire constituent un de ces morceaux de bravoure qui abondent dans un ouvrage destiné, comme l'a bien senti Sainte-Beuve, à laisser d'elle un monument public.[27] En cette occasion, comme toujours, c'est Mme de Genlis qui tient le premier rôle; à Voltaire, comme aux autres, de jouer les utilités. De plus, elle écrit longtemps après les événements, brouille les dates[28] et recompose à loisir sa vie exemplaire. Le texte sent l'apprêt, comme son attitude avant la «rencontre historique». Elle s'est

22. D20199 (2 juillet 1776), le Conseil de Montbéliard à Voltaire; D20200 (ce même jour), du Conseil au duc de Wurtemberg.

23. D20152 (5 juin 1776), Mme Gallatin au landgrave de Hesse-Cassel.

24. D20190 (24 juin 1776), Mme de Vismes à Voltaire.

25. Outre les amis cités plus haut, il n'y avait à Ferney que l'abbé Coyer.

26. *Mémoires inédits sur le XVIIème siècle* (Paris 1825), i.316-31.

27. *Premiers lundis* (Paris 1956), i.94-104.

28. Le texte comporte deux indications erronées et contradictoires: Mme de Saint-Julien vient à peine de gagner le «prix de l'arquebuse»; or cet événement avait eu lieu en septembre 1775; le passage de Joseph II, auquel il est fait allusion comme précédant immédiatement sa visite, date de 1777, non de 1776.

préparée à l'entrevue. Raidie dans sa fierté,[29] elle évitera toute démonstration.[30] Elle s'habille en femme du monde, bardée de plumes et de fleurs. Tout au long de l'entretien, elle conservera sa «tranquillité et son sang-froid». Elle a décidé de tout critiquer: la voix «de tonnerre» du patriarche et ses «indignes productions»; la charmille qui cache le paysage – et massacre les plumes de sa coiffure – et la dédicace de l'église; le mauvais goût du maître en peinture, son entêtement, sa vanité, ses impiétés, comme sa manière «gothique» de se vêtir; et, bien sûr, la nullité de Mme Denis au clavecin. On parla beaucoup de Ferney, qu'elle admire, mais non de littérature. Pourquoi est-elle venue? Elle est dévote, elle déteste les philosophes; de Voltaire, elle ne retient que *La Henriade* et quelques tragédies. Mais il fallait bien faire valoir, à la cour d'Orléans, l'aimable réception du grand homme. On lui pardonnera en faveur de certaines réactions naïves, qui affleurent dans cet écrit trop concerté. La visiteuse est flattée que le galant vieillard lui baise la main, toute banale que soit cette espèce d'hommage. Sans doute Voltaire est-il «fort cassé»; mais la jeune femme, fascinée par son regard, se montre sensible à un trait qui a été rarement noté:

Tous les portraits et tous les bustes de Voltaire sont très ressemblants; mais aucun artiste n'a bien rendu ses yeux. Je m'attendais à les trouver brillants et pleins de feu: ils étaient en effet les plus spirituels que j'aie vus; mais ils avaient en même temps quelque chose de velouté et une douceur inexprimable: l'âme de Zaïre était tout entière dans ces yeux-là.

C'est fort bien vu. Mais «son sourire et son rire extrêmement malicieux changeaient tout à fait cette charmante expression». Le «hideux sourire», déjà!

Quelques mois plus tôt, Voltaire s'était engagé dans une entreprise qu'on n'attendait pas d'un homme de quatre-vingt-deux ans. Il construit dans sa colonie un «joli théâtre».[31] Depuis six ans le petit théâtre du château était fermé. Le vieillard décidément ne peut supporter plus longtemps d'être privé d'une scène à portée de main. Celui de Châtelaine est trop loin de Ferney: deux lieues. Et il n'était ni très beau ni très solide. Le nouvel édifice ne sera plus un théâtre «de société», mais une salle publique élevée dans le bourg. Outre que le Consistoire de Genève va, une fois de plus, s'alarmer, le bienfaiteur en dotant Ferney d'un théâtre couronne les progrès accomplis et promeut la bourgade au rang de véritable ville.

Il s'adresse de nouveau à Saint-Gérand. Celui-ci, le 26 avril 1776, de Berne où il fait une tournée fait connaître, sans doute à l'architecte Racle, les dispositions

29. Elle date exprès d'*août* et non d'*auguste* la lettre qu'elle envoie à Voltaire pour solliciter un entretien.

30. Mme de Genlis se moque ici, sans la nommer, d'Amélie Suard.

31. Les *Mémoires secrets* en parlent dès le 15 septembre 1775; mais ce n'était encore qu'un projet.

arrêtées.[32] Châtelaine ne sera pas abandonné. La troupe jouera alternativement dans les deux salles. Voltaire a fait l'avance des fonds nécessaires.[33] Grâce à quoi, Racle a terminé les travaux vers le milieu de juin. C'est «le plus joli théâtre de la province», s'il faut en croire Voltaire.[34] Lekain remet les choses au point. La salle est «assez jolie», «mais il s'en faut bien qu'elle soit aussi magnifique que M. de Voltaire se l'imagine; c'est un charmant rien».[35] En effet, dans la bâtisse d'un vieux magasin on avait soigné l'arrangement intérieur. Et Voltaire est sans doute dans le vrai lorsqu'il parle d'une salle «très ornée, très bien entendue et très commode».[36] Restait à remplir le théâtre tout neuf. Les habitants de Ferney n'y suffiront pas. Il faut que viennent les spectateurs de Genève. Il n'y a que Lekain qui puisse les attirer. Il faut lui obtenir un congé, malgré le veto du maréchal de Duras, malgré la répugnance de la reine à se séparer de son acteur préféré. Les obstacles sont surmontés, grâce à l'entregent de Mme de Saint-Julien.[37] Le 19 juillet, Lekain arrive à Ferney, accompagné du papillon-philosophe.

L'acteur obtient un grand succès à Châtelaine et à Ferney, où l'on jouait deux fois par semaine. Genève est venue, et toute la Suisse avec ses treize cantons, qui ont été «ravis».[38] Lekain a rendu Ferney célèbre pour son théâtre: on y compta jusqu'à deux cents carrosses. Pourtant Voltaire n'est pas comblé comme à l'ordinaire par la présence du grand interprète de son œuvre. Malade plus que jamais, il a manqué plusieurs fois les représentations. De ses ouvrages, il n'a vu que *Tancrède*. Il est fâché que Lekain ait joué, et à Ferney, le détestable *Gaston et Bayard* de de Belloy, qu'à Paris il n'ait pas fait tout ce qu'il pouvait pour remettre *Olympie* à la scène, et devant la reine.[39]

Mais c'est Shakespeare surtout qui a gâté le plaisir que Voltaire comptait prendre, dans son théâtre, au milieu de son public. Le 19 juillet, le jour même de l'arrivée de Lekain, il a expédié à Paris sa déclaration de guerre contre «Gilles-Shakespeare» et son traducteur. Il est furieux «contre un nommé Tourneur», qui ose présenter l'Anglais comme «le seul modèle de la vraie tragédie», comme «le dieu du théâtre», et ne daigne nommer ni Corneille ni Racine[40] – ni Voltaire. Il n'y a pas de mots assez forts pour condamner ce «maraud», ce «misérable», cet «impudent imbécile», ce «faquin», qui mérite le pilori. «Le sang pétille» dans les

32. D20089 (26 avril 1776), Saint-Gérand à (?).
33. Par acte en date du 7 mai 1776, Voltaire et Mme Denis consentent à Saint-Gérand un prêt de 24 000 livres; en contrepartie ils recevront une rente viagère annuelle de 1 640 livres (D.app.442).
34. D20168 (12 juin 1776), à d'Argental.
35. D20245 (5 août 1776), Lekain à (?).
36. D20188 (24 juin 1776), à Mme de Saint-Julien.
37. D20197 (vers le 1er juillet 1776), Mme de Saint-Julien à Voltaire.
38. D20243 (5 août 1776), à d'Argental.
39. D20271 (27 août 1776), à d'Argental.
40. Ils ne sont nommés que dans l'*Epître au roi*, i.v.

vieilles veines du patriarche tandis qu'il expose cet affront fait à la France. Le monstre a un «parti» et, pour comble, c'est lui, Voltaire, qui autrefois parla le premier de ce Shakespeare, et montra aux Français quelques perles qu'il avait trouvées dans «l'énorme fumier» de cet «histrion barbare». Telles sont les douceurs que Voltaire prodigue dans cette lettre ostensible qui fit immédiatement le tour de Paris.

Colère subite, qui n'a rien de spontané. Elle a été sans doute longtemps retenue avant de se donner cours. Le *Shakespeare traduit de l'anglais*, de Le Tourneur, annoncé dès 1772, mis en souscription en 1775, avait commencé à paraître en février 1776, avec approbation et privilège, protégé par le roi qui en avait accepté la dédicace. L'ouvrage – du moins les deux premiers volumes[41] – avait été présenté au monarque le 14 mars. Depuis la critique s'en était emparée, et les avis divers s'exprimaient abondamment dans les journaux et les correspondances littéraires. Mais la prudence était de mise. La liste des souscripteurs étalait en tête du premier tome les noms du roi, de la reine, de Monsieur et de Madame, du comte et de la comtesse d'Artois, du roi d'Angleterre, de Catherine II... Tant et de tels patronages imposaient quelques précautions. Voltaire s'est donné le temps de mettre au point et sa tactique et l'arme qu'il croit infaillible, la *Lettre à l'Académie française*, composée dans le secret et tenue prête pour être lue devant l'auguste assemblée le 25 août, jour de la Saint-Louis.

Contrairement à ce que Voltaire voudrait faire croire, Le Tourneur était un écrivain connu. Ancien secrétaire général de la librairie (jusqu'en avril 1775), et censeur royal, secrétaire ordinaire de Monsieur, il était l'auteur d'une traduction des *Nuits* d'Edward Young qui avait connu un vif succès en 1769 (Voltaire oublie qu'il l'en a félicité);[42] il préparait celle d'*Ossian* (dont Voltaire ne parlera jamais). Il était assez bien en cour pour obtenir un patronage royal rarement accordé. Son entreprise avait suscité l'intérêt des «anglomanes» et des esprits ouverts. Il se proposait de présenter au public français qui l'ignorait l'œuvre intégrale de Shakespeare, dans une traduction fidèle.[43] Cependant il allait plus loin. Son premier volume accordait la plus grande place à un ensemble de textes qu'on baptisa du nom de «préface», et qui comprenait notamment un «Discours» composé d'extraits des préfaces de ses éditeurs anglais.[44] Le tout formait un «monument à la gloire de Shakespeare»,[45] proposé, sous la protection du roi de

41. Le Tourneur, *Shakespeare traduit de l'anglais* (Paris 1776).

42. D15651 ([mai 1769]), Le Tourneur à Voltaire; D15680 (7 juin 1769), à Le Tourneur.

43. Deux mérites qui faisaient défaut à l'ouvrage déjà ancien de La Place en quatre volumes (1746-1747) intitulé *Théâtre anglais*.

44. Jacques Gury a donné (Genève 1990) une édition critique et commentée de ce texte important, qui n'avait jamais été réédité.

45. Gury, p.33.

France, à l'admiration des Français. Echo de l'idolâtrie britannique, un tel manifeste prétendait instituer dans le pays de Corneille et de Racine le culte de ce génie «barbare», au détriment de notre tragédie nationale, dont les textes, soigneusement choisis, de Johnson, Richardson, Pope, etc., constituaient une critique complète. Critique de la théorie de l'illusion, donc des règles; critique de la séparation des genres, contraire à la réalité de la vie; critique du monotone alexandrin français, face à la variété du rythme shakespearien; apologie de l'inspiration, de la liberté, du génie, de la nature... C'en était trop, à un moment où la tragédie, en dépit de la gloire intacte de ses maîtres, était la cible en France d'adversaires très agressifs comme Mercier[46] (un ami de Le Tourneur). Voltaire lui-même ne lui avait pas ménagé ses reproches. Mais il se posait depuis toujours en défenseur d'un genre immortalisé par deux grands modèles, devenus classiques, et dont on le considérait comme le digne successeur. Le théâtre français, né sous le règne éblouissant de Louis XIV, était le fleuron de notre littérature, le seul genre, répète inlassablement Voltaire, qui nous vaille la suprématie dans l'Europe entière. Défenseur du goût national, partout répandu, patriote quand la patrie est en danger, le vieillard ressent douloureusement une attaque aussi insolente. Il n'était pas nommé lui-même dans cette «préface», mais il y était visé très clairement.[47] Une réponse s'imposait.

Shakespeare était longtemps resté, aux yeux de Voltaire, le «barbare de génie» auquel on pouvait emprunter, en les adaptant, certaines beautés, sans prétendre acclimater son œuvre en France. Mais depuis l'*Appel à toutes les nations de l'Europe* en 1761, il a durci sa position et, abandonnant la notion de «goût local», il s'appuie désormais sur le principe de l'universalité du goût: «Il n'y a de véritablement beau que ce que toutes les nations reconnaissent pour tel.»[48] Les beautés ne compensent plus les tares, qu'il convient d'étaler au grand jour. Cette méthode, déjà employée dans l'*Appel*, il l'appliquera encore dans la *Lettre*, presque entièrement consacrée à mettre en lumière les bouffonneries et les obscénités de celui qu'il appelle maintenant «Gilles-Shakespeare». Ses horreurs aussi. Voltaire assiste indigné aux progrès d'une anglomanie plus funeste à la littérature qu'aux mœurs. Passe encore le ridicule du «rostbeef», du «frac», du Vauxhall, des courses de chevaux et des paris... Mais le théâtre anglais dépasse en noirceur celui de Crébillon. Et c'est là que les jeunes auteurs vont chercher leurs modèles, dans Shakespeare et, pis encore, dans Rowe, Lillo et autres! Que va devenir le théâtre? L'opéra-comique triomphe. La Foire a investi la Comédie-Italienne. Voltaire est de plus en plus envahi par le sentiment d'une décadence qu'il exprime, à cette

46. Notamment dans *Du Théâtre ou nouvel essai sur l'art dramatique* (Amsterdam 1773).

47. Y eut-il là une provocation, comme le dit J. Gury (p.33)? C'est fort probable. Mais Voltaire attendit longtemps avant de réagir: et la polémique pouvait lui servir autant qu'à Le Tourneur.

48. *Appel à toutes les nations de l'Europe*, M.xxiv.216.

époque, à tout propos. Il était grand temps de réagir. Naguère il s'était adressé à l'Europe. Aujourd'hui ce nouveau procès, comme jadis celui du *Cid*, ne peut être porté que devant la plus haute instance littéraire, qu'il avait déjà consultée pour ses *Commentaires sur Corneille*. C'est le devoir de l'Académie de défendre le patrimoine national. En attendant, Voltaire houspille ses amis et vitupère la jeunesse parisienne qui préfère «les échafauds et les bordels anglais» aux belles scènes de Corneille et au théâtre de Racine, et applaudit le «Gilles de Londres». Il se flatte enfin que la reine «ne laissera pas sa nouvelle patrie dont elle fait le charme en proie à des sauvages et à des monstres».[49]

La compagnie donne son aval, mais demande quelques changements. L'auteur est invité à supprimer les «personnalités offensantes» ainsi que les grossièretés illisibles publiquement.[50] Voltaire doit accepter de retirer le «vilain nom» du traducteur.[51] Pour le reste, il n'y peut consentir: ce serait démanteler sa machine de guerre. Toute sa démonstration repose en effet sur le «contraste entre des morceaux admirables de Corneille et de Racine avec les termes du bordel et de la halle que le divin Shakespeare met continuellement dans la bouche de ses héros». Plutôt que de les supprimer, le lecteur, c'est-à-dire d'Alembert, pourrait, avec l'habileté qu'on lui connaît, les laisser entendre: «Serait-il mal de s'arrêter à ces petits défilés, de passer le mot en lisant et de faire désirer au public qu'on le prononçât, afin de laisser voir le divin Shakespeare dans toute son horreur et dans son incroyable bassesse?» Mais surtout que d'Alembert conserve l'endroit où justice est demandée à la reine!

C'est un plaidoyer en deux parties[52] que l'avocat Voltaire développe devant le prestigieux tribunal. Après quelques coups de patte aux ridicules anglomanes, il rappelle qu'il fut le premier qui fit connaître Shakespeare – on le lui a assez reproché – et qui traduisit le *Jules César* avec fidélité. Or – ici l'accusateur trouve le défaut de la cuirasse – Le Tourneur, qui prétendait offrir au public «une traduction exacte et vraiment fidèle», propre à rendre «le coloris, les beautés et les défauts du tableau»,[53] n'a pas tenu ses promesses. Voltaire a beau jeu de montrer les timidités d'une traduction qui se dérobe trop souvent devant le mot cru. Et de citer sans atténuation le vocabulaire très vert d'Iago, au début d'*Othello*. Le Tourneur aura-t-il le courage de traduire «exactement», comme le fait Voltaire, les grasses plaisanteries du portier de *Macbeth*, la verve grivoise de Henri v, le dialogue des fossoyeurs dans *Hamlet*, ou la scène des savetiers en tête de *Jules César*? D'autres exemples montrent l'infériorité de l'Anglais: il suffit de comparer

49. D20232 (30 juillet 1766), à d'Argental.
50. D20242 (4 août 1776), d'Alembert à Voltaire.
51. D20248 (10 août 1776), à d'Alembert.
52. M.xxx.349-70.
53. Gury, p.57; le texte est reproduit dans la Préface, p.cxxxv.

les expositions de *Bajazet* et de *Roméo*, de *Pompée* et du *Roi Lear*, d'*Iphigénie* et d'*Hamlet*. Toute cette partie vise à faire rire, ou rougir. Par ces «morceaux choisis», Voltaire s'acharne à ne montrer du grand dramaturge que les manquements à la bienséance, et à n'offrir de lui qu'une caricature déformante. Procédé peu honnête, surtout devant des auditeurs dont la plupart ne connaissent pas l'œuvre ainsi travestie.[54]

Le ton s'élève dans la seconde partie, beaucoup plus courte. L'accusateur, se faisant historien, explique comment l'Angleterre fut victime de la «contamination» espagnole et reprend l'idée rebattue: Shakespeare et les poètes de son temps «tenaient de ce siècle où ils vécurent toute la fange dont ils étaient couverts; ils ne devaient qu'à eux-mêmes l'éclat qu'ils répandirent sur cette fange».[55] En passant, Voltaire reconnaît encore au «sauvage» quelques «étincelles de génie». Mais c'est pour mieux montrer comment la France, grâce à Richelieu, puis à Louis XIV, sut former un Corneille, un Racine, et parvint à la perfection que tous, même les Anglais, nous envient. Le goût français s'est imposé en Europe. Nulle part on ne joue Shakespeare, qui n'a plu qu'à sa nation. «D'où vient ce concert éternel? Il y a donc un bon et un mauvais goût.»[56] Voltaire termine en évoquant l'ombre, très attendue, du grand roi:

> Figurez-vous, Messieurs, Louis XIV dans sa galerie de Versailles, entouré de sa cour brillante; un Gilles couvert de lambeaux perce la foule des héros, des grands hommes, et des beautés qui composent cette cour; il leur propose de quitter Corneille, Racine et Molière, pour un saltimbanque qui a des saillies heureuses, et qui fait des contorsions. Comment croyez-vous que cette offre serait reçue?[57]

Conférer l'éternité et l'universalité au goût, imposer la noblesse, celle du ton et celle des personnages, à la tragédie, en exclure le peuple et son langage: c'était une attitude des plus conservatrices. En cette œuvre qui reprend des idées maintes fois répétées,[58] quelques traces de sénilité apparaissent: entêtement, durcissement du sens critique, chauvinisme. Le vieil homme s'exposait une fois de plus au reproche de «radotage».

Le succès repose désormais sur le talent de d'Alembert, sur son art «de faire valoir le médiocre et d'escamoter le mauvais par un mot heureusement substitué à un autre, par une phrase heureusement accourcie, par une expression sous-

54. Voir l'article de J. Gury, «Voltaire et alia: Shakespeare travesti, burlesque et formes parodiques», Actes du colloque de l'Université du Maine, *Biblio* 17 (1987), p.491-502.

55. M.xxx.365.

56. M.xxx.368.

57. M.xxx.369-70.

58. Presque tous les arguments viennent des *Commentaires sur Corneille* et de l'*Appel à toutes les nations de l'Europe*.

entendue».[59] Le secrétaire perpétuel était un admirable lecteur. «Avec sa petite voix grêle», dit Voltaire, «il fait tout sentir sans avoir l'air du moindre artifice.»[60] Mercier insiste sur son habileté à manier la réticence: «Il ne dit presque rien, mais on voit ce qu'il voudrait dire; on l'entend dans ses petites allusions, et l'on bat des mains.»[61]

Le 25 août, fête de Saint-Louis, et donc du roi, était un jour solennel. On ouvrait au peuple le palais de Versailles, la promenade des Tuileries. Le soir l'Académie française, au Louvre, accueillait ses invités à l'une de ses séances publiques, de plus en plus courues en cette fin de siècle. La salle des assemblées, située près du pavillon de l'Horloge, était très mesquine. On y avait pourtant aménagé des tribunes et même quelques loges grillées, comme dans les théâtres.[62] Et comme au théâtre encore, il y avait parfois plus de spectateurs que de billets. Femmes du monde et beaux esprits, gens de lettres et grands personnages s'y entassent pour assister à la remise du prix de poésie et entendre les lectures. Le 25 août 1776, on applaudit fort un discours de l'abbé Arnaud sur Homère, puis la *Lettre* de Voltaire, enfin un *Eloge de Destouches* prononcé par d'Alembert.

Le secrétaire perpétuel avait fort à faire au cours de ce spectacle minutieusement ordonnancé. On le voit se démener de tous côtés, guetté par le crayon malicieux de Mercier:

> M. d'Alembert est heureux le jour de la Saint-Louis; il va, il vient, il ouvre les tribunes, il commande aux Suisses, il a sous ses ordres deux abbés panégyristes; il place les dames à panache, il préside les quarante Immortels. Assis enfin au haut de la longue table que couvre un tapis vert, il ouvre la séance et distribue des prospectus, puis il donne la médaille immortalisante à son protégé, qui deviendra un petit ingrat.[63]

Mais d'Alembert parvient ensuite au sommet de son art: la lecture de la *Lettre* fut l'occasion pour lui d'un «numéro» exceptionnel. On s'y amusa, on y applaudit beaucoup. Le lendemain, le marquis de Villevielle part de bon matin pour apporter à Ferney la nouvelle de la victoire. Et d'Alembert, le 27, en écrit lui-même à Voltaire. La *Lettre* a fait «grand plaisir»; on lui a demandé de répéter (toujours comme au théâtre) plusieurs endroits. Il a bien regretté «les petits retranchements qu'il a fallu faire, pour ne pas trop scandaliser les dévots et les dames». Quant aux Anglais qui étaient là, ils sont sortis «mécontents», prétend

59. D20253 (13 août 1776), à d'Alembert.

60. D17349 (4 septembre 1771), à La Harpe; d'Alembert a fait valoir par sa lecture l'*Eloge de Fénelon* de La Harpe.

61. Mercier, *Tableau de Paris* (Amsterdam 1783-1788), viii.25.

62. Albert Babeau, *Le Louvre et son histoire* (Paris 1895), p.193.

63. *Tableau de Paris*, viii.25. Les «abbés panégyristes» sont chargés de prononcer le traditionnel panégyrique de saint Louis.

d'Alembert: selon Meister, l'ambassadeur réagit avec son humour habituel, et «se permit de sourire à tous les traits plaisants dont cet écrit fourmille».[64]

Voltaire se réjouit. Il croit avoir terrassé le Barbare. Il n'a pourtant remporté qu'un succès mondain, d'une portée très limitée. Une fois de plus, il demandait trop à l'Académie, qui n'était pas un tribunal et ne pouvait donc rendre aucun arrêt sur un ouvrage, au surplus mis en cause sans le consentement de son auteur. Elle avait, par complaisance pour le plus illustre de ses membres, prêté sa tribune à l'accusation. Mais l'accusé était patronné par le roi. L'autorité interdit l'impression de la *Lettre* sous les auspices de l'Académie. Au reste, sans plus attendre, Voltaire l'avait fait éditer à Genève. Il en envoie des exemplaires à ses amis dès le 8 septembre.[65] Selon plusieurs informateurs, dont le sérieux Meister,[66] le roi sut mauvais gré à l'Académie «d'avoir osé risquer cette facétie». Le fait est confirmé par d'Alembert lui-même: Louis XVI marqua son mécontentement en refusant d'augmenter le montant des prix académiques distribués chaque année.[67] «Les dévots de Versailles» auraient même suggéré à Sa Majesté que «le morceau sur Shakespeare était injurieux à la religion». Voltaire, quoiqu'habitué à ce genre de reproche, s'en plaint et soupçonne Le Tourneur d'avoir fait agir contre lui «l'homme dont il dépend», c'est-à-dire Monsieur, comte de Provence, frère du roi.[68]

Le patriarche espérait que ses alliés naturels lui prêteraient main forte. Or la plupart d'entre eux, indifférents, ou surpris, voire gênés par cette violente attaque, gardent le silence. Il ne peut guère compter que sur Marmontel, qui se manifeste peu, d'Alembert, qui a fait son devoir, et La Harpe, qui ne se hâte pas d'intervenir publiquement. Voltaire prétend qu'il a été «inondé» de lettres indignées; il n'en reste guère de trace dans sa correspondance. Parmi les souscripteurs de Le Tourneur, on pouvait voir des défenseurs déclarés de Shakespeare, comme Baculard, Blin de Sainmore, Thomas, Mercier, Naigeon, Saurin, et aussi beaucoup d'hommes de lettres ou de gens du monde qui n'étaient pas des fanatiques de l'Anglais: Barthe, Chamfort, l'abbé Baudeau, Collé, Berquin, François de Neufchâteau, Palissot, Rochon de Chabannes, Saint-Lambert, Ximénès, M. d'Epinay, le comte d'Houdetot, le comte de Mirabeau; des grands enfin, la duchesse de Bouillon, Choiseul, les Necker, le maréchal de Richelieu, et même Turgot, qui goûtait Shakespeare, mais qui se rangea du côté de Voltaire. D'Argental, qui avait souscrit sans penser à mal, fut vertement tancé par son ami. Enfin la critique, dans l'ensemble, ne soutint pas l'auteur de la *Lettre à l'Académie*.

64. CLT, xi.319, août 1776.
65. D20286 (8 septembre 1776), à d'Argental.
66. CLT, xi.319, août 1776,
67. D20321 (1er octobre 1776), d'Alembert à Voltaire.
68. D20321 ; rien ne permet de vérifier cette imputation.

Que le philosophe de Ferney soit déphasé par rapport à la capitale, un événement allait le manifester: l'agonie et la mort de Mme Geoffrin. Cette simple bourgeoise avait fait de son salon parisien, on le sait, l'un des centres de l'Europe éclairée. Elle avait acquis d'autant plus d'autorité qu'elle s'appliquait à maintenir la conversation dans le registre du bon goût et des opinions modérées. Sous cette réserve, elle accueillait depuis des décennies tout ce qui compte d'esprits avancés, en France et en Europe. C'est ce qu'avait voulu représenter le peintre Lemonnier par sa toile célèbre, *Une soirée chez Mme Geoffrin*:[69] autour de la maîtresse de maison, cinquante et une personnalités sont réunies pour écouter une lecture par Lekain de *L'Orphelin de la Chine*. Voltaire est présent, grâce à sa tragédie, mais également sous la forme d'un buste qui domine l'assemblée. Scène fictive: un certain nombre de personnages à cette date (1755) ne pouvaient se trouver ensemble. Mais l'artiste a voulu réaliser une composition symbolique de ce qu'était la société parisienne des Lumières.

Au début de septembre 1776, Mme Geoffrin, victime d'une attaque, est frappée de paralysie générale. Son entourage croit sa fin prochaine. «Mme Geoffrin se meurt d'une très rude apoplexie», écrit Voltaire.[70] Cependant le robuste tempérament de la vieille dame – elle a soixante-dix-sept ans – lui permet de jouir d'une rémission durable. Elle demeure plus d'un an dans «un état de dépérissement et d'affaiblissement de tête»,[71] avec des intervalles du lucidité. Tout le «bureau d'esprit» était alors en émoi. Ce fut bien pis quand Mme de La Ferté-Imbault, sa fille, se mit en tête d'interdire l'hôtel de la rue Saint-Honoré à la «clique encyclopédique» qu'elle détestait: en danger de mort, Mme Geoffrin ne devait plus penser qu'à son salut, en compagnie de son confesseur. L'exclusion frappa les plus intimes, les plus aimés, d'Alembert, Morellet, entre autres. Une telle conduite révolta le parti philosophique, qui réagit vigoureusement. L'enjeu était de taille: l'Egérie de la secte allait-elle faire une fin édifiante, sous la contrainte d'une femme que l'on présentait comme un peu folle? Mais la principale intéressée trouva que «sa fille pourrait avoir raison dans le fond, quoiqu'elle eût grand tort dans la forme».[72] Après tout, jamais elle n'avait embrassé l'athéisme de certains, ni même le déisme des autres. Elle pratiquait, discrètement, et voulait être enterrée en terre chrétienne. C'était son droit, et ses amis eurent tort sans doute de le prendre d'aussi haut. Mais la vivacité de d'Alembert, notamment, fut l'effet du chagrin plus que de l'esprit de parti. Il

69. La toile se trouve au Musée des beaux-arts à Rouen. *Enlightenment* (Cambridge, Mass., Oxford 1992), le reproduit partiellement en couverture, et donne en tête du volume l'identification des personnages.

70. D20303 (19 septembre 1776), à Mme de Saint-Julien.

71. *Mémoires secrets*, 1er novembre 1776.

72. CLT, xi.367, octobre 1776.

aimait sincèrement Mme Geoffrin. Il n'avait pu sauver Julie; on lui interdisait de consoler sa vieille amie pendant son pénible acheminement vers la mort. Il en souffrit.

Voltaire éprouvait pour Mme Geoffrin respect et reconnaissance. Si l'on peut trouver dans ses lettres quelques plaisanteries, sans méchanceté, à son endroit, le ton change à partir de 1766, lorsque Mme Geoffrin, alors en Pologne, obtient du roi Stanislas Auguste Poniatowski un don de 200 ducats en faveur des Sirven.[73] Il admirait les nobles sentiments d'une femme dont la bienfaisance ne cessa jamais de soutenir les philosophes en difficulté. Il est affligé, lui aussi, mais paraît moins touché que ses amis. A la lettre de d'Alembert qui lui annonce la triste nouvelle, il répond assez laconiquement.[74] Mme Geoffrin est réellement une perte. Voici encore une personne plus jeune que lui (elle était née en 1699), qui le précède dans la tombe. Il en fait la remarque: «Je ne crois pas qu'elle soit de mon âge, mais la mort consulte rarement les écrits baptistaires.» Quant au coup de force qui a écarté de la malade «tout ce qu'on appelle philosophes», il n'en dit rien.

On le voit. Tout occupé de la lutte contre Shakespeare et aussi contre les «six juifs», inquiet de sa santé et des difficultés de sa colonie, absorbé par la mise en train d'*Irène* (dont il ne parle pas encore), il observe à l'égard d'événements lointains un certain détachement: nouveau signe sans doute de son vieillissement.

73. D13392 (5 juillet 1766), à Mme Geoffrin.

74. D20348 (15 octobre 1776), d'Alembert à Voltaire; D20361 (22 octobre 1776), à d'Alembert.

13. Revenir à Paris?

Vers la fin de l'été de 1776, paraît, anonyme, un *Commentaire historique sur les œuvres de l'auteur de la Henriade*, dont Voltaire nia toujours la paternité. On l'attribua à Wagnière, à Christin, à d'autres encore. Mais l'emploi inattendu, par deux fois, de la première personne, les allusions à la présence du scripteur lors de certains événements anciens inclinent à récuser toute intervention étrangère. Au ton enfin, au style, on reconnaît le patron. La Harpe n'en doute pas, non plus que Meister ou Mettra.[1] Tous ses amis l'en félicitent. Voltaire proteste que s'il l'avait rédigé il ne se serait pas loué lui-même.[2] Voire. Il souhaite ardemment – mais il ne faut pas trop le dire – couronner sa vie par un retour triomphal à Paris. Le *Commentaire* sera comme le brillant *curriculum vitae* qui va lui servir d'introduction. Il ne peut s'avouer l'auteur du portrait rassurant qu'il doit donner de lui, au moment où se joue une partie difficile, qu'il ne veut perdre à aucun prix. Il lui faut amadouer le pouvoir, l'Eglise, les adversaires, et à cette fin épurer son image, en la débarrassant de tout ce qui pourrait la ternir.

Les ombres, les taches disparaissent. Le titre est modeste; il faut le lire en entier: «Commentaire historique *sur les œuvres de l'auteur de la Henriade*». On ne parlera donc que des «œuvres»; l'auteur anonyme, peignant l'homme de lettres, s'efforcera de «ne rien dire que d'un peu utile aux lettres».[3] Le philosophe, le polémiste, le pamphlétaire s'effacent au profit de l'écrivain. Et c'est l'auteur de *La Henriade*, unanimement admirée, qui sera loué. Cependant on découvre vite que le sujet annoncé n'est pas vraiment traité. Qu'y a-t-il donc dans ce texte de plus de cinquante pages?[4] Tout ce que le titre ne dit pas. La Harpe, qui connaît bien le «papa grand homme», qui sait quel tournant dangereux prend alors son existence, l'a bien compris: Voltaire retrace «avec autant de précisions que d'agréments les différentes époques de sa réputation et de sa gloire».[5] Non moins perspicace, Meister note que ce «commentaire sur les œuvres» ne renferme «qu'une notice abrégée d'une partie de ses ouvrages, mais qu'on y trouve en revanche une liste pompeuse de toutes ses liaisons avec les grandeurs et les

1. La Harpe, *Correspondance*, ii.19, octobre 1776; CLT, xi.328, octobre 1776; Mettra, iii.296-97, septembre 1776.

2. D20383 (4 novembre 1776), Moultou à Meister.

3. M.i.71.

4. M.i.71-126.

5. La Harpe, *Correspondance*, ii.18-19.

puissances de la terre, une énumération très édifiante de ses bonnes œuvres, et un recueil de pièces originales pour servir de preuves».[6]

Le grand homme nous fait donc parcourir les échelons successifs qui le mènent à la gloire, des premiers succès de l'enfant prodige à l'immortalité de la statue. Il rappelle qu'il est toujours gentilhomme ordinaire de la chambre du roi, qu'il a joui de la confiance de grands ministres, qu'il aurait pu faire une carrière diplomatique. Il tait ce qu'il faut taire: l'affaire Rohan, la Bastille, les censures, les scandales, les tensions avec le pouvoir, les disputes éternelles. Deux «grandeurs» sont longuement évoquées: Frédéric II surtout. En 1759, dans les *Mémoires* (toujours secrets), Voltaire s'était montré impitoyable à l'égard du «despote». Ici, tout en se réservant le beau rôle, il se garde bien de noircir le portrait du monarque. Il faut montrer, maintenant que la paix est faite, tout le prix de cette amitié indestructible entre un roi et un philosophe: «C'était une querelle d'amants; les tracasseries des cours passent, mais le caractère d'une belle passion dominante subsiste longtemps.»[7] Quant à Choiseul, plusieurs fois cité comme «le plus généreux et le plus magnanime des hommes»,[8] Voltaire rappelle avec insistance ses bienfaits, l'aide apportée aux Calas, la protection dont il favorisa la colonie naissante de Ferney. Il fallait bien, une fois de plus, dissiper ce reproche d'ingratitude qui torture le vieillard. Enfin, très habilement et sans trop insister, Voltaire efface les autres griefs. Il ne parle qu'en passant de ses polémiques; avec l'âge sont venues la sagesse et la sérénité, qui l'élèvent au-dessus de ses persécuteurs. Eut-il tort de leur répondre? «Il avoua qu'il avait poussé trop loin cette raillerie contre quelques-uns de ses ennemis.»[9] Les ouvrages contre la religion? Mais il ne les reconnaît pas. Et par la faute de ses éditeurs, que ne lui a-t-on pas attribué? Dernier volet: «les bonnes œuvres», comme dit Meister. On aura donc le portrait de l'artiste en bienfaiteur, en fondateur de ville, en défenseur de l'opprimé, en redresseur de torts.

Le petit livre se grossit enfin de multiples citations, notamment de lettres, témoignages écrits, datés, certifiés conformes aux originaux: irrécusables. Il est suivi de vingt-neuf lettres, anciennes, récentes ou nouvelles, de Voltaire ou de ses correspondants. Ainsi bardé de faits et de preuves, plus qu'à des «mémoires» il fait penser à un mémoire d'avocat. Sérieusement documenté, l'ouvrage cependant n'ennuie jamais. L'auteur y joue du ton qui est le sien, de son humeur qui le poussait à rire de tout pendant sa longue vie:

Notre solitaire continua donc gaiement à faire un peu de bien quand il le pouvait, en se

6. CLT, xi.328, septembre 1776.
7. M.i.71.
8. M.i.101. 102, 106, 110.
9. M.i.116.

moquant de ceux qui faisaient tristement du mal, et en fortifiant, souvent par des plaisanteries, les vérités les plus sérieuses.[10]

La lecture du *Commentaire* amusa le public, les amis plus encore. Beaulieu de Barneville a lu d'un trait ce «livre charmant».[11] Richelieu s'est plu à y retrouver des «choses si agréables», et d'autres qui l'ont fait «pouffer de rire».[12] La Harpe en vante «l'agrément»,[13] et Meister «les détails charmants et d'une gaîté soutenue». L'esprit de Voltaire ne vieillit pas. «On ne peut rien lire de plus légèrement pensé, de plus agréablement écrit, et l'on doute, en vérité, si le livre eût gagné à avoir été fait trente ans plus tôt.»[14] Bien sûr on reproche à l'auteur – c'est devenu une habitude – de se répéter. Les *Mémoires secrets* parlent des «rabâcheries» du vieillard,[15] et Mme Du Deffand, piquée sans doute de n'avoir pas été nommée dans l'ouvrage, prétend que le patriarche «n'a jamais rien écrit de plus mauvais, que c'est tout platement l'inventaire de ses vieilles nippes».[16]

Voilà donc, soigneusement pomponné, le portrait d'un grand écrivain honnête homme, universellement admiré, favori des rois, bienfaiteur de l'humanité, et peut-être mal connu dans sa ville natale. Il se présente en souriant. Il séduit son public, qui aimerait le revoir.

Depuis quelque temps, les interventions de Voltaire répondent à une stratégie simple: sans l'avouer ouvertement, il souhaite revenir à Paris. Au cours de l'été de 1776, les manœuvres se déploient plus clairement, à travers les coups publicitaires qui concentrent les projecteurs de l'actualité sur la personne du philosophe: la visite de Lekain à Ferney, la *Lettre* sur Shakespeare, le *Commentaire historique*. Le second n'était pas heureux: le roi fut fâché. Mais Voltaire sait qu'il ne peut rien attendre de lui, hormis une permission tacite de revenir dans la capitale. C'est donc la reine qu'il faut gagner. En laissant partir Lekain pour Ferney, elle a montré à l'égard de Voltaire une certaine sympathie, faite de respect pour le grand homme, de gentillesse, de curiosité, de snobisme peut-être, à quoi se mêle un penchant naturel pour le théâtre.[17] Le hasard a servi le vieil homme; désormais c'est de propos délibéré qu'il se pose en admirateur de Marie-Antoinette, et réclame sa protection. Ses amis parisiens, les «conspirateurs» que

10. M.i.116.
11. D20336 (7 octobre 1776), à Voltaire.
12. D20334 (6 octobre 1776), à Voltaire.
13. *Correspondance*, ii.19.
14. CLT, xi.329.
15. *Mémoires secrets*, 16 septembre 1776.
16. C'est Meister qui cite ce mot, CLT, xi.328.
17. Et pour le théâtre de Voltaire. Elle réclame *Tancrède*. Elle préfère les ouvrages du patriarche à tous les autres (D20224, 24 juillet 1776, d'Argental à Voltaire).

Wagnière dénoncera plus tard, l'y encouragent, d'Argental en tête. «L'ange» presse Voltaire de saisir cette chance de revenir à Paris:

Vous avez depuis longtemps le suffrage de la reine. Il entraîne nécessairement sa protection, mais elle prendrait bien plus de force si elle était animée par votre présence.[18]

De loin, Voltaire multiplie les signaux, auprès de d'Argental en particulier, qui a ses entrées partout. Le 27 août, son message est on ne peut plus explicite:

Si j'étais un peu ingambe, si je n'avais pas tout à fait quatre-vingt-deux ans, je ferais le voyage de Paris pour la reine et pour vous. Je vous avoue que j'ai une furieuse passion de l'avoir pour ma protectrice. J'avais presque espéré qu'*Olympie* paraîtrait devant elle. Je regardais cette protection déclarée dont je me flattais comme une égide nécessaire qui me défendrait contre des ennemis acharnés, et à l'ombre de laquelle j'achèverais paisiblement ma carrière.[19]

Dans la même lettre, Voltaire annonce à son ami qu'il enverra bientôt Mme Denis: elle ira consulter Tronchin «pour une maladie qu'elle n'a pas». Il l'aurait bien accompagnée, mais à son âge, etc.[20] Qu'allait donc faire la nièce à Paris, sinon préparer les voies au grand voyage? Personne ne fut dupe, le rédacteur des *Mémoires secrets* moins que tout autre:

On voit que tout cela n'est qu'un jeu concerté entre les amis et protecteurs de M. de Voltaire, qui désirait fort revoir encore une fois Paris, et y recueillir les couronnes de toute espèce qu'on lui prodiguerait.[21]

Le voyage ne se fit pas. Voltaire en accuse le mauvais temps, en précisant que la voyageuse «remet cette partie au printemps prochain».[22] Le moment, quoi qu'en dise d'Argental, était sans doute mal choisi.

Mais une occasion allait se présenter. Monsieur, frère du roi, devait offrir à la reine, en son château de Brunoy, une brillante fête. Son surintendant Cromot Du Bourg pria Voltaire de fournir pour la circonstance un divertissement.[23] Demande, bien entendu, acceptée. Mais il y avait urgence. Voltaire répond le 20 septembre:[24] la fête doit avoir lieu le 7 octobre. Il improvise en deux jours: le 22, part de Ferney un canevas adapté de la fête de l'Hôte et de l'Hôtesse, «fort célèbre à Vienne».[25] Un maître d'hôtel accueille les étrangers curieux de voir

18. D20275 (2 septembre 1776), d'Argental à Voltaire.

19. D20271 (27 août 1776), à d'Argental.

20. Dans sa réponse, D20275 (2 septembre 1776), d'Argental regrette que Voltaire n'accompagne pas sa nièce: «C'était une occasion qui ne se retrouvera plus.»

21. *Mémoires secrets*, 5 septembre 1776.

22. D20283 (7 septembre 1776), à Th. Tronchin.

23. D20304 (20 septembre 1776), à Cromot Du Bourg.

24. D20304. Voltaire donne une description de la fête dans *OH*, p.424.

25. D20309, à Cromot Du Bourg. «L'allemande» n'est pas une danse, mais le premier mouvement d'une suite instrumentale binaire: hommage à l'Autrichienne Marie-Antoinette.

«une voyageuse qui passe son temps à gagner les cœurs»: ce sont des couples de Chinois, de Tartares, de Lapons, puis des Espagnols, des Allemands, des Italiens, parlant ou chantant dans leur langue. Entrent ensuite des danseurs de l'Opéra qui font triompher «la divine allemande». De là on passe dans un bosquet illuminé: des Génies découvrent le temple de la Félicité et la fête se termine par un feu d'artifice. On devait alors réciter des couplets adressés au roi, à la reine, à Monsieur et à Madame, et quatre vers seraient inscrits sous le buste de Marie-Antoinette. Mais ce complément arriva trop tard. Le divertissement, quelque peu remanié par Cromot Du Bourg, remporta un plein succès. D'Argental envoie un bulletin de victoire: l'à-propos est «la seule production qu'on ait citée avec éloge; Antoinette et Louis en ont été également charmés», et le chevalier de Jaucourt a fait devant Leurs Majestés l'éloge des «merveilles de Ferney».[26] Le patriarche était assez content de ses «versiculets» jetés à la hâte. Il sort rajeuni, ragaillardi, de ce petit intermède dont il attend les bons effets.

Après un été chaud, il va connaître un automne mouvementé: arrivée de Necker au pouvoir, crise dans le pays de Gex, ennuis d'argent, suites de l'affaire Shakespeare, réponse à ses adversaires. Mauvaise période pour l'écrivain, trop pris par l'action pour s'adonner à la création littéraire avec la liberté d'esprit désirable.

Voici pourtant qu'il a, en secret, commencé une nouvelle tragédie. Elle servira de prétexte à son retour, fera taire les partisans de Shakespeare, et lui assurera, chez les Welches, le succès dont il a besoin. La première allusion à *Irène*, qui s'appelle alors *Alexis Comnène*, date du 18 octobre. Mis en verve peut-être par les petits vers destinés à la reine, Voltaire a entrepris de faire «de grands diables d'alexandrins». Il annonce la nouvelle à d'Argental. Bientôt il est question du premier acte dont Mme de Saint-Julien est assez contente.[27] Cependant des difficultés s'élèvent. Le sujet n'est pas aussi favorable qu'on l'avait pensé. En dépit des encouragements de d'Argental, de Thibouville, l'auteur piétine. La «ruine» de Ferney l'écrase, les «jansénistes» le harcèlent; il est bien difficile «d'achever un ouvrage de poésie dans de pareilles circonstances». Le 4 décembre, il est tenté de tout jeter au feu.[28] Il n'en fait rien, mais la «petite drôlerie» est abandonnée pour un temps. Le sujet était décidément impraticable, et même ridicule:

J'ai bien peur qu'on ne se moque d'une femme qui se tue de peur de coucher avec le vainqueur et le meurtrier de son mari, quand elle n'aime point ce mari, et qu'elle adore

26. D20366 (24 octobre 1776), d'Argental à Voltaire.

27. D20353 (18 octobre 1776), à d'Argental; D20374 (30 octobre 1776), à Mme de Saint-Julien.

28. D20382 (3 novembre 1776), à d'Argental; D20446 (4 décembre 1776), au même.

ce meurtrier [...] Vous ne trouveriez pas une femme dans Paris qui se tue pour n'être pas violée.[29]

Irène, en effet, d'abord promise à Alexis Comnène, a été mariée, pour d'obscures raisons politiques, à Nicéphore, qui occupe le trône de Byzance, destiné à Alexis. Elle s'est juré d'oublier son premier amour, sans réussir à l'éteindre. Cependant Alexis, brillant général et soutien de l'empire, revient à Byzance contre les ordres exprès de l'usurpateur, pour réclamer ses droits sur le trône et sur Irène. Le commandant du palais, Memnon, un fidèle d'Alexis, a fomenté un complot en sa faveur. Condamné à mort par le tyran, Alexis marche au combat avec ses amis. Il tue Nicéphore, libère la ville et se fait couronner. Puis il revient, triomphant, et tout à la joie de voir «ses feux récompensés». Irène céderait peut-être, mais son père, qui s'est fait moine, lui dicte son devoir: elle doit rester fidèle à son époux, en vertu de ses serments et de la loi qui prescrit «la solitude» à la veuve d'un empereur. Elle jure à son père de lui obéir et de fuir Alexis au fond d'un couvent. La passion de son amant, la révolte de celui-ci contre une loi «fanatique» la laissent inébranlable, en dépit de son cœur, et le dénouement serait proche, si Alexis ne le retardait en menaçant le père, avant de s'incliner devant l'auguste vieillard. Folle de douleur, déchirée entre son honneur et son amour, Irène n'a plus qu'une issue, le suicide:

J'adorais Alexis, et je m'en suis punie.

Voltaire est parti d'un fait historique, la déposition en 1081 de l'empereur Nicéphore III par le prince Alexis, dont l'arrivée au pouvoir marque l'avènement de la dynastie des Comnène. Mais il n'en retient que le fait brut, les noms des protagonistes et quelques détails de couleur locale. Tout le reste est pure invention, notamment les rapports qui unissent les principaux personnages. Il imagine une intrigue politique et sentimentale propre à introduire le tragique dans un drame qui en était dépourvu. Autre invention essentielle: celle de l'obstacle religieux, qui avait si bien réussi dans *Zaïre* et ailleurs. Voltaire s'est-il rendu coupable de plagiat? On l'a dit. Il connaissait très bien *Les Comnènes*, dont l'auteur était un de ses amis, François Tronchin, conseiller d'Etat de Genève.[30] Dans le livre qu'Henry Tronchin consacra à son aïeul, l'auteur prétend, bien légèrement, que la tragédie de Voltaire «a le même sujet, les mêmes personnages» que *Les Comnènes*.[31] Il suffit de lire l'ouvrage du conseiller pour innocenter Voltaire. Il s'agit bien, dans cette pièce, de la lutte entre Nicéphore et la famille Comnène,

29. D20471 (15 décembre 1776), à d'Argental.

30. Voir *Voltaire en son temps*, ii.216, 292. Aux Délices, en 1755, Tronchin fit lire au maître une tragédie tirée de l'histoire byzantine, en sollicitant son avis. Après examen par d'Argental, elle fut refondue, puis abandonnée (D6621, D6667, D6708).

31. H. Tronchin, *Le Conseiller François Tronchin et ses amis* (Paris 1895).

mais la fable est toute différente: ce n'est pas un seul Comnène, mais deux que Tronchin met en scène: deux frères, rivaux bien qu'amis. Tout l'intérêt réside dans cette noble rivalité entre Isaac et Alexis, qui font assaut de grandeur d'âme, jusqu'au sacrifice du premier, qui cède à Alexis et Irène et l'empire. Voltaire a pu y trouver son sujet et transposer dans sa propre tragédie un thème intéressant: à savoir que, promise à Isaac, Irène aime Alexis et en est aimée; libérée par la fausse nouvelle de la mort d'Isaac, elle va l'épouser; lorsqu'Isaac survient bien vivant, Irène est déchirée et promet d'être fidèle à sa parole. Réminiscence, mais non plagiat. C'est à son propre fonds que Voltaire a le plus emprunté.

Ce mince sujet ne pouvait s'étendre sur cinq actes. La première esquisse d'*Alexis* n'en comportait que trois, comme «un drame de M. Mercier».[32] Ce moule réduit était réservé à la comédie «moyenne»; le genre nouveau du drame s'y coulait sans difficulté; mais les exemples en sont très rares dans la tragédie. Il y avait là une irrégularité qui cachait mal la faiblesse de l'inspiration. Un sujet «hors de la nature», une structure non reconnue: on augurait mal de la pièce qui devait apparaître comme relevant du «grand goût».

Cependant on annonçait, en provenance de Fontainebleau, des nouvelles encourageantes. Devant la cour, en octobre et novembre, *Sémiramis* remportait un «succès prodigieux». A *Olympie* les comédiens avaient préféré une valeur sûre, dont le triomphe est d'autant plus significatif que la plupart des spectateurs «ne l'avaient peut-être jamais vue».[33] De fait, ici comme à Versailles, le public s'est renouvelé, et la jeune cour, d'ordinaire «très difficile à fixer sur les tragédies», a réservé un accueil enthousiaste à la pièce. Thibouville le souligne: les applaudissements «furent extrêmes», et «le roi et la reine les commençaient toujours». Faut-il croire ce qu'ajoute le marquis? Maurepas lui aurait fait lire un billet du roi, adressé à son ministre: «Je n'irai que demain travailler avec vous; je suis fâché de manquer aujourd'hui au rendez-vous, mais j'ai tant vu ici de mauvaises pièces que je ne puis me refuser d'aller voir *Sémiramis.*» La tragédie a résisté au temps, alors que toutes les créations sont tombées. Une seule fait exception: *Mustapha et Zéangir*, la nouvelle pièce de Chamfort. Voltaire applaudit à ce sujet. Il peut être généreux. En cette fin de siècle, il ne voit, pour assurer après lui la permanence du genre tragique, que deux successeurs, La Harpe et Chamfort. Ce dernier «a du talent, de la sensibilité, de la grâce et fait des vers très heureux». Héritier de Racine, comme La Harpe, il a l'avenir devant lui, car «sans Racine, point de salut».[34]

Voltaire peinera pendant près d'un an et demi pour achever *Alexis*, devenu *Irène*.

32. D20471 (15 décembre 1776), à d'Argental.
33. D20410 (18 novembre 1776), Thibouville à Voltaire.
34. D20396 (vers le 10 novembre 1776), à Villevielle; D20453 (6 décembre 1776), à Condorcet.

Le ressort est-il cassé? Les nouvelles de Ferney, transmises périodiquement par Moultou au journaliste Meister, sont certes rassurantes. «Le patron se porte toujours à merveille pour son âge.»[35] Mais elles laissent apercevoir aussi les effets du vieillissement. S'il lit sans lunettes «l'impression la plus fine», le vieil homme «a l'oreille un peu dure». Lui qui adore la société des femmes est souvent agacé «par leur conversation frivole et décousue». Il se promène rarement, tient sa porte fermée (les fidèles entrent par les garde-robes). Ferney est moins fréquenté. Voltaire voit peu de monde et n'accorde aux visiteurs occasionnels que quelques instants. Son humeur s'est assombrie:

La veille de la Saint-François dernière, plusieurs dames du voisinage étaient venues avec des bouquets pour lui souhaiter une bonne fête; on attendait dans le salon qu'il parût: il vint, disant d'une voix sépulcrale, *je suis mort*! Il effraya tellement tout le monde que personne ne lui fit de compliment.

Le père Adam n'est plus chez lui. Le patron l'a renvoyé. Moultou n'a pu découvrir le motif de ce renvoi. C'est peut-être la suite de tracasseries avec les domestiques, «et surtout avec la Barbera, gouvernante du vieux solitaire». Pour tout viatique, Voltaire lui aurait donné dix louis (complétés, semble-t-il, par une modique pension). Le bonhomme s'est retiré chez un curé du voisinage.

Voltaire est fort préoccupé. Les affaires du pays de Gex ne s'arrangent guère. La province se heurte toujours à une «difficulté énorme»:[36] Comment payer les 30 000 livres annuelles, exigées par la Ferme générale pour prix de la désunion? Après la chute de Turgot, le patriarche aurait besoin de nouveaux appuis. Il en trouve un de poids: le prince de Condé, gouverneur de Bourgogne, qui consent à recevoir ses requêtes.[37] Et il continue à s'occuper de sa ville de Ferney. Il y établit un poste d'invalides.[38] Destinés prioritairement à lutter contre la désertion, ils constituent un corps de garde indispensable. Enfin, le 6 octobre, il se résout à s'adresser directement à Clugny, qui fait fonction de Contrôleur général des finances. Il rédige un mémoire en faveur de ses horlogers. Mais Clugny meurt le 18 octobre.[39] Il était temps. Le ministre lassé par «l'esprit remuant et avide du pays» voulait replacer le pays de Gex sous la férule de la Ferme générale. Condorcet n'avait sans doute pas tort de soupçonner Clugny de collusion avec

35. D20376 (30 octobre), D20383 (4 novembre), D20427 (27 novembre 1776), Moultou à Meister. Il confirme que la Barbera est une gouvernante attachée à la personne de Voltaire «avec laquelle il jase tous les matins de l'intérieur de son ménage, lorsqu'elle lui porte sa chemise» (D20427). Voir ci-dessus, p.124.

36. D20254 (14 août 1776), à Fourqueux.

37. D20324 (30 octobre 1776), à La Touraille.

38. Grâce au baron d'Espagnac, gouverneur de l'Hôtel des Invalides à Paris. Voir D20399.

39. D20330 (6 octobre 1776), à Clugny; D20358 (18 octobre 1776), à de Vaines.

ler fermiers généraux.[40] Qui donc allait lui succéder? On attendait Cromot Du Bourg. Ce fut Necker.

Clugny laissait les finances en piteux état. Il fallait d'urgence rétablir la situation, dans l'éventualité d'une guerre avec l'Angleterre. On avait besoin d'un grand financier. Maurepas, depuis quelque temps, songeait à Necker, qui par son opposition à Turgot s'était posé en successeur. Mais le banquier Necker était Genevois et protestant. On éluda la difficulté en divisant le ministère. Taboureau Des Réaux, un ancien intendant, prit le Contrôle général, tandis que l'on confiait au nouveau venu une Direction du Trésor créée pour lui (22 octobre 1776): il avait le pouvoir, sans le titre.

Voltaire entretenait avec Necker, au moins par lettres, des relations cordiales. Il n'oublie pas que Mme Necker, en 1770, avait lancé l'idée de sa statue. Cette même statue lui permet de renouer avec le désormais très influent directeur du Trésor. Le 1er novembre, partent à destination de Mme Necker des vers qui firent quelque bruit:[41]

J'étais nonchalamment tapi
Dans le creux de cette statue...

On accusa le poète – Condorcet, les *Mémoires secrets*[42] – de faire sa soumission au nouveau directeur, en trahissant Turgot. En fait, Voltaire évitait de se compromettre. Il rappelle qu'il approuva jadis l'éloge de Colbert par Necker, avant d'applaudir Turgot. Il conclut:

Il faut qu'entre les beaux esprits
Il soit un peu de différence;
Qu'à son gré chaque mortel pense,
Qu'on soit honnêtement en France
Libre et sans fard dans ses écrits.

Vive donc la liberté de penser! A ses détracteurs Voltaire peut rétorquer que, seigneur de village, il a charge d'âmes et est obligé de cultiver l'amitié des gens en place. A cette époque précisément, il va livrer bataille pour tenter de régler le problème de l'indemnité due aux fermiers généraux.

Au mois de juin précédent, le contrôleur général avait décidé que les 30 000 livres seraient payés pour les deux tiers par les propriétés et pour un tiers par l'industrie et le commerce. 10 000 livres à la charge presque exclusive de Ferney: c'était un impôt écrasant.[43] La nouvelle créa une panique. Les colons «com-

40. D20457 (7 décembre 1776), de Brosses à Lagros. De Brosses prétend avoir empêché le rétablissement du régime des Fermes sur le pays de Gex.

41. D20379 (1er novembre 1776), à Mme Necker, et M.x.453-54.

42. D20403 (14 novembre 1776), Condorcet à Voltaire; *Mémoires secrets*, 13 novembre 1776.

43. Aux 30 000 livres s'ajoutait la cotisation tenant lieu des corvées établie à 14 600 livres.

mencent à faire leurs paquets». Ferney aurait perdu en quinze jours «près de deux cents ouvriers».[44] On demande le maintien de l'exemption d'impôts, «dont ils ont joui pendant plusieurs années». Les propriétaires fonciers se plaignent aussi. Il y eut tant de protestations que les syndics décidèrent d'en appeler à l'intendant. Lors d'une réunion qui se tint à Bourg le 22 septembre, la contribution des artisans fut réduite à 6 000 livres et l'emsemble de l'imposition à 36 000 livres.[45] Pour compléter cette diminution, on consentit à un bénéfice sur le sel, «qu'un adjudicataire vendrait par privilège au même prix qu'à Genève».[46] Décision lourde de conséquence, qui déclencha la crise.

Fabry profita encore une fois de sa position privilégiée. Dès la fin d'août, avec l'autorisation de la Ferme, il avait négocié discrètement, auprès du canton de Berne, un marché portant sur 6 000 quintaux de sel, et créé à cet effet une compagnie, au nom d'un homme de paille, le sieur Rose. Après la livraison de février, c'était beaucoup plus de sel qu'il n'en fallait pour la province. Il semble bien que ni les Etats ni Voltaire n'avaient été tenus au courant.[47] Le 14 août, de son côté, Voltaire envoie à Fourqueux, membre du Conseil du commerce, la copie d'une délibération des Etats, d'où il ressort qu'il est impossible à la province de «rien donner des 30 000 livres» dues à la Ferme, si celle-ci ne leur vend pas du sel pour les payer (sur les bénéfices de la revente).[48] Il n'entend parler de la démarche de Fabry que plus tard. Trudaine l'a averti: un mot bref envoyé le 4 septembre apprend au subdélégué que son plan est découvert.[49] Messieurs de Berne, qui pensaient avoir traité avec les représentants de la province, dénoncent le marché. La voie était libre. Un M. de Menthon reprend à son compte la négociation, probablement en accord avec Voltaire. Le patriarche, qui ne veut pas trop paraître, feint l'ignorance, demande des nouvelles à Fabry lui-même, et l'informe qu'une compagnie offre de payer l'indemnité de la Ferme, grâce au bénéfice d'une commande de sel.[50] La compagnie, c'est Voltaire lui-même, qui désormais va diriger les opérations, menant conjointement l'affaire du sel et celle des horlogers.

Avant d'agir sur place, Voltaire a pris soin d'alerter le ministère. Le prince de Condé, son nouveau protecteur, a promis de faire passer au Contrôleur général une requête qui «n'est autre chose que le cri des gens qu'on écorche».[51] Le

44. D20325 (3 octobre 1776), à Trudaine.

45. Au lieu des 48 000 livres fixées: 30 000 d'indemnité, 14 600 pour les corvées et 3 400 pour les frais de collectes.

46. Caussy, p.311.

47. Caussy, p.312.

48. D20254 (14 août 1776), à Fourqueux.

49. D20278.

50. D20322 (2 octobre 1776), à Fabry.

51. D20404 (15 novembre 1776), à Mme de Saint-Julien.

patriarche, au nom des Etats de Gex, y expose la nécessité d'acheter une bonne quantité de sel, 4 500 quintaux, à la Ferme générale ou, à défaut, chez les Bernois. Il accuse Rose (c'est-à-dire Fabry) d'un monopole qui tend «à faire en France une contrebande dangereuse».[52] Le 14 novembre, sans attendre la réponse, il engage la négociation avec le Conseil de Berne.[53] Il dépêche en Suisse son ami Crassier. Dès lors il se pose en représentant reconnu des Etats de Gex. Il n'avertit l'intendant de ses démarches que le 25 novembre. Fabry est avisé le lendemain.[54] Celui-ci, le jour même, se plaint à son supérieur d'une «menée secrète», fort dangereuse: le bruit court qu'il n'y aura pas d'imposition; le travail sur les rôles est interrompu; «tout cela n'est propre qu'à soulever le peuple et à faire égorger les syndics du pays, quand les rôles paraîtront et seront mis en recouvrement.» Conclusion: «Il est fort à craindre qu'en voulant faire le bien du pays, M. de Voltaire ne lui fasse beaucoup de mal.»[55] Le 28, Voltaire offre à Fabry de prêter lui-même à la province les 20 000 livres, à quatre pour cent au lieu de cinq; préalable à ce prêt: «plein pouvoir pour traiter avec le Conseil de Berne.»[56] Puis, sans plus attendre, il délègue ce pouvoir à Crassy dans la négociation avec les Bernois. Il désavoue, auprès de quelques «sénateurs» suisses, Rose et à travers lui Fabry.[57] La réponse est rapide. Le 1er décembre, Fabry rend compte à l'intendant, dénonce Voltaire comme rebelle: le seigneur de Ferney a «l'intention de gouverner le pays de Gex» et d'en rendre l'administration indépendante de l'autorité royale... Ses deux aides de camp, Crassy et Varicourt, ont tenu des «propos séditieux». Enfin la province n'a nul besoin de ce sel, acheté «dans l'unique vue d'en faire la contrebande au préjudice des gabelles du royaume».[58]

L'intendant dut se résoudre à une sérieuse semonce, envoyée à Voltaire le 4 décembre. En bon agent du pouvoir, soucieux avant tout de maintenir l'ordre dans la province, il met en avant les dangers d'une surabondance de sel:

> Rien ne serait plus contraire à cette solidité si désirable que le projet peu réfléchi de faire de votre canton un entrepôt permanent de contrebande, et de tous les habitants des faux-sauniers invétérés, qui graviraient sans cesse tous les défilés du mont Jura, pour vendre le sel en fraude, si l'on en remplissait le pays au-delà de sa consommation.

Autre reproche: pourquoi «porter l'argent de la France» dans le canton de Berne?

52. M.iii.371-73.
53. D20402.
54. D20419 (25 ou 28 novembre 1776), D20422 (26 novembre), à Fabry.
55. D20425 (26 novembre), Fabry à Dupleix.
56. D20429.
57. D20432 (29 novembre 1776), au Conseil de Berne; D20433 (même jour), à von Erlach; D20434 (même jour), à Freudenreich, etc.
58. D20442 (1er décembre 1776), Fabry à Dupleix. C'est un des aspects comiques de l'affaire: chacun accuse l'autre de voler les gabelles.

Mieux vaut s'adresser à la Ferme générale pour en obtenir un approvisionnement proportionné aux besoins du pays sans plus. Le marché de Rose a été annulé. Les mêmes raisons militent contre celui que patronne Voltaire. L'année prochaine, le gouvernement pourrait autoriser la revente d'un surplus modeste, qui allègerait l'imposition. Mais n'est-il pas juste que les terres «contribuent à une indemnité qui est le prix des avantages qu'elles reçoivent»?[59] Rien dans cette mise en demeure qui ne soit conforme aux règles d'une administration sage. Mais l'arrière-pensée était de reprendre au seigneur de Ferney le rôle qu'il s'était arrogé, et d'arrêter net les effets d'une popularité gênante.

Cependant le temps presse. L'indemnité est payable au 1er janvier 1777. Fabry fait annuler, par le ministre de France à Soleure, le marché avec les Bernois. Les Suisses en avertissent Voltaire. Ce qui avait été naguère permis au subdélégué était donc interdit aux Etats. «Nous sommes perdus», s'écrie Voltaire, «et il ne faut pas nous plaindre.»[60] Le 12 décembre, les Etats, convoqués par l'intendant, arrêtèrent les rôles de l'imposition et acceptèrent le prêt de 30 000 livres proposé par le receveur des vingtièmes de Belley.[61] On fut mécontent, à Dijon et à Versailles, des «singularités de conduite» du vieillard. Tabboureau projeta d'envoyer «une lettre très forte aux syndics de la province». Il écrit à son premier commis: «Si l'on ne peut rien dire à M. de Voltaire, il faut au moins donner la correction sur le dos de ses gens.»[62] Quant à Necker, il garde le silence.

A en croire de Brosses, le but du patriarche était «celui d'un homme qui voit qu'on va taxer dans le rôle prochain ses fonds et son industrie de Ferney, et qui croit avoir imaginé un moyen de prévenir sa taxe».[63] Accusation calomnieuse. Voltaire ne défend pas son intérêt, mais celui de Ferney, de ses colons (qu'on a oubliés dans l'affaire), du pays de Gex tout entier. En revanche, on peut lui reprocher d'être remuant, dérangeant, intrigant, de court-circuiter l'administration. Depuis longtemps, il a pris l'habitude de traiter au plus haut niveau, avec les ministres qui le protègent. Depuis le renvoi de Turgot, il se méfie de tous, ministres, intendants, fermiers généraux. Négligé à Paris, il s'appuie sur les forces provinciales. Va-t-il jusqu'à la «rébellion»? Ce serait beaucoup dire. Il cherche pourtant à imposer aux gens du roi le point de vue des notables, des représentants locaux. A-t-il partagé les aspirations décentralisatrices de certains d'entre eux, qui vont bientôt s'exprimer plus fortement dans les cahiers de doléances et aux Etats généraux? Comment réagit-il à la lettre du Bernois Thormann,[64] qui

59. D20448 (4 décembre 1776), Dupleix à Voltaire. L'intendant enveloppe dans la même condamnation Fabry et Voltaire.

60. Caussy, p.321, et D20450 (5 décembre 1776), à Mme de Saint-Julien.

61. Caussy, p.325-26.

62. Cité par Caussy, p.326.

63. D20457 (7 décembre 1776), de Brosses à Lagros.

64. D20460 (8 décembre 1776), Thormann à Voltaire.

regrette l'échec de la négociation, et encourage les Etats de Gex à «consolider» leurs franchises, à établir eux-mêmes la répartition de l'impôt et à organiser sa collecte «sans intervention de l'intendance»? Il y avait là quelques idées «républicaines» qui ont dû faire sourire, ou soupirer le patriarche.

Il digère mal sa défaite. Jusqu'au mois de janvier, il multiplie justifications, requêtes, résumés de l'affaire.[65] Bientôt pourtant, contraint d'accepter les décisions de l'intendant, il songe à l'avenir et fait sa paix avec Fabry.[66] Mais son humeur reste morose. Ses horlogers continuent à déserter. La régie du «marc d'or» refuse les montres de Ferney, sous prétexte que le titre de 18 carats, auquel travaillent les artisans, ne répond pas à la norme française de 20 carats. Voltaire ne fut tranquillisé sur leur compte que par la lettre du Contrôleur général, communiquée par le prince de Condé. Il est impossible, disait Taboureau, de consentir aux ouvriers de Ferney une dérogation que les autres provinces pourraient solliciter à leur tour. D'ailleurs la liberté qu'ils demandent n'est pas aussi avantageuse qu'ils le croient... Voltaire ne retient que la fin de la lettre: «mais ils en jouissent, et continueront à en jouir de même, mais sans une loi, parce qu'elle pourrait donner lieu ou à des demandes semblables, ou à des réclamations.»[67] Le vieillard respire. A défaut de «loi», une permission écrite lui suffit. Le voici donc rassuré (provisoirement) sur le sort de son industrie. Son échec dans l'affaire du sel et de l'impôt lui paraît un peu moins amer.

Les partisans de Shakespeare ne désarmaient pas. Au mois d'octobre 1776 paraît, sans permission, une satire anonyme, en forme de comédie, qui visait la «secte philosophique»: *Le Bureau d'esprit*. D'abord attribuée à Linguet ou à Mercier, la pièce était l'œuvre d'un jeune littérateur d'origine irlandaise, James Rutlidge.[68] Cette imitation grossière des *Philosophes* de Palissot prétendait ridiculiser Diderot, d'Alembert, Condorcet, l'abbé Arnaud, Thomas, Marmontel, La Harpe... et Voltaire, invisible mais présent. Maladroite, confuse, la comédie pousse la satire jusqu'à la calomnie: accuser d'Alembert et Condorcet d'acheter leur réputation à prix d'argent est odieux. On rencontre pourtant, au cours de ces cinq actes languissants, une scène assez plaisante, celle où Condorcet, d'Alembert et La Harpe se disputent la succession de Voltaire. Mais le meilleur est la «cérémonie» de l'acte IV. Les beaux esprits se sont rassemblés pour entendre la lecture rituelle de la «lettre de Ferney». Après avoir couronné de lauriers le buste du grand homme, la prêtresse du culte retire d'une cassette apportée en grande pompe la

65. D20462, D20463, D20469, D20470.

66. D20492 (30 décembre 1776), à Fabry; D20495 (1er janvier 1777), à Dupleix.

67. D20530 (20 janvier 1777), Taboureau Des Réaux au prince de Condé.

68. Sur cet auteur, voir Raymond Las Vergnas, *Le Chevalier Rutlidge, «gentilhomme anglais» (1742-1794)* (Paris 1932).

précieuse missive, où le patriarche se pastiche lui-même. Cette caricature du couronnement naguère présidé par Mlle Clairon ne manque pas de piquant. Enfin un second papier tiré de la cassette ravit l'assemblée: il est intitulé «Préservatif contre la barbarie anglaise». Voltaire y dit sa crainte: la traduction de Le Tourneur ne va-t-elle pas révéler ses plagiats?

Rutlidge n'était pas un inconnu pour le patriarche. En 1769, il avait reçu de l'Irlandais une lettre, outrancièrement flatteuse, pour lui demander de mentionner le nom de Rutlidge parmi les partisans du prétendant Charles Edouard.[69] A la mise en vente du *Bureau d'esprit* chez les libraires du quai de Gesvres, d'Alembert informe Voltaire. Il signale une attaque particulièrement odieuse contre Mme Geoffrin, mourante.[70] Voltaire ne réagit pas. A-t-il même lu la pièce?[71]

Encouragé par un premier succès (*Le Bureau d'esprit* eut l'honneur d'être saisi par la police), Rutlidge récidive. Au début de novembre 1776, il publie des *Observations* plus sérieuses.[72] Il prétend démontrer que Voltaire n'entend pas la langue de Shakespeare et relève quelques-unes de ses erreurs. Il lui reproche de juger l'Anglais sur des «lambeaux», en quoi il n'a pas tort. Tout cela avait déjà été dit. Il se montre plus audacieux lorsqu'il fait le procès des «lois tracées par Aristote»: avec Le Tourneur, avec Rutlidge, c'est la critique anglaise de la tragédie qui pénètre en France. Enfin le sectarisme de Voltaire et de ses partisans est une fois de plus condamné. Plainte constamment répétée. La *Lettre à l'Académie* aurait-elle fait plus de mal que de bien à la cause qu'elle voulait défendre? L'opinion était partagée, beaucoup plus que ne le croyait Voltaire. Contre lui se dresse ce qu'il appelait le «parti shakespearien». Non pas, à vrai dire, un parti, mais un ensemble hétéroclite d'anglophiles, d'ennemis du patriarche, de snobs de tous bords, de traducteurs, et nombre de ces auteurs que Fréron avait baptisés les «dramaturges», qui connaissaient mal Shakespeare et le découvrirent avec enthousiasme. Tel Sedaine qui, à en croire Meister,[73] resta plongé pendant plusieurs jours «dans une espèce d'ivresse [...], la joie d'un fils qui retrouve son père qu'il n'a jamais vu».

La critique se montre, avec des réserves, généralement favorable à la cause «anglaise». Après l'intervention de Voltaire, l'abondance des témoignages écrits atteste la chaleur du débat. La plupart reconnaissent avoir découvert un maître pratiquement inconnu, et condamnent l'attitude «protectionniste» des défenseurs obstinés de Racine. Les meilleurs articles, ceux de l'*Année littéraire*, de Meister

69. D15928 (28 septembre 1769), lettre imprimée dans le *Journal encyclopédique* du 15 octobre.

70. D20417 (23 novembre 1776), d'Alembert à Voltaire.

71. Elle ne figure pas dans BV.

72. Anonyme, *Observations à Messieurs de l'Académie française au sujet d'une lettre de M. de Voltaire lue dans cette Académie* (s.l.n.d.).

73. CLT, xi.215-16, mars 1776.

dans la *Correspondance littéraire*, du *Journal encyclopédique*, qui sont aussi les plus équilibrés, expriment, sur un ton inhabituel, un désir ardent de renouveau. Shakespeare pour la première fois joue ce rôle de révélateur qu'il tiendra longtemps. Mais il faut raison garder. La critique des règles reste en général prudente, et l'on ne saurait accepter le mélange du tragique et du comique. Si *Othello* est porté aux nues, la lecture de *La Tempête* déconcerte les critiques, qui s'accordent à trouver la pièce absurde, monstrueuse. Seul Meister se montre sensible à la poésie, à ce qu'il appelle la «lumière merveilleuse» du poète anglais.[74]

C'est le même Meister qui représente l'attitude la plus ouverte.[75] Suisse de naissance, il se veut au-dessus de la mêlée, écartant les vaines querelles de prestige, affirmant sa foi dans une culture européenne qui, loin de réduire les littératures nationales à la discipline d'un goût unique, leur permettrait de se développer pleinement à la faveur d'échanges enrichissants. Il s'oppose à un Voltaire européen lui aussi, mais impérialiste en matière de goût, en ce sens qu'il croit à l'universalité de la langue et de la littérature françaises. Cependant, pas plus que son ami Grimm, Meister n'envisage la possibilité immédiate de transplanter Shakespeare en France. Par là il rejoint Voltaire. L'avenir leur donnera tort, mais il y faudra du temps. A l'époque de l'anglomanie, de la pénétration de la littérature allemande, phénomène que méconnaît Voltaire, la première occurrence du mot «romantique», qui se trouve dans la préface de Le Tourneur,[76] prend une valeur symbolique. Ces frémissements, ces élans un peu retenus, le vieil homme ne les a pas partagés. Voltaire regarde derrière lui, vers le siècle de Louis XIV. A quatre-vingt-trois ans, il ne peut que constater, et déplorer, un «renversement d'esprit»,[77] qui prélude à une révolution littéraire.

En janvier 1777, il peut lire le sévère article de l'*Année littéraire*. Le rédacteur (Grosier ou Geoffroy) y rend compte à la fois de la *Lettre à l'Académie* et des *Observations* de Rutlidge, approuvant les secondes, éreintant la première. Voltaire se voit reprocher sa mauvaise foi, son esprit jaloux, sa perfidie. Mais a-t-il encore tout son bon sens? «Le fiel, l'indécence et la scurrilité de cette diatribe contre Shakespeare est à peine pardonnable» à sa vieillesse:

> Si, dans cet âge avancé, où l'on touche aux bornes de la vie, où l'esprit affaibli commence à ne plus jeter que de faibles lueurs, il arrive qu'il échappe quelquefois à des écrivains célèbres des productions qu'ils auraient désavouées dans un autre temps, n'est-il pas alors du devoir de l'amitié, qui veille autour d'eux, de supprimer ces fruits humiliants d'une raison qui s'égare?

74. CLT, xi.219, mars 1776.

75. Voir H. Lagrave, «La *Correspondance littéraire* (Grimm et Meister) dans la polémique sur Shakespeare (1765-1776)», *Mélanges Simon Jeune* (Bordeaux 1990), p.111-22.

76. Ed. J. Gury, p.CXVIII, n.1. Voir aussi l'Introduction, «Enfin *romantique* apparut», p.41-50.

77. D20271 (27 août 1776), à d'Argental.

Avis aux partisans du patriarche: il radote, il faut le mettre en lisière.

Ses amis sont persuadés du contraire. D'Argental, Thibouville l'encouragent vivement, le pressent de terminer *Alexis*: le succès l'attend à Paris. Ils ne cessent de lui chanter les louanges de Mlle de Saint-Val, qui espère le rôle d'Irène. Le 1er janvier 1777,[78] Voltaire annonce enfin que ces messieurs sont servis (il imagine à cette date la métaphore culinaire dont il épuisera toutes les variations): «Il y a longtemps que votre dîner est prêt, mais je n'ai pas osé le servir sur table, et même encore aujourd'hui je tremble de vous faire très mauvaise chère: il n'y a que trois services [trois actes]». Du moins «l'embryon de tragédie» a-t-il fait pleurer Mme Denis, et voilà Voltaire rassuré. Il a bien travaillé. Le rôle d'Irène est devenu «très honnête, très touchant, assez théâtral. C'est un combat éternel de l'amour et de la vertu.» Il prévoit déjà une distribution: la Saint-Val, Lekain, Brizard... Il repousse l'idée d'aller se mettre dans une loge de la Comédie pour la première. On le prendrait «pour un des spectres de Shakespeare». Mais bientôt il ne pensera plus qu'à cela.

78. D20493, à d'Argental.

14. Des mois bien remplis

(janvier - octobre 1777)

Voltaire est mourant: il ne cesse de le répéter. Il va rendre l'âme «comme les vieux débauchés qui meurent en cajolant les dames». Mais sa passion à lui, ce ne sont pas les femmes. C'est le théâtre, ou plus précisément la tragédie. En janvier 1777 celle d'*Alexis*, sur laquelle il s'épuise, est «finie», mais elle n'est pas «achevée».[1] Et soudain il renaît: son *Alexis* de trois actes passe à cinq. Encore quelques efforts et la pièce sera prête pour le mois de mars.[2] Sans attendre cet achèvement, le vieil insatiable a entrepris une nouvelle tragédie. En mars, il a deux projets en train: *Alexis*, et puis *Agathocle*.[3]

Avec son *Agathocle*, Voltaire revient en Sicile. Non dans la Sicile de *Tancrède* et de ses chevaliers, mais dans celle de l'Antiquité, de Denys, de Platon. Le personnage du titre, qui est historique (361-289, avant J.-C.), fils de potier, devenu général, avait renversé Sosistrate, tyran de Syracuse, et avait pris sa place. Régnant en despote sur la cité, il a deux fils: Polycrate, qui promet d'être aussi tyrannique que son père, et Argide, élevé en Grèce et donc vertueux et libéral. Les deux jeunes gens aiment la même jeune fille, une certaine Ydace: thème rebattu. Duel entre eux. Argide tue Polycrate. On l'arrête. Son sort est suspendu à la décision du tyran son père, d'abord résolu à mettre à mort le coupable, puis hésitant. La pièce est conçue en vue d'un dénouement qui est original. Tous s'attendent au châtiment d'Argide. Mais le tyran, las du pouvoir, libère son fils et le présente au peuple comme son successeur. Il lui donne Ydace: déjà les deux jeunes gens qui s'aiment s'étaient mariés en secret. La joie du peuple se transforme en enthousiasme, lorsqu'Argide, refusant la couronne, abdique à son tour et rétablit la démocratie. Voltaire a tenté d'introduire dans l'action un thème religieux: il suppose que le tyran a détruit le culte en vigueur, représenté par une prêtresse déchue, laquelle protège Ydace, et a marié les deux amoureux; elle parle beaucoup et ne fait rien. Voltaire n'a pas réussi à intégrer vraiment cette donnée dans l'intrigue.[4] La tragédie resta à l'état d'ébauche versifiée. Elle était

1. D20524 (18 janvier 1777), à Thibouville.
2. D20550 (4 février 1777), à d'Argental.
3. D20594 (vers le 5 mars 1777), à d'Argental.
4. A l'acte III, scène 4, Agathocle, bouleversé, en appelle au «Dieu des rois et des dieux»: «Dieu qu'annonçait Platon chez nos grossiers aïeux, / Je t'invoque à la fin, soit raison, soit faiblesse.» Il ne sera plus question dans la suite ni de Platon, ni du Dieu unique.

assez élaborée pour être jouée en petit comité. Voltaire l'essaya sur son théâtre de Ferney, mais «uniquement pour quelques amis», en septembre 1777. Il en conclut qu'il lui faudrait la travailler encore deux ans pour qu'elle pût réussir à Paris. Il prévoit qu'il n'en aura ni le temps ni la force.[5] *Agathocle* sera créé à la Comédie-Française le 31 mai 1779, pour le premier anniversaire de la mort du grand homme. La pièce, présentée par d'Alembert, obtint un succès commémoratif: quatre représentations.

Voltaire a délaissé sa tragédie syracusaine au profit d'*Alexis*. Il commence à songer aux problèmes pratiques de la représentation, d'abord aux épineuses questions de la distribution. Deux noms s'imposent: Lekain pour «l'amoureux», Brizard pour le père. Mais qui jouera Irène? Ses amis ne cessent de lui vanter Mlle de Saint-Val cadette. Il se fait tirer l'oreille. Il ne la connaît pas. Il regrette la Clairon, la Dumesnil qui vient de quitter la scène.[6] A cette époque, le «tripot» n'a jamais mieux mérité son nom. Des luttes acharnées opposent les titulaires des grands rôles féminins: Saint-Val l'aînée, déjà reléguée dans les reines mères; Mme Vestris, qui rêve, sans y parvenir, de faire oublier la Clairon; Saint-Val la cadette, qui est loin de faire l'unanimité; Mlle Raucourt, à l'éclatante beauté; mais ses frasques et ses mœurs scandaleuses l'avaient obligée à quitter la France en mai 1776. C'est en définitive Mme Vestris, patronnée par Lekain, protégée par Choiseul, entretenue par le maréchal de Duras, qui règne en sultane sur la Comédie-Française. Voltaire se laissera convaincre: Mme Vestris jouera Irène.

Comme chaque année, aux premiers mois de 1777, il souffre du rude hiver suisse. Des «neiges affreuses» l'entourent.[7] A l'en croire, il a perdu «les yeux, les oreilles, les jambes, les dents, la langue», et ne sort guère de son lit.[8] Il se reprend à rêver du Midi, de Marseille, où son ami Audibert a le bonheur de vivre. Comme Mme Denis «est toujours, ou se croit toujours malade de la poitrine», il demande pour elle à son correspondant marseillais «quelques dattes nouvelles»,... au mois de janvier.[9] A l'approche du printemps, c'est lui-même qui est frappé d'une nouvelle «attaque d'apoplexie». Il a pendant deux jours perdu la mémoire, au point d'être incapable de retrouver «aucun mot de la langue».[10] Tout en faisant mine d'en rire – c'est l'occasion de répéter ses plaisanteries sur «l'étique apoplectique» – le vieillard exprime son inquiétude. Jusqu'à la fin du mois de juin, et même au-

5. D20816 (26 septembre 1777), à Saurin.

6. A la clôture de 1776, le 28 février 1777, elle joua, à son bénéfice, dans *Tancrède*, avec un grand succès. Sur la distribution d'*Alexis*, D20493 (1er janvier 1777), à d'Argental.

7. D20552 (5 février 1777), à Mignot.

8. D20493 (1er janvier 1777), à d'Argental; D20494 (même date), à Constant d'Hermenches.

9. D20531 (vers le 20 janvier 1777).

10. D20604 (15 mars 1777), à Schérer; D20615 (28 mars), à Richelieu.

delà, ses lettres rappellent ce «petit avertissement de la nature», ce «décret d'ajournement personnel» qui le «forcera bientôt de paraître devant elle».[11] Plus que jamais, il se croit «à demi-mort», et contraint de préparer le dernier voyage. Il prend quelques dispositions financières, brûle certains papiers.[12] A-t-il eu vent des instructions, remplaçant les ordres du roi de juillet 1774, qui viennent d'être envoyées à Hennin?[13] Il ne renonce pas tout à fait cependant. A d'Argental il dit à la fois son regret de ne plus «faire l'amour à Melpomène» et son espoir d'assister avec lui à une «petite fête» parisienne: la représentation d'*Alexis*.[14] Sa correspondance au cours de ces mois ne manifeste, en tout cas, aucun déclin intellectuel. Les *Mémoires secrets* n'avaient pas tort de souligner, en citant des mots de «l'apoplectique», que l'accident «n'a pas affaibli la pointe de son esprit».[15] Aujourd'hui, Jacques Bréhant et Raphaël Roche, s'appuyant sur les auto-diagnostics étonnamment lucides du malade, concluent que ces épisodes, à l'âge atteint par Voltaire, ne sont nullement exceptionnels. Ces «éclipses cérébrales» ne semblent pas «avoir laissé de traces dans l'organisme pourtant surmené, usé, du philosophe».[16] Il surmonta la crise et en fut quitte pour la peur.

Il avait certes besoin de toutes ses facultés pour affronter maintes affaires. Des difficultés financières: le seigneur de Ferney est «ruiné», comme sa seigneurie. Ses créanciers «aboient» autour de lui, tandis que Richelieu lui doit encore 17 000 livres d'arrérages, et le duc de Wurtemberg 14 000.[17] Il avance pourtant 6 000 livres à Perrachon et 5 000 à Auzière.[18] Enfin, las des dérobades de son «héros», il finit par lui réclamer, fermement, le paiement de ses intérêts, du moins de la moitié. Surprise! le maréchal s'exécute rapidement.[19] Mais il faut encore relancer le fermier général Marchant, le duc de Bouillon, Bérard, capitaine banqueroutier de l'*Hercule*, et bien d'autres. Voltaire a de grosses sommes à payer en juin. Il est à la veille de manquer: il ne veut pas toucher aux 300 000 livres qui lui restent à Paris, et qu'il destine, par parties égales, à Dompierre d'Hornoy, à l'abbé Mignot et à Mme Denis.[20] Quant à la colonie, ce n'est pas l'installation d'une loterie à

11. D20623 (6 avril 1777), à Mme de Saint-Julien; D20653 (28 avril), à Vasselier: «ma tête ébranlée ne peut vous faire des vers.»

12. D20622 (2 avril 1777), à Schérer; D20662 (6 mai 1777), à Chastellux.

13. D20624 (6 avril 1777), Bertin à Hennin; D20635, accusé de réception d'Hennin. On ignore en quoi consistent les ordres inclus dans le paquet cacheté que reçoit Hennin.

14. D20625 (7 avril 1777).

15. *Mémoires secrets*, 18 juin 1777.

16. *L'Envers du roi Voltaire*, p.147.

17. D20527 (20 janvier 1777), à Richelieu; D20540 (25 janvier 1777), Rosé au Conseil de Montbéliard.

18. D20519 (14 janvier 1777), à Schérer; D20560 (10 février), au même.

19. D20527 (20 janvier 1777), et D20579 (26 février), à Richelieu.

20. D20588 (3 mars 1777), à Mignot.

Ferney qui la fera vivre.[21] Bientôt Voltaire se plaint d'un établissement qui appauvrit les habitants, comme les cabarets qui s'y multiplient.[22]

Les affaires ne sont jamais terminées. Voici que rebondit, en février 1777, la controverse qui avait opposé, un an plus tôt, Voltaire à Bailly sur l'origine des sciences. L'auteur de l'*Histoire de l'astronomie ancienne* était persuadé que les «Brachmanes» ou Brames nous ont tout appris dans le domaine de la philosophie et des sciences. Il prétendait, on se le rappelle, faire remonter les premières découvertes à un peuple antérieur, dont les Brames ne seraient que les dépositaires. Le savant, pensant qu'il a été mal compris, reprend sa thèse et la développe dans des *Lettres* qu'il envoie à Ferney.[23] Il a inclus dans son recueil les propres lettres de Voltaire, que celui-ci lui a écrites au début de 1776, assorties d'une nouvelle réfutation. Il tient à ramener le grand homme à son opinion. Il n'y réussira pas. La réponse modeste de son correspondant lui oppose la liste immuable de ses doutes.[24]

Pour le moment, le vieil homme a besoin de se changer les idées. Il va tâter du journalisme. Lorsqu'en juillet 1776 Linguet avait dû céder à La Harpe le *Journal de politique et de littérature*, les lecteurs regrettèrent son départ. Très vite, la feuille périclita.[25] Les lecteurs déploraient «un changement sensible en pire dans l'ouvrage»: il est devenu «froid, sec et ennuyeux».[26] En novembre, la situation est critique. On accuse La Harpe «d'avoir occasionné des désertions considérables, qu'on dit se monter déjà à 1 500, depuis que M. Linguet a quitté».[27] Des concurrents apparaissent, avides de capter les déserteurs. Le plus dangereux est le *Journal français* de Palissot et Clément. A partir de janvier 1777, les deux compères tirent à boulets rouges sur la «philosophie». De son côté, Linguet n'est pas resté inactif. Installé à Londres, il lance un nouveau périodique, les *Annales politiques, civiles et littéraires du XVIIIème siècle*. Sous une forme nouvelle, c'est le même esprit, la même hargne, le même combat contre tous les despotismes, qui assurent un succès immédiat à l'entreprise.[28] Succès qui enfonce un peu plus

21. Afin de «dérouter» les loteries étrangères, qui faisaient sortir de France un numéraire considérable, le ministère a installé des bureaux sur les frontières, notamment à Ferney, situé sur le chemin de Bâle, «chef-lieu de tous les *loto* d'Allemagne» (D20533, 23 janvier 1777, Tabareau à Voltaire).

22. D20640 (19 avril 1777), Borssat d'Hauterive à Voltaire.

23. *Lettres sur l'origine des sciences et sur celle des peuples d'Asie, adressées à M. de Voltaire* (Londres 1777). D20576 (22 février 1777), Bailly à Voltaire.

24. D20581 (27 février 1777), à Bailly.

25. Mettra, iii.234, 9 août 1776.

26. *Mémoires secrets*, 6 septembre 1776.

27. *Mémoires secrets*, 27 novembre 1776. Marin met en cause La Harpe (D20553, 5 février 1777, à Voltaire).

28. On parle de 6 000 ou 7 000 souscripteurs; Daniel Baruch, *Linguet ou l'irrécupérable* (Paris 1991), p.109.

le malheureux journal de La Harpe, publié par Panckoucke. Condorcet appelle Voltaire à l'aide. Une lettre du grand homme, où il dirait tout le bien qu'il pense du journal serait d'un grand secours et vaudrait beaucoup de souscriptions.[29] Voltaire s'exécute, mais son intervention épistolaire paraît insuffisante.[30] Panckoucke lui demande de contribuer lui-même au journal. Il accepte avec empressement.[31] Les bons motifs ne lui manquent pas: soulager La Harpe dans sa tâche, sauver une feuille favorable au parti, régler quelques comptes personnels, participer enfin à cette ardente bataille de la presse, sous les ordres d'un général aussi entreprenant que Panckoucke. Il n'exige qu'une condition: l'anonymat.[32] Il n'hésite pas à se lancer dans un métier qu'il a toujours réprouvé, mais qui exerce sur lui une sorte de fascination.[33]

Du 25 avril au 5 juillet 1777, il donne cinq articles au *Journal de politique et de littérature*. Le premier rend compte du *Tristram Shandy* de Sterne. Lors de la première édition de la version française, en 1771, il avait apprécié les peintures de celui qu'il appelait «le second Rabelais d'Angleterre».[34] En 1777, il reste insensible à l'humour de ce livre déconcertant, dont le héros vient juste de naître au début, et «n'est pas encore baptisé à la fin des quatre premiers volumes», presque entièrement occupés par les «préliminaires» et les «digressions». L'auteur s'est moqué du public, «promettant toujours quelque chose, et ne tenant jamais rien». C'est un «charlatan», bien inférieur à Swift (le premier «Rabelais d'Angleterre»). L'Angleterre «tombe» décidément; elle abandonne Locke et Newton «pour les ouvrages les plus extravagants et les plus frivoles».[35]

Autre charlatan, J. P. Marat, dont le traité *De l'Homme ou des principes et des lois de l'influence de l'âme sur le corps et du corps sur l'âme* n'est pas plus sérieux que le roman de Sterne en dépit des apparences.[36] Marat croyait avoir découvert le siège de l'âme dans le corps, et le lien organique qui unit l'une à l'autre. Il loge l'âme dans les méninges et voit dans le «suc des nerfs le lien de communication entre les deux substances». Mais ce suc, rétorque Voltaire, personne ne l'a jamais vu, que l'auteur nous le fasse voir! Marat s'en garde bien. Il passe son temps à réfuter les philosophes ses prédécesseurs, notamment Locke, Malebranche et

29. D20431 (28 novembre 1776), Condorcet à Voltaire.

30. D20453 (6 décembre 1776), à Condorcet.

31. D20538 (25 janvier 1777), à Amélie Suard.

32. D20565 (15 février 1777), à Panckoucke.

33. Voir Jean Sgard, «Voltaire et la passion du journalisme», *Le Siècle de Voltaire* (Oxford 1987), ii.847.

34. *Questions sur l'Encyclopédie*, M.xviii.237.

35. M.xxx.379-82.

36. L'article de Voltaire paraît le 5 mai, M.xxx.382-87. Larissa Albina a étudié les *Marginalia* de Voltaire sur l'ouvrage: «*De l'Homme*: Marat lu par Voltaire», *RHLF* 91 (1991), p.932-36: les notes préfigurent le compte rendu.

Condillac. Longue déclamation en trois volumes, l'ouvrage n'est pas d'un savant, mais d'un rêveur. Voltaire lui oppose sa circonspection habituelle: pourquoi s'obstiner à percer l'inconnaissable? Mieux vaut avouer qu'on ne sait pas où l'âme réside: «Laissez faire à Dieu, croyez-moi; lui seul a préparé son hôtellerie, et il ne vous a pas fait son maréchal-des-logis.» Brissot raconte dans ses *Mémoires*[37] que Marat fut offensé des observations de son critique. Il devait pourtant s'attendre à de vives réactions du parti philosophique, qu'il avait attaqué tout au long de son combat contre le matérialisme.

Le compte rendu de l'ouvrage de Chastellux, *De la félicité publique*, est à double fin: l'éloge d'un ami, d'un «véritable philosophe», vise en contrepartie Montesquieu. Légère escarmouche, annonçant l'offensive qui va suivre: le *Commentaire sur l'Esprit des lois*. Quant aux deux derniers articles, ils donnent au public la leçon d'histoire qu'il pouvait attendre de l'auteur de l'*Essai sur les mœurs*. Voltaire se délecte d'une *Histoire véritable des temps fabuleux*,[38] aux pieuses intentions, par M. Guérin Du Rocher, prêtre. Ce «fou»[39] veut démontrer que la Genèse est le fondement de toutes les mythologies anciennes. Ainsi les Juifs auraient enseigné «la terre entière». Le propos n'était pas neuf. Déjà Huet s'y était attaqué et d'autres avec lui. La «démonstration» de l'évêque d'Avranches n'était guère convaincante, celle de son émule est absurde. Voltaire donne quelques exemples comiques de ce «ramas de fables expliquées fabuleusement». Au vrai, il s'était bien promis de faire un «plaisant extrait» de ce «déplaisant galimatias».[40]

Les *Mémoires* du maréchal de Noailles inspirent plus de respect. Le livre contient essentiellement des lettres, de Louis XIV et de Louis XV, de Philippe V, du Régent, etc. De quoi intéresser les hommes d'Etat. Voltaire s'avoue pourtant déçu. Le rédacteur – l'abbé Millot, choisi par le petit-fils du maréchal – néglige de «donner une idée des personnages qu'il va faire paraître sur la scène»; il ne développe pas les «ressorts» des événements; il se borne à rendre compte des matériaux dont il dispose. Aussi le recenseur se fait-il un plaisir de prendre sa place, et de montrer ce que la reconstitution historique eût pu ajouter à l'érudition, par quelques exemples lumineux, évoquant la malheureuse politique religieuse de Louis XIV, les misères et les deuils du règne finissant, la crise durable des finances.[41]

37. Brissot, *Mémoires* (Paris 1830-1831), i.210-11.

38. ... *ouvrage qui, en dévoilant le vrai, que les histoires ont travesti ou altéré, sert à éclaircir les antiquités des peuples, et surtout à venger l'Histoire sainte* (Paris 1776-1777). Le compte rendu est du 25 mai 1777, M.xxx.389-92.

39. D20667 (10 mai 1777), à Panckoucke.

40. D20654 (30 avril 1777), à Panckoucke.

41. L'article parut en deux fois, 25 juin et 5 juillet 1777, M.xxx.392-404.

L'ensemble des «extraits» de Voltaire rassure sur sa vigueur intellectuelle. Il juge avec l'aisance, l'esprit, la clarté qu'on lui connaît. Avec sa partialité coutumière aussi. A l'éloge de Rousseau, qu'il ne pardonne pas à Marat, il réplique par les sarcasmes d'usage. Il passe trop vite sur l'essentiel, à propos de Sterne notamment, dont il efface les mérites. Il faut être léger, vif, rapide. Ces vertus du journaliste ont leurs défauts, et Voltaire est un journaliste né. En se prononçant sur des ouvrages dont le choix n'était pas fait au hasard, il poursuit son combat pour la vérité. Sterne trompe son lecteur, Marat lui ment; le pauvre abbé est un fou, mais un fou dangereux avec ses «fables»; Millot lui-même est incapable de révéler la vérité historique. Tous, à leur manière, sont des «charlatans», même Montesquieu qui sera bientôt mis en accusation.

Voltaire avait exigé l'anonymat. Au bas du premier extrait, on pouvait lire: «Cet article est d'une main très illustre, que personne ne méconnaîtra.» Le deuxième était attribué à la «même personne»; le troisième et le quatrième enfin à «M. de V.» Transparent dès le début, l'anonymat était clairement dévoilé. Le libraire savait ménager ses effets, à défaut de tenir ses promesses. Furieux, Voltaire se plaint à La Harpe.[42] Il n'est pas «en état de faire la guerre», il a besoin de repos après son apoplexie. Il a surtout besoin de tromper ses adversaires et de jouer le vieillard épuisé et désarmé. Plus que jamais il lui faut pratiquer l'art difficile du camouflage. Le V. dénonciateur disparaît du bas de la seconde partie de l'article sur Millot, qui fut le dernier de la série, et marque la fin d'une collaboration, jugée désormais compromettante.

Voltaire avait perdu de vue Delisle de Sales et sa *Philosophie de la nature*, lorsqu'il reçoit une troisième édition de son livre. Le patriarche s'inquiète, non sans raison.[43] La nouvelle édition, non expurgée, donne aux persécuteurs l'occasion d'en finir avec leur victime. De fait, le Châtelet, le 21 mars 1777, condamne Delisle au bannissement perpétuel, avec confiscation de ses biens, et le fait emprisonner «jusqu'à l'exécution de la peine».[44] L'opinion s'indigne de cette mesure, comme du verdict. Voltaire se fâche en apprenant que son protégé «est à présent au cachot les fers aux pieds et aux mains».[45] Le scandale était que le tribunal du Châtelet, jugeant sur le fond, s'était arrogé les compétences de la Sorbonne pour établir un acte d'accusation de caractère proprement théologique. Parmi les «propositions» reprochées à l'accusé, Meister reproduit les principales:

42. D20684 (4 juin 1777).

43. D20596 (7 mars 1777), à Delisle de Sales.

44. Delisle s'était pris de querelle avec l'abbé Chrétien, censeur de son ouvrage. Le Châtelet condamne le censeur au blâme et le fait aussi incarcérer.

45. D20626 (8 avril 1777), à d'Alembert.

blasphèmes, spinozisme, hérésie, culte de la nature, etc.[46] Le journaliste raconte cette séance du Châtelet, «farce monstrueuse» où se déchaînent l'acharnement fanatique d'une grande partie des juges et leur cruauté de «cannibales». L'exil apparaissait bien doux à côté des peines réclamées par certains:

Les premières voix ont été pour condamner M. Delisle *ad omnia citra mortem.* Cette formule désigne le fouet, la marque et les galères perpétuelles. Cet avis a été proposé avec chaleur. On ne pouvait pas condamner à mort l'accusé, parce que, dans l'intervalle, messieurs avaient dîné. Ensuite on a opiné à ce que l'auteur fût condamné au carcan, à faire amende honorable, en chemise et une torche à la main, devant le portail de Notre-Dame, ensuite banni à perpétuité. Cet avis, longtemps discuté, a été sur le point de prévaloir.

L'audience dura de sept heures du matin à onze heures du soir. Deux juges seulement avaient approuvé les conclusions du procureur du roi, soutenues par le lieutenant civil, qui tendaient à renvoyer l'accusé «hors de cour et de procès». Dans la nuit Delisle est conduit «par les archers, la baïonnette au bout du fusil» en prison, où il rejoint «des filles qu'on conduisait à la Salpêtrière et des scélérats qu'on destinait à l'échafaud».[47]

De toutes parts, on cria à la barbarie, au fanatisme, à l'Inquisition.[48] Effondré, Delisle écrit «du fond de sa prison» à Voltaire,[49] qui réagit violemment; il mande à Marmontel:

J'apprends que messieurs du Châtelet soutiennent bien mieux notre sainte religion que messieurs les sorbonniqueurs [...] Cette abomination est révoltante, elle est du quatorzième siècle. On prétend même que le parlement en est indigné, et qu'il va réformer la sentence du Châtelet.[50]

Il faudrait diffuser largement, ajoute-t-il, une «relation de cette grossièreté barbare». Cependant la prison du Châtelet est devenue pour Delisle «un lieu de triomphe».[51] Son ouvrage est recherché. Il fait l'objet d'innombrables témoignages d'amitié, il reçoit des secours en argent.[52] Les visiteurs se pressent dans son «cachot», ou plutôt dans l'appartement que le concierge lui a cédé et que ses admirateurs ont fait meubler avec magnificence. Il sait qu'il est soutenu par

46. La dernière proposition est toute morale: «Vous vous êtes abandonné dans votre ouvrage à une chaleur d'imagination très criminelle; vous avez présenté beaucoup de tableaux, et le mot de *jouissance* se trouve souvent sous votre plume» (CLT, xi.430-31, mars 1777).

47. CLT, xi.431.

48. Voir aussi *Mémoires secrets*, x.74-75, mars 1777; Mettra, iv.272-73, 5 avril 1777; Linguet, *Annales*, i.172-86, mai 1777.

49. D20620 (1er avril 1777).

50. D20628 (8 avril 1777).

51. *Mémoires secrets*, 12 avril 1777.

52. Notamment de la part du marquis de Villette, que Voltaire félicite (D20673, 17 mai 1777).

l'opinion, et même par le pouvoir. Il attend avec confiance que le parlement juge sa cause en appel. Au reste, le bruit se répand que Voltaire se prépare à intervenir.[53] S'agit-il de la «relation» dont il a parlé? La rumeur a sans doute suffi pour effrayer ceux des «messieurs du parlement» qui poursuivent Delisle de leur haine. Condorcet préconise alors la prudence.[54] Sage conseil. Voltaire demeure le chef incontesté du parti philosophique, mais il agit parfois avec la pétulance d'un jeune homme. Il faut éviter de compromettre les négociations conduites en sous-main.

En effet, le 1er mai, l'arrêt du parlement infirma presque en totalité la sentence du Châtelet. Delisle fut seulement «admonesté». On le pria néanmoins de ne plus écrire à l'avenir contre le gouvernement ou la religion.[55] Le soir de sa libération, il fut acclamé à la Comédie-Française.[56] A la joie de la liberté retrouvée s'ajouta pour lui la fierté d'avoir obtenu la plus haute récompense qui fût alors pour un jeune écrivain: une invitation à Ferney. Le 6 mai, Voltaire lui offrit, au cas où le parlement confirmerait la sentence de bannissement, de se réfugier chez «le mourant».[57] Quoique non banni, Delisle se rendit chez Voltaire, où il passa une partie de l'été. Le patriarche se prit d'amitié pour lui, et Delisle ne cessa jamais de lui témoigner attachement et reconnaissance. Une ombre au tableau toutefois. Voltaire et d'Alembert demandaient à Frédéric II d'accorder à leur protégé un poste de bibliothécaire. Le roi renâcla, puis refusa tout net. Il n'aimait pas le livre de Delisle, «rapsodie informe», plein «d'idées chimériques».[58]

Voltaire n'est pas loin de partager cet avis. Il n'avoue qu'à ses intimes un sentiment qui le gêne: l'œuvre incriminée méritait-elle de faire tant de bruit? En tout cas, l'auteur ne méritait pas une telle barbarie.[59] L'homme était digne de ses défenseurs, et le fanatisme devait être châtié. Là-dessus, la conscience de Voltaire est en repos. Soutenu par l'opinion, le parti philosophique sortait vainqueur d'un conflit qui lui avait permis d'exalter la liberté de penser et d'écrire, tout en étalant au grand jour les absurdités du système judiciaire de la France.

L'été de 1777 commença à Ferney par une amère déception: la visite manquée de Joseph II.

53. *Mémoires secrets*, 23 avril 1777.

54. D20639 (17 avril 1777), Condorcet à Voltaire.

55. Mettra, iv.371, mai 1777, et Linguet, *Annales*, i.188, même date: «Espèce de punition paternelle, qui n'emporte point de tache, et qui semble ici être un trait d'égard pour les premiers juges plutôt que de rigueur contre l'accusé.»

56. P. Malandain, *Delisle de Sales philosophe de la nature*, ii.674, n.70.

57. D20663. Delisle séjourne à Ferney de la fin de juin jusqu'au 4 août.

58. D20954 (17 décembre 1777), Frédéric II à Voltaire.

59. D20628 (8 avril 1777), à Marmontel; D20632 (9 avril), à Condorcet; D20654 (30 avril), à Panckoucke.

Le long séjour de l'empereur à Paris, sous le nom de comte de Falkenstein, avait été, depuis son arrivée le 18 avril, l'événement majeur. Jamais souverain n'avait excité autant de curiosité, ni provoqué un tel engouement. On célèbre sa simplicité, sa modestie, sa bienfaisance, son ardeur à s'instruire. Lorsqu'il est question de son retour et de son intention de rentrer à Vienne par la route de Lyon et de la Suisse, on s'attend à une rencontre historique, entre le «despote éclairé» et le «roi Voltaire». Le 9 juillet, Frédéric II s'en réjouit d'avance:

Oui, vous verrez cet empereur
Qui voyage afin de s'instruire,
Porter son hommage à l'auteur
De *Henri quatre* et de *Zaïre*.[60]

C'est bien ce qu'espère Voltaire, sans trop le laisser voir.[61] Or, le dimanche 13 juillet, le carrosse du souverain passa près de Ferney sans s'arrêter. Le seigneur des lieux avait fait de grands préparatifs. Il avait mis sa perruque de cérémonie dès huit heures du matin. Toute la maisonnée, de nombreux invités attendaient le moment exceptionnel...[62]

Voltaire était convaincu que la visite aurait lieu. Le jeune monarque n'est-il pas tout acquis à la bonne cause? N'a-t-il pas «secoué la superstition», dominante en Autriche? Ce prince «aimable et plein de mérite»[63] pourrait-il lui manquer? Mais le carrosse file droit sur Versoix. Comment expliquer cette dérobade? La version des adversaires du patriarche est simple: Joseph II s'est fait un plaisir d'humilier le grand homme. Quand le postillon lui indiqua Ferney, il aurait crié «fort haut, et par deux fois, *fouette cocher*!»[64] Voltaire lui-même présente une autre explication, dans une lettre «ostensible» du 18 juillet:

Je n'ai point eu le bonheur de voir passer le grand homme qui est venu dans nos quartiers. Mon âge, mes maladies et ma discrétion m'ont empêché de me trouver sur sa route. Je vous confie que deux horlogers genevois, habitants de Ferney, moins discrets et plus jeunes que moi, s'avisèrent, après boire, d'aller à sa rencontre jusqu'à Saint-Genis, arrêtèrent son carrosse, lui demandèrent où il allait et s'il ne venait pas chez moi. L'empereur, qui les prit pour des Français étourdis, leur dit qu'il n'avait pas encore été interrogé sur la route en France. L'un de ces républicains polis lui dit que c'était une députation de ma part.[65]

La version de Voltaire est confirmée point par point par un témoin sérieux,

60. D20721, Frédéric II à Voltaire.

61. D20706 (27 juin 1777), à d'Argence.

62. D20736 (20 juillet 1777), Moultou à Meister, et D20733, commentaire.

63. D16592 (18 août 1770), Frédéric II à Voltaire après son entrevue avec Joseph II. Voir aussi D16667 (26 septembre 1770), de Frédéric à Voltaire.

64. D20733 (16 juillet 1777), Bonnet à Haller.

65. D20735, au chevalier de Lisle.

Moultou, qui ajoute à propos de l'incident: «Cet excès d'impertinence» dégoûta l'empereur, «et avec beaucoup de raison».[66]

On a dit aussi que Marie-Thérèse, avant le départ de son fils, lui avait interdit de rendre visite à Voltaire.[67] L'explication, constamment acceptée jusqu'à nos jours, n'est pas invraisemblable. Cependant les recherches d'Adrienne D. Hytier, qui éclairent parfaitement les dispositions de l'impératrice mère, aboutissent à une conclusion très différente.[68] En 1774, alors qu'il était déjà question d'un voyage de Joseph II en France, elle dissuada son fils de voir Voltaire et tous les autres «extravagants», mais se garda bien de le lui interdire. En 1777, on ne trouve plus trace de telles défenses. Enfin, c'est Marie-Thérèse elle-même qui confirme les dires de Voltaire, dans une de ses lettres:

> Ce n'est pas par égard pour moi que l'empereur n'a pas voulu voir Voltaire. Il m'a dit lui-même d'avoir été fâché des arrangements que Voltaire avait faits pour le recevoir en envoyant même deux hommes à sa rencontre.[69]

Cependant l'incident n'explique pas tout. Dans quel esprit Joseph II allait-il rendre visite au patriarche, si telle était bien d'abord son intention, comme le suggère le texte précédent? Il avait conseillé à sa sœur la reine Marie-Antoinette de ne pas permettre que Voltaire lui fût présenté.[70] A Paris, il ne vit que Buffon. Il ne rencontra personnellement aucun philosophe. La philosophie et la littérature l'intéressaient peu. Plus curieux de réalisations pratiques que d'idées générales, il préférait la société des savants, des ingénieurs ou des architectes. S'il désirait vraiment rencontrer Voltaire, c'était sans doute par curiosité plus que pour saluer le chef des philosophes.

Il convient enfin de replacer l'épisode dans le cadre d'un séjour qui ne se borne pas à un voyage d'études. Sa mission première était d'intervenir dans la vie intime du couple royal, Louis XVI se montrant toujours incapable d'être le mari de sa femme.[71] Il devait aussi essayer de «raffermir l'alliance franco-autrichienne dont il avait besoin pour réaliser ses ambitions allemandes».[72] Après le partage de la Pologne, Vergennes craignait avec raison que l'équilibre européen ne fût encore compromis par les appétits de l'Autriche, qui pouvait exploiter à son profit d'éventuelles successions en Allemagne, notamment celle de Bavière. Il était hors

66. D20739 (23 juillet), Moultou à Meister.

67. Joseph II n'est pour lors qu'associé au pouvoir et soumis en principe à l'autorité de sa mère.

68. Adrienne D. Hytier, «Joseph II, la cour de Vienne et les philosophes», *Studies* 106 (1973), p.225-51. L'auteur s'appuie sur une étude exhaustive de la correspondance entre Marie-Thérèse et son ambassadeur en France, Mercy-Argenteau.

69. Hytier, p.247.

70. Mme Campan, *Mémoires sur la vie privée de Marie-Antoinette* (Paris 1822), i.185.

71. Voir ci-dessus, p.100.

72. Evelyne Lever, *Louis XVI* (Paris 1985), p.297.

de question de resserrer l'alliance conclue par Choiseul. Joseph II se trouve donc à Versailles en position de demandeur, soucieux d'obtenir de la France une neutralité bienveillante au cas où il aurait à intervenir en Bavière. Il avait tout intérêt à éviter un impair diplomatique. Or Louis XVI n'éprouve qu'aversion pour Voltaire. Deux ans plus tôt, il a interdit à Monsieur, son frère, en tournée dans le Midi, de passer par Genève et de rencontrer le seigneur de Ferney. Joseph II a compris sans doute qu'un hommage au philosophe risquait d'être mal jugé à Versailles. Enfin il fut probablement agacé en apprenant que sa visite à Voltaire était annoncée. Cette publicité le mettait dans une position embarrassante. Peut-être, en passant près de Ferney, était-il encore hésitant. Il a suffi alors d'une impertinence pour le décider à poursuivre la route, tout en se ménageant une bonne excuse.

Quoi qu'il en soit, Voltaire fut très affecté[73] par ce que les nouvellistes présentèrent comme une humiliation. Il s'en défendit, affirma à plusieurs de ses correspondants qu'il n'attendait pas vraiment la visite annoncée. Mais personne ne le crut.

En compensation, vers le 15 août, l'arrivée imprévue du prince de Beauvau, accompagné de sa femme, lui fit un immense plaisir. Le prince n'avait pas oublié qu'il devait au parti philosophique, Voltaire et d'Alembert en tête, son élection à l'Académie française. Grand seigneur, brave militaire, très considéré à la cour, cet homme de bien avait exercé, dans son gouvernement du Languedoc, une tolérance active à l'égard des protestants. Il recevait et protégeait les philosophes. A l'Académie il contrebalançait efficacement l'antiphilosophique «parti de Richelieu». Et il aimait Voltaire. Le vieux malade, lorsqu'il apprend sa visite, la salue par une de ces hyperboles auxquelles il se plaît: «C'est le héros d'Homère qui descend chez les ombres.»[74] Les Beauvau restent toute une journée à Ferney: une journée inoubliable. Le vieillard les remercie avec émotion.[75] Son plaisir fut partagé. Dans ses *Souvenirs*, la princesse écrit:

> M. de Voltaire reçut M. de Beauvau, et même moi qui ne l'avais jamais vu, avec toutes les démonstrations de joie possibles. Il fut si aimable pendant la journée que nous passâmes avec lui, que M. de Beauvau ne se souvenait pas d'avoir jamais autant joui de son esprit et de sa grâce.[76]

Beauvau, en septembre, répond à Voltaire, évoquant avec chaleur «ce temps si agréable et si court» passé près de l'homme «qui fait le plus d'honneur à notre

73. Beaucoup moins qu'on ne le dit, cependant, à en croire Wagnière, i.417 (sur les *Mémoires secrets*).

74. D20766 (vers le 15 août 1777), à Beauvau.

75. D20773 (27 août 1777), à Beauvau.

76. *Souvenirs de la maréchale princesse de Beauvau* (Paris 1872), p.69-70.

siècle».[77] Mais c'est encore la princesse qu'il faut citer. Elle ajoute ces quelques mots:

Je croyais que vous étiez le seul homme qu'on pût connaître sans l'avoir vu, et j'ai éprouvé qu'il fallait vous avoir vu pour vous connaître et pour n'avoir plus rien à désirer que le bonheur de vous revoir.

Voilà qui est fort bien dit. La princesse, assurément mieux disposée que Mme de Genlis, est tombée sous le charme de Voltaire.

Les mondanités cependant, manquées ou réussies, restent ce qu'elles ont toujours été à Ferney: marginales. L'essentiel est pour lui son activité d'écrivain. Sentant ses forces décliner, prévoyant que le temps lui est compté, il a instauré à Ferney, en cet été de 1777, une discipline qui lui permet de se consacrer au travail. Moultou, de retour d'Italie au début de juillet, a constaté ce nouveau régime. Il en adresse de petits reportages à son ami Meister. Voltaire est devenu «très sauvage». Il n'hésite pas à éconduire de «grands et notables personnages».[78] Une «étiquette» est établie depuis peu, car «il ne veut pas perdre son temps en visites oiseuses, ou en pourparlers qui l'ennuieraient». Les curieux, même des «milords anglais» qui, un certain jour, se pressent à sa porte, doivent se conformer à un cérémonial:

A une heure indiquée, il sort de son cabinet d'étude, et passe par son salon pour se rendre à la promenade. C'est là qu'on se tient sur son passage comme sur celui d'un souverain, pour le contempler un instant. Plusieurs carrosses entrèrent après nous, et il se forme une haie à travers de laquelle il s'avança en effet. Nous admirâmes son air droit et bien portant. Il avait un habit, veste et culotte de velours ciselé, et des bas blancs.

Tous ne sont pas admis à faire la haie sur son passage. Des «valets», du menu fretin, «se tiennent aux grilles du jardin»: «Il y fait quelques pas pour eux. On se le montre, et l'on dit: *le voilà*! *le voilà*!»[79] Sous le règne du terne Louis XVI, Ferney imite le Versailles d'autrefois. Voltaire, plus ou moins consciemment, a pris les manières de ce grand roi dont il fut l'historien. «C'est très plaisant», commente Moultou. L'acteur Voltaire joue, ici aussi, l'un de ses rôles préférés. Mais la mise en scène a un objectif précis. Elle dégage dans l'emploi du temps une large plage horaire permettant à l'écrivain de travailler en son cabinet.

Pendant cet été de 1777, après le succès dans l'affaire Delisle de Sales, il entreprend de traiter encore des lois et de la justice. A ce sujet qui lui tient à cœur il consacre deux livres jumeaux, le *Commentaire sur l'Esprit des lois*, *Le Prix de la justice et de l'humanité*. Comme beaucoup d'autres ouvrages du philosophe,

77. D20819 (septembre-octobre 1777), Beauvau à Voltaire.

78. D20719 ([5 juillet] 1777), Moultou à Meister.

79. D20780 (1er septembre 1777), Moultou à Meister.

ces écrits naissent des circonstances. L'un répond aux attaques d'un journaliste, l'autre à l'ouverture d'un concours académique.

L'un des cinq articles que Voltaire a donnés au journal de La Harpe portait, on l'a vu, sur le livre de Chastellux, *De la félicité publique*. Le chevalier faisait fi des théories, des systèmes, des «rêveries». Sa visée, largement inspirée par l'*Essai sur les mœurs*, est essentiellement historique. De l'évolution du monde, il tire la conviction que les sociétés sont aisément perfectibles et qu'il faut travailler au bonheur des hommes, par le progrès des Lumières. Chastellux n'épargnait pas Montesquieu, tandis qu'il encensait Voltaire. De là sans doute l'enthousiasme du patriarche pour ce livre «toujours instructif, ingénieux, profond et utile», même s'il pèche par un optimisme exagéré.[80] Dans son compte rendu, Voltaire saisit l'occasion d'attaquer Montesquieu et de contester sa réputation:

> *L'Esprit des lois* a eu plus de vogue dans l'Europe que *La Félicité publique*, parce que Montesquieu est venu le premier, parce qu'il est plus plaisant, parce que ses chapitres de six lignes, qui contiennent une épigramme, ne fatiguent point le lecteur; parce qu'il effleure plus qu'il n'approfondit; parce qu'il est encore plus satirique qu'il n'est législateur.

Chastellux, lui, n'est pas un «charlatan qui veut débiter sa drogue»; il s'exprime avec candeur, «c'est Montaigne avec de la méthode».[81]

Une verte réponse de Sautreau de Marsy, dans le *Journal de Paris* du 19 mai, fait bondir Voltaire. La lettre qu'il dépêche à Chastellux, le 7 juin,[82] est virulente à dessein. Le vieux lutteur cherche la bagarre. Il annonce son intention d'aller plus loin, et le 11 il expédie à de Vaines un «manuscrit» qu'il le prie de faire passer à Panckoucke. Serait-ce déjà le *Commentaire*, rédigé en trois ou quatre jours? Hypothèse invraisemblable, acceptée pourtant par les commentateurs, faute de tenir compte de la lettre de Condorcet du 20 juin.[83] Le «manuscrit» est celui d'une «Lettre sur Montesquieu et le chevalier de Chastellux», adressée à La Harpe et dont Condorcet a pris connaissance. Elle était évidemment destinée à paraître dans le *Journal de politique et de littérature*, comme suite à l'article du 15 mai. Condorcet, souvent plus sage que le patriarche, lui remontre que Montesquieu est un grand homme, vénéré de tous; que la publication de la «Lettre» ne ferait que diviser encore le parti philosophique; enfin qu'il n'était pas prudent de s'aliéner le *Journal de Paris*. Voltaire lui donne raison: «Il ne faut jamais rougir d'aller à l'école, eût-on l'âge de Mathusalem.»[84] Dans le calme

80. Roland Mortier dans son article «Voltaire lecteur de Chastellux», *Le Siècle de Voltaire* (Oxford 1987), ii.663-73, constate que Voltaire dans ses *marginalia* se montre plus prudent sur le rôle que joue le progrès des Lumières dans l'amélioration du sort des hommes.

81. M.xxx.388-89.

82. D20689.

83. D20693 (11 juin 1777), à de Vaines; D20703 (20 juin 1777), Condorcet à Voltaire.

84. D20717 (2 juillet 1777), à Condorcet.

retrouvé, l'article polémique né de la conjoncture va prendre la forme du *Commentaire*, où s'exprime une critique ordonnée, tempérée, qui se veut définitive.[85]

Les deux tiers de l'ouvrage sont consacrés à relever les erreurs de Montesquieu, dont certaines, il faut le reconnaître, sont de bonne taille. Ainsi au chapitre 22 du livre XXI de *L'Esprit des lois*: «J'ai ouï plusieurs fois déplorer l'aveuglement du conseil de François 1er, qui rebuta Christophe Colomb qui lui proposait les Indes.» Voltaire: «Lorsque Colombo fit ses propositions, François 1er n'était pas né.»[86] Le reste du *Commentaire* traite de questions importantes: la théorie du climat, l'esclavage, l'origine de la nation française, les lois fondamentales. Voltaire répète ce qu'il a déjà souvent reproché à Montesquieu. Il accuse les vues systématiques du président, par exemple sur la vertu qui serait l'apanage de la république, et l'honneur celui de la monarchie.[87] En outre, il s'irrite des prétentions universalistes du théoricien. A quoi bon légiférer au nom de toutes les nations, ou rechercher des modèles dans l'obscur passé du monde? «N'examinons que bien rarement les nations étrangères, qui ne nous sont pas assez connues. Songeons à nous.»[88] On ne devrait pas parler «des lois et des mœurs japonaises qui l'on connaît si peu, quand il y a tant à dire sur les nôtres, qu'on doit connaître».[89] Et pourquoi remonter à l'histoire des origines de la France? Ces temps sont bien ténébreux. Qui étaient ces Francs, «que Monsieur de Bordeaux appelle nos pères»?[90] Des bêtes brutes! Qu'ont-ils à nous apprendre, depuis que Louis XIV nous a civilisés? Plutôt que de revenir à ces «lois fondamentales» qui n'en sont pas,[91] mieux vaudrait penser à de bonnes réformes. «C'était à corriger nos lois que Montesquieu devait consacrer son ouvrage.»[92] Aux abstractions du penseur, Voltaire oppose le pragmatisme de l'homme d'action. Là est sa différence.

Ce qu'il louait jadis dans *L'Esprit des lois* est expédié dans un rapide Avant-propos. Toute la démonstration tend à établir que la gloire de Montesquieu est usurpée. Pourquoi donc ce dernier assaut? A la fin de sa vie, Voltaire se hâte. La chasse aux maîtres d'erreur n'était pas terminée. Il manquait Pascal et Montes-

85. D20689 (7 juin 1777), à Chastellux: «J'ai besoin d'un long travail qui me mette à portée de citer plus juste que l'auteur de *L'Esprit des lois*.»

86. M.xxx.432.

87. M.xxx.414-16.

88. M.xxx.409.

89. M.xxx.430.

90. M.xxx.448.

91. «Il n'y a rien de fondamental que les lois de la nature posées par Dieu même» (M.xxx.457).

92. M.xxx.428.

quieu. Du premier, Condorcet vient de se charger.[93] Voltaire dit son fait au second. En cela, il entend se mettre lui-même à sa vraie place. Avant de mourir, le vieil homme prêche pour l'œuvre de toute une vie, qu'il veut couronner dignement. L'«amour du genre humain» qu'il reconnaissait à ce rival, n'est-ce pas lui, Voltaire, qui le professe et surtout le dispense avec le plus d'efficacité? La ligne directrice du *Commentaire* s'explique aussi par la coïncidence des deux ouvrages qu'il rédige parallèlement et qui interfèrent. Le *Commentaire* sert de fondement politique à l'autre, *Le Prix de la justice et de l'humanité*, essentiellement juridique. Il est essentiel, si l'on veut refaire le code criminel français, de changer la loi. Les lois ne sont pas faites par le climat, mais par les hommes. Mieux, c'est l'opinion qui fait les lois. Ce que les hommes ont fait, «d'autres hommes peuvent le détruire».[94]

Le 15 février 1777, la *Gazette de Berne* avait annoncé l'ouverture, par la Société économique de la ville (dont Voltaire fait partie), d'un concours pour un prix offert par un «ami de l'humanité». Le généreux anonyme (peut-être Elie de Beaumont), «touché par les inconvénients qui naissent de l'imperfection des lois criminelles de la plupart des Etats de l'Europe», offrait cinquante louis à l'auteur du meilleur mémoire sur les améliorations à leur apporter. Le sujet était ainsi précisé:

> Composer et rédiger un plan complet et détaillé de législation sur les matières criminelles, sous ce triple point de vue: 1°) des crimes, et des peines proportionnées qu'il convient de leur appliquer; 2°) de la nature et de la force des preuves et des présomptions; 3°) de la manière de les acquérir par la voie de la procédure criminelle, en sorte que la douceur de l'instruction et des peines soit conciliée avec la certitude d'un châtiment prompt et exemplaire, et que la société civile trouve la plus grande sûreté possible pour la liberté et l'humanité.[95]

Voltaire ne s'y trompe pas. Il tient là une occasion de conférer au problème qui l'a toujours sollicité plus que tout autre, aux solutions qu'il a depuis longtemps avancées (avec quelle insistance!) une dimension universelle. Au-delà des «affaires», il va pouvoir proposer au monde son propre «esprit des lois», dans le cadre restreint, mais essentiel, qui lui est tracé. Il est fort reconnaissant aux Bernois, à ce canton «républicain», qui affirme en l'occurrence son adhésion aux Lumières. Il écrit à Condorcet:

93. Condorcet avait rédigé un *Eloge de Pascal* fort critique que Voltaire a lu en manuscrit (apporté par Mme Suard; D19501, 3 juin 1775). Il est «au désespoir» que Condorcet ait fait de Pascal un si grand homme. Cependant il se réjouit du succès de cette publication (Londres 1776), et la réédite lui-même à Genève, en 1778 (BV, n° 2655).

94. M.xxx.457.

95. Les mémoires pouvaient être rédigés en latin, français, allemand, italien ou anglais.

J'ai bien fait d'aller mourir sur les frontières de la Suisse. Il y a plus de philosophie chez les ours de Berne que chez les papillons de Paris.[96]

Le plus pressé est d'encourager les candidats. Quelque argent n'est pas inutile. «Un autre inconnu», Voltaire lui-même, ajoute cinquante louis au prix proposé.[97] Puis il faut faire du bruit, associer une fois de plus à la bonne cause les puissants et, parmi eux, les princes philosophes. Le patriarche écrit donc au landgrave de Hesse-Cassel pour lui soutirer une centaine de louis, à la grande Catherine dont il attend au moins deux cents roubles.[98] Frédéric est à son tour sollicité. Le roi approuve la sagesse des Suisses et promet son concours.[99] La campagne une fois lancée, Voltaire se met au travail. La rédaction va bon train. Le 5 octobre, il propose à Panckoucke, qui est à Genève, un «petit livret plus intéressant, plus honnête et plus singulier» qu'il ne pense: c'est le *Prix*, imprimé à Genève chez Grasset.[100] Le 27, il met aux pieds du landgrave le premier exemplaire de l'ouvrage.[101] Dans le courant de novembre, les autres souverains, les amis sont servis à leur tour. Il ne reste plus qu'à enrôler des champions, parmi les hommes de loi. Déjà plusieurs avocats travaillent sur le sujet dans leurs provinces, écrit-il à Bretin, qu'il pousse à s'y mettre lui-même. Et il demande à ses amis d'en parler à leurs relations.[102]

Les félicitations commencent à arriver: celles du landgrave, puis des amis. Condorcet a «lu et relu» le livre, qu'il estime bien propre à exciter «le zèle de tous les philosophes».[103] D'Alembert y a pris un grand plaisir; il fait cependant deux réserves: un sujet trop vaste, et la dernière question sur la procédure ne pouvait «être traitée à fond que par un jurisconsulte».[104] Voltaire pouvait répondre qu'il ne prétendait pas faire œuvre de spécialiste. Est-il besoin de l'être pour condamner l'arbitraire et la cruauté? Son dessein est précisément de donner la parole au citoyen, du moins au philosophe son interprète. En réunissant dans son titre les termes de *justice* et d'*humanité*, il dégageait la ligne directrice tracée par la Société bernoise: concilier la rigueur de la loi et les droits imprescriptibles de l'homme. Sur ce problème essentiel, Voltaire présente ce qu'il appelle ses «doutes». Louable prudence d'un philosophe qui se bornera à poser les problèmes. Il suit fidèlement le plan indiqué par Berne: crimes et peines, preuves, procédure.

96. D20632 (9 avril 1777), à Condorcet.

97. M.xxx.534.

98. D20731 (16 juillet 1777); D20741 (25 juillet); D20745 (1er août).

99. D20764 (13 août 1777), Frédéric II à Voltaire.

100. D20825. Voltaire précise à Panckoucke que le Grasset de Genève est «un honnête homme, qu'il ne faut pas confondre avec le forban de Lausanne».

101. D20860 (27 octobre 1777), au landgrave de Hesse-Cassel.

102. D20917 (22 novembre 1777); D20887 (11 novembre), à de Vaines.

103. D20958 (21 décembre 1777), Condorcet à Voltaire.

104. D20905 (18 novembre 1777), d'Alembert à Voltaire.

Naturellement il laisse bien des questions de côté, et choisit ses exemples. Il s'agit avant tout, au cours des vingt-huit «articles» de l'ouvrage (forme fragmentaire qu'il affectionne) d'établir une liste des absurdités les plus scandaleuses et de leurs corrections possibles.

Ici encore, Voltaire se répète. N'avait-il pas déjà tout dit dans son *Commentaire* sur Beccaria en 1766? Il revient sur la disproportion scandaleuse entre les crimes et leurs sanctions, à propos notamment du vol, de l'infanticide, des peines infamantes dont on punit le suicide, des hérésies, des sorciers, du sacrilège. Il revient sur l'inutilité de la peine de mort, sur la cruauté de la procédure criminelle, sur son secret, sur la torture. Mais s'il se répète, à qui la faute? Depuis 1766, qu'y a-t-il eu de changé dans le code criminel, exception faite d'un adoucissement du sort des déserteurs? On retrouvera donc ici, comme dans la critique de Montesquieu, beaucoup d'idées déjà exprimées, voire ressassées. Le «radotage» du vieillard, encore et toujours... Meister en donne la juste explication:

> On sait que ce n'est pas sans intention que l'auteur répète si souvent la même chose. Il est persuadé que certaines vérités ne sauraient être trop répétées, et il prend la liberté de regarder le genre humain comme un enfant à qui il faut mâcher et remâcher souvent la même leçon pour qu'il en profite.[105]

Ce qui est relativement nouveau, c'est d'abord que l'essai de Voltaire ramasse fortement en un seul ouvrage des propositions éparses jusqu'ici dans toute son œuvre. En outre, il précise sa pensée sur un grand nombre de points, et s'intéresse de plus près, en particulier, à la procédure. Cependant, tout en entrant souvent dans le détail, ce sont les grands principes qu'il s'efforce de dégager clairement. Dès l'article I, l'idée maîtresse du *Commentaire sur l'Esprit des lois* est rappelée. Les lois ne sont ni déterminées par la nature, ni éternelles. Elles se ressentent «de la faiblesse des hommes qui les ont faites»; elles sont «équivoques», parfois dictées «par les puissants pour écraser les faibles».[106] L'homme a le droit, même le devoir de changer les lois, si elles sont mauvaises, ou mal adaptées à l'évolution des mœurs et des régimes politiques.

L'«humanité» nourrit toute sa pensée. Supprimez l'incarcération arbitraire, le secret de l'instruction, la torture.[107] Assurez l'examen des témoignages, les droits de la défense (comme en Angleterre). Recherchez les mobiles. Proportionnez les sanctions aux délits. Assainissez les prisons. La peine de mort est au centre du débat. Voltaire souligne son «inutilité»: le vol est «puni et non empêché par la potence».[108] Deux notions modernes sont mises en valeur: celle de la *prévention*,

105. CLT, xi.238, avril 1776.
106. M.xxx.534.
107. «Question préparatoire, question provisoire, question ordinaire, question extraordinaire» (M.xxx.581).
108. M.xxx.536.

celle de l'*utilité sociale* des sanctions: «Punissez, mais utilement»; au lieu de tuer les coupables, supprimez la mendicité, faites servir la punition au bien public.[109] Et récompensez la vertu.

Plusieurs articles sont consacrés à la confusion «fondamentale» qui unit inextricablement le droit divin – s'il en est un – et le droit civil, dans «ces pays où l'ancienne jurisprudence ecclésiastique est mêlée avec la loi de l'Etat».[110] Amalgame qui frappe légalement les hérétiques, les sorciers, les sacrilèges, les «déicides», qui verse le «sang innocent» de La Barre, qui poursuit au nom de Dieu Helvétius, Marmontel, d'Holbach, plus récemment Delisle de Sales, qui a provoqué la Saint-Barthélemy... Code «sacré», à remplacer par un code laïc.

Pour finir, l'appel, attendu, aux monarques auteurs des lois:

> Voyez presque tous les souverains de l'Europe rendre hommage aujourd'hui à une philosophie qu'on ne croyait pas, il y a cinquante ans, pouvoir approcher d'eux. Il n'y a pas une province où il ne se trouve quelque sage qui travaille à rendre les hommes moins méchants et moins malheureux. Partout de nouveaux établissements pour encourager le travail, et par conséquent la vertu; partout la raison fait des progrès qui effraient même le fanatisme. La discorde n'est plus que dans l'Amérique boréale. Les souverains ne disputent qu'à ce qui fera le plus de bien. Profitez de ces moments; peut-être ils seront courts.[111]

Exalté par son sujet, Voltaire n'a jamais été aussi persuasif. Il intéresse, amuse, émeut, usant tour à tour de ses armes favorites, le sens de l'absurde, l'indignation, le pathétique. Sans doute, en 1777, n'est-il plus seul à lutter, mais c'est lui qui a lancé le puissant mouvement en marche pour une justice à visage humain. Toute sa vie aboutit à ce dernier message, émouvante expression d'un «entêtement» irréductible.

Son enthousiasme au service d'une grande cause fut cependant gâté par une nouvelle offensive du parti shakespearien. Après Rutlidge, un autre étranger intervint. Giuseppe Baretti, né à Turin, fixé à Londres,[112] rédigea, en français, un *Discours sur Shakespeare et sur M. de Voltaire*. L'accueil à Paris fut plutôt hostile. La Harpe raille cette brochure «écrite à faire pouffer de rire», et qui a pour objet de «relever la prééminence de Shakespeare au-dessus de tout ce qui existe». N'est-il pas ridicule d'exalter le rôle de Caliban dans *La Tempête*? Ce

109. M.xxx.535-41. Mais, dans les exemples que donne Voltaire, il y a un avant-goût des «travaux forcés».

110. M.xxx.546-62.

111. M.xxx.586. «La discorde dans l'Amérique boréale»: depuis le 4 juillet 1776, les treize colonies américaines sont en lutte contre l'Angleterre pour leur indépendance.

112. Sur cet original polygraphe, voir Norbert Jonard, *Giuseppe Baretti (1719-1789)* (Clermont-Ferrand 1963).

Caliban est «une fantaisie grotesque, digne des tréteaux de la Foire».[113] Baretti n'était pourtant pas un sot, en dépit de son style «allobroge». Après avoir taquiné Voltaire sur son ignorance de l'anglais – c'était devenu un lieu commun -, il se livre à un examen détaillé des principes de la dramaturgie classique, dont il réprouve l'arbitraire. Au théâtre, ce n'est pas l'*illusion* qu'on vient chercher, mais le *plaisir*:

> Corneille a fait plaisir aux Français en suivant les principes d'Aristote. Shakespeare a fait plaisir aux Anglais en ne les suivant point. Pourquoi chicanerions-nous Shakespeare, qui a atteint le même but que Corneille, quoiqu'il l'ait atteint par une route différente?[114]

Pour une fois, un critique parle au nom du spectateur moyen. Or ce grand genre de la tragédie, le public en est las. Il préfère la danse, la musique, les opéras-comiques.[115] On commence à le dire en France, serait-ce pour déplorer une décadence irrémédiable. Baretti révèle, en cette fin de siècle, la puissance du mouvement qui entraîne l'Europe vers des formes renouvelées de la littérature et du théâtre, tandis que Voltaire, qui pourtant n'avait pas ménagé jadis ses critiques à la tragédie, s'évertue à la maintenir en vie.

Hélas! le modèle racinien n'est plus de mise. Pour réveiller une sensibilité émoussée, il fallait maintenant des atrocités, des horreurs. La dernière tragédie de de Belloy (décédé l'année précédente), *Gabrielle de Vergy*, fut donnée le 12 juillet 1777. Elle fit courir tout Paris. On y voyait au dénouement un mari jaloux se venger de son épouse innocente en lui faisant servir à table le cœur de son amant. Ce cœur fut cause d'innombrables évanouissements dans les loges. Les femmes revenaient pourtant à ce spectacle affreux, où les «convulsions» prenaient la place des larmes «que l'on répand si délicieusement sur la mort de Zaïre».[116] Voltaire explose. Décidément le bon goût est mort. Comment *Alexis* (qui deviendra *Irène*) pourra-t-il se montrer «au milieu des enchantements des boulevards, et des soupers où l'on mange des cœurs avec une sauce de sang»?[117] Naturellement, «c'est la faute à Shakespeare». Le patriarche réunira dans la même réprobation le Français et l'Anglais. «La barbarie de de Belloy et consorts m'est presque aussi insupportable que la barbarie de Shakespeare».[118] Cette fois, la presse se rangea presque unanimement du côté de Voltaire. Meister est à peu près le seul à garder son calme, devant ce que les conservateurs appelaient «l'imitation sacrilège de tant de productions monstrueuses du théâtre anglais».[119]

113. *Correspondance*, ii.179, lettre 76.
114. Cité par Jonard, p.397.
115. Jonard, p.399.
116. D20781 (vers le 1er septembre 1777), Amélie Suard à Voltaire.
117. D20802 (20 septembre 1777), à d'Argental.
118. D20986 (14 janvier 1778), à La Harpe.
119. CLT, xi.491, juillet 1777.

Le dénouement, provisoire, de l'affaire Shakespeare intervient à l'automne, avec la traduction de l'*Essay* de Mme Montagu. L'ouvrage était déjà ancien. Publié en 1769 pour répondre aux attaques répétées de Voltaire, l'*Essay on the writings and genius of Shakespeare* n'eut guère de retentissement en France. La traduction ne paraît qu'en septembre 1777 sous un titre plus agressif, *Apologie de Shakespeare*, suivi d'un sous-titre: «en réponse à la critique de M. de Voltaire», destiné à laisser croire que le livre anglais était récent et spécialement écrit pour répliquer à la *Lettre à l'Académie* d'août 1776. Elizabeth Montagu, plus civile que Le Tourneur, commence par saluer en Voltaire le grand esprit, le grand poète universellement reconnu. Mais elle conteste ses accusations.[120] Elle pense que l'on ne peut appliquer à Shakespare aucun code critique: pour le juger, il faut le comparer aux modèles indiscutables que sont les tragédies grecques. C'est par ce biais que la contre-attaque se développe, visant naturellement aussi Corneille et Racine. Shakespeare, dit-elle, a mieux assimilé que les Français les leçons de la Grèce. Il est même supérieur à Sophocle dans la peinture des caractères et de la nature humaine, ainsi que dans le traitement de l'histoire. C'est ce que prétend démontrer une étude détaillée de *Henri IV* et de *Macbeth*, suivie d'une comparaison entre le *Jules César* de l'Anglais et *Cinna*, dont Corneille ne sort pas vainqueur. Pour finir, Mme Montagu reproche à Voltaire des fautes graves de traduction. L'ouvrage fut assez bien reçu à Paris. On ne lui reprocha guère que sa «partialité», son «engouement», un «certain ton de hauteur nationale» qui déplaisent.[121] Mais l'*Année littéraire* abonde dans son sens, pour abaisser Voltaire, dont on traite la version de *Jules César* de «galimatias fait à coup de dictionnaires».[122]

Le patriarche a lu attentivement l'*Apologie de Shakespeare*. Il a commencé à lui répondre par une *Nouvelle lettre à Mme Montagu sur Shakespeare*. Mais il n'aura pas le temps de la terminer.[123]

120. Elle répond surtout à l'*Appel à toutes les nations* et aux *Commentaires sur Corneille*.

121. CLT, xii.7-8, et *Mercure de France*, novembre 1777, p.124, 128.

122. *Année littéraire*, vi.217-56.

123. D20972 (4 janvier 1778), Moultou en parle à Meister. Les éléments de cette *Nouvelle lettre* passeront dans l'*Epître dédicatoire* d'*Irène*, qui sera lue devant l'Académie française (D21119, commentaire).

15. Le départ

(octobre 1777 - 5 février 1778)

Dans ce qui devait être son dernier automne à Ferney se mêlent joies et peines. Du côté des peines, les décès. Voltaire avait été cruellement affecté par la mort prématurée, le 5 août, de Trudaine, à l'âge de quarante-quatre ans. Il perdait à la fois un protecteur et un ami, le bienfaiteur de Ferney et un homme de bonne compagnie, dont il avait toujours apprécié la «vertu aimable» et la culture, un homme qui lui était «infiniment cher».[1] La mort de Mme Geoffrin, qui s'éteint enfin le 12 octobre, ne l'attendrit qu'à travers la *Lettre* de d'Alembert, particulièrement émouvante.[2] Il s'en faut que toutes ces disparitions l'affligent vraiment. Gresset s'en était allé le 23 juin. Voltaire n'a pas pleuré ce dévot «qui ne disait que des *oremus*», ce «fat orgueilleux», ce «plat fanatique».[3] Antérieurement Charles de Brosses était décédé, le 7 mai, à Paris; de Brosses qui comptait bien hériter de tout ce que son acquéreur laisserait au château de Tourney. Voltaire dut sourire du mauvais tour que la destinée jouait au «fétiche». Dans sa correspondance, il s'en tient à un commentaire sobre: il suivra bientôt lui-même le petit président.[4]

Du côté des peines encore, celles qu'il éprouve à faire rentrer les sommes souvent considérables qu'on lui doit. Dans les six derniers mois de 1777, la correspondance échangée avec son banquier Schérer, le notaire Dutertre, le duc de Wurtemberg, le Conseil de Montbéliard et son receveur Rosé, comprend une cinquantaine de lettres (et la collection n'est pas complète). Le duc de Wurtemberg reste le plus mauvais payeur. Voltaire lui a réclamé, outre le règlement régulier des intérêts dus pour les anciens emprunts, le remboursement intégral du dernier prêt: 70 000 livres. Le 9 août, il est revenu à la charge et a demandé un acompte de 20 000 livres (pour payer son boucher, ses domestiques et son maçon...).[5] Il doit tirer sur ses rentes de Paris et combler les «trous» dans ses comptes de Lyon.

1. D20783 (4 septembre 1777), à Chastellux. Voir aussi D20762 (12 août), à Florian; D20763 (même date), à de Vaines; D20779 (31 août), à d'Argental.

2. D'Alembert, *Lettre à M. le Marquis de C**** [Condorcet] *sur madame Geoffrin*; D20955 (19 décembre 1777), à d'Alembert.

3. D20704 (23 juin 1777), d'Alembert à Voltaire; D8374 (29 juin 1759), à d'Argental.

4. D20683 (2 juin 1777), à Mme de Saint-Julien.

5. D20757, au duc de Wurtemberg. Voir aussi Emile Lizé, «Voltaire créancier du duc de Wurtemberg», *RHLF* 86 (1986), p.876-86.

Les 20 000 livres ne lui seront versés qu'à la fin de l'année. Pour les 50 000 restantes, il propose au duc d'échelonner les paiements sur cinq ans, ou de les conserver moyennant une rente viagère. Solution écartée d'abord: «Les rentes à quatre-vingt-quatre ans se doivent payer à 20%.»[6] Trop cher, estiment les conseillers de Montbéliard: 15 à 16%, peut-être...[7] On lui propose finalement 14%.[8] Voltaire crie qu'on l'écorche. Le pauvre homme est «tombé paralytique», il a dû vendre de la terre et toute sa vaisselle d'argent.[9] Lorsqu'il est sûr de recevoir ses 20 000 livres d'acompte, il n'oublie pas de réclamer les arrérages des précédents emprunts, ainsi que les intérêts du dernier. Il les attend encore en janvier 1778. Le duc envoie ordre sur ordre au Conseil de Montbéliard. Le Conseil fulmine contre le receveur, et le receveur n'en peut mais: les caisses sont vides. Nous ne saurons jamais comment se termina la négociation. A l'entendre, on croirait que le seigneur de Ferney est ruiné. Il n'en est rien. L'étude de Jacques Donvez montre que Voltaire n'a pas touché à son capital.[10]

Du côté négatif, on rangera encore certaines visites, pour le moins désagréables. Ainsi l'abbé Coyer, «l'ennui personnifié», avait prétendu s'installer pour six semaines chez Voltaire. Le maître des lieux lui dit, «avec gaîté»: «Vous ne voulez pas ressembler à Don Quichotte: il prenait toutes les auberges pour des châteaux, et vous prenez les châteaux pour des auberges»... Mais le plus pittoresque fut l'équipée de M. Barthe. Il était venu de Marseille sous la condition expresse que Voltaire entendrait la lecture de sa comédie en vers et en cinq actes, *L'Homme personnel*. Moultou avait mené la négociation. Le poète marseillais est fort bien reçu. La lecture commence. Dès les premiers vers, Voltaire fait «des grimaces et des contorsions effrayantes». Tout le premier acte est lu sans un applaudissement, sans même un sourire. Au second acte, le vieillard est pris de «bâillements terribles», il se trouve mal, se retire, laissant l'auteur désespéré. Le lendemain un billet aimable invite celui-ci à revenir et à reprendre sa lecture. Mais M. de Voltaire bâille encore au second acte, et s'évanouit au troisième, «avec tout l'appareil imaginable». Le pauvre Barthe est réduit à partir sans avoir achevé, d'autant plus furieux qu'il n'avait pu exhaler sa fureur. Innocemment, il avait infligé à son hôte le supplice d'entendre une mauvaise pièce, écrite en mauvais vers.[11]

En revanche, la Saint-François de 1777 fut pour le patriarche un jour de bonheur. Ce 4 octobre, Ferney déploya ses festivités – pour la dernière fois –

6. D20777 (29 août 1777), au Conseil de Montbéliard.

7. D20792 (10 septembre 1777), le Conseil de Montbéliard au duc de Wurtemberg.

8. D20806 (20 septembre 1777), au Conseil de Montbéliard.

9. D20821 (3 octobre 1777), au Conseil de Montbéliard.

10. Jacques Donvez, *De quoi vivait Voltaire?* (Paris 1949), p.161-62.

11. Meister, alors à Ferney, a assisté à la scène, D20843 (12 octobre 1777), Meister à (?).

devant son seigneur et maître. Le matin, le patriarche, à l'entrée du château reçoit les hommages de sa «colonie», catholiques et protestants mêlés. L'habituelle compagnie de dragons défile, en uniforme bleu et rouge. Le landgrave de Hesse-Cassel assiste à la parade aux côtés de Voltaire. Le prince allemand, qui a l'habitude de vendre ses gens pour les armées anglaises, demande: «Ce sont vos soldats?» Voltaire: «Ce sont mes amis». Puis paraît une troupe toute pacifique. La mode de la bergerie primitiviste a gagné Ferney. Des filles et des garçons, en habits de bergères et bergers, apportent, «comme au temps des premiers pasteurs», des œufs, du lait, des fleurs, des fruits. La foule grossit. Les habitants des villages voisins affluent: ils viennent applaudir celui qui les a débarrassés de la Ferme générale et a libéré leur commerce. On lit un compliment en vers, se terminant par ce trait:

Et quand on célèbre Voltaire
C'est la fête du genre humain.

Suit un «superbe repas», de deux cents couverts, et pour terminer, des illuminations, des chansons, des danses. Voltaire a oublié ses quatre-vingt-quatre ans et qu'il «veut être toujours aveugle et malade». «Dans un élan de gaîté», on le voit au milieu de la foule en liesse jeter son chapeau en l'air, «parmi les acclamations, les transports, les vœux que l'on faisait pour ses jours si chéris». Mais la journée va se terminer sur un accès de colère. Le matin dans le défilé des bergers et bergères, une jeune fille que le vieillard aimait bien avait offert dans une corbeille deux pigeons, «aux ailes blanches, au bec de rose», qu'elle avait elle-même «apprivoisés et nourris». Le soir, Voltaire apprend qu'on a tué les deux animaux, pour les manger. Il ne peut supporter qu'on égorge ainsi, de sang-froid, «ce qu'on vient de caresser». Il s'emporte. «Tout ce que cette cruauté d'habitude lui a fait dire d'éloquent et de pathétique, peint encore mieux son âme que ne feraient les belles scènes d'*Orosmane* et d'*Alzire*.»

La jeune fille aux colombes, dont «la timidité, la rougeur» ont le matin ému le vieil homme, c'est «Belle et Bonne». Le narrateur de la fête,[12] c'est l'homme qui l'aime, le marquis de Villette. Ces deux personnes vont tenir désormais une place de premier plan auprès de Voltaire, pendant les derniers mois de sa vie.

Reine Philiberte Rouph de Varicourt était l'une de ces demoiselles nobles que la pauvreté, au dix-huitième siècle, condamnait au couvent. Elle avait une sœur aînée et huit frères. A dix-huit ans, n'étant pas mariée, elle devait, quoique sans vocation, prendre le voile. Les Rouph de Varicourt étaient apparentés aux Deprez de Crassier, ces gentilshommes pauvres d'Orneix dont Voltaire avait sauvé les

12. D20826 (vers le 5 octobre 1777), Villette à d'Alembert.

terres, sur le point d'être rachetées par les jésuites.[13] Les deux familles étaient ainsi entrées dans la clientèle locale du patriarche. Il était intervenu pour faire obtenir au frère aîné de Reine Philiberte un bénéfice ecclésiastique, par l'intermédiaire de Mme de Saint-Julien, ce qui permettra à Pierre Marin Rouph de Varicourt de terminer sa carrière comme évêque d'Orléans, sous la Restauration.[14] Touché du triste sort qui attendait la jeune fille, le philosophe la fit venir au château comme demoiselle de compagnie de Mme Denis.[15] Reine Philiberte réussit fort bien, comme autrefois Mlle Corneille. Grande et bien faite, intelligente et d'une parfaite droiture, elle reçoit du Maître le nom qui résume ses qualités et qui lui restera: «Belle et Bonne». Voltaire ne tarit pas d'éloges sur elle: «de la vertu, de la philosophie, de la candeur, de la sensibilité, une extrême beauté, l'air le plus noble.»[16] Elle a quelque chose du physique que l'auteur de *Candide* avait prêté à l'héroïne de son roman: «fraîche, grasse, appétissante».[17] Moultou, parlant de son «embonpoint», ajoutait: «C'est quelque chose de charmant de voir avec quelle paillardise le vieillard de Ferney lui prend, lui serre amoureusement et souvent ses bras charnus.»[18] Paillardise? Le mot est un peu fort, sans doute. Mais, rapproché à d'autres traits, il atteste que chez le vieil homme la chair se souvient. Voltaire goûte les charmes de cette dernière fille qui lui est donnée avant de mourir. Mais c'est le sentiment paternel qui domine.

Le marquis de Villette, lorsqu'il rencontre Belle et Bonne, jouissait d'une détestable réputation. Peut-être Charles Michel n'avait-il pas su résister aux tentations qui souvent assaillent le fils d'un parvenu. Son père en effet, Pierre Charles de Villette, avait acquis une grosse fortune par ses relations et par son mariage avec la fille d'un «Trésorier général de l'extraordinaire des guerres», charge des plus profitables. Devenu à son tour trésorier de ce même «extraordinaire des guerres», il avait acheté de vastes domaines aux confins de l'Ile-de-France et de la Picardie. Il y avait édifié «un château à l'italienne, orné de jardins à la française et entouré d'un vaste parc». Il avait fait ériger la seigneurie en marquisat sous le nom de Plessis-Villette. C'était en 1763: le titre de noblesse de Pierre Charles et de son fils Charles Michel était donc de très fraîche date.[19] Le nouveau marquis possédait en outre des domaines en Normandie, en Bourgogne, et nombre

13. *Voltaire en son temps*, iv.27. La mère de Bonne et Belle était née Deprez de Crassier.

14. D19805 (20 décembre 1775), à Mme de Saint-Julien. Le 29 octobre 1777, D20867, Voltaire intervient encore auprès de Mme de Saint-Julien pour obtenir une augmentation de la «pension sur le clergé» que reçoit la mère de Belle et Bonne.

15. Jean Stern, *Belle et Bonne, une fervente amie de Voltaire (1757-1822)* (Paris 1938), p.14. Reine Philiberte fit ses débuts auprès de Mme Denis en janvier 1776: elle a dix-neuf ans.

16. D20925 (26 novembre), à d'Alembert.

17. *OC*, t.48, p.119.

18. D20723 (10 juillet 1777), Moultou à Meister.

19. J. Stern, p.25-26.

de riches hôtels dans Paris. Le fils promettait de dissiper rapidement tant de biens. Le jeune homme accumule d'énormes dettes, à payer sur la caisse de son père. On lui a acheté un grade de maréchal des logis de la cavalerie, puis celui de «mestre de camp des dragons». Il participe à la bataille de Minden (1759), où il est blessé. Par la suite, il ne se distingue guère. Pour se faire valoir, il prétend avoir été insulté par un lieutenant-colonel et l'avoir tué en duel. Une enquête prouve qu'il a inventé de toutes pièces et l'insulte et le duel. Il est condamné à de la prison. Il en sort sur l'intervention de son père, mais avec interdiction d'approcher de Paris pendant deux ans.

C'est alors qu'il a l'idée de se rendre à Ferney, en février 1765. Voltaire se prend d'amitié pour ce jeune aventurier. Sa présence le «ragaillardit». Villette incontestablement a des lettres. Sa mémoire est meublée «de tous les vers qu'on ait jamais faits». Il sait rimer agréablement. Il possède toutes sortes de talents de société. Il chante. Il «contrefait son prochain fort plaisamment». Il improvise des contes, des pantomimes capables de réjouir «jusqu'aux habitants de la triste Genève». Bref Voltaire a «beaucoup de faible pour M. de Villette».[20] Ce garçon serait-il son fils? Plus tard Villette en laissera courir le bruit.[21] Il était né le 1er décembre 1734, et comme le dit Meister, «la réputation de Madame sa mère a laissé en effet le champ le plus vaste aux présomptions de ce genre».[22] La chronologie ne s'oppose pas à ces présomptions: en février 1734, Mme de Villette était à Paris et Voltaire aussi. La liaison de celui-ci avec Mme Du Châtelet avait commencé depuis plusieurs mois, mais traversait alors une crise, du fait de la mauvaise santé du poète et de l'infidélité d'Emilie, éprise de Maupertuis.[23] Il reste qu'en une telle matière la preuve est évidemment impossible. On ne voit pas au surplus que Voltaire dans ses relations avec Villette ait jamais laissé soupçonner que le marquis soit né de ses œuvres. Le ton est «paternel» seulement au sens métaphorique, comme il l'est envers tant d'hommes jeunes que le patriarche se plaît à patronner, à conseiller. Il ressort enfin que Villette avait tout intérêt à laisser se répandre la rumeur d'une paternité flatteuse. On conclura avec Jean Stern que la prétention était injustifiée.[24]

Voltaire sollicita par lettre l'indulgence du père pour cette tête folle qu'était Charles Michel.[25] Sans résultat. Mais quelques semaines après, le père décédait, et le fils entrait en possession d'une considérable fortune. Il rembourse des dettes criardes, puis en contracte d'autres. Voltaire continue à lui écrire. Il se flatte que

20. D12414 (25 février 1765), aux d'Argental; D12419 (27 février), aux mêmes.
21. D'après CLT, xii.906.
22. Cité par J. Stern, p.39.
23. *Voltaire en son temps*, i.317.
24. J. Stern, p.39-40.
25. D12494 (22 mars 1765).

ce libertin intelligent deviendra «philosophe», et même «un des meilleurs ouvriers de la vigne».[26] «Vous serez un des nôtres», écrit-il au marquis.[27] Il tente, par des avertissements discrets, de l'engager dans une vie plus décente. On «épluchera» sa conduite, lui dit-il, avec d'autant plus de malveillance qu'il est maintenant fort riche.[28] Après un scandale, qui a valu à Villette d'être incarcéré à l'Abbaye, il lui adresse une longue lettre d'admonestation.[29] En vain, apparemment. Le marquis continue à braver l'opinion. Il a des fantaisies homosexuelles, qui le font passer pour un homme taré.[30] Pourtant les vilaines affaires où il est impliqué mettent en cause des femmes. Ayant insulté – en vers – Sophie Arnould, il allait se battre en duel avec le comte de Lauragais, lorsque le tribunal l'envoya à l'Abbaye et son adversaire à la Bastille. Avec l'actrice Mlle Raucourt, qui n'aime pas les hommes, il fait assaut d'épigrammes grossières: le duel qui allait l'opposer au champion de la demoiselle est cette fois évité de justesse. Dans l'été de 1777, au Vauxhall de Paris, il se prend de querelle avec une danseuse de l'Opéra, la fouette sur la joue. L'officier suisse, amant de celle-ci, le provoque sur le terrain. Rendez-vous est pris. Villette fait en sorte d'arriver avec trois heures d'avance. Constatant l'absence de son adversaire, il s'en va, puis s'enfuit en direction du Midi. Ayant hésité entre Marseille et Genève, «il préféra malheureusement ce dernier endroit», écrit Wagnière qui le déteste.[31] Dans les derniers jours de septembre, il est accueilli au château de Ferney. C'est alors qu'il rencontre Belle et Bonne.

La jeune fille, pure et sage, ne ressemble nullement aux femmes qu'il a jusqu'alors fréquentées. Belle et Bonne s'auréole de l'affection que lui porte Voltaire. Villette est ému des attentions dont elle entoure le vieil homme. Il l'écrit au marquis de Villevielle, son parent:

> C'est l'ange gardien du patriarche, elle est devenue nécessaire à son existence. Les soins et les caresses qu'elle lui prodigue, l'air pénétré dont il baise les mains de cette jolie gouvernante: vous ne sauriez imaginer combien ce tableau est touchant: c'est Anacréon servi par les Grâces.[32]

De telles expressions sont d'un homme qui aime. Villette s'est épris d'elle immédiatement. «Je la vis, je l'aimai»: l'expression racinienne du «coup de foudre» trouve ici son application. En quelques jours, il a décidé de l'épouser. Il ne l'a pas quittée des yeux pendant la journée de la Saint-François. Le soir de ce

26. D12594 (11 mai 1765), à Damilaville.
27. D12437 (5 mars 1765), à Villette.
28. D12864 (1er septembre 1765), à Villette.
29. D14430 (20 septembre 1767).
30. Voltaire les connaît, voir D12864: allusion à Alcibiade.
31. Wagnière, i.116.
32. Cité par J. Stern, p.17.

4 octobre, il lui demande sa main. Belle et Bonne est séduite, elle aussi. Le marquis a belle allure. Ses manières du monde impressionnent la provinciale qu'elle est. Il a du brillant, de l'esprit. Il s'est déclaré par des vers, ma foi fort bien tournés:

Belle et Bonne, c'est votre nom;
C'est le nom que vous donne un sage:
Il peint vos traits, votre raison,
Votre cœur et votre visage.

Suit un développement sur l'«Apollon» qui «ferma l'abîme» sur le point de s'ouvrir sous les pas de la future religieuse. Quelques vers évoquent l'éducation de Mlle de Varicourt par Mme Denis:

On voyait que vous étiez faite
Pour vous conduire dans les cours;
Pour briller avec modestie,
Sans prétentions, sans détours,
Sans vanité, sans jalousie.

Ce qui signifie que Belle et Bonne saura tenir son rang comme marquise de Villette. Voici en effet la demande en mariage:

Mais il vaudrait encor bien mieux
Qu'un mortel, comme vous sincère,
Charmé de votre caractère
Tout autant que de vos beaux yeux,
Sût vous chérir et sût vous plaire,
Et qu'un respectable lien
Que les cours ne respectent guère,
Fît votre bonheur et le sien.[33]

Belle et Bonne n'ignorait sans doute pas le passé chargé de son prétendant. Mais elle avait l'intuition que le sentiment qu'il lui portait était bien «sincère», comme il l'affirmait. A quarante-deux ans bien sonnés, le temps était venu pour Villette de changer sa vie, surtout après la dernière aventure où il s'est conduit comme un pleutre. En femme aimante, Belle et Bonne se sent assez forte pour confirmer la conversion du libertin. D'autres considérations la poussent à accepter. D'abord une, mineure, mais qui compte: avec toutes ses qualités, Mlle de Varicourt ne possède pas un sou, et Villette la prend «sans dot». Si elle refuse ce parti, qui pourra-t-elle épouser?[34] Le plus décisif est sans doute que Voltaire de toutes ses

33. J. Stern, p.18-19.

34. Les *Mémoires secrets*, 18 juin 1777, assurent que Voltaire aurait songé à la marier à son neveu par alliance Florian. Wagnière, i.414, réfute avec raison cette assertion. En effet Florian, veuf de la nièce de Voltaire, Elisabeth Mignot, avait épousé Mme Rilliet en 1773, puis, après la mort de celle-ci, Louise Bernarde de Joly en 1774. A cette date, Voltaire ne connaît pas encore Reine Philiberte de Varicourt.

forces encourage ce mariage, en prose et en vers. Le patriarche allait franchir le Léthé,

Lorsque Tibulle et Délie
Avec l'Hymen et l'Amour
Ont embelli mon séjour
Et m'ont fait aimer la vie.

Il exhorte «Tibulle»: qu'il renonce à «Vénus la friponne», à la «Vénus des soupers», «la Vénus d'un moment»:

Aimez toujours Délie. Heureux entre ses bras,
Osez chanter sur votre lyre
Ses vertus comme ses appas.
Du véritable amour établissez l'empire.
Les beaux esprits romains ne le connaissaient pas.[35]

Les recommandations du patriarche n'étaient pas superflues. On signale à Villette une riche héritière de Genève: il hésite. Voltaire doit le ramener fermement dans le droit chemin. A Paris, l'annonce du mariage est mal acceptée. On ne croit pas à la conversion du pécheur. Le prince de Beauvau, sollicité de déléguer sa signature au contrat, refuse. La puritaine Mme Necker fait savoir qu'elle ne recevra pas l'épouse d'un homme aussi décrié que le marquis de Villette. A Ferney cependant on va de l'avant. Arrivent les invités: M. de Villevielle, la famille Rouph de Varicourt, les six cousins Deprez de Crassier. Le contrat est signé le 12 novembre, dans la chambre de Voltaire. Le patriarche est tout réjoui à l'idée qu'après Mlle Corneille et la belle-sœur de celle-ci, Mlle Dupuits, il va marier une troisième de ses «filles».[36]

La noce est célébrée le 19 novembre. Avant la cérémonie, Voltaire offre à Belle et Bonne une magnifique garniture de diamants, qu'il pose lui-même à son cou. Il lui remet en même temps un cadeau encore plus précieux: un livre de compte, en maroquin rouge doré sur tranche, en partie double, d'un côté les recettes, de l'autre les dépenses. «Voilà», lui dit-il, «la véritable parure d'une épouse et d'une mère. Ne négligez jamais l'usage journalier de ce livre; que la balance y soit exactement et scrupuleusement maintenue; vous serez riche et heureuse.»[37]

A minuit, on se rend à l'église du château. Les six Deprez de Crassier, «tous frères et tous chevaliers de Saint-Louis», accompagnent la mariée. Deux soutiennent Voltaire, qui a mis sa belle pelisse de fourrure donnée par Catherine II. Il a l'allure «d'un grand châtelain qui marie ses enfants». A la porte de l'église se pressent ses «vassaux». La nuit de noces et la lune de miel se passent au château.

35. M.x.455-56.
36. D20881 (5 novembre 1777), à d'Argental.
37. J. Stern, p.54.

Voltaire et les siens peuvent constater que «le mariage réussit à merveille». Les jeunes époux se lèvent tard. «Sans pitié pour sa nouvelle conquête», le marquis «ne lui laisse pas le temps de respirer».[38] Bientôt, on annoncera que Mme de Villette est enceinte. Mais on ne s'éternisera pas en ce château d'une lointaine province. Dès le 20 novembre, la décision est prise: «Avant deux mois, nous serons tous à Paris.»[39] Le mariage de Belle et Bonne prélude au retour de Voltaire dans la capitale.

L'occasion, comme la justification auprès du pouvoir, sera celle à laquelle il pense depuis si longtemps: la création à la Comédie-Française de l'une de ses pièces. Il a sous la main deux tragédies: *Agathocle* et *Alexis*. Pour choisir la meilleure, c'est-à-dire celle qui réussira mieux sur le théâtre de Paris, Voltaire donne lecture de l'une et de l'autre aux hôtes du château. Villevielle, qui vient d'arriver, fait connaître à Condorcet son sentiment. *Agathocle* se distingue par un «sujet singulier», un «fort beau cinquième acte». C'est écrit «avec la pureté, l'élégance et la correction de Racine». Mais il faudrait à une telle pièce un public formé de Caton, de Brutus, ou de philosophes comme Condorcet. Voltaire est du même avis: «Elégance et raison ne suffisent pas [...] Il faut un intérêt déchirant.» La pièce est «sage»? Hélas! ce qui «n'est que sage n'est pas grand chose». Mais *Alexis*! Voilà «vraiment une tragédie». «On tire le mouchoir», dès le début. Villevielle en est «encore tout transporté». «A quatre-vingt-quatre ans, quel phénomène!» Point d'hésitation: *Alexis* passera avant *Agathocle*.[40]

Voltaire en informe d'Argental et Thibouville. Décidément cet *Agathocle* «n'est bon qu'à être joué aux jeux olympiques dans quelque école de platoniciens». Il faut quelque chose «de plus passionné, de plus théâtral et de plus intéressant». «Point de salut au théâtre sans la fureur des passions.»[41] Ce sera donc *Alexis* qui permettra enfin à Voltaire de serrer dans ses bras à Paris ses vieux amis. Ou plutôt *Alexis* rebaptisé *Irène*.[42] A cette pièce faite pour les âmes sensibles, et tout d'abord pour les femmes, il vaut mieux donner pour titre le nom de l'héroïne. N'est-elle pas d'ailleurs au centre du drame? C'est elle qui se trouve dans une situation inextricable. C'est elle qui tranche le dilemme, et qui en meurt. C'est elle qui émeut, plus que le bouillant et écervelé Alexis. Autre changement nécessaire. Voltaire ignorait les représentations parisiennes du *Barbier de Séville*,

38. D20921 (24 novembre 1774), Mme Denis à (?); D20943 (8 décembre), Voltaire à Cordier-Delaunay de Valéry; D20975 (9 janvier 1778), Mme Denis et Voltaire à Dompierre d'Hornoy.

39. Villette à d'Hèle, *Œuvres* (Edimbourg 1788), lettre XX, p.122.

40. D20849 (22 octobre 1777), à d'Argental et Thibouville; D20850 (même date), Villevielle à Condorcet; D20854 (24 octobre 1777), Villevielle à Condorcet.

41. D20856 (25 octobre 1777), à d'Argental.

42. Le changement de titre est fait pendant le mois de novembre (D20883, D20886).

et le succès qu'avait connu, dans l'acte III, scène 2, le mot «Bazile, allez vous coucher». Il a donné au père d'Irène le nom de Bazile. Villette le met en garde: les plaisants du parterre ne manqueront pas de crier au vénérable vieillard: «Allez vous coucher, Bazile!». Voltaire change donc le nom en celui de Léonce.[43] Pour vérifier le bon effet de la pièce, on la joue au château «derrière les paravents au coin du feu». Sans aucun doute, c'est la tragédie «la plus favorable aux acteurs qui ait jamais paru», bien propre à tirer le théâtre «de l'avilissement où il commence à être plongé, et de la barbarie dans laquelle on voudrait le jeter».[44] Ce sera une bonne leçon au parti Shakespeare.

Il ne reste plus qu'à lancer l'affaire à Paris, afin de donner la pièce le plus tôt possible. En attendant le retour du maréchal de Duras,[45] Voltaire corrige, ajoute, retranche, selon les observations de ses correspondants parisiens. Ainsi d'Argental émet des réserves sur le suicide final. Il faut que l'héroïne demande pardon à Dieu. Voltaire discute et finit par céder. L'essentiel, c'est de conserver le beau tableau, qu'il voit déjà:

> Vous jugez bien que pendant qu'elle prononce ces dernières paroles avec des soupirs entrecoupés, son père et son amant sont à genoux à ses côtés, et mouillent ses mains mourantes de leurs larmes. Je crois fermement que tous les gens de bien pleureront aussi.[46]

Voltaire se prépare donc à reprendre contact avec la Comédie-Française, non plus par la correspondance avec ses chargés d'affaires, mais par sa présence réelle. Après une si longue absence, il se rend mal compte que la situation n'est plus là-bas ce qu'elle était quand il a quitté Paris en 1750. En 1777, la grande maison est en crise. Légalement la troupe des Comédiens-Français reste seule habilitée à jouer la tragédie et la «grande comédie». Mais ce monopole, elle est devenue incapable de l'exercer seule: des dizaines de pièces attendent leur tour. Les vieux règlements lui confèrent toujours le droit exclusif de choisir les ouvrages et d'interrompre leur carrière, en l'absence de tout contrat.[47] Après la création, la propriété des pièces lui revient. Les auteurs, outrageusement exploités, ont enfin engagé la bataille dans les années 1760. On ose attaquer le principe même du privilège, on réclame une deuxième troupe. De graves conflits opposent à la

43. D20856 (25 octobre 1777), à d'Argental.

44. D20885 (10 novembre 1777), à Thibouville.

45. Duras, premier gentilhomme de la chambre du roi, était «d'année» en 1777, et avait donc la surveillance de la Comédie-Française.

46. D20885 (10 novembre 1777), à Thibouville.

47. Voir Martine de Rougemont, *La Vie théâtrale en France au XVIIIème siècle* (Paris 1988), 3ème et 4ème parties; Henri Lagrave, «La Comédie-Française au XVIIIème siècle, ou les contradictions d'un privilège», *Revue d'histoire du théâtre* (1980).

Comédie Palissot, Cailhava, Mercier, Sedaine. Jusqu'ici très individualistes, les auteurs commencent à se concerter. Il leur fallait un meneur: ils le trouvent en la personne de Beaumarchais, champion de la polémique procédurière et auteur à succès du *Barbier de Séville*. Il est le premier à demander des comptes aux Comédiens: il exige qu'on lui fournisse des bordereaux exacts, non seulement des recettes «à la porte», mais du produit des petites loges, qui rapportent beaucoup. En juin 1777, il attend toujours. Couvert par le maréchal de Duras, il convoque ses confrères, le 27 juin. C'était le début de ce que Chamfort appellera les «Etats généraux de l'art dramatique». La première assemblée a lieu, chez Beaumarchais, le 3 juillet. Une vingtaine d'auteurs y assistaient dont deux académiciens, Saurin et Marmontel. Une tactique est élaborée: avant tout, obtenir de nouveaux règlements, assurant des garanties pour la réception des pièces, un calcul honnête des parts, une application plus favorable des règles entraînant le retrait des ouvrages; ensuite, et seulement en cas d'échec des négociations, on réclamera la création d'une deuxième troupe. En novembre 1777, les pourparlers n'ont pas abouti. D'autres rencontres sont prévues.

A première vue, il semble étrange que Voltaire ne dise mot d'un affrontement qui suscite l'intérêt général. Mais ce combat n'est pas le sien. Il est et restera toujours fidèle à la grande institution royale: la Comédie-Française est l'une des plus belles créations de Louis XIV. Il n'y faut point toucher. L'idée d'une deuxième troupe nationale lui est étrangère.[48] Surtout il ne peut être d'accord sur la revendication essentielle, la question d'argent. Son répertoire a fait la fortune des acteurs? Il ne s'en plaint pas. Depuis longtemps, il ne compte plus avec eux. Il leur abandonne noblement ses parts, et prend soin de récompenser les meilleurs, auxquels il laisse souvent le profit de l'impression de ses pièces. En vertu de ce comportement, il reste pour les Comédiens l'auteur idéal, qui rougirait de mettre le nez dans leurs registres. Il a, plus que personne, œuvré pour «la considération due aux gens de lettres» mais il se tient à l'écart d'une action qui, d'une autre manière, en essayant d'obtenir pour l'auteur dramatique les moyens de vivre de sa plume, visait à lui octroyer un statut professionnel. Ici encore, son attitude est très conservatrice.

Pas davantage il ne s'engage dans la querelle musicale des gluckistes et des piccinistes. Depuis trois ans, Gluck triomphe à Paris. *Iphigénie en Aulide* (15 avril 1774), *Orphée* (2 août 1774), *Alceste* (23 avril 1766) ont assuré la suprématie du maître allemand. Non sans contestation. Les Parisiens n'aiment guère la nouveauté, «excepté en fait de cuisine et de mode».[49] Et cette révolution musicale ranime les vieilles querelles, celle notamment qui avait opposé les partisans de la

48. Il n'y songe, en passant, qu'une fois, D19430 (20 avril 1775), à La Harpe, et n'y revient plus.
49. CLT, xi.457, mai 1777.

musique française et ceux des «Bouffons italiens». Le succès d'*Alceste* marque le début, après de multiples escarmouches, de la véritable guerre qui met aux prises, à l'arrivée de Piccini en décembre 1776, gluckistes et piccinistes.[50] Les premiers soutiennent la réforme radicale apportée par Gluck: union plus étroite de la poésie et de la musique, retour à la simplicité grecque, réduction des ballets, recherche d'une expression naturelle et vive des passions, rôle primordial accordé à l'orchestre. Les seconds se battent pour la prééminence de la mélodie, du «bel canto» italien. En mars 1777, la reprise d'*Iphigénie*, avec Sophie Arnould, donne le signal de la bataille. Elle se livre essentiellement dans la presse, notamment au *Journal de Paris*, tout dévoué aux tenants de Gluck, Suard et l'abbé Arnaud, dont la verve s'exerce contre La Harpe et Marmontel, qui se battent pour la musique italienne et soutiennent Piccini. Des épigrammes et des articles féroces, on en vint aux injures et aux brouilles. L'*Essai sur les révolutions de la musique en France* de Marmontel, tout en opposant à «l'harmonie» chère à Gluck le chant, qui doit primer au théâtre, suggérait de prendre le meilleur des deux systèmes. Position conciliatrice qui fut attaquée des deux côtés. On continua à reprocher à l'Allemand sa musique bruyante, aux Italiens leurs acrobaties vocales. Marmontel avait eu l'imprudence de comparer Gluck à Shakespeare, pour mieux vanter les «Racines» de l'Italie. Mêlée à celle qui se livrait autour du «dieu anglais du théâtre», la querelle rebondit durant l'été 1777. La discorde s'est emparée de tous les esprits, et jette le trouble dans les académies, les cafés, les salons, les familles même. Les sages, dit justement Meister, déplorent «le scandale auquel la philosophie s'expose». La Bulle *Unigenitus*, au début du siècle, n'avait pas suscité dans l'opinion des disputes aussi passionnées. C'est maintenant le parti de la raison et des Lumières qui donne l'exemple de la division et de l'intolérance.[51]

Le patriarche ne suit que de loin la mêlée. Il regrette qu'on se batte «au Parnasse pour des croches et des rondes».[52] Comme le dit Mme Necker: «Faut-il qu'on se dispute encore sur les sons dans le siècle des idées?»[53] Il déplore une querelle qui porte la zizanie dans le parti philosophique, offrant ainsi au pouvoir une diversion bienvenue. Le vieillard, lui, ne se laissera pas distraire: «Je ne me soucie point des querelles sur la musique, je ne songe, et je ne songerai à mon agonie qu'à la bonne cause, dont il paraît qu'on ne se soucie plus guère.»[54] D'ailleurs il a toujours avoué son ignorance en musique. En ce domaine, il se fie au goût de Mme Denis, la virtuose. Quant à son expérience personnelle, elle s'est arrêtée à Lulli, puis à Rameau. En fait, il n'aime pas l'opéra, où la musique tue

50. Voir G. Desnoiresterres, *Gluck et Piccini (1774-1800)* (Paris 1875).
51. CLT, xi.463, mai 1777.
52. D20836 (10 octobre 1777), à Chabanon.
53. D20873 (octobre-novembre 1777), à Voltaire.
54. D20808 (22 septembre 1777), à d'Alembert.

les idées, et détruit la tragédie.[55] Et puis comment juger, en vertu de quelles règles? Ici, le seul critère est le plaisir.[56] Voltaire opte donc pour la neutralité. Mais son attitude pourrait devenir agressive à l'endroit des deux champions réunis. Une fois de plus, le réflexe «patriotique» déclenche une réaction de rejet. Allons-nous, demande-t-il à La Harpe, «devenir des barbares subsistant uniquement de musique italienne et allemande»?[57] Vive la musique française! Vive Lulli! Cet Italien de génie a su merveilleusement adapter sa musique à la langue française et se plier à notre goût.[58] C'est cette admiration pour le récitatif de Lulli qui éclaire le mieux la position de Voltaire. Pour lui, l'opéra doit rester fidèle à son origine française, qui est la tragédie. S'il admire tant *Roland* (celui de Quinault et Lulli), c'est que le compositeur y accentue l'élément dramatique en diminuant le nombre des airs. Mais, après Quinault, la plupart des auteurs de livrets se sont soumis aux musiciens, aux chanteurs, comme en Italie. Il eût sans doute approuvé la préface de l'*Alceste* de Gluck, où l'auteur posait en principe la soumission de la musique à la poésie. Mais il n'a connu de Gluck que quelques airs, envoyés en 1774 par le chevalier de Lisle, et que Mme Denis a trouvés ravissants.[59] Il faut se rendre compte que depuis son départ de la cour de Frédéric II, il n'a guère entendu de musique. Genève admet moins encore l'opéra que la comédie, et il est rare qu'il se présente à Ferney un musicien muni de son instrument.[60]

En décembre et janvier, c'est à la création d'*Irène* que Voltaire accorde son attention principale: un événement pour lequel il doit se rendre à Paris.

En l'absence de Lekain, malade, c'est Monvel, le meilleur lecteur, qui lira la pièce devant ses camarades. Duras étant enfin rentré de voyage, les Comédiens s'assemblent le 2 janvier 1778, pour cette cérémonie. Le lendemain, Thibouville envoie un bulletin de victoire:

> L'admiration a été générale, les cris de joie, les transports de reconnaissance, les larmes sur Irène; cet ensemble bien vrai, bien naturel, a fait un effet étonnant, présage heureux et à peu près certain de ce qui doit arriver à la première représentation.[61]

En réalité, les acteurs connaissaient déjà la pièce, et l'avaient jugée faible.[62] La

55. Voir la *Dissertation sur la tragédie* (*Sémiramis*), M.ix.493.

56. «Il y a bien de l'arbitraire dans la musique», répète-t-il à Chabanon, D14044 (16 mars 1767).

57. D20828 (6 octobre 1777).

58. Déjà Voltaire le disait dans *Le Temple du Goût*, M.viii.559.

59. D19075 (12 août 1774), à Mme Du Deffand.

60. Mais Gluck, comme on le verra, au moment de quitter Paris pour Vienne, rendit visite à Voltaire, le 24 février 1778 (D21079, commentaire).

61. D20970 (3 janvier 1778), à Voltaire.

62. *Mémoires secrets*, 15 décembre 1777.

Harpe se montre plus que réservé: la tragédie a été reçue «avec tout le respect qu'on doit à l'âge et au génie d'un grand homme».[63] L'ami Suard, censeur royal, donne son approbation le 6 janvier. Il ne restait plus qu'à fixer la distribution, quand deux incidents vinrent à la traverse, se combinant pour retarder la mise en train d'*Irène*, ... et hâter le départ de Voltaire.

On comptait sur Lekain pour tenir le premier rôle, celui d'Alexis, bien que le comédien approchât alors de la cinquantaine. Or, au début de janvier, Thibouville apprend que le grand acteur refuse de jouer Alexis. Le marquis écrit au semainier de la Comédie: il doit prévenir l'auteur; il faut suspendre tous les préparatifs.[64] Le lendemain, il se plaint du «procédé indigne et révoltant» du comédien, et propose de faire passer la comédie de Barthe (cet *Homme personnel* qui donnait des vapeurs à Voltaire) avant la tragédie. Ce qui fut décidé.[65] Grand émoi dans le public et à la Comédie, où un bon camarade de Lekain lut devant l'assemblée la lettre insultante de Thibouville, à la grande fureur du comédien. Le 13 janvier, celui-ci s'excuse, fort simplement, sur sa santé. Il est fatigué et malade. Il doit abandonner certains rôles à ses lieutenants. Il n'a plus les forces suffisantes «pour soutenir un rôle jeune et vigoureux».[66] C'était la vérité pure. Mais Voltaire, piqué, déçu, et inquiet pour sa pièce, envoie à Lekain une lettre froide, pleine d'allusions malignes et de reproches à peine voilés, non sans le féliciter ironiquement de son mariage.[67] Ce prétendu mariage (avec Mlle Bertin, marchande de mode) n'était qu'un faux bruit. Le comédien, blessé, voit bien qu'on a «aigri» son bienfaiteur contre lui. Il jouera le rôle de Léonce, qu'il lui a proposé, bien que ce personnage d'«ermite» ne soit pas son emploi. Il conclut ainsi: «Il n'y a pas d'apparence que je pousse plus loin ma carrière, mais la fin en sera glorieuse si j'ai mérité de conserver votre estime et votre amitié.»[68]

Voltaire et Lekain ne se verront plus. Le vieillard est fâché. L'avenir s'assombrit pour *Irène*. Et voici que Condorcet s'en mêle. Seul entre tous, il ose parler vrai à l'auteur, rendu trop confiant par la flatterie. A ce lecteur sévère Voltaire, le 12 janvier, répond modestement: «J'avais cru [...]; je m'étais imaginé [...]; je me suis malheureusement trompé.»[69] Il accepte presque toutes les critiques: «On ne fait rien de bon dans les arts d'imagination et de goût, sans le secours d'un ami éclairé.» Villevielle, qui est toujours à Ferney, confirme ces humbles dispositions:

Mon cher philosophe, je sors de la chambre du patriarche. Je l'ai trouvé tenant sa tragédie

63. *Correspondance*, ii.193, lettre 80.
64. D20978 (11 janvier 1778), Thibouville à la Comédie-Française.
65. D20982 (12 janvier 1778), Thibouville à Préville. La comédie de Barthe fut créée le 21 février.
66. *Mémoires secrets*, 16 janvier 1778; D20984 (13 janvier 1778), Lekain à Voltaire.
67. D20995 (19 janvier 1778).
68. D21012 (26 janvier 1778).
69. D20979, à Condorcet. La lettre de Condorcet ne nous est pas parvenue.

d'une main et votre lettre de l'autre; il m'a dit de vous mander que vous l'aviez rendu difficile et que pour vous plaire il allait revoir et corriger *Irène*. Il a ajouté que vous aviez un esprit qui s'étendait à tout et qu'il était bien extraordinaire que, plus profond que Fontenelle et Pascal, vous eussiez autant de goût que Racine.[70]

Voltaire décide donc de tout arrêter. Il écrit à ses amis: le manuscrit doit être immédiatement retiré, et ne doit être communiqué à personne... jusqu'à son arrivée.[71] A cette date la décision du voyage est prise. Toujours espéré, toujours repoussé, le retour à Paris se dessinait clairement, dans les projets de Voltaire, dès la fin de 1777. Au fil de ses lettres, des sentiments contradictoires se faisaient jour: désir de revoir ses amis, de triompher au théâtre; aversion pour la capitale, ses cabales, sa frivolité;[72] craintes diverses: la maladie, la fatigue, les besoins de Ferney, l'attitude du pouvoir... Depuis quelque temps, ses correspondants parisiens ne cessent de l'encourager, de le rassurer. Au château ses proches le harcèlent. On lui répète que s'il est aussi malade qu'il le dit, il pourra là-bas consulter Tronchin. On lui affirme que la reine, Monsieur, le comte d'Artois, toute la cour avaient la plus grande envie de le voir. Wagnière prétend même qu'il arrivait à Ferney de fausses lettres de Versailles et de Paris, «remplies des choses les plus flatteuses et les plus agréables [...] de la part de ces personnes illustres, et de celle du roi même pour l'engager d'aller à Paris».[73] Villette et sa femme, Villevielle, Mme Denis qui mourait d'envie de revoir la capitale, sont accusés par le fidèle secrétaire d'avoir poussé, à force de «sollicitations» et de «manœuvres», un vieillard épuisé à ce «voyage funeste».[74] Un complot? Mais Voltaire se fût bien décidé seul. Durant le mois de janvier, une vingtaine de lettres disent les vœux, l'espoir, l'impatience du patriarche. Le projet a pris corps sans qu'aucun message ne donne de précision sur la date. Voltaire tient à ménager un effet de surprise.

Cependant le grand homme est attendu. Tous, lui mande de Vaines, veulent l'applaudir «au spectacle, à l'Académie, dans les places publiques», et partager l'ivresse que sa présence répandra «dans tous les lieux où les hommes sensibles pourraient se réunir». Du côté du pouvoir, rien n'est à craindre. De Vaines a vu

70. D20981 (12 janvier 1778), Villevielle à Condorcet.

71. D20985 (14 janvier 1778), à d'Argental; D20987 (15 janvier), à Thibouville; D20994 (17 janvier), au même.

72. Sur ce sujet, voir Jean Mohsen Fahmy, *Voltaire et Paris*, Studies 195 (1981).

73. Wagnière, i.118. Peu après le départ de Voltaire, D21031 (7 février), Mme Gallatin écrit au landgrave de Hesse-Cassel: «C'est sur l'envie que la reine avait de le voir qu'il a fait ce voyage. Elle dit en voyant jouer *Tancrède* qu'elle embrasserait l'auteur avec bien du plaisir, et elle lui a fait écrire des choses si obligeantes et si pressantes, qu'il s'est décidé à aller lui faire lui-même ses remerciements.»

74. Wagnière, i.119.

«des hommes puissants déterminés à vaincre les obstacles» éventuels.[75] Qu'en était-il donc de l'interdiction signifiée à Voltaire de revenir à Paris, «le lieu de sa naissance»? On croyait généralement que Louis XV ne s'était pas contenté de prononcer une sentence verbale, mais que la mesure avait été consignée dans un document écrit. Louis XVI le pensait. Il fit «compulser les registres des lettres de cachet pour s'assurer de ce qui en était». Mais «on n'y trouva rien de ce qu'on y cherchait». Le roi en avait parlé au prince de Beauvau. C'est donc le prince apparemment qui put rassurer son hôte, au cours de la visite à Ferney dont nous avons parlé.[76] Aussi Voltaire put-il répondre à de Vaines, au sujet des «obstacles»: «Quelques habitués de paroisse ont même débité qu'il y avait contre moi, dans je ne sais quel bureau, une paperasse qu'on appelle *littera sigilli*; je puis vous assurer qu'il n'y en a point.»[77] Il faisait cependant un pari sur Louis XVI. En quittant Ferney, en arrivant à l'improviste à Paris, il mettait le roi devant le fait accompli. Il escomptait que le souverain, n'osant pas heurter de front l'opinion, laisserait faire sans réagir. Ce fut en effet ce qui advint.

Il était donc prudent de laisser la date dans le flou. Voltaire viendra «vers la Saint-Jean, ou même vers la Quasimodo», s'il est en vie... Mais le 3 février au matin, Mme Denis, Belle et Bonne et Villette partent pour Paris. Voltaire prend la route le 5 à midi, accompagné de Wagnière et de son cuisinier. Il doit s'arrêter à Dijon pour un procès. Il annonce que son absence sera de courte durée: un mois et demi environ, et il le croit. Il ne prend pas la peine de mettre de l'ordre dans ses manuscrits, ni dans ses papiers d'affaires. Il les retrouvera tels quels à son retour.

On semblait cependant prévoir un malheur. «La douleur et la consternation étaient dans Ferney [...] Tous les colons fondaient en larmes». Lui-même «pleurait d'attendrissement», «au milieu de ses enfants», comme s'il pressentait qu'il ne les reverrait pas.[78]

75. D21006 (24 janvier 1778).
76. Wagnière, i.119, n.d.: le secrétaire dit l'avoir entendu «de la bouche» même du prince.
77. D21022 (2 février 1778), à de Vaines; *Littera sigilli*: lettre de cachet.
78. Wagnière, i.120.

16. Voltaire à Paris

(février - mars 1778)

Cet homme dont on parle tant, «l'homme unique»,[1] le héros du siècle, bien peu l'avaient vu, de leurs yeux vu, parmi ses admirateurs éloignés de Ferney. Quelques estampes l'avaient montré: rien de comparable cependant à l'intense diffusion à laquelle nous a habitués notre civilisation de l'image. Il allait donc sortir de sa retraite, il allait s'exposer aux regards du grand nombre. Les foules qui vont se presser sur son passage sont attirées par la curiosité en même temps que par le désir de lui rendre hommage.

Dès les premières étapes du voyage, cette sorte de popularité se manifeste. A Nantua, toute la ville se rassemble autour de lui; il fallut l'enfermer dans une pièce, pour qu'il pût «satisfaire à certains besoins». Le maître de poste lui donna ses meilleures bêtes et cria au postillon: «Va bon train, crève mes chevaux, je m'en f..., tu mènes M. de Voltaire.» Le lendemain matin, départ sous les acclamations. A Dijon, étape suivante, il fut assailli par une foule de personnes de distinction. Certains voulurent se travestir en garçons de cabaret pour le servir à son souper. Contrairement à son intention première, il ne passa dans cette ville qu'une nuit. Il eut à peine le temps de parler de son procès à quelques conseillers et au rapporteur. Il a hâte d'arriver. Il supporte fort bien les fatigues de la route. Son carrosse, confortable, est garni d'un poêle, indispensable en cette saison d'hiver. Le vieillard frileux peut s'y reposer bien au chaud. Wagnière n'avait jamais vu son patron «d'une humeur plus agréable», d'une gaîté «aussi charmante». «Quelquefois il lisait, d'autres fois c'était mon tour de lire; tantôt il s'amusait à raisonner avec moi, tantôt à me faire des contes à mourir de rire.» Il poussait la plaisanterie jusqu'à faire tous ses efforts pour enivrer son compagnon, qui n'avait jamais de sa vie été pris de vin.[2] Après une nuit passée à Joigny, la voiture roulait vers Moret, lorsqu'un essieu se rompit: accident banal au dix-huitième siècle. Villette était venu au-devant des voyageurs. Il les ramène dans sa voiture jusqu'à l'auberge de la ville. Le lendemain, le 10 février, après réparation on repart pour Paris, où l'on arrive vers trois heures et demie de l'après-midi. Halte à la «barrière». Les commis de l'octroi demandent si le véhicule ne transporte rien

1. «L'homme unique à tout âge» est le titre d'une gravure de Huber, Gielly, p.32.

2. Wagnière, i.110-21. Wagnière a rédigé une *Relation du voyage de M. de Voltaire à Paris en 1778, et de sa mort*, dédiée à ses enfants.

«contre les ordres du roi». «Ma foi, messieurs», répondit Voltaire, «je crois qu'il n'y a ici de contrebande que moi.» Soudain l'un des deux gardes, dévisageant les voyageurs: «C'est, pardieu! M. de Voltaire.» La fouille est interrompue. On laisse passer la voiture avec toutes les marques d'un étonnement respectueux.[3]

Le carrosse s'arrêta à l'hôtel de Villette, à l'angle de la rue de Beaune et du quai des Théatins (aujourd'hui quai Voltaire). Voltaire va demeurer là, dans ce bel édifice, face à la Seine, où Belle et Bonne vient de s'installer avec son mari et Mme Denis. Mais avant de gagner son appartement, il veut rendre visite à son cher d'Argental, qu'il n'a pas vu depuis si longtemps. «L'ange» habitait près de là, sur le quai d'Orsay. Voltaire s'y rend à pied, heureux de fouler à nouveau le pavé parisien. Premier contact avec les gens de la rue, mais plutôt décevant. Les passants ne le reconnaissent pas. Lorsqu'il était chez lui, beaucoup s'étonnaient de la singularité de son accoutrement, à l'ancienne, plus bizarre encore par les accessoires ajoutés pour sa commodité. Sur les quais de la Seine, on le prit pour un personnage du carnaval, dont c'était le temps. Il marchait enveloppé d'une vaste pelisse, «la tête dans une perruque de laine, surmontée d'un bonnet rouge et fourré». Les petits enfants le suivent et le huent.[4] D'Argental n'était pas à son domicile. Voltaire étant revenu rue de Beaune, son ami l'y rejoint bientôt. Les deux vieillards s'étreignent longuement, les larmes aux yeux. L'émotion un peu passée, l'ange annonce une affreuse nouvelle: Lekain était mort l'avant-veille. Voltaire en l'apprenant poussa «un cri terrible». Certains avancent même qu'il s'évanouit.[5] Il aurait dit un peu plus tard à La Harpe: «Je n'ai ni préjugés ni superstition, mais l'acteur est mort, l'auteur n'ira pas loin.»[6]

Le soir, avec les amis accourus à l'hôtel de Villette, on parla du défunt. On remarqua que le grand comédien avait débuté dans *Brutus* et terminé sa carrière en jouant *Adélaïde Du Guesclin*, le 24 janvier. Par une étrange fatalité, l'auteur n'avait jamais vu sur le théâtre de Paris «l'acteur qui contribua sans doute le plus à sa gloire, et que lui-même avait pris le soin de former».[7] Il manquerait cruellement à la création d'*Irène*. On l'avait enterré le matin même du jour où il eût pu embrasser son bienfaiteur et son obligé. Consterné, Voltaire apprit les détails d'une fin aussi rapide. Lekain aurait succombé à «une fièvre inflammatoire»

3. Wagnière, i.121-22.

4. *Mémoires secrets*, 12 février. Wagnière, i.427, qui cite le passage, conteste «la perruque de laine»: «la fourrure qui bordait extérieurement son bonnet a pu, de loin, donner lieu à la méprise». Il nie que les enfants aient crié «à la chie-en-lit», comme le prétend le journaliste.

5. Wagnière, i.122; *Mémoires secrets*, 14 février.

6. Propos rapporté dans le Registre des feux de la Comédie, cité par Roselyne Laplace, «1778. Une année de registres à la Comédie-Française», *Revue d'histoire du théâtre* 4 (1986), p.361. Louis XVI, en apprenant la mort de son «comédien ordinaire» aurait dit: «J'en suis bien fâché; la tragédie est morte.» La reine surtout en parut «affectée» (*Mémoires secrets*, 14 février).

7. CLT, xii.53, février 1778.

due, selon Meister et d'autres, «aux efforts qu'il fit dans le rôle de Vendôme, pour plaire à une certaine dame Benoît, dont il était éperdument amoureux, et dont l'excessive reconnaissance a bien plus contribué, dit-on, à précipiter le terme de ses jours que la rigueur d'Adélaïde».[8] Il n'avait que quarante-huit ans. L'enterrement avait eu lieu le mardi tandis que Voltaire s'approchait de Paris. Le corps fut inhumé à 11 heures, à Saint-Sulpice, «dans la nef à peu de distance des degrés de l'autel».[9] Les acteurs de la Comédie-Française étaient alors, on se le rappelle, du fait même de leur profession, frappés d'une excommunication qui entraînait le refus de sépulture.[10] Mais Lekain avait fait à temps le nécessaire:

> M. Tronchin, [l']ayant averti samedi du danger où il était, l'a exhorté à prendre ses précautions. Un carme est venu nettoyer cette conscience sale, et le comédien a fait la renonciation ordinaire et a été administré. En conséquence, l'Eglise lui a accordé la sépulture.[11]

Voltaire connaissait bien la maison où il s'installait, chez le marquis de Villette. Il l'avait habitée, en 1722, quand elle appartenait au président de Bernières, et qu'il était l'amant de la présidente.[12] Reconnut-il les lieux? C'est peu probable. Car Villette avait complètement transformé l'édifice, pour en faire une magnifique résidence. Il avait ouvert sur le quai une entrée précédée d'un péristyle. Sur la rue de Beaune, la porte cochère, «flanquée de deux pilastres en pierre de taille que couronnent des sphinx», livre passage aux voitures pénétrant dans la cour intérieure, laquelle est bordée de garages et d'écuries. L'hôtel compte quatre étages, le dernier ayant été ajouté par Villette. Le second est loué à l'un des correspondants de Voltaire, Thibouville, personnage qui n'a pas très bonne réputation, car, comme l'écrit élégamment Meister, il passe pour «plus attaché encore que M. de Villette au culte de cet amour que nos sages ont si rudement proscrit, mais que ceux de l'ancienne Grèce excusaient avec tant d'indulgence».[13] Belle et Bonne et le marquis occupent au premier étage deux splendides appartements. C'est au premier étage également que se situe celui de Voltaire. Sur un bâtiment rattaché à l'est du corps de logis principal, son logement fait face à la porte cochère. Il est composé «d'une antichambre, d'une chambre, d'une alcôve, de deux petits cabinets à côté de l'alcôve, d'une garde-robe et d'une sortie de

8. CLT, xii.50, février 1778; La Harpe, *Correspondance*, ii.202-203, parle d'un abcès dans les reins, et même d'un «mal vénérien», de gangrène enfin.

9. Registre, cité par R. Laplace, p.360.

10. Voir *Voltaire en son temps*, i.263.

11. *Mémoires secrets*, 11 février 1778. Le journaliste s'indigne à plusieurs reprises de la débauche et de la cupidité du comédien.

12. Voir *Voltaire en son temps*, i.147.

13. CLT, xii.54-55, février 1778.

dégagement». Une porte communique de plain-pied avec les appartements des Villette. Une telle disposition des lieux permettra à Voltaire de se soustraire à des visites importunes.[14]

Nous aurions quelque peine à nous représenter la sensation que fit à Paris le retour de Voltaire, si nous n'avions pas le témoignage de la *Correspondance littéraire*. Il faut en citer les termes:

Non, l'apparition d'un revenant, celle d'un prophète, d'un apôtre, n'aurait pas causé plus de surprise et d'admiration que l'arrivée de M. de Voltaire. Ce nouveau prodige a suspendu quelques moments tout autre intérêt; il a fait tomber les bruits de guerre, les intrigues de robe, les tracasseries de cour, même la grande querelle des gluckistes et des piccinistes. L'orgueil encyclopédique a paru diminué de moitié, la Sorbonne a frémi, le parlement a gardé le silence, toute la littérature s'est émue, tout Paris s'est empressé de voler aux pieds de l'idole.[15]

On imagine ce que peut ressentir d'un tel accueil un tempérament aussi impressionnable que celui de Voltaire. Pendant les semaines qui viennent, l'état de santé du vieil homme et son humeur changeront d'un jour à l'autre. Plus que jamais il est imprévisible. Quotidiennement les feuilles d'information, les correspondances, les conversations, la rumeur rapporteront ce qui se passe à l'hôtel de Villette. Désormais un exposé regroupant les sujets risquerait de fausser gravement la réalité. Aussi avons-nous préféré donner au récit qui va suivre l'allure d'une chronique journalière.

Mercredi 11 février. «Tout le Parnasse», c'est-à-dire «plus de trois cents personnes», selon Mme Du Deffand, «depuis le bourbier jusqu'au sommet», accourt rue de Beaune.[16] Le grand homme, très fatigué, reste en robe de chambre et en bonnet de nuit. Le cérémonial est comparable à celui qui a été adopté, dans les derniers temps, à Ferney. Mme Denis, Belle et Bonne, Villette font les honneurs. On avertit Voltaire de chaque personne qui se présente. Il se montre. Villette et d'Argental disent quelques mots de ceux qu'il ne connaît pas, ou dont il a perdu le souvenir. Il écoute le compliment du visiteur, lui répond par «un mot honnête», puis retourne dans son cabinet où il continue à travailler sur *Irène*.[17]

Deux dames se sont excusées pour ce jour-là. Mme Du Deffand a envoyé un petit billet, auquel Voltaire a immédiatement répondu.[18] La marquise craint de

14. J. Stern, p.63-69.

15. CLT, xii.53-54, février 1778.

16. D21036 (12 février), commentaire, Mme Du Deffand à Walpole, selon ce que lui a dit son secrétaire Wyart qui est allé chez Voltaire.

17. *Mémoires secrets*, 12 février.

18. D21032 (11 février): «J'arrive mort, et je ne veux ressusciter que pour me jeter aux genoux de madame la marquise Du Deffand.»

rencontrer là «tous les histrions beaux-esprits». Elle attendra quelques jours, à moins que Voltaire ne soit mort dans l'intervalle. Mme d'Epinay, elle, aurait voulu courir auprès de son vieil ami. Mais elle est clouée au lit. Voltaire lui répond par un billet chaleureux.

Dès le premier jour, la rumeur se montre sévère pour Villette. On lui en veut d'avoir attiré Voltaire dans sa maison (pourtant «purifiée» maintenant par la présence de Belle et Bonne). Un méchant quatrain court sur lui:

Petit Villette, c'est en vain
Que vous prétendez à la gloire;
Vous ne serez jamais qu'un nain
Qui montre un géant.

Barthe, qui a encore sur le cœur la lecture manquée de son *Homme personnel*, raille le sieur Villette, sans épargner les admirateurs de «l'animal unique». De l'animal lui-même, il trace ce croquis:

Vrai phénomène de nature,
Cadavre, squelette ambulant,
Il a l'œil très vif, la voix forte;
Il vous mord, vous caresse, il est doux, il s'emporte.
Tantôt il parle comme un dieu,
Tantôt il parle comme un diable.
Son regard est malin, son esprit tout en feu.
Cet être inconcevable
Fait l'aveugle, le sourd, et quelquefois le mort,
Sa machine se monte et démonte à ressort,
Et la tête lui tourne au surnom de *grand homme*.

Meister, qui insère ce morceau comme le précédent, ne retient du «phénomène» en question que cette «fleur d'esprit [...], ces agréments, cette politesse, dont lui seul a conservé le ton.»[19]

Jeudi 12 février. Depuis cinq heures du matin, Voltaire travaille à *Irène*. Pour obéir aux «ordres» de son cher ange, il «dépouille le quatre [le quatrième acte] pour habiller le cinq».[20] Parmi les visiteurs du jour, Turgot, qui le trouve tel qu'il l'avait vu, il a y dix-huit ans;[21] mais surtout les académiciens. Sur la proposition de d'Alembert, l'assemblée, composée de quinze membres (les ecclésiastiques s'étaient délibérément absentés), décide, «d'une voix unanime et par acclamation», d'envoyer une «députation extraordinaire et solennelle» pour féliciter le grand homme. Le prince de Beauvau, Marmontel et Saint-Lambert sont

19. CLT, xii.55-56, février 1778.
20. D21035, à d'Argental; sur la venue des académiciens: commentaire.
21. D21038 (13 février 1778), à Mme Blot, commentaire.

désignés. Mais à la fin de la séance presque tous les présents les accompagnent. Aux dires du prince, qui rendra compte de l'entrevue à la séance du 14, leur illustre confrère les reçoit «avec la plus vive reconnaissance», promettant de venir lui-même assurer la Compagnie «de tous les sentiments dont il était pénétré pour elle, dès que sa santé le lui permettrait.»[22]

L'actualité fournit l'occasion de rappeler comment il avait doté et marié Mlle Corneille. Le père de celle-ci s'était remarié et avait eu un garçon. La Comédie-Française annonçait une représentation au bénéfice du rejeton du grand Corneille. Le *Journal de Paris* donne l'information et évoque la générosité du patriarche envers la descendance de la famille Corneille. Le journal publie un quatrain comparant le retour du philosophe à Paris à l'entrée des sept sages de la Grèce le même jour dans Athènes.[23]

Mais deux sujets d'inquiétude agitent Voltaire. Le marquis de Jaucourt «vint mystérieusement avertir Mme Denis que le retour subit de son oncle à Paris avait occasionné beaucoup d'étonnement à Versailles». Alarmé, le vieillard s'informe par l'intime amie de la reine, Mme de Polignac, qui le rassure. Louis XVI a simplement demandé si l'ordre qui défendait à Voltaire de revenir à Paris avait été levé. Mais «l'intention du roi n'avait jamais été de l'affliger», précise Meister.[24] L'alerte passée, une préoccupation reste dans son esprit. Ne pourrait-il faire aussi son retour à Versailles et être reçu par le souverain?

Autre souci, sa santé. Il ne se sent pas bien. Il fait appel à Théodore Tronchin, fixé depuis longtemps et exerçant dans la capitale française. L'illustre médecin ne l'aime guère, comme on le verra. Leurs relations s'étaient depuis longtemps interrompues. Voltaire avait renoué en août 1776, à propos d'une maladie de Mme Denis. Celle-ci ajoute donc un mot aimable au billet d'appel.[25]

Vendredi 13 février. Le malade a reçu la visite de Tronchin. Il se plaint que la casse, laxatif qu'il prend trois fois par semaine, n'agit plus. Le médecin a répondu qu'«à son âge il n'y avait que de la patience à avoir». Il lui prescrit toutefois quelques remèdes.[26] Cependant l'entourage s'inquiète. A cet âge, un brusque changement des habitudes ne peut-il être fatal? Le patriarche a quitté les bois, le repos de Ferney pour «la boue, le fracas et l'encens de Paris». Lui seul pourra dire «dans quelque temps s'il a gagné à cet échange».[27] Plusieurs de ses proches

22. *Mémoires secrets*, 2 mars 1778, et *Registres de l'Académie* (Paris 1895), iii.423-24.

23. *Journal de Paris*, 12 février. La soirée à bénéfice est annoncée pour le lundi 16.

24. Wagnière, i.123; CLT, xii.54, février 1778.

25. D21037 (vers le 12 février), Voltaire félicite Théodore Tronchin qui vient d'être élu, le 1er février, comme associé à l'Académie des sciences. Il y succède à Haller, décédé le 17 décembre. Voltaire ne semble pas avoir remarqué qu'une fois de plus il survivait à l'un de ses ennemis.

26. *Mémoires secrets*, 14 février.

27. Linguet, *Annales*, iii.387.

sont, eux, aveuglés par leur joie, comme La Harpe, qui n'avait pas vu le «papa grand homme» depuis des années, et ne le trouve «ni changé ni vieilli». Il ajoute une remarque plus juste: «Lui-même nous a lu le cinquième acte de sa tragédie, il est encore tout plein de vie, son esprit, sa mémoire n'ont rien perdu.» La fête de Voltaire se prépare, à l'Académie: «il est question de donner pour lui une séance publique extraordinaire, ce qui est jusqu'ici sans exemple.» D'après le même La Harpe, les disciples et amis ne savent pas encore «quelle espèce de triomphe on lui décernera»; pour lui, il voudrait «qu'il fût couronné sur le théâtre», comme Sophocle à Athènes.[28]

Samedi 14 février. Selon d'Argental, Voltaire travaille jour et nuit à *Irène*, et le jour la maison ne désemplit pas. «Il reçoit tout le monde avec cette grâce, ce charme que vous lui connaissez et il a l'art de cacher l'importunité que cela doit lui causer [...] Il aura ce matin la députation de la Comédie.»[29] Elle se rend en effet rue de Beaune, menée par Bellecour le doyen, qui harangue le grand homme et pleure sur Lekain («Vous voyez les restes de la Comédie»). Voltaire se plaint de sa santé, ajoutant: «Je ne puis plus vivre désormais que pour vous et par vous.» Puis il se tourne vers Mme Vestris: «Madame, j'ai travaillé pour vous cette nuit comme un jeune homme de vingt ans.» Bellecour est pathétique, Voltaire chaleureux et badin: «Nous avons fort bien joué la comédie l'un et l'autre», glisse-t-il à l'oreille d'un de ses proches. Il est ensuite décidé de substituer à *Héraclius*, pour le bénéfice de Corneille, *Cinna* que Voltaire avait toujours exalté comme le chef-d'œuvre du grand tragique. Le vieillard promet d'assister à la représentation, ... si Tronchin le lui permet.[30]

Cependant le temps presse. Voltaire tient à donner sa pièce avant Pâques, pendant la saison propice aux créations. Ensuite il regagnera Ferney. Le plus urgent est de distribuer les rôles. Richelieu en confère avec son vieil ami. Plaisante rencontre entre «Childebrand», *alias* «la vieille momie», comme le surnommait d'Alembert, et le «Nestor de la littérature»:

> C'était un spectacle curieux d'observer ces deux vieillards et de les entendre; ils sont du même âge à peu près; le duc est un peu plus jeune; mais, malgré sa toilette et sa décoration, il avait l'air plus cassé que M. de Voltaire en bonnet de nuit et en robe de chambre.[31]

On convient d'aller le lendemain dimanche à la Comédie et d'assister à un premier essai de répétition pour juger des aptitudes de chaque acteur. La rencontre

28. La Harpe, *Correspondance*, ii.204, lettre 82.
29. D21040 (14 février), d'Argental à Decroix.
30. *Mémoires secrets*, 16 février 1778.
31. *Mémoires secrets*, 22 février 1778.

s'achève par une querelle entre les deux octogénaires. Voltaire reproche à son «héros» de le négliger : il n'a pas répondu à une de ses lettres. Richelieu se plaint quant à lui de ne plus recevoir depuis longtemps aucun de ces ouvrages que l'auteur distribue avec tant de libéralité à des indifférents. La dispute est assez vive pour que Richelieu envoie à son ami le lendemain une lettre où, après avoir répété ses griefs, il lui assure qu'il l'aime et l'aimera toujours «au-dessus de tout».[32]

Dimanche le 15 février. La paix est faite : Richelieu et Voltaire assistent ensemble à la première répétition, texte en main. Elle a lieu, non à la Comédie, mais chez Villette. Le patriarche souffre de nouveau d'une enflure des jambes. Tronchin lui a interdit toute sortie.

La mort de Lekain créait un problème de succession. Qui allait obtenir le rôle laissé vacant par le premier acteur de la Comédie ? Molé, en fonction de son ancienneté, prétendit choisir en priorité tous les rôles à sa convenance. Monvel, «double» de Molé, voulait en faire autant après lui. A Larive, dernier venu, on ne laissait qu'une douzaine de rôles appelés «les taureaux», c'est-à-dire les rôles les plus violents, exigeant des poumons que les deux autres n'avaient pas ; mais Larive, engagé pour doubler Lekain, réclamait tous les rôles de l'acteur disparu. L'accord se fait assez vite pour *Irène*. Molé, le plus âgé, est choisi pour jouer le principal personnage, le jeune Alexis. Léonce revient tout naturellement à Brizard, spécialiste des pères nobles. Ceux de Nicéphore et de Memnon vont à Vanhove et à Monvel. Mme Vestris, comme prévu, prend celui d'Irène. Seul le rôle de Zoé, sa confidente, fait difficulté. Mme Molé, femme de l'acteur, confidente titulaire, est en concurrence avec Mlle de Saint-Val la cadette, dont d'Argental et Thibouville appréciaient les talents. Richelieu protégeait la première, Voltaire la seconde : on remet à plus tard le règlement du litige.[33]

C'est sans doute le 15 que Voltaire reçoit la visite des deux musiciens concurrents. Gluck d'abord. Mettra reproduit, ou prétend reproduire leur dialogue :

> Avancez que je vous embrasse, Monsieur. – J'ai différé mon départ pour Vienne de vingt-quatre heures afin d'avoir l'honneur et le bonheur de vous voir. – Quand partez-vous ? – Demain. – Vous allez voir un grand empereur, vous êtes bien heureux. Et il lui tourna le dos.[34]

L'embrassade pour Gluck, le dos tourné pour Joseph II ? Il se peut, quoique cette impolitesse ne soit pas dans les manières de Voltaire. Piccini arrive deux heures après. «Ah ! ah ! il vient après Gluck ; cela est juste», aurait dit le patriarche. Mettra conclut que ce mot fixerait «vraisemblablement la prééminence» de Gluck.

32. D21043 (15 février 1778).
33. *Mémoires secrets*, 21 février 1778.
34. Mettra, vi.32-33, 16 février 1778.

Lundi 16 février. Voltaire ne peut aller voir *Cinna*, donné ce jour pour «le sang des Corneille». Le public qui l'attendait est déçu. Mais Tronchin maintient son interdiction de sortir. Parmi les visiteurs les plus distingués de la journée, on cite Mme Necker, le claveciniste Bellastre,[35] mais surtout Benjamin Franklin, délégué du Congrès américain pour le traité entre la France et la jeune république, signé au moment même où le patriarche s'acheminait vers Paris (6 février 1778).

Pendant longtemps celui-ci s'en était tenu, sur ces terres lointaines de l'Amérique anglaise, à l'image idéale que ses *Lettres philosophiques* avaient proposée d'une colonie parfaite, fondée par le quaker William Penn. En 1772, dans ses *Questions sur l'Encyclopédie*, il brosse encore un tableau idyllique de ce pays: «campagnes fertiles», «maisons commodément bâties», «habitants industrieux», «manufactures en honneur», «une paix éternelle» entre les citoyens... «Si la mer ne me faisait pas un mal insupportable», s'écrie-t-il, «ce serait dans ton sein, ô Pennsylvanie, que j'irais finir le reste de ma carrière».[36] Aussi comprend-il mal que les habitants de ce petit paradis terrestre en viennent à se révolter contre la mère patrie.[37] En effet, depuis 1775, des questions d'impôts ont suscité de violents affrontements entre colons et troupes anglaises. Les Américains s'organisent, forment une armée de 14 000 hommes, se donnent des chefs, notamment George Washington (15 juin 1775). Le 4 juillet 1776, le congrès de Philadelphie proclame l'indépendance des colonies, devenues les Etats-Unis. Voltaire met un certain temps à réagir à l'événement. Son admirateur, Frédéric landgrave de Hesse-Cassel, lui annonce qu'il envoie 12 000 de ses sujets comme mercenaires au service du corps expéditionnaire anglais outre Atlantique. Le prince espère qu'ils contribueront «à faire rentrer les rebelles dans leur devoir».[38] A cela Voltaire ne répond pas. Il a changé d'avis, et Shakespeare l'y a aidé. En octobre, à propos de sa *Lettre à l'Académie*, il mande à Necker qu'il est «assez comme ceux qu'on appelle les Insurgents d'Amérique»: il ne veut pas être «l'esclave des Anglais».[39] Autour de lui, la plupart des philosophes ses amis participent au courant d'opinion favorable aux Américains, qui pousse à une aide financière et même militaire. En habile diplomate, Franklin par sa visite au grand homme comptait bien le faire apparaître comme l'un des sympathisants de la cause indépendantiste.

Ils ne s'étaient jamais vus et n'avaient pas correspondu. Pourtant ils se connaissaient bien. Dès 1733, Franklin s'était intéressé aux œuvres du Français.[40]

35. Bellastre a joué pour lui: «Cet habile homme a semblé charmer les maux du malade» (*Mémoires secrets*, 18 février 1778).

36. M.xx.312, article «Quakers».

37. D19706 (12 octobre 1775), à Doigny Du Ponceau, qui lui a envoyé son *Discours d'un nègre à un Européen*, en vers.

38. D20149 (1er juin 1776).

39. D20331 (6 octobre 1776).

40. Voir A. O. Aldridge, «Benjamin Franklin and the *philosophes*», *Studies* 29 (1963), p.43-65.

En 1755, il a imprimé des extraits du *Siècle de Louis XIV*. Il reprend l'éloge des quakers dans le *Traité sur la tolérance*, et fait grand cas du livre.[41] De son côté, Voltaire considérait l'Américain comme un savant éminent, «inventeur de l'électricité», un magicien qui a forcé le tonnerre à descendre tranquillement sur la terre.[42] Il porte «estime» et «reconnaissance» à l'homme de génie et grand philosophe.[43] En 1778, symboles vivants des Lumières, ils sont entrés dans leur légende. Voltaire a reconquis Paris, Franklin l'a séduit. Tous deux sont fêtés, choyés. On attendait leur rencontre, celle de deux mondes, l'ancien et le nouveau, communiant dans un même idéal, et de deux hommes unis par des affinités évidentes.[44]

L'entrevue fut narrée par les feuilles et les journaux avec les variantes qui prolifèrent habituellement sur les paroles historiques. On préférera la relation de Voltaire lui-même, qui en conte l'essentiel, le lendemain, à Tronchin son médecin. Le vieux malade

> a vu M. Franklin qui lui a amené son petit-fils, auquel il a dit de demander la bénédiction du vieillard. Le vieillard la lui a donnée en présence de vingt personnes et lui a dit ces mots pour bénédiction: DIEU ET LA LIBERTÉ.[45]

La scène est fixée pour la postérité. Elle deviendra vite image d'Epinal, donnant lieu à d'innombrables récits, parfois fantaisistes. On modifie les termes de la bénédiction.[46] On anime le tableau à la Greuze pour en accentuer les effets, en décrivant les personnages, en les mettant en mouvement, jusqu'à l'instant sublime où l'auguste vieillard, devant son ami attendri, pose ses mains décharnées sur la tête du jeune garçon,[47] tandis que l'assistance verse de douces larmes. Les mauvaises langues traitèrent les deux compères de cabotins. Certes tous deux possédaient un sens aigu de la mise en scène. Mais comment mettre en doute la sincérité profonde de l'un comme de l'autre? Les deux héros du jour tirèrent un

41. D12112 (30 septembre 1764), Franklin à Henry Bouquet.

42. Voir l'article «Tonnerre» des *Questions sur l'Encyclopédie*, M.x.527. Le vers attribué à Turgot, *Eripuit coelo fulmen, sceptrumque tyrannis*, «Il a arraché au ciel la foudre et leur sceptre aux tyrans», connut une grande vogue.

43. D13995 (26 février 1767), à Marriott.

44. Condorcet, *Vie de Voltaire*, M.i.276.

45. D21049 (17 février 1778). Dans sa lettre à l'abbé Gaultier du 20 février, D21070, Voltaire donne la même version, en soulignant la grandeur morale «de l'illustre et sage monsieur Franklin, l'homme le plus respectable de l'Amérique et peut-être de l'Europe». Il note aussi l'émotion des assistants.

46. Par exemple, «Liberté, tolérance, probité», et d'après Wagnière, i.126: «Dieu, Liberté, Tolérance». Voltaire aurait parlé d'abord en anglais, «God and Liberty», puis aurait repris en français, à la demande de Mme Denis.

47. C'était le plus jeune petit-fils de Franklin, non pas William, comme on l'a cru longtemps, mais Benjamin, qui avait huit ans.

bénéfice considérable de cette rencontre spectaculaire. Ils se reverront. On les unit dès lors dans la même adoration. Mme d'Epinay pourra écrire à Galiani :

Voltaire partage toujours avec Franklin les applaudissements et les approbations du public. Dès qu'ils paraissent aux spectacles, soit aux promenades, aux académies, les cris, les battements de mains ne finissent plus. Les princes paraissent, point de nouvelles. Voltaire éternue, Franklin lui dit: Dieu vous bénisse! et le train recommence.[48]

Cette vague de ferveur sert au mieux les intérêts de leurs «partis». Les «Américains» traduisent LIBERTÉ par INDÉPENDANCE, et se réjouissent de voir le grand homme s'engager aux côtés des Insurgents plus nettement qu'il ne l'avait fait. Quelques jours seulement après la signature du traité qui concluait une alliance défensive entre la France et les Etats-Unis, susceptible de devenir offensive en cas de guerre franco-anglaise, le plus célèbre des Français apportait à l'apôtre de la cause américaine la caution de son immense prestige. De son côté, le parti philosophique, dont beaucoup de membres – Condorcet, d'Alembert, Turgot, Morellet, Dupont de Nemours – soutenaient les Insurgents, apprécie la portée de l'événement. Déchirés en dernier lieu par la vaine querelle de la musique, les militants serraient les rangs autour du patriarche, qui apparaissait plus que jamais, en dépit de son grand âge (et de quelques gamineries), comme leur chef incontesté, grand-prêtre des Lumières. Cependant les dévots crient au sacrilège. Les *Mémoires secrets*, qui expriment souvent une opinion conservatrice assez répandue, se montrent sévères pour les deux personnages de cette «mascarade»:

Le jour où le Dr Franklin est allé voir M. de Voltaire, il lui a présenté son petit-fils, et par une adulation indécente, puérile, basse et même, suivant certains dévots, d'une impiété dérisoire, il lui a demandé sa bénédiction pour cet enfant: le philosophe, ne jouant pas moins bien la comédie que le docteur, s'est levé, a imposé les mains sur la tête du petit innocent, et a prononcé avec emphase ces trois mots: DIEU, LIBERTÉ, TOLÉRANCE.[49]

«L'ambassadeur d'Angleterre arriva une heure après», dit Voltaire.[50] S'il avait assisté à la scène, il eût fallu à lord Stormont autant d'humour qu'il en avait montré en 1776, lors de la lecture à l'Académie de la lettre «anti-anglaise» sur Shakespeare.

Toute la journée, Voltaire a fait bonne figure. Il se plaint pourtant de «souffrances horribles» qui le torturent, de la fatigue que lui cause le «tourbillon bruyant» où il se trouve entraîné. Non qu'il ne soit sage: «Je vis comme je vivais à Ferney, Mme Denis, qui se porte mieux que jamais, fait les honneurs; et je me couche à peu près avec le soleil.» Il semble cependant regretter son village: «Je

48. D21170, commentaire.
49. *Mémoires secrets*, 23 février 1778.
50. D21101 (15 mars 1778), à Florian.

quitterai ce chaos brillant le plus tôt que je pourrai, pour venir auprès de M. et de Mme de Florian dans le séjour de la paix.»[51]

Mardi 17 février. François de Neufchâteau a le «bonheur» de voir Voltaire pendant plus d'une heure. Le surlendemain, le *Journal de Paris* recueille ses impressions: rien de si incroyable que l'éternelle jeunesse de ce vieillard, que cette «fleur d'esprit» qu'il n'a pas perdue. Quant à son cœur, il n'a pas plus vieilli que son cerveau. Voltaire pleure encore en parlant du malheureux Calas. Il s'attendrit en vantant les grâces et les vertus de Belle et Bonne.[52] Le même jour, il a un long entretien, en italien, avec Goldoni, qu'il tient en haute estime.

Cependant le vieil homme ne va pas bien. Il envoie à Tronchin, ce 17 février, un de ces auto-diagnostics dont il est coutumier: «alternance continuelle de strangurie et de diabètes», «cessation entière du mouvement péristaltique des entrailles», «enflure aux jambes»; tout lui semble annoncer la «destruction prochaine» de sa «frêle machine».[53] On suspend les visites pour un temps, mais personne ne peut empêcher le malade de travailler à sa tragédie. Ce contretemps l'afflige d'autant plus que, s'il faut en croire les *Mémoires secrets*, «M. le comte d'Artois l'a fait assurer de sa bienveillance et du plaisir qu'il aurait de le voir à la Comédie».[54] Venant de ce frère du roi très indépendant et libre d'allures, la démarche n'est pas invraisemblable. Mais faut-il croire à celle que le journaliste prête à Marie-Antoinette?

La reine ne pouvant lui donner d'audience publique par respect pour son auguste mère qui, regardant M. de Voltaire comme un des plus grands ennemis de la religion, n'approuverait pas cette démarche, a fait dire aussi à ce philosophe qu'elle serait fort aise qu'il assistât à la cour à la représentation de quelqu'une de ses pièces.

Mercredi 18 février. Tronchin ne semble pas avoir répondu à l'appel de la veille. Il éprouve envers son malade des sentiments de sourde hostilité, mêlés de mépris. Quand il l'a revu à Paris, il l'a «trouvé toujours le même, toujours ayant peur de son ombre, ne se croyant pas en sûreté».[55] Voltaire est obligé de renouveler son appel, au matin de ce mercredi. Le médecin n'ayant toujours pas réagi, le malade le relance, le soir à huit heures et demie. D'Alembert se joint à ses instances, en termes prudents: «Ce que vous avez à présent de plus important à faire, c'est de le tranquilliser, s'il est possible, sur son état (réel ou supposé)».[56] Des symptômes

51. D21047 (16 février 1778), à Florian.
52. *Journal de Paris*, 19 février 1778.
53. D21049, à Théodore Tronchin: les «diabètes» désignent des mictions anormalement fréquentes (Bréhant et Roche, p.189-90).
54. *Mémoires secrets*, 19 février 1778.
55. D21044 (vers le 15 février 1778), Théodore Tronchin à François Tronchin.
56. D21051, D21053, de Voltaire à Tronchin; D21052 (18 février 1778), d'Alembert à Tronchin.

nouveaux apparaissent: «des glaires qui passent tantôt par ses intestins, tantôt par ses uretères, se sont congromelés [*sic*] dans ses entrailles et ont passé dans son sang». Les médecins d'aujourd'hui, s'appuyant d'autre part sur le rapport d'autopsie, y voient des signes fort alarmants: ces «glaires» sont le pus écoulé de la vessie et de la prostate, atteintes, selon toute vraisemblance, d'un cancer.[57] Voltaire n'avait donc pas tort d'estimer qu'il «pourrait bien être condamné».[58] Il a le courage de faire des vers badins, adressés au prince de Ligne, sur le bruit qui a couru de sa mort.[59] Mais il en est venu au point où la crainte toute abstraite de la fin devient angoisse, quand l'événement inéluctable se rapproche et prend sa dimension réelle, personnelle.[60] Double effroi: son existence va finir, que deviendra sa dépouille mortelle? Il a toujours dit qu'il ne voulait pas «être jeté à la voirie», par refus ecclésiastique de la sépulture. Sans doute à ce moment de sa vie, où le terme paraît proche, plus que jamais lui est présent le souvenir d'Adrienne Lecouvreur, décédée sans s'être mise en règle avec l'Eglise, précisément dans la même paroisse de Saint-Sulpice, où il réside actuellement. L'image de ce corps enterré à la sauvette dans un terrain vague le hante. A Ferney, il a préparé son tombeau. Mais à Paris, il est sans pouvoir; que va-t-il se passer? Il s'en ouvre à d'Alembert, qui vient le voir ce 18 février: il est «fort effrayé», non seulement de son état, mais d'éventuelles «suites désagréables». C'est à ce sujet que d'Alembert prie le médecin de «tranquilliser» son malade. Mais Tronchin était-il l'homme qu'il fallait pour calmer Voltaire et l'aider à mourir?

L'éminent praticien, non plus qu'aucun de ses confrères, n'était alors en mesure de porter le diagnostic correct. Etant venu enfin visiter son malade, soit le 18 au soir, soit le lendemain, il ne vit dans son cas que du surmenage, aggravant les effets de l'âge. Il laisse donc à Villette, qu'il n'a pu rencontrer, un billet très sec:

J'aurais fort désiré de dire de bouche à M. le marquis de Villette que M. de Voltaire vit depuis qu'il est à Paris sur le capital de ses forces; que tous ses vrais amis doivent souhaiter qu'il n'y vive que de sa rente. Au ton dont les choses vont, les forces dans peu seront épuisées, et nous serons témoins, si nous ne sommes pas complices, de la mort de M. de Voltaire.[61]

Envoyé par Tronchin lui-même au *Journal de Paris*, qui le publie, le 20, ce bulletin fait sensation. Il marque la rupture totale des relations entre Villette et

57. Bréhant et Roche, p.204-205.
58. D21051 (18 février), à Tronchin.
59. D21050 (18 février).
60. Angoisse non incompatible avec un sentiment assez naturellement complémentaire: la volonté d'affronter l'événement avec courage, de sorte que Wagnière peut affirmer, i.452, que «Voltaire n'avait nulle crainte de la mort».
61. D21054 (vers le 18 février 1778), Théodore Tronchin à Villette.

le docteur qui, depuis quelques jours, constatait que ses instructions restaient lettre morte. La manière, en tout cas, était brutale.[62]

Jeudi 19 février. Etonnant Voltaire! Au lendemain d'une sombre journée, voilà qu'il va mieux. Ses jambes ont désenflé. L'énergie est revenue.

Il lui en faut pour mettre la dernière main à la distribution d'*Irène*. Considérant que Zoé «n'est point une simple confidente mais une princesse favorite de l'impératrice»,[63] il souhaitait donner le rôle à Mlle de Saint-Val cadette. Il a cédé pourtant aux pressions de Richelieu: Mme Molé, «confidente» en titre, a été pressentie. Puis il regrette un choix qu'il croit être une erreur. Il obtient l'accord de Mlle Saint-Val. Il promet à Mme Molé, en compensation, un rôle «fait pour elle dans *Le Droit du seigneur*».[64] Il use de tout son charme. Le maréchal, Mme Molé et son mari n'insistent pas. L'affaire se conclut en deux jours d'une négociation triangulaire vivement menée.[65] Voltaire a gagné une fois encore. Cependant, alléguant sa fatigue et les consignes de Tronchin, il refuse certaines visites. Il se plaint du «tourbillon» qui l'emporte et qui ne convient ni à son âge ni à son état de faiblesse.[66]

Les hommages pleuvent toujours. C'est Palissot qui lui envoie ses œuvres complètes, en le priant de le recevoir. Voltaire remercie aimablement, et omet de parler de la visite.[67] C'est La Dixmerie (il sera bientôt question de lui et des francs-maçons) qui lui consacre une épître flatteuse.[68] C'est l'ode de Lebrun-Pindare qui fait quelque bruit. Du moins le poète essaie-t-il d'en faire autour de son poème, publié dans le *Journal de Paris* du 18, où il prétend avoir mêlé à son hommage une «leçon» à l'adresse du grand homme.[69] On apprécie davantage la fraîcheur de l'épître où un garçon de treize ans, qui s'appelle Marie Joseph Chénier, dit, en vers un peu raboteux mais pleins de sincérité, toute sa naïve admiration pour le Maître.[70]

62. Wagnière, i.431, assure que «ce langage était concerté avec le malade, comme un prétexte plausible de procurer à ce dernier quelque repos». Tronchin, affirma-t-il, était du petit nombre de ceux «qui lui ont parlé en ami véritable». Visiblement, Wagnière fait alliance, contre Villette, avec le médecin.

63. D21055 (19 février 1778), à d'Argental.

64. A cette date, il songeait à donner la pièce avec *Irène*.

65. Avec l'aide de Sophie Arnould. Desnoiresterres, viii.218-22, fait un récit détaillé de ces tractations.

66. D21060 (19 février 1778), au comte de Tressan.

67. D21058, D21059 (19 février). La visite se fera plus tard.

68. D21056 (19 février), à La Dixmerie.

69. Desnoiresterres, viii.215-19.

70. D21045, M. J. Chénier se réclame de son grand-oncle de Lusignan, qui a fait ses études avec Voltaire. André Chénier, aîné de Marie Joseph de deux années, ne s'est pas alors manifesté.

De ce concert de louanges, Tronchin ne retient que les mauvais effets. «On trucide» Voltaire «à force d'adorations», mande-t-il à Charles Bonnet. Adulé et malheureux, le vieil homme l'a supplié d'être son «ange tutélaire». Il a remis son sort entre ses mains, et a fondu en larmes... Tronchin comme toujours s'attribue le beau rôle, celui du sage à l'abri de telles faiblesses. Fort de sa propre sérénité, il ne cherche guère à comprendre son malade, qu'il traite avec condescendance.[71]

Vendredi le 20 février. Ce matin-là, Voltaire a tant travaillé qu'il n'a pas laissé à son secrétaire le temps de s'habiller.[72] Dans l'après-midi, il reçoit «la reine de France en retrait d'emploi»,[73] Mme Du Barry, qui avait demandé audience. Dans le courrier du jour, une lettre de Turgot, une autre de Mme d'Epinay. Mais celle qui retient le plus l'attention du philosophe était signée d'un prêtre, l'abbé Gaultier.

Le retour de Voltaire à Paris avait alarmé le clergé et les milieux dévots. Ils avaient d'abord songé à «se prévaloir des défenses qu'ils croyaient exister, sur lesquelles il lui était interdit de reparaître dans la capitale». Faute d'en trouver aucune trace, certains songèrent à lui intenter un procès sur ses «ouvrages brûlés». Mais Voltaire ne les avait pas reconnus. On craignit, non sans raison, que le procédé ne parût odieux, même au parlement, «dans ce siècle éclairé».[74] Restait l'espoir d'arracher à l'impie, à ses derniers moments, une rétractation. Cette victoire de l'Eglise aurait alors un immense retentissement et porterait un coup très dur à la «philosophie». L'idée se discutait dans l'entourage de l'archevêque, qui est toujours Christophe de Beaumont, tandis que plus bas dans la hiérarchie des prêtres rêvaient de travailler à ce miracle.

La «confession» de Voltaire, ainsi que les circonstances de sa mort, restèrent longtemps mal connues. Jusqu'à la fin du dix-neuvième siècle, on se fiait essentiellement au *Mémoire* de son confesseur, l'abbé Gaultier, paru en 1781 dans *Voltaire, recueil des particularités curieuses de sa vie et de sa mort*, attribué au père Elie Harel. Le premier, Desnoiresterres essaya de débrouiller le chaos de témoignages contradictoires. Après lui, Frédéric Lachèvre mit au jour *Voltaire mourant*, un manuscrit important sur la mort du patriarche.[75] Puis Jacques Donvez, en 1954, découvrit et publia des documents essentiels, dont une «déclaration» du confesseur de Voltaire, qui revenait sur son *Mémoire*.[76] L'année suivante,

71. D21065 (19 février 1778).

72. *Mémoires secrets*, 22 février 1778.

73. L'expression est de Desnoiresterres, viii.213. On partage le regret de cet auteur, quand il déplore que Wagnière ne nous ait rien dit des propos échangés au cours de l'entretien.

74. *Mémoires secrets*, 23 février 1778.

75. Publié à Paris en 1908.

76. Jacques Donvez, «Voltaire mourut-il bon catholique?», *Le Figaro littéraire*, 7 août 1954.

des documents nouveaux permirent une interprétation d'ensemble des textes où apparaissent les protagonistes: l'abbé Gaultier, qui confessa Voltaire, le curé de Saint-Sulpice M. de Tersac, et l'archevêque de Paris.[77] Leurs témoignages divergent. Le texte des lettres citées dans le *Mémoire* a été souvent réduit ou altéré. L'enquête ecclésiastique publiée dans le *Voltaire mourant* est évidemment partiale, encore qu'assez bien informée. L'abbé a voulu désavouer son *Mémoire*. Il ressort que la plupart de ces pièces, outre leur caractère apologétique, révèlent chez leurs auteurs le souci de justifier leur action. L'abbé Gaultier, en camouflant ses erreurs, en manipulant le texte des lettres qu'il cite, s'efforce de donner à son échec l'apparence d'un succès: à l'en croire, il ne faudrait pas douter des sentiments chrétiens de Voltaire. Une autre version tend à donner le beau rôle à M. de Tersac. Mais la comparaison entre d'une part le *Mémoire*, *Voltaire mourant* et d'autre part les lettres originales montre que le texte publié par Frédéric Lachèvre est le seul qui soit fiable.

Aux dires de Wagnière,[78] le curé de Saint-Sulpice avait déjà cherché «plusieurs fois» à voir Voltaire, mais ne put alors y parvenir. Ce fut un «prêtre habitué» de la paroisse,[79] l'abbé Louis Laurent Gaultier, qui arriva le premier. Le 20 février, il écrit au philosophe une lettre qui respire la modestie, le respect et même une benoîte admiration, mais dont le sens est clair: il veut aider celui à qui il s'adresse à faire son salut.[80] Voltaire lui répond le jour même, par un mot aimable et non moins clair: à son correspondant il dira ce qu'il a dit en bénissant le petit-fils de Franklin, «Dieu et la liberté». Il se flatte que l'abbé est «dans les mêmes principes»; Gaultier parlait du «Dieu juste et miséricordieux», Voltaire lui répond en invoquant le «Dieu créateur de tous les mondes». Voudrait-il attirer «l'honnête homme» qui lui écrit dans le camp des philosophes et des théistes? Ou bien tient-il à marquer ses distances? La fin de la lettre est assez cavalière:

> Si vous avez quelque chose de *particulier* à me communiquer, *et qui en vaille la peine*, je me ferai un devoir et un honneur de recevoir votre visite, malgré les souffrances qui m'accablent.[81]

Samedi 21 février. L'entretien eut lieu le lendemain, ce samedi. Voltaire est satisfait d'apprendre que son visiteur n'est envoyé ni par son supérieur ni par

77. René Pomeau, «La confession et la mort de Voltaire d'après des documents inédits», *RHLF* 55 (1955), p.299-318.

78. Wagnière, i.123.

79. C'est-à-dire un ecclésiastique affecté au service d'une paroisse, sans y avoir ni charge ni dignité.

80. D21066. Th. Besterman donne en note le texte publié dans Elie Harel, *Voltaire, recueil des particularités curieuses de sa vie et de sa mort* (Porrentruy 1781).

81. D21070. Les expressions soulignées seront plus tard supprimées dans le texte du *Mémoire* de Gaultier.

l'archevêque. L'abbé décline son *curriculum vitae*.[82] Jésuite pendant dix-sept ans, curé de Saint-Mard dans le diocèse de Rouen pendant près de vingt ans, il s'occupe maintenant à Paris du «ministère apostolique», et dit la messe tous les jours aux Incurables. Il se recommande de l'abbé de Lattaignant à qui l'âge et les infirmités ont fait faire des réflexions et qui se prépare, avec son aide, à paraître devant Dieu.[83] Voltaire ne se compromet pas. Il pense avoir manœuvré l'abbé: «C'est un bon imbécile», dit-il à Wagnière, après le départ du prêtre.[84] Le même jour il raconte la visite à Mme Du Deffand, qui la détaille à son tour à Walpole: d'après elle, «il en est fort content, cela sauvera, dit-il, du scandale et du ridicule.»[85]

Cela peut en tout cas l'aider à se protéger contre des entreprises telles que celles d'un convertisseur extravagant qui se manifeste quelques jours plus tard. L'abbé Marthe, prétendant arriver de son Languedoc natal, s'introduit hardiment et supplie Voltaire de le recevoir en particulier. Wagnière les laisse seuls, non sans inquiétude, mais veille à la porte. Aux cris de son maître, il se précipite dans la chambre: il trouve l'abbé à genoux, exigeant du malade une confession immédiate. L'homme jette sur Wagnière «des regards étincelants et furieux». On le met dehors. «Il tenta plusieurs fois de revenir, mais on l'avait consigné à la porte.» A la suite de cet incident, le secrétaire note que les menées sourdes de M. de Tersac, la visite de l'abbé Gaultier, l'aventure étrange de l'abbé Marthe firent une «singulière impression» sur son maître. Celui-ci soupçonne que «tous agissaient de la part de l'archevêque; que les prêtres, les moines se remuaient et cabalaient contre lui».[86] Voltaire se promettait bien d'obtenir un arrangement satisfaisant. Mais un événement bientôt va précipiter les choses.

La visite de l'abbé Gaultier n'a occupé qu'une faible partie de ce 21 février. La journée est pour l'essentiel consacrée au travail et au théâtre. Après le repas, Voltaire reçoit les comédiens pour une première et longue répétition d'*Irène*. Mécontent de la façon dont ils disent son texte, il les reprend sans cesse, «montre leur rôle»; à lui seul il joue devant eux la pièce entière. Il appartenait à la catégorie des metteurs en scène autoritaires: il sait exactement ce qu'il veut, et l'exige. Peu habitués à une direction aussi impérative, les comédiens sont déconcertés. Ils ont du mal aussi à se plier à une forme de jeu, à une diction qui sont un peu passées

82. Harel, p.109.

83. Sur cette coïncidence, on fit une épigramme: «Voltaire et Lattaignant, tous deux d'humeur gentille, / Au même confesseur ont fait le même aveu. / En tel cas il importe peu / Que ce soit à Gaultier, que ce soit à Garguille: / Monsieur Gaultier pourtant me paraît bien trouvé. / L'honneur de deux cures semblables / A bon droit était réservé / Au chapelain des Incurables.»

84. Wagnière, i.124.

85. D21077 (22 février 1778), Mme Du Deffand à Walpole.

86. Wagnière, i.124-26.

de mode. S'il est vrai que Voltaire a beaucoup fait pour les progrès de l'art du comédien, il reste, en tant qu'acteur et dans la direction des acteurs, en deçà du mouvement qui pousse l'interprétation scénique vers le naturel et le réalisme.[87] Beaucoup de comédiens contemporains allaient sans doute trop loin en ce sens, oubliant qu'ils jouaient la tragédie, rompant la mesure du vers et se rapprochant de la prose. Voltaire réagit vivement. Il a proclamé maintes fois qu'il fallait «dire le vers», en marquer la cadence, la ligne mélodique. Souvent on lui reproche son articulation trop marquée, sa pompe, son emphase. D'autre part, il professe que la première qualité d'un acteur est la sensibilité. Il ne conçoit pas «comment on peut être froid».[88] Il a, dans la vie, le goût des larmes et pense qu'il faut, selon le vieil adage, pleurer en scène pour faire pleurer. Lorsqu'il joue lui-même, il se donne corps et âme, avec une telle véhémence qu'il lui arrive de ne pouvoir achever son rôle, ou qu'il en sort épuisé.

C'est essentiellement sur ces deux points, l'art de faire valoir le vers, et surtout la chaleur de l'interprétation, qu'il entre en conflit avec les comédiens parisiens. Monvel a des talents, mais manque de «patience»; Brizard a peu d'intelligence et encore moins de «feu»; on n'a jamais vu un acteur aussi froid.[89] Mme Vestris, un vrai glaçon, supplée à son manque de sentiment par les artifices du métier, notamment par une gestuelle excessive. Voltaire a beau leur «montrer» les rôles, évoquer le jeu pathétique de Mlle Duclos (qu'ils n'ont jamais vue), rien n'y fait. C'est, paraît-il, en voulant déclamer lui-même le rôle de Brizard (Léonce) que le vieillard se rompit un vaisseau dans la poitrine.

Fatigué après une telle séance, Voltaire est enfermé dans son cabinet avec Wagnière, lorsqu'on annonce Mme Du Deffand et le prince de Beauvau. On les fait attendre. Piquée, la marquise ne se montre pas tendre pour la compagnie. «Nous fûmes reçus par la nièce Denis, qui est la meilleure femme du monde, mais certainement la plus gaupe, par le marquis de Villette, plat personnage de comédie, et par sa jeune épouse qu'on dit être aimable.» Beauvau devant partir, elle reste «avec la nièce Denis, le marquis Mascarille et Belle et Bonne». Au bout d'un quart d'heure, Voltaire paraît, disant qu'il est mort, qu'il ne peut ouvrir la bouche. Il retient pourtant son amie, lui parle de sa pièce, lui raconte la visite de l'abbé Gaultier. Il lui confie son espoir d'aller à Versailles, de voir le roi, la reine. La marquise doute qu'il en obtienne la permission.[90] Comme d'habitude, il est intarissable. Le soir, il n'en peut plus, et se couche à huit heures.

87. Voir Pierre Peyronnet, «Voltaire comédien», *Revue d'histoire du théâtre* 3 (1973), p.262-74.

88. D11761 (11 mars 1764), aux d'Argental. Il continue ainsi: «Quiconque n'est pas animé est indigne de vivre. Je le compte au rang des morts».

89. C'est ce que pense Meister, CLT, x, janvier 1773. Mais Brizard avait deux avantages: une belle voix et une magnifique chevelure blanche.

90. D21077 (22 février 1778), Mme Du Deffand à Walpole.

Mercredi 25 février. Ce jour marque une date dans son séjour à Paris. Il est victime d'un accident plus spectaculaire que grave, mais bien propre à frapper le malade en proie à l'inquiétude. A midi un quart, il est encore dans son lit, occupé à dicter. Il se met à tousser, et «sur le moment, le sang lui jaillit par la bouche et par le nez, avec la même violence que quand on ouvre le robinet d'une fontaine dont l'eau est forcée».[91] Wagnière est seul dans la chambre. Il appelle Mme Denis, écrit un mot à Tronchin. Bientôt toute la maison est en alarme et la chambre pleine de monde. Voltaire ordonnne à son secrétaire d'écrire à l'abbé Gaultier pour le prier de venir, «ne voulant pas, disait-il, que l'on jetât son corps à la voirie». Mais Wagnière prend sur lui de ne pas envoyer la lettre, «afin que l'on ne dît pas que M. de Voltaire avait montré de la faiblesse». Tronchin arrive sans tarder. Il fait saigner le malade. Après que celui-ci eut perdu «environ trois pintes de sang»,[92] l'hémorragie diminue. Tronchin laisse des consignes sévères: interdiction au vieillard de parler, à son entourage de lui adresser la parole, d'admettre des étrangers à son chevet. On lui donne une jeune garde-malade, qui fit observer strictement les défenses, «ce qui déplut fort au maître de la maison». Malgré ces mesures, Voltaire continuera à cracher du sang «pendant vingt-deux jours en assez grande quantité».[93]

L'accident n'était pas d'origine pulmonaire. Le système respiratoire du vieillard se révélera, à l'autopsie, tout à fait sain. L'hémorragie, selon Jacques Bréhant et Raphaël Roche,[94] serait l'effet de l'artériosclérose dont souffrait Voltaire, et serait due à «la rupture d'une artériole bronchique», consécutive à un effort.

Jeudi 26 février-dimanche 1er mars. Cependant Villette, qui gardait rancune à Tronchin depuis le sévère avertissement rendu public le 20, «cherchait à donner au malade de la défiance de son médecin». C'est lui qui aurait engagé Voltaire à lui demander qu'il fasse venir Lorry, ami du marquis, bel esprit mondain et d'humeur légère, au demeurant bon praticien. Tronchin accepte, écrit à son confrère. Villette, d'après Wagnière, escamote le billet, et en écrit un autre, «afin de se vanter, comme il fit, que c'était lui seul qui avait fait venir M. Lorry, malgré M. Tronchin, et sauvé la vie du malade». Usant des mêmes armes que Tronchin, Villette fera publier dans le *Journal de Paris* du 5 mars une lettre toute à l'éloge de Lorry et pleine d'insinuations malveillantes à l'égard du grand docteur. De fait, sans rien changer au traitement de son confrère, l'aimable Lorry semble avoir ramené le calme dans l'esprit du malade, du moins lorsqu'il était seul avec

91. Wagnière, i.127.

92. Soit deux litres trois quarts, si l'on calcule à partir de la contenance habituelle de la pinte: 93 centilitres. Ce qui paraît beaucoup.

93. Wagnière, i.127-29.

94. Bréhant et Roche, p.192.

lui. Wagnière assiste en effet aux «scènes les plus indécentes» dans la chambre de Voltaire. On y disputait bruyamment. On ne tenait pas compte des ordonnances, ni des plaintes du malade, «qui ne cessait de s'écrier qu'on le tuait».[95]

Wagnière exagère sans doute. Il n'aime ni Villette ni Mme Denis. Mais il est vrai que depuis son retour à Paris, Voltaire se trouve pris dans un réseau serré d'intrigues. Comédie où s'agitent, dans la clôture du palais Villette, parents, médecins, amis, prêtres. Tous veulent son bien, chacun à sa manière. Tronchin effraie son malade et cherche à surprendre, avec une gourmandise cruelle, les moindres signes de faiblesse chez le malheureux. Il s'oppose au marquis, jaloux de posséder le grand homme, et soucieux de cacher au parti dévot la gravité de son mal. Mme Denis aime bien son oncle, mais elle songe à l'héritage et veut tout régenter. Les prêtres travaillent à capter l'âme du pécheur, tandis que Wagnière, toujours dévoué, toujours soupçonneux, se fait le garde du corps (et de l'honneur) du vieillard. Chacun surveille l'autre, et le protagoniste est constamment épié. Tous écoutent à la porte.[96] Au dehors enfin, tout Paris est aux aguets. Voltaire mourra-t-il en philosophe? Recourra-t-il à une nouvelle «singerie» pour sauver sa dépouille, à défaut de son âme?

Le malade est anxieux. Il craint que l'enflure aux jambes, «qui continue toujours avec un reste de strangurie», ne provoque à son âge une «hydropisie».[97] Le 26, il appelle l'abbé Gaultier par un bref billet: qu'il vienne au plus tôt! Mme Denis insiste le lendemain.[98] Mais l'abbé ne verra Voltaire que le 2 mars. Que s'est-il passé? Le curé de Saint-Sulpice a été informé de l'initiative de Gaultier, prise sans son autorisation. Le 26, il vient voir Voltaire, mais il est éconduit: Mme Denis lui dit que son oncle ne veut se confesser qu'à l'abbé.[99] Le même jour, Gaultier met l'archevêque au courant de sa démarche. Le 27, Christophe de Beaumont le confirme dans sa mission, en lui imposant cependant d'agir en concertation avec lui-même et avec son supérieur direct. Tandis que les prêtres travaillent à rédiger la rétractation que le pénitent sera prié de transcrire et de signer, Voltaire de son côté prépare la sienne. Le 28, Wagnière, seul avec le patron, l'interroge: quelle est exactement sa façon de penser, dans un moment où il dit que sa mort est proche? Voltaire écrit alors les deux lignes célèbres:

> Je meurs en adorant Dieu, en aimant mes amis, en ne haïssant pas mes ennemis, et en détestant la superstition.

95. Wagnière, i.129-30.

96. Qui n'en est pas une: elle «ne consistait qu'en un cadre revêtu de papier des deux côtés, et n'avait point de loquet» (Wagnière, i.131).

97. D21083 (27 février), à Tronchin.

98. D21081, D21084.

99. Nous résumons la reconstitution des faits par R. Pomeau, «La confession et la mort de Voltaire», p.299-318.

Cette authentique profession de foi est remise à Wagnière, qui la conservera pieusement dans ses papiers.[100] Quant à sa rétractation publique, Voltaire en pèse les termes, en attendant la visite de son «confesseur».

Lundi 2 mars. L'abbé Gaultier arrive à l'hôtel de Villette avec son texte tout prêt. Voltaire lui fait remarquer qu'il l'attend depuis quelques jours, ajoutant: «Si vous voulez, nous ferons tout à l'heure cette petite affaire.» Sont présents alors dans la chambre le neveu Mignot, le marquis de Villevielle, Wagnière. L'abbé Gaultier leur demande de sortir. Ce qu'ils font. Mais Wagnière reste derrière la porte, l'oreille tendue. C'est par lui que nous connaissons ce qui s'est dit entre Voltaire et son confesseur. La scène rappelle la confession de 1769, à Ferney, auprès du père capucin Joseph.[101] Même indiscrétion de Wagnière, même intimidation du confesseur par son pénitent, même conflit sur les professions de foi. Mais ici l'enjeu est différent. L'affaire de 1769 était une plaisanterie sans grand risque. En 1778, c'est le sort de la dépouille mortelle du malade qui est en question.

Qu'est-ce que Wagnière a entendu derrière la porte? Voltaire et l'abbé d'abord ont causé un moment ensemble. Puis Gaultier a demandé à son pénitent «une déclaration de sa main, à quoi il consentit». «Je soupçonnai alors», continue Wagnière,

> que le confesseur était un émissaire du clergé. J'étais au désespoir de la démarche qu'on exigeait de M. de Voltaire; je m'agitais près de la porte, et faisais beaucoup de bruit. MM. Mignot et de Villevielle, qui m'entendirent, accoururent à moi et me demandèrent si j'étais fou. Je leur répondis que j'étais au désespoir, non de ce que mon maître se confessait, mais de ce qu'on voulait lui faire signer un écrit qui le déshonorerait peut-être. M. de Voltaire m'appela pour lui donner de quoi écrire. Il s'aperçut de mon agitation, m'en demanda avec étonnement la cause. Je ne pus lui répondre.[102]

Voltaire veut écrire lui-même sa propre déclaration, que voici:

> Je soussigné déclare qu'étant attaqué depuis quatre jours d'un vomissement de sang à l'âge de quatre-vingt-quatre ans, et n'ayant pu me traîner à l'église, monsieur le curé de Saint-Sulpice ayant bien voulu ajouter à ses bonnes œuvres celle de m'envoyer monsieur l'abbé Gaultier prêtre, je me suis confessé à lui, et que si Dieu dispose de moi, je meurs dans la sainte religion catholique où je suis né, espérant de la miséricorde divine qu'elle daignera pardonner toutes mes fautes, et que si j'avais scandalisé l'Eglise j'en demande pardon à Dieu et à elle.

Gaultier alors donne à Voltaire l'absolution.[103] Le pénitent remet à son confesseur

100. Wagnière, i.133, et note des éditeurs.

101. Voir *Voltaire en son temps*, iv.397.

102. Wagnière, i.191-92.

103. Wagnière ne mentionne pas expressément cet acte décisif, prononcé sans doute discrètement à voix basse. L'abbé ayant ensuite proposé à Voltaire la communion, il est certain qu'il lui a préalablement donné l'absolution de ses péchés.

le papier de sa déclaration, avec «un billet de six cents livres pour les pauvres de la paroisse». Là-dessus, Mme Denis entre et prie l'abbé d'abréger la séance, qui fatigue le malade. Gaultier invite les autres personnes à entrer. Il leur dit: «M. de Voltaire m'a donné là une déclaration qui ne signifie pas grand chose.» Il se serait plaint que la rétractation «n'était pas assez ample» et lui paraissait même «équivoque». Voltaire consent à ajouter un post-scriptum:

Monsieur l'abbé Gaultier, mon confesseur, m'ayant averti qu'on disait dans un certain monde que je protesterais contre tout ce que je ferais à la mort, je déclare que je n'ai pas tenu ce propos, et que c'est une ancienne plaisanterie attribuée dès longtemps très faussement à plusieurs savants plus éclairés que moi. Voltaire.[104]

L'abbé prie les assistants d'apposer leur signature comme témoins au bas de la profession de foi. Villevielle et Mignot ne font pas de difficulté. Mais Wagnière s'y refuse obstinément, au grand étonnement de Voltaire. Vivement pressé par le confesseur, il répond enfin qu'il ne veut ni ne peut signer, étant protestant. L'abbé Gaultier veut comme il est normal conclure en donnant la communion au malade. Mais Voltaire se récrie: «Monsieur l'abbé, faites attention que je crache continuellement du sang; il faut bien se donner de garde de mêler celui du bon Dieu avec le mien.» Gaultier ne trouve rien à répondre. «On le pria de se retirer, et il sortit.»[105]

Voltaire se conduit ici autrement qu'en 1769, parce qu'il vise un objectif tout différent. En 1769, son dessein était précisément de communier, pour narguer l'interdiction de Mgr Biord. Ce 2 mars, il veut s'en tenir à la concession minimale. S'il avait accepté le sacrement de l'Eucharistie, la propagande anti-philosophique n'aurait pas manqué d'interpréter ce geste du patriarche des impies comme une conversion. Par une simple absolution sans plus, il espère s'être prémuni contre un refus de sépulture. La suite prouvera qu'il se trompait.

L'abbé Gaultier comprenait assurément combien était insuffisante la déclaration qu'il avait obtenue. Voltaire ne dit pas qu'il est catholique, mais «qu'il meurt dans la religion catholique». Il ne renie rien de ce qu'il a écrit, mais déclare que s'il a scandalisé l'Eglise, il en demande pardon... Il avait déjà signé en 1769 des déclarations analogues (ce que Gaultier ignorait). Nullement terrorisé comme l'avait été le capucin Joseph, le confesseur de 1778 s'est pourtant laissé influencer par son prestigieux pénitent. Il n'aurait pas dû accorder l'absolution sur un pareil texte. L'archevêque, recevant l'abbé à Conflans, a tôt fait de percer le «voile philosophique» qui enveloppait la déclaration. Excusé pour ses bonnes intentions,

104. Voir R. Pomeau, «La confession et la mort de Voltaire», p.303-304.

105. Wagnière, i.132-33. Le mot est rapporté différemment par d'Alembert (3 juillet 1778, à Frédéric II, cité par Desnoiresterres, viii.236): «Voltaire refusa le ‹bon Dieu›, par la raison, dit-il, que je crache le sang, et que je pourrai bien par malheur cracher autre chose».

le confesseur «reçoit des instructions relatives à son caractère simple et à celui de son pénitent qui ne l'est pas».[106] En fait l'abbé va disparaître de la scène. Il s'est disqualifié, et Voltaire n'a plus besoin de lui.

Les premières nouvelles de la «petite affaire» transpirent quelques jours après, donnant lieu à une version des faits très fantaisiste dans les *Mémoires secrets* du 5 mars, corrigée partiellement le 7. On y exagère l'affolement du patriarche, les exhortations de Tronchin qui auraient répandu la «terreur» dans l'âme de Voltaire. On y confond l'abbé Gaultier et l'abbé Marthe. Le journaliste ne parle de la déclaration que le 9, pour en plaisanter:

Sa confession a roulé sur deux points, sur une rétractation de ses ouvrages, qu'il a prétendu n'être pas obligé de faire, parce qu'il ne pouvait désavouer ce qu'il n'avait jamais avoué, et sur sa foi. Les prêtres se vantent qu'à cet égard il en a donné une profession par écrit, qui est entre les mains de M. l'archevêque, et dont on dira sans doute comme Ninon de sa promesse à son amant: «le bon billet qu'a La Châtre!» Les gens de la maison assurent que c'est pour la neuvième fois de sa vie qu'on le voit se confesser en pareille circonstance.

Le 11 mars enfin le texte de la «déclaration de foi» est reproduit dans les *Mémoires secrets*, avec une exactitude parfaite. Il le sera bientôt un peu partout: preuve que des copies circulaient. Dans son *Examen*,[107] Wagnière dénonce la fausseté des premières rumeurs, et conteste les interprétations diverses d'un acte dont le sens n'apparaissait pas clairement. Etait-ce une nouvelle plaisanterie de l'éternel «goguenard»? Beaucoup le pensent. D'autres prétendent que Voltaire avait trop peur pour plaisanter, ou jouer la comédie. Mais, si comédie il y a, elle est condamnée comme indigne «et d'un homme de génie, et d'un bon citoyen, et d'un honnête homme».[108]

Qu'en pensent ses amis les philosophes? A la même date du 11 mars, les *Mémoires secrets* rapportent que les partisans de Voltaire

ne pouvant nier la confession trop répandue dans le public, cherchent aujourd'hui à effacer les impressions fâcheuses qui en pourraient résulter, en la faisant envisager comme un acte dérisoire.

Faux, dit Wagnière,[109] qui se scandalise de l'attitude observée par l'entourage du malade.

C'est pour moi quelque chose d'étonnant que cette espèce de lâcheté avec laquelle la

106. R. Pomeau, «La confession et la mort de Voltaire», p.304.

107. Wagnière, i.445, 448, 449. Outre sa *Relation*, Wagnière est revenu sur ces événements dans un *Examen des Mémoires secrets*, qui figure dans le même tome I de la publication de 1826.

108. *Mémoires secrets*, 11 mars 1778.

109. Wagnière, i.450.

plupart des prétendus philosophes et des prétendus amis de M. de Voltaire approuvèrent sa démarche et sa déclaration sans même en savoir le contenu.[110]

Et Wagnière ajoute en note: «Il n'est pas vrai [...] que MM. d'Alembert, Condorcet et autres, aient gourmandé M. de Voltaire sur ce qu'il avait fait. C'est exactement tout le contraire.»

Wagnière a raison. Les amis comprennent bien sa conduite comme il l'a expliquée à un homme de lettres qui l'interrogeait: «Vous vous êtes donc confessé?» «Pardieu», répondit Voltaire, «vous savez tout ce qui se passe dans ce pays, il faut bien un peu hurler avec les loups, et si j'étais sur les bords du Gange, je voudrais expirer une queue de vache à la main.»[111] En effet, que faire d'autre en un temps et dans un pays où le certificat de baptême tient lieu d'acte de naissance, où le mariage civil n'existe pas, où le cimetière est une annexe de l'église? A Walpole qui s'indigne, en bon Anglais, du «reniement» de Voltaire, Mme Du Deffand répond très justement:

Vous ne jugez pas bien les motifs de sa conduite; il serait bien fâché qu'on crût qu'il avait changé de façon de penser, et tout ce qu'il a fait a été fait pour le décorum et pour qu'on le laissât en repos.[112]

Dans le même sens, nous avons le témoignage capital de d'Alembert:

Quelques jours avant sa maladie, il m'avait demandé, dans une conversation de confiance, comment je lui conseillerais de se conduire, si pendant son séjour il venait à tomber grièvement malade. Ma réponse fut celle que tout homme sage lui aurait faite à ma place, qu'il ferait bien de se conduire en cette circonstance comme tous les philosophes qui l'avaient précédé, entre autres Fontenelle et Montesquieu, qui avaient suivi l'usage,

Et reçu ce que vous savez
Avec beaucoup de révérence.

Il approuva beaucoup ma réponse: «Je pense de même, me dit-il, car il ne faut pas être jeté à la voirie, comme j'ai vu jeter la pauvre Lecouvreur.» Il avait, je ne sais pourquoi, beaucoup d'aversion pour cette manière d'être enterré. Je n'eus garde de combattre cette aversion, désirant qu'en cas de malheur tout se passât sans trouble et sans scandale.[113]

Ni trouble, ni scandale: tel était apparemment le mot d'ordre du parti philosophique qui, sur un tel sujet, n'avait rien à gagner dans un conflit avec l'Eglise.

Après sa «déclaration», Voltaire, soulagé, ne pense plus qu'à sa tragédie. Il ne reste que deux semaines avant la première d'*Irène*. L'abbé Gaultier est moins à l'aise. Dès le lendemain, le 3 mars, il frappe à la porte de l'hôtel de Villette. Mais M. de Voltaire n'est pas visible. On l'éconduit ainsi plusieurs fois de suite. Il se

110. Wagnière, i.133.
111. Wagnière, i.452.
112. Lettre du 22 mars, dans D21115, commentaire.
113. Desnoiresterres, viii.249-50.

résoud, le 13, à lui écrire une lettre où il ne dit mot de ce qui s'est passé, et se répand en sentiments chaleureux, faisant des vœux pour le «vrai bonheur» du malade. C'est en ami qu'il s'adresse à lui, un ami qui voudrait bien le voir. Peine perdue. La réponse de Voltaire, le 15, est très sèche:

Le maître de maison a ordonné à son suisse de ne laisser entrer aucun ecclésiastique que M. le curé de Saint-Sulpice; quand le malade aura recouvré un peu de santé, il se fera un plaisir de recevoir M. l'abbé Gaultier.[114]

Voltaire, soucieux de ménager l'archevêché, entend avoir affaire maintenant à M. de Tersac. Le 4 mars, le curé a reçu du patriarche une sorte de lettre d'excuse. Le vieillard a craint d'abuser de son temps, de le déranger dans ses importantes occupations: «Vous êtes», lui dit-il, «un général à qui j'ai demandé un soldat»... Le curé s'est empressé de répondre le jour même. Il offre au malade son ministère et l'invite à adopter «la sublime philosophie de l'Evangile». Quel bien ferait Voltaire, quel bel exemple il donnerait! Une allusion à Jésus-Christ («la sagesse divine revêtue de notre nature») indique en quel sens le curé va travailler au salut du philosophe.[115]

Voltaire est sorti d'un mauvais pas. Gaultier tentera encore d'être reçu, puis renoncera.[116] Le malade, quant à lui, recouvre peu à peu la santé. Rien ne presse désormais.

114. D21100, D21102.
115. D21091, D21092.
116. D21128 (30 mars 1778), Gaultier à Voltaire.

17. Le triomphe
(30 mars 1778)

Villette s'était efforcé de rassurer l'opinion. Il fit paraître dans le *Journal de Paris* du 3 mars quelques vers sur la convalescence de Voltaire. Il aurait même suggéré au journaliste de ne plus parler de la maladie du grand homme, «afin d'endormir la vigilance du clergé et de pouvoir éconduire sans scandale les prêtres qui se présenteraient».[1] Mais que se passe-t-il à l'hôtel de Villette? Le patriarche aurait renvoyé le fidèle Wagnière, et même avec une «inhumanité singulière». A tel point que Mme Denis aurait été obligée de fournir au secrétaire licencié «des secours pour se loger et exister». Sa place aurait été prise par un jeune homme, nommé Maissonat, venu tout exprès de Ferney.[2] Certes, Mme Denis aurait donné beaucoup pour se débarrasser du secrétaire qu'elle déteste, dépositaire de tous les secrets de son oncle, et seul à connaître le contenu de ses testaments successifs. Mais Wagnière reste, pour l'heure, auprès de son maître. Ce qui est vrai, c'est que Maissonat, établi «procureur» des terres de Ferney et de Tourney, servait de secrétaire à Mme Denis, «qui le protégeait beaucoup». Elle l'a appelé à Paris, et a fait son possible pour engager son oncle à le prendre à son service à la place de Wagnière.[3] On voit ce qu'insinue celui-ci: Mme Denis a toujours eu du goût pour la jeunesse...

Voltaire va mieux, mais reste très faible. Ses médecins lui permettent de s'alimenter davantage: au lieu de la tisane, des œufs, du vin. Il se plaît en la compagnie de Lorry. Il lui a parlé de sa confession: «Tout cela me déplaît fort, cette prêtraille m'assomme. Mais me voilà entre ses mains; il faut bien que je m'en tire.» Il retournera à Ferney, dès qu'il pourra faire le voyage: «Si j'y avais été, cela ne se serait pas passé ainsi.»[4] Wagnière assure qu'il n'était pas encore question de le fixer dans la capitale, et que «même lorsqu'on lui en eut fait adopter le projet, il comptait bien encore aller passer quatre ou cinq mois chaque année dans sa colonie».[5]

Son état s'améliorant, Voltaire pense à nouveau à une réception à Versailles.

1. *Mémoires secrets*, 3 mars 1778.
2. *Mémoires secrets*, 5 mars 1778.
3. Wagnière, i.448.
4. *Mémoires secrets*, 8 mars, corroborés par Wagnière, i.448.
5. Wagnière, i.451.

Comme aucun signe ne lui vient de ce côté, il s'en afflige. Un de ses amis philosophes essaie de le consoler: s'il avait été invité à la cour, que lui serait-il arrivé?

Je vais vous l'apprendre. Le roi avec son affabilité ordinaire vous aurait ri au nez et parlé de votre chasse de Ferney; la reine de votre théâtre; Monsieur vous aurait demandé compte de vos revenus; Madame vous aurait cité quelques-uns de vos vers; la comtesse d'Artois ne vous aurait rien dit, et le comte vous aurait entretenu de *La Pucelle*.[6]

L'ami philosophe se trompe, tout au moins en ce qui a trait au roi. Louis XV ne voulait pas de Voltaire à Paris; Louis XVI ne veut pas de lui à Versailles. Des échos de son hostilité nous sont parvenus. Vers la fin de février 1778, on parlait de Voltaire chez Marie-Antoinette; le roi intervint: «Ah! ah! M. de Voltaire! il est à Paris; cela est vrai, mais c'est sans ma permission. – Mais, Sire, il n'a jamais été exilé. – Cela se peut, mais je sais ce que je veux dire.»[7] Ce qu'il veut dire, et qu'il ne dit pas, on le comprend par ce qui arriva quelques jours plus tard. On proposa à la reine, non pas d'accorder à l'illustre auteur «les honneurs de la présentation», mais de «le voir dans les grands appartements». Marie-Antoinette était sur le point d'accepter; elle parlerait au poète seulement de *La Henriade*, de *Mérope* et de *Zaïre*. Cependant elle va auparavant consulter le roi. Le lendemain, elle apporte la réponse: «il était décidé irrévocablement que Voltaire ne verrait aucun membre de la famille royale, ses écrits étant pleins de principes qui portaient une atteinte trop directe à la religion et aux mœurs.»[8] Louis XVI n'accuse pas Voltaire d'être un ennemi de la monarchie, ce que, certes, il n'est pas. Mais le roi a été blessé dans sa piété – comme tant d'autres – par les atteintes «à la religion et aux mœurs», considérées alors comme inséparables.

Cependant la première d'*Irène*, fixée au 16 mars, approchait. Voltaire ne pouvant sortir, les comédiens vinrent répéter la pièce le 10, dans le salon de l'hôtel de Villette. Le malade ne put assister à la séance. Il avait passé une mauvaise nuit, épuisé par la toux. Tronchin exigea «qu'il restât au lit et même les rideaux fermés, afin de lui éviter l'envie de parler aux personnes qui seraient dans sa chambre; mais il faudrait lui lier la langue et il dit toujours quelque chose.»[9]

La première répétition datait du 21 février. Les comédiens n'avaient donc disposé que de très peu de temps pour monter la tragédie. Sans doute, en bons professionnels, étaient-ils capables de venir à bout en quelques semaines d'une pièce au demeurant assez courte. Ils pouvaient aussi compter sur le souffleur (ils

6. *Mémoires secrets*, 3 mars 1778. On sait que Louis XVI était grand chasseur.

7. Mettra, cité par Desnoiresterres, viii.256.

8. Mme Campan, *Mémoires*, cités par Desnoiresterres, viii.257.

9. *Mémoires secrets*, 11 mars 1778.

en avaient l'habitude). En outre, à l'époque, quand les rôles sont à peu près sus, on se contente d'une ou deux répétitions pour régler entrées et sorties, mouvements divers (assez réduits dans la tragédie), attitudes ou «tableaux». Surtout, en l'absence du moderne metteur en scène, on passe beaucoup moins de temps qu'aujourd'hui à réfléchir sur le texte, à entrer dans les personnages (on se fie aux «emplois»), et enfin à rechercher une unité de jeu, une harmonie d'ensemble, que la critique du temps et le public commencent pourtant à réclamer. Voltaire, finalement, était peu intervenu. A l'approche de la première, il pouvait douter que sa pièce fût prête à affronter «les bêtes». Mais ce qui le tourmente le plus, c'est la crainte de ne pouvoir être présent à la création.

Dans la nuit du 10 au 11 mars, il a encore rendu «beaucoup de sang clair qu'on juge être de la poitrine». Tronchin a ordonné le lait d'ânesse. Dans la maison, on fait «bonne contenance pour éviter un second esclandre de la part des prêtres, mais on est inquiet, et la famille s'y rassemble assidûment et ne désempare pas». Voltaire est d'humeur morose. Il refuse de voir Mme Vestris, venue prendre ses avis sur certains endroits de son rôle. Il la renvoie à Mme Denis. Il déclare qu'il n'ira pas à la première. Il ne voit pas l'utilité d'une répétition générale. «Pourquoi faire? dit-il. Voulez-vous que je fasse venir ici les comédiens pour me jeter de l'eau bénite?»[10] Ce ne sont là que boutades: le «mourant» songe plus que jamais à sa pièce, notamment aux détails techniques de la scène.

Irène n'est point une pièce à spectacle comme *Olympie* ou *Les Scythes*. Ici point de temple, point de cérémonie, ni de fête; et l'on ne verra pas la bataille. Il renonce donc au décor multiple qu'il a plusieurs fois utilisé. Un lieu unique doit enfermer, dans une atmosphère de complot, une action qui peut se passer d'«extérieurs»; ceux-ci seront à peine esquissés. Il demande donc à Molé, pour lors semainier, «une décoration qui contienne un salon avec de grandes arcades à travers desquelles on voie la mer et des tours.»[11] Il dit être satisfait du dispositif adopté, que représente le célèbre dessein de Moreau exécuté pour immortaliser le triomphe du 30 mars.[12] Une structure monumentale, au premier plan, en arrière du proscenium, dresse une large et majestueuse arcade, flanquée de deux autres plus petites sur les côtés. Derrière, une terrasse, découpée aussi par des arcades; au fond, on aperçoit la colonnade d'un temple, une tour massive, d'autres tours dans le lointain, et la mer avec des bateaux. La Comédie avait bien fait les choses.

C'est Mme Denis qui dirigea l'unique «générale», le dimanche 15. Voltaire connaît l'inquiétude des veilles de bataille. Ses amis le rassurent. Tous pensent,

10. *Mémoires secrets*, 13 mars 1778.

11. D21099 (11 mars 1778).

12. On identifie sans peine dans le dessin les visages de plusieurs spectateurs connus. Il n'y a pas de raison que le dessinateur n'ait pas restitué le décor aussi exactement. Voir *Album Voltaire*, n° 393.

et on le dit partout, que le risque est minime. Le nom seul de l'auteur promet la victoire. Mme Du Deffand résume l'opinion commune, quand elle écrit à Walpole : si la pièce n'a pas de succès,

il en mourra, mais je suis persuadée, quelque mauvaise qu'elle puisse être, qu'elle sera applaudie ; ce n'est pas de la considération qu'il inspire aujourd'hui, c'est un culte qu'on croit lui devoir.[13]

«Il y a cependant quelques sacrilèges», ajoute la marquise. Aussi Mme Denis ne néglige-t-elle aucun des moyens employés en pareille circonstance pour aider le succès. Le plus simple consiste à inviter à la première, et s'il le faut aux représentations suivantes, un contingent d'amis sûrs, chargés de faire pièce à la «cabale». La diligente nièce fit le nécessaire. «On devait», observent les *Mémoires secrets* (13 mars), «ne distribuer que 24 billets ; il est question maintenant de 150.» De leur côté, les familiers de l'auteur laissaient entendre que Voltaire assisterait à la création : ce qui suscitait un grand élan de curiosité. Le bruit se répandit aussi que la reine serait présente.

Le 16, jour de la première, Voltaire est mieux, mais pas assez rétabli pour aller à la Comédie. Le *Journal de Paris* avait, le matin, battu le rappel :

Le grand homme nous présente aujourd'hui un spectacle qui ne s'est pas renouvelé depuis les beaux jours de la Grèce : Sophocle revenant au sein de sa patrie dans une extrême vieillesse pour y recevoir le prix de quatre-vingts ans de travaux.

Ce fut la ruée : 1 185 spectateurs payants s'entassaient dans la salle des Tuileries, laissant aux comédiens une recette de 3 796 livres. A quoi s'ajoutaient, bien entendu, les spectateurs des petites loges et, par exception, la foule dans les coulisses. «Jamais assemblée ne fut plus brillante,» rapporte Meister. «La reine, suivie de toute la cour, honora de sa présence le dernier effort du Sophocle de nos jours.»[14] Aux dires de Wagnière, il y aurait eu une cabale, même «violente», «principalement excitée par des gens vêtus en abbés», mais, ajoute le secrétaire, «leur voix fut étouffée par des acclamations générales». Un incident tout extérieur ne troubla pas la représentation. Il semble au contraire avoir contribué à «chauffer la salle», avant le lever du rideau. Le comte d'Artois avait offensé au bal la duchesse de Bourbon. Le duc son mari l'avait pris de si haut qu'en dépit des ordres du roi les deux princes s'étaient battus au Bois de Boulogne, le matin même. Après cette réparation (sans dommages), ils s'étaient réconciliés. L'affaire créa une grande excitation dans Paris. La présence des héros à l'Opéra, puis à la Comédie suscita des manifestations enthousiastes :

Mme de Bourbon [...] ne parut pas plus tôt dans sa loge que toute la salle retentit

13. D21096 (8 mars 1778).
14. CLT, xii.67-68, mars 1778.

d'applaudissements et de battements de mains. Les transports du public redoublèrent lorsqu'on aperçut son époux et son chevalier; ils se renouvelèrent à l'arrivée du comte d'Artois.[15]

Absent du champ de bataille, Voltaire se morfond. Mais il n'y a pas loin des Tuileries à l'hôtel de Villette. D'acte en acte, des messagers viennent l'informer du déroulement des opérations. Au début, la pièce prend bien. Puis les actes III et IV laissent le public froid. En revanche, au dénouement, succès complet. C'est la nouvelle qu'apporte Dupuits. «Ce que vous dites me soulage, mais ne me guérit pas», soupire le malade. Il veut des détails:

> Sur ce qu'on lui cita les morceaux contre le clergé [dans le rôle d'Alexis] comme ayant été fort applaudis, il fut enchanté de savoir qu'ils compenseraient la fâcheuse impression que sa confession avait produite dans le public.

Mais il y avait aussi, dans le rôle de Léonce, des vers fort édifiants. On raconta que la reine les avait notés (ou fait noter par une de ses dames de compagnie) pour les citer au roi et justifier ainsi «sur ses vrais sentiments ce coryphée de la philosophie, si décrié par les prêtres, si redoutable au clergé».[16] La reine était donc venue. Voltaire en est tout heureux, bien que cette faveur ne fût pas exceptionnelle. Marie-Antoinette était peu cultivée. Elle détestait la lecture. Mais elle aimait le théâtre et paraissait régulièrement à la Comédie et à l'Opéra.

Admirateurs et adulateurs affluent à l'hôtel de Villette. Les amis sont soulagés, on fête la victoire. L'auteur reçut aussi, le 19, les compliments d'une députation de l'Académie. Ainsi l'illusion du succès ne fit que croître en son esprit. Fut-elle favorisée par la complicité de l'autorité? On raconta que les journalistes avaient reçu défense «de parler de lui et de sa tragédie, à moins que ce ne soit pour louer».[17] Un incident survenu plus tard semble confirmer ce bruit. Le 12 avril, prêchant à Versailles, l'abbé de Beauregard s'en prit violemment aux philosophes et reprocha au pouvoir une mansuétude excessive à leur endroit. Il visait surtout le garde des sceaux, coupable d'avoir donné des ordres pour qu'on ne laissât passer provisoirement aucune attaque contre le grand homme. Honteux de voir «sa faiblesse indirectement dévoilée devant le roi», Miromesnil aurait alors levé la défense.[18]

Quoi qu'il en soit de l'authenticité des faits, et des mobiles du ministre, les comptes rendus de la première dans la presse sont uniformément élogieux. Tous mettent l'accent sur l'éternelle jeunesse du Sophocle français; un peu plus, *Irène*

15. CLT, xii.67-68.
16. *Mémoires secrets*, 20 mars 1778.
17. *Mémoires secrets*, 24 mars.
18. *Mémoires secrets*, 20 avril.

serait son chef-d'œuvre.[19] La vérité se fait jour, comme il est naturel, dans les correspondances privées et les correspondances littéraires. On a surtout applaudi les beaux vers, écrit Coindet. La Bellangerais, un Breton, souligne la faiblesse du cinquième acte, non sans raison, ajoutant que les applaudissements s'adressaient à Voltaire plus qu'à la pièce.[20] Les gazettes «secrètes» sont encore plus sévères. Meister ne dit mot de la première. Mettra pense qu'*Irène* ferait honneur à un débutant: hélas! on voit bien «qu'elle est le fruit de la verve d'un homme de quatre-vingt-quatre ans».[21] Les *Mémoires secrets* se plaignent des «éloges outrés» de la presse: l'ouvrage ne peut que grossir le nombre des pièces médiocres de l'auteur.[22]

Quant à La Harpe, il donne un bon exemple de la duplicité à laquelle les critiques étaient contraints, soit par l'ordre du garde des sceaux, soit par les bienséances de l'amitié. Son premier compte rendu, dans son *Journal de politique et de littérature* (25 mars), était favorable, encore que prudent: intérêt, sensibilité, beaux vers, pensées philosophiques,

tous ces mérites si frappants et si admirables dans un vieillard de quatre-vingt-quatre ans ont été vivement sentis et applaudis avec ce juste enthousiasme qu'inspire le génie, quand il a résisté au temps et survécu à l'envie.

Le jugement est beaucoup plus sévère lorsqu'il s'adresse, privément, à son correspondant princier:

Le public a très bien fait son devoir; il a applaudi toutes les traces de talent qui s'offraient dans cet ouvrage, où l'on voit une belle nature affaiblie, et a gardé dans tout le reste un silence de respect, à quelques murmures près qui ont été assez légers.[23]

Le fond de la pièce est défectueux et n'a pu produire d'intérêt, en dépit de quelques beautés. Elle n'ira sans doute pas plus loin que la clôture. Enfin, en 1788, dans son *Eloge* de Voltaire, La Harpe rejette sans daigner en parler, les dernières pièces du vieux poète: «*Tancrède* est le dernier monument où l'auteur, plus que sexagénaire, ait empreint la force dramatique.» Précisant sa pensée, le critique définit les quatre époques de Voltaire dramaturge:

Œdipe qui a été le moment de sa naissance; *Zaïre*, celui de sa force; *Mérope*, celui de sa maturité; *Tancrède*, où il va finir.[24]

19. Voir notamment le *Journal de Paris* du 17 mars, le *Journal des théâtres* du 1er avril, le *Mercure de France* d'avril; le *Journal encyclopédique* est plus nuancé.

20. D21110 (17 mars), Coindet à J. Vernes, et commentaire (La Bellangerais, Mme Du Deffand). Voir aussi D21119 (vers le 25 mars), Beaupré à Beaupré [*sic*]: succès «très médiocre».

21. Mettra, xi.156-57, 22 mars 1778.

22. *Mémoires secrets*, 17 mars 1778.

23. *Correspondance*, ii.218, lettre 84.

24. M.i.157.

Le même jour, 16 mars, Carlo Bertinazzi, le grand Arlequin de la Comédie-Italienne, reparaît après une longue maladie dans *Arlequin cru mort*, pièce qui convenait à merveille à sa situation personnelle. On ne manqua pas de faire un rapprochement entre son retour et la réapparition de Voltaire.[25]

Le lendemain de la première, ainsi que le jour suivant, le vieil homme est épuisé, conséquence d'une extrême excitation. Il refuse tous les visiteurs, même Necker, même d'Argental, qui a pris l'habitude de passer ses journées à l'hôtel de Villette.[26] Mais le 19 il reçoit à nouveau, notamment le duc de Praslin. Il ne songe plus à repartir pour Ferney, du moins tant qu'il n'aura pas vu sa pièce.

Il n'oublie pas qu'il doit une réponse à la critique pro-shakespearienne de Mme Montagu. Il a déjà commencé à en rédiger le texte. Il l'achève à Paris. Ce sera l'*Epître dédicatoire* d'*Irène*. Il l'adresse à l'Académie, comme la précédente *Lettre* sur Shakespeare. Il entend souligner la fonction de la noble institution, en tant qu'arbitre et juge des œuvres littéraires. Le 19 mars, il envoie le manuscrit à d'Alembert.[27] Le même jour, le secrétaire perpétuel le lit devant l'assemblée: approbation, «d'une voix unanime». Dans la soirée, une délégation vient complimenter l'auteur sur le succès de sa pièce et lui remet son *Epître*, «lue et approuvée» par la Compagnie, avec quelques observations «légères», dont Voltaire promet de tenir le plus grand compte.[28] Ce qu'il fit. La *Lettre* de 1776 avait effarouché les confrères par son agressivité et par l'inconvenance des citations. Rien dans le second texte ne pouvait les inquiéter. Mme Montagu est traitée fort galamment, et plutôt que d'abaisser Shakespeare, Voltaire exalte Racine. Deux ans plus tôt, il attaquait le barbare anglais; il répond maintenant à l'offensive de Mme Montagu contre les gloires de la scène française. Il souligne le lien entre l'*Epître dédicatoire* et la *Lettre*, dont elle apparaît comme le complément.[29] Mais le ton est ici plus serein. S'il décoche encore quelques traits à l'adresse de l'ennemi, il en adoucit la portée; il rend même hommage aux grands hommes de l'Angleterre. Il réclame pour *Irène* l'approbation de l'Académie, et se place sous la protection du seul «dieu» du théâtre qui soit reconnu de tous: Racine. Avec l'ultime tragédie, c'est aussi le dernier message du dramaturge, son dernier acte de foi dans la tragédie française. Peu avant sa mort, il peut croire que le bon goût triomphait avec lui.

Le même 19 mars, la Comédie-Française lui rend un hommage exceptionnel. Peu avant la première d'*Irène*, les comédiens avaient accepté avec reconnaissance le don que leur fit le sculpteur Caffieri (auteur des bustes de Corneille et de

25. La Harpe, *Correspondance*, ii.221, lettre 84.
26. *Mémoires secrets*, 20 mars 1778.
27. D21113 (19 mars 1778), et commentaire.
28. *Registres de l'Académie*, iii.427, 428.
29. M.vii.325-35.

Piron, déjà en place au foyer): celui d'un buste en plâtre de Voltaire, œuvre de Lemoyne, qui datait de 1744.[30] En même temps, l'assemblée prit une délibération: «en exposant à l'admiration publique le portrait de M. de Voltaire, de son vivant, c'était une exception à l'usage qu'elle s'était promis de suivre constamment et que le grand âge et les sublimes talents de M. de Voltaire avaient pu seuls autoriser».[31] En conséquence, le buste fut placé dans le foyer de la Comédie, à côté de celui du grand Corneille. Honneur qui préludait au triomphe du 30 mars, et qui permet de mettre en scène le couronnement du grand homme.

Ranimé par le sentiment de sa gloire, las de sa réclusion, Voltaire se sent l'envie de sortir, de respirer l'air de Paris. Il a acheté des chevaux[32] et, pour la première fois depuis son arrivée, il monte en voiture, le 21 mars. Il veut voir la place Louis XV (notre place de la Concorde), une nouveauté pour lui. L'attelage va au pas. Bientôt, le carrosse est suivi «de tout le peuple et de beaucoup de curieux; ce qui lui formait un cortège et une sorte de triomphe.»[33] Bain de foule: d'une foule de gens de la rue qui ont tant entendu parler de lui, mais ne l'ont jamais vu. Une fois franchis les fossés plantés d'arbres qui entouraient la place, il découvre le vaste octogone destiné à mettre en valeur la monumentale statue de Louis XV, due à Bouchardon. Il aperçoit les deux grands pavillons à colonnades érigés sur le côté nord, qui abritaient alors le Garde-meuble royal (Ministère de la Marine), et un ensemble d'hôtels privés, dont celui des Crillon. L'église de la Madeleine, «indispensable complément à la perspective de la place», n'était pas encore terminée.[34] Mais il s'était exprimé, longtemps auparavant, alors que la place n'était encore qu'en projet:

> On parle d'une place et d'une statue du roi [...] Il s'agit bien d'une place! Paris serait encore très incommode et très irrégulier quand cette place serait faite; il faut des marchés publics, des fontaines qui donnent en effet de l'eau, des carrefours réguliers, des salles de spectacle, il faut élargir les rues étroites et infectes, découvrir les monuments qu'on ne voit point, et en élever qu'on puisse voir.[35]

La place Louis XV, avec ses monuments que cette fois l'on pouvait voir, ne donnait que très imparfaitement satisfaction à l'idéal voltairien d'un urbanisme aéré, de

30. A la suite d'une erreur répétée jusqu'à nos jours, le buste fut longtemps attribué à Caffieri lui-même. Desnoiresterres avait pourtant rétabli la vérité dès 1879, dans son *Iconographie voltairienne* (p.90-101), où il publia la lettre de Caffieri du 16 février, dans laquelle Lemoyne est nommé comme l'auteur, et la réponse de la Comédie du 16 mars.

31. *Journal de Paris*, 21 mars 1778.

32. *Mémoires secrets*, 20 mars 1778.

33. *Mémoires secrets*, 25 mars 1778. La Bellangerais, D1117, commentaire, note qu'il «donnait des bénédictions comme un évêque».

34. Voir Daniel Rabreau, «Paris en 1778, l'architecture en question», *Dix-huitième siècle* 11 (1979), p.147.

35. *Des embellissements de Paris*, 1749 (*OC*, t.31B, p.216-17).

caractère édilitaire. La place, située alors hors de l'agglomération, ne changeait rien au dédale de «rues étroites et infectes», que détruira seulement, bien plus tard, le baron Haussmann.

Le cocher de Voltaire dut le conduire aux Champs-Elysées, ou Cours-la-Reine, à cette date encore plantés d'arbres. Là se dressait le Colisée, lieu de festivités, construit en 1770 pour le mariage du dauphin et de Marie-Antoinette, et déjà délabré. Voltaire aperçut-il aussi le «Faxhall», le plus grand des Vaux-halls importés d'outre-Manche, symbole de l'anglomanie triomphante et d'une société avide de plaisirs, mais comme le Colisée menaçant ruine? Fit-il le rapprochement avec les autres «absurdités» anglaises: le frac, le roast-beef et Shakespeare?

Malgré cette promenade, Voltaire reste inquiet sur sa santé. Il écrit, ce même jour (ou la veille, ou le lendemain), une lettre à Tronchin, d'auto-diagnostic. Le fond de sa maladie est une «strangurie opiniâtre», ce qui entraîne l'enflure des pieds et des jambes, et lui fait craindre une «hydropisie», «par laquelle». dit-il, «je finirai, car il faut finir. Comptez que je mourrai tronchinien.»[36] S'il se déclare «tronchinien», Tronchin, quant à lui, n'est pas devenu plus «voltairien» que par le passé. Dans une longue lettre à Jacob Tronchin, il semble regretter que le malade en soit «réchappé». Il se plaint encore de son caractère, et imagine déjà sa mort:

S'il meurt gaiement comme il l'a promis à Horace, je serai bien trompé [...] Il se laissera tout bonnement aller à son humeur, à sa poltronnerie et à la peine qu'il aura de quitter le certain pour l'incertain [...] Je le crois fort affligé de sa fin prochaine [...] La fin est pour Voltaire un fichu moment, s'il conserve sa tête jusqu'au bout.[37]

Le bon docteur prévoit, espère, pourrait-on croire, une fin terrible pour le vieux malade. Son témoignage final sur la mort de Voltaire ne sera pas une surprise.

Irène continuait sa carrière avec succès.[38] Le public était constamment tenu en haleine par l'espoir de voir le grand homme à la Comédie. On accusa Voltaire, ou plutôt son état-major, de répandre dans la foule le bruit de sa venue. Ce qui ne manqua point de réussir. Le 28 mars, pour la cinquième représentation, les Tuileries étaient pleines de curieux. Le comte d'Artois, dupe comme les autres, resta une demi-heure au spectacle, avant de repartir, déçu.[39] Le patriarche avait bien l'intention d'aller voir jouer sa pièce. Il en fut peut-être passagèrement dissuadé par l'incident qui survint, selon Wagnière, peu avant la quatrième

36. D21115 (vers le 21 mars 1778).

37. D21125 (29 mars 1778).

38. *Irène* fut jouée les 16, 18, 21, 23, 28, 30 mars, et le 4 avril, jour de la clôture. Les Comédiens avaient pris soin d'accompagner la tragédie de «petites pièces» fort goûtées du public: *Le Tuteur* de Dancourt, *L'Epreuve réciproque* de Legrand, *La Comtesse d'Escarbagnas* de Molière, *L'Etourderie* de Fagan, *Nanine* enfin (2 et 20 mars).

39. *Mémoires secrets*, 28 mars 1778.

représentation, c'est-à-dire avant le 23 mars.[40] Tant que ses ouvrages étaient en chantier, Voltaire acceptait, sollicitait même les conseils et les critiques. Mais quand la pièce se jouait, il revendiquait le droit fondamental de l'auteur, et ne tolérait aucune intervention étrangère sur son texte. Souvent dans le passé, il s'était plaint de voir ses vers corrigés à son insu par des réviseurs indiscrets, amis ou comédiens. Or, ayant redemandé au souffleur le manuscrit d'*Irène*, il s'aperçoit qu'on avait corrigé subrepticement un certain nombre de ses alexandrins. Mme Denis avoue qu'elle avait accepté ces changements, sans rien lui en dire. Il entre alors dans une fureur épouvantable. Wagnière, qui raconte la scène, ne l'avait jamais vu dans un tel état. Il repousse brutalement sa nièce, qui tombe dans un fauteuil, ou plutôt, précise malignement le secrétaire, «dans les bras de celui qu'elle a épousé depuis [Duvivier] et qui se trouvait alors dans ce fauteuil». Il entre en tempêtant dans le salon. D'Argental, complice de Mme Denis, s'éclipse rapidement. Dans sa colère, il lance: «On me traite ici comme on n'oserait pas traiter le fils de M. Barthe.» Il n'avait pas remarqué que M. Barthe, celui toujours de *L'Homme personnel*, se trouvait dans un coin du salon. A peine Voltaire sorti, M. Barthe «se mit à faire un tapage du diable», il fallut «le tenir à quatre». Il voulait provoquer en duel son insulteur. Le lendemain, Voltaire s'apaise. Il explique à M. Barthe qu'il n'a pas voulu l'offenser. Il demande pardon à d'Argental: «Ma tête de quatre-vingt-quatre ans n'en a que quinze; mais vous devez avoir pitié d'un homme blessé qui crie ne pouvant parler.»[41]

Quelques jours après, sa gaîté «intarissable» est revenue. Les bons mots «recommencent à couler».[42] Il rit beaucoup d'une scène plaisante que lui rapporte Wagnière. Place Louis XV, un charlatan tente de vendre des brochures enseignant des tours de cartes. Pour appâter le client, il s'écrie:

> En voici un, Messieurs, que j'ai appris à Ferney, de ce grand homme qui fait tant de bruit ici, de ce fameux *Voltaire notre maître à tous*.[43]

Ce cas de publicité mensongère atteste du moins la popularité du patriarche dans les rues et sur les places de Paris.

Il laisse passer la cinquième d'*Irène*. Mais il ira à la sixième, le 30. Il revêt, pour cette grande circonstance, sa tenue de cérémonie:

> Un habit rouge doublé d'hermine, une grande perruque à la Louis XIV, noire, sans poudre, et dans laquelle sa figure amaigrie était tellement enterrée qu'on ne découvrait que ses deux yeux, brillants comme des escarboucles. Sa tête était surmontée d'un bonnet carré

40. Wagnière, i.138-40.
41. D21117 (vers le 25 mars 1778), à d'Argental.
42. *Mémoires secrets*, 28 mars 1778.
43. Wagnière, i.469, assistait au boniment.

rouge, en forme de couronne, qui ne semblait que posé. Il avait à la main une petite canne à bec de corbin.

Personne ne s'habillait plus ainsi, mais, comme le remarque le journaliste des *Mémoires secrets*, «ce personnage, singulier en tout, ne veut sans doute avoir rien de commun avec la société ordinaire.»[44]

Ce lundi 30 mars 1778 fut pour lui, «après soixante ans de travaux, de gloire et de persécutions»,[45] le jour de son triomphe. Triomphe triple: à l'Académie, à la Comédie-Française, dans les rues de Paris.

Il part de l'hôtel de Villette, au début de l'après-midi, dans son carrosse «couleur d'azur, parsemé d'étoiles, peinture bizarre qui fit dire à un plaisant que c'était le char de l'Empyrée».[46] A son arrivée dans la cour du Louvre, une foule énorme l'entoure, qui ne s'ouvre que lentement sur son passage et se précipite aussitôt derrière lui «avec des applaudissements et des acclamations multiples».[47] L'Académie en corps vient l'accueillir dans la première salle: honneur inusité, même pour les princes. Dans la salle des séances, ses confrères le font asseoir à la place du directeur: on le prie d'en accepter la charge, qui allait être vacante.[48] Il a donc à présider l'assemblée, qui n'est pas publique. Il exprime sa reconnaissance à la réunion de ses confrères, «aussi complète qu'elle pouvait l'être sans la présence de messieurs les évêques qui s'étaient tous dispensés de s'y trouver.»[49] Mais l'abbé de Boismont et l'abbé Millot sont présents.[50] Dix-huit autres académiciens assistent à la séance: Arnaud, le marquis de Paulmy, d'Alembert, Marmontel, Gaillard, Watelet, Thomas, Saurin, Beauzée, La Harpe, Saint-Lambert, Chastellux, le maréchal de Duras, le prince de Beauvau, Foncemagne, La Curne de Sainte-Palaye, Bréquigny, Suard.

D'Alembert relit pour une telle solennité son *Eloge de Boileau*. Il y met en parallèle Racine, Boileau et Voltaire. Il loue le naturel de la versification voltairienne et termine sur l'une de ces comparaisons alors fort à la mode:

Ne pourrait-on pas ajouter [...] que la manière de Despréaux, correcte, ferme et nerveuse,

44. *Mémoires secrets*, 28 mars 1778.

45. CLT, xii.68, mars 1778.

46. *Mémoires secrets*, 1er avril 1778.

47. CLT, xii.68. Il arrive à l'Académie «sur les quatre heures» (*Registres de l'Académie*, iii.429).

48. L'usage était de la tirer au sort.

49. CLT, xii.68. Les *Registres de l'Académie* notent, le 30 mars, que «plusieurs de ceux qui étaient absents et qui savaient que M. de Voltaire devait s'y trouver, se sont excusés de ce que leurs affaires les avaient empêchés d'y assister.» On remarqua également l'absence du maréchal de Richelieu.

50. *Mémoires secrets*, 1er avril 1778: «l'un comme un roué de la cour n'ayant que l'extérieur de son état, l'autre comme un cuistre n'ayant aucune grâce à espérer, soit de la cour, soit de l'Eglise.» L'abbé Millot – le «cuistre» – est cet éditeur des *Mémoires* de Noailles dont Voltaire avait rendu compte dans le journal de La Harpe. Sympathisant des philosophes, il venait d'être élu comme tel. D'Alembert l'avait reçu le 18 janvier 1778.

est assez bien représentée par la belle statue du *Gladiateur*; celle de Racine, aussi correcte, mais plus moelleuse et plus arrondie, par la *Vénus de Médicis*; et celle de Voltaire, aisée, svelte et toujours noble, par l'*Apollon du Belvédère*?[51]

A la fin de la séance, le nouveau directeur reçoit son jeton de présence, comme tous les autres académiciens.[52] Il est raccompagné jusqu'à la porte. Il promet de revenir. Il veut voir le triste logement du secrétaire perpétuel, au-dessus de la salle. Mais l'heure du spectacle approche: on levait le rideau en ce temps-là à cinq heures et demie. Son carrosse va le mener, lentement, du Louvre aux Tuileries.

Le parcours prend alors l'allure d'un «triomphe», au sens premier, historique, du mot. Il n'est pas abusif de le comparer à celui des généraux vainqueurs à Rome. Marche d'autant plus glorieuse que le triomphateur n'est pas un guerrier, mais un homme de lettres, un philosophe, un bienfaiteur de l'humanité. Cette mémorable journée, qui eut un énorme retentissement, suscita de nombreux récits. Parmi les mieux présentés, les plus intéressants, on peut se fier à ceux de La Harpe,[53] de Meister,[54] de Wagnière,[55] et de Duvernet,[56] témoins oculaires, attentifs et enthousiastes.

A la sortie de l'Académie, une foule immense attend. Elle suit le carrosse de la cour des Princes à l'entrée du Carrousel. Là aussi, beaucoup de monde sur la grande terrasse du jardin. «Toutes les bornes, toutes les barrières, toutes les croisées» sont remplies de spectateurs (M), «de tout sexe, de tout âge et de toutes conditions» (M, LH). Rien de plus beau qu'un pareil moment: c'est «un torrent» qui entraîne «toute une nation sur ses pas» (LH). On veut au moins «toucher ses habits». On monte sur sa voiture. Quelqu'un réussit à sauter jusqu'à la portière. Il veut baiser la main de M. de Voltaire. Par mégarde il s'empare de celle de Belle et Bonne, assise dans le carrosse (avec Mme Denis), auprès du vieillard. L'indiscret est étonné: «Par ma foi, voilà une main encore bien potelée, pour un homme de quatre-vingt-quatre ans» (W). Devant le théâtre, les gardes aident le vieillard à entrer, soutenu par deux bras (M). A l'intérieur il est accueilli par les acclamations, les transports, les battements de mains, «un cri de joie universel» (M). Une fois débarrassé de sa «superbe fourrure de martre zibeline, recouverte d'un beau

51. D'Alembert, *Œuvres* (Paris 1821), ii.358.

52. *Registres de l'Académie*, iii.340, 30 mars 1778.

53. *Journal de politique et de littérature*, 5 avril 1778.

54. CLT, xii.69, 73: beau texte, écrit à chaud et daté du soir même, ce qui est exceptionnel dans la *Correspondance littéraire*.

55. Wagnière, i.141-42.

56. Duvernet, p.330-39. Par commodité, les références sont indiquées dans le texte par l'initiale du nom des auteurs.

velours cramoisi» (M), il apparaît dans la loge des gentilshommes de la chambre.[57] Mme Denis et Belle et Bonne s'installent au premier rang, selon l'usage. On exige qu'il prenne place sur le devant, afin qu'on le voie. Alors l'enthousiasme redouble, dans le fracas de l'orchestre, au milieu des applaudissements qui retentissent de tous les coins de la salle et des corridors remplis de monde (LH). Tous les spectateurs se sont levés, même les femmes (M): certaines, contre tous les usages, étaient descendues au parterre, faute de trouver place ailleurs. On entend des voix crier: «Qu'on lui porte une couronne!» (D). Bientôt on voit le vieux Brizard entrer dans la loge, une couronne de lauriers à la main. Belle et Bonne la pose sur la tête du grand homme. Mais celui-ci la retire, malgré les protestations du public qui lui crie de la garder, et qui voit, selon La Harpe, «avec un plaisir inexprimable le Génie placé entre l'Amitié et la Reconnaissance, couronné par les Grâces et la Beauté», et «se défendant contre sa propre gloire». Les comédiens se sont avancés devant le rideau, sur le bord de la scène. Le tumulte dure vingt minutes, dans une salle obscurcie par la poussière que soulèvent «le flux et le reflux de la multitude agitée» (M).

Les acteurs peuvent enfin commencer. Mais la représentation est constamment interrompue par des cris: «Vive M. de Voltaire! Vive le Sophocle français! Vive notre Homère!» Par moments, on n'entend plus «que le bruit confus de mille voix» qui rendent gloire «à l'homme universel» (D). Le public était venu pour l'auteur, non pour la pièce. Jamais cette tragédie «n'a été mieux jouée», dit Meister, qui ajoute en note: «elle l'a toujours été fort mal»; «jamais elle n'a été moins écoutée, jamais elle n'a été plus applaudie». A la fin, les cris, les applaudissements reprennent. L'illustre vieillard, debout, remercie le public. Mais, un moment après, la toile se relève, découvrant au milieu de la scène le buste de Voltaire, placé sur un piédestal, et tous les comédiens autour, des couronnes et des guirlandes à la main. Puis Mme Vestris s'avance et lit des vers improvisés par le marquis de Saint-Marc:[58]

> Aux yeux de Paris enchanté,
> Voltaire, reçois un hommage
> Que couronnera d'âge en âge
> La sévère postérité.
> Non, tu n'as pas besoin d'atteindre au noir rivage
> Pour jouir des honneurs de l'immortalité.
> Pare ton front de la couronne

57. Elle se trouvait au second étage, près du cadre de la scène, à gauche en regardant la scène (*Album Voltaire*, no.392).

58. Dans le compte rendu de la journée qu'il adresse à Linguet, D21139 (1er avril 1778), l'auteur assure qu'il les composa sur le coin de la cheminée du foyer, en «quatre minutes», et qu'en moins d'une demi-heure il s'en fit deux mille copies.

Que l'on vient de te présenter.
Il est beau de la mériter,
Plus beau de l'obtenir quand la France la donne.

Transporté, le public fait répéter ces vers. Après quoi chaque acteur vient couronner le buste, qui resta exposé sur la scène pendant toute la petite pièce: c'était *Nanine*, «ouvrage charmant, plein de grâce et d'intérêt» (LH). Une seule fausse note dans le concert d'acclamations: la vive protestation de Gilbert. Le satirique s'écria «qu'il n'y avait plus de religion et qu'enfin tout était perdu». Il faillit être assommé.

L'émotion, à la sortie de Voltaire, est plus grande encore qu'à son arrivée. Il paraît «vivement attendri». Ses yeux «étincellent à travers la pâleur de son visage». On a l'impression «qu'il ne respire plus que par le sentiment de sa gloire» (W). Dans les corridors, dans les escaliers, les dames faisaient la haie, si serrées qu'«elles le portaient pour ainsi dire dans leurs bras» (M).

Grand moment, dans un grand lieu. Le théâtre de la nation, le futur «Théâtre-Français»,[59] sert de résonateur au message de la «philosophie» triomphante. Au théâtre, on se contentait jusqu'ici de saluer les allusions, les applications discrètes, d'applaudir des tirades hardies, d'acclamer quelques grands personnages. En ce jour, c'est le parti des Lumières qui s'exprime à grand fracas, non plus par des livres ou à l'intérieur du sanctuaire de l'Académie, mais dans le lieu le plus socialisé de tous. Le 30 mars, tandis qu'on acclamait le patriarche des philosophes, «pour la première fois peut-être, on a vu l'opinion publique en France jouir avec éclat de tout son empire» (M). Voltaire et ses partisans ont pu mesurer, ce soir-là, l'indéniable portée de leur action. Juste récompense, poursuit Meister,

de l'heureuse révolution qu'il a su faire et dans les mœurs et dans l'esprit de son siècle, en combattant les préjugés de tous les ordres et de tous les rangs, en donnant aux lettres plus de considération et plus de dignité, à l'opinion un empire plus libre et plus indépendant de toute autre puissance que celle du génie et de la raison.

Cette «révolution des esprits», qu'il avait prédite et dont il guettait les progrès, ne pouvait mieux se manifester qu'au théâtre. La cérémonie est admirablement mise en scène. Théâtre dans le théâtre, la pièce n'est qu'un prétexte: le héros est l'auteur. Tout se joue autour de lui, ou de son image, comédiens et public confondus, tous à la fois spectateurs et acteurs. Meister – encore lui – a senti cette énorme charge de surthéâtralité et sa signification. Son récit en dit plus que le dessein de Moreau. De chaque côté du buste,

tous les acteurs et toutes les actrices, rangés en cintres [...] tout le public qui se trouvait

59. Voltaire va proposer de changer le nom de la Comédie-Française en celui de Théâtre-Français. Voir le chapitre suivant.

dans les coulisses derrière eux,[60] et dans l'enfoncement de la scène les gardes qui avaient servi dans la tragédie; de sorte que le théâtre[61] dans ce moment représentait parfaitement une place publique où l'on venait ériger un monument à la gloire du génie. A ce spectacle sublime et touchant, qui ne se serait cru au milieu de Rome et d'Athènes?

Au théâtre d'Athènes, le peuple entier communiait dans la même ferveur. Paris n'offre point ce spectacle, et Duvernet prend soin de noter que le public de la Comédie était composé de gens instruits, de princes, de ministres, d'ambassadeurs, de membres des Académies, etc. Mais il s'est montré peu attentif à la présence de ceux qui n'avaient pu entrer dans la salle, et qui n'ont que la rue pour crier leur joie. A côté de la «cérémonie», il y a la manifestation populaire.

Sortant du théâtre, Voltaire est retenu longtemps à la porte par la foule. La nuit tombe. On réclame des flambeaux: «Que tout le monde puisse le voir!» On fait marcher les chevaux au pas. Dans les cours du palais et jusqu'aux quais de la Seine, la foule se mêle au public huppé qui sort du théâtre. «Une foule de peuple», une «multitude innombrable», de «toute condition» suit le carrosse. Des gens du peuple crient: «C'est lui qui a fait *Œdipe*, *Mérope*, *Zaïre*; c'est lui qui a chanté notre bon roi Henri IV, etc.» On s'exclame: «Vive le défenseur des Calas!»

On veut le toucher, comme s'il était un saint. De braves gens montent sur l'impériale de la voiture, et jusque sur les roues, pour le voir. Faut-il rappeler que, par certains aspects, ce Paris de 1778 vit encore comme au Moyen Age? Du Louvre aux Tuileries,[62] les cours servent de halles aux marchands de guenilles. Des hangars délabrés encombrent les fossés. Devant les portes, les Suisses, mal payés, tiennent des cabarets en plein vent. Il y a des boutiques contre toutes les façades, dans toutes les allées. Sur la place, ce ne sont que dépôts de matériaux, ateliers de tailleurs de pierre. Or ce soir-là, ces artisans, ces ouvriers, ces regrattiers de toute espèce sont aussi de la fête, même s'ils ne font que répéter les vivats des gens instruits. Ils sont mêlés à la multitude qui raccompagne le carrosse jusque dans la cour de l'hôtel de Villette. Le journaliste des *Mémoires secrets*, croyant dénigrer cette manifestation de masse, parle de «Savoyards», de «marchands de pommes», de «toute la canaille du quartier».[63] Il ne souligne que mieux son caractère populaire. Jusqu'où les Lumières ont-elles pénétré? Et comment les gens les plus simples connaissent-ils Voltaire? Sans doute la rumeur a largement répandu ce qu'il a fait. Il est en outre certain que la légende du roi Henri, l'affaire Calas sont pour le petit peuple des thèmes mobilisateurs: bienfaisance et justice, voilà ce qu'il demande, en attendant mieux.

60. D21139 (1er avril 1778), Saint-Marc à Linguet: «Tout le fond du théâtre était garni de spectateurs à qui, par extraordinaire, on avait laissé entendre la comédie dans les coulisses.»

61. C'est-à-dire la scène.

62. Voir A. Babeau, *Le Louvre et son histoire* (Paris 1895), p.229-30.

63. *Mémoires secrets*, 1er avril 1778.

Le théâtre, la rue sont les lieux de tous les paroxysmes. Les témoins ont été frappés par l'explosion de joie, l'ivresse, l'enthousiasme, le délire collectif,[64] où se mêlent la sentimentalité de l'époque, son goût des émotions et le retour à l'antique. La Grèce et Rome donnent à la fête une couleur néo-païenne. On célèbre l'auguste vieillard, le «père», l'aède, le «dieu» enfin. Sacré roi des poètes par les poètes eux-mêmes, promu par ses contemporains à l'immortalité, Voltaire assiste à sa propre apothéose. Tous les éléments dramaturgiques et stylistiques du culte des grands hommes, de la communion patriotique sont déjà présents ici.[65]

Journée «prérévolutionnaire»?[66] Nous l'apprécions ainsi avec le recul. Mais nul alors ne le pensait, même pas Gilbert qui juge «perdue» la religion, non la monarchie. Rien de subversif dans ces manifestations, bien au contraire. Le peuple parisien n'acclame-t-il pas, grâce à Voltaire, le bon roi Henri, ce fondateur de la maison de Bourbon dont on aperçoit la statue sur le Pont-Neuf, objet toujours de l'affection populaire? L'élément négatif, en cette journée d'effervescence qui pour nous en annonce d'autres, c'est l'abstention du pouvoir royal. La reine est à Paris, le 30 mars, mais elle s'est rendue à l'Opéra. S'il n'avait tenu qu'à elle, elle serait venue sans doute à la Comédie-Française. Elle aime, nous le savons, le théâtre de Voltaire; elle se plaît dans une ambiance de fête. Elle doit cependant rester à l'écart: Louis XVI lui a interdit le moindre geste en faveur du patriarche des impies. Un seul membre de la famille royale a enfreint la consigne. Le frondeur comte d'Artois se trouvait avec Marie-Antoinette à l'Opéra. A un certain moment, il s'est éclipsé et s'est rendu à la Comédie, dans sa loge. Il aurait envoyé son capitaine des gardes féliciter l'auteur d'*Irène*. On a même prétendu qu'il aurait eu avec lui un bref tête-à-tête.[67]

Louis XVI est resté, lui, en son Versailles, désapprobateur mais inerte. S'il avait été un politique plus avisé, il eût compris le danger de laisser se développer dans la grande ville un tel mouvement d'opinion, en se contentant de l'ignorer. La monarchie ne devait-elle pas en tirer profit, en le patronnant, pour le diriger? Après tout, c'était aussi Voltaire auteur de *La Henriade* qu'on ovationnait. N'était-il pas opportun de mettre en évidence que le grand homme était l'historien et le laudateur de Louis XIV, et qu'il conservait toujours son titre de gentilhomme ordinaire de la chambre du roi? Le souverain, dominé par ses préventions, a laissé passer une occasion d'affirmer le prestige de la couronne. Ce 30 mars,

64. Dont le dessin de Saint-Aubin, croqué à la hâte, donne l'idée, mieux que celui de Moreau, très travaillé et fait à loisir (*Album Voltaire*, no.392).

65. Voir E. Guitton, «Entre la statue et l'image: le sacre de Voltaire ou l'idole contestée», *Le Siècle de Voltaire*, ii.527-36.

66. R. Pomeau, *La Religion de Voltaire* (Paris 1969), p.451.

67. Desnoiresterres, viii.291, qui ne cite pas ses sources.

Voltaire est apparu pour un jour le roi de Paris, et Louis XVI a montré, une fois de plus, qu'il ne savait pas régner.

18. Le sursis

(31 mars - 10 mai 1778)

Le lendemain, 31 mars, le triomphe de Voltaire continue, à domicile. A l'hôtel de Villette une «procession de monde» vient lui renouveler «en détail les éloges et les faveurs qu'il avait reçus *en chorus* la veille».[1]

Reçut-il alors la visite de quelqu'un que naguère il se promettait bien de rencontrer, au cas où le retour à Paris lui serait permis: Diderot?[2] L'animateur de l'équipe encyclopédique n'avait pas pu (ou pas voulu?) faire le voyage de Ferney. S'est-il abstenu aussi de se rendre de son domicile de la rue Taranne jusqu'à l'hôtel de Villette? Certains, et non des moindres, l'ont pensé. Les témoignages pourtant ne permettent pas le doute: la rencontre eut bien lieu.[3] Diderot lui-même en a fait mention, dès 1779, dans la première édition de son *Essai* [...] *sur les règnes de Claude et de Néron*. Rapportant ce qu'il disait au patriarche, il ajoute: «Hélas! tu étais, lorsque je te parlais ainsi!» Il confirme et précise son affirmation dans l'édition de 1782 de l'*Essai*.[4] Indépendamment du témoignage de Diderot, deux passages de la *Correspondance* de Mettra (13 juin et 8 septembre 1778), deux additions de Hérault de Séchelles à son *Voyage à Montbard* (1795), font état de cette visite. Une telle convergence paraît probante. Il est même possible que Diderot ait vu Voltaire plus d'une fois.[5]

De quoi se sont-ils entretenus? Selon Mettra (13 juin 1778), le volubile Diderot «parla, parla et ne donna pas le temps à celui qu'il visitait de placer le moindre mot». Après l'entrevue, l'un et l'autre auraient fait son commentaire. Voltaire: «Cet homme a de l'esprit assurément; mais la nature lui a refusé un talent, et un talent essentiel: celui du dialogue.» Diderot: «Il ressemble à un de ces antiques châteaux de fées, qui tombe en ruines de toutes parts; mais on s'aperçoit bien qu'il est habité par quelque vieux sorcier.» Cependant on mentionne aussi entre le «vieux sorcier» et son visiteur des dialogues, même assez vifs, au cours, apparemment, d'une ou de deux rencontres ultérieures. Voltaire, avec humeur,

1. *Mémoires secrets*, 1er avril 1778.

2. D20459 (8 décembre 1776), à Diderot.

3. Voir la mise au point dans l'édition Roth et Varloot de la *Correspondance* de Diderot, xv.87-92.

4. *Essai*, édition Nakagawa (Tokyo 1968), ii.152-53, 199.

5. «La première fois qu'il alla rendre visite à M. de Voltaire», écrit Mettra (13 juin 1778): ce qui signifierait qu'il y eut d'autres «fois».

aurait attaqué Shakespeare, «ce farceur», ce «monstre dépourvu de goût» qu'on veut «préférer à Virgile, à Racine». Diderot le défend, le comparant au saint Christophe, statue gigantesque dans la nef de Notre-Dame:[6] «malgré tous ses défauts, ce colosse gothique a quelque chose de vénérable et d'imposant». Voltaire, nous dit-on, fut «atterré par cette image».[7] Au cours de la même conversation, ou un autre jour, Diderot reprocha au grand homme d'être trop sensible aux «piqûres des insectes qui s'attachaient à lui». Il prit la liberté de le contredire, avec toutes sortes d'égards. Ils vont cependant tomber d'accord sur un point: sur «la flétrissure que les magistrats imprimaient aux livres et aux personnes». Mais, intervient Diderot, le temps enlève la flétrissure et la «reverse sur le magistrat injuste». «La ciguë valut un temple au philosophe d'Athènes.» Alors le vieillard fut saisi d'un soudain élan. Il enlace Diderot, le presse «tendrement» contre sa poitrine: «Vous avez raison, et voilà ce que j'attends de vous.»[8] On a relevé que les deux philosophes se gardèrent d'aborder le sujet majeur de conflit entre eux: Dieu.[9] Voltaire se flattait que sur cette question «il n'eût fallu qu'une conversation» pour qu'ils s'entendent.[10] Sagement, ils préférèrent ne pas tenter l'expérience. Leurs désaccords – Shakespeare, le Rémunérateur et vengeur -, le fait que Diderot risquait d'apparaître comme le délégué de la «cabale des athées», venant faire allégeance, expliquent que les rencontres demeurèrent discrètes.[11] Les journaux et nouvelles à la main n'en soufflèrent mot, sur le moment. De sorte que la date ou les dates demeurent inconnues de nous. On peut seulement supposer que Voltaire et Diderot s'affrontèrent sur Shakespeare au moment où le vieillard travaillait à sa *Lettre à l'Académie*, en tête d'*Irène*, dernier texte où, avec un effort méritoire de modération, il dise son fait au «Gilles» anglais.

Après la journée du 30 mars, ému de «tant d'empressement, de bienveillance et de gloire», il décide de se fixer à Paris. Il projette à cette fin d'y acheter une maison.[12]

Son triomphe pourtant a soulevé en certains milieux des remous hostiles. Le 2 avril, *Irène* est représentée à Versailles, devant le roi et la cour. On s'est abstenu, contrairement à l'usage, d'y inviter l'auteur. Pour complaire au roi, l'entourage

6. Cette statue, de dimensions disproportionnées, «disparut avant la Révolution, six ans après ce dialogue, en 1784» (Desnoiresterres, viii.128).

7. Mettra et Hérault de Séchelles, dans *Correspondance* de Diderot, xv.90-91.

8. Diderot, *Essai*, cité dans *Correspondance*, xv.91-92.

9. Comme le souligne justement Haydn Mason, «Voltaire: the final years and Diderot», *Mélanges Baridon* (Dijon 1993), p.41-50.

10. D20459 (8 décembre 1776), à Diderot.

11. Hypothèse d'Arthur Wilson, *Diderot, sa vie et son œuvre* (Paris 1985), p.575, reprise par Pierre Lepape, qui lui donne plus de portée, *Diderot* (Paris 1991), p.403.

12. *Mémoires secrets*, 1er avril 1778.

dénigre la pièce et il paraît que Sa Majesté s'y est ennuyée.[13] A la ville, le clergé et l'opinion antiphilosophique réagissent vivement. Beaucoup furent choqués, moins par les honneurs rendus à Voltaire que par l'exaltation scandaleuse de la «nation»: en cela aussi la journée avait été prérévolutionnaire. On l'a couronné, écrit le duc de Croÿ, «au nom de la nation française, ce qui fut trouvé un peu fort».[14] Dans des vers attribués à un soldat, parodiant ceux de Saint-Marc, c'est la «nation» qui parle, et termine ainsi:

La France n'a qu'une couronne,
C'est à Louis qu'elle la donne,
Lui seul est fait pour la porter.[15]

Et qui donc a couronné Voltaire? Des comédiens. Comment des «histrions», privés de «l'état civil», ont-ils osé se comporter en représentants de la nation? s'écrie Clément, un peu plus tard.[16] Quant à Linguet, il proteste, comme toujours, condamnant cette «farce», qui a transformé en un héros de théâtre «un écrivain fait pour être vraiment l'honneur de la nation»; «pantomime puérile dont le public aurait rougi, s'il réfléchissait quand il est en troupe».[17] Vient ensuite l'argument teinté d'hypocrisie: on veut tuer Voltaire en l'accablant d'honneurs. Et, pour finir, les promesses de damnation éternelle. Certain poétereau menace des pires supplices le vieillard: «Patriarche orgueilleux d'une cabale impie, / Empoisonneur public, fléau de sa patrie», et l'invite à penser à son salut, s'il ne veut voir ses lauriers brûler avec lui en enfer.[18]

La dénonciation de l'impie est le thème central d'un sermon prêché quelques jours plus tard, le dimanche des Rameaux, 12 avril, par l'abbé de Beauregard, à Versailles dans la chapelle du château, devant le roi et la cour. L'orateur, ancien jésuite, stigmatise une cérémonie «sacrilège». Il se déchaîne contre Voltaire, contre les philosophes, ennemis de la religion, des bonnes mœurs et de la monarchie.[19] La violence du ton, en un tel lieu, fait scandale. Le prince de Beauvau, à la sortie, condamne fortement cette basse éloquence.[20] On reproche au prêtre d'avoir injurié et menacé ses adversaires, et de s'en être pris même au pouvoir en la personne du garde des sceaux, Miromesnil, suspect d'indulgence à

13. *Mémoires secrets*, 6 avril 1778.
14. *Journal*, iv.89.
15. *Mémoires secrets*, 9 avril 1778.
16. *Essais de critique et de littérature* (Paris 1785), p.371.
17. *Annales*, iv.29-30.
18. Dans Harel, p.100-103.
19. Il y eut d'autres sermons du même genre à Paris, «dans différentes paroisses», notamment à Saint-André-des-Arts (Mettra, vi.18, 25 avril 1778).
20. Mettra, vi.18: des «gueuleries», dit le prince.

l'égard du patriarche.[21] De hauts personnages de la cour, Beauvau en tête, protestent auprès du roi, qui ne les écoute guère, estimant que le prédicateur n'avait péché que par excès. Coup brutal, que Voltaire semble avoir vivement ressenti. Il retient surtout «le préjugé défavorable qu'on a inspiré au roi contre lui; ce qui le désole en lui ôtant l'espoir d'être jamais accueilli du monarque.»[22] «Je ne crois point», écrit-il, «que le maître et la maîtresse de la maison se soient moqués de cet abbé de Beauregard; c'est bien assez qu'ils ne se livrent pas à la fureur de son zèle, et c'est à quoi tous les honnêtes gens se bornent.»[23] Bientôt il n'hésitera pas à prendre au sérieux des menaces plus précises.

L'amour-propre du patriarche subit une autre blessure, plus légère à vrai dire, lors d'une visite qu'il fait à un certain procureur, pour s'enquérir d'un ancien procès.[24] L'homme de loi ne le reconnaît pas, le traite cavalièrement, et l'oblige à décliner son nom. Voltaire s'exécute. Aussitôt la maison retentit de la nouvelle. Le patriarche se voit «assailli par toute la populace du quartier». Assiste à la scène, muet mais très attentif, un jeune clerc de l'étude, qui n'est autre que Brissot. Nous lui devons un long récit de l'épisode.[25] Il esquisse la silhouette et l'accoutrement du visiteur: taille élevée, œil vif et perçant, regard d'aigle; le vieillard, «sec et droit», s'appuie à peine sur sa célèbre canne à bec de corbin. Il est en robe de chambre («bigarrée») et arbore une ample perruque noire et un bonnet carré. Une rencontre si imprévue ranime chez Brissot le désir de voir le grand homme, et de lui parler. S'armant de courage, il décide d'aller lui présenter l'introduction de sa *Théorie des lois criminelles*, entreprise pour concourir au prix de Berne. Mais, arrivé au Pont-Royal, les genoux tremblants, il n'ose aller plus loin. Il s'enhardit enfin. En arrivant à l'hôtel de Villette, il croise une femme «belle et d'une physionomie aimable»: c'est Mme Du Barry. Depuis sa visite du 20 février, l'ancienne favorite semble avoir pris goût à la compagnie du galant vieillard. Elle introduit elle-même le jeune homme auprès du maître de maison. Mais Voltaire a passé toute la nuit sur *Agathocle*; il est épuisé. Brissot lui laisse une lettre, à laquelle le grand homme fait une réponse flatteuse, devinant peut-être qu'il encourage ainsi un futur réformateur de la justice française.[26]

Le 6 avril, il se rend à pied à l'Académie. Wagnière, qui l'accompagne, est témoin

21. Beauregard se justifie en répondant: «On nous accuse d'intolérance; ah! ne sait-on pas que la charité a ses fureurs, et que le zèle a ses vengeances?» (Desnoiresterres, viii.326). Sur l'indulgence de Miromesnil, voir le chapitre précédent, p.287.

22. *Mémoires secrets*, 13 avril 1778.

23. D21156 (16 avril 1778), à Rochefort d'Ally. Le «ci-devant jésuite», ajoute Voltaire, «m'aurait volontiers refusé la sépulture».

24. *Mémoires secrets*, 6 avril 1778. Selon Wagnière, i.477, il s'agissait de l'achat d'une maison.

25. Brissot, *Mémoires*, éd. Cl. Perroud (Paris s.d.), i.142-47.

26. D21151 (13 avril 1778), à Brissot.

d'une scène étonnante. Les gens s'attroupent sur son chemin. Soudain une femme, écartant les badauds, vient jusqu'auprès de lui et, «tout en mangeant un morceau de pain», le supplie:

Mon bon Monsieur de Voltaire, faites des livres, vous me les donnerez, et ma fortune sera bientôt faite; vous l'avez procurée ainsi à tant d'autres! O mon bon monsieur, s'il vous plaît, faites-moi des livres, je suis une pauvre femme!

La femme en effet vendait des livres à l'entrée des Tuileries. Les passants, attirés par l'attroupement, demandent de quoi il s'agit. On leur répond:

C'est M. de Voltaire, c'est le défenseur des malheureux opprimés, celui qui a sauvé la famille des Calas et de Sirven, etc.[27]

Hommage naïf et sincère. Que valent les humiliations de la cour et du clergé, en comparaison de la vague de ferveur qui le porte ainsi aux nues?

La femme aux livres, à la différence du patron de Brissot, l'a tout de suite reconnu. En effet, en ces semaines une foule de dessins – portraits ou caricatures – se répandent, popularisant sa mince personne. On grave l'estampe sous-titrée «L'Homme unique à tout âge»: elle plaît à l'entourage, «on la distribue aux amis».[28] On reproduit «trente ou quarante têtes de Voltaire», d'après Huber. Ces esquisses, «infiniment spirituelles, toutes très différentes l'une de l'autre et presque toutes également ressemblantes», ont un grand succès.[29] Dans les derniers jours d'avril enfin, ou au début de mai, Houdon fait de la tête du grand homme un chef-d'œuvre. Le jeune artiste achevait le buste de Molière; il rêve de sculpter celui du patriarche d'après nature. Voltaire résiste. Villevielle finit par le convaincre. Deux ou trois séances, à l'atelier, suffisent. Voltaire, quoique souffrant, s'y prête «avec une complaisance et gaîté infinies». Il est comblé: «de tous ses portraits, c'est le seul dont il ait été lui-même parfaitement content». On admire, avec Meister, «tout le feu, [...] toute la finesse, [...] tout le caractère de sa physionomie saisie dans le moment le plus aimable et le plus piquant», et surtout les yeux qui «ont tant de vie», grâce à «un effet de lumière si ingénieusement ménagé».[30] Le génie de Houdon a su capter et fixer ensemble l'âge et la souffrance, la malice et l'incroyable vitalité du grand homme qui bientôt ne sera plus. Tout Paris défile dans l'atelier du sculpteur, devenu un «spectacle public».[31]

Voltaire jouit donc de son triomphe. Les allusions qu'il y fait dans sa correspon-

27. Wagnière, i.479. D21151 (13 avril 1778), commentaire. Mme Du Deffand écrit à Walpole: «Il est suivi dans les rues par le peuple, qui l'appelle *l'homme aux Calas*. Il n'y a que la cour qui se refuse à l'enthousiasme.»

28. *Mémoires secrets*, 7 avril 1778. *Album Voltaire*, no.398.

29. CLT, xii.105, mai 1778.

30. Selon Meister, CLT, xii.105, «M. Houdon est peut-être le premier sculpteur qui ait su faire des yeux».

31. *Album Voltaire*. no.410, 411, 412.

dance montrent qu'il est très impressionné par les manifestations dont il est l'objet. N'est-il pas parvenu à ses fins? A défaut de Versailles, il a reconquis Paris. Il y a désormais droit de cité, en dépit de la cour et du clergé. Après «trente ans d'absence et soixante ans de persécution», il a trouvé «un public et même un parterre devenu philosophe, et surtout compatissant pour la vieillesse mourante».[32] Il a eu «vingt preuves» du progrès «que la philosophie a fait enfin dans toutes les conditions».[33] Il s'est donc réconcilié avec les Parisiens, moins frivoles qu'il ne l'a cru. Mme Denis en témoigne (elle a quelque intérêt à abonder dans son sens): «Mon oncle aime les Welches et il serait ingrat s'il pensait autrement.»[34] Pour le retenir à Paris, ses proches, sa nièce surtout, se sont mis en quête d'un logis. Selon sa santé, son humeur, il presse les recherches, ou les suspend. Il a d'abord voulu louer un bel hôtel quitté par le comte d'Hérouville, au faubourg Saint-Honoré: le bon air, un jardin magnifique, la vue sur les Champs-Elysées, le tentent, lui à qui manquent les grands espaces et les bois de Ferney.[35] L'affaire ne se fait pas. Un peu plus tard, il s'engage à louer un appartement voisin de la maison de Villette, puis envoie brusquement Mme Denis retirer sa parole.[36] Mais les siens ne renoncent pas.

S'il est satisfait du public parisien, il l'est moins de la manière dont les comédiens ont joué *Irène*, mal sue et mal interprétée. La froideur de Brizard, les gesticulations de Mme Vestris l'ont exaspéré.[37] La pièce est donnée encore le 4 avril, pour la clôture de l'année théâtrale: honneur traditionnellement réservé aux succès récents ou aux grandes pièces du répertoire. On s'y rend «avec plus de fureur encore que de coutume»,[38] à cause du «compliment» non moins traditionnel, mais auquel les circonstances doivent ajouter, pense-t-on, un intérêt particulier. De fait, Molé, qui en est chargé, évoque la mort de Lekain, le bénéfice au profit du «sang de Corneille», et le couronnement de M. de Voltaire. Celui-ci est présent. Il est sensible à ce nouvel hommage, mais ne goûte ni la langue incorrecte ni le style de l'auteur, plein d'enflure et de galimatias.[39]

Selon l'usage, les théâtres sont fermés à l'occasion des fêtes de Pâques, pendant trois semaines. Voltaire met à profit ce temps de relâche pour «remplir toutes les bienséances de la société scrupuleusement», et rendre leurs visites «aux princes et grands du royaume qui sont venus l'admirer». Les *Mémoires secrets* ajoutent

32. D21129 (31 mars 1778), à Mme de Meynières.
33. D21138 (1er avril 1778), à Frédéric II.
34. D21153 (14 avril 1778), Mme Denis à Rieu. Voir Jean Mohsen Fahmy, *Voltaire et Paris*, Studies (1981).
35. *Mémoires secrets*, 11 mars 1778.
36. *Mémoires secrets*, 25 mars 1778.
37. D21160 (20 avril 1778), à d'Argental.
38. *Mémoires secrets*, 6 avril 1778.
39. La Harpe, *Correspondance*, ii.225-26, lettre 84.

malicieusement qu'«il n'a pas même dédaigné de se transporter chez les plus célèbres Laïs du jour; c'est ainsi que le samedi saint, on l'a vu chez Mlle Arnould»:[40] hommage qui s'adresse évidemment non à la «Laïs», mais à la cantatrice à succès de l'Opéra. Le 11, il se rend enfin chez Mme Du Deffand. Il y reste une heure, et se montre «infiniment aimable». Sa vieille amie le trouve «aussi animé qu'il ait jamais été». Il jouit de tous ses sens. Cet être «singulier» est-il immortel? La marquise est enchantée de la rencontre. Mais elle conclut, à sa façon: «S'il me voit souvent, j'en serai fort aise; s'il me laisse là, je m'en passerai; je ne me permets plus ni désir, ni projet.»[41]

C'est alors sans doute qu'il eut l'idée de faire une visite à une ancienne maîtresse de ses jeunes années, toujours vivante. Il n'avait pas oublié la friponne Suzanne de Livry, mauvaise actrice mais amante fougueuse, qui l'avait vilainement quitté pour Génonville, et pour d'autres, pendant son incarcération à la Bastille. On se rappelle qu'un jour la jeune libertine décida de se ranger. Devenue par son mariage la marquise de La Tour Du Pin Gouvernet, elle possédait désormais un bel hôtel à Paris, et à la porte de celui-ci un «large suisse à cheveux blancs» qui interdisait l'entrée aux anciens amants. Ce qui nous valut la spirituelle épître «des vous et des tu». Voltaire n'avait pas perdu de vue la marquise de Gouvernet, apparentée par alliance à Mme de Saint-Julien. Il lui avait même envoyé un exemplaire de *La Philosophie de l'histoire*. En 1775, peut-être à l'occasion de la mort du marquis, ce «mari des vous et des tu», il lui a écrit.[42] Que pouvait-il rester, après soixante ans, du «sein d'albâtre» et des autres «attraits précieux» de l'ancienne Philis? Le vieil homme se présenta donc à la porte de l'hôtel de Gouvernet, et cette fois le suisse le laissa entrer. Les deux vieillards furent saisis de se retrouver ainsi, méconnaissables, en présence l'un de l'autre. Voltaire, rentrant à l'hôtel de Villette, aurait dit: «Je reviens d'un bord du Styx à l'autre.» Il avait reconnu, dans le salon de la marquise, son portrait de jeune homme, peint par Largillière pour sa chère Suzanne de Livry. Après l'entrevue, Mme de Gouvernet renvoya rue de Beaune ce souvenir de leurs anciennes amours.[43]

En dépit de rencontres attristantes comme celle-là, Voltaire poursuit sa marche triomphale. Le 7 avril, dans la même journée, il est reçu avec éclat successivement à la loge maçonnique des Neuf-Sœurs et à la maison d'Orléans, l'«anti-Versailles».

La franc-maçonnerie française avait pris un nouvel élan après la réforme qui substitua à la Grande Loge le Grand Orient de France, placé en 1773 sous la protection de son nouveau Grand Maître, le duc de Chartres, fils du duc

40. *Mémoires secrets*, 24 avril 1778.

41. A Walpole, 12 avril, dans D21151, commentaire.

42. D19710, n.2, D19767.

43. Références dans Desnoiresterres, viii.322.

d'Orléans. C'est une institution totalement régénérée que découvre Voltaire lorsqu'il arrive à Paris en février 1778. Cette renaissance récente avait permis la fondation d'une nouvelle loge, celle des Neuf-Sœurs, dont l'idée première était due à Helvétius et à Lalande, le célèbre astronome. Il s'agissait de réunir, sous le patronage des Muses, savants, hommes de lettres, philosophes, artistes, et plus généralement «les hommes distingués par leur instruction et leur éducation».[44] La loge obtient ses statuts, non sans quelque résistance du Grand Orient (où il existait un courant anti-encyclopédique), en juillet 1776, peu après la chute de Turgot. Le noyau initial des fondateurs comprenait notamment, outre Lalande (Vénérable), Cailhava, Parny et le chevalier de Cubières. L'année suivante, le tableau de 1777 compte 60 membres, et la liste imprimée de 1779 en comporte 144.[45] Voltaire fut précédé notamment par l'abbé Rémy, Court de Gébelin, Dalayrac, Grouvelle, Mondonville, Piccini, François de Neufchâteau, Fontanes, Capron. Après lui vinrent encore Elie de Beaumont, Cabanis, Roucher, Greuze, Imbert, Lemierre, Vernet, Lacépède, Houdon, etc.

Dès l'arrivée de Voltaire à Paris, Bricaire de La Dixmerie, un des trois orateurs de la loge, lui avait adressé des vers.[46] Le 10 mars, au cours d'un banquet fraternel, on chanta des couplets en l'honneur du grand homme, et l'on décida de lui envoyer une députation qui vint le féliciter le 21. Ce jour-là, Voltaire s'était promené en voiture.[47] Revigoré par le grand air, il répond avec esprit à la harangue du Vénérable, prodigue ses amabilités aux quarante membres présents, et promet d'aller en loge un jour prochain. Rendez-vous est pris pour le 7 avril.[48]

D'après les *Mémoires secrets*, qui reflètent l'opinion générale, Voltaire appartenait déjà à la franc-maçonnerie, comme Villette et Wagnière. Mais, lors de la visite, «ne se ressouvenant plus des formules, il a affecté de n'avoir jamais été frère, et il a été inscrit de nouveau».[49] Or Wagnière affirme par trois fois que son maître n'était pas franc-maçon.[50] La question a été longtemps débattue, mais les recherches les plus récentes aboutissent à une quasi-certitude.[51] Voltaire n'a pas été affilié, comme on l'a cru, en Angleterre, où il n'existe aucune trace de sa

44. Louis Amiable, *Une loge maçonnique d'avant 1789, la loge des Neuf-Sœurs* (Paris 1897), réédité avec un commentaire par Charles Porset (Paris 1989), p.10.

45. Amiable, p.28. L'un des promoteurs, Helvétius, était décédé en 1771, avant la fondation de la loge.

46. Remerciements de Voltaire, D21056 (19 février).

47. Ci-dessus, p.290.

48. *Mémoires secrets*, 25 mars 1778.

49. *Mémoires secrets*, 25 mars 1778.

50. Wagnière, i.461, 465, 480.

51. Voir *Voltaire en son temps*, i.239-41, et Ch. Porset, dans Amiable, p.29-45, et dans son article des *Chroniques d'histoire maçonnique* 33 (1984), p.3-21. Un avis contraire dans J. Brengues, «Franc-maçonnerie et Lumières en 1778: le cas Voltaire», *RHLF* 79 (1979), p.244-50.

prétendue initiation.[52] Il ne parle pour ainsi dire pas de la franc-maçonnerie dans sa correspondance, et lorsqu'il y fait allusion dans son œuvre, c'est pour s'en moquer.[53] En 1771 encore, il dénonce outre sa «bizarrerie» et ses «cérémonies extravagantes», l'esprit de parti d'une association qu'il compare aux sectes religieuses.[54] On s'interroge donc: pourquoi va-t-il se faire initier dans des mystères dont il a fait un sujet de plaisanterie? Il est probable qu'il y fut poussé par des amis, Villette peut-être, et par des frères qu'il respectait, Court de Gébelin, Lalande. Il souhaitait aussi sans doute adhérer à un mouvement d'idées qui, au moins dans le cercle des Neuf-Sœurs, s'inspirait largement des siennes. Il va en tout cas se faire des alliés enthousiastes.[55]

Le 7 avril donc, Voltaire se rend rue du Pot-de-fer, au siège de la loge des Neuf-Sœurs, qui occupe l'ancien noviciat des jésuites. On ne manqua pas d'ironiser sur ce renversement des choses. Le frère Mercier s'en félicite:

> Quand je suis sous ces voûtes inaccessibles aux grossiers rayons du soleil, ceint de l'auguste tablier, je crois voir errer toutes ces ombres jésuitiques, qui me lancent des regards furieux et désespérés [...] O jésuites, auriez-vous deviné tout cela? [...] Vous avez été les ennemis obstinés de la lumière bienfaisante de la philosophie, et des philosophes se réjouissent, dans votre foyer, de votre chute rapide! Les francs-maçons, appuyés sur la base de la charité, de la tolérance, de la bienfaisance universelle, subsisteront encore, lorsque vos noms ne réveilleront plus que l'idée d'un égoïsme persécuteur.[56]

Les mystères devant rester secrets, les nouvellistes sont condamnés au silence, à quelques indiscrétions près.[57] Plus tard, Meister publiera dans la *Correspondance littéraire* un procès-verbal de la cérémonie.[58] C'est le texte dont se sert Amiable, qui l'a complété par une relation de 1836.[59] Nous suivrons son récit dont rien ne permet de contester l'exactitude. Le néophyte, appuyé sur Mercier et Court de Gébelin, entre dans la salle, richement ornée de tentures bleues et blanches, rehaussées d'or et d'argent, de drapeaux et de bannières de loges. On y avait placé le buste du roi, celui du duc de Chartres, celui de Frédéric II, et celui d'Helvétius, offert par sa veuve. En raison de son âge et de sa faible santé, Voltaire est dispensé de la plus grande partie des épreuves ordinaires. On ne lui bande pas les yeux. Seul un rideau noir lui cache l'Orient. Des questions de philosophie

52. A. M. Rousseau, *L'Angleterre et Voltaire*, Studies 145-47 (1976), i.109.

53. Notamment dans l'*Essai sur les mœurs*, i.772.

54. Article «Initiation» des *Questions sur l'Encyclopédie*, M.xix.466, 467.

55. Pour J. Lemaire, «L'image de Voltaire dans l'histoire maçonnique de langue française», *Revue de l'Université libre de Bruxelles* 3-4 (1977), p.310-44, il ne fit pas le premier pas, mais céda, plus qu'à sa vanité, aux pressions de Lalande et à l'espoir de se faire de nouveaux alliés.

56. Sébastien Mercier, *Tableau de Paris*, vii, ch.181.

57. *Mémoires secrets*, 10 avril 1778.

58. CLT, xii.185-88, décembre 1778.

59. Amiable, p.65.

et de morale lui sont posées ; ses réponses suscitent l'admiration générale.[60] Il est fort impressionné lorsque, le rideau écarté, apparaît l'Orient illuminé avec les illustres officiers qui y siègent.[61] Après avoir prêté « l'obligation », il est constitué « apprenti » et reçoit les signes, paroles et attouchements du grade, au son de l'orchestre partagé entre les colonnes d'Euterpe, de Terpsichore et d'Erato, et dirigé par le célèbre violoniste Capron. Le comédien Larive (de la colonne de Melpomène) le couronne de lauriers. Puis on lui ceint le tablier d'Helvétius : honneur exceptionnel.[62] Le Vénérable prend la parole, exaltant le génie du philosophe et les vertus du citoyen généreux, du bienfaiteur de l'humanité : « Vous étiez franc-maçon avant même que d'en recevoir les caractères. » On lit ensuite des pièces de vers en l'honneur du nouvel initié. Court de Gébelin présente un nouveau volume de son *Monde primitif*. Enfin tous les frères font honneur au banquet, sauf Voltaire qui se retire dès que les premières santés ont été portées. Il est reconduit par un grand nombre de frères, et accompagné dans la rue par une multitude de gens qui l'attendaient. Peu après, il repart pour le Palais-Royal, où l'attend la famille d'Orléans.

Le théâtre, cette fois encore, fut un bon passeport. Le duc d'Orléans, Louis-Philip, et son épouse morganatique Mme de Montesson, tous deux passionnés d'art dramatique, entretenaient un « théâtre de cour » de haute qualité, à Paris et à Bagnolet, leur résidence estivale. Ils jouaient eux-mêmes avec leur société. Mme de Montesson composait aussi pour la scène. Le 28 mars, elle avait fait jouer une comédie de sa façon, *L'Amant romanesque*, avec un opéra-comique, paroles de l'Anglais d'Hèle et musique de Grétry, *Le Jugement de Midas*. A ces spectacles privés, donnés par des amateurs, et non par des comédiens excommuniés, les ecclésiastiques ne se faisaient pas faute d'assister : douze archevêques et évêques avaient applaudi la représentation du 28 mars. Le 6 avril, on joua un autre opéra-comique, *La Belle Arsène*, dont les ballets « voluptueux » avaient fait le succès. Il y eut un peu moins d'évêques, mais les présents goûtèrent fort les danses, confiées aux meilleurs sujets de l'Opéra, dont la célèbre Mlle Guimard. On plaisanta sur la « lubricité » des prélats, savourant, lorgnette à la main, les attitudes les plus « lascives » de ces demoiselles... Et l'on était en plein carême.[63]

60. Les *Mémoires secrets*, 10 avril 1778, notent pourant que la « stupeur » avait ôté au vieillard « cette pétulance de conversation qui le caractérise, ces saillies, ces éclairs qui partent si rapidement quand il est dans son assiette ».

61. *Mémoires secrets*, 10 avril : « Cet homme de génie est resté comme étourdi des pompeuses niaiseries de ce spectacle. »

62. C'était un tablier de « maître » : il n'y a pas lieu d'en inférer que Voltaire était déjà apprenti et compagnon.

63. *Mémoires secrets*, 9 avril 1778.

Voltaire pouvait se sentir fort à l'aise dans ce milieu libre et libéral, mais honnête sans hypocrisie. Dans la soirée du 7 avril, il se rend à l'invitation de Mme de Montesson. Il va assister aux représentations de sa *Nanine*, ainsi que de *La Belle Arsène*, qu'on donne à nouveau, en son honneur: la pièce s'inspire de l'un de ses contes en vers, *La Bégueule*. Le public est nombreux. Outre la loge des Neuf-Sœurs au grand complet, plus de deux-cent-cinquante personnes se pressent dans la salle.[64] Voltaire revient le 9, cette fois pour applaudir *L'Amant romanesque*. Il est accueilli «de la manière la plus flatteuse par toutes les femmes et seigneurs de cette cour distinguée».[65] Il est particulièrement choyé par l'héritier du nom d'Orléans, alors duc de Chartres, le futur Philippe-Egalité, «frère» prestigieux du nouveau maçon. Le patriarche demande à rencontrer les enfants du prince. Il revient donc au Palais-Royal le samedi 11. On ne sait s'il eut l'occasion de revoir leur gouvernante, Mme de Genlis. Le duc le convie ensuite dans ses appartements, le force à s'asseoir, sous prétexte qu'il veut jouir longtemps de sa conversation. La duchesse accourt, «en simple jupon, en peignoir, les cheveux épars et transportée de joie». «Nouvelle confusion du patriarche, qui voulait se jeter aux genoux de la princesse et y rester».[66] On le fait rasseoir une seconde fois pour l'entendre. Esprit vif, curieux, ouvert, ce prince libertin et contestataire dut plaire au philosophe. Voltaire sans doute, s'il avait vécu plus longtemps, eût pris ses habitudes à la cour d'Orléans.

Ces visites ne passent pas inaperçues. Tandis que le duc affirme une fois de plus l'opposition de la branche cadette aux Bourbons régnants, Voltaire savoure cette petite revanche sur les dédains de Versailles.

Le théâtre des Tuileries n'est pas oublié. L'auteur d'*Irène* profite des vacances de la Comédie pour lancer une proposition. Peu avant la première de sa tragédie, il avait consulté les comédiens: ne conviendrait-il pas de mettre sur les affiches, au lieu des termes consacrés: *Les Comédiens ordinaires du roi...*, une autre formule: *Le Théâtre français donnera un tel jour...*?[67] Les comédiens répondirent prudemment: la décision ne dépendait pas d'eux. Une fois délivré des soucis de la création d'*Irène*, Voltaire va poursuivre l'affaire. Pourquoi appeler *Comédie* un théâtre qui détient le monopole de la *tragédie*? Pourquoi appeler comédien un acteur qui joue la tragédie?[68] Pourquoi enfin laisser aux comédiens l'honneur de l'affiche, comme si le théâtre leur appartenait? Le 2 avril, Voltaire envoie donc à Amelot, ministre ayant en charge les affaires de Paris, une lettre où il demande que les annonces de spectacles soient ainsi libellées:

64. Amiable, p.6, nomme les personnalités principales.

65. *Mémoires secrets*, 13 avril 1778.

66. Wagnière, i.482.

67. D21099 (11 mars 1778), à Molé.

68. Voltaire recommande l'emploi du mot «tragédien», qui ne s'applique pas encore aux acteurs.

Le Théâtre français
ordinaire du roi
représentera un tel jour, etc.[69]

Il conserve le nom du roi (ou plutôt il le rétablit: il l'avait oublié dans sa lettre à Molé). Mais il fait disparaître les «Comédiens», remplacés par un terme d'une extension plus large qui englobe avec les interprètes, les œuvres (quel qu'en soit le genre), ainsi que les auteurs. Voltaire avant tout veut remettre au premier rang la tragédie. Il rappelle au ministre que le noble genre est à l'origine de notre théâtre, que «le théâtre en France depuis le grand Corneille est regardé comme le premier de l'Europe», que «c'est la partie de la littérature qui fait le plus d'honneur à la nation».

L'autorité se montre méfiante. On fait lire la requête au roi, qui la repousse:

S. M. n'a pas cru devoir adopter ce changement. Elle n'a vu aucune nécessité à ne pas laisser subsister un usage très ancien, et auquel le public est accoutumé, sans que cela donne atteinte ni à la gloire des auteurs, ni aux talents des acteurs, ni à l'honneur que les uns et les autres font de la nation.[70]

Quatre ans plus tard, la «fantaisie du vieux malade»[71] se réalisera dans la nouvelle salle, l'actuel Odéon, ouverte le 9 avril 1782. On pourra lire sur le fronton de l'édifice, en grandes lettres d'or, THEATRE FRANÇAIS.[72]

En attendant ce changement, qu'il ne verra pas, Voltaire doit ménager ses interprètes. Car il espère encore obtenir aux moins deux représentations d'*Irène* après l'ouverture, et il n'a pas renoncé à faire jouer son *Agathocle*, toujours en chantier. Le 22, il surprend les comédiens assemblés pour préparer le programme de la rentrée. Il vient les remercier «des soins qu'ils se sont donnés afin d'accélérer la représentation d'*Irène* et de la faire goûter au public».[73] Bien que mécontent de leur prestation, il se montre aimable. Sur le point, dit-il, de regagner Ferney pour deux mois, il reprend les manuscrits d'*Agathocle*, du *Droit du seigneur* et même d'*Irène*, pour y travailler pendant son absence.[74]

En ces premières semaines d'avril, le vieil homme semble avoir recouvré la santé. Il a repris des activités apparemment normales. Mais le mal se réveille quelques

69. D21141.

70. D21159 (18 avril 1778), Amelot à Voltaire.

71. C'est ainsi que les *Mémoires secrets*, 15 mars 1778, présentent l'initiative du patriarche. Mais Wagnière, i.460, rétorque qu'il «avait eu cette idée depuis longtemps».

72. Mais le libellé de l'affiche restera le même. *Album Voltaire*, no.93: ce sont bien les «Comédiens ordinaires du roi» qui présentent *Brutus*, le 11 juillet 1785.

73. *Mémoires secrets*, 24 avril 1778.

74. Si l'on en croit Mettra, 12 mai 1778, il aurait eu l'intention de modifier le cinquième acte d'*Irène*: l'héroïne, au lieu de se donner la mort, épouserait Alexis.

jours avant la fin du mois. Les «glaires» reparaissent. Des prélèvements sont soumis à l'examen de Tronchin. Le 22 avril, il se plaint à son médecin de leur abondance dans ses entrailles. N'a-t-il pas besoin de «dessicatifs»? Il réclame «un peu de quinquina et un peu de vin» pour lui donner la force de supporter ces glaires «qui rendent sa vie affreuse».[75] Un peu plus tard, nouvelle lettre:

Le vieux malade du quai des Théatins se jette entre les bras de M. Tronchin; il souffre des douleurs insupportables; il peut n'avoir point la fièvre, mais il a une agitation dans le pouls et dans le sang qui augmente tous ses tourments: il y a quinze nuits qu'il ne dort point; son état est horrible; rien ne le soulage; il n'a d'espérance que dans Monsieur Tronchin; il espère qu'il aura pitié de lui.[76]

Cependant l'étonnant vieillard résiste avec courage. Le 27, on le voit successivement à l'Académie française, puis à la Comédie, et le surlendemain à l'Académie des sciences. Un «triomphe» en réduction: ce sera le dernier. Avec ses confrères, il écoute l'abbé Delille lire quelques morceaux de son nouveau poème.[77] En discutant avec eux, il se plaint de la pauvreté de notre langue. Il parle de quelques mots peu usités qu'il serait souhaitable d'adopter. On découvrira bientôt qu'il couve un projet plus ambitieux. Il se rend ensuite à la Comédie, dont c'était l'ouverture. Les comédiens croient lui faire plus d'honneur en donnant, de préférence à *Irène*, un de ses grands succès: *Alzire*. Il y assiste incognito, caché dans la petite loge de Mme Hébert, femme de l'intendant des Menus. Mais il ne peut échapper aux lorgnettes, et le parterre interrompt la pièce «pendant plus de trois quarts d'heure pour l'applaudir». Un jeune officier lui présente quelques vers, où il est comparé au soleil. Il répond par deux vers de *Zaïre*:

Des chevaliers français tel est le caractère,
Leur noblesse en tout temps me fut utile et chère.[78]

Le 29, à la séance publique de l'Académie des sciences, où il retrouve Franklin, il connaît un autre triomphe, une autre apothéose. Au public ordinaire s'est jointe la foule des admirateurs du grand homme.[79] Il prend place parmi les membres honoraires, acclamé comme à la Comédie-Française. Il est assis à côté de Franklin qui reçoit sa part des applaudissements. Le public, raconte Condorcet, contemple «avec attendrissement [...] ces deux hommes nés dans des mondes différents, respectables par leur vieillesse, par leur gloire, par l'emploi de leur vie, et jouissant tous deux de l'influence qu'ils avaient exercée sur leur siècle. On a dit que c'était Solon qui embrassait Sophocle.»[80]

75. D21162, à Tronchin.
76. D21169 («ce vendredi», 24 avril ou 1er mai).
77. «Sur l'art d'orner, de peindre la nature et d'en jouir», *Mémoires secrets*, 2 mai 1778.
78. *Mémoires secrets*, 2 mai 1778, et Wagnière, i.489.
79. *Mémoires secrets*, 29 avril 1778.
80. M.i.276.

Mais deux jours plus tard Wagnière, en larmes, prend seul la route de Ferney, pendant que son maître devient propriétaire d'une maison à Paris.

Au début du mois d'avril, Voltaire avait engagé des pourparlers pour acheter une «très jolie» maison appartenant à un M. de Villarceaux.[81] Construite rue de Richelieu, elle tient d'un côté à la demeure de Villarceau, de l'autre à la maison de Mme de Saint-Julien. Elle fait face à l'hôtel de Choiseul, et Mme d'Epinay habite à deux pas. Voltaire est enchanté de ce voisinage. Les difficultés soulevées par un autre acquéreur, qui invoque une promesse de vente seulement verbale, sont vite écartées.[82] Le marché est conclu le 30 avril,[83] sous forme d'un viager, sur la tête de Voltaire et sur celle de Mme Denis. Il reste à terminer la maison: à l'exception d'un magnifique escalier, la bâtisse se réduisait aux quatre murs.

Revenant de chez le notaire, le nouveau propriétaire, angoissé par un triste pressentiment, se jette dans les bras de Wagnière: «Ah! mon ami, je viens d'acheter une maison, et je n'ai acquis que mon tombeau.»[84] Puis il va se reposer et s'assoupit. Vers dix heures et demie, Wagnière le réveille. Après des adieux baignés de larmes, le secrétaire part pour Ferney, par la diligence de Lyon. Ainsi se termine une crise qui depuis une quinzaine de jours agitait l'entourage du grand homme. Selon Wagnière, un véritable complot était ourdi visant à l'écarter et à retenir le vieillard dans la capitale. Son récit est fiable, en ce qui touche les menus faits. Mais le jugement est faussé par une partialité évidente. Wagnière se plaît à noircir le tableau, poussé jusqu'au drame, d'une conjuration dont le patriarche aurait été victime, accusant les meneurs d'avoir causé sa mort. En réalité, nous le savons, Voltaire, qu'il reste à Paris ou qu'il s'en aille, était condamné, à brève échéance.

Sans doute, il regrette Ferney. Il a là-bas des affaires à régler. Ses «sujets», à qui il a promis de revenir vite, l'attendent impatiemment. Mais il est partagé. Ne se doit-il pas désormais à Paris qui l'a tant choyé? Vers la fin d'avril, ses *Adieux du vieillard*, adressés à Villette, disent sa reconnaissance envers les Parisiens. La ville décidément est bien changée. Plus de Welches...

> Mes yeux, après trente ans, n'ont vu qu'un peuple aimable,
> Instruit, mais indulgent, doux, vif et sociable.
> Il est né pour aimer: l'élite des Français
> Est l'exemple du monde, et vaut tous les Anglais.
> De la société les douceurs désirées
> Dans vingt Etats puissants sont encore ignorées:

81. Wagnière, i.145, 146.
82. D21147 (10 avril 1778), à Mme de Saint-Julien.
83. Wagnière, i.151.
84. Wagnière, i.151-52.

On les goûte à Paris; c'est le premier des arts;
Peuple heureux, il naquit, il règne en vos remparts.[85]

Il dit adieu, non à la vie, mais à ce Paris qu'il va quitter pour retourner «à ces monts qui menacent les cieux», autour de Ferney.

Il s'est arrêté à un compromis qui devrait concilier des aspirations contraires. Il passera l'hiver à Paris, mais se rendra pour quelques mois dans ses terres à la belle saison. Pour lors, il se prépare à partir. Tronchin lui assure qu'il est assez valide pour supporter le voyage. Le départ est prévu pour le 27 avril. Mais la «cabale»[86] redouble d'efforts, Mme Denis en tête. On le persuade qu'il lui suffit d'envoyer à Ferney Wagnière, qui connaît parfaitement toutes ses affaires. Wagnière refuse d'abord, puis consent à se séparer de son maître, pour quelques jours seulement.

Voltaire n'en persiste pas moins dans son intention de partir. Il reçoit alors un avertissement, sous la forme d'un billet de Thibouville à Mme Denis:

Je suis averti de bon lieu que les prêtres guettent M. de Voltaire et que, s'il part, ils se flattent de lui faire défendre de revenir. Il faut tout employer pour empêcher qu'il sorte de Paris. Voyez si vous jugez à propos de lui dire cette *vraie* raison de nos instances, mais il est essentiel d'empêcher son voyage. M. de Praslin, qui voit bien, doit venir vous en parler aussi très sérieusement.[87]

Wagnière nous dit qu'il trouva la lettre toute chiffonnée «dans les cendres de la cheminée de Mme Denis», et qu'on attendit un peu avant d'avertir Voltaire: il en fut «singulièrement frappé et étonné», et dès ce moment «il résolut de ne plus quitter Paris».[88] Wagnière voit dans «ce billet infernal», rempli du «plus horrible mensonge», «l'arrêt de mort» de son malheureux maître.[89] En réalité, le danger signalé par Thibouville n'avait sans doute rien d'imaginaire. Louis XVI n'a pas osé faire un éclat, en décidant l'arrestation et l'expulsion du grand homme, devenu l'idole des Parisiens. Mais s'il part, il est vraisemblable que le roi lui interdira tout retour. C'est à quoi fait allusion d'Alembert, dans une lettre à Frédéric II, en évoquant les craintes de plusieurs de ses amis.[90] C'est ce que confirme le journaliste des *Mémoires secrets*: l'hostilité de la cour et du clergé ont fait craindre à Voltaire «quelque orage s'il s'absentait [...] Il aurait bien pu recevoir défense de revenir.»[91]

85. M.x.457. Le *Journal de Paris* publie ces vers le 9 mai seulement, mais ils sont antérieurs. Le 10 parut la réponse de Villette, suppliant le vieillard de rester au milieu d'un peuple qui l'adore.

86. C'est le mot de Wagnière, dont nous résumons ici la *Relation*, i.143-52.

87. D21149 (non daté): Th. Besterman propose «vers le 10 avril 1778».

88. Wagnière, i.150.

89. Wagnière, i.148.

90. Desnoiresterres, viii.302.

91. *Mémoires secrets*, 13 mai 1778.

Il ne lui reste plus qu'un mois à vivre. Il a tout juste le temps de lancer un dernier projet. Nommé directeur de l'Académie, il prend son rôle à cœur. Il remplit ses fonctions avec toute l'assiduité que lui permet son état de santé. Il ne se contente pas d'assumer correctement sa tâche. Il a l'ambition, écrit Meister, «de réchauffer et de rajeunir» le corps académique, «si faible et si languissant malgré ses quarante têtes».[92] Il anime plus volontiers les discussions sur la grammaire et sur le style. Il pousse la Compagnie à remettre en question le *Dictionnaire*, insistant sur la nécessité de faire revivre d'anciennes expressions et d'en créer, prudemment, de nouvelles. C'est sans doute à la séance du 27 avril, ou à celle du 4 mai, qu'il lâche devant ses confrères un de ses mots devenus célèbres: «Notre langue est une gueuse fière; plus elle est dans l'indigence, plus elle semble dédaigner les secours dont elle a besoin.»[93] Enfin, le 7 mai, il parle longuement et avec la plus grande chaleur sur l'utilité d'un nouveau *Dictionnaire*. L'idée n'est pas récente dans son esprit. En 1760, sur l'invitation de Duclos, il avait collaboré à la quatrième édition, qui ne fut guère appréciée: les académiciens n'avaient pas accueilli ses propositions.[94] En 1771, il est revenu sur le sujet, sans plus de succès.[95] Mais en 1778 sa présence à l'Académie lui permet d'agir énergiquement. Il expose le 7 mai un projet complet, consigné dans les *Registres* de l'Académie.[96] Le nouveau dictionnaire devait contenir:

> L'étymologie reconnue de chaque mot, et quelquefois l'étymologie probable.
>
> La conjugaison des verbes irréguliers qui sont peu en usage.
>
> Les diverses acceptions de chaque terme avec les exemples tirés des auteurs les plus approuvés.
>
> Toutes les expressions pittoresques et énergiques de Montaigne, d'Amyot, de Charron, etc., qu'il est à souhaiter qu'on fasse revivre, et dont nos voisins se sont saisis.
>
> En ne s'appesantissant pas sur aucun de ces objets, mais en les traitant tous, on peut faire un ouvrage aussi agréable que nécessaire; ce serait à la fois une grammaire, une rhétorique, une poétique, sans l'ambition d'y prétendre.[97]

Sous une forme prudente, le projet donnait le signal d'une révolution. De même que les dramaturges revendiquent au théâtre la priorité, les écrivains osent

92. CLT, xii.94, mai 1778.

93. CLT, xii.94, et D4001 (31 août 1749), à Frédéric II, D14671 (14 janvier 1768), à Beauzée.

94. Ses contributions s'élevaient à 117 articles, appartenant tous à la lettre T. Elles furent écartées, quoique parfois utilisées. Voir l'édition qu'en donnent J. Vercruysse et U. Kölving, *OC*, t.33, p.235-313.

95. Dans les *Questions sur l'Encyclopédie*, «Extrait des réflexions d'un académicien sur le *Dictionnaire* de l'Académie», M.xviii.355-56.

96. *Registres*, iii.432.

97. D'après La Harpe, *Correspondance*, ii.238, lettre 86, les articles devaient aussi indiquer «la ponctuation, la prosodie, les variations de l'orthographe, les expressions figurées dans le langage familier, oratoire et poétique, [...] la nomenclature des dérivés».

réclamer, dans la vie du langage, la place qu'y avaient prise les grammairiens pointilleux. En la personne du plus grand écrivain du siècle, ce sont les ouvriers de la langue qui partent en guerre contre le respect aveugle de l'usage mondain et les excès du purisme, qui ont abouti au dépérissement du français. Voltaire revendique la liberté de l'enrichir, moins par le «néologisme», tant reproché aux «modernes», que par le recours aux classiques, ainsi qu'aux termes archaïques, injustement condamnés. L'Académie doit cesser d'enregistrer l'appauvrissement mortel de la langue française.

Le vieillard s'applique à déployer tout son charme pour convaincre ses confrères, dont beaucoup rechignent à une telle entreprise.[98] Le «directeur» ne lève la séance qu'après que l'assemblée se soit partagée toutes les lettres. Il prend pour lui la lettre A, comme la plus fournie.

On a contesté la valeur du projet.[99] Sans doute, Voltaire ne proposait pas de remonter au-delà du seizième siècle. Mais c'était déjà beaucoup de fonder la vie des mots, pendant trois siècles, sur les citations empruntées aux écrivains. Par certains aspects l'entreprise annonce Littré, qui illustrera les «diverses acceptions» par des exemples tirés des principaux auteurs de la littérature française.

Voltaire sent les réticences de ses confrères. Il se promet de les vaincre. Mais il est trop tard. Il ne peut se rendre à la séance du 18 mai, ni à celle du 21. Le 25, il est décidé

> qu'attendu la maladie de M. le Directeur et l'absence d'un grand nombre d'académiciens, on remettrait le partage du travail au temps où M. le Directeur pourrait venir à l'Académie, et qu'on le prierait alors de se charger de quelque article du nouveau dictionnaire, pour juger d'après cet article, et après l'avoir examiné, quelle serait la meilleure forme à donner à ce nouveau dictionnaire.[100]

Le projet est enterré, quelques jours avant son auteur. Une fois de plus, Voltaire a tenté d'ébranler les colonnes du Temple. Il lui aurait fallu des mois, voire des années, pour faire aboutir sa réforme du *Dictionnaire* académique. Mais, comme le dira un philosophe-écrivain du vingtième siècle auquel on l'a parfois comparé, «on meurt toujours trop tôt».[101]

98. D21175 (8 mai 1778), Mme Denis à Wagnière: «Ces messieurs rechignent, ils craignent que cela ne leur donne trop de peine.»

99. Notamment Brunel, *Les Philosophes et l'Académie française au XVIIIème siècle* (Paris 1884), p.325, 327.

100. *Registres de l'Académie*, iii.433-34.

101. Sartre, *Huis-Clos*, scène 5.

19. La fin

Wagnière, annotant une lettre de Voltaire datée du 10 mai, écrit que son maître «tomba malade ce jour-là».[1] Expression impropre: malade, le vieil homme l'est depuis longtemps, du cancer qui insidieusement progresse. La vérité est que, ce dimanche 10 mai, le mal entre en sa phase finale. A moins que ce ne soit la veille, ou le lendemain: les témoignages hésitent sur la date exacte, et n'oublions pas que Wagnière lui-même n'est plus à Paris.[2] La Harpe laisse entendre que tout s'est passé dans la soirée du 7 mai, après la séance où Voltaire présenta son projet de *Dictionnaire* à l'Académie.[3] Meister rejette l'accident après une autre séance académique, à laquelle Voltaire ne put assister, c'est-à-dire après le 9, ou après le 11.[4] Mettra est le seul qui le situe avec précision un «lundi»: ce ne peut être que le 11.[5]

Mais essayons de suivre les événements pendant ces trois ou quatre jours. Le 7, Voltaire se porte bien; il va à l'Académie. Selon Mme Denis, «il y crie comme un diable» pour défendre son projet de dictionnaire.[6] Se sentant très las, il boit du café.[7] Le surlendemain, 9 mai, il devait assister, comme nous le dit Wagnière, à une deuxième séance: trop fatigué pour sortir, il ne put s'y rendre. Les opposants à son projet en profitèrent pour élever maintes objections. Voltaire craint de le voir abandonné. Il prépare donc un discours afin de défendre son plan.[8] Il s'acharne à la tâche, fait une débauche de café, perd le sommeil. Le lendemain 10 (ou, moins vraisemblablement, le surlendemain 11), survient la crise. Dans «l'après-dînée», c'est-à-dire au cours de l'après-midi, Voltaire éprouve le besoin d'aller prendre l'air.[9] Dans sa promenade, il rencontre Mme Denis et Mme de Saint-Julien. Il leur dit que «se sentant tout malingre, il allait se coucher».

1. D21118, notes textuelles.

2. Abstraction faite de ses insinuations, Wagnière reste cependant un témoin crédible. Revenu à Paris le surlendemain de la mort de Voltaire, il fut renseigné par Morand, par Maissonat, et même, à l'en croire, par des lettres anonymes (i.157, n.o). De plus, Mme de Saint-Julien lui fit un récit détaillé des événements.

3. *Correspondance*, ii.239, lettre 87, juin 1778.

4. CLT, xii.108, n.1, juin 1778.

5. Mettra, vi.276, 6 juin 1778.

6. D21175 (8 mai 1778), Mme Denis et Maissonat à Wagnière.

7. Wagnière, i.153: deux tasses et demi, en cinq fois.

8. CLT, xii.108.

9. Wagnière, i.154.

Deux heures après, Mme de Saint-Julien, inquiète, va le voir, le trouve fiévreux, remontre à la nièce qu'il faudrait appeler Tronchin: «on lui répondit que cela n'était rien, que le malade était accoutumé à se plaindre.» Papillon-philosophe revient encore «vers les dix heures»: la fièvre a augmenté. Elle s'étonne du «peu de soin» qu'on apporte au malade: même réponse.

Telle est la version de Wagnière,[10] toujours suspect lorsqu'il s'agit de Villette ou de Mme Denis. Cependant, en ce mois de mai, la correspondance de la nièce avec Wagnière ou Rieu révèle une légèreté, une indifférence étonnantes, pour ne pas dire plus. Le 4, elle ne parle à Wagnière que de sa santé à elle.[11] Le 9, tout va bien: Voltaire est de bonne humeur, tandis que sa propre santé «est toujours bien faible».[12] Le 18, au milieu des asperges de Ferney arrivées pourries, de la vente de son piano-forte, des babioles qu'elle réclame, elle donne négligemment une nouvelle: son oncle «a eu une strangurie qui a été assez forte». Il est maintenant «un peu mieux, mais se plaint toujours».[13] C'est le 25 seulement qu'elle fait part à Wagnière de son «inquiétude mortelle».[14] Sécheresse de cœur? Sans doute, mais aussi volonté bien arrêtée, après s'être défaite du trop dévoué secrétaire, de l'empêcher à tout prix de revenir. A cette fin, il fallait taire les informations alarmantes.[15] Wagnière va plus loin. Il accuse Mme Denis d'avoir défendu à quiconque d'écrire à son oncle, d'avoir retenu les lettres par lesquelles «il lui demandait positivement de partir», et cela «dès la commencement de sa maladie».[16] A l'appui de l'accusation, nous avons un document. Lorsque le 24 mai Pierre Morand, le valet de chambre, clôt la lettre désespérée de son vieux maître («je me meurs»), il y joint un mot à l'intention de Wagnière:

Je vous supplie d'avoir de la discrétion au sujet de la lettre ci-jointe de M. de Voltaire. Mme Denis me saurait très mauvais gré de ne la lui avoir pas montrée, je serais perdu. Personne n'en sait rien.[17]

Ainsi, tout ce qu'écrivait Voltaire passait par les mains de la nièce avant d'être mis à la poste, ou jeté au panier. Certaines lettres, notamment celles où il ordonnait à son secrétaire de revenir, ou se plaignait trop, ne seraient jamais parvenues à leur destinataire. Mais, d'un autre côté, aucune des lettres de Voltaire

10. Wagnière, i.154.

11. D21172.

12. D21178, à Rieu.

13. D21199, à Wagnière.

14. D21211.

15. De plus, on croyait bon, comme toujours, de cacher la gravité de l'état de Voltaire afin d'écarter les prêtres.

16. D21211 (25 mai 1778), Mme Denis à Wagnière, D21215 (26 mai), Dompierre d'Hornoy au même: commentaire, notes de Wagnière sur les lettres manuscrites.

17. D21209, «à trois heures du matin», D21210.

à Wagnière qui nous sont connues ne contient un ordre positif de rentrer. Le vieillard demande constamment à son fondé de pouvoir de revenir le plus tôt possible, tout en le chargeant de missions nouvelles, qui ne peuvent que retarder son retour. L'affaire n'est pas claire, et l'accusation de Wagnière reste mal établie.

Avant de poursuivre plus avant ce récit, il est nécessaire que nous nous fassions une idée un peu précise du mal qui va torturer Voltaire pendant les derniers jours de sa vie, et dont il mourra. On ne peut s'en tenir aux appréciations incertaines de Tronchin, ni à celles, encore plus vagues, de l'entourage. Pour formuler un diagnostic, la science médicale d'aujourd'hui dispose d'un document remarquable: le rapport de l'autopsie pratiquée le lendemain du décès, par le docteur Try.[18] Le rein droit était «taché de marques gangréneuses». Mais voici le plus grave:

La vessie était décomposée, elle avait acquis l'épaisseur de plus d'une pouce à la partie supérieure et postérieure, cette substance étant musqueuse et semblable à du lard, sa membrane nerveuse était disséquée par le pus qu'elle contenait. Il s'y était formé des espèces de tubercules qui étaient en suppuration, laquelle s'était fait jour à l'extérieur et transudait dans le bas-ventre, se répandait sur les intestins qui avoisinaient la vessie, en manière de gelée. La glande prostate était très volumineuse et entièrement squireuse.

Cette description minutieuse suggère aujourd'hui «l'hypothèse d'un phlegmon de la loge prostatique ayant diffusé dans tout le petit bassin, et même au-delà». La prostate est cancéreuse, ce que signifie dans la terminologie de l'époque l'adjectif «squireuse». Jacques Bréhant et Raphaël Roche commentent: «On se rend compte de ce que Voltaire a dû souffrir!»[19] L'effrayant rapport du docteur Try indique évidemment que depuis des mois le mal tourmentait le vieil homme. Quelle vitalité, et quelle énergie il lui fallut, pour tenir bon, au cours de ces semaines parisiennes, si occupées, malgré «des douleurs insupportables»![20]

Dans la crise finale, la souffrance devient intolérable.[21] D'où les cris, les accès d'une fièvre intense, les «convulsions»:[22] toutes agitations dont bientôt va s'emparer la légende, à des fins qui se voudront édifiantes.

Les remèdes parfois aggravent son état. Dans la soirée du 10, si l'on suit la *Relation* de Wagnière,[23] Villette fait venir un apothicaire avec une «liqueur».

18. Bréhant et Roche, p.230.

19. Bréhant et Roche, p.205. R. Galliani a confirmé l'hypothèse du cancer, en exploitant les traces de lecture, par Voltaire, de tout ce qui concerne les tumeurs dans les *Œuvres* du chirurgien Thévenin («Quelques faits inédits sur la mort de Voltaire», *Studies* 217, 1983, p.159-75).

20. Expression de D21169, «ce vendredi» (avril-mai 1778), à Tronchin.

21. D21193 (15 mai 1778), à Wagnière, dans une longue lettre d'affaires qu'il est encore capable d'écrire de sa main, Voltaire laisse échapper: «je souffre des douleurs incroyables».

22. D21203, D21204 (vers le 20 mai 1778), à Tronchin, Voltaire se plaint de «convulsions d'une toux violente», et de vomissements de sang.

23. i.154-55.

Voltaire refuse d'abord de la prendre, «disant qu'il n'avait jamais fait usage de liqueur spiritueuse», et encore moins de «drogue de chimie». Il finit par en avaler quelque peu. Mme de Saint-Julien, qui est restée à son chevet, a la curiosité d'y goûter. «Elle m'a juré», écrit Wagnière, «qu'elle était si violente qu'elle lui brûla la langue, et qu'elle ne put pas souper. C'est d'elle-même que je tiens les détails que je rapporte.» Le résultat de la potion fut que le malade entra dans une «agitation terrible».

La médecine du temps usait d'un remède pour calmer les douleurs trop violentes: l'opium. Le «suc de pavot», venu de Turquie, d'Egypte ou des Indes, sous forme de gâteaux d'une livre ou d'une demi-livre, était préparé par les apothicaires en potions comme le laudanum, dissous dans du vin d'Espagne.[24] On connaissait les dangers d'une telle médication. Lorsque Tronchin, enfin appelé auprès du malade, la lui prescrit, il recommande de la prendre «à des doses et à des distances réglées».[25] Mais Voltaire ne suit pas les conseils de prudence de son médecin. Il en prend beaucoup. Il envoie un domestique, au milieu de la nuit, chez l'apothicaire, «chercher une nouvelle ration».[26] Le domestique y retourne encore trois fois. Voltaire demande aussi à son ami Richelieu de lui faire parvenir de son «opium préparé», dont le maréchal fait usage dans ses accès de goutte. Il aurait avalé le calmant en une seule fois, au lieu de le prendre en quatre doses.[27] On a dit également que la bouteille s'était cassée. Wagnière avoue qu'il n'a jamais pu «tirer au clair ce dernier fait». L'entourage, en tout cas, s'inquiète de ces abus. Mais les avis sont partagés. Mme de Saint-Julien et un parent de Voltaire (sans doute Dompierre d'Hornoy) insistent pour qu'on lui interdise l'opium. Mme Denis préfère suivre Villette, selon lequel «le malade pourrait tout au plus être fou une couple de jours».[28]

De fait, les effets ne tardèrent pas à se faire sentir. Pendant plusieurs jours (deux, trois ou quatre, selon les témoins),[29] Voltaire sombre dans une somnolence entrecoupée d'intermèdes de délire. D'après Mme Denis, il ne trouve pas ses mots, ou en prononce d'inintelligibles. Une fois passée l'action de l'opium, le mal se réveille pire que jamais.[30] Les mictions deviennent encore plus difficiles.

24. L'*Encyclopédie* contenait un article «Laudanum» très documenté.

25. Selon La Harpe, *Correspondance*, ii.240, lettre 87. La liqueur de l'apothicaire, le soir du 10, qui brûla la langue de Mme de Saint-Julien, était-ce déjà de l'opium? On comprend mal, en ce cas, qu'au lieu d'apaiser le malade, elle ait provoqué chez lui une «agitation terrible». Le récit de Wagnière sur ce point n'est pas clair.

26. La Harpe, ii.240.

27. D21217, commentaire.

28. Wagnière, i.155.

29. Mettra, vi.177: «36 heures»; La Harpe, ii.240: 48 heures; Mme Denis, à Audibert, 15 août 1778, dans *RHLF* 79 (1979), p.185: «trois ou quatre jours».

30. D'après D21212 (25 mai 1778), Dompierre d'Hornoy à Wagnière, l'effet de l'opium venait de prendre fin.

L'estomac est paralysé. Les bains, les «acides administrés avec précaution», sur prescription de Tronchin, s'avèrent inefficaces. La douleur reparaît plus violente encore. Est-ce alors que Voltaire aurait lancé à Richelieu: «Ah! frère Caïn, tu m'as tué»? Il se peut que ce mot, bien dans sa manière pourtant, soit apocryphe.[31]

Ici doit prendre place une lettre de Tronchin, très postérieure (27 juin 1778), mais qui vise la période d'agitation du malade. Tronchin s'adresse à un ennemi de Voltaire, Charles Bonnet. Ce n'est pas le témoignage du médecin. Sur le plan médical, Tronchin continue à se tromper lourdement. Il persiste à attribuer la mort de son malade au surmenage parisien, consécutif notamment au travail du *Dictionnaire* académique. Il laisse entendre que Voltaire se serait remis, s'il avait regagné Ferney, comme son médecin le lui conseillait. Or nous savons que le malade était, de toute façon, condamné à brève échéance. Erreur de diagnostic donc, mais favorisée par la conviction du croyant. Car c'est en homme de foi que Tronchin s'exprime. Il annonce d'emblée: «Si mes principes [religieux] avaient eu besoin que j'en serrasse le nœud, l'homme que j'ai vu dépérir, agoniser et mourir sous mes yeux, en aurait fait un nœud gordien.» Et il oppose «la mort d'un homme de bien, qui n'est que la fin d'un beau jour, à celle de Voltaire». Quelle différence «entre la sérénité de l'âme d'un sage qui cesse de vivre et le tourment affreux de celui pour qui la mort est le roi des épouvantements»! Tronchin oublie ici ce qu'il sait fort bien, et qu'il a lui-même observé: que le pieux Haller est mort dans les mêmes affres que Voltaire.[32] Avec plus d'un mois de recul, le médecin brouille la chronologie des faits situés en mai 1778. Il accuse les drogues que Voltaire aurait prises «en bonne fortune» – entendons sans l'avis de Tronchin – entre la séance académique du 7 mai et la suivante du 11, à laquelle il ne put assister. La suite de la phrase semble se rapporter aux souffrances que Voltaire tenta d'apaiser par le laudanum (dont Tronchin ne parle pas):

> Il a fait toutes les folies qui ont hâté sa mort, et qui l'ont jeté dans l'état de désespoir et de démence le plus affreux. Je ne me le rappelle pas sans horreur. Dès qu'il vit que tout ce qu'il avait fait pour augmenter ses forces avait produit un effet tout contraire, la mort fut toujours devant ses yeux. Dès ce moment, la rage s'est emparée de son âme. Rappelez-vous les fureurs d'Oreste: *Furiis agitatus obiit*.[33]

Manifestement Tronchin ne se soucie guère des règles de la déontologie médicale. Elles n'avaient sans doute pas cours au dix-huitième siècle. Et il porte sur l'événement une appréciation globale. La période qui s'étend entre le jour où Voltaire a accepté la direction de l'Académie, le 30 mars, et sa mort, deux mois plus tard, le médecin l'évoque comme n'ayant été «qu'un ouragan de folies». Et

31. D'Alembert, 3 juillet 1778, à Frédéric II, Desnoiresterres, viii.347.

32. Lettre à Bonnet, 19 février 1778, Desnoiresterres, viii.364, n.1.

33. Desnoiresterres, viii.366.

sur cette mort même, il se trompe. Il n'était pas présent le dernier jour, le 30 mai. Voltaire, comme nous le verrons, n'a pas expiré *furiis agitatus*. Mais on va attribuer à ce texte une autorité qu'il n'a pas: on s'en réclamera pour élaborer la légende de Voltaire mourant en damné.

Au reste, le vieil homme n'est pas un malade facile. Il n'en fait qu'à sa tête, «se plaint toujours», crie qu'on l'abandonne, qu'on le tue... Il peste contre la médecine et les médecins. Il en veut à Mme Denis, aux prêtres, aux amis mêmes. Il regrette enfin (ici Tronchin dit vrai) ce «voyage funeste», cette vaine gloire qui ne vaut pas quelques instants de vie. S'est-il senti victime de la «séduction» dont parle toujours Wagnière? «Je crains bien», lui disait-il, «d'avoir changé mon bonheur contre de la fumée.»[34] Le 15 mai, il s'écrie: «Ah! qu'on m'a trompé! Je n'en puis plus.»[35] Le 24 enfin: «Je suis bien puni de votre départ, d'avoir quitté Ferney, et d'avoir pris une maison à Paris.»[36] Tronchin nous montre un Voltaire en pleine déroute, désespéré, fou d'épouvante: témoignage prémédité et annoncé de longue date. Sans doute le malade perd-il la tête, «par intervalles». Cependant, au cours de ces deux dernières semaines de sa vie, il a écrit, agi, bien qu'il ne sorte plus de son lit. Affaibli, démoralisé, il n'abandonne pas pour autant ses projets. Il ne retournera plus à l'Académie, mais s'accroche au Dictionnaire.[37] Il n'ira plus au théâtre, mais il reçoit, le 13, les Comédiens-Français.[38] Il n'a pu se rendre à Ferney, mais il s'attache à régler, presque journellement, les multiples problèmes nés de sa longue absence. L'abondante correspondance avec son secrétaire révèle une activité inattendue chez ce mourant. Du 7 au 15 mai, il écrit six lettres à Wagnière (dont deux du même jour, le 13), suivies un peu plus tard, de son ultime lettre du 24, et il en manque certainement.[39]

Wagnière avait quitté Paris muni d'une procuration de son maître et de Mme Denis, signée devant notaire le 26 avril. Elle lui donnait plein pouvoir «d'administrer pour eux toutes leurs affaires» concernant Ferney, Tourney, Prégny et Chambésy, d'affermer lesdites terres, de faire rentrer les créances, payer les dettes, renvoyer et payer les domestiques, «constituer procureur», le tout «avec sa prudence ordinaire».[40] Ce n'était pas tout. Voltaire lui avait remis

34. D21190 (13 mai 1778).

35. D21193, à Wagnière.

36. D21209, à Wagnière.

37. D21198 (18 mai 1778), à d'Alembert. Il recommande à ses confrères «les vingt-quatre lettres de l'alphabet».

38. D21188, D21189.

39. Th. Besterman a pu réunir pour cette courte période un corpus de 23 lettres: 7 de Voltaire à Wagnière, 8 de Wagnière à Voltaire, 5 de Mme Denis à Wagnière (et une à Rieu), 3 réponses de Wagnière.

40. D.app.500.

aussi un «Agenda pour Ferney»[41] où était noté ce dont il avait besoin à Paris: argent, linge, papiers importants et livres. De l'argent, il lui en faut pour payer l'aménagement de cette maison, qui «le ruine», qui sera son «tombeau», mais qu'il veut achever.[42] Wagnière, en route pour Ferney, passe par Lyon, d'où il fait tenir à son maître «80 000 francs par son banquier, M. Schérer, et 20 000 par MM. Lavergne».[43] Le 14 mai, Voltaire s'étonne de n'avoir point reçu de Schérer les lettres de change correspondantes qu'il attend. Le 24, sans nouvelles, il s'inquiète.[44] Qu'étaient-elles devenues? Wagnière est formel:

M. Autran, agent de change à Paris, manda à M. de Voltaire qu'il avait ordre de M. Schérer de Lyon de lui compter les 80 000 francs que je lui faisais passer. Il lui répondit qu'étant malade, il le priait de lui apporter cet argent; il donna le billet à son cuisinier: Mme Denis le lui retira des mains et lui dit de répondre qu'il n'avait pas trouvé M. Autran, à qui le malade écrivit encore plusieurs autres billets qui ne purent parvenir à leur adresse; il est mort dans l'idée que cette somme avait été volée.[45]

Mme Denis attendait-elle que Voltaire fût décédé, pour que les 80 000 livres lui fussent remises à elle-même?

Le mourant révèle, lorsqu'il traite de ses affaires, lucidité, fraîcheur de mémoire, attention aux plus infimes détails. Wagnière n'use de son pouvoir que dans les cas les plus simples. Dès qu'apparaît le plus mince problème, il en réfère au patron, qui lui expédie aussitôt ses avis ou ses ordres. Le malade est sollicité pour trancher des contestations sur un bout de pré ou des créances de quelques livres. Car c'est aux créanciers que Wagnière doit consacrer le plus clair de son temps. En l'absence du seigneur, les débiteurs ne se pressent pas de payer. Voltaire réclame les billets, les contrats. Un infini détail dont il ne se lasse pas. Et il continue à se préoccuper de ses colons, qui le méritent bien. Ceux-ci ne cessent de soupirer après le rétablissement de leur bienfaiteur, de leur père, qu'ils craignent de ne plus revoir.[46]

La lecture de sa correspondance montre assez le courage et la santé mentale d'un malade, lucide jusqu'au seuil de la mort, tout en souffrant le martyre. Il a pu délirer quelques jours, gémir, pleurer, tempêter, hurler: il a conservé intactes sa raison et sa maîtrise du langage. Le 13, il écrit à Catherine II. Le 16, en réponse à quelques «chansons nouvelles» de Lattaignant (qui résiste, lui aussi), il fait même des vers... Deux sizains, dont voici le dernier:

41. D.app.502.
42. D21190 (13 mai 1778).
43. Wagnière, i.153.
44. D21192, D21209.
45. Wagnière, i.153.
46. D21201 (19 mai 1778), Wagnière à Voltaire.

Je supporte avec constance
Ma longue et triste souffrance,
Sans l'erreur de l'espérance;
Mais vos vers m'ont consolé;
C'est la seule jouissance
De mon esprit accablé.[47]

On peut dater du 23 mai le jour où le malade lui-même et son entourage, ainsi que les autorités, prévoient une issue rapide. Ce jour-là Lenoir, lieutenant de police, annonce à Amelot, ministre chargé de Paris, que «M. de Voltaire est très mal, et qu'il y a apparence qu'il ne sera plus en vie dans vingt-quatre heures».[48] C'était compter sans la vitalité du mourant, qui pourtant écrit lui-même à Wagnière, dans la nuit suivante, «à trois heures du matin», qu'il «se meurt».[49] Mme Denis attend le 25, de même que d'Hornoy, pour rappeler Wagnière de Ferney. La faiblesse du moribond est telle qu'elle effraie la maisonnée et inquiète Tronchin: «anéantissement extrême», écrit d'Hornoy. L'estomac bloqué, le malade «ne veut rien prendre». On a peine à lui faire avaler «quelques cuillerées de gelée ou de blanc-manger». Le 26, le même d'Hornoy mande à Wagnière que «la faiblesse augmente de jour en jour» et que «ce serait se faire illusion que de conserver de l'espérance».[50]

Voltaire ne parle presque plus. Mais il n'a pas perdu le sens. Le 26 précisément, il jouit pleinement d'une nouvelle qui le transporte de joie. On lui apprend que le Conseil du roi a enfin cassé la sentence du parlement qui avait condamné à mort le malheureux Lally. Ranimé, il a la force de dicter trois lignes à l'adresse du jeune Lally-Tollendal, ces trois lignes qui seront ses dernières:

Le mourant ressuscite en apprenant cette grande nouvelle; il embrasse bien tendrement M. de Lally; il voit que le roi est le défenseur de la justice: il mourra content.[51]

Il est beau que Voltaire s'en aille sur cette ultime victoire. Il aimerait l'annoncer, la crier partout. A défaut, il fait accrocher sur la tapisserie de sa chambre cette inscription:

Le 26 mai, l'assassinat juridique commis par Pasquier en la personne de Lally a été vengé par le Conseil du roi.

Une dernière fois, quatre jours avant sa mort, il vibre pour la cause de la justice. Tout ensemble il savoure la défaite d'un des parlementaires qu'il déteste le plus:

47. D21196.

48. D21208. Le manuscrit porte que le ministre a «R[épondu] le même jour».

49. D21209.

50. D21211 (25 mai 1778), Mme Denis à Wagnière; D21212 (25 mai), D21215 (26 mai), d'Hornoy à Wagnière.

51. D21213.

le conseiller Pasquier, «tête de veau», responsable aussi du supplice du chevalier de La Barre.

Cependant, du côté du clergé, des manœuvres avaient commencé, dans la perspective d'une mort prochaine de l'impie. On ne pouvait se contenter de la confession du 2 mars et de la rétractation alors rédigée par Voltaire, en termes jugés trop vagues. L'abbé Gaultier, accusé de faiblesse, est écarté. C'est le curé de Saint-Sulpice, sous le couvert de l'archevêque, qui mène désormais les négociations. Dès le 18 mai, M. de Tersac avait fait une démarche, que Condorcet évoque en termes ironiques. Le pasteur serait arrivé «tout courant» à l'hôtel de Villette,

pour tâcher d'avoir un corps ou une âme. On lui a dit que le corps n'était pas dans le cas d'être enterré, et que pour l'âme, depuis qu'elle avait pris de l'opium, on ne savait ce qu'elle était devenue.[52]

Le prêtre voulait obtenir une rétractation franche. Faute de quoi, il refuserait l'inhumation «en terre sainte». La question était débattue alors dans les deux camps, partagés l'un et l'autre entre modérés et intransigeants. M. de Tersac est de ces derniers. Jeune ecclésiastique, il ne consent pas aux concessions.[53] Il brandit le «rituel de Paris» et «toutes les règles canoniques». Il affirme que la sépulture doit être refusée aux «pécheurs publics» qui meurent sans pénitence. Or Voltaire est

l'ennemi déclaré de la religion chrétienne; ses blasphèmes contre la personne adorable de Jésus-Christ sont consignés dans la plupart de ses ouvrages et retentissent de tous côtés.[54]

S'il ne désavoue pas lesdits ouvrages, s'il ne se rétracte pas, «le voilà évidemment pécheur public». On ne saurait donc l'enterrer en terre chrétienne.

Les extrémistes de l'autre bord estiment qu'on pouvait contraindre le curé de Saint-Sulpice à inhumer Voltaire: le philosophe, «né dans le sein du christianisme», n'a jamais, «dans le cours de sa vie, rompu aucun des liens extérieurs par lesquels un catholique tient au giron de l'Eglise», et «nulle censure ne l'en avait séparé». Telle est l'opinion de l'abbé Duvernet.[55] Condorcet reprend l'argument, en opposant avec plus de fermeté la loi aux canons de l'Eglise. Le prêtre n'avait aucunement le droit de refuser la sépulture. Suivant les lois, «ce refus doit être précédé d'une sentence d'excommunication, ou d'un jugement séculier». A son

52. D21216, Condorcet à Turgot. La lettre ne porte qu'une indication, «ce mardi», c'est-à-dire soit le 19, soit le 26. Th. Besterman la date, à tort, du 26. Condorcet (M.i.279) précise que M. de Tersac vint «au moment de la rechute», donc peu après le 10 mai.

53. Condorcet, M.i.279, en brosse un portrait fort noir. Il dénonce son «impérieux fanatisme».

54. M. de Tersac plaide ainsi dans le *Mémoire* qu'il rédigea, après coup, en juin 1778, pour justifier son attitude. Texte dans *RHLF* 55 (1955), p.313-14.

55. Duvernet, p.347.

avis, la famille, en portant plainte au parlement, aurait eu gain de cause. Et il reproche à la famille de n'avoir pas senti «combien lui donnait de force cet enthousiasme que Voltaire avait excité, enthousiasme qui avait gagné toutes les classes de la nation, et qu'aucune autorité n'eût osé attaquer de front».[56]

Faudra-t-il donc intenter un procès devant le parlement, pour obtenir à Voltaire une sépulture décente? Le ministre déconseille une telle démarche. De leur côté, le neveu Mignot et le petit-neveu Dompierre d'Hornoy, l'un et l'autre parlementaires, peuvent mesurer le peu de chances de succès d'une action judiciaire, qui eût sans doute dégénéré en affaire d'Etat. Ils préfèrent se conformer, maintenant que leur oncle ne peut plus agir lui-même, à sa tactique habituelle. Ils vont chercher à négocier. Ils comptent sur le soutien des philosophes modérés, comme d'Alembert, et sur la compréhension des ecclésiastiques conciliants. Car Tersac était loin de faire l'unanimité dans le camp de l'Eglise. A en croire Duvernet, «la plupart des curés de Paris blâmèrent leur confrère, dont l'inexpérience était celle d'un jeune prêtre, et dont le zèle était celui d'un séminariste». Ainsi le curé de Saint-Roch, «homme sage et vertueux qui a blanchi dans le saint ministère», disait, parlant de Voltaire mourant, «que ce n'était pas une conversion à faire, mais une conversion à escamoter, et qui eût fait honneur au clergé».[57] Certains prêtres, cités par Desnoiresterres, déclarèrent qu'ils auraient volontiers enterré Voltaire dans leur église.[58]

Qu'attendre d'autre part de l'autorité civile? Le roi a dit «qu'il fallait laisser faire les prêtres».[59] Louis XVI a choisi le parti auquel il incline par nature: celui de l'abstention. Mais faudrait-il laisser aller les choses jusqu'à un refus de sépulture, qui révolterait l'opinion? Les détenteurs de l'autorité, le ministre Amelot et le lieutenant de police Lenoir, ne le pensent pas: l'archevêque de Paris non plus. Christophe de Beaumont, désireux d'éviter un scandale, souhaite un arrangement. Les négociations commencent donc, entre Lenoir et l'abbé Mignot. Le 23 mai – on craint alors que le mourant décède dans les vingt-quatre heures –, on crut avoir trouvé une solution. Dès la mort de Voltaire, on le transportera *comme malade* à Ferney. Dès maintenant, on fait courir le bruit qu'il veut à toutes forces retourner là-bas. M. de Tersac se range à cette idée, qui dégage sa responsabilité.[60] La famille pourtant tente d'obtenir quelque chose de plus acceptable qu'un

56. M.i.279.

57. Duvernet, p.346.

58. Desnoiresterres, viii.413-14. D'Alembert, dans sa lettre du 3 juillet à Frédéric II, parle notamment du curé de Saint-Etienne-du-Mont, prêt à enterrer Voltaire dans son église, entre Racine et Pascal.

59. La Harpe, ii.244.

60. D21208 (23 mai 1778), Lenoir à Amelot.

transfert plein d'aléas. Le 27 mai, Voltaire étant toujours vivant, un comité se réunit chez le ministre Amelot, où sont appelés le curé de Saint-Sulpice, le lieutenant de police Lenoir, les deux neveux Mignot et d'Hornoy. L'explication est vive. M. de Tersac se montre intraitable. On en reste donc à l'accord du 23 mai. Maurepas, qui continue d'assurer la direction des affaires à Versailles, est informé. Il tente d'améliorer le projet. La voiture s'arrêtera à trois ou quatre lieues de Paris. Un chirurgien, emmené à cet effet, procèdera à l'embaumement, et l'on continuera en direction de Ferney. Amelot remet à Dompierre d'Hornoy un passeport en forme de lettre: si par malheur M. de Voltare décédait pendant son voyage, «aucun obstacle» ne doit empêcher que le corps soit conduit à destination.[61]

Que serait-il arrivé si la famille avait exécuté ce plan? Comme nous le verrons, l'abbé Mignot préféra ne pas courir ce risque.

Désiré par les siens, imposé par le ministre, le silence tombe sur les derniers jours de Voltaire. Silence si profond qu'il prêtera aux récits les plus malveillants. Mais les témoignages les plus crédibles, ceux de ses proches, s'accordent à décrire une fin paisible, par épuisement de l'agonisant. Mme Denis écrit que son oncle «est mort dans de grandes douleurs, excepté les quatre derniers jours, où il a fini comme une chandelle».[62] La Harpe confirme, avec quelques précisions. La faiblesse du malade

> augmentait de moment en moment, et trois jours avant qu'il mourût, les médecins ne dissimulèrent pas qu'il n'y avait plus d'espérance, et que la vie allait s'éteindre chez lui, sans qu'aucune des ressources de l'art pût le ranimer.

Voltaire en était conscient; il dit à son disciple: «On ne peut pas fuir sa destinée; je suis venu à Paris pour mourir.» La Harpe poursuit:

> Cependant sa tête commençait à s'affaiblir; bientôt la raison n'eut plus que des lueurs fugitives. M. de Voltaire, dans les derniers jours de sa vie, n'était plus qu'une machine affaissée et plaintive; il souffrait toujours de la vessie et ne prenait rien qu'un peu de gelée d'orange, ou suçait de petits morceaux de glace pour apaiser la chaleur qui le dévorait.

Le 26, peu de temps après l'effort qu'il fit pour écrire à Lally-Tollendal,

> la gangrène se mit à la vessie, et il cessa de souffrir. Il s'éteignait doucement, et ne reconnaissait plus qu'avec beaucoup de peine les personnes qui s'approchaient de son lit.[63]

Wagnière bien sûr ne manque pas d'affirmer qu'il «expira avec la plus parfaite tranquillité»: il se fie au témoignage de Morand.[64] Mme de Villette s'exprimera

61. *RHLF* 55 (1955), p.308-309.
62. Mme Denis à Audibert, 15 août 1778, *RHLF* 78 (1978), p.185.
63. La Harpe, ii.241-42, lettre 87, juin 1778.
64. Wagnière, i.161.

de même, lorsqu'elle sera interrogée par Lady Morgan sur de répugnantes allégations. Suivant l'agonie avec l'émotion qu'on devine, Belle et Bonne «ne le quitta pas un instant»: «jusqu'au dernier moment», dit-elle à sa visiteuse, «tout respira la bienveillance et la bonté de son caractère; tout annonça en lui la tranquillité, la paix, la résignation, sauf le petit mouvement d'humeur qu'il montra au curé de Saint-Sulpice, quand il le pria de se retirer».[65]

Le samedi 30 mai, Voltaire vit son dernier jour. A dix heures du matin, Lenoir annonce au ministre que «M. de Voltaire est à toute extrémité s'il n'est pas mort». Le lieutenant de police a pris ses précautions pour faire observer le silence par le *Journal de Paris*. La même circonspection va être prescrite à la Comédie-Française. La famille devra cacher le décès «pendant quelques heures».[66]

Cependant, informé par «la voix publique» de l'état du malade, l'abbé Gaultier réapparaît. Il fait parvenir à Voltaire une lettre pressante, l'engageant à penser sérieusement à «l'affaire de [son] salut».[67] C'est l'abbé Mignot qui lui répond, en allant le chercher lui-même pour confesser son oncle. Gaultier se retranche alors derrière l'autorité de M. de Tersac. Vers la fin de l'après-midi, les deux prêtres arrivent à l'hôtel de Villette, avec l'intention de faire signer au moribond une rétractation complète. Que s'est-il passé exactement? Les diverses relations, de Meister, de La Harpe, de Duvernet, de Wagnière, ne comportent guère de différences, sauf sur un point précis. Leurs auteurs ont puisé aux mêmes sources, le valet de chambre Morand, qui se tenait près de la porte, et M. de Villevielle, qui n'a «presque point quitté» Voltaire pendant ses derniers jours.[68] Duvernet affirme avoir recueilli les dernières paroles du mourant «de ceux qui étaient présents», c'est-à-dire la nièce, les neveux et «les amis» (Villevielle et aussi Villette).[69] De fait, il raconte la scène avec précision et en détail:

> Le curé s'approche du chevet du mourant et lui demande s'il croit en la divinité de Jésus-Christ. Le philosophe ne l'entendit pas, ou s'il l'entendit, ne daigna pas répondre. Le curé profite de ce silence pour justifier, auprès des parents et des amis présents, une pareille demande: «Comme, dit-il, dans les ouvrages qu'on lui attribue, la divinité de Jésus-Christ est fortement attaquée, je crois devoir m'assurer de ce point de croyance.»

65. Cité par Jean Stern, *Belle et Bonne*, p.88. Sur le «petit mouvement d'humeur», voir plus bas, p.329. Même version chez le prince Bariatinski, ambassadeur à Paris, qui a rédigé un récit bien informé pour Catherine II, *Journal des débats*, 30 janvier 1869, dans M.i.444-51. En revanche, Duvernet, p.345-46, drape son héros à l'antique: «Ce qu'on est en droit d'assurer, c'est que Voltaire mourut paisiblement, avec la résignation et le calme d'un philosophe qui se rejoint au grand Etre.»

66. *RHLF* 55 (1955), p.309. Cependant la nouvelle de la mort de Voltaire se répand «souterrainement», dès le 30 mai, dans les nouvelles à la main, P. Jansen, Fr. Moureau, S. Van Dijk, «L'événement dans les périodiques (1er mai-31 août 1778)», *RHLF* 79 (1979), p.239.

67. D21221 (30 mai 1778), texte remanié par la suite, voir notes.

68. CLT, xii.112.

69. Duvernet, p.342, 344.

M. le marquis de Villevielle prend alors la parole; et, persuadé qu'il ne sera point entendu, crie à l'oreille du moribond: «Voilà M. l'abbé Gaultier, votre confesseur»; et le philosophe, au grand étonnement des assistants, répond: «M. l'abbé Gaultier! mon confesseur! faites-lui bien mes compliments».

On annonce ensuite au mourant M. de Tersac. Le curé de Saint-Sulpice lui demande une deuxième fois, «et d'un ton assez mal assuré»: «Monsieur, reconnaissez-vous la divinité de Jésus-Christ?» Selon Wagnière, «le malade alors porta une de ses mains sur la calotte du curé, en le repoussant, et s'écria, en se retournant brusquement de l'autre côté: Laissez-moi mourir en paix!»[70]

Mais Duvernet prête ici à Voltaire une déclaration solennelle: «Alors le philosophe expirant, ayant la main ouverte et le bras tendu, comme pour repousser le pasteur, s'écrie d'une voix haute et ferme: Au nom de Dieu, monsieur, ne me parlez pas de cet homme!» Et Duvernet conclut: «Ce sont là les dernières paroles de Voltaire; elles renferment, comme on voit, la profession de foi d'un pur théiste, qui borne sa créance en un seul Dieu.»[71] Ce superbe «mot de la fin» que Duvernet est seul à rapporter, suivi par Condorcet,[72] paraît d'une authenticité douteuse.

Toujours est-il que les deux prêtres se retirent. Ils constatent que le moribond «n'avait plus sa tête». Ce qui n'est pas sûr. Mais ils se dispensent ainsi d'insister davantage. Voltaire, loin de se renier, est resté jusqu'au bout, que le mot sur Jésus-Christ ait été prononcé ou non, ferme dans ses convictions. Point de rétractation, encore moins de «mort chrétienne».[73]

A la sortie des prêtres, le malade aurait dit: «je suis donc un homme mort.»[74] Quelques heures après, à onze heures, Voltaire s'éteignit, assisté par le docteur Lorry et le docteur Thierry.[75] D'après Wagnière, «dix minutes avant de rendre l'âme, il prit la main du nommé Morand, son valet de chambre qui le veillait, la lui serra et lui dit: Adieu, mon cher Morand, je me meurs.»[76] Mettra rapporte que, «quelques minutes avant d'expirer», il «se tâta le pouls lui-même, et fit signe de la tête que tout était fini».[77] Dernier auto-diagnostic. Meister enfin assure

70. Wagnière, i.160-61. Wagnière ajoute: «Le curé, apparemment, crut sa personne souillée et sa calotte déshonorée par l'attouchement d'un philosophe; il se fit donner un coup de brosse par la garde-malade».

71. Un peu plus haut, Duvernet a récupéré le mot «Laissez-moi mourir en paix», en indiquant que tel était le sens d'un geste fait en direction du prêtre.

72. M.i.279: «Au nom de Dieu, monsieur, ne me parlez plus de cet homme-là, et laissez-moi mourir en paix.»

73. Le titre d'André Lebois, «Le trépas chrétien de M. de Voltaire», en tête d'un document dont nous reparlerons, n'est pas justifié (*Littérature sous Louis XV*, Paris 1962, p.297-323).

74. Wagnière, i.161.

75. Wagnière précise (i.102) que «M. Tronchin ne le vit pas le jour de sa mort».

76. Wagnière, i.161.

77. Mettra, vi.277, 6 juin 1778.

qu'il «nomma encore quelquefois Mme Denis». Il a dû dire en effet parmi ses mots ultimes: «Prenez soin de maman...».[78]

La situation n'avait pas évolué. La visite des prêtres n'avait pas obtenu la rétractation, condition nécessaire d'une sépulture chrétienne à Paris. Il ne restait plus qu'à exécuter le plan prévu. Mais l'abbé Mignot en appliqua un autre, moins risqué.

Il est évident qu'un transport du corps en carrosse jusqu'à Ferney, ce qui demandait quatre ou cinq jours, exposerait à toutes sortes d'incidents fâcheux. Et là-bas, on pouvait compter que Mgr Biord ferait tout pour s'opposer aux funérailles religieuses de l'impie. D'ailleurs l'archevêque de Paris l'a alerté. Christophe de Beaumont a adressé consécutivement trois lettres à l'évêque d'Annecy «pour l'engager à défendre au curé de Ferney d'enterrer Voltaire et de lui faire aucun service dans sa paroisse».[79] Déjà, en prévision de telles difficultés, le patriarche avait renoncé à sa sépulture sous la pyramide adossée à l'église. Il avait envisagé de mourir en Suisse, hors de la juridiction de Mgr Biord, à quatre lieues de Ferney, dans une maison louée par Wagnière. De là, son corps serait transporté au château, et inhumé dans le pavillon de bains, transformé en mausolée.[80]

Son trépas à Paris oblige à prendre un parti tout différent. Le 30 mai, avant même le décès de son oncle, l'abbé Mignot se procure trois pièces, d'apparence anodine, qui vont se révéler décisives. Il obtient de l'abbé Gaultier un billet de confession, qui n'est qu'un simple constat d'incapacité:

Je déclare que j'ai été appelé pour confesser M. de Voltaire, que j'ai trouvé hors d'état d'être entendu et sans connaissance. Ce 30 mai 1778.

78. Comme le rapporte le prince Bariatinski (M.i.448). CLT, xii.111-12. Il ressort des documents dont nous disposons que Voltaire a passé ses derniers jours et qu'il est mort dans la chambre où il s'était installé à son arrivée à l'hôtel de Villette. Aussi est-on étonné de lire dans Jean Orieux, *Voltaire ou la royauté de l'esprit* (Paris 1966), p.770: «Depuis qu'il était si mal [...], on l'avait relégué dans une maisonnette au fond du jardin de l'hôtel de Villette.» Nulle part il n'est fait mention d'un «jardin» de cet hôtel. J. Orieux ne cite pas sa source. Peut-être interprète-t-il ainsi, mais à tort, une phrase de Wagnière (i.159): «Je craindrais d'être accusé d'imposture, si je racontais en détail l'abandon affreux et l'état misérable où M. de Voltaire s'est trouvé réduit les vingt derniers jours de sa vie.» A son tour, Claude Manceron, *Les Hommes de la liberté* (Paris 1972), i.609, sous le sous-titre «L'assassinat de Voltaire», donne une version plus corsée: «On le porte, comme un vieil oiseau tombé du nid, dans une petite maisonnette de laquais, un cabanon planté dans les jardins de l'hôtel. Pas de lumière: la haute église des Théatins s'interpose entre le printemps de Paris et lui. Ses dernières heures seront rythmées par la cloche de ces religieux d'origine italienne, vêtus de noir, qui»... etc. Cl. Manceron n'a apparemment pas d'autre source que J. Orieux, dont il reproduit l'erreur sur le nom du curé de Saint-Sulpice: Fersac, au lieu de Tersac. Son récit relève de la pure fiction.

79. Wagnière, i.162, confirmé par Gaullieur, *Etrennes nationales* (Genève 1855), p.210.

80. Wagnière, i.161, n.q.

M. de Tersac, de son côté, laisse aux mains du neveu une sorte d'*exeat* pour la dépouille:

Je consens que le corps de M. de Voltaire soit emporté sans cérémonie, et je me dépars à son égard de tous les droits curiaux. Le 30 mai 1778.

Mieux encore, Mignot, n'ayant pas retrouvé l'original de la rétractation du 2 mars, fait certifier conforme par le curé la copie qu'il lui présente. Tersac, loin d'imaginer que ce certificat puisse apparaître comme une approbation, le signe sans discuter.[81]

Le lendemain, dimanche 31 mai, on procède à l'autopsie. D'après les consignes données par Amelot le 27, celle-ci ne devait être pratiquée qu'à quelques lieues de Paris. Mais Dompierre d'Hornoy préfère «prendre cette précaution ici»: il aurait fallu, écrit-il à Lenoir, «mettre une auberge dans notre confidence».[82] Dans la même lettre, le petit-neveu fait état de la permission signée par le curé, qui autorise le transport du corps. Le soir, ajoute-t-il, nous le conduirons «où nous devons le déposer»: prudente imprécision...

Le 31 donc, M. Try, chirurgien, assisté d'un M. Burard, procède à l'autopsie, dans des conditions précaires. Le corps est ensuite embaumé par M. Mitouard, l'apothicaire voisin de la rue de Beaune. Mitouard obtient de garder le cerveau, qu'il met dans un bocal d'esprit de vin. Le cœur revient à Villette.[83] Les deux nobles organes ne font que commencer une longue histoire.

Le 31 au soir, dans l'ombre et le silence, on installe le corps, tout habillé, bien ficelé, sous la garde d'un domestique, dans le beau carrosse de Voltaire, à fond bleu parsemé d'étoiles d'or. La voiture quitte vers les onze heures l'hôtel de Villette,[84] où Voltaire était arrivé tout guilleret deux mois et demi plus tôt. Suit un autre carrosse où ont pris place Dompierre d'Hornoy et ses deux cousins, Marchant de Varennes, maître d'hôtel du roi, et Marchant de La Houlière, brigadier d'infanterie. Mais le convoi, au lieu de filer sur Ferney, prend la route de Champagne. On avait oublié que Mignot était abbé commendataire de Scellières, maison de l'ordre de Cîteaux, à quelques lieues de Troyes.[85] C'est là que l'abbé avait eu l'idée d'enterrer honorablement son oncle. Un dernier pied de nez était adressé à l'autorité ecclésiastique, mais cette fois par un neveu, digne en cela de son illustre parent.

81. *RHLF* 55 (1955), p.310. Dans son *Mémoire*, p.314, Tersac proteste que son «certificat n'a d'autre objet que la conformité de la copie à l'original».

82. *RHLF* 55 (1955), p.311.

83. *Journal* de Hardy, cité par Bréhant et Roche, p.230.

84. Mais le document des archives de l'Académie de Mâcon dit que le départ de Paris eut lieu le lundi à quatre heures du matin et que le carrosse arriva à Scellières le même jour vers cinq ou six heures du soir.

85. On sait que sous l'Ancien Régime un abbé commendataire se contente de percevoir les revenus de l'abbaye. Il ne réside pas et confie les fonctions sacerdotales à un prieur.

Mignot a pris les devants. Il est arrivé en poste à Scellières, le dimanche 31, vers sept heures du soir. Le prieur de l'abbaye, dom Potherat de Corbierres, fera le récit de leur entretien, à l'intention de l'évêque de Troyes:

M. l'abbé Mignot me dit, après les premiers compliments, qu'il avait eu le malheur de perdre M. de Voltaire, son oncle, que ce monsieur avait désiré, dans ses derniers moments, d'être porté, après sa mort, à sa terre de Ferney, mais que le corps, qui n'avait pas été enseveli, quoiqu'embaumé, ne serait pas en état de faire un voyage aussi long; qu'il désirait, ainsi que sa famille, que nous voulussions bien recevoir le corps en dépôt dans le caveau de notre église; que ce corps était en marche, accompagné de trois parents qui arriveraient bientôt.[86]

Les choses étant ainsi présentées, le prieur ne peut qu'accéder à la demande de son abbé, qui est ici chez lui. Mignot montre d'ailleurs les pièces dont il s'est fort prudemment muni.

N'allons pas imaginer à Scellières un imposant monastère. La maison ne comptait plus que deux religieux: le prieur dom Potherat et dom Meunier. Un récit manuscrit nous a conservé une description précise des lieux. En effet, un notable des environs, resté anonyme, avait vu, de passage à Paris, Voltaire au Louvre, quelques semaines auparavant, sans doute à la séance de l'Académie française du 7 mai. Rentré chez lui, à «trois petites lieues» de Scellières, il apprend qu'on procède à l'inhumation du grand homme. Il se rend aussitôt à l'abbaye, à cheval. Il arrive après la cérémonie. Mais il s'informe, et rédige un récit détaillé de l'événement. Un Mâconnais, Maillet Du Clairon, recopie des «fragments» du manuscrit, qui sont aujourd'hui conservés aux archives de l'Académie de Mâcon.[87]

Le prieuré, perdu dans les bois et les marais, est décrit comme en piteux état. L'abbatiale (logement de l'abbé) tombe en ruines. Mignot, pour ses visites, doit louer un appartement dans les locaux du prieur. La chapelle, délabrée et mal entretenue, ressemble plutôt à une grange. C'est là que Voltaire va être inhumé, dans une fosse creusée entre la porte d'entrée et l'autel. Pourtant l'abbé et le prieur vont s'efforcer de donner quelque faste à la cérémonie qui va se dérouler dans un cadre si médiocre.

Les deux carrosses arrivent à Scellières le lundi 1er juin en fin d'après-midi. Le corps est placé dans un cercueil de bois blanc: sans doute n'a-t-on pu trouver mieux en cette campagne. Il est déposé dans le chœur de la chapelle, «environné de cierges et de flambeaux». L'accompagnent avec l'abbé Mignot, «en soutane, rochet et camail», les parents, Marchant, La Houlière, Dompierre d'Hornoy, «en habit de deuil». Les ecclésiastiques chantent les vêpres des morts. Dom Meunier

86. La lettre, du 3 juin, est reproduite dans CLT, xii.113-16. «Enseveli» est pris dans le sens restreint du mot: «enveloppé dans un linceul» (Littré, 5°).

87. M. Philippe Teissier y a découvert ce document, qu'il a bien voulu nous communiquer. Nous lui exprimons notre vive gratitude.

et des laïcs au service de l'abbaye le veillent toute la nuit. Le lendemain matin, pour les obsèques, sont présents six curés des paroisses voisines, un diacre, un sous-diacre, des chantres, des choristes, porte-croix, thuriféraires, bedeau, suisses, sonneurs et fossoyeurs, ainsi qu'un nombreuse assistance.[88] Chaque prêtre dit sa messe. Puis dom Potherat célèbre une «messe haute». Après quoi il procède à l'inhumation dans le caveau préparé, «dans le milieu de la partie de notre église séparée du chœur, et en face d'icelui».[89]

Pendant ce temps, l'évêque de Troyes était à Versailles. Mgr Christophe de Beaumont l'informe de ce qui se passe dans son diocèse. Aussitôt Mgr de Barral adresse au prieur de Scellières une interdiction de procéder à l'enterrement de M. de Voltaire: qu'il attende des «ordres exprès» de sa part. Sinon, le prieur s'exposera à des «suites fâcheuses».[90] Mais, quand la lettre arrive, les obsèques sont terminées.

La dépouille mortelle de Voltaire n'a, en principe, été placée à Scellières qu'«en dépôt», jusqu'à ce qu'elle puisse être transférée à Ferney.[91] Outre les menaces de Mgr de Barral, des développements ultérieurs sont donc à prévoir.

88. Selon la relation anonyme, «environ soixante personnes un peu au-dessus du commun, tant de Nogent que de Romilly [paroisses voisines], prévenues par les prêtres mandés de la veille».

89. Procès-verbal de dom Potherat, dans M.i.438-40. Le prieur fait valoir la solennité de ces funérailles. Tout au contraire, l'auteur de la relation anonyme, qui n'était pas présent, les dénigre: la «messe des morts fut très mal chantée [...], sans musique, ni faux-bourdon, mais accompagnée des sons aigus d'une cloche cassée, et soutenue par le croassement des grenouilles et autres habitants des marais». Le même auteur affirme que les deux religieux «ont couvert le cercueil de chaux vive», mais reconnaît que ceux-ci le démentent.

90. M.i.435.

91. Procès-verbal de dom Potherat, M.i.440.

20. Voltaire posthume

La sépulture chrétienne de l'impie a laissé au clergé, ou du moins à certains de ses membres, le sentiment d'avoir été berné. On songe à des représailles.

C'est le prieur de Scellières qui est en premier lieu inquiété. Dom Potherat ne prend pas à la légère les «suites fâcheuses» dont l'a menacé l'évêque de Troyes. Le lendemain même des obsèques, il répond par une lettre très argumentée et très digne, certainement inspirée sinon dictée par l'abbé Mignot. Avec un respect non exempt d'une certaine ironie, il justifie sa conduite. Après avoir donné tous les éclaircissements nécessaires sur ce qui s'est passé, il en vient aux considérations de droit. Il rappelle que les ordres monastiques, auxquels il appartient, ne sont pas «soumis à la juridiction de l'ordinaire», c'est-à-dire à celle de l'évêque. Néanmoins les religieux «doivent toujours se faire gloire de respecter l'épiscopat»: c'est pourquoi, en la circonstance, il veut bien «soumettre ses démarches» à Mgr de Barral. Il démontre qu'il n'a fait qu'appliquer le droit canon comme la loi civile, en donnant satisfaction à une famille honorable, au vu de pièces signées par le curé de Saint-Sulpice en personne. Il termine ainsi:

Je ne sais ce qu'on impute à M. de Voltaire; je connais plus ses ouvrages par la réputation qu'autrement; je ne les ai pas tous lus. J'ai ouï dire à M. son neveu, notre abbé, qu'on lui en imputait plusieurs très répréhensibles qu'il avait toujours désavoués; mais je sais, d'après les canons, qu'on ne refuse la sépulture qu'aux excommuniés *lata sententia*, et je crois être sûr que M. de Voltaire n'est pas dans ce cas.[1]

Avec une «naïveté» très voltairienne, dom Potherat rejoint ceux qui auraient voulu requérir devant le parlement la simple application de la loi. La lettre de l'évêque et celle du prieur se répandent dans Paris. La *Correspondance littéraire* de juin les reproduit.[2] L'abbé Mignot sans doute a veillé à leur diffusion. Il convenait d'alerter l'opinion et de se prémunir contre d'éventuels désagréments.

Dom Potherat n'en fut pas moins sanctionné. Il est relevé de ses fonctions à Scellières, du moins pour un temps, et rappelé à la maison-mère.[3]

Le clergé parisien trouva un autre moyen de manifester son mécontentement. L'Académie française, au décès de chacun de ses membres, demandait au couvent des Cordeliers de célébrer un office pour le défunt. D'Alembert, secrétaire

1. M.i.436-37.
2. CLT, xxi.115-16.
3. D'après les *Mémoires secrets*, 4 octobre 1778, sa disgrâce dura peu.

perpétuel, ne manqua pas d'effectuer cette démarche pour le repos de l'âme de M. de Voltaire. L'archevêque de Paris avait pris les devants: les Cordeliers ne devaient pas accepter le service sans prendre ses ordres. Les religieux répondirent donc que l'Académie devait au préalable obtenir l'accord des autorités civiles et ecclésiastiques. D'Alembert alors pria son collègue le cardinal prince de Rohan d'intervenir. Après réflexion, le cardinal fut d'avis de laisser passer du temps avant de solliciter de nouveau l'archevêque.

C'est ici que prend place un document découvert par André Lebois: une relation de la mort de Voltaire rédigée par Duvivier. On se rappelle que ce personnage, ancien dragon, était devenu un habitué de l'hôtel de Villette. Mme Denis, qui s'en était amourachée, l'épousera bientôt. André Lebois a trouvé dans un carnet écrit de sa main, entre autres pièces, une «Anecdote littéraire sur la mort de M. de Voltaire ou lettre adressée à MM. les auteurs du *Journal de littérature des Deux-Ponts*, 1778».[4] Le récit, vraisemblablement inspiré par Mme Denis et par l'abbé Mignot, vise des fins précises. Dès le début, Duvivier annonce que «l'on y verra que, loin de songer à exhumer le corps de M. de Voltaire, et à lui ravir la sépulture qu'on n'avait pas même songé à lui refuser, les restes de cet homme célèbre ont été reçus par l'Eglise.» Il ressort de cette phrase que la famille entend répondre à des menaces d'exhumation. La sépulture de Voltaire à Scellières ayant été, selon certains, irrégulière, et d'ailleurs de toute façon provisoire, il convenait d'expulser du prieuré le cercueil de l'impie. Le texte de Duvivier laisse à penser que d'aucuns méditaient cette revanche.

Un peu plus loin, le même document s'élève contre le refus de service religieux aux Cordeliers:

> Des prélats respectables, membres de l'Académie, pensent d'après toutes les pièces rapportées ci-dessus que, suivant les lois et l'usage constant de l'Eglise, on ne devait pas refuser l'enterrement et qu'on ne doit pas refuser le service.

Le passage permet de dater l'«Anecdote» de Duvivier de juillet 1778, lorsque le refus de l'archevêché n'était pas encore définitif, le cardinal de Rohan ayant décidé d'ajourner une nouvelle demande.

Pour plaider ses deux causes, Duvivier procède à une présentation tendancieuse des faits. Après la profession de foi du 2 mars, il écrit que «M. le curé de Saint-Sulpice [...] vint voir M. de Voltaire, prit copie de cette profession de foi, et la déclara très authentique par un écrit qu'il donna à M. l'abbé Mignot.» Une telle rédaction porterait à croire que M. de Tersac approuva la profession de foi du 2 mars, le jour même ou le lendemain. En réalité, nous savons que Mignot, le 30 mai, jour du décès de Voltaire, fit signer à M. de Tersac, par surprise, une simple

4. Reproduit par André Lebois, *Littérature sous Louis XV, documents et portraits* (Paris 1962), p.311-21.

déclaration de copie conforme, dont il fera à Scellières le même usage abusif que tente Duvivier dans son «Anecdote». Car celui-ci continue:

On ignore pourquoi M. le curé de Saint-Sulpice, après cette déclaration, a signifié à la famille, pendant la dernière maladie de M. de Voltaire, qu'il ne l'enterrerait pas en terre sainte, M. de Voltaire n'ayant depuis rien fait ni écrit de contraire à la susdite profession de foi.

En fait, on n'ignore nullement les raisons de M. de Tersac. Duvivier est ici de mauvaise foi. Il sait fort bien, ainsi que Mme Denis et la famille, que la déclaration du 2 mars n'a jamais paru suffisante au curé de Saint-Sulpice, soutenu en cela par l'archevêché, et que Tersac a refusé la sépulture parce qu'il n'a pu obtenir de Voltaire une profession de foi où le philosophe se serait renié. Duvivier et ses conseillers avaient peu de chances de convaincre en masquant ce que tous savaient.[5]

Précisément, faute d'avoir obtenu de Voltaire l'abjuration souhaitée, certains de ses ennemis n'hésitaient pas à lancer une campagne tendant à le discréditer par l'ignominie. Le biographe doit surmonter son dégoût pour citer le texte fondateur d'une longue tradition. *La Gazette de Cologne*, le 1er juillet 1778, insère la lettre suivante, datée d'Erlang (Erlangen, apparemment), d'un correspondant anonyme, au sujet du décès de Voltaire:[6]

Cette mort n'a pas été une mort de paix, si ce que mande de Paris un homme bien respectable, et ce qui est attesté d'ailleurs par M. Tronchin, témoin oculaire, et qu'on ne peut guère récuser, est bien exactement vrai: «Peu de temps avant sa mort, M. de Voltaire est entré dans une agitation affreuse, criant avec fureur: *je suis abandonné de Dieu et des hommes.*[7] Il se mordait les doigts, et portant les mains dans son pot de chambre, et saisissant ce qui y était, il l'a mangé.» *Je voudrais*, dit M. Tronchin, *que tous ceux qui ont été séduits par ses livres eussent été témoins de cette mort. Il n'est pas possible de tenir contre un pareil spectacle.*[8]

5. Autre petite falsification: Duvivier, p.313, écrit que le 30 mai, Voltaire, «dans un instant lucide», envoya chercher l'abbé Gaultier: on a vu que ce fut l'abbé Mignot qui alla quérir le confesseur, à la suite de la lettre de celui-ci. André Lebois, dans son commentaire, ne semble pas avoir bien perçu les intentions de Duvivier et de ses inspirateurs.

6. Cité par Desnoiresterres, viii.370. Selon Desnoiresterres, viii.371, n.1, «*La Gazette de Cologne* était rédigée par un ex-jésuite qui communiquait et correspondait avec le clergé de Paris». Voir *Dictionnaire des journaux*, éd. Jean Sgard (Paris, Oxford 1991), i.462-64.

7. Wagnière, ii.102, donne une version très différente: «je suis abandonné de tout le monde.» Voltaire aurait prononcé ces mots devant Mme de Saint-Julien, lorsque celle-ci revint rue de Beaune sans le notaire que le vieillard lui avait demandé d'aller chercher.

8. Wagnière n'apprit que beaucoup plus tard, en lisant les *Mémoires pour servir à l'histoire de M. de Voltaire* de Chaudon, le rôle et les paroles attribuées à Tronchin. Il refuse d'y croire; consulté, Tronchin des Délices, cousin du docteur, le rassure, un peu hâtivement (Wagnière, ii.101-103; lettres des 23 et 25 janvier 1787).

Spécimen parfait de l'assertion hasardeuse. L'auteur rapporte un bruit, au conditionnel («si ce qu'on mande [...] est bien exactement vrai»). Qui est-il, lui, cet anonyme d'Erlangen, et quel est cet «homme bien respectable» qui l'a informé? Quand on lance des accusations aussi graves, on doit donner les noms, afin qu'une vérification soit possible. Sans doute Tronchin est nommément désigné, mais dans une présentation artificieuse, qui semble lui faire dire plus qu'il n'a dit. Son nom apparaît deux fois, encadrant l'épisode fécal, qu'il semble ainsi cautionner. Habile amalgame. En réalité, Tronchin n'a jamais fait mention nulle part de cette répugnante péripétie. La déclaration finale, «je voudrais que tous ceux qui ont été séduits par ses livres eussent été témoins de cette mort», semble adapter la lettre du médecin à Bonnet du 27 juin,[9] dont nous avons parlé: «Si mes principes [...] avaient eu besoin que j'en serrasse le nœud, l'homme que j'ai vu dépérir, agoniser et mourir sous mes yeux, en aurait fait un nœud gordien.» De même semble venir de la lettre à Bonnet la mention des «agitations affreuses, en criant avec fureur».[10] L'anonyme et son «homme bien respectable» ont soin d'entretenir le même flou chronologique que le médecin dans sa lettre à Bonnet: que signifie «peu de temps avant sa mort»? Plusieurs jours? quelques heures? Le contexte vise à persuader les lecteurs que le témoignage invoqué se rapporte aux derniers moments du malade, les seuls significatifs. Et l'anonyme de *La Gazette de Cologne* a bien soin de reproduire la contre-vérité proférée par Tronchin écrivant à Bonnet: le médecin aurait été le «témoin oculaire» de la mort de Voltaire. En réalité, nous le savons, Tronchin était absent le 30 mai.

Le document, très habilement fabriqué, se prêtait fort bien à l'exploitation. Aussi marque-t-il le point de départ d'une campagne antivoltairienne aussi acharnée que nauséabonde, qui va s'étendre sur des décennies. Très vite, certains éléments du clergé en ont propagé la rumeur, dans les dîners en ville. Nous en avons la preuve par une lettre que reçut, à la fin de juillet 1778, l'abbé Rouph de Varicourt. On se souvient que ce frère de Belle et Bonne avait débuté dans la carrière ecclésiastique grâce à un bénéfice que Voltaire lui avait fait obtenir par le mari de Mme de Saint-Julien. En juillet 1778, il est à Paris, diacre du petit séminaire de Saint-Sulpice. Un de ses amis, l'abbé Desjardins, lui écrit de Lyon, le 22 juillet. Il commente la mort de Voltaire:

> Sa triste fin peut faire des sages; les mauvais exemples sont presque aussi salutaires que les bons. Le bruit court universellement qu'il a terminé ses jours dans des accès de rage et de désespoir. Les bonnes âmes se plaisent à le peindre se nourrissant de ses excréments,

9. Elle aurait donc précédé de très peu l'article de *La Gazette de Cologne* du 1er juillet: en ce cas, la transmission aurait été étonnamment rapide, par des voies que nous ignorons.

10. Tronchin: «le tourment affreux de celui pour qui la mort est le roi des épouvantements», «l'état de désespoir et de démence le plus affreux» (sous l'effet des drogues), «je ne me le rappelle pas sans horreur», «la rage s'est emparée de son âme [...] *Furiis agitatus obiit*».

les vomissant aux figures. J'assistais avant-hier à un dîner où il fut dit à ce sujet des choses qui eussent passé pour fort indécentes, si elles fussent sorties d'une autre bouche que de celle d'un évêque.[11]

Ainsi, le 20 juillet 1778, à Lyon, un évêque rapportait à table, sans crainte d'écœurer les convives, les ragots de *La Gazette de Cologne*, corsés, selon l'usage, de nouveaux détails («vomissant aux figures»).

Dès cette année 1778, une feuille de «nouvelles à la main», *L'Espion anglais*, recueille l'anecdote, en la qualifiant d'«aussi absurde que dégoûtante».[12] Le père Elie Harel, en 1780, en agrémente son recueil,[13] mais désormais sous une forme tout à fait affirmative: «le docteur Tronchin, qui a raconté ce fait à des personnes respectables»... «L'homme bien respectable» de *La Gazette de Cologne* passe ainsi au pluriel. Elie Harel y ajoute un commentaire qu'à vrai dire on attendait:

On peut donc dire que Voltaire a lui-même accompli cette prophétie d'Ezéchiel, dont il s'est tant moqué: *et quasi subcinericium hordeaceum comedes illud, et stercore, quod egreditur de homine, operies illud.*[14]

La référence au «repas d'Ezéchiel» va avoir du succès. L'ancien jésuite Xavier de Feller en orne en 1784 son *Dictionnaire historique*:

On se rappelle surtout le badinage indécent qu'il avait fait sur un prétendu déjeuner d'Ezéchiel, et que par une espèce de punition divine il réalisa d'une manière tout autre que le prophète.

Ce que répète, la même année, l'abbé Barruel, dans ses *Helviennes*, en renvoyant à la publication d'Elie Harel:

On y verra tout ce qui ne m'autorise que trop à parler comme je l'ai fait de la fin déplorable de ce héros des sages modernes, et en particulier comment il accomplit cette prophétie humiliante d'Ezéchiel, dont il s'était joué si souvent et si indécemment; comment il l'accomplit, dis-je, d'une manière plus humiliante encore qu'elle n'est exprimée par le prophète.

Le thème se prêtait aux amplifications d'une imagination scatologique. Le sommet est atteint en 1835, plus de cinquante ans après la mort de Voltaire, par l'abbé Depéry.[15] Le frère de Belle et Bonne, Pierre Marin Rouph de Varicourt, avait été nommé, en 1819, évêque d'Orléans. Il prit comme secrétaire l'abbé Depéry. Pour ses séjours à Paris, le prélat descendait dans le modeste appartement de sa sœur. Son secrétaire l'accompagnait.

11. Cité par J. Stern, *Belle et Bonne*, p.216, d'après les archives du comte A. d'Oberndorff.

12. Pour ce texte et les suivants, références dans Desnoiresterres, viii.372-73.

13. Elie Harel, *Voltaire, particularités curieuses de sa vie et de sa mort*.

14. «Ce que vous mangerez sera comme un pain d'orge cuit sous la cendre; mais au lieu de cendre, vous le couvrirez de l'ordure qui sort de l'homme.»

15. Dans une *Biographie des hommes célèbres du département de l'Ain* (Bourg 1835).

Celui-ci se vante donc de parler «savamment» des derniers moments de Voltaire. Il va rapporter «toutes les circonstances» qu'il tient «de la bouche même de Madame la Marquise de Villette». Ecoutons-le:

«Rien n'est plus vrai, disait-elle, que ce que M. Tronchin raconte des derniers moments de Voltaire; il poussait des cris affreux, il s'agitait, se tordait les mains, se déchirait avec les ongles. Peu avant de rendre l'âme, il demandait l'abbé Gaultier.» Plusieurs fois Mme de Villette voulut envoyer chercher un ministre de Jésus-Christ; les amis de Voltaire, présents dans l'hôtel, s'y opposèrent, craignant que la présence d'un prêtre recevant les derniers soupirs de leur patriarche ne gâtât l'œuvre de la philosophie et ne ralentît les adeptes, qu'une telle conduite de la part de leur chef aurait condamnés.[16]

Belle et Bonne n'a certainement pas fait un tel récit, entaché de grossières erreurs. Tronchin n'a pas raconté les «derniers moments» de Voltaire; il était, répétons-le, absent le 30 mai. Depéry confond les événements du 2 mars et ceux du 30 mai. Le 2 mars en effet Voltaire fit appeler l'abbé Gaultier. Mais l'entourage, on l'a vu, ne s'opposa pas à la venue du prêtre. Pas davantage cet entourage ne fit obstacle, le dernier jour, à la visite du curé de Saint-Sulpice et de l'abbé Gaultier, que Voltaire n'avait pas demandés. Au reste, Depéry reconnaît qu'il ne cite «qu'en substance» les particularités qu'on lui a dites. Ce qui est avouer des arrangements. Arrangement, le mot est faible, car l'abbé continue:

A l'approche du moment fatal, un redoublement de désespoir s'empara du moribond; il s'écria qu'il sentait une main invisible qui le traînait au tribunal de Dieu; il invoquait avec des hurlements épouvantables Jésus-Christ qu'il combattit toute sa vie; il maudissait ses compagnons d'impiété, puis invoquait et injuriait le ciel tour à tour; enfin, pour étancher une soif ardente qui l'étouffait, il porta à sa bouche son vase de nuit; il poussa un dernier cri, et expira au milieu de ses ordures et du sang qu'il avait répandu par la bouche et par les narines.[17]

Ce que débite ici Depéry est pure fiction. L'abbé invente selon un thème apologétique bien connu. Voltaire, à l'article de la mort, a refusé de se renier en signant la déclaration de foi qui aurait permis la sépulture chrétienne. Il s'agit donc de faire croire qu'en fait, *in extremis*, il a tout de même abjuré la «philosophie», maudit «ses compagnons d'impiété», et confessé, malgré lui, dans «un redoublement de désespoir», «avec des hurlements épouvantables», la vérité de la religion catholique. Pour embellir le tout, rappel (avec une variante) de l'épisode scatologique issu de *La Gazette de Cologne* de juillet 1778.

Cette version tardive (1835...) se réclame d'une seule des personnes ayant entouré le moribond en mai 1778, Mme de Villette. Et lorsque l'abbé la fait parler ainsi, la marquise et son frère l'évêque sont décédés depuis longtemps

16. Cité par J. Stern, p.87.
17. J. Stern, p.87-88.

(14 novembre et 9 décembre 1822). Comme le remarque Desnoiresterres, «il est aisé de faire parler les morts».[18]

Nous avons toutes les raisons de croire que Belle et Bonne n'a pas tenu le langage que lui prête Depéry. Son long veuvage[19] fut assombri de douloureuses épreuves: mort d'une fille chérie, difficultés d'argent et surtout ingratitude révoltante du fils dont elle avait sauvé la vie à force de soins. Elle puisait son courage dans une ardente piété. Elle y associait, sans ressentir aucune contradiction, un véritable culte de Voltaire. Lady Morgan, qui lui rendit visite en 1816, a décrit son appartement, dont elle avait fait «une sorte de temple à la mémoire de Voltaire». A l'intention de la visiteuse, la marquise organisa une journée de commémoration «tout à fait voltairienne».[20] Elle fonda, en 1819, une loge écossaise d'adoption, qu'elle plaça sous le patronage de Voltaire. Son allocution d'ouverture fut un vibrant hommage au philosophe de Ferney.[21]

Auparavant, elle avait été informée des répugnants récits de sa fin, dans la version de l'abbé Barruel – celle des *Helviennes*. Lady Morgan, qui l'a interrogée à ce sujet, écrit que «Mme de Villette ajoute son témoignage à toutes les preuves qui ont été données de [la] fausseté de ces récits». Belle et Bonne assura, comme nous l'avons rapporté, que «jusqu'au dernier moment» tout annonça chez l'agonisant «la tranquillité, la paix, la résignation».[22]

La tradition fournissait d'autre part un thème différent de celui qu'exploite l'abbé Depéry (la fureur désespérée de l'impie): celui, inspiré d'une imagerie populaire, des diables prêts à emporter en enfer le futur damné. Thème largement préexistant. Dès 1761, un certain Sélis avait raconté la damnation de Voltaire. L'impie, désespéré à l'approche de la mort, avait réclamé un confesseur: ce sont des démons qui accourent et l'entraînent dans les flammes infernales. Le damné apparaît ensuite à son valet, tout brûlant, entouré de ses diables.[23] Puis en 1763, le père Bonhomme, cordelier, avait versifié une *Anti-Uranie*, où il s'adressait à l'auteur de l'*Epître à Uranie*:

En santé, ton âme altière
Méprise le sot vulgaire;
Malade, lâche Voltaire,
Tu vois l'enfer sous tes pas.[24]

18. Desnoiresterres, viii.376.
19. Villette mourut, de maladie, en 1793.
20. Voir le récit de Lady Morgan, dans J. Stern, p.186-88.
21. J. Stern, p.194-96.
22. J. Stern, p.88.
23. Ms. Avignon 1239, f.203.
24. Le père Bonhomme, *L'Anti-Uranie, ou le déisme comparé au christianisme, épîtres à M. de Voltaire* (Avignon 1763), p.121.

Un peu plus tard, le Diable lui-même, dans son *Epître à M. de Voltaire*, ne manquait pas de l'assurer qu'il serait «dignement fêté [...] parmi les citoyens de la braise éternelle».[25] Après la mort de l'impie, le sujet refait surface. L'abbé Barruel, dans ses *Mémoires pour servir à l'histoire du jacobinisme* rapporte que les philosophes «conjurés» auraient empêché Voltaire de «consommer sa rétractation», obtenue par l'abbé Gaultier: «toutes les portes se trouvèrent fermées aux prêtres que Voltaire avait fait appeler». Barruel ajoute: «Les démons, désormais, eurent seuls un accès libre auprès de lui, et bientôt commencèrent ces scènes de fureur et de rage qui se succédèrent jusqu'à son dernier jour.»[26] Au lecteur de décider si ces «démons» étaient de vrais diables ou seulement les philosophes de l'entourage. La vision démoniaque ne pouvait que s'enrichir de nouveaux détails. Ce fut chose faite en 1838, dans les *Mémoires secrets* du comte d'Allonville. Le comte s'entretient avec M. de Fusée, neveu de l'abbé de Voisenon. M. de Fusée révèle que son oncle croyait au diable et Voltaire aussi:

Quoi! Voltaire? s'écrie M. d'Allonville. Tout ce qu'on a dit sur ses derniers moments était donc faux? – Très faux. Demandez à Villevielle, à Villette: ils ne le nieront pas devant moi, qui comme eux ai vu sa rage, entendu ses cris. «Il est là, il veut me saisir! disait-il en portant des regards effarés vers la ruelle de son lit.. je le vois... je vois l'enfer... cachez-les moi!» Cette scène faisait horreur.[27]

Ce M. de Fusée, un inconnu, n'était certainement pas présent dans la chambre de Voltaire aux derniers jours de sa vie. Quant à Villevielle et à Villette qu'il invite à interroger, ils sont depuis longtemps décédés, l'un en 1825, l'autre en 1793.

Une question se pose, cependant. A partir de quels éléments de réalité ces fabulations se développèrent-elles, dans le climat d'une campagne haineuse? On doit se rappeler les données médicales, telles qu'elles ressortent du rapport d'autopsie, et aussi des témoignages crédibles des proches. De ceux-ci, le plus juste, dans sa sobriété, semble bien être la confidence déjà citée de Mme Denis à Dominique Audibert: Voltaire est mort «avec de grandes douleurs, excepté les quatre derniers jours, où il a fini comme une chandelle».[28] A partir du 11 mai, par les progrès du cancer, il est tourmenté d'atroces souffrances. Qu'il ait alors poussé «des cris affreux», s'agitant, se tordant les mains, se déchirant avec les ongles: on peut croire qu'effectivement Mme de Villette a fait cette confidence à Depéry qui en abusera. Il y eut des épisodes de délire, sous l'effet d'une fièvre intense. Voltaire, «*furiis agitatus*», certes: Tronchin en témoigne, mais il interprète

25. Poème reproduit par Armel de Kervan, *Voltaire, ses hontes, ses crimes, ses œuvres et leurs conséquences sociales* (Paris 1877), p.238.

26. Cité par Desnoiresterres, viii.381, qui renvoie à une édition de 1803 des *Mémoires* de Barruel.

27. Cité par Desnoiresterres, viii.380.

28. *RHLF* 79 (1979), p.185.

ces manifestations de la maladie en croyant, non en médecin. Après le répit procuré par les doses massives de laudanum, les tourments reprennent plus violents encore, s'il est possible. Jusqu'à l'apaisement par épuisement à partir du 27 mai, qui permet à Voltaire de mourir dans cette «tranquillité» dont parle Belle et Bonne. Et il y eut les évacuations de ces «glaires», en réalité le pus des entrailles en voie de décomposition. L'organisme parvenu au stade extrême du délabrement éprouvait les misères de la condition de l'homme. Le respect de la nature humaine aurait dû, en la circonstance, imposer la discrétion. Mais l'agonie du vieillard était devenu l'enjeu d'une impitoyable bataille.

La famille avait donné aux domestiques de sévères consignes de silence: en quoi on ne peut que l'approuver. A l'extérieur, cependant, on était aux aguets de ce qui se passait à l'hôtel de Villette. On entreprit de faire parler la domesticité et, malgré les ordres donnés, on y parvint. Selon un certain abbé Bijex (différent du copiste de Ferney portant ce nom), «un prêtre de la communauté de Saint-Sulpice», peu après le 30 mai, interrogea le cuisinier de M. de Villette: il réussit à lui faire dire que «si le diable pensait mourir, il ne mourrait pas autrement».[29] On sollicite des témoignages, on les oriente, on les déforme dans le sens souhaité. Ainsi, peut-on supposer, fut constitué ce qu'a mandé «de Paris un homme bien respectable» à l'anonyme d'Erlangen, qui le publiera dans *La Gazette de Cologne*. A partir de là allait proliférer la légende qui persista longtemps. En 1877 encore, l'auteur qui signe Armel de Kervan narre une horrifique mort de Voltaire: synthèse d'Elie Harel, Barruel, Depéry, d'Allonville.[30]

Malgré les efforts de d'Alembert et du prince de Rohan, Voltaire n'obtint pas le traditionnel service à l'église des Cordeliers, à la mémoire des académiciens décédés. Un compromis fut proposé: une messe serait dite, à la chapelle du Louvre, pour le repos de l'âme de tous les membres de l'Académie morts dans l'année. Mais Louis XVI s'y opposa, et ordonna aux académiciens de s'en tenir aux anciens usages. Frédéric II, en revanche, se donna le plaisir de narguer le roi très chrétien et le parti français des dévots: il fit célébrer, à l'église catholique de Berlin, en présence des membres catholiques de l'Académie prussienne et d'une nombreuse assistance, une belle messe chantée pour le repos de l'âme de «Messire Marie Arouet de Voltaire». Il se hâta d'en informer d'Alembert.[31]

A Paris, à défaut d'une messe, la mémoire du grand homme fut honorée par

29. Desnoiresterres, viii.383: l'abbé Martin, en 1861, dans son *Histoire de M. Vuarin*, publie le fragment de la lettre de Bijex à M. Vuarin rapportant le propos du cuisinier. Desnoiresterres, viii.383, n.1, signale une confidence d'un «valet de chambre de Voltaire» à un commerçant de Rouen.

30. Armel de Kervan, p.252-54, pamphlet contre la célébration du centenaire de la mort de Voltaire en 1878.

31. *Œuvres de Frédéric le Grand*, éd. Preuss, xxx.149, 1er mai 1780.

une séance solennelle à la loge des Neuf-Sœurs (28 novembre 1778), à laquelle furent exceptionnellement conviées Mme Denis et Mme de Villette.[32] L'Académie française prit cependant une revanche sur le parti dévot en fixant comme sujet de son prix de poésie pour 1779, malgré de véhémentes protestations, l'*Eloge de Voltaire*. Mais Frédéric avait dévancé les académiciens français en prononçant devant l'Académie de Berlin son propre panégyrique de Voltaire (26 novembre 1778).

La mort de Voltaire, comme on pouvait s'y attendre, entraîna la fin du Ferney voltairien. Pendant ces mêmes mois, Mme Denis, légataire universelle, procéda à la liquidation du domaine. Elle s'était bien promis de n'y jamais retourner. Elle accepta donc avec empressement l'offre de Catherine II d'acheter la bibliothèque du grand homme. Livres et manuscrits, soigneusement mis en caisse, furent convoyés par Wagnière jusqu'à Saint-Pétersbourg, où ils se trouvent encore.[33] Quant au château et aux dépendances, l'héritière s'en défit en les vendant à Villette (9 janvier 1779). Belle et Bonne espéra jouir du bonheur d'être la dame de Ferney et d'y vivre, au moins à la belle saison, dans la mémoire de son bienfaiteur et près de sa propre famille. Mais rapidement Villette s'aperçut que Ferney, sans la fortune de Voltaire, était lourdement déficitaire. Il en tira d'abord quelque revenu en louant le château, puis après la banqueroute du prince de Rohan-Guéménée, où il perdit une partie de ses revenus, il dut vendre, au désespoir de Belle et Bonne (18 août 1785). Le château fut acquis par un descendant de la famille genevoise de Budé, qui l'avait jadis possédé.

Quelques querelles s'élevèrent inévitablement entre les héritiers du patriarche. Villette s'était approprié le cœur de Voltaire: on lui contesta cet acte arbitraire, sans pousser cependant les choses trop loin. Mais l'événement le plus cocasse, ce fut le mariage de Mme Denis avec l'ancien dragon Duvivier, beaucoup plus jeune qu'elle: union extravagante, qui fit scandale comme étant un outrage «aux mânes de M. de Voltaire». L'Académie la blâma, et la *Correspondance littéraire* en fit des gorges chaudes en montrant, sur le rapport d'un domestique, ce couple hors d'âge au lit, coiffé de bonnets de nuit.[34]

Au moment de la mort de Voltaire, l'autorité avait interdit à la Comédie-Française de représenter quelque pièce que ce soit de l'auteur défunt. Mesure nécessairement provisoire. Il n'était pas possible de priver longtemps les comédiens de ce qui constituait la partie la plus solide de leur répertoire. Dès le 20 juin, la Comédie redonna donc *Nanine* et le surlendemain *Tancrède*. Après une

32. Narration détaillée de la séance, dans CLT, xii.186 ss.

33. Aujourd'hui à la Bibliothèque nationale de la Russie, après avoir appartenu longtemps à la bibliothèque personnelle des tsars au Palais de l'Ermitage.

34. CLT, xii.304-305, septembre 1779.

brève interruption, Voltaire par-delà la tombe occupa de nouveau ce centre de la vie parisienne qu'était le théâtre.

Mais non point paisiblement. Palissot avait préparé, à la gloire du grand tragique, un *Triomphe de Sophocle*. Selon sa coutume, le satirique n'y célébrait Voltaire que pour s'attaquer aux philosophes, notamment à d'Alembert, sa bête noire. Les Comédiens, indignés, refusèrent cette «misérable platitude».[35] En juillet 1778, la mémoire de l'illustre disparu avait subi une attaque imprévue: La Harpe, le fidèle La Harpe, s'avisa de publier dans *Le Mercure de France* une sévère critique de *Zulime*: à la faible tragédie de Voltaire il préférait *Bajazet*. Il avait certes raison, mais ce n'était pas le moment de le dire. L'incident provoqua un vif échange de lettres avec Villevielle (en fait Condorcet).[36] Pour se racheter, La Harpe fit jouer avec un franc succès (1er février 1779), *Les Muses rivales*, petite pièce en un acte et en vers. On y voit les Muses, inspiratrices de Voltaire, se disputer la gloire de le présenter à Apollon. Melpomène l'emporte. Momus et les Grâces viennent assister à la fête. On n'attend plus que Voltaire. Mais celui-ci a retrouvé aux Champs-Elysées son héros Henri IV: il ne veut plus s'en séparer. A défaut de son ombre, c'est sa statue qui reçoit les lauriers de la main d'Apollon, au son des fanfares.[37] Le public apprécia la délicatesse et l'ingéniosité de cet hommage.

Le dramaturge laissait trois pièces qui n'avaient pas encore été portées sur la scène à Paris. Son *Agathocle* d'abord, terminé mais toujours en cours de révision. On voulut donner cette dernière tragédie pour l'anniversaire de sa mort. Les auteurs en attente d'être joués acceptèrent de céder leur tour. On sait comment, le 31 mai 1779, cet *Agathocle* fut accueilli, poliment, mais froidement.[38]

Voltaire avait remanié son *Ecueil du sage*, comédie du genre larmoyant, en cinq actes, créée le 18 janvier 1762, et jamais reprise. Il l'avait resserrée en trois actes, sous un nouveau titre, *Le Droit du seigneur*. Les Comédiens crurent bon de donner cette pièce avec une tragédie de Voltaire, depuis longtemps tombée dans l'oubli, *Rome sauvée*.[39] Double création en quelque sorte, qui pourtant en trois soirées (10, 14, 17 juin 1779) n'attira que peu de monde. Dans le même temps, on se bousculait aux Variétés-Amusantes pour assister à la cent-douzième représentation de *Janot ou les battus paient l'amende*, où l'acteur Volanges, immortel Janot,

35. CLT, xii.121, juin 1778.

36. *Mercure de France*, 5 et 15 juillet 1778, et le *Journal de Paris*, 5 et 14 juillet.

37. CLT, xii.215-16, février 1779.

38. Le 31 mai, parce qu'en 1779 le 30 mai tombait un dimanche, celui de la Trinité. Le discours préliminaire, fort chaleureux, rédigé par d'Alembert, ne réussit pas à dissiper l'impression que cet *Agathocle* était «une pièce médiocre» (Mettra, 5 juin 1779).

39. Du 24 février au 17 mars 1752, onze représentations; deux seulement pour une reprise en 1763. En 1779, *Rome sauvée* reparaît devant des spectateurs dont la plupart ne l'avaient jamais vue.

faisait courir tout Paris dans ses rôles de niais. «O Athéniens! Athéniens», gémissait Meister, comme l'eût fait Voltaire lui-même.[40]

Enfin une ironie du sort. Le Maître n'avait jamais aimé la Comédie-Italienne. Ce fut pourtant ce théâtre qui créa sa dernière œuvre, *Charlot*, qui avait triomphé aux fêtes de Ferney en 1767,[41] mais n'avait jamais paru sur une scène parisienne. Grâce à d'Argental, toujours dévoué à la mémoire de son ami, la pièce fut donnée par les Italiens sous le titre *La Comtesse de Givry*. Echec encore: cinq représentations seulement (du 7 juin au 4 juillet 1777), devant des assemblées clairsemées.[42] A l'évidence, le public ne s'intéresse plus aux nouvelles productions de celui qui est pourtant son idole. Voltaire continue à régner au théâtre à la manière d'un classique, par ses grandes pièces, et par celles-là seulement.[43]

Il avait, dans ces dernières décennies, affirmé son autorité en publiant ou laissant publier des éditions collectives de ses ouvrages. Celles-ci s'étaient, à la fin de sa vie, succédé à brefs intervalles: édition in-quarto, édition «encadrée»... Lui disparu, une question se posait. Comment éditer Voltaire pour la postérité? Fallait-il, dans cette œuvre si vaste, choisir, selon les critères du goût? C'est le parti que voudra adopter Palissot, dans son édition qui paraîtra à partir de 1792. Bon lettré, cet admirateur de Voltaire ne veut pas «tout admettre sans choix». Il épargnera au public, dans tout ce qu'a écrit le Maître, l'inutile, le répétitif, ce qu'il appelle le «triste superflu». Mais l'entreprise de Palissot s'avéra dès sa conception caduque. Ne serait-ce qu'en raison de ce qu'ont toujours de contestable les décisions du goût. Celles de Palissot lui-même devaient-elles s'imposer sans discussion? Et le goût de son époque avait-il une autorité définitive? En fait Palissot n'a pas tellement choisi. Son édition, poursuivie jusqu'en 1802, comportera finalement cinquante-cinq volumes in-8°. Ce qu'il écarte, c'est surtout la correspondance, c'est-à-dire ce que nous considérons aujourd'hui comme l'une des œuvres majeures de Voltaire. Il repousse avec dédain l'idée de publier par exemple les lettres à des gens d'affaires. Son projet relevait d'une conception étriquée de Voltaire, de sa vie débordante d'activités, de son œuvre extraordinairement polymorphe. Il faut tout imprimer, et principalement sa correspondance. Un tel point de vue s'est, contre l'avis de Palissot, imposé à tous les éditeurs des *Œuvres complètes*: il est celui de l'édition d'Oxford actuellement en cours. Mais l'exemple avait été donné à la fin du dix-huitième siècle par l'édition de Kehl.

Une édition qui, à l'origine, était une publication Panckoucke. Charles-Joseph, deuxième représentant d'une dynastie de libraires-éditeurs en provenance de

40. CLT, xii.254, juin 1779.
41. Voir *Voltaire en son temps*, iv.359.
42. Echec pareillement d'une ultime tentative, le 4 juin 1778.
43. Voir ci-dessus, p.288.

Lille, avait accompagné à Ferney, on se le rappelle, sa sœur Mme Suard en 1775.[44] Puissant entrepreneur de presse, publiant le *Mercure de France* et, comme on l'a vu, le *Journal de politique et de littérature* de La Harpe,[45] il ne craignait pas de lancer de grandes collections, telle son *Encyclopédie méthodique* qui comporta cent-soixante-six volumes (1772-1832). Depuis longtemps, il était en relations avec Cramer pour les éditions de Voltaire.[46] Pendant son séjour de 1775, il avait discuté avec le libraire genevois le projet d'une nouvelle édition des *Œuvres complètes*, sans aboutir à une décision définitive.[47] Il retourna à Genève pendant l'été de 1777.[48] C'est alors qu'il fit approuver ses plans par l'écrivain. Pour Panckoucke désormais Voltaire va travailler à revoir ses ouvrages. Il porte ses corrections et remaniements sur les tomes de la dernière édition, «l'encadrée», spécialement interfoliée de pages blanches. Tous les volumes de théâtre, la plupart des volumes d'histoire ont été ainsi revus, de même que, plus superficiellement, quelques volumes de philosophie: la mort seule de Voltaire interrompit cette ultime traversée de l'œuvre.[49]

Panckoucke était donc tout désigné, pour donner, en continuant la tâche commencée, l'édition posthume qui s'imposait. Muni d'un ordre de Mme Denis, il se rendit à Ferney en août ou septembre 1778. Il y recueillit, des mains de Wagnière, les précieux «papiers de littérature» mis de côté dans le rangement de la bibliothèque, dont Catherine II faisait d'autre part l'acquisition.[50] Les manuscrits du cabinet de Paris lui furent également réservés, et remis par Mme Denis à la fin de l'été.[51] Dans le «chaos de papiers» qui s'entassait au coffre du

44. Ci-dessus, p.122.

45. Ci-dessus, p.225.

46. D17839 (27 juillet 1772), commentaire: lettre de Cramer à Panckoucke.

47. D20678 (25 mai 1777), Cramer à Necker de Germagny.

48. D20705 (25 juin 1777), à de Vaines; D20825 (5 octobre 1777), à Panckoucke, qui repart pour Paris.

49. Les volumes revus se trouvent à la Bibliothèque nationale de Saint-Pétersbourg: voir S. S. B. Taylor, «The definitive text of Voltaire's works. The Leningrad *encadrée*», *Studies* 124 (1974), p.7-132. Ils furent sans doute envoyés à Catherine II en 1785, après usage éditorial – d'ailleurs incomplet et inégalement fidèle, comme le montre bien S. Taylor.

50. Le tri des «minutes de lettres et manuscrits» de Ferney était terminé à la fin de juillet: «Cela formera plusieurs paquets et trois ou quatre volumes» (Christin à Panckoucke, 24 juillet 1778, Bodleian Library, ms. fr. d 31). Le voyage de Panckoucke est attesté par une note manuscrite de Wagnière sur un exemplaire du *Commentaire historique* conservé à Saint-Pétersbourg (*Studies* 124 p.16) et indirectement par une lettre de Ruault à son frère (Nicolas Ruault, *Gazette d'un Parisien sous la Révolution*, Paris 1976, p.66).

51. Wagnière à Panckoucke, 9 septembre 1778: «je vous fais mon compliment sur la remise totale que vous a faite Mme Denis des manuscrits» (Bodleian Library, ms. fr. d 31). De nombreux papiers partirent cependant pour Pétersbourg avec la bibliothèque en juin 1779, qui n'avaient pas été très sérieusement exploités; classés sur place par Wagnière, ils constituent l'ensemble des «Manuscrits de Voltaire» dont l'inventaire a été dressé en 1913 par F. Caussy, *Nouvelles archives des missions scientifiques et littéraires*, nouv. série, fasc. 7.

libraire,[52] on remarque des portefeuilles de lettres : brouillons et copies ayant trait aux affaires, lettres des amis et familiers. L'intégration de la correspondance à l'œuvre, qui devait être la grande nouveauté de l'édition de Kehl, trouvait là ses matériaux et ses moyens.

Autour de Panckoucke, une première équipe éditoriale se met en place, recrutée d'abord parmi ses collaborateurs attitrés : Suard, son beau-frère, qui prépare la copie des lettres aux d'Argental ;[53] Condorcet, chargé pour l'heure des volumes du théâtre ; La Harpe et l'abbé Rémy peut-être ;[54] mais surtout Decroix, l'obscur, le fidèle, ainsi que le dévoué Wagnière.

Panckoucke eut l'adresse d'intéresser Wagnière à son projet, probablement même du vivant de Voltaire. Il lui remit, pour récompense de son concours, un billet de six mille livres, avec la promesse d'un autre de valeur égale.[55] Le secrétaire passa l'hiver de 1778-1779 à Paris. Il rendit d'inestimables services. «Dictionnaire vivant» de Voltaire,[56] il pouvait fournir maints renseignements, remonter des réseaux et des pistes, contribuer à la collecte des manuscrits et des correspondances. Malheureusement son voyage à Pétersbourg, où il alla ranger pour Catherine II la bibliothèque de son maître, l'éloigna du grand chantier au moment décisif.[57] Sacrifié dans le contrat que Panckoucke passa avec Beaumarchais, toujours mal vu de Mme Denis, réduit après son retour à proposer ses services depuis la Suisse où le retient l'insuffisance de ses ressources, Wagnière disparaît trop tôt de l'entreprise.

Decroix traverse au contraire toute l'histoire de l'édition de Kehl, en éclaireur dès ses débuts, et presque en continuateur : insatisfait du résultat, il transmit à Beuchot l'ardeur de recommencer. Un activisme voltairien fut l'unique passion et le sens même de son existence, confinée d'autre part dans les tâches de son emploi comme trésorier-receveur de Flandre. Il avait visité son grand homme à Ferney en 1777 avec Panckoucke, son ami et compatriote lillois. Sans doute était-il déjà à l'œuvre. Il rêvait depuis toujours de l'édition parfaite de Voltaire, collectionnant les différentes versions du moindre rogaton, mais des poésies surtout, et par prédilection de l'érotique *Pucelle*. Il n'eut d'abord que les «petits poèmes» en partage, mais, pour tout le domaine poétique de l'œuvre, il restera

52. Decroix à Ruault, 21 février, BN, n. acq. fr. 13139, f.257.

53. L'acte de vente des lettres à d'Argental (Desnoiresterres, viii.452, aujourd'hui à la Bodleian Library, ms. fr. d 31) confie expressément à Suard la «rédaction», c'est-à-dire la mise au net, après les suppressions et réécritures jugées nécessaires.

54. Suzanne Tucoo-Chala, *Charles-Joseph Panckoucke et la librairie française, 1736-1798* (Pau, Paris 1977), p.286.

55. Wagnière à Grimm, mars-avril 1780, BN, n. acq. fr. 24341, f.176-77.

56. Comme l'écrit François Tronchin à Grimm, 8 décembre 1778, dans Paul Bonnefon, «Une correspondance de Grimm avec Wagnière», *RHLF* (1896), p.500.

57. Il quitta Ferney pour la Russie au début de juin 1779 et n'en revint qu'en février 1780.

l'expert. D'emblée sa minutie réglée fait merveille. C'est lui qui forme, à partir de deux exemplaires de «l'encadrée», un modèle de distribution des matières, qui range par années les lettres déjà rassemblées, dresse une liste alphabétique des correspondants avec renvois aux dates, qui compose une table générale des matériaux, cotés par titres d'œuvres et, pour le détail des plus petites pièces en vers, par destinataires. Dans ces premiers travaux de Decroix, c'est déjà le dernier volume qui s'esquisse et se prépare. S'il fallait des héros à ce premier âge du Voltaire posthume, sa modestie fervente le désignerait comme le plus méritant.[58]

Panckoucke cependant évaluait les risques de l'entreprise. Magnat de la presse (comme nous le dirions), il se trouve en fait dans une situation financière difficile. En 1777, il a fallu une «lettre de surséance», préparée par le ministère, pour qu'il évitât une faillite de 340 000 livres. Or la publication des *Œuvres complètes* de Voltaire, alignant des volumes par dizaines, exigera l'engagement de très gros capitaux. Et la rentabilité de l'investissement est incertaine. Après les éditions collectives récemment parues, le marché paraissait saturé. Peut-être d'ailleurs, comme il arrive après la mort d'un grand écrivain, la popularité de Voltaire commençait-elle à décliner. Sans doute la nouvelle édition allait-elle s'assurer une supériorité par la révélation d'amples secteurs de la correspondance. Mais que d'embûches à attendre de ce côté-là ! On pouvait prévoir que, parmi les correspondants, les têtes couronnées, les ministres, les hautes personnalités, et aussi de simples particuliers exigeraient un droit de regard. En outre des difficultés d'un autre ordre ne manqueraient pas de surgir. Une bonne moitié de l'œuvre a été condamnée et restait interdite en France. Aussi les précédentes *Œuvres complètes* avaient-elles été imprimées à l'étranger. Panckoucke ne pouvait donc songer à une impression sur le territoire français. Catherine II, qui le savait, lui a envoyé des émissaires: on lui proposa de tirer son édition sur les presses de Saint-Pétersbourg.[59] Panckoucke préféra alors confier l'affaire à un personnage à ce moment-là fort en vue: Beaumarchais, ce redoutable lutteur qui vient de terrasser devant la justice le conseiller Goezman et l'héritier de Pâris-Duverney, ainsi que quelques autres, et qui d'autre part a triomphé à la Comédie-Française par son *Barbier de Séville*; un financier qui brasse d'énormes capitaux, qui présentement ravitaille les Insurgents d'Amérique, et s'est acquis à ce titre la confiance du pouvoir.

Beaumarchais, avant de s'engager, voulut prendre quelques assurances. Il

58. Voir Jacqueline Marchand, «Un voltairien passionné: Jacques Joseph Marie Decroix (1746-1826)», *RHLF* 77 (1977), p.187-205. La correspondance Decroix-Ruault (BN, n. acq. fr. 13139, f.216-419) est l'une des sources les plus précieuses pour l'histoire de l'édition de Kehl.

59. Nous le savons par Gudin de La Brenellerie, confident de Beaumarchais, cité par Louis de Loménie, *Beaumarchais et son temps* (Paris 1858), ii.216.

consulta Maurepas, vieux ministre voltairien, toujours en place. Il lui représenta que ce serait une honte pour la France «de laisser imprimer chez les Russes les ouvrages de l'homme qui avait le plus illustré la littérature française». Maurepas en est bien conscient; il ne voit, dit-il, qu'un seul homme qui osât courir en France «les chances d'une telle entreprise», Beaumarchais lui-même. Celui-ci répond:

> Oui, sans doute, Monsieur le comte, je l'oserais; mais quand j'aurai exposé tous mes capitaux, le clergé se pourvoira au parlement, l'édition sera arrêtée, l'éditeur et les imprimeurs flétris, la honte de la France complétée et rendue plus ostensible.[60]

Maurepas promet alors la protection du roi et la sienne propre.

Promesses téméraires.[61] Néanmoins Beaumarchais décide de prendre en charge l'entreprise, aussi aventureuse que l'est, en ce même temps, le ravitaillement par ses soins des Etats-Unis d'Amérique. Dans un cas comme dans l'autre, cet homme d'affaires si avisé obéit non à un calcul d'intérêt mais à des motifs idéalistes. Il va publier Voltaire par admiration pour une œuvre à laquelle il doit sa formation d'autodidacte, et qui correspond si bien à son tempérament personnel. Il va donc mener à bien, en une dizaine d'années, une tâche propre à rebuter tout autre homme, et devant laquelle a reculé un éditeur aussi hardi que Panckoucke. La passion voltairienne de Beaumarchais, comme à un autre niveau celle de Decroix, atteste la puissante influence de Voltaire dans les dernières années de l'Ancien Régime.

Il n'entre pas dans le cadre du présent ouvrage d'exposer l'histoire de l'édition de Kehl, qui mérite d'être étudiée en elle-même.[62] Nous en rappellerons seulement les grandes lignes et retiendrons ce qui a trait à la biographie de notre auteur.

Beaumarchais signe un accord avec Panckoucke le 25 février 1779. Il acquiert les droits éditoriaux et d'exploitation des manuscrits, pour 300 000 francs.[63]

Malgré la protection promise par Maurepas, il ne tente pas d'imprimer en France. Il loue au margrave de Bade, en face de Strasbourg, de l'autre côté du Rhin, le vieux fort désaffecté de Kehl. C'est là qu'il installe les presses d'où sortiront les milliers de volumes de son *Voltaire*. Il donne à l'entreprise des

60. Loménie, ii.277.

61. L'hostilité de Louis XVI envers Voltaire n'a nullement désarmé, et Maurepas mourra en novembre 1781, quand l'édition de Kehl n'a pas encore commencé à paraître.

62. Voir J. Vercruysse, «L'imprimerie de la Société littéraire et typographique de Kehl en 1782. La relation d'Anisson-Duperron: Beaumarchais éditeur de Voltaire», *LIAS* 13 (1986), p.165-233. En outre, soulignons l'importance pour l'histoire de l'édition de Kehl, de l'ouvrage de Mavis et Gunnar von Proschwitz, *Beaumarchais et le Courrier de l'Europe*, Studies 273-74 (1990): un grand nombre des documents qui y sont rassemblés sont tirés des archives manuscrites de la «Société littéraire et typographique», qui sert de prête-nom à Beaumarchais pour l'édition du *Voltaire*.

63. L'original du traité semble avoir disparu, mais voir von Proschwitz, i.598-601, lettre de Beaumarchais à Panckoucke du 30 juin 1780.

proportions gigantesques. Il achète dans les Vosges trois papeteries, qui fourniront le papier nécessaire. Il installe vingt-quatre presses, certaines provenant d'Angleterre. Il fait l'acquisition outre-Manche des beaux caractères dits de Baskerville. Il diffuse le *Prospectus* de l'édition en janvier 1781 : il invite le public à souscrire. Mais d'emblée l'affaire est difficile: les premiers volumes ne sortent qu'en 1783. Le dernier paraîtra en 1790. Beaumarchais tire deux éditions: l'une, in-8°, en 70 volumes, l'autre in-12, en 92 volumes. Par comparaison, l'édition «encadrée» de Genève, en 1775, ne comptait que 40 volumes in-8°. L'accroissement est dû principalement à la correspondance, qui occupe les dix-sept derniers volumes in-8°.

Cette partie ne manqua pas de causer à Beaumarchais tous les soucis qu'avait prévus Panckoucke. Certains détenteurs refusèrent de communiquer leurs manuscrits. Ainsi la fille et héritière du duc de La Vallière, ce qui nous a définitivement privés de documents essentiels.[64] Quand on disposait des manuscrits, il n'était pas possible d'imprimer tels quels des propos virulents de Voltaire, visant telle institution toujours subsistante ou tel particulier encore vivant. Il fallait retrancher, atténuer. Par exemple un passage où Omer Joly de Fleury est traité d'«imbécile» est purement et simplement supprimé, et le «réquisitoire d'Omer», accusé de platitude, devient «certains réquisitoires».[65] Parmi les têtes couronnées, Catherine II se montra particulièrement exigeante. Le volume publiant à part ses lettres était déjà imprimé, lorsqu'elle demanda impérieusement, par l'intermédiaire de Grimm, un exemplaire interfolié, où elle porterait ses corrections. Il fallut en passer par là, ce qui occasionna de considérables frais: la tsarine oublia sa promesse d'indemniser Beaumarchais.

L'édition de Kehl laissait donc aux éditeurs subséquents la tâche de restituer les lettres en leur texte authentique. Ce qui fut fait, notamment par Th. Besterman, chaque fois que le recours à l'original était possible. Ces dix-sept volumes de la correspondance n'en ouvraient pas moins un large accès à une meilleure connaissance de Voltaire. Autre contribution à la biographie voltairienne: les *Mémoires*, rédigés en 1758-1759, qui étaient jusqu'alors restés soigneusement cachés dans les portefeuilles de l'écrivain. Ils figuraient dans le lot des manuscrits achetés par Beaumarchais. Savoureux pamphlet anti-frédéricien, où l'ex-chambellan réglait ses comptes avec «Luc»: Beaumarchais hésitait à l'insérer dans les *Œuvres complètes*. Mais bientôt des copies circulent et en 1784 parurent plusieurs éditions de cet ouvrage à scandale.[66] L'ambassadeur prussien, le baron de Goltz, se dépensa vainement pour empêcher la diffusion des *Mémoires*. Frédéric II cependant, qui

64. Notamment sur la genèse de *Candide*, voir *OC*, t.48, p.42-43.

65. D10705 (15 septembre 1762), à d'Alembert.

66. BnC, no.4382-90: les adresses, sans doute fictives, indiquent Genève, Berlin, Londres ou Amsterdam.

eut connaissance du texte, manifesta à son endroit la même indifférence qu'à l'égard des autres pamphlets qui le visaient personnellement. Le roi étant décédé en 1786, Beaumarchais publia les *Mémoires* dans le dernier tome de son édition, en 1790, avec la *Vie de Voltaire* par Condorcet.

De violentes oppositions s'employèrent à contrecarrer l'édition, comme il était prévisible. A peine le *Prospectus* avait-il été publié qu'un pamphlet, d'ailleurs fort bien fait, dénonça l'œuvre de Voltaire comme destructrice de la religion, des mœurs et de l'autorité. L'auteur était un parlementaire, parmi les plus remuants: Duval d'Epremesnil. Aussi pressait-il le parlement de Paris de déployer contre la nouvelle édition «toute la rigueur de la puissance que le prince [lui] a confiée». L'auteur a inscrit une épigraphe empruntée à Jérémie, XXXIV: *Ululate et clamate*, ce que Beaumarchais traduit, librement: «Hurlez et aboyez!»[67] Simultanément, Machault, évêque d'Amiens, et Jean-Georges Lefranc de Pompignan, archevêque de Vienne, lancèrent des mandements: les fidèles étaient prévenus que la souscription aux *Œuvres complètes* de Kehl équivalait à un péché mortel. Au moins cinq autres mandements épiscopaux condamnèrent l'édition, dont celui du cardinal de Rohan, évêque de Strasbourg (qui s'illustrera bientôt dans l'affaire du collier de la reine). La Sorbonne de son côté inséra dans une censure de l'*Histoire des deux Indes* de l'abbé Raynal une dénonciation du *Prospectus*: le «coup de pied du théologien», écrit Beaumarchais.[68]

L'autorité, de surcroît, empêchait les journaux d'annoncer cette publication.[69] Les volumes étaient interdits sur le territoire français. Du moins officiellement. Car, en fait, des protections, des passe-droits, permirent de conduire à travers le Rhin et jusque dans Paris des ballots en feuilles (de plusieurs dizaines de quintaux!). Jean-Nicolas Barba a rappelé dans ses souvenirs (Paris 1846), comment il procédait avec de jeunes commis de librairie: «Nous passions en contrebande, à la barrière Saint-Martin, ces *Œuvres* in-8° en 70 volumes [...] jusqu'au pont Saint-Michel.» Panckoucke, qui continue à s'intéresser à l'entreprise, prenait une part active à ces entrées clandestines, sans doute à l'abri des énormes mouvements de routage autorisés pour son commerce ordinaire. Mais ces tolérances n'engageaient jamais l'autorité. Une réaction ou une répression restait à tout moment possible. En novembre 1786, Beaumarchais dut protester auprès du ministre Calonne contre «une persécution qui n'a pas d'exemple, quoiqu'on m'ait promis qu'il n'y en aurait jamais».[70]

67. Texte du pamphlet et réponse de Beaumarchais dans Loménie, ii.570-76.

68. Von Proschwitz, ii.653-54.

69. Cependant *Le Courrier de l'Europe*, publié à Londres, avait annoncé l'édition dès janvier 1780, von Proschwitz, i.574-76.

70. Cité par Giles Barber, «The financial history of the Kehl Voltaire», *The Age of the Enlightenment* (Edinburgh, London 1967), p.165. Dans la même lettre, Beaumarchais écrit: «J'ai la preuve en main que c'est d'accord avec les ministres du roi que j'ai commencé cette grande et ruineuse entreprise».

Depuis le début de l'entreprise, Beaumarchais vivait d'autant plus dangereusement qu'il était dans le même temps aux prises avec une nouvelle série de tribulations: il se démenait afin de faire jouer, malgré l'interdiction royale, son *Mariage de Figaro*.[71] Du triomphe même de cette pièce, enfin représentée, l'édition de Kehl devait pâtir. Dans son mandement pour le carême de 1785, l'archevêque de Paris et son coadjuteur permettaient à leurs diocésains de consommer des œufs, mais leur interdisaient le *Mariage de Figaro* et les œuvres de Voltaire. Etonnant mélange, dont Beaumarchais se moqua dans de petits vers:

> A Paris sont en grand soulas
> Deux saints prélats...[72]

Louis XVI en est irrité. Il n'aime pas qu'on raille les gens d'Eglise. Bientôt, sur un mince prétexte, il va expédier Beaumarchais à Saint-Lazare, la prison des mauvais garçons. Sur ce, le 3 juin 1785, un arrêt de son Conseil ordonne la «suppression» de l'édition de Kehl, dont trente volumes sont déjà parus. La publication n'en continue pas moins, mais elle s'avère lourdement déficitaire. Beaumarchais, malgré ses efforts et l'organisation d'une loterie, n'a obtenu que deux mille souscriptions, pour un tirage de quinze mille exemplaires.

Les événements de 1789 vont sans doute lever les obstacles de la censure. Pourtant l'édition de Kehl n'en profita guère. Les périodes révolutionnaires se prêtent mal aux grandes opérations de librairie. Quand, après le 10 août 1792, des sans-culottes soupçonneux perquisitionnèrent la somptueuse maison de Beaumarchais, dans les caves, au lieu des fusils qu'ils cherchaient, ils découvrirent des piles des *Œuvres complètes* invendues.

Mais la Révolution allait célébrer Voltaire autrement que par le succès d'une édition.

71. Dont la première, après trois années de démarches, eut lieu le 27 avril 1784.

72. Texte dans Félix Gaiffe, *Le Mariage de Figaro* (Paris 1928), p.105-106.

21. Le Panthéon

La sépulture de Voltaire à l'abbaye de Scellières deviendrait-elle définitive? Un transfert ultérieur à Ferney n'avait été allégué par l'abbé Mignot que comme un prétexte. Ce genre d'opération, de toute façon fort aléatoire, devenait impossible après la vente du domaine à la famille de Budé. Villette, dès 1779, avait demandé pour le grand homme un tombeau plus digne: il n'avait pas été entendu.[1] A Scellières, l'abbé Mignot avait commandé un mausolée destiné à orner la dalle nue, sous laquelle reposaient anonymement les restes de Voltaire: l'autorité y mit son veto.[2] La proscription du philosophe allait durer autant que l'Ancien Régime. Ce fut la Révolution qui le conduisit à sa dernière demeure, en lui décernant un nouveau triomphe parisien.

Le 2 novembre 1789, l'Assemblée constituante vota la nationalisation des biens du clergé. L'abbaye de Scellières allait donc être mise en vente. Qu'adviendrait-il alors de la tombe de Voltaire? Allait-elle devenir la propriété de l'acquéreur, en même temps que les bâtiments et les terres? La chose était d'autant plus impensable que le grand homme revenait au premier plan de l'actualité, par son théâtre. La Comédie-Française demeurait au centre de la vie parisienne: on l'avait bien vu par les troubles qu'avait suscités le *Charles IX* de Marie Joseph Chénier, tragédie «voltairienne» tant par l'esprit que par la forme. Les Comédiens, connaissant les dispositions du public, reprenaient le *Brutus*, créé en 1730, mais qui se trouvait être singulièrement en accord avec les passions du moment. Le sujet, on se le rappelle,[3] se situe au début de la république romaine. Les Romains viennent de chasser leur roi, le tyran Tarquin: mais ses partisans manœuvrent pour le rétablir sur son trône. Héroïquement, le consul Brutus fait échouer le complot. A la première de cette reprise (17 novembre 1790), la salle était particulièrement échauffée. Le spectacle avait attiré des personnalités en vue, tels Mirabeau, qui fut ovationné, et aussi le jeune duc de Chartres, qui sera, quarante ans plus tard, Louis-Philippe 1er, «roi des Français». Nombre de vers furent salués par des tonnerres d'applaudissements, ou par quelques sifflets. Entre autres celui-ci (IV.7):

> Dieux, donnez-nous la mort, plutôt que l'esclavage!

1. *Chronique de Paris*, 21 décembre 1779.
2. *Mémoires secrets*, 4 octobre 1778.
3. *Voltaire en son temps*, i.266.

Cependant, dans un tel sujet, c'était la monarchie même qui était en question. Brutus disait à son fils (IV.6):

> Mais je te verrai vaincre, ou mourrai, comme toi,
> Vengeur du nom romain, libre encore, et sans roi.

Les deux vers soulèvent d'abord une frénétique approbation. Une hésitation s'en suit. Nous sommes en 1790: l'opinion reste en sa majorité monarchiste. Craignant que sa manifestation paraisse porter sur le «sans roi», le public «a crié: Vive le roi! à diverses reprises, en élevant les chapeaux et les mouchoirs; mais bientôt se rappelant aussi ce qu'il doit à sa propre majesté, il a crié avec les mêmes transports: Vive la nation! Vive la loi! Vie la liberté!» C'est ainsi qu'est rapporté l'épisode dans la *Chronique de Paris* (18 novembre 1790), le journal auquel Villette collabore. Le mari de Belle et Bonne s'affirme un chaleureux partisan du nouvel ordre des choses. Un tragique événement[4] n'a pas modifié ses sentiments. Il appuie les réformes par les articles qu'il donne à cette *Chronique de Paris*. Il renonce à son titre de marquis, abolit dans ses domaines les droits féodaux. Et plus que jamais il se considère comme une sorte d'agent littéraire de l'illustre écrivain qui mourut en son hôtel du quai des Théatins. Ce quai, il le débaptise de sa propre autorité. Sans attendre la décision de la municipalité, il y appose une plaque: «Quai Voltaire».

Surtout, il fait campagne pour le transfert à Paris des restes du grand homme. Il fait approuver une motion dans ce sens au club des Jacobins (9 novembre 1790). Quelques jours plus tard, à la troisième représentation de *Brutus*, il bondit sur la scène et s'adresse aux spectateurs. Il demande «au nom de la patrie que le cercueil de Voltaire soit transporté à Paris». Ce sera «le dernier soupir du fanatisme». «Le grand homme qui a buriné le caractère de Brutus serait aujourd'hui le premier défenseur du peuple.» Il désigne le lieu: la basilique de Saint-Geneviève, «en face de Descartes».[5] D'autres emplacements avaient été proposés: le socle de la statue de Henri IV, sur le Pont-Neuf, le Champ de la Fédération (notre Champ de Mars), le rond-point de l'Etoile. Villette combat ces suggestions. Par analogie avec le Westminster des Anglais, il faut que les Français aient un temple pour leurs grands hommes: que la basilique de Sainte-Geneviève devienne – la référence ici est grecque et romaine – le «Panthéon français». C'est Villette qui lance le nom du Panthéon, et pour qu'y soit accueilli Voltaire.[6]

Le temps pressait. La vente de Scellières était fixée au 3 mai 1791. Des revendica-

4. Un de ses beaux-frères, François de Varicourt, garde du corps à Versailles, avait été massacré, le 5 octobre 1791, en tentant de protéger les appartements de la reine. Sa tête fut portée sur une pique dans le cortège qui ramena le roi à Paris.

5. *Chronique de Paris*, 25 novembre 1790.

6. *Courrier de Paris*, 21 novembre, *Chronique de Paris*, 23 novembre.

tions locales se faisaient entendre. Le maire de Romilly aurait bien voulu conserver dans sa commune un cercueil aussi illustre. A Troyes, la société des Amis de la Constitution émettait aussi des prétentions. Il fallait donc qu'une autorité supérieure, celle de l'Assemblée nationale, se prononçât. Un certain Charron, officier municipal de Paris, présenta une pétition. Le 8 mai 1791, les députés se contentèrent de décréter que «le corps de Voltaire sera transféré dans l'église paroissiale de Romilly, jusqu'à ce qu'il ait été statué par l'Assemblée sur la pétition de ce jour, qui est renvoyée au comité de constitution». C'est le 30 mai seulement, jour anniversaire de la mort du philosophe, que l'Assemblée nationale décida que «ses cendres seront transférés de l'église de Romilly dans celle de Sainte-Geneviève à Paris».[7] Des oppositions avaient en effet retardé la décision. Celles d'abord des ennemis irréductibles de Voltaire, en majorité membres du clergé (lequel, en vertu de l'élection des députés aux Etats-généraux par ordres, constituait le quart de l'Assemblée), opposants très présents dans les conciliabules de couloirs. Un autre groupe, formant une sorte de juste milieu, partageait l'opinion que Lanjuinais attribuait curieusement à Bayle: «Voltaire a mérité les remerciements, mais non l'estime du genre humain.»[8] Une pétition circula, qui acceptait un transfert au Panthéon, mais à condition qu'il fût discret: une «translation», sans «stations» ni «chants d'hymne». Les pétitionnaires craignaient qu'à trop célébrer Voltaire, on ne confirmât l'accusation contre-révolutionnaire: «les amis de la Constitution ne le sont pas de la religion.»[9] Les admirateurs de Rousseau enfin protestèrent qu'on oubliait leur grand homme. Par compensation, il fut décidé qu'on élèverait à Jean-Jacques une statue, par souscription.[10]

Malgré les obstacles et les objections, il se trouva une majorité de députés pour décider un transfert, et un transfert solennel, de Voltaire à l'église Sainte-Geneviève. Il est nécessaire ici de préciser ce qu'était, à cette date, le statut de cet édifice religieux. Il serait faux de croire que Sainte-Geneviève fut alors brutalement retirée au culte pour être transformée en un mausolée laïque. Au début de 1791, le bâtiment construit sur les plans de Soufflot n'est pas achevé.[11] Il n'a pas encore été consacré, et n'est donc pas ouvert au culte. Le 4 février, le comité ecclésiastique de l'Assemblée a élaboré un projet de décret sur les paroisses de Paris. L'un des articles prévoit que «la nouvelle église de Sainte-Geneviève

7. *Moniteur* du 10 mai, *Procès-verbal de l'Assemblée nationale* du 30 mai, cités par J. Stern, p.141.

8. A la mort de Pierre Bayle (1706), François Marie Arouet avait douze ans... Voir Desnoiresterres, viii.482.

9. Desnoiresterres, viii.487.

10. Voir Raymond Trousson, *Jean-Jacques Rousseau* (Paris 1989), ii.478. Le transfert des cendres de Rousseau au Panthéon, décidé par la Convention robespierriste, mais réalisé par la Convention thermidorienne, n'aura lieu qu'en 1794.

11. Nous remercions M. Jean-Claude Bonnet, qui prépare un ouvrage sur le Panthéon, d'avoir bien voulu nous communiquer les informations qui suivent.

est conservée pour servir provisoirement d'oratoire à la ville et au département de Paris», attendu, souligne-t-on, «la dévotion qu'y ont toujours tous les habitants de la cité et des lieux circonvoisins». Au cours du débat, on critique la notion confuse d'oratoire provisoire. «Il n'y a pas», conclut un orateur, «quant à présent de nécessité de rien statuer sur la nouvelle église de Sainte-Geneviève, puisqu'elle n'est pas achevée.»

Or voici que le 2 avril Mirabeau meurt. A ce grand acteur de la Révolution, il paraît nécessaire d'accorder des honneurs funèbres exceptionnels. Le jour même, le directoire du département de Paris, formé de La Rochefoucauld, Sieyès, Pastoret, rédige le décret décidant que «le nouvel édifice de Sainte-Geneviève sera destiné à recevoir les cendres des grands hommes»; décret voté le 4 avril par l'Assemblée nationale. Villette était, avec Barnave et Pastoret, l'un de ceux qui appuyèrent la proposition: il pensait évidemment au transfert de Voltaire. L'article 7 du décret stipulait: «En attendant que le nouvel édifice de Sainte-Geneviève soit achevé, le corps de Riquetti-Mirabeau sera déposé à côté des cendres de Descartes dans le caveau de l'ancienne église de Sainte-Geneviève». C'est-à-dire sous le Panthéon. Les grands hommes seront ensuite placés à l'étage. Mirabeau fut donc le premier «panthéonisé».[12] Voltaire va être le deuxième. On observera cependant que cette mesure, pour solennelle qu'elle soit, ne rompt pas, en 1791, avec une pratique traditionnelle: celle d'accueillir dans les églises les tombes de personnages ayant eu quelque notoriété. C'est en vertu de cet usage que Voltaire avait pu être inhumé dans la chapelle de Scellières, et qu'en 1784 Diderot avait eu sa sépulture en l'église parisienne de Saint-Roch, sans difficulté aucune, malgré son athéisme notoire.[13]

Le transfert de Voltaire au Panthéon prend une dimension singulière du fait que la décision émane de l'Assemblée représentant la Nation. Toute révolution se cherche des ancêtres, c'est-à-dire des garants. Le besoin est d'autant plus ressenti en 1791 que la Révolution semble terminée, et que si elle est innovation radicale au plan politique et juridique, elle ne l'est nullement au plan des lettres et des arts. Voltaire, grand ancêtre, représente à la fois le changement et la continuité. La France nouvelle ne renie pas le passé culturel glorieux dont il est l'emblème.

12. Il sera «dépanthéonisé» par la Terreur (14 novembre 1793) et remplacé par la dépouille de Marat qui sera, à son tour, expulsé du Panthéon le 26 février 1795.

13. L'église de Sainte-Geneviève sera ouverte au culte pour la première fois par un décret impérial du 20 février 1806, qui maintient cependant sa destination de Panthéon de l'Etat. Louis XVIII met fin à ce statut hybride le 3 janvier 1822. L'église est consacrée exclusivement au culte, et les tombes des grands hommes sont reléguées dans les caveaux. L'édifice redevient Panthéon le 26 août 1830, par décision de Louis-Philippe. Il sera de nouveau lieu de culte sous le Second Empire et au début de la Troisième République, jusqu'en 1885.

Qu'en lui, l'espace d'un moment, paraissent s'incarner toutes les Lumières et leur triomphe, voilà qui exalte les cœurs et donne confiance en l'avenir. Car un lien de cause à effet est alors évident, dans l'opinion, entre Voltaire et la Révolution. Marie Joseph Chénier en témoigne, dès 1790, par le souhait qu'il exprime en son *Epître aux Mânes de Voltaire*:

Si tu vivais encore pour nous inspirer tous![14]

On se rappelle enfin l'étonnante propension des Français de ce temps à se livrer à de brusques accès d'exaltation publique. Ce trait de la psychologie collective s'accentue en ces débuts de la Révolution, où l'optimisme est général, et où le futur proche ou lointain semble assuré. Ainsi s'expliquent les scènes d'enthousiasme, en cette journée mémorable. Et l'on comprend que les promoteurs du transfert aient voulu en faire une grande fête de la Révolution: ils pouvaient compter sur la participation exaltée de toute une population, que suppose une pareille manifestation.

On fit appel à des artistes de renom, partisans de la cause révolutionnaire. David régla les mouvements de foule, de façon que la fête fût un spectacle pour les participants eux-mêmes. Marie Joseph Chénier, alors chantre quasi officiel de l'ordre nouveau, composa un *Hymne sur la translation des cendres de Voltaire au Panthéon français*, tout proche, forme et fond, des grandes «machines» voltairiennes. La musique fut composée par Gossec, auteur déjà de plusieurs partitions dans le goût du moment: *Le Chant du 14 juillet*, *A l'humanité*, ou cette *Marche funèbre*, que connaissait Beethoven, et qui n'est peut-être pas étrangère à certains accents de sa symphonie *Eroïca*. Les organisateurs pouvaient s'inspirer d'un précédent récent: celui, le 14 juillet 1790, de la Fête de la Fédération, sur le Champ de Mars. Grand moment de ferveur patriotique: des délégations des quatre-vingt-trois départements récemment créés témoignaient de l'unité de la Nation. Louis XVI, entouré de sa famille et de la cour, présidait. Il avait prêté serment à la constitution. Talleyrand, évêque d'Autun, avait célébré la messe solennelle. Le nouvel ordre, instauré sans violence, ou du moins sans violence excessive, paraissait accepté par tous.[15]

Les organisateurs prévoyaient une manifestation d'enthousiasme comparable, autour de Voltaire. Mais brusquement, quelques jours avant la date du transfert, l'ambiance à Paris avait changé, par la faute du roi. Louis XVI s'était enfui, déguisé en domestique de la reine, en direction de la frontière du nord et des troupes autrichiennes (20 juin 1791). Parjure et trahison. Arrêté à Varennes, ramené à Paris, sous bonne escorte de «patriotes», il avait fait un retour piteux dans sa

14. Marie Joseph Chénier, *Œuvres* (Paris 1824), iii.68.

15. On lira l'évocation de la Fête de la Fédération par Mme de Staël, qui était présente, *Considérations sur la Révolution française* (Paris 1983), p.226-27.

capitale. Dans les faubourgs, sur le passage de son carrosse, des huées l'accueillirent. Dans le centre, la foule amassée, derrière deux rangées de soldats crosse en l'air, gardait un silence lourd de réprobation (25 juin): ce fut, a-t-on dit, «le convoi funèbre de la monarchie».[16] Depuis, Louis XVI reste reclus dans son palais des Tuileries, en attendant que l'Assemblée nationale décide de son sort: destitution au profit du duc d'Orléans, proclamation, peut-être, de la république, ou maintien pur et simple.[17]

Ainsi se produisit un «rendez-vous de l'Histoire» que nul n'avait prévu, mais l'un des plus saisissants: le sacre de Voltaire roi de l'opinion, succédant à l'abaissement du roi légitime. Les deux événements se produisirent à quelques jours d'intervalle. Un certain nombre des patriotes qui avaient reconduit Louis XVI restèrent à Paris pour assister au transfert des cendres. Ils défileront dans le cortège triomphal.

Les manifestations d'hommage à Voltaire commencèrent dans les modestes communes champenoises, où la destinée avait relégué les restes du grand homme. Le 9 mai 1791, soit le lendemain de la première décision de l'Assemblée nationale, on procéda à l'exhumation à Scellières, en présence de la municipalité et de la garde nationale de Romilly. On ouvrit le cercueil. Alors l'assistance poussa «mille cris de joie»: «le voilà! le voilà!» L'apparition du squelette, en assez bon état, dit-on, démentit les bruits incontrôlables qui avaient couru: la sépulture avait été violée, et le cercueil ne contiendrait que le cadavre d'un jardinier, le corps authentique ayant été enlevé. Une particularité apparue lors de l'ouverture de la tombe, le 18 décembre 1897, confirmera que ces restes étaient bien ceux de Voltaire. La garde nationale rangée autour de la fosse rendit les honneurs, par une salve, accompagnée de roulements de tambour.

Au cours de l'opération un admirateur, adepte sans doute inconscient du culte des reliques, subtilisa quelques os du calcaneum. Le squelette fut ensuite transporté à Romilly, à découvert, «afin que tous puissent le voir». Sur le passage, «les femmes tenaient leurs enfants et leur faisaient baiser le sarcophage». Le corps fut d'abord exposé dans l'église du village, toujours à découvert. Puis on le plaça dans un cercueil, scellé aux quatre coins. Il resta en cette église, conformément à la décision de l'Assemblée nationale, jusqu'au transfert à Paris.[18]

Le 6 juillet, le convoi funèbre part en direction de la capitale. Le voyage dure quatre jours, avec des haltes à Provins, Nangis, Guignes, Brie-Comte-Robert. A chaque station les officiers municipaux et la garde nationale locale rendent les honneurs. On dit des messes à la mémoire de Voltaire. Car, en ces débuts de la

16. Albert Soboul, *La Révolution française* (Paris 1984), p.223.

17. C'est ce qui sera finalement décidé: on supposera, contre l'évidence, que le roi avait été «enlevé».

18. Pour cette journée et les suivantes, sources dans Desnoiresterres, viii.483-84, 491-92.

Révolution, l'habitude s'est conservée de marquer les grands événements par des célébrations religieuses.[19] Du moins en province : il n'en sera pas de même quand le cortège arrivera dans la capitale.

Le convoi était annoncé aux portes de Paris le dimanche 10 juillet au soir. Une délégation imposante l'attend. Un piquet de cavalerie, un détachement d'infanterie marchent devant le char. Suivent dans des voitures, parmi d'autres personnalités, Pastoret, procureur-syndic du département, Bailly, maire de la ville, Charron, ordonnateur de ces cérémonies. On conduit le cercueil à l'emplacement de la Bastille. Il est installé, sous les applaudissements de la foule, sur une sorte de plate-forme qui y avait été aménagée. Une rocaille, formée avec les débris de la forteresse, porte une inscription :

> Reçois en ce lieu où t'enchaîna le despotisme,
> Voltaire, les honneurs que te rend la patrie.

La marche jusqu'à la colline Sainte-Geneviève devait avoir lieu le lendemain, lundi 11 juillet. Mais pendant toute la matinée, la pluie tombe en abondance, comme c'est assez fréquent à Paris, dans les premières semaines de juillet. On est sur le point de reporter le défilé, lorsque le ciel s'éclaircit. Le cortège s'ébranle donc vers deux heures de l'après-midi.

La procession s'avance dans un ordre soigneusement étudié. Ouvrent la marche des formations militaires : cavalerie, sapeurs, tambours, canonniers. Puis viennent des délégations d'enfants et de collégiens, les clubs avec leurs bannières. Suivent des portraits de Voltaire, Rousseau, Mirabeau, Desilles : on a voulu associer à la manifestation ces héros de la Révolution, notamment Rousseau.[20] Défilent derrière eux, entourant une maquette de la prison, les vainqueurs de la Bastille, dont une *citoyenne* à cheval, en uniforme de la garde nationale, héroïne de l'assaut contre la forteresse. Puis s'avancent les gardes suisses et une députation des théâtres. Alors apparaît une statue de Voltaire, d'après Houdon, dorée et couronnée de lauriers, portée par des élèves des beaux-arts costumés à l'antique.[21] Derrière elle marchent les académiciens et gens de lettres, accompagnant les soixante-dix

19. Voir Pierre Rétat, « Une année au jour le jour. Chronologie du 1er janvier au 31 décembre 1789 », *Dix-huitième siècle* 20 (1988), notamment 5 août, 13 août, 15 août, 26 août, 14 septembre, 27 septembre, 11 octobre.

20. Desilles, jeune officier breton, lors de l'affaire des Suisses de Châteauvieux, en 1790, s'était sacrifié pour empêcher un massacre fratricide. L'Assemblée nationale déclara qu'il avait bien mérité de la patrie. Il devint l'objet d'un culte politique pendant quelques mois.

21. Cette statue, en carton-pâte, toile et bois, est conservée à la Bibliothèque de Rouen. On envisage, à l'occasion du bicentenaire de 1994, une restauration dont elle a le plus grand besoin.

volumes de l'édition de Kehl, offerts par Beaumarchais.[22] Une fanfare de musiciens, exécutant des hymnes funèbres, précède immédiatement le char. Celui-ci est tiré par douze chevaux gris-blanc, attelés par quatre (deux d'entre eux auraient été prêtés par la reine). Sur le véhicule, un sarcophage de porphyre à l'intérieur duquel a été placé le cercueil. Le sarcophage porte un lit funéraire où repose le grand homme dans l'attitude du sommeil. Ici se lit une inscription:

Il vengea Calas, La Barre, Sirven et Monbailli. Poète, philosophe, historien, il a fait prendre un grand essor à l'esprit humain, et nous a préparés à être libres.

Termes qui évoquent un Voltaire accordé à l'esprit du moment. Derrière le char, prennent rang les corps constitués: Assemblée nationale, département, municipalité, cour de cassation, juges des tribunaux parisiens. Un corps de cavalerie ferme la marche.

Comme dans les processions religieuses, un certain nombre de stations étaient prévues. La première est à l'Opéra, alors situé près de la Porte Saint-Martin. Des médaillons entourés de guirlandes rappellent les créations lyriques du poète: *Pandore*, *Le Temple de la Gloire*, *Samson*, partie la moins notable de son œuvre, mais l'Opéra occupe toujours dans la vie culturelle française une place importante. Des chœurs exécutent des hymnes de circonstance. Une actrice dépose un baiser au front de la statue. Le cortège continue par la place Louis XV (notre place de la Concorde). Il longe la façade des Tuileries, résidence du roi. Toute la domesticité est aux fenêtres. Louis XVI et la reine, quant à eux, regardent derrière des volets mi-clos, «glacés sans doute d'épouvante aux fiers accents de la philosophie, du patriotisme et de la liberté», si l'on en croit un journaliste.[23]

La Seine est traversée au Pont-Royal et l'on arrive à l'étape la plus émouvante du parcours, sur le quai récemment rebaptisé Voltaire, devant l'hôtel de Villette. Le mari de Belle et Bonne a installé une magnifique décoration. Quatre hauts peupliers forment une voûte. Le char s'arrête sous le dôme de verdure, d'où descend une couronne de roses. Cinquante jeune filles – robe blanche, ceinture bleue, guirlande de roses sur la tête, couronne civique à la main – sont disposées sur une estrade en amphithéâtre. Mme de Villette préside, ayant à ses côtés sa fille Charlotte, âgée de quatre ans, et les deux filles de Jean Calas. Elle porte une robe de soie «parsemée d'ornements étrusques», et une ceinture blanche où est

22. Ou du moins leurs reliures; Beaumarchais, craignant les «accidents de la marche», substitua aux volumes en grand papier velin, offerts à la Nation et portés directement à la Bibliothèque nationale (Rés. 4450-4519), «des dossiers appliqués au coffre»: ces «dossiers», à son avis, feraient «le même effet pour la cérémonie». Voir Beaumarchais à d'Ormesson de Noiseau, 7 juillet 1791 (von Proschwitz, ii.1107).

23. *Chronique de Paris*, 12 juillet 1791. La journée du 11 juillet nous est connue dans le détail par les relations que publièrent le lendemain les journaux parisiens, dépouillés par Desnoiresterres, viii.497-501.

imprimée en noir l'image du char funèbre.[24] Elle s'avance avec sa fille, une couronne civique à la main, s'incline «religieusement», en larmes, devant la statue, «la presse dans ses bras et pose la couronne sur la tête de son bienfaiteur, aux applaudissements d'une foule en délire». Elle soulève la petite Charlotte et «la voue, pour ainsi dire, par cette espèce de consécration, à la raison, à la philosophie, à la liberté».[25] C'est ici que les chœurs exécutent l'ode de Marie Joseph Chénier, sur une musique de Gossec:

> Que nos chants d'allégresse accompagnent la cendre
> Du plus illustre des Français...

Quand le convoi reprend sa progression, Belle et Bonne, sa fille, les deux filles de Calas, prennent place en avant du char; Villette et La Harpe, après avoir suivi la scène du balcon, marchent derrière elles.

Les deux prochaines stations sont consacrées au théâtre. Courte halte devant l'ancienne salle de la Comédie-Française, rue des Fossés-Saint-Germain. Un buste de Voltaire porte l'inscription: «A dix-sept ans il fit *Œdipe*». On devait faire un plus long arrêt devant le Théâtre de la Nation (notre Théâtre de l'Odéon). Une inscription dit ici: «Il fit *Irène* à quatre-vingt-trois ans». Trente-deux médaillons rappellent les titres de ses tragédies et comédies. Des acteurs ont revêtu les costumes de ses principaux rôles. La nuit tombe déjà lorsqu'un chœur entonne un air de *Samson*, approprié à la circonstance:

> Peuple, éveille-toi, romps tes fers.
> La liberté t'appelle.

A ce moment, la pluie, qui menaçait depuis quelque temps, s'abat en trombe sur le cortège. On s'enfuit éperdument vers les abris. On doit allumer un grand feu dans le théâtre pour sécher les habits trempés. L'acteur Fleury, qui est présent, racontera la scène dans ses *Souvenirs*:[26]

> Entre les torrents que vomissaient les gouttières et ceux qui grossissaient les ruisseaux, les dames les mieux empanachées ne sont plus que des poules mouillées, et les héros dans la boue ne ressemblent plus qu'à [des] Romains de carnaval.

A la faveur d'une accalmie, on se hâte d'atteindre l'église Sainte-Geneviève. On avait espéré que Gobel, évêque constitutionnel de Paris, serait là pour accueillir l'illustre défunt. Mais, avec tout son clergé, il avait décidé de s'abstenir de paraître à une cérémonie qui devenait ainsi purement laïque, sans que les organisateurs l'aient expressément voulu. Les nouvelles autorités ecclésiastiques, instituées par la Constitution civile du clergé, reprenaient à leur compte l'hostilité de leurs prédécesseurs à l'encontre de Voltaire.

24. Sur ce «singulier costume», voir J. Stern, p.223-24.
25. *Chronique de Paris*, dans J. Stern, p.147.
26. Cités par Desnoiresterres, viii.500.

Dans l'édifice où il est conduit, en ce soir du 11 juillet 1791, Voltaire restera. Le tombeau, qui sous ces voûtes porte son nom, n'est pas vide, et le squelette qui y repose est bien le sien. Mais il a fallu en faire la démonstration.

Sous la Restauration, le Panthéon fut rendu au culte, et redevint l'église Sainte-Geneviève. Il parut alors nécessaire de soustraire à la vue des fidèles les tombes de Voltaire et de Rousseau. Le 29 décembre 1821, les deux cercueils furent transférés, sans être ouverts, dans un caveau de la principale galerie souterraine. Ils furent remis en place au début de la Monarchie de juillet, l'église étant redevenue le Panthéon. Mais le ministre compétent refusa à Beuchot, l'éditeur des *Œuvres complètes*, l'autorisation d'ouvrir le tombeau de Voltaire. Car le bruit courait que les deux sépultures avaient été violées en 1814 et ne contenaient plus les restes de Voltaire et de Rousseau. La rumeur parut définitivement confirmée en 1864 par le témoignage que recueillit l'érudit Paul Lacroix (connu sous le nom du Bibliophile Jacob), et qu'il publia dans l'*Intermédiaire des chercheurs et des curieux* du 15 février. Un certain personnage, non nommé, lui rapporta le récit que lui aurait fait M. de Puymorin, directeur de la Monnaie. Peu après la première Restauration, en mai 1814, une escouade de royalistes fanatiques conduite par «les deux frères Puymorin» s'introduisit nuitamment dans le Panthéon, ouvrit les deux sépultures, plaça les ossements de Voltaire et ceux de Rousseau dans un sac, se rendit dans un terrain vague «à la barrière de la Gare, vis-à-vis Bercy». On jeta le contenu du sac dans une fosse préalablement creusée. On reboucha le trou. Les conjurés «piétinèrent en silence» la terre. Après quoi, ils remontèrent en voiture, satisfaits d'avoir rempli «un devoir sacré de royalistes et de chrétiens». Desnoiresterres, qui reproduit ce récit à la fin de sa biographie, le tient pour véridique. Voltaire aurait donc finalement été «jeté à la voirie», comme il l'avait tant redouté.[27]

Cependant l'allure trop romanesque de l'épisode éveille les soupçons. Le narrateur en outre a commis une erreur flagrante (relevée par Desnoiresterres): M. de Puymorin n'avait pas de frère. Et ce qu'on sait de ce personnage, au caractère modéré, ne s'accorde pas avec le fanatisme que suppose une telle équipée. Peu après la publication du récit par le Bibliophile Jacob, le cœur de Voltaire, à la suite de diverses péripéties, fut offert à l'Etat. Napoléon III voulut le réunir aux autres restes du philosophe. Mais comme le Panthéon était redevenu, en 1851, lieu de culte, l'empereur consulta l'archevêque de Paris, Mgr Darboy. Celui-ci répondit qu'à son avis la tombe était vide. Alors, selon un certain M. Dupeuty, une vérification fut faite, qui aurait constaté que dans le tombeau de Voltaire «il n'y avait plus rien».[28] Assertion erronée, ou mensongère, comme

27. Desnoiresterres, viii.520.

28. *Le Figaro*, 28 février 1864, *Intermédiaire des chercheurs et de curieux*, 15 mars 1864.

on va le voir. Les deux sépulcres de Voltaire et de Rousseau attiraient de nombreux visiteurs: on voulait, semble-t-il, décourager ces sortes de pèlerinages.

Un autre bruit s'était répandu sur la sépulture de Rousseau. Pour le transfert des cendres, en 1794, le marquis de Girardin aurait livré un corps qui n'était pas celui de Jean-Jacques, et l'auteur du *Contrat social* reposerait toujours à Ermenonville, dans l'île des Peupliers. Mais en 1897, le prince Radziwill, propriétaire du domaine, fit restaurer le monument élevé dans l'île sur la tombe de Rousseau: dans les soubassements, on ne trouva aucune trace du cercueil. *Le Figaro*, en donnant l'information, posa donc la question: «Où sont les cendres de Rousseau?»[29] Et où, celles de Voltaire? Depuis 1885, l'église Sainte-Geneviève, retirée au culte, était redevenue le Panthéon. L'édifice ne relevait plus que de l'autorité civile.

Un homme politique alors décida de faire la lumière sur l'affaire des deux sépultures. C'était Ernest Hamel, sénateur de Seine-et-Oise, président honoraire de la Société des gens de lettres, «éminent historien de la Révolution», «bon patriote», nous dit-on, et «ferme républicain».[30] Il constitua une commission officielle: en faisaient partie Marcelin Berthelot, sénateur et membre de l'Académie française, Jules Claretie, de l'Académie française, Hippolyte Buffenoir, connu pour ses travaux sur Rousseau, deux médecins, Louis et Charles Monod.[31] Ernest Hamel obtint du ministre l'autorisation d'ouvrir les sarcophages et les cercueils de Voltaire et de Rousseau.[32] L'opération fut fixée au samedi 18 décembre 1897, à 14 heures. Elle était publique. Une centaine de personnalités ont été conviées, par cartons d'invitation: à leur suite «un nombre assez considérable de curieux» réussirent à s'introduire dans les sous-sols du Panthéon.[33] On commença par ouvrir le cerceuil de Voltaire. Un dessin d'époque[34] nous montre ces messieurs de la commission, gibus en tête, se serrant dans le caveau exigu, contemplant dans le cercueil ouvert les restes du grand homme. Au premier plan, imposant, le sénateur Ernest Hamel. Il y eut un moment d'émotion: «Messieurs, le corps de Voltaire est dans son cercueil.» C'était bien, en effet, celui de Voltaire, et non

29. *Le Figaro*, 10 novembre 1897, 15 novembre 1897. Sur la prétendue substitution de corps, *Aplanos*, «journal littéraire, sportif, etc., de Montmorency et des environs», 15 novembre 1897. Nous utilisons à partir d'ici un dossier de presse, de novembre 1897 à janvier 1898, du Musée Jean-Jacques Rousseau de Montmorency, communiqué par son directeur, M. Robert Thiéry, auquel nous exprimons notre vive gratitude.

30. Il mourut peu après, en janvier 1898; *L'Echo républicain du Valois*, 9 janvier 1898, lui consacre une notice nécrologique.

31. Liste dans *L'Echo républicain du Valois*, 1er janvier 1898.

32. *Le Figaro*, 15 décembre 1897.

33. *L'Echo républicain du Valois*, 1er janvier 1898.

34. *Le Monde illustré*, 25 décembre 1897. Document photographique analogue dans *L'Illustration* du 1er janvier 1898.

un autre, comme le bruit avait couru. La boîte cranienne apparaissait sciée en deux, comme elle l'avait été pour l'autopsie. Marcelin Berthelot prit les deux parties du crâne, les réunit, les montra aux assistants : ceux-ci, nous dit-on, furent frappés par la ressemblance avec les têtes modelées par Pigalle et par Houdon. Les ossements dans le cercueil étaient désarticulés, en désordre, comme s'ils avaient été «secoués»: ils le furent sans doute, dans le transfert de paroisse en paroisse en 1791, de Romilly à Paris.[35] Mais les ossements étaient au complet (à l'exception du calcaneum prélevé en 1791). Ainsi rumeurs et légendes étaient dissipées. C'est ce que souligna la presse, unanime. Car l'événement fut abondamment commenté par les journaux : par les périodiques locaux *Aplanos* et *L'Echo républicain du Valois*, et par les grands quotidiens parisiens : *Le Figaro*, *La Presse*, *L'Eclair*, *L'Intransigeant*, *L'Aurore*, *Le Matin*, *Le Soir*. Mais l'exhumation survenait dans un contexte politique pour le moins agité, celui de l'affaire Dreyfus. Aussi *Le Gaulois* lui consacra-t-il, le 24 décembre, un éditorial virulent, intitulé «Les profanateurs». Le journaliste réunissait dans le même réprobation indignée «l'impossible réhabilitation [de Dreyfus] justement condamné», la rénovation du front de Seine sur le quai d'Orsay, et la «profanation» des deux tombes. Nous lisons, non sans étonnement, que les «misérables cuistres», coupables du forfait, sont des étrangers : «des Suisses, des Allemands, des Danois, des Hollandais devenus désormais omnipotents chez nous». Sont désignés nommément Salomon Reinach et Cornélius Herz : tout ce beau monde représente «à merveille le consortium ethnique et religieux sous lequel, à la faveur de l'imposture républicaine, la France est à la fois dissociée, corrompue, trahie et dénationalisée». Tant Voltaire, et aussi Rousseau, continuaient à exciter les passions !

Le mot de la fin fut dit par John Grand-Carteret, dans *Le Figaro* du lendemain, 19 décembre : «Voltaire et Rousseau sont retrouvés. Et maintenant [...] que reste-t-il à faire ? Les réconcilier.» Ils seront, sinon réconciliés, du moins rapprochés, au siècle suivant, par une recherche dégagée des partis pris, qui ne choisira plus entre Voltaire et Rousseau.

35. *Le Figaro*, 19 décembre 1897 : le cadavre «a dû être *secoué comme un prunier*, dit un des médecins présents». En revanche le squelette de Rousseau, dans la tombe ouverte ensuite, apparut bien rassemblé, mains jointes sur la poitrine.

En guise de conclusion

Au terme de ces cinq volumes, faut-il conclure ? Le récit d'une vie n'est pas une démonstration, à moins qu'il ne soit orienté par une intention polémique. Tel n'a pas été, faut-il le dire, notre propos. Nous avons visé à une connaissance objective. Aussi avons-nous suivi notre personnage presque au jour le jour, quand ce fut nécessaire et possible. Nous disposions d'un instrument exceptionnel : les 21 221 lettres de la Correspondance rassemblées et publiées par Theodore Besterman (auxquelles des dizaines d'autres sont venues depuis lors s'ajouter). Notre biographie est la première, croyons-nous, qui tienne compte de cet immense corpus.[1] Nous affirmons en outre que, plus que tous nos prédécesseurs, nous avons mis au centre de notre recherche ce qui fut l'activité majeure de cette vie : la production incessante, de plus en plus abondante, d'écrits innombrables de tous genres, de toutes dimensions, depuis la feuille volante jusqu'à des ouvrages aussi volumineux que l'*Essai sur les mœurs* ou les *Questions sur l'Encyclopédie*. Voltaire a vécu pour écrire. Homme d'action, certes, mais c'est par l'écrit principalement qu'il agit, surtout à partir du moment où, à Genève, à Ferney, il est obligé de rester éloigné des centres de décision. Nous avons donc lu tout Voltaire. Et non pas par section, par genres, mais au fur et à mesure que ses ouvrages naissaient sous sa plume, au gré des circonstances. Car peu d'œuvres se trouvent être autant que les siennes en situation. Ses écrits et sa vie s'éclairent réciproquement.

Pour caractériser notre méthode nous l'opposerons à celle d'Henri Guillemin, traitant du même sujet. Voltaire fut l'une des têtes de Turc de ce brillant polémiste, en compagnie de Diderot, de Benjamin Constant, de Vigny, et de quelques autres. Après d'innombrables attaques, *passim*, dans son œuvre, Guillemin a consacré à Voltaire, en 1987, une cassette enregistrée de soixante minutes dans la collection «La Voix de son livre» (Z. A. de Lumbin, 38660 Le Touvet). C'est un réquisitoire. Certes très argumenté : en bon accusateur, Henri Guillemin a constitué un dossier – un dossier à charge. Parmi les faits, les textes, il sélectionne, et il oriente par sa présentation. Non sans erreurs. Dans sa passion, le procureur Guillemin est parfois un peu pressé. Ainsi il attribue six tomes à la

1. Exception faite de celle de Th. Besterman lui-même. Mais la voltairophilie de ce grand voltairiste s'écarte parfois de l'objectivité.

biographie de Desnoiresterres, qui en compte huit. Vétille, sans doute.[2] Plus grave, l'affirmation qu'à Cirey Voltaire était «entretenu» par Mme Du Châtelet. Si l'on voulait employer un tel terme, il faudrait inverser les rôles. On sait qu'il fit reconstruire de ses deniers le château de Cirey que l'impécunieux ménage Du Châtelet avait laissé se délabrer. Certes, en habile polémiste, Guillemin veut bien reconnaître quelques mérites à l'accusé. Il annonce deux parties: «Voltaire est ‹un salaud›», «Voltaire n'est pas ‹un salaud›». Mais au terme de cette seconde partie il s'avère que notre homme fut tout de même «un salaud». En conclusion est tentée une interprétation psychanalytique quelque peu simpliste. A dix-huit ou vingt ans, François Marie Arouet aurait appris de la bouche de son parrain, l'abbé de Châteauneuf, que sa mère était «une putain» (Henri Guillemin *dixit*) et que son père véritable était Rochebrune: révélation qui aurait révolté et perverti le jeune homme. On objectera que lorsque François Marie Arouet atteignit les dix-huit ou vingt ans (1712-1714), Châteauneuf était mort depuis longtemps (étant décédé en 1708). La vérité est que nous ignorons quand et comment Voltaire sut, ou crut savoir, qu'il était né des œuvres de Rochebrune. Il ne s'en est jamais expliqué. Toute spéculation à partir de données aussi incertaines paraît aventureuse.[3]

Sur trois questions d'importance, Henri Guillemin se trompe, et plus gravement encore. Aussi une mise au point s'impose-t-elle sur ce qu'il affirme des finances, de la politique et de la religion.

Voltaire est devenu riche. Il ne doit pas à l'héritage paternel, comme semble le croire Guillemin, le début de sa fortune. Le vieil Arouet avait stipulé que ce fils mauvais sujet recevrait sa part seulement quand il aurait fait preuve de quelque sérieux. Il n'entra donc en possession que tardivement, à une époque où déjà il avait amassé un considérable capital.[4] Au départ, il se trouvait à peu près aussi démuni que le jeune Hugo, avec lequel Henri Guillemin le met en parallèle. Mais la comparaison ne vaut pas. Au dix-neuvième siècle les droits d'auteur sont protégés par la loi. Un écrivain à succès peut alors s'enrichir. Non pas au siècle précédent, où le régime du théâtre comme celui de la librairie spolient les hommes de plume. Un Marivaux, un Lesage, un Prévost tirent difficilement de quoi vivre d'une production intensive. L'édition anglaise par souscription de *La Henriade*

2. La documentation de Guillemin n'est pas toujours sûre: il qualifie de «récit pornographique» le poème de *La Moïsade* que l'abbé de Châteauneuf fit apprendre par cœur à son filleul. Il est évident qu'Henri Guillemin n'a pas lu *La Moïsade*.

3. On reste pareillement dubitatif sur le témoignage rappelé par Morris Wachs, «Voltaire's claim to illegitimacy: an overlooked document», *Studies* 302 (1992), p.1-5: Mme Arouet aurait été aussi la maîtresse du vieux duc de Richelieu et son fils aîné Armand serait le fils de celui-ci. Mais celui qui rapporte, tardivement (en 1779...), ce bruit ne paraît guère fiable: il confond notamment Armand et François Marie.

4. Voir *Voltaire en son temps*, i.141-42, 188, 261.

rapporta au poète bon nombre de guinées. Mais la vie à Londres était fort dispendieuse. Il ne semble pas, en définitive, avoir obtenu de cette publication un gros profit.[5] En son temps, cependant, il est un moyen de s'enrichir, quand on a de l'entregent et qu'on sait attraper les bonnes occasions. Les finances publiques sont en général mal gérées. Pour se tirer d'embarras les princes lancent parfois des opérations hasardeuses. En 1729, le ministre de Louis XV, Le Pelletier-Desforts, institue une loterie mal conçue. Nous avons dit comment Voltaire, associé à d'autres, en tira, très régulièrement, un considérable capital, qu'il fit immédiatement fructifier par une spéculation, beaucoup moins régulière, sur un emprunt du duc de Lorraine.[6] Telle est l'origine de sa fortune: ce ne sont pas, comme le prétend Guillemin, les fournitures aux armées pendant la guerre de 1741-1748. Sans doute, il plaça alors des capitaux dans le consortium Pâris-Duverney qui assurait l'intendance militaire, ce genre de service étant sous l'Ancien Régime concédé aux intérêts privés, de même que la perception de l'impôt par la Ferme générale. Voltaire contribua ainsi à la fourniture de vivres à l'armée des Flandres. Le bénéfice qu'il en retira, certes substantiel, était, à cette époque, parfaitement normal. Il est faux en tout cas qu'il ait tiré de cette source «les trois quarts» de sa fortune, comme l'affirme Guillemin.[7] Ses revenus, en réalité, sont constitués en majeure partie par les annuités de ses rentes viagères: nous avons noté que l'un de ses grands soucis fut, sa vie durant, de faire rentrer les sommes dues par des débiteurs souvent défaillants. A quoi s'ajoute un secteur de ses ressources mal connu, mais sans doute important: celui de Cadix, c'est-à-dire du commerce avec les Amériques et les Indes. Est pareillement fausse l'assertion de Guillemin, que la rupture à Berlin entre Voltaire et Frédéric II eut pour cause la spéculation sur les bons saxons de la Steuer. On a vu que l'opération, immédiatement stoppée, ne fut pas réalisée.[8] Ce fut, à la fin de 1752, l'affaire König-Maupertuis qui décida le philosophe à quitter la cour prussienne, c'est-à-dire un conflit où il défendait en même temps que la cause de l'académicien König les droits de la pensée et la liberté d'expression.

Henri Guillemin relevait d'une tradition à la fois religieuse et socialisante qui diabolise l'argent. Inspiration généreuse assurément, mais qui méconnaît les réalités de l'économie. Le décollage des sociétés européennes, au dix-huitième siècle, devint possible par l'accumulation des profits provenant tout d'abord des échanges commerciaux. C'est le mouvement dont Voltaire est témoin en Angleterre en 1726-1728. Ses *Lettres anglaises* attestent qu'il en a compris les implications et prévu les perspectives d'avenir. Guillemin ne souffle mot de ces *Lettres*

5. i.252.
6. i.259-61.
7. ii.396-98.
8. iii.43-44.

philosophiques de 1734, texte fondateur, «bréviaire du libéralisme moderne», selon Frédéric Deloffre.[9] Pas davantage, il n'est question de l'appui apporté à l'économiste Turgot dans sa tentative pour arracher le royaume de Louis XVI à l'archaïsme (liberté du commerce, suppression des corporations et de leurs contraintes étouffantes, amélioration des communications par la suppression des corvées). L'argent, ce n'est pas seulement la dépense pour assouvir des instincts immoraux. C'est la condition de l'investissement. Voltaire a investi à Ferney, et Guillemin le comprend mal dans la tirade qu'il consacre aux «manants» du lieu. Le seigneur de Ferney avait trouvé, en entrant en possession, une bourgade de paysans misérables. Il la transforma en une petite ville peuplée d'artisans à leur aise: il y installa en effet, grâce à ses capitaux, des entreprises, surtout d'horlogerie. La misère est-elle nécessairement vertueuse? On croira plus volontiers qu'une vie saine exige une certaine prospérité matérielle. «Le travail éloigne [...] le vice et le besoin»: leçon banale, mais très vraie, de *Candide*, mise en pratique dans le coin de terre où Voltaire exerça son influence.

L'économie est inséparable de la politique: on le vit bien quand Turgot tenta son expérience. Sur ce plan de la politique, le procureur Guillemin charge la conscience de Voltaire de faits révoltants, perpétrés sous la Révolution. Non qu'il le rende responsable de la guillotine, comme l'a longtemps répété une tradition antirévolutionnaire. Plus subtilement, il l'accuse d'être à l'origine de la décision de l'Assemblée constituante de distinguer entre les citoyens «actifs», disposant d'un revenu confortable et seuls pourvus de pouvoirs politiques, et les citoyens «passifs», pauvres, sans pouvoir aucun. Mais Voltaire n'a jamais préconisé le régime électoral censitaire. Nous l'avons vu réunir les Etats de la province à Gex: les députés étaient désignés alors comme le seront ceux des Etats généraux en 1789, selon la distinction des trois ordres, clergé, noblesse, tiers état. Il ne serait venu à l'idée de personne, à cette date, de choisir électeurs et élus selon des critères de fortune. Voltaire, en revanche, a véhémentement protesté contre une forme scandaleuse de la propriété: celle des serfs appartenant à leur seigneur et maître. Nous avons suivi la campagne qu'il mena jusqu'à la fin de sa vie pour obtenir, avec l'aide de l'avocat Christin, l'affranchissement des malheureux mainmortables du Mont-Jura. La mesure ne sera adoptée, pour toute la France, qu'à l'automne de 1789, par l'Assemblée constituante. En ce domaine, il a réellement influencé la Révolution. Mais cet aspect de son action, Henri Guillemin a soin de l'oublier.

Lorsque Voltaire meurt, le problème constitutionnel n'est pas encore d'actualité dans le royaume de France. Il œuvre pour une réforme dans le cadre de la monarchie traditionnelle: un pouvoir «suprême», mais qui ne serait pas «arbi-

9. *Lettres philosophiques* (Paris 1986), quatrième page de couverture.

traire», et s'exercerait selon des lois garantissant la sûreté et la liberté des citoyens.[10] Sa politique s'inspire d'un sentiment généreux sans rapport avec les préoccupations mesquines du Voltaire caricaturé par Guillemin. Une générosité l'anime, qui procède de sa nature même. Il y est incité par sa chaleur dans les relations humaines. Il l'a dit:

Quiconque avec moi s'entretient
Semble disposer de mon âme.[11]

Tous ceux qui l'ont approché en furent frappés. Entre lui et l'autre, le courant passait, direct, vif. Il y avait dans son accueil une faculté émotive qui se concentrait dans son regard. Mme de Genlis, pourtant si mal disposée, l'a remarqué. «Que tous les hommes [...] sont frères»,[12] cet article de son credo relève de ce qu'il y a de meilleur dans son expérience vécue. Un tel trait de caractère est à rapprocher d'un autre, dont nous avons maintes fois rencontré les manifestations: une horreur physique, allant jusqu'au malaise, de la cruauté et du sang répandu. Les scènes de cette sorte hantent son imagination. Il n'a, autant qu'on le sache, jamais assisté à une exécution capitale, au dix-huitième siècle spectacle public, et très couru. Mais il se représente ces supplices, il les vit dans ses cauchemars. Il l'a dit: Calas sur la roue, Lally mal décapité, La Barre surtout hantent ses nuits. Il renchérit sur des horreurs trop réelles: il voit le chevalier, langue arrachée, main coupée... ce qui en fait ne fut pas exécuté. L'idée seule de la «question» (la torture), comme on la pratiquait fort légalement, «préalable», «ordinaire», «extraordinaire», le révulse. Contre tant d'abominations, non ressenties comme telles par beaucoup de ses contemporains, son œuvre élève un long cri indigné. Même un coupable convaincu d'homicide ne doit pas être traité inhumainement. Que dire alors d'un innocent! Des forces essentielles en lui soutiennent ses campagnes pour la justice, et expliquent qu'il ait pu les mener avec tant de patience et d'habileté, sans jamais se laisser décourager. Il demande, il exige, à la fois des réhabilitations individuelles et une réforme de l'institution judiciaire, c'est-à-dire une réforme des parlements, responsables en ce dernier tiers du siècle, de trop de scandaleuses sentences. Cette générosité de son action, le sentiment populaire l'a bien perçue à la fin de sa vie. Le Voltaire qu'on ovationne dans les rues ce n'est pas l'auteur d'ouvrages qu'on n'a pas lus, ni même de pièces de théâtre que beaucoup n'ont pas vu jouer. C'est le défenseur des pauvres gens, celui qui sait les protéger contre les «grandes robes», si facilement portées à condamner des malheureux à d'affreux supplices.

L'imaginaire voltairien est particulièrement sensible aux horreurs perpétrés par la haine fanatique. La Saint-Barthélemy, seule partie réussie de sa *Henriade*,

10. Voir ci-dessus, p.60.

11. Epître dédicatoire de *Zaïre*.

12. *Traité sur la tolérance*, ch.XXIII, «Prière à Dieu».

le hantera jusqu'à la fin de ses jours, au point de tourner à la névrose. Une figure l'obsède: le prêtre cruel, haineux par passion religieuse, voulant immoler à son dieu une innocente victime. Ce personnage présent dans *La Henriade*, nous l'avons vu reparaître, encore aggravé, s'il est possible, dans les tragédies de la fin.

Une telle composante entrant dans ce qu'on peut appeler la religion de Voltaire, on comprend que celle-ci ne saurait se réduire à un médiocre calcul d'intérêt. Le théisme voltairien embarrasse Henri Guillemin. Ce croyant, pourtant en définitive si peu orthodoxe, n'admet pas qu'on puisse croire en Dieu en dehors des religions instituées. Il veut que Voltaire soit athée. Mais il est gêné que nulle part, dans toute son œuvre, ne se rencontre une profession de foi athéiste, et qu'au contraire, d'un bout à l'autre de cette longue vie, l'affirmation de l'Etre des êtres, comme nous l'avons vu, ait été maintes fois répétée, et souvent en des termes émouvants. Guillemin d'ailleurs le reconnaît, et cite quelques-uns de ces textes. Mais il biaise.[13] «Voltaire ne fait pas de propagande athée ouverte», déclare-t-il. On s'interroge. Qu'est-ce qu'une propagande cachée? Voltaire fait une propagande tout à fait «ouverte» pour le théisme, contre l'athéisme. Comment donc Guillemin sait-il que Voltaire était athée, sans que celui-ci l'ait jamais avoué? Il le déduit d'un raisonnement tout à fait rudimentaire. Voltaire, argumente-t-il, craint pour sa fortune. Il est donc de ceux qui veulent une religion pour le peuple: s'ils n'étaient pas retenus par la crainte de Dieu, les pauvres, chaque fois qu'ils le pourraient, pilleraient, égorgeraient les riches. Voltaire est donc secrètement athée, sans en rien dire à personne. Mais ostensiblement il prêche le théisme, par calcul de possédant. C'est oublier que ce théisme voltairien est une «religion» fort peu populaire, qui ne peut guère réussir, notre auteur l'a suffisamment dit, qu'auprès d'une élite cultivée. C'est celle-ci particulièrement qui en a besoin, plus que la masse inculte. Certes, Voltaire partage l'idée généralement répandue en son temps que Dieu est garant de la morale. Sa conviction est celle qu'exprimera Dostoïevski: «Si Dieu n'existait pas, tout serait permis». Qu'on supprime la foi en un Etre suprême, qui récompense et punit, aucun frein ne retiendra les petites gens de se livrer au crime et à la débauche. Mais aucun frein non plus ne retiendra les puissants dans la voie du mal, et Voltaire pense, entre autres, à Frédéric II qui fut bien, lui, sans doute, un «athée de fait». Voltaire aurait-il lancé des textes comme l'*Epître à Uranie*, *La Loi naturelle*, la *Profession de foi des théistes*, et autres, parce qu'il craignait les chapardages de sa domesticité, – des domestiques qui, entre parenthèses, n'ont jamais lu ces ouvrages, lesquels ne leur sont pas destinés? Explication mesquine, tout à fait indigne d'un esprit ardent comme le fut Henri

13. Et il fausse les textes. Par exemple, sur le tremblement de terre de Lisbonne, Voltaire n'a jamais dit que «si Dieu existait, il n'aurait pas choisi le jour de la Toussaint pour détruire Lisbonne».

Guillemin. On objectera au surplus que Voltaire a formulé ses professions de foi très tôt, dès les années 1720, quand il n'avait point de bien à défendre, et qu'il était même assez gêné en ses finances. Il n'a pas attendu de devenir, après 1760, «seigneur de village» pour se faire l'apôtre du théisme.

L'idée de l'Etre des êtres répond en lui à une aspiration à la grandeur. Lui si sensible à la petitesse, qui vit au jour la journée, que les détails risquent d'accaparer, il éprouve le besoin de s'en arracher, vers de vastes horizons, vers de grandes pensées. Tel est le mouvement final de son *Traité sur la tolérance*:

> Ce n'est donc plus aux hommes que je m'adresse; c'est à toi, Dieu de tous les êtres, de tous les mondes et de tous les temps: s'il est permis à de faibles créatures perdues dans l'immensité, et imperceptibles au reste de l'univers, d'oser te demander quelque chose, à toi qui as tout donné, à toi dont les décrets sont immuables comme éternels.

Son élan vers le grand et le noble eut la chance de rencontrer, en sa jeunesse (quoiqu'il approchât alors de la quarantaine), une théorie scientifique qui le combla. Quand il fut initié à Newton, il s'écria:

> Un jour plus pur me luit.[14]

Le système newtonien est en effet fondamentalement théiste. La simplicité de ses lois atteste la Raison suprême. Et ce cosmos impose l'idée d'un décret originel: «la cause de cette cause est dans le sein de Dieu.»[15] Décret «immuable comme éternel»: fixé à tout jamais, l'univers newtonien est soustrait à l'action du temps. Aussi voit-on Voltaire, selon la logique du newtonianisme, combattre les philosophies du devenir qui commencent à se faire jour autour de lui, dans les sciences de la nature (de Maillet, Buffon), avant de s'épanouir au siècle suivant.

L'élévation suppose le mouvement inverse en un second temps. Voltaire-Zadig, après s'être élancé «jusque dans l'infini» céleste, après avoir contemplé «détaché de ses sens, l'ordre immuable de l'univers», retombe sur terre et voit «les hommes tels qu'ils sont en effet, des insectes se dévorant les uns les autres sur un petit atome de boue».[16] Le théisme voltairien se nourrit de l'horreur que lui inspirent deux fléaux des hommes tels qu'ils sont: la superstition, le fanatisme.

C'est le côté de l'Infâme. Non que l'Infâme soit, comme le prétend Guillemin, purement et simplement, «l'Eglise catholique». La pensée de Voltaire est plus nuancée. L'Infâme, ce sont les horreurs imputables à une passion religieuse pervertie, et qui ne sont pas le fait des seuls catholiques: bûchers d'Inquisition, massacres collectifs, mais aussi, dans la Genève de Calvin, le supplice de Servet. L'Infâme, c'est ce qu'en son dernier livre Guillemin appelle «les horreurs accumulées par l'Eglise romaine»: une énumération de deux pages, où n'est pas

14. M.x.300.
15. Conclusion de la quinzième *Lettre philosophique*.
16. *Romans et contes*, p.79.

oubliée la Saint-Barthélemy.[17] Il reste que Voltaire n'aspirait pas seulement à mettre fin à ces atrocités; objectif sur lequel facilement se fait l'unanimité: quand il se flattait d'avoir «plus fait» que Luther et Calvin, à quoi pensait-il? Nous avons vu ses desseins évoluer, avec le temps et selon les conjonctures. Dans la période où il signait ses lettres aux «frères» les plus sûrs du mot d'ordre *Ecrelinf*, il escomptait une disparition prochaine du christianisme. La prévision reposait évidemment sur une illusion. L'historien de «l'esprit des nations» aurait dû savoir que les phénomènes religieux sont d'évolution très lente. L'attachement des hommes à leur foi, si usée et inadaptée soit-elle, ne s'affaiblit et ne disparaît qu'après des siècles: l'agonie du paganisme, prolongée par les efforts de l'empereur Julien, le lui démontrait, s'il avait bien voulu considérer avec objectivité la fin du monde antique. Nous avons vu que la campagne «écraser l'Infâme», en sa phase active, fut brève. Qu'un jour l'Europe abandonnera les articles constitutifs de la croyance chrétienne – Révélation, Incarnation, Rédemption – il continue ensuite à l'espérer, mais il sait qu'un tel événement ne pourra s'opérer que dans un avenir lointain. En attendant une échéance incertaine, le «philosophe» doit vivre dans le monde tel qu'il est, en travaillant à éclairer les esprits qui peuvent accueillir les Lumières. Ainsi nous avons vu des diatribes passionnément antichrétiennes comme *L'Examen important de milord Bolingbroke*, n'aboutir *in fine* qu'à des propositions étonnamment modérées. Voltaire a reconnu la puissance d'emprise, dans la société et sur les âmes, de la religion établie. La population française de son temps demeure, en ses profondeurs, très attachée à la foi traditionnelle. Voltaire seigneur de village le sait. Aussi n'a-t-il jamais tenté de prosélytisme auprès des habitants de Ferney. A *son* église il n'apporte que des touches très discrètement philosophiques (l'inscription frontale, le Christ en sage antique...). Ses démêlés avec l'évêque Mgr Biord passent au-dessus de la tête de ces braves gens. La manifestation la plus nette de sa part est encore l'accueil très tolérant qu'il assure aux protestants réfugiés de Genève.

D'ailleurs, en vue d'une propagande de masse, son théisme souffrirait de grandes faiblesses, que nous discernons mieux que ne pouvait le faire un esprit aussi passionné que le sien. Dans un poème de ses débuts, intitulé ensuite *Le Pour et le contre*, il disait ceci, en faveur du Christ:

> Il console en secret les cœurs qu'il illumine.
> Dans les plus grands malheurs, il leur offre un appui.[18]

Au siècle suivant, dans un passage célèbre, Karl Marx écrira que «la religion est

17. H. Guillemin, *Malheureuse Eglise* (Paris 1992), p.235-37. Il est vrai qu'en compensation Guillemin énumère une contrepartie dont Voltaire ne tient guère compte (sans l'ignorer tout à fait), les «beautés» et «splendeurs» surgies «parfois de sa plus profonde authenticité» (p.237 ss).

18. M.ix.361.

le soupir de la créature accablée, cœur d'un monde sans cœur».[19] Or c'est précisément ce qui fait défaut à la «religion naturelle» de Voltaire. Elle ne peut être un recours dans le malheur, ni le réconfort de l'être qui souffre. Le Dieu voltairien, Raison suprême, demeure lointain, quasi inaccessible. Entre cet Etre des êtres et la créature, point d'autre relation que l'adoration: acte d'admiration et de soumission. La prière même n'établit pas le contact du fait qu'elle cesse d'être un appel: «prier, c'est se soumettre», la formule de Voltaire est cohérente avec son idée d'une divinité toute-puissante mais indifférente aux demandes de tel ou tel. Cet Etre suprême, existant mais peu présent, a, si l'on veut, un mérite: il libère l'homme, affranchi désormais de la crainte quotidienne que faisait peser sur les fidèles le souci du «Ciel». Mais il laisse sans aliment les âmes vraiment religieuses.

Celles-ci, Voltaire les a blessées maintes et maintes fois, par ses railleries sur les choses saintes. Certes les complications de la théologie, les ridicules, voire les scandales, de la vie ecclésiastique, les bizarreries de la Bible, surtout dans l'Ancien Testament, se prêtent au sarcasme. Voltaire s'y est adonné avec jubilation, avec un bonheur d'invention qui est le propre de ce qu'on appelle «l'esprit voltairien». Mais ce faisant il a ulcéré beaucoup de croyants en ce qu'ils ont de plus cher. Il a suscité contre lui des haines inexpiables. Henri Guillemin fut sans doute le dernier exemple de ce genre de réaction.

Faut-il conclure, comme André Bellessort dans un *Essai* ancien peut-être trop oublié, que Voltaire sur le plan religieux n'a «rien obtenu», absolument rien?[20] Affirmation certainement inacceptable. Nous avons dit comment, de son vivant même, il a «obtenu» après l'affaire Calas un changement dans les pratiques: une certaine tolérance de fait (avec quelques éclipses) s'établit en faveur des protestants. Le courant d'opinion, dont il fut le plus efficace propagandiste, imposera en 1787 l'édit de Louis XVI assurant un état civil à «ceux de ses sujets qui n'appartiennent pas à la religion catholique romaine»; puis en 1789 l'article de la *Déclaration des droits de l'homme*, stipulant que «nul ne doit être inquiété pour ses opinions, même religieuses». Ensuite, au dix-neuvième et au vingtième siècles, la religion a évolué, passant d'une religion «fermée» (pour employer un vocabulaire bergsonien) à une religion «ouverte», et d'un esprit autoritaire à un esprit libéral, privilégiant moins la hantise du salut dans l'au-delà, mais davantage l'amour des hommes ici-bas. A ce changement, l'influence de Voltaire, en ce qu'elle a de meilleur, a contribué, avec d'autres.

19. *Introduction pour une critique de la philosophie du droit de Hegel*, dans Karl Marx, *Œuvres*, Bibliothèque de la Pléiade (Paris 1982), t.III, p.383, traduction de M. Rubel, L. Evrard, L. et M. Janover. Marx continue: «elle est l'esprit d'une époque sans esprit, elle est l'opium du peuple.»

20. André Bellessort, *Essai sur Voltaire*, cours professé à la Société des conférences (Paris 1925), p.384.

Cette longue vie, si pleine d'activités et d'événements, laissait à la fois une œuvre et une image quasi mythique.

L'œuvre est immense. Elle comptera 150 volumes dans l'édition en cours de publication à Oxford, certains volumes comportant plusieurs tomes. De toute cette bibliothèque, seuls restent lus, mais très lus, ce qu'il est convenu d'appeler les *Romans et contes*. Dans ces récits se concentre le meilleur de Voltaire: la fantaisie, la finesse du trait, le bonheur de l'écriture, l'esprit du philosophe. Chefs-d'œuvre inimitables: il n'est de conte, du moins de ce genre, que de Voltaire, comme il n'est de fable que de La Fontaine. Ils ont pris rang parmi la vingtaine d'ouvrages qui – à en juger par les rééditions et les chiffres de vente – constituent la partie vivante de la littérature française. Le reste de la production voltairienne? Notre auteur ne serait pas ce qu'il est, s'il n'avait écrit que ses contes. Il s'est imposé, et continue à compter, par un effet de masse. Dans ce qui est dédaigné, le théâtre souffre du plus grand décri. Faut-il donc passer condamnation sur cette cinquantaine de pièces, objets de sa prédilection, auxquelles il consacra tant de temps, qui ont passionné ses contemporains, et ont fait sa gloire? Elles étaient merveilleusement adaptées à un public d'Ancien Régime: elles quittent la scène, quand celui-ci disparaît au cours du premier tiers du dixneuvième siècle. Notre temps se plaît aux exhumations théâtrales. Des metteurs en scène osent monter des pièces oubliées: on est allé jusqu'à rejouer la *Théodore* de Corneille. Quelques tragédies ou comédies de Voltaire ont bénéficié de cette chance: *L'Orphelin de la Chine*, *Zaïre*, *Le Grand Boursoufle*... On s'est alors aperçu qu'en dépit de leurs faiblesses ces œuvres n'avaient pas perdu toute efficacité sur le public. Un pathétique habilement agencé tenait les spectateurs en haleine. On a même, dit-on, de nouveau pleuré à *Zaïre*.[21] Ce théâtre serait-il moins mort qu'on ne le dit?

Un autre secteur de l'œuvre a mauvaise presse: la poésie. La réputation de Voltaire poète est d'autant plus détestable qu'on s'abstient de le lire. On est sûr d'avance que ses vers, parce qu'ils sont de Voltaire, seront de la pire espèce. Mais qu'on veuille bien prendre connaissance de certaines pièces, sans prévention. Nous avons invité, au cours du récit biographique, à aborder chacune d'elles dans son contexte. Car il est bon de lire un texte – vers ou prose – en imaginant comment il a été écrit. On s'est aperçu alors, nous l'espérons, qu'il existe un Voltaire poète de la gaîté ou du sourire, à la verve inventive, inspiré souvent par l'esprit satirique. Injustement décriées, ses satires, ses épîtres soutiennent avantageusement la comparaison avec celles de Boileau. Et ses contes en vers

21. *Zaïre* a été jouée pendant trois mois (10 janvier-31 mars 1989), à la Cité Universitaire de Paris, par une jeune troupe, «Le Théâtre à deux têtes», c.r. *Le Monde*, 1er avril 1989, par Michel Cournot, et encore, avec *Le Grand Boursoufle*, à Ferney-Voltaire, par la troupe d'Hervé Loichemol, c.r. *Le Monde*, 12 septembre 1992, par Bernadette Bosc.

méritent de n'être pas sacrifiés aux contes en prose.[22] Genres classiques, objectera-t-on ? Mais maintenant que du temps a passé, et que bien des enthousiasmes sont retombés, on voudra bien admettre qu'il existe une poésie autre que romantique ou surréaliste.

Assurément nous ne pouvons plus penser avec Taine, approuvé encore par André Bellessort en 1925, qu'il ne manquerait aucune «idée importante» à qui l'aurait pris pour «bréviaire».[23] Toute son œuvre scientifique est périmée. Même le newtonisme dont il fut l'un des pionniers n'est plus que d'une vérité relative. Dépassée aussi son œuvre d'historien. Elle survit pourtant, comme celle de Michelet, parce qu'elle est l'œuvre d'un écrivain. Quel roman plus passionnant, et presque entièrement vrai, que son *Histoire de Charles XII*? En outre demeure valable sa perspective de l'histoire «philosophique». Retracer le devenir de la civilisation – nous dirions des civilisations –, suivre les efforts des hommes vivant en société pour sortir de l'état primitif de la brute – de ce primate, dont il ne soupçonnait pas l'existence – pour accomplir la vocation de l'homme, en dépit de toutes les rechutes et de tous les effondrements: cette idée maîtresse de l'*Essai sur les mœurs* et du *Siècle de Louis XIV* n'est, elle, nullement périmée. Elle débouche sur l'avenir. C'est ce qui ressort de ce manifeste de la modernité que furent les *Lettres philosophiques*. On a vu comment ce petit livre, si dense en sa légèreté, si pertinent, plaçait l'Europe puis le monde sur la voie du renouvellement où ils sont depuis deux siècles engagés.

Les *Lettres philosophiques*, presque à l'égal des contes, appartiennent à la partie toujours actuelle de l'œuvre voltairienne. Mais dans tout le reste, presque rien n'est indifférent. Car partout s'y rencontre l'homme Voltaire, «une créature d'air et de flamme, composée d'atomes plus éthérés et plus vibrants que les autres hommes».[24] Tel est l'être vraiment unique que nous donne à fréquenter la lecture de sa prodigieuse correspondance, si abondante qu'elle rend nécessaire la publication de lettres choisies.[25] Voltaire est un auteur qui invite aux découvertes. Dans l'immense «Mélange», où tend à converger tout ce qu'il écrit, le lecteur fréquemment a la surprise de rencontrer d'étonnants fragments, admirables par l'imprévu du propos, par sa pertinence, et par la vertu d'une écriture légère, rapide, d'une parfaite élégance. Quelle leçon pour notre époque, où prolifère le jargon des techniciens! Un tel français – le nôtre, trop souvent –, obscur, pédant, entortillé, n'a aucune chance de conquérir l'Europe, comme l'avait conquise le français de Voltaire.

22. On ne peut qu'approuver Sylvain Menant d'avoir publié les uns et les autres dans son édition (Paris 1992-1994).

23. Taine, *Les Origines de la France contemporaine*, cité par Bellessort, p.316.

24. Taine, cité par Bellessort, p.316.

25. Telle celle que nous a donnée Jacqueline Hellegouarc'h (Paris 1990).

Cette œuvre avait contribué à former dans l'opinion une certaine image de l'auteur. Celui-ci, acteur né, s'était assuré très tôt la réputation d'une vedette. Car il émane de lui une électricité qui excite, ou qui exaspère. Puis un très long exil lui avait acquis en définitive une immense popularité. Ce qui conduisit à la folle journée du triomphe parisien, le 30 mars 1778. Pourtant, en 1778 et pendant tout le dix-neuvième siècle, une partie du public, plus ou moins considérable selon les époques, le déteste et lui impute les pires méfaits: la Révolution, la Terreur, la Commune et ses pétroleuses, c'est toujours, successivement, «la faute à Voltaire».[26] Enfin, après les efforts d'une approche plus objective, par Desnoiresterres, par Lanson et d'autres, le fantasme d'un Voltaire diabolique s'est dissipé. Aujourd'hui, alors qu'on le lit moins, c'est à un Voltaire idéal qu'on se réfère volontiers. Ainsi, devant tant d'horreurs qu'a connues notre siècle, il arrive qu'on se demande ce qu'un Voltaire en eût dit. Paul Valéry se posa la question en conclusion de son discours pour le deux-cent-cinquantième anniversaire de sa naissance, en décembre 1944. La guerre touchait à sa fin, mais n'était pas terminée.[27] En présence d'exterminations se comptant par millions de victimes, devant tant d'atrocités, incommensurables par rapport à ce qu'avait connu l'Europe encore policée du dix-huitième siècle, Voltaire atterré fût-il resté sans voix? Paul Valéry ne le pense pas. A son ombre qu'il évoque, il prête la parole évangélique si profonde, fort vraisemblable de la part de ce grand lecteur de la Bible: «Ils ne savent pas ce qu'ils font.»

Valéry fait témoigner Voltaire. D'autres lui lancent des appels. Pendant la guerre du Golfe, le chef de l'Irak en difficulté tenta, à un certain moment, d'allumer dans le monde arabe la *Djihad*, la guerre sainte contre l'Infidèle. Alors un commandant de blindé américain, naguère étudiant à Paris, peignit sur son char: «Ecrasons l'Infâme».[28] Il est évident que l'Infâme, parmi nous, a pris de nouveaux visages. L'écrivain Salman Rushdie a été, comme on sait, condamné à mort par l'équivalent de ce que Voltaire appelait «le Vieux de la Montagne», chef des Haschichins.[29] Des descendants de ces Haschichins ont manifesté dans Paris, et la séquence fut diffusée par la télévision. Nous avons vu, de nos yeux vu, des fanatiques, faces convulsées, brandissant le poing, hurlant à la mort. Le bon public français en fut très choqué. Le premier ministre de l'époque dut rappeler qu'en France la loi punit les menaces de mort. Quelques jours après, une contre-

26. Armel de Kervan, *Voltaire, ses hontes* (Paris 1877), notamment p.267-74.

27. En décembre 1944, au moment où Paul Valéry parlait, la bombe d'Hiroshima n'avait pas encore explosé, les abominations des camps nazis n'avaient pas encore été révélées par l'avance des armées alliées.

28. Reportage de Jean-Paul Mari, *Le Nouvel Observateur*, 31 janvier-6 février 1991.

29. M.xvii.441-43, article «Assassin, assassinat» des *Questions sur l'Encyclopédie* (1770). De même, M.xix.81, article «Fanatisme».

manifestation défila. Or, sur certaines pancartes, on lisait : « Voltaire, au secours ! » Etonnante résurgence de l'apôtre de la tolérance, attestant que dans la conscience de notre temps se maintient l'idée de quelqu'un qui nous manque : un super-Voltaire, universel champion de la cause humaine.

BIBLIOGRAPHIE

Pour les bibliographies et biographies de Voltaire, nous renvoyons aux sections 1 et 2 des bibliographies des tomes précédents.

1. Editions des œuvres de Voltaire

Œuvres complètes, Oxford 1968-, édition en cours.

Œuvres complètes, éd. L. Moland, Paris 1877-1885.

Œuvres complètes, [Kehl] 1784-1789.

Contes en vers et en prose, éd. S. Menant, Paris 1992-1994.

Dialogues et anecdotes philosophiques, éd. R. Naves, Paris 1966.

Essai sur les mœurs, éd. R. Pomeau, Paris 1963; 2e éd., Paris 1990.

Œuvres historiques, éd. R. Pomeau, Bibliothèque de la Pléiade, Paris 1957.

Œuvres inédites, éd. F. Caussy, Paris 1914.

Romans et contes, éd. F. Deloffre, J. Hellegouarc'h et J. Van den Heuvel, Bibliothèque de la Pléiade, Paris 1979.

Le Taureau blanc, éd. R. Pomeau, Paris 1957.

2. Journaux, mémoires

Arthur, Ingrid, «Expressions et mots français dans les lettres de voyage de Jacob Jonas Björnståhl (1769-1773)», dans *Influences: relations culturelles entre la France et la Suède*, actes publiés par Gunnar von Proschwitz, Göteborg 1988, p.157-171.

Bachaumont, Louis Petit de, *Mémoires secrets* [...] *depuis 1762 jusqu'à nos jours*, Londres 1777-1789.

Baruch, Daniel, *Simon Nicolas Henri Linguet: ou L'irrécupérable*, Paris 1991.

Beauvau, Marie Charlotte, princesse de, *Souvenirs*, Paris 1872.

Björnståhl, Jacob Jonas, *Lettere ne' suoi viaggi stranieri*, Poschiavo 1782-1787.

Créquy, Renée Caroline Victoire, marquise de, *Souvenirs*, Bruxelles 1834-1836.

Fréron, Elie Catherine, *L'Année littéraire*, Amsterdam, Paris 1754-1776.

Genlis, Caroline Stéphanie Félicité Ducrest de Mézières, comtesse de, *Mémoires inédits sur le XVIIIe siècle*, Paris 1825.

Grimm, Frédéric Melchior, *Correspondance littéraire, philosophique et critique par Grimm, Diderot, Raynal, Meister, etc.*, éd. M. Tourneux, Paris 1877-1882.

Journal de Paris, Paris 1777-1811.

Kölving, Ulla, et Carriat, Jeanne, *Inventaire de la «Correspondance littéraire» de Grimm et Meister*, *Studies* 225-227 (1984).

La Harpe, Jean François de, *Correspondance littéraire, adressée à son altesse impériale Mgr le grand-duc, aujourd'hui empereur de Russie, et à M. le comte André Schowalow, chambellan de l'impératrice Catherine II, depuis 1774 jusqu'à 1791*, Paris An IX [1801]-1807, t.I-VI.

– *Journal de politique et de littérature*, Bruxelles, Paris 1774-1778.

– *Lycée*, Paris An VII-An XIII.

Linguet, Simon Nicolas Henri, *Annales politiques, civiles et littéraires du XVIIIe siècle*, Londres, Paris 1777-1792.

Lizé, Emile, *Voltaire, Grimm et la Correspondance littéraire*, Studies 180 (1979).

Mat-Hasquin, Michèle, «L'image de Voltaire dans les *Mémoires secrets*», *Studies* 182 (1979), p.319-329.

Mettra, Louis François, *Correspondance*

secrète, politique et littéraire, Londres 1787-1790.

Sgard, Jean, «Voltaire et la passion du journalisme», *Le Siècle de Voltaire*, Oxford 1987, p.847-865.

3. Ferney

Barber, Giles G., «Les philosophes en robe de chambre», *Le Siècle de Voltaire*, Oxford 1987, p.63-70.

Bonnet, Jean-Claude, «La visite à Ferney», *Le Siècle de Voltaire*, Oxford 1987, p.125-135.

Caussy, Fernand, *Voltaire seigneur de village*, Paris 1912.

Cotoni, Marie-Hélène, «La plainte, le rire et le cri dans la correspondance des dernières années de Voltaire», *Mélanges Corrado Rosso*, Bologne 1994.

– «Le rire dans la correspondance de Voltaire. De l'esprit à l'ironie et à l'humour», *Publications du C.R.L.P.*, Nice 1994.

– «Du ‹malheureux amant› à ‹Raton dans sa chatière›: quelques images de Voltaire à travers sa correspondance», *Europe*, n° spécial, 1994.

Donvez, Jacques, *De quoi vivait Voltaire?*, Paris 1949.

Lambert, Gary, «Antoine Adam: Voltaire's Jesuit in residence», *Studies* 302 (1992), p.23-67.

Lizé, Emile, «Une affaire de pommes à Ferney: Simon Bigex et Antoine Adam», *Studies* 129 (1975), p.19-26.

Ritter, Eugène, «Voltaire et Mgr Biord», *La Revue savoisienne* 31 (1890), p.49-53.

Rousseau, André Michel, *L'Angleterre et Voltaire*, Studies 145-147 (1976).

Stavan, Henry A., «Landgraf Frederick II of Hesse-Kassel and Voltaire», *Studies* 241 (1986), p.161-183.

Trenard, Louis, «Au temps de monseigneur Biord, un incorrigible paroissien: Voltaire», *La Revue savoisienne* 121 (1981), p.91-98.

Vercruysse, Jeroom, «Joseph Marie Durey de Morsan chroniqueur de Ferney (1769-1772) et l'édition neuchâteloise des *Questions sur l'Encyclopédie*», *Studies* 230 (1985), p.323-391.

4. Politique

Baudeau, Nicolas, *Lettres historiques sur l'état actuel de la Pologne*, Amsterdam, Paris 1772.

Beauvois, Daniel, «Voltaire était-il antipolonais?», *Voltaire et Rousseau en France et en Pologne*, Varsovie 1982, p.41-55.

Bély, Lucien, *Les Relations internationales en Europe, XVIIe-XVIIIe siècles*, Paris 1992.

Calmettes, Pierre, *Choiseul et Voltaire*, Paris 1902.

Chouillet, Jacques, «Le parti des philosophes et l'avènement de Louis XVI», *Mélanges de la Bibliothèque de la Sorbonne* 8 (1988), p.212-220.

Craveri, Benedetta, *Madame Du Deffand et son monde*, tr. Sibylle Zavriew, Paris 1987.

Fabre, Jean, *Stanislas-Auguste Poniatowski et l'Europe des Lumières*, 2e éd., Paris 1984.

Faure, Edgar, *La Disgrâce de Turgot (12 mai 1776)*, Paris 1961.

Gaxotte, Pierre, *Le Siècle de Louis XV*, Paris 1933.

Hytier, Adrienne D., «Joseph II, la cour de Vienne et les philosophes», *Studies* 106 (1973), p.225-251.

Kaplan, H. H., *The First partition of Poland*, New York, London 1962.

Laugier, Lucien, *Turgot, ou le mythe des réformes*, Paris 1979.

Lever, Evelyne, *Louis XVI*, Paris 1985.

Lortholary, Albert, *Le Mirage russe en France au XVIIIe siècle et la Russie*, Paris 1951.

Lublinski, V. S., *La Guerre des farines: contribution à l'histoire de la lutte des classes en France, à la veille de la Révolution*, Grenoble 1979.

Madariaga, Isabelle de, *Russia in the age of Catherine the Great*, London, New Haven 1981.

Mailloux, Luc, «La princesse Daschkoff et la France (1770-1781)», *Revue d'histoire diplomatique* 95 (1981), p.5-25.

Matthews, R. E., «Political allusions in Voltaire's *Les Lois de Minos*», *Nottingham French Studies* 12 (1973), p.11-21.

Proschwitz, Gunnar von, *Gustave III par ses lettres*, Stockholm, Paris 1986.

– «Gustave III et Voltaire», *Idées et mots au siècle des Lumières*, Göteborg, Paris 1988, p.197-209.

Rostworowski, Emanuel, «Voltaire et la Pologne», *Studies* 62 (1968), p.101-121.

Tapié, Victor Lucien, *L'Europe de Marie-Thérèse, du baroque aux Lumières*, Paris 1973.

Tate, Robert S., «Voltaire and the *parlements*: a reconsideration», *Studies* 90 (1972), p.1529-1543.

Vercruysse, Jeroom, «Turgot et Vergennes contre la lettre de Voltaire à Boncerf», *Studies* 67 (1969), p.65-71.

5. Voltaire et la Bible

Ages, Arnold, «Voltaire, Calmet and the Old Testament», *Studies* 41 (1966), p.87-187.

Alexeyeff, Mikhail Pavlovich, *Voltaire et Schouvaloff, fragments inédits d'une correspondance franco-russe au XVIIIe siècle*, Odessa 1928.

Bessire, François, «Voltaire lecteur de dom Calmet», *Studies* 284 (1991), p.139-177.

Bingham, Alfred J., «Voltaire and the New Testament», *Studies* 24 (1963), p.183-218.

Calmet, Augustin, *Dissertations qui peuvent servir de prolégomènes de l'Ecriture Sainte*, Paris 1720.

– *Nouvelles dissertations importantes et curieuses, sur plusieurs questions qui n'ont point été traitées dans le Commentaire littéral*, Paris 1720.

– *Commentaire littéral sur tous les livres de l'Ancien et du Nouveau Testament*, Paris 1707-1734.

– *Dictionnaire historique, critique, chronologique, géographique et littéral de la Bible*, nouv. éd., Paris 1730.

Cotoni, Marie-Hélène, «La critique biblique en 1778», *Dix-huitième siècle* 11 (1979), p.213-233.

– *L'Exégèse du Nouveau Testament dans la philosophie française du XVIIIe siècle*, Studies 220 (1984).

– «Le Jésus d'un déiste anticlérical», *Notre histoire*, n° spécial sur Voltaire, 1994, p.44-47.

Guénée, Antoine, *Lettres de quelques juifs portugais et allemands à M. de Voltaire*, Paris 1769.

– *Lettres de quelques juifs portugais, allemands et polonais à M. de Voltaire*, 4e éd., Paris 1776.

Holbach, Paul Henri Thiry, baron d', *Histoire critique de Jésus-Christ*, s.l.n.d. [Amsterdam 1770?].

Lévy, David, *Voltaire et son exégèse du Pentateuque: critique et polémique*, Studies 130 (1975).

Mason, H.T., «A Biblical ‹conte philosophique›: Voltaire's *Taureau blanc*», *Eighteenth-century French studies: literature and the arts* 12 (1969), p.55-69.

Pomeau, René, «Défense de ‹M. Mamaki›», *RHLF* 76 (1976), p.239-242.

Schwarzbach, Bertram E., *Voltaire's Old Testament criticism*, Genève 1971.

– «The sacred genealogy of a Voltairean polemic: the development of critical hypotheses regarding the composition of the canonical and apocryphal gospels», *Studies* 245 (1986), p.303-349.

Trapnell, William H., *Voltaire and the Eucharist*, Studies 198 (1981).

Watson, J. K., «Voltaire et les origines chrétiennes», *Cahiers du cercle Ernest Renan* 151 (1987), p.29-40.

6. Philosophie et religion

Albina, Larissa L., «*De l'Homme*: Marat lu par Voltaire», *RHLF* 91 (1991), p.932-936.

Alembert, Jean Le Rond d', *Aux Mânes de Melle de Lespinasse*, et *Sur la tombe de Melle de Lespinasse*, dans Julie de Lespinasse, *Lettres*, Paris 1893.

Badinter, Elisabeth et Robert, *Condorcet (1743-1794): un intellectuel en politique*, Paris 1988.

Bailly, Jean Sylvain, *Histoire de l'astronomie ancienne depuis son origine jusqu'à l'établissement de l'école d'Alexandrie*, Paris 1775.

Buzonnière, Louis François Nouel de, *Observations sur un ouvrage intitulé le Système de la nature*, Paris 1776.

Charbonnel, Paulette, «1770-1771: bruit et fureur autour d'un ‹livre abominable›: le *Système de la nature*», *Aspects du discours matérialiste*, Paris 1981, p.73-256.

Cotoni, Marie-Hélène, «La mort et l'immortalité dans les *Dialogues d'Evhémère* et les *Rêveries du promeneur solitaire*», *Textes et documents*, Nice 1979, p.44-60.

Démoris, René, «Genèse et symbolique de l'*Histoire de Jenni, ou le sage et l'athée* de Voltaire», *Studies* 199 (1981), p.87-123.

Domenech, Jacques, *L'Ethique des Lumières: les fondements de la morale dans la philosophie française du XVIIIe siècle*, Paris 1989.

Fellows, Otis E., «Voltaire and Buffon: clash and conciliation», *Symposium* 9 (1955), p.222-235.

Hawley, Daniel S., «L'Inde de Voltaire», *Studies* 120 (1974), p.139-178.

Holbach, Paul Henri Thiry, baron d', *Le Système de la nature*, Londres [Amsterdam] 1770.

– *Le Bon sens*, 2e éd., Londres 1774.

Holwell, John Z., *Interesting historical events relative to the provinces of Bengal, and the Empire of Indostan*, 2e éd., London 1766-1767.

Lefranc de Pompignan, Jean George, *La Religion vengée de l'incrédulité par l'incrédulité elle-même*, Paris 1772.

Maillet, Benoît de, *Telliamed*, Amsterdam 1748.

Malandain, Pierre, *Delisle de Sales philosophe de la nature*, Studies 203-204 (1982).

Mervaud, Christiane, «‹L'ongle du lion caduc›: les dernières œuvres de Voltaire devant la critique», *Œuvres et critiques* 16.1 (1991), p.71-84.

Mortier, Roland, «Voltaire lecteur de Chastellux», *Le Siècle de Voltaire*, Oxford 1987, p.663-673.

Muller, Karis, «Voltaire and the *Système de la nature*: contemporary reactions», *Studies* 260 (1989), p.197-215.

Pappas, John N., «Le rousseauisme de Voltaire», *Studies* 57 (1967), p.1169-1181.

Pascal, Jean-Noël, «Le rêve d'amour de d'Alembert», *Dix-huitième siècle* 16 (1984), p.163-170.

Pomeau, René, *La Religion de Voltaire*, Paris 1956; nouv. éd., Paris 1969.

Schwarzbach, Bertram E., «Coincé entre Pluche et Lucrèce: Voltaire et la théologie naturelle», *Studies* 192 (1981), p.1072-1084.

Trapnell, William H., *The Treatment of Christian doctrine by philosophes of the natural light from Descartes to Berkeley*, Studies 252 (1988).

Varloot, Jean, «Voltaire et le matérialisme», *Europe* 361-362 (1959), p.68-75.

Virolle, Roland, «Voltaire et les matérialistes d'après ses derniers contes», *Dix-huitième siècle* 11 (1979), p.63-74.

Wade, Ira O., «The search for a new Voltaire», *Transactions of the American philosophical society* 48.4 (1958).

7. Dernières affaires

Chassaigne, Marc, *Le Comte de Lally*, Paris 1938.

– *Le Procès du comte de Morangiés*, Paris 1929.

Collection des mémoires présentés au Conseil du Roi par les habitants du Mont-Jura et le chapitre de Saint-Claude, s.l. 1772.

Hancock, Helen, «Voltaire et l'affaire des mainmortables: un ultime combat», *Studies* 114 (1973), p.79-98.

Maestro, Marcello, *Voltaire and Beccaria as reformers of criminal law*, New York 1942.

Mervaud, Christiane, *Voltaire et Frédéric II: une dramaturgie des Lumières, 1736-1778*, Studies 234 (1985).

– «Voltaire et le *Cri du sang innocent*: l'affaire La Barre dans sa correspondance», *L'Infini* 25 (1989), p.135-145.

Millot, Jean, *Le Régime féodal en Franche-Comté au XVIIIe siècle*, Besançon 1937.

Morellet, André, *Mémoire sur la situation actuelle de la Compagnie des Indes*, Paris 1769.

Perrod, Pierre Antoine, *L'Affaire Lally-Tolendal: le journal d'un juge*, Paris 1976.

Pouy, Ferdinand, *Picardie historique et littéraire. Procès du chevalier de La Barre. Mémoire de M. Gaillard d'Etallonde présenté à S.M. Louis XVI*, Arras, Paris 1869.

Renwick, John, *Voltaire et Morangiés 1772-1773: ou les Lumières l'ont échappée belle*, Studies 202 (1982).

8. Le théâtre

Babeau, Albert, *Le Louvre et son histoire*, Paris 1895.

– *Le Théâtre des Tuileries sous Louis XIV, Louis XV et Louis XVI*, Paris 1895.

Besterman, Theodore, «Shakespeare et Voltaire», *Humanisme actif: mélanges d'art et de littérature offerts à Julien Cain*, Paris 1968, t.I, p.87-104.

Boncompain, Jacques, *Auteurs et comédiens au XVIIIe siècle*, Paris 1976.

Fuchs, Max, *Lexique des troupes de comédiens au XVIIIe siècle*, Paris 1944.

– *La Vie théâtrale en province au XVIIIe siècle: personnel et répertoire*, Paris 1933; éd. H. Lagrave, Paris 1986.

Gury, Jacques, «Voltaire et alia: Shakespeare travesti», «*Burlesque et formes parodiques*», *Actes du colloque du Mans*, *Biblio* 33 (1987), p.491-502.

– *Le Tourneur. Préface du Shakespeare, traduit de l'anglais*, Genève 1776; rééd., Genève 1990.

Jonard, Norbert, *Giuseppe Baretti (1719-1789)*, Clermont-Ferrand 1963.

Lagrave, Henri, «Le théâtre en 1778», *Dix-huitième siècle* 11 (1979), p.29-42.

– «La Comédie-Française au XVIIIe siècle ou les contradictions d'un privilège», *Revue d'histoire du théâtre* 32 (1980), p.127-141.

– «La *Correspondance littéraire* (Grimm et Meister) dans la polémique sur Shakespeare (1765-1776)», *Mélanges Simon Jeune*, Bordeaux 1990.

Laplace, Roselyne, «1778. Une année de registres à la Comédie-Française», *Revue d'histoire du théâtre* 38 (1986), p.354-369.

Las Vergnas, Raymond, *Le Chevalier Rutlidge, «gentilhomme anglais» (1742-1794)*, Paris 1932.

Le Tourneur, Pierre Prime Félicien, *Shakespeare traduit de l'anglais*, Paris 1776, t.I, II.

Lough, John, *Paris theatre audiences in the seventeenth and eighteenth centuries*, London 1957.

Mercier, Louis Sébastien, *Du théâtre ou Nouvel essai sur l'art dramatique*, Amsterdam 1773.

Montagu, Elizabeth, *Apologie de Shakespeare*, Londres, Paris 1777.

Peyronnet, Pierre, «Voltaire comédien»,

Revue d'histoire du théâtre 25 (1973), p.262-274.

Prodhomme, Jacques-Gabriel, *C. W. Gluck*, Paris 1985.

Rougemont, Martine de, *La Vie théâtrale en France au XVIIIème siècle*, Paris, Genève 1988.

Rutlidge, James, *Observations à messieurs de l'Académie française au sujet d'une lettre de M. de Voltaire lue dans cette académie*, s.l. [1776].

Sanderson, Anne, «In the playwright's workshop: Voltaire's corrections to *Irène*», *Studies* 228 (1984), p.129-170.

Tronchin, Henri, *Le Conseiller genevois François Tronchin et ses amis*, Paris 1895.

Willens, Lily, «Voltaire's *Irène* and his illusion of theatrical success», *Studies* 185 (1980), p.87-101.

9. Le retour à Paris

Aldridge, A. Owen, «Benjamin Franklin and the *philosophes*» *Studies* 24 (1963), p.43-65.

Amiable, Louis, *Une loge maçonnique d'avant 1789, la loge des Neuf-Sœurs*, rééd. par Charles Porset, Paris 1989.

Brengues, Jacques, «Franc-maçonnerie et Lumières en 1778: le cas Voltaire», *RHLF* 79 (1979), p.244-250.

Brissot, Jacques, *Mémoires*, Paris 1830-1832.

Brunel, Lucien, *Les Philosophes et l'Académie française au XVIIIe siècle*, Paris 1884.

Campan, Jeanne, *Mémoires sur la vie privée de Marie-Antoinette*, Paris 1822.

Desnoiresterres, Gustave, *Gluck et Piccini (1774-1800)*, Paris 1872.

Fahmy, Jean Mohsen, *Voltaire et Paris*, Studies 195 (1981).

Guitton, Edouard, «Entre la statue et l'image: le sacre de Voltaire ou l'idole contestée (de Sabatier de Castres à Roucher)», *Le Siècle de Voltaire*, Oxford 1987, p.523-536.

Lemaire, Jacques, «L'image de Voltaire dans l'historiographie maçonnique de langue française», *Revue de l'Université de Bruxelles* (1977), p.310-344.

Ligou, Daniel, «Voltaire», *Dictionnaire de la franc-maçonnerie*, Paris 1987.

Mason, H.T., «Voltaire: the final years and Diderot», *Connaissance et création au siècle des Lumières. Mélanges Michel Baridon*, 1993, p.37-50.

Porset, Charles, «A propos de l'initiation de Voltaire», *Chroniques d'histoire maçonnique* 33 (1984), p.3-21.

Rabreau, Daniel, et Mosser, Monique, «Paris en 1778: l'architecture en question», *Dix-huitième siècle* 11 (1979), p.141-164.

Stern, Jean, *Belle et Bonne, une fervente amie de Voltaire (1757-1822)*, Paris 1938.

Wachs, Morris, «Voltaire and Palissot in Paris in 1778: additions to the correspondance», *Studies* 256 (1988), p.87-96.

10. Mort et obsèques

Bréhant, Jacques, et Roche, Raphaël, *L'Envers du roi Voltaire*, Paris 1989.

Donvez, Jacques, «Voltaire mourut-il bon catholique? [...] Documents inédits», *Le Figaro littéraire*, 7 août 1954, p.1, 6-7.

Emelina, Jean, «Voltaire et Rousseau devant la maladie et la mort», *Colloque international de Nice* 14 (1979), p.61-78.

Galliani, Renato, «Quelques faits inédits sur la mort de Voltaire», *Studies* 217 (1983), p.159-175.

Harel, Elie, *Voltaire, recueil des particularités curieuses de sa vie et de sa mort*, Porrentruy 1781.

Jansen, Paule, Moureau, François, et Van Dijk, Suzanne, «L'événement dans les périodiques (1 mai-31 août 1778)», *RHLF* 79 (1979), p.233-243.

Lachèvre, Frédéric, *Voltaire mourant*, Paris 1908.

Lebois, André, «Le trépas chrétien de M. de Voltaire», *Littérature sous Louis XV*, Paris 1962, p.297-232.

Pomeau, René, «La confession et la mort de Voltaire d'après des documents inédits», *RHLF* 55 (1955), p.299-318.

– «La mort de Voltaire et ses suites: une lettre inédite de Mme Denis», *RHLF* 79 (1979), p.182-186.

11. Voltaire posthume

Barber, Giles G., «The financial history of the Kehl Voltaire», *The Age of the Enlightenment* (1967), p.152-170.

Herbert, Robert L., *David, Voltaire, «Brutus» and the French Revolution: an essay in art and politics*, London, New York 1973.

Loménie, Louis de, *Beaumarchais et son temps*, Paris 1856.

Pomeau, René, *Beaumarchais, ou la bizarre destinée*, Paris 1987.

Proschwitz, Gunnar et Mavis von, Beaumarchais et le *Courier de l'Europe*, Studies 273-274 (1990).

Schwarzbach, Bertram E., «The problem of the Kehl additions to the *Dictionnaire philosophique*: sources, dating and authenticity», *Studies* 201 (1982), p.7-66.

Taylor, S.S.B., «The definitive text of Voltaire's works: the Leningrad *encadrée* (with four plates)», *Studies* 124 (1974), p.7-132.

Tucoo-Chala, Suzanne, *Charles-Joseph Panckoucke et la librairie française, 1736-1798*, Pau, Paris 1977.

Vercruysse, Jeroom, «L'imprimerie de la Société littéraire et typographique de Kehl en 1782. La relation d'Anisson-Duperron: Beaumarchais éditeur de Voltaire», *LIAS* 13 (1986), p.138-143.

Watts, George B., «Voltaire, Christin and Pancoucke», *French review* 32 (1958), p.138-143.

12. Iconographie

Apgar, Garry K., *The Life and Art of Jean Huber of Geneva (1721-1786)*, Yale University 1988.

Desnoiresterres, Gustave, *Iconographie voltairienne*, Paris 1879.

Gielly, Louis, *Voltaire: documents iconographiques*, Genève 1948.

Van den Heuvel, Jacques, *Album Voltaire*, Paris 1983.

INDEX CUMULATIF

des noms de personnes et des œuvres de Voltaire
dans les cinq tomes de Voltaire en son temps

Aaron, IV 81, 190; V 45
Abauzit, Firmin, III 216, 283; IV 203, 219
Abbadie, Jacques, I 32; IV 218, 253
A. B. C., L', IV 129, 355, 376-78
Abdias, disciple prétendu de Jésus, IV 249
Abingdon, Willoughby Bertie, comte d', IV 323, 354
Aboul-Ghâzi, IV 277
Abraham, III 95; IV 211, 224, 280, 334; V 178, 183
Abrégé de l'histoire universelle, III 50, 196-201, 204, 206, 219, 235; voir aussi *Essai sur les mœurs*
Açarq, Jean Pierre, II 255
Achard, Antoine, III 60
Achille, II 153; III 255; IV 381
Acquaviva d'Aragona, Troiano, cardinal, II 233
Adam, II 36, 62, 63; III 97; IV 221, 336
Adam, Antoine, I 37; III 66; IV 109, 156, 284, 351, 352, 355, 364, 366-68, 393, 396, 410, 429; V 35, 37, 124, 126, 212
Addison, Joseph, I 247, 264; II 219
Adélaïde Du Guesclin, I 296, 313, 315, 318-21; II 12, 154, 335, 387; III 31, 80-82; IV 100, 334, 361; V 87, 259, 260
Adhémar, Alexandre d'Adhémar de Monteil de Brunier, vicomte et comte de Marsanne, marquis d', II 313, 316, 321, 331, 332, 369
Adieux du vieillard, Les, V 313-14
Adolphe Frédéric, roi de Suède, V 48
Adonaï, III 98
Adorateurs, Les, IV 413-14
Agag, roi des Amalécites, IV 223, 267; V 181
Agathocle, V 221, 222, 250, 303, 311, 344
Ages, Arnold, IV 222
Agrippine la Jeune, IV 250
Aguesseau, Henri François d', I 65; II 88, 109
Ah! Ah!, Les, IV 82
Aiguillon, Anne Charlotte de Crussol-Florensac, duchesse d', II 84, 123, 147, 339; III 237
Aiguillon, Emmanuel Armand de Vignerot Du Plessis-Richelieu, duc d', IV 399, 423; V 15, 16, 19, 21, 22, 27, 82, 86, 91, 94, 96-98, 105, 111
Aiguillon, Marie Madeleine de Vignerot, duchesse d', IV 285; V 64, 69
Airolles, Bertrand d', V 93
Aïssé, Mlle, I 79, 262, 263
Akakia, voir *Histoire du docteur Akakia*
Alacoque, Marguerite, II 174
Alain, maître, procureur au Châtelet, I 63, 64, 65
Alamballa, Amatus d', IV 409, 410
Alamire, I 320; III 80-82
Alary, Pierre Joseph, I 93; II 251; V 7
Albane, Francesco Albani, *dit* l', II 44; IV 55
Albanès Havard, Jean Alexandre d', II 280
Albergati Capacelli, marquis Francesco, IV 72
Alberoni, Julio, I 145, 151
Albertas, Jean Baptiste, marquis d', IV 77
Albert l'Ours, margrave de Brandenbourg, III 190
Albina, Larissa, V 225
Alcibiade, II 142; V 52, 247
Alcine, III 3, 17, 37; IV 323
Alcuin, Albinus Flaccus, III 209
Aldridge, A. Owen, V 266
Alembert, Jean Le Rond d', I 23, 24, 29, 39; II 249; III 1, 2, 10, 12, 25, 37, 60, 91,

93, 104, 110, 207, 214, 279, 284-87, 292, 293, 301, 302, 312, 314, 319, 332, 333, 337-40; IV 7, 8, 26, 38, 63, 69, 71-74, 79, 82, 84-90, 95-97, 110, 112, 120, 122, 126, 137, 144, 147, 151, 161-64, 166, 169, 170, 172, 174, 177, 182, 194, 197-99, 201, 202, 214, 216, 217, 219, 220, 228-33, 259, 260, 299, 302, 303, 310, 315-17, 333, 335, 351, 354, 355, 360, 363, 365, 368, 371, 374, 375, 382, 384, 385, 390, 405, 407, 418, 419, 421, 425-27; V 5, 6, 12, 26, 33, 41, 43, 47, 56, 60, 65, 67, 75, 79, 81, 82-86, 89, 94, 96, 101, 110, 125, 147, 148-50, 156, 160, 161, 165, 176, 177, 179, 180, 182, 191, 192, 199-204, 217, 218, 222, 227, 229, 232, 237, 242, 244, 245, 253, 262, 268-70, 279, 281, 289, 293, 294, 314, 321, 322, 326, 334, 342, 344, 350

Alexandre Ier, tsar de Russie, I 124

Alexandre le Grand, roi de Macédoine, I 27; II 149, 182; III 65, 88; IV 83, 193, 261, 284; V 14, 52, 187

Alexeyev, M. P., V 46

Alexis Comnène, voir *Irène*

Alexis Petrovitch, fils aîné de Pierre le Grand, IV 115, 123, 124

Alexis Ier Comnène, V 210

Alfred le Grand, III 299

Algarotti, Francesco, comte, I 238; II 26, 27, 47, 50, 108, 131, 134, 137, 142, 255; III 36, 37, 53, 71, 77, 78, 100; IV 12, 72, 181, 348

Alion, Jean Louis d'Usson de Bonac, comte d', IV 114

Allamand, François Louis, III 226, 289; IV 375; V 12

Allamand, Jean Nicolas Sébastien, II 66, 68

Allerhand, J., III 24

Alliot, François Antoine Pierre, II 389

Allonville, Armand François, comte d', V 341, 342

Altmann, Johann Georg, III 274

Alzire ou les Américains, I 340; II 12-14, 17, 27-33, 37, 44, 45, 57, 132, 133, 154, 164, 169, 209, 240; III 5, 7, 132, 183, 243, 248, 250, 303, 335; IV 64, 81, 122, 220, 407, 424; V 154, 242, 312

*A M****, I 253

A M. Desmahis, III 311

Amaury, veuve, II 162

Ame, De l', V 186-88

Amédée VIII, duc de Savoie, III 239, 240

Ameilhon, Hubert Pascal, IV 335

Amélie, impératrice douairière d'Autriche, I 144

Amélie, princesse de Prusse, sœur de Frédéric II, III 29-31, 81, 104

Amélie ou le Duc de Foix, III 11, 31, 80, 81

Amelot de Chaillou, Antoine Jean, V 103, 104, 310, 311, 324, 326, 327, 331

Amelot de Chaillou, Jean Jacques, II 73, 152, 162, 169, 177-79, 181-83, 186, 187, 190, 193, 195, 196

Amiable, Louis, V 307, 308, 310

Ammon, Christoph Heinrich von, III 59

Ammon, frère de Thamar, V 178

A M. Pallu, II 39

Amphion, IV 279

Amulius et Numitor, I 43, 48

Amyot, Jacques, V 315

Anacréon, I 68, 81; V 247

Anaxagoras, I 323; V 186

Ancian, Philippe, curé de Moëns, III 358, 359; IV 20-22, 27-29, 31, 32, 33, 59, 60, 366

Anciens et les Modernes ou la toilette de Mme de Pompadour, Les, IV 255

Ancre, maréchale d', *voir* Concini

André, le P., I 49, 59, 195

André Destouches à Siam, IV 255

Andries, Lise, I 330

Andrieux, François Guillaume Jean Stanislas, V 202

Anecdote sur Bélisaire, IV 326, 327

Anecdotes sur Fréron, IV 105, 106

Anfossi, II 215

Anhalt-Zerbst, Sophie, princesse d', *voir* Catherine II

Anhalt-Zerbst, *voir* Jeanne Elisabeth de Schleswig-Holstein-Gottorp

Anisson-Duperron, Jacques, imprimeur, II 226
Anna Ivanovna, impératrice de Russie, IV 114
Annales de l'Empire, III 138, 154, 184, 188, 189, 197, 198, 205-207, 223, 296
Anne d'Angleterre, princesse d'Orange, III 112
Anne d'Autriche, reine de France, I 94, 287, 401
Anne Stuart, reine d'Angleterre, I 143, 236, 237, 242
Ansbach, *voir* Frédérique, margrave
Anti-Giton, L', I 73, 91; II 343
Anti-Machiavel, L', II 119, 131-35, 137, 138, 141, 143; III 157
Anti-Pascal, voir *Remarques sur les Pensées de Pascal*
Antoine, saint, IV 239, 411
Antoine, Marc, IV 195, 250, 270; V 82
Antoine, Nicolas, III 340; IV 253
Antonelli, Niccolo, II 234
Antonins, empereurs, IV 63, 190
Anville, Jean Baptiste Bourgignon d', II 84
Aod, juge d'Israël, IV 267
Apgar, Garry, IV 428
Apis, dieu égyptien, IV 283, 343, 344; V 73-75
Apollon, IV 69, 279, 387; V 53
Apollonios de Tyane, IV 218
Appel à toutes les nations, IV 100, 110; V 198, 200, 241
Apt, évêque d', *voir* Bocon de La Merlière
Apulée, Lucius Apuleius, IV 411
Aragon, Louis, I 1
Aranda, Pedro Abarca y Bolea, comte d', IV 378, 381
Aratus, IV 375, 405
Arbitrage entre M. de Voltaire et M. de Foncemagne, IV 285
Arboulin, II 303
Archimède, V 42
Aremberg, Léopold Philippe Charles, duc d', I 79, 158, 159, 162; II 117
Argence, François Achard Joumard Tison, marquis d', IV 27, 74, 173, 198, 219, 233, 235, 302; V 5, 138, 179, 230
Argens, Barbe Cochois, marquise d', III 34
Argens, Jean Baptiste de Boyer, marquis d', II 66, 290, 291; III 12, 33-35, 45, 48, 49, 51, 67, 71, 72, 77, 91-93, 95, 111, 115-17, 129, 205, 209; IV 5, 302, 391-93
Argenson, Antoine René de Voyer, marquis de Paulmy, puis marquis d', II 148, 202, 285; III 243, 248, 263, 348; V 293
Argenson, Marc Pierre de Voyer, comte d', I 48, 51, 53; II 3, 11, 109, 112, 114, 115, 126, 150, 169, 174, 175, 177, 180, 181, 195, 196, 204, 213, 214, 285, 297, 311, 312, 348; III 19, 60, 69, 84, 122, 124, 130, 158, 195, 201, 202, 244, 245, 259, 260, 279, 309, 313; V 11, 140
Argenson, Marc René de Voyer, marquis d', lieutenant de police, I 53
Argenson, Marc René de Voyer de Paulmy, marquis d', IV 35
Argenson, René Louis de Voyer, marquis d', I 48, 53, 56, 271; II 3, 31, 42, 71, 85, 88, 109, 110, 112, 119, 148, 150, 168, 195, 199, 204, 206, 208, 212-14, 216-20, 223, 227-29, 231, 232, 246-48, 255, 271, 284, 285, 302, 327, 328, 346-48, 374, 391; III 4, 68, 92, 185, 187, 199, 214, 232, 311; V 140
Argental, Charles Augustin Feriol, comte d', I 18, 29, 53, 56, 108, 191, 263, 329, 338; II 5, 6, 12, 17, 28, 29, 31, 48, 61, 63-66, 68, 69, 71, 74, 80, 88, 102, 108-10, 112, 113, 115, 118, 121, 126, 133, 138, 142, 144, 146, 162, 164, 173, 174, 177, 180, 188, 191-93, 195-200, 203-205, 207, 212, 231, 236, 246, 247, 249, 251, 270, 274, 298, 303, 309, 311, 321-25, 327-31, 337-40, 351, 353, 358, 362, 363, 365, 386, 388, 394, 395; III 5, 9, 13, 14, 18, 19, 41, 48, 50, 51, 55, 56, 61, 66, 68, 69, 80, 83, 84, 117, 121, 129, 157, 187, 192, 203, 204, 208, 210, 212, 214, 233, 234, 242, 244-46, 250, 257, 259, 260, 263, 272, 275, 279, 284, 286, 292, 296, 304, 308, 310, 311, 318, 333, 334, 346, 368, 370, 371; IV 8, 9,

13, 15, 23, 24, 37, 39, 58, 59, 61, 63, 64, 68, 69, 71, 72, 75, 92, 94-98, 100, 101, 103, 107-10, 135, 144, 146, 148, 149, 152, 156, 157, 159, 166, 169, 174, 179, 194, 195, 205, 208, 217, 227, 233, 271, 272, 299, 302, 305, 307, 311-14, 317, 320, 337-40, 349, 360-62, 366, 375, 378-80, 384, 388, 389, 392, 399, 423, 424; V 8, 12, 27, 28, 31, 42, 43, 47, 64, 65, 67, 69, 70, 79, 82, 88, 89, 91, 95-98, 101, 102, 108, 112, 125, 127, 129, 131, 140, 142, 144, 149, 156-58, 160, 161, 165, 166, 173, 176, 177, 182, 191, 196, 199, 202, 208-11, 219, 220-23, 240, 242, 246, 249-51, 256, 259, 261, 262, 264, 265, 271, 275, 289, 292, 305, 345, 347

Argental, Jeanne Grâce Bosc Du Bouchet, comtesse d', I 143; II 65, 121, 162, 193, 195, 199, 200, 204, 236, 246, 247, 249, 274, 321, 324, 328, 329, 331, 337, 378, 386, 394, 395; III 14, 68, 204, 208, 210, 212, 223, 311; IV 8, 58, 70-72, 75, 97, 98, 107-10, 135, 144, 146, 148, 149, 152, 156, 157, 159, 169, 174, 179, 194, 195, 205, 217, 233, 271, 272, 302, 305, 307, 311-14, 317, 320, 337-39, 349, 360, 361, 379, 408; V 8, 17, 20, 91, 125, 142, 158, 159, 160, 246, 275, 347

Argenteuil, d', indicateur de police, I 95, 108, 109

Arioste, Ludovico Ariosto, *dit* l', I 90, 176, 315; II 27; III 94; IV 227, 342, 353

Aristippe de Cyrène, I 336; III 239, 291; IV 40

Aristote, I 49; IV 401; V 189, 218, 240

Arnaud, François, IV 425; V 201, 217, 253, 293

Arnauld, Antoine, V 42

Arnoud, apothicaire, II 352

Arnould, Madeleine Sophie, V 247, 253, 271, 306

Arnoult, Jean Marie, IV 32, 60, 72

Arot, V 13

Arouet, Armand, I 17, 18, 25, 27, 33, 34, 37, 55, 141, 142, 148, 221; II 90, 205, 206, 243; V 366

Arouet, Armand-François, I 17, 25

Arouet, François I, grand-père de Voltaire, I 16, 21

Arouet, Francois II, père de Voltaire, I 15, 17, 20, 23-25, 27-32, 34, 36-38, 55, 59, 62, 63, 65, 79, 80, 98, 102, 115, 121, 129, 139-42, 145, 164, 188; II 111; IV 19; V 137, 366

Arouet, Hélénus, I 15, 16, 31

Arouet, Marie, V 15

Arouet, Marie-Marguerite, Mme, née Daumard, I 17, 20, 25, 28, 29, 33, 279; IV 55; V 366

Arouet, Robert, I 17, 25

Arouet, Samuel, I 15

Arrien, IV 277

Arsinoë, V 75

Art de bien argumenter en philosophie, L', III 133

Art de la guerre, L', II 153; III 53, 54

Artémire, I 100, 134-36, 139, 166, 182, 183, 190, 223, 266

Arthur, roi des Bretons, II 55

Artois, comte d', *voir* Charles X, roi de France

Artois, comtesse d', *voir* Marie-Thérèse de Savoie, reine de France

Ascoli, Georges, II 348, 351, 353, 354; V 1

Ashburnham, John, comte d', I 116

Asselin, Gilles Thomas, II 23, 24, 26, 27

Astaroth, IV 412

Astrologie, De l', III 281

Astrua, Joanna, cantatrice, III 31, 32, 93

Astruc, Antoine, IV 416

Astruc, Jean, IV 218

Atropos, divinité, V 68

Atticus, Titus Pomponius, IV 251

Attila, roi des Huns, III 254

Aubery, P., IV 226

Aubonne, Louise Honorée Françoise de Saussure-Bercher d', III 316

Aubry, Mlle, maîtresse de Jore, II 46

Auch, archevêque d', *voir* Châtillard de Montillet-Grenaud
Audibert, Dominique, IV 144, 147, 148; V 130, 176, 192, 222, 320, 327, 341
Audra, Joseph, baron de Saint-Just, IV 386, 416, 417
Auguste, empereur romain, I 101, 165; II 42, 149, 340; III 65
Auguste, Octave, IV 195, 250, 270; V 14, 82
Auguste Guillaume de Prusse, prince, III 27, 28, 104
Auguste II, électeur de Saxe, roi de Pologne, I 268, 272, 273; II 140, 194
Auguste III, électeur de Saxe, roi de Pologne, II 213, 214, 284; III 43; IV 127
Augustin, saint, I 87; III 209; IV 217, 377; V 166
Aulu-Gelle, IV 277
Aumont, Louis Marie Auguste d'Aumont de La Rochebaron, duc d', II 325, 338, 339
A une dame ou soi-disant telle, II 165
Au roi en son conseil, V 9
Auteroche, comte d', II 219
Autran, agent de change, V 323
Autrey, Marie Thérèse Fleuriau d'Armenonville, comtesse d', II 147
Aux mânes de M. de Génonville, III 320
Auzière, Georges, IV 318-20, 421; V 223
Avenel, Georges, I 29; II 224
Aventure de la mémoire, V 162
Aveugles juges des couleurs, Les, II 86, 87
Avis au public sur les parricides, IV 292
Avis important d'un gentilhomme, V 22
Avrigny, Hyacinthe Robillard d', III 60
Aydie, abbé d', III 188
Aydie, Blaise Marie, chevalier d', I 79; II 173
Azolan, IV 182, 184

Baal, IV 68
Baal-Bérith, IV 412
Baal-Zébuth, IV 412
Bababec et les fakirs, voir *Lettre d'un Turc*
Babaud, Marie Boesnier, Mme, II 122
Babeau, Albert, V 153, 201, 297
Bacallar y Sanna, Vicente, marquis de San Felipe, III 298
Bacchus, IV 280; V 32, 70
Bachaumont, Louis Petit de, II 359; III 303; IV 246, 292, 326, 373, 374, 376, 380-83, 400, 411, 425; V 22, 74, 75, 122, 130, 139, 144, 145, 165, 169, 187, 192, 193, 195, 203, 207, 208, 213, 223, 224, 228, 229, 232, 248, 254, 255, 259-65, 268, 269, 272, 280, 283-93, 297, 300-14, 334, 341, 353
Bacon, Francis, I 332, 333
Bacquencourt, *voir* Dupleix
Baculard d'Arnaud, François Thomas Marie de, I 18, 111; II 49, 209, 243, 290, 295, 305, 326, 359, 363, 381, 384; III 8, 9, 12, 15, 17, 30, 41, 42, 51, 75, 106, 193, 211, 256, 311; V 93, 202
Bade-Dourlach, *voir* Caroline Louise; Charles Frédéric, margrave
Badinter, Elisabeth, I 304, 308-10; IV 1
Badinter, Robert, IV 1
Bagard, Charles, médecin, II 391
Bagieu, Jacques, III 117
Baillet, Adrien, I 112
Baillet de Saint-Julien, Louis Guillaume, II 256
Bailly, Jean Sylvain, V 54, 175, 224, 359
Bailly Du Pont, Pierre, I 20, 21
Balaam, IV 267, 381; V 72
Balbus, V 32
Balcou, Jean, III 101, 130; IV 106, 257
Baldenstein, Georg Joseph Wilhelm Aloys Rinck von, prince-évêque de Bâle, III 201
Ballanti, L., IV 225
Balleidier, Joseph Marie, IV 76
Balthazar, Mlles, IV 27
Balzac, Honoré de, I 3; IV 93
Balzac, Jean-Louis Guez de, I 297
Banières, Jean, II 125
Bar, Marie Thérèse Quénaudon de, I 103; II 134
Barba, Jean Nicolas, V 351
Barbarina, danseuse, III 31, 93

Barber, Giles, V 351
Barber, John, I 243
Barber, W. H., II 280
Barberat, Mme, V 124, 212
Barbeu Du Bourg, Jacques, III 99
Barbier, Antoine Alexandre, II 379
Barbier, Edmond Jean François, I 150, 196, 197; II 171, 172, 177, 208, 215, 304, 305
Barbier, Marie Anne, I 70, 123
Barclay, Robert, I 232
Baretti, Giuseppe, V 239, 240
Bariatinski, Ivan Sergeivitch, prince, V 328, 330
Barjac, valet de chambre de Louis XV, 109
Barnard, sir John, I 243
Barnave, Antoine, V 356
Baron, acteur à Lille, II 145
Baron, Michel Boyron, *dit*, I 85; II 324
Barr, Mary Margaret, IV 225
Barral, Claude Mathias Joseph de, évêque de Troyes, V 332-34
Barral, Jean Sébastien de, IV 288, 289, 291
Barrême, Bertrand François, IV 322
Barrois, Marie Jacques, II 164, 167, 168
Barruel, Augustin, V 338, 340-42
Barthe, Nicolas Thomas, V 202, 243, 255, 262, 292
Barthélemy, Edouard, I 65
Barthès, IV 139, 142
Baruch, Daniel, V 224
Baschi Saint-Estève, François de St Hélène, comte de, ambassadeur de France à Lisbonne, III 265
Baschi, comtesse de, épouse du précédent, III 267
Basnage, Jacques, I 156; IV 218
Bassompierre, Charlotte de Beauvau, marquise de, II 313, 315
Bastide, Jean François de, IV 168
Bastille, La, I 110, 113
Bataille de Fontenoy, La, II 218-23, 226, 233-35, 250, 254, 255, 260, 323; III 276; IV 114
Baton, Mlle, actrice, III 9, 10
Batteux, Charles, V 84
Bauche, *dit* La Bauche, imprimeur, II 7, 45
Baud-Bovy, D., III 292
Baudeau, Nicolas, V 110, 114, 193, 202
Baudelaire, Charles, I 4
Baudy, Charles, IV 48-52
Baudy, Charlot, exploitant, III 357, 363
Bauer, F. J., libraire, III 115
Bauer, général au service de Pierre le Grand, I 273
Bauffremont, Joseph, chevalier de, IV 352
Bauffremont, Louis Bénignet, marquis de, I 110
Bauvin, Jean Grégoire, II 275
Bayle, Pierre, I 32, 87, 156, 292, 299, 323, 336, 341; II 35, 73, 210; III 94, 95, 131, 202, 275, 320; IV 153, 210, 243, 244, 254, 302, 406; V 38, 355
Bayreuth, *voir* Sophie Frédérique Wilhelmine, margrave
Bazin, abbé, prête-nom de Voltaire, IV 271-75, 279-83, 328, 331-34, 343
Bazincour, Mlle de, IV 73
Beauchamps, Pierre François Godard de, II 323
Beaudinet, prête-nom de Voltaire, IV 239, 254
Beaudrigue, David de, IV 138, 139, 142, 152, 158
Beaufort-Canillac-Montboissier, Claude François de, II 231, 232, 236
Beaugeat, IV 142
Beaulieu de Barneville, François Augustin Toussaint de, V 207
Beaumarchais, Pierre Augustin Caron de, I 87, 180; II 159, 302; III 350; IV 10, 192, 193; V 91-97, 252, 347-52, 360
Beaumont, Christophe de, archevêque de Paris, III 198, 199, 201, 314, 349; IV 174, 309, 326, 327, 329, 330; V 84, 85, 129, 272-74, 277, 279, 325, 326, 330, 333, 335
Beaune, Henri, I 50, 56
Beaupré, V 288
Beauregard, Jean-Nicolas, V 287, 302, 303
Beauregard, Salenne de, I 95, 104, 105, 107-109, 150, 163, 168, 204, 206; II 111

Beauteville, Pierre de Buisson, chevalier de, IV 314, 319-21, 324, 340, 420
Beauvau, Louis Charles Antoine, marquis de, II 94, 95, 141
Beauvau-Craon, Anne Marguerite de Ligniville, princesse de, II 94, 117
Beauvau-Craon, Charles Juste de Beauvau, prince de, II 306, 307; IV 416, 417; V 57, 160, 232, 249, 257, 262, 263, 275, 293, 302, 303
Beauvau-Craon, Marc, prince de, II 20, 52, 94, 95, 279, 316, 357
Beauvau-Craon, Marie Charlotte de Rohan-Chabot, princesse de, V 232, 233
Beauzée, Nicolas, V 293, 315
Beccaria, Cesare Bonesana, marquis de, III 315; IV 305, 306, 378, 385; V 238
Beckford, Peter, IV 351
Becquin, Mlle, IV 294, 297
Beer, Sir Gavin de, IV 348-57; V 163
Beethoven, Ludwig van, V 357
Béguelin, III 104
Bégueule, La, V 310
Bel, vicaire, IV 289, 416
Bélestat, François de Varagne-Gardouche, marquis de, IV 386
Bélestat, Marie Thomasse, marquise de, III 210
Bélisaire, IV 325
Bellastre, claviniste, V 266
Bellecour, Jean Claude Gilles Colson, *dit*, V 264
Belle et Bonne, *voir* Du Plessis-Villette
Bellegarde, Marie Anne, comtesse de, III 271
Belle-Isle, Charles Louis Auguste Fouquet, comte puis duc de, maréchal, II 9, 73, 145, 150, 151, 169, 176, 194; III 84; IV 252
Bellessort, André, V 373, 375
Belleval, Charles Joseph Dumaisniel, seigneur de, IV 294-97, 304; V 151
Belloy, Pierre Laurent Buirette de, I 320; V 126, 161, 196, 240
Bellugou, Henri, II 139, 140
Belot, Octavie, *voir* Durey de Mesnières
Belphégor, IV 412
Benaldaki à Caramouftée, V 17
Bengesco, Georges, I 73, 120, 135; II 59, 323; III 85, 253; IV 248
Benjamin de Tudela, IV 277
Benoît, dame, V 260
Benoît, saint, IV 37
Benoît XIII, Vincenzo Maria Orsini, pape, I 325
Benoît XIV, Prospero Lambertini, pape, II 231-36, 249-51, 253; III 14, 91, 101, 349, 369
Benserade, Isaac de, I 297
Bentinck, Charlotte Sophie d'Aldenburg, comtesse de, II 141, 142, 191; III 4, 31, 39, 40, 41, 44-47, 49, 72, 73, 76-78, 83, 96, 104, 106, 108, 110, 111, 118, 121, 122, 125, 126, 129, 132, 134, 142, 143, 231, 232, 284, 287, 322, 343, 347, 348, 366; IV 14, 71, 106, 107
Bentinck, Willem, comte de, III 39
Bentivoglio, cardinal, I 185
Bérard, armateur, V 223
Bercsényi, Ladislas Louis Ignace, comte de, II 322, 362
Berger, II 64, 68, 121
Bergier, Claude François, IV 372
Bergier, Nicholas Sylvestre, IV 372
Berkeley, George, I 111, 112, 242, 245, 246; II 38
Bernard, saint, I 208
Bernard, Catherine, I 265
Bernard, Jean Frédéric, I 259
Bernard, Pierre Joseph, *dit* Gentil, II 108, 166; III 187, 278; IV 221, 425
Bernard, Samuel, II 116; IV 104
Bernard, Samuel Jacques, III 206
Bernhardt, Sarah, I 292
Bernier, François, II 383
Bernières, Gilles Henri Maignart, marquis de, I 146, 147, 149, 185, 186, 188, 281; II 109, 110; V 260
Bernières, Marguerite Magdeleine Du Moutier, marquise de, I 144, 147, 148, 151, 155, 166, 167, 170, 187, 188, 206,

221, 222, 225, 281, 311; II 109, 110, 123; V 260
Bernis, François Joachim de, I 44; II 71, 72, 172, 215, 216, 352; III 311, 327, 338, 343, 344, 345, 346, 369; IV 8, 71, 143, 145, 146, 155, 156, 180, 182, 195, 216, 409, 423; V 16, 28, 64, 176
Bernoulli, famille, IV 47
Bernoulli, Jean, I 317; II 15, 85, 116, 127, 129, 130, 279, 311, 370, 384; III 104, 134
Bernstorff, Johann Hartwig Ernst von, III 69
Berquin, Arnaud, V 202
Berruyer, Isaac Joseph, III 199
Berry, Marie Louise Elisabeth d'Orléans, duchesse de, I 92, 95, 96, 102, 122
Berryer de Ravenoville, Nicolas René, lieutenant de police, II 264, 322, 323, 325, 336, 338-40, 349-51, 367; III 245, 331; IV 151
Bertaud, Jacques, I 11
Berthelot, Claude François, V 148
Berthelot, Marcelin, V 363, 364
Berthelot de Pléneuf, fermier général, I 184, 193, 205
Berthier, Guillaume François, III 365; IV 10-12, 26, 31, 107
Bertier de Sauvigny, Louis Jean, V 35, 138
Bertin, C., III 183
Bertin, Henri Léonard Jean Baptiste, IV 24, 35, 149; V 103-105, 182, 223
Bertin, Mlle, V 255
Bertinazzi, Carlo, V 289
Bertrand, Elie, III 226, 231, 248, 258, 263, 264, 266, 268, 272-74, 286, 289, 324, 333, 336, 342, 365; IV 27, 36, 38, 72, 180, 209, 270, 317, 351, 410; V 17
Bessière, Mlle, I 221
Besterman, Theodore, I 11, 17, 22, 37, 59, 64, 71, 95, 102, 108, 133, 137, 138, 167, 188, 201, 254, 257, 260, 312; II 7, 8, 86, 108, 116, 153, 182, 190, 224, 233, 234, 241-43, 249, 255, 258, 293, 294, 298, 306, 307, 318-20, 323, 326, 328, 336, 348, 357, 374, 396; III 17, 26, 40, 42, 53, 71, 92, 96, 114, 127, 148, 156, 159, 189, 192, 218, 370; IV 3, 219, 266, 336, 354, 363, 370, 393, 394, 423, 425; V 28, 46, 165, 187, 273, 314, 322, 325, 350, 365
Bétens, Charles, IV 42, 43
Bethsabée, femme d'Urie, IV 223
Béthune-Charost, Paul François, duc de, II 168
Betteridge, H. T., III 42
Bettinelli, Saverio, IV 68, 72
Beuchot, Adrien Jean Quentin, I 15, 29, 57, 68, 86, 100, 105, 116, 299, 330; II 323, 351; III 109; IV 151, 209, 255, 299, 329, 382; V 98, 347, 362
Bèze, Théodore de, I 231
Biancolleli, Pierre François, III 317
Bibikof, général russe, V 55
Bible enfin expliquée, La, II 33; IV 214; V 177, 183, 184
Bienvenu, Claude Crespy, veuve, libraire, II 258
Bigex, Simon, IV 396, 402
Bignon, Jean-Paul, I 65, 185
Bijex, abbé, V 342
Binet, premier valet de chambre du dauphin, II 216
Binot, Edmé, colporteur, II 262
Biord, Jean Pierre, IV 366-68, 393, 395, 397-99, 409, 422; V 41, 279, 330, 372
Björnståhl, Jacob Jonas, IV 39, 55, 56, 62; V 35, 69, 78
Bladen, Martin, I 243, 247
Blagny, Mme de, II 215
Blanc, imprimeur, IV 310
Blanc et le noir, Le, I 89; IV 182, 184, 185
Blanche de Castille, reine de France, V 139
Blaze de Bury, Henri, III 49
Blin de Sainmore, Adrien Michel Hyacinthe, V 202
Bloch, Marc, III 63
Bloch, Olivier, IV 243
Blot, Elisabeth Botignon Du Deffand, comtesse de, V 262
Bluett, Thomas, I 247

Boccace, Giovanni Boccaccio, *dit*, III 94, 242
Bochart, Samuel, IV 276, 279
Bock, Mme, III 67, 72
Bocon de La Merlière, Félicien, V 83
Bocquet, le P., IV 300
Boëncourt, président de, IV 295
Boerhaave, Hermann, II 63, 66, 81, 83; III 34
Böhm, Johannes Christian, III 174
Boileau, Jacques, III 286
Boileau-Despréaux, Nicolas, I 15, 29, 32, 65, 69, 70, 74, 209, 226, 297; II 3, 42, 75, 191, 212, 219, 220, 256, 290; III 260; IV 321, 389; V 13, 41, 293, 374
Boindin, Nicolas, IV 191
Boismont, Nicolas Thyrel de, V 293
Boissy, Louis de, I 69; II 375
Boivin, Henri, I 185-87
Bolingbroke, Henry Saint-John, lord, I 143, 144, 163, 164, 171, 195, 196, 200, 201, 215, 225-29, 236, 239, 248, 265; III 99-101, 365; IV 7, 216, 246-49, 253, 254, 353
Bollème, Geneviève, I 330
Boncerf, Pierre François, V 129, 130, 176
Bongie, Laurence L., II 195
Bonhomme, le P., V 340
Bonin, imprimeur, II 349, 350
Bonnefon, Paul, I 93; V 347
Bonnet, Charles, III 240, 270, 301, 323, 372; IV 144, 159, 172, 206, 226, 356, 357; V 182, 230, 272, 321, 337
Bonnet, Jean Claude, III 315; V 355
Bonnier, Henry, II 210
Bonstetten, Charles Emmanuel de, III 273; IV 182
Bonstetten, Charles Victor de, IV 182
Borcke, *voir* Maupertuis
Bordelon, Laurent, II 344, 345
Bordes, Charles, III 214-15; IV 316; V 156
Borgia, famille, III 193
Borgia, César, III 148; IV 251
Borssat d'Hauterive, V 224
Bosc, Bernadette, V 374
Boscawen, Edward, IV 15
Bosse, de, graveur, IV 325
Bossuet, Jacques Bénigne, I 83, 297; II 42, 149, 210, 254; III 63, 83, 320, 360; IV 91, 188, 211, 218, 275, 343; V 19, 75, 99
Boswell, James, I 225, 247; III 183, 345; IV 350, 353, 355-56
Bouchardon, Edme, V 290
Boucher, François, III 321
Boufflers, Louis François, marquis de, II 94
Boufflers, Marie Catherine de Beauvau, marquise de, II 94, 95, 172, 306, 307, 312-14, 316, 317, 321, 322, 324, 325, 331, 332, 369, 371, 372, 392
Boufflers-Rouverel, Marie Charlotte Hippolyte de Campet de Saujon, comtesse de, IV 170, 172
Bouhier, Jean, I 44, 56, 136, 150, 204, 206, 207, 331; II 48, 51, 130, 132, 248, 253, 254, 287
Bouillée, L. J. de, III 28
Bouillon, Charles Godefroy de La Tour d'Auvergne, duc de, II 397; IV 68; V 223
Bouillon, Marie Charlotte Sobieska, duchesse de, I 262; V 202
Bouissounouse, Janine, IV 200
Boulainviller, Henri de, I 200; II 157; IV 243, 251
Boulanger, Nicolas Antoine, IV 171, 232, 253, 384
Boulduc, Gilles François, II 82
Boullongne, Jean de, IV 20
Boulogne, de, II 395
Bouquet, Henri, V 267
Bourbier, Le, I 68, 69; II 257
Bourbon, Charles, cardinal de, IV 401
Bourbon, Louise Marie Thérèse Mathilde de Bourbon d'Orléans, duchesse de, V 286, 287
Bourbon, Louis Henri, *voir* Condé
Bourbon, Louis Henri Joseph, duc de, V 286, 287
Bourcet de La Saigne, Pierre Jean, V 145
Bourdaloue, Louis, I 80; II 56, 250; IV 112
Bouret, Etienne Michel, IV 155; V 119
Bouret d'Erigny, François, IV 36, 72

Bourette, Charlotte, née Reynier, *dite* la Muse limonadière, III 311
Bourges, dominicain, IV 142
Bourgogne, Louis, duc de, petit-fils de Louis XIV, I 45
Boursoufle, voir *Les Originaux*
Bourzeis, Amable de, IV 285
Bousquet, Marc Michel, III 227, 246, 247, 256
Boutet, I 154
Bouthier de Rochefort, V 146
Bouthillier de Beaumont, Etienne, III 266
Bowyer, William, I 269, 324
Boy de La Tour, Julie Anne Marie, IV 172
Boy de La Tour, Pierre, V 171
Boyer, Jean François, évêque de Mirepoix, II 169, 173-75, 177, 178, 182, 183, 187, 208, 216, 230, 250, 252, 352; III 55
Boyle, Robert, I 253
Brama, IV 280
Brancas, Mme de, I 308; II 313
Brancas, Louis, maréchal, marquis de, II 152, 285
Brancas, Louis Antoine de Brancas, comte puis duc de Villars-, I 96, 98, 101; II 44, 84, 125
Brandein, IV 62
Brassac, chevalier de, I 313
Braudel, Ferdinand, III 24, 63
Braun, Theodore, II 30
Bréhant, Jacques, I 296; IV 70, 339; V 67, 125, 223, 269, 270, 276, 319, 331
Breitkopf, Bernard Christof, libraire, III 130, 134
Brengues, Jacques, V 307
Bréquigny, Louis Georges Oudart Feudrix de, V 293
Breteuil, Anne de Froulay, épouse de Louis-Nicolas de, I 303; II 65, 124, 137
Breteuil, Elisabeth Théodore Le Tonnelier de, II 80, 98
Breteuil, François Victor Le Tonnelier de, II 169
Breteuil, Louis Nicolas Le Tonnelier, baron de, I 105, 303-305, 310, 311; II 65, 94, 162
Brethé, E., I 22
Bretin, V 237
Brettwitz, von, lieutenant, III 151
Briasson, Antoine Claude, libraire, III 286
Bridgewater, Scroop Egerton, duc de, I 238
Brinsden, John, I 215, 248
Brinvilliers, Marie Madeleine Marguerite d'Aubray, marquise de, III 129; IV 254
Brionne, Louise Julie Constance de Rohan-Montauban, comtesse de, V 75
Brissac, Jacques, notaire à Londres, I 145
Brissot de Warville, Jacques Pierre, V 226, 303, 304
Brizard, Jean Baptiste Britard, *dit*, IV 94; V 220, 222, 223, 265, 275, 295, 305
Brochu, IV 29
Broglie, Mme de, IV 199
Broglie, Charles Jacques Victor Albert, duc de, II 182, 284
Broglie, François Marie, comte puis duc de, maréchal, I 215, 230; II 151, 177, 187
Broglie, Victor François, duc de, maréchal, IV 14
Brombert, Victor, I 4
Broom, William, IV 352, 353
Brosse, Jacques de, I 301
Brosses, Charles de, baron de Montfalcon, II 255; III 220, 246, 293, 295, 356-59, 363; IV 21, 23-27, 30-32, 34, 42-53, 58, 72, 146, 215, 408; V 7, 94, 119, 121, 213, 216, 242
Brosses, Claude Charles, comte de Tournay, V 121, 131, 132
Brosses, Françoise Castel de Saint-Pierre de Crèvecœur de, III 356, 357; IV 52
Brossette, Claude, I 120, 122, 123, 134-36, 225; II 120
Brougham, Henry Peter, baron Brougham et Vaux, V 170, 171
Broutet, juge de La Barre, IV 297; V 149
Brown, Andrew, IV 202, 271
Brown, Harcourt, I 254, 324
Brown, Robert, IV 350

Bru, parent de Voltaire, interprète à la cour ottomane, I 271
Brueys, David Augustin de, I 31, 72
Brühl, Heinrich von, II 284; III 43
Brumfitt, J. H., IV 271, 272, 275, 276, 278, 281, 283, 399
Brumoy, le P. Pierre, I 276
Brunel, L., V 316
Brunet, Pierre, II 10, 84, 85
Brunswick, *voir* Charles, duc de Brunswick-Wolfenbüttel; Charles Guillaume François, prince puis duc; Charlotte Philippine, duchesse
Brutus, III 328; V 250
Brutus, I 43, 52, 255, 265-67, 277, 280, 283, 285, 315, 331, 340; II 153; III 8, 214, 303; V 259, 311, 353, 354
Bruyset, Jean Marie, libraire-imprimeur à Lyon, II 341; III 282, 370
Bruzen de La Martinière, Antoine Augustin, IV 210, 276
Bubaste, V 75
Buchwald, Juliana Franziska von Neuenstein, Mme von, III 137
Buckingham, George Villiers, duc de, I 238
Buddeus, Johannes Franciscus, IV 217
Budé, famille, V 343, 353
Budé, Bernard de, III 352, 354, 359
Budé, Guillaume de, III 352
Budé, Jacob de, III 352
Budé, Jacques Louis, III 352
Budé-Boisy, Isaac, III 352
Budgell, Eustace, I 247
Buenzod, Janine, III 131, 188
Buffenoir, Hippolyte, V 363
Buffier, le P. Claude, I 44
Buffon, Georges Louis Leclerc, comte de, I 257; II 83, 124, 146; III 103; IV 238, 276, 281, 376; V 32, 41, 187, 189, 231, 371
Bulkeley, François, comte de, I 238
Bullet, Jean Baptiste, IV 217; V 184
Bülow, von, envoyé de Catherine II, IV 310
Bülow, von, ambassadeur de Saxe, III 120
Burard, chirurgien, V 331
Burdet, veuve, IV 28, 29, 31, 59
Burgk, J. C., III 171
Burgoz, Jean Baptiste Antoine Guillaume Louis, IV 394, 396, 398
Burlington, Richard Boyle, comte de, I 250; IV 54
Burnet, Thomas, II 272
Büsching, IV 119
Busiris, roi d'Egypte, IV 302
Bussy, François de, IV 22, 23, 44
Bussy-Rabutin, Michel Celse, abbé de, évêque de Luçon, I 79, 81, 98; II 62
Bussy-Rabutin, Roger, comte de, I 79
Butler, Samuel, III 280-81
Buvat, Jean, I 96, 110, 112
Byng, George, amiral, I 238; III 305-307, 336
Byng, John, amiral, fils du précédent, I 238

Cabales, Les, V 42-43
Cabanis, François David, III 220; V 67, 307
Cadenas, Le, I 24, 90, 91; II 343; IV 180
Caffieri, Jean Jacques, V 289, 290
Cahusac, Louis de, II 172; IV 186
Cailhava d'Estandoux, Jean François, V 252, 307
Caille, prête-nom de Voltaire, IV 383
Cailleau, André Charles, II 341
Caïn, I 34; V 321
Caire, François de, IV 420, 421; V 124
Calandrini, Mme, I 262
Calas, famille, IV 126, 132, 134, 135, 140, 141, 144, 146, 151, 153, 154, 156-59, 163, 179, 220, 227, 231, 236, 290-92, 294, 328, 425; V 146, 171, 206, 304
Calas, Anne Rose Cabibel, Mme, IV 135-38, 141, 143, 145, 147-52, 155-58, 417
Calas, Donat, IV 135, 144, 145, 149-52, 159; V 10, 20
Calas, Jean, I 129; IV 1, 3, 53, 77, 135-52, 155, 157, 158, 199, 201, 253, 264, 291, 327, 373, 415-19; V 127, 142, 145, 269, 297, 360, 369, 373
Calas, Louis, IV 135, 139, 140, 142

Calas, Marc Antoine, IV 132, 136-40, 143, 144, 146, 149, 150
Calas, Nanette, IV 135, 143, 144, 149, 151, 152, 158; V 360, 361
Calas, Pierre, IV 136, 137, 140, 141, 143, 144, 149, 150, 158, 417
Calas, Rosine, IV 135, 143, 144, 149, 151, 152, 158; V 360, 361
Caldaiguès, dominicain, IV 142
Callandar, James, IV 348, 358
Callisto, V 74
Calmet, Augustin, II 35, 36; III 98, 208, 209; IV 210, 215, 216, 224, 249, 279, 381; V 71, 72, 77, 181, 183
Calmettes, Pierre, III 368; V 15
Caloni, Jean, IV 7, 27, 161, 175, 205, 228, 259, 260, 391, 420
Calonne, Charles Alexandre de, V 351
Calvin, Jean, I 7, 299; III 2, 235, 236, 243, 248, 316, 318, 322-24, 352, 361; V 69, 372
Camas, Pierre Henri Tilio de, II 57
Cambiague, Isaac I 201
Cam-hi, *voir* Kangxi
Camoëns, Luis de, I 106, 247
Camp, Ami, IV 34, 41, 64, 72, 76, 78, 145, 147, 360
Campan, Jeanne Louise Henriette, V 231, 284
Campbell, comte d'Islay, I 238
Campbell, duc d'Argyll, I 238
Campi, Paolo Emilio, V 177
Campion, Edmund, III 314
Camus de Pontcarré, Geoffroy Macé de, I 268
Candaux, Jean-Daniel, III 228, 247; IV 308
Candide ou l'optimisme, I 27, 39, 217, 238, 248, 330; II 2, 9, 129, 214, 343, 366, 381, 384; III 1, 2, 22, 24, 59, 114, 138, 183, 201, 202, 232, 268, 290, 303, 307, 309, 314, 333, 335-37, 341, 344, 345, 347, 348, 350, 351, 355, 370-75; IV 6, 9, 10, 37, 67, 114, 167, 168, 182-84, 237, 244, 259, 261, 375; V 12, 78, 187, 244, 350, 368
Canillac, Philippe, marquis de, I 163
Canillac, *voir* Beaufort-Canillac-Montboissier
Canisius, le P. Pierre, I 53
Canning, Elisabeth, IV 151
Canonisation de saint Cucufin, La, IV 387-88
Capanée, IV 332
Capperonnier, Jean Auguste, IV 329
Capron, violoniste, V 307, 309
Caquot, André, IV 280
Car, Les, IV 82
Caravajal, III 158
Carcassonne, E., I 78, 79, 233, 299, 300, 321, 341
Carlyle, Thomas, III 179
Carmontelle, Louis Carrogis, *dit*, IV 158
Caroline Henriette Christine de Deux-Ponts, landgrave de Hesse-Darmstadt, IV 205, 293
Caroline Louise de Hesse-Darmstadt, margrave de Bade-Dourlach, III 345; IV 149, 156, 293
Caroline Wilhelmine, princesse de Galles, puis reine d'Angleterre, I 230, 232, 237, 239, 250, 333
Caron, IV 322
Caron, André Charles, IV 10; V 91, 93, 94
Carra, J. L., I 107
Carré, Jérôme, IV 334
Carriat, Jeanne, III 365; IV 375; V 76
Carrière, avocat, IV 140
Cartouche, Louis Dominique, *dit*, III 124
Cartwright, Michael, III 80, 81
Casanova, Giacomo, I 117; IV 349, 353, 354, 357
Caseique, M. de, II 365
Cassan-Clairac, juge de Calas, IV 141
Cassen, prête-nom de Voltaire, IV 304
Cassini, Jacques, II 84
Castel, Louis Bertrand, II 86, 88; IV 245
Castellion, Sébastien, I 231
Castilhon, Jean Louis, IV 218
Castin, Anthelme, IV 58, 60, 393-95; V 131
Catéchisme de l'honnête homme, IV 173, 212, 246, 248, 272

Cathala, Henri, III 247, 342; IV 148
Catherine de Médicis, I 174, 179
Catherine Ière, tsarine, I 273; IV 114
Catherine II, tsarine, II 38; III 142, 309; IV 55, 111, 114, 121, 122, 125-30, 205, 230, 255, 272, 273, 293, 310, 325, 327, 333, 343, 348, 373, 415, 428; V 5, 28, 31, 47-57, 59-63, 99, 103, 163, 176, 177, 197, 237, 249, 323, 328, 343, 346-48, 350
Catilina, V 37
Catinat, Nicolas, IV 387
Caton, *dit* l'Ancien, III 328; IV 7, 190, 354, 383; V 134, 250
Catt, Henri de, III 106, 366
Caumartin, Anne-Marie Lefèvre de, I 303
Caumartin, Louis Urbain Lefèvre de, I 65, 66, 95, 105-107, 303
Caumartin de Boissy, Louis François Lefèvre de, I 133, 206
Caumont, Joseph de Seîtres, marquis de, II 215
Caussy, Fernand, III 359; IV 22, 42, 60, 313, 420, 422; V 118, 119, 185, 214, 216, 346
Cavalier, Jean, I 61
Caveirac, *voir* Novi de Caveirac
Caylus, Anne Claude Philippe de Tubières Grimoard de Pestels de Levis, comte de, II 59
Caylus, Marie Marguerite Le Valois de Villette de Murçay, comtesse de, IV 265
Caylus, Marthe Le Valois, comtesse de, I 86
Caze, Mme, V 65
Cazeing, ami de Calas, IV 138, 139
Céphas, IV 215
Ce qui plaît aux dames, IV 181, 182, 184, 187
Cerati, Gasparo, II 233
Cerbère, V 70
Cérès, IV 69
Černy, Vaclav, IV 116, 118
César, empereur romain, II 24, 149, 182, 223; III 17, 39, 65; IV 83, 274; V 82
Chabanon, Michel Paul Guy de, IV 340, 358, 359-62, 364, 375; V 142, 253, 254
Chamberlin, Mme de, IV 205
Chambrier, Jean Pierre, baron de, IV 408
Chamfort, Nicolas Sébastien Roch de, II 315; V 202, 211, 252
Chamillart, Michel de, I 148
Chamos, IV 412
Champbonin, Anne Antoinette Françoise Paulin, Mme Du Raget de, II 7, 10, 16, 17, 69, 97-100, 104, 105, 107, 111-14, 116, 120, 122, 124, 160, 312, 323, 394; IV 182
Champbonin, Jacques François Du Raget de, II 116
Champbonin, Louis François Toussaint Du Raget de, II 24, 90, 98, 116, 122, 241
Champmeslé, Marie Desmares, *dite* la, I 120
Champrenaud, G., III 226
Chandieu, Catherine de, IV 64
Chapeaurouge, Jean Jacques de, IV 27
Chapelain, Jean, I 106, 314, 315
Chapelan, Maurice, II 233
Chapelle, Claude Emmanuel Lhuillier de, I 98; IV 38
Chappe d'Auteroche, Jean, IV 125; V 54, 55
Chapuis, Marc, IV 309
Chardin, Jean, II 118; IV 276
Chardon, Daniel Marc Antoine, IV 345, 370
Chardonchamp, Guy, I 15, 17, 20
Charlemagne, empereur d'Occident, I 305, 310; II 149; III 190, 200, 209, 299; IV 184, 262, 270
Charles le Téméraire, III 297
Charles II, roi d'Angleterre, I 232
Charles II, roi d'Espagne, III 83
Charles II, grand-duc de Mecklemburg-Strelitz, III 344
Charles V de Lorraine, IV 285
Charles VI, empereur d'Allemagne, I 151; II 136, 238, 282
Charles VII, roi de France, I 315, 318, 319, 320; III 196; IV 400, 401
Charles VII Albert, empereur d'Allemagne, électeur de Bavière, II 140, 145, 150, 151, 186, 205, 213, 214
Charles VIII, roi de France, IV 400

Charles IX, roi de France, I 174, 179; V 89, 139, 197, 256, 269, 284, 286, 287, 291, 298
Charles X, roi de France, I 178; III 225; IV 80; V 89, 139, 197, 256, 269, 284, 286, 287, 291, 298
Charles XII, roi de Suède, I 145, 193, 236, 243, 267-72; II 229, 285; III 328; IV 124; V 48
Charles XIII, roi de Suède, V 47
Charles, duc de Brunswick-Wolfenbüttel, IV 325
Charles de Lorraine, prince, II 197, 201; III 196, 197
Charles Edouard Stuart, *dit* le Prétendant, II 195, 228, 229, 359; V 140, 218
Charles Emmanuel Ier, duc de Savoie, III 216
Charles Emmanuel III, duc de Savoie, roi de Sardaigne, II 248; V 139
Charles Eugène, duc de Wurtemberg, III 101, 118, 125, 141, 189, 190, 232, 341; IV 15, 365; V 28, 29, 193, 223, 242, 243
Charles Frédéric, margrave de Bade-Dourlach, III 345; V 349
Charles Guillaume Ferdinand, prince puis duc de Brunswick-Wolfenbüttel, IV 252, 349
Charles-Quint, II 149; III 283, 328
Charles Théodore, électeur palatin, I 23; III 182-84, 203, 212, 279, 321, 322, 341, 343-45, 363; IV 15, 72
Charlevoix, le P. Francois Xavier de, I 39; V 180
Charliers, homme d'affaires de Mme Du Châtelet, II 203
Charlot, IV 357-59, 362; V 345
Charlotte Aglaë d'Orléans, *dite* Mlle Valois, princesse de Modène, II 243
Charlotte Philippine, duchesse de Brunswick-Wolfenbüttel, sœur de Frédéric II, II 191; III 28
Charmet, la, courtière, V 136
Charolais, Charles de Bourbon, comte de, II 9
Charon, II 375; III 200
Charost, comte ou marquis de, I 337-39, 341, 342
Charron, officier municipal, V 355, 359
Charron, Pierre, IV 205; V 315
Chassaigne, Marc, IV 139-43, 293-303; V 136, 141
Chassiron, Pierre Mathieu Martin de, II 376
Chastellux, François Jean, marquis de, IV 425; V 76, 145, 223, 226, 234, 235, 242, 293
Chateaubriand, François-René, vicomte de, I 295; IV 88; V 168
Châteauneuf, famille, V 137
Châteauneuf, François de Castagnère de, I 23, 25, 27-29, 32, 34-36, 49, 56, 77; IV 424; V 366
Châteauneuf, Pierre Antoine de Castagnère, marquis de, I 60-62
Châteauroux, Marie Anne de Mailly-Nesle, marquise de La Tournelle, puis duchesse de, II 169, 173, 175-78, 184, 193, 195, 196, 201, 204, 237
Châtel, Jean, III 314
Châtellerault, Marie-Louise Jablonowska, princesse de Talmont, duchesse de, II 94, 313
Chatellier, Louis, III 201
Châtillard de Montillet-Grenaud, Jean François de, IV 267; V 101
Chaucer, Geoffrey, IV 181, 184
Chaudon, Louis Mayeul, IV 208; V 336
Chaulieu, Guillaume Amfrye de, I 55, 57, 58, 78, 80-82, 85, 98, 100, 162, 185; II 288; III 39; V 43
Chaulnes, Marie Anne Romaine de Beaumanoir de Lavardin, duchesse de, II 84
Chaumeix, Abraham, IV 11, 12, 74, 90, 91, 268, 273; V 41
Chaumont, Claude, IV 156, 157
Chaumont de La Galaizière, Antoine Martin, II 93, 315-17
Chauvelin, Agnès Thérèse Mazade d'Argeville, marquise de, IV 73, 74

Chauvelin, Bernard Louis, III 5; IV 16, 73, 74; V 79
Chauvelin, Germain Louis, I 265, 268, 326, 329; II 5, 15, 17, 20, 25, 27-29, 45, 46, 48, 49, 65, 71, 73, 176
Chauvelin, Henri Philippe, II 270, 324, 327, 330, 367; III 4, 68
Chauvelin, Jacques Bernard, IV 23, 39
Chavigny, Anne Théodore de Chevignard, chevalier de, II 169
Chazel, Balthazar Espeir de, IV 144
Chazot, François Egmont, chevalier de, II 55; III 36, 42, 44, 71
Chenais, Margaret, III 257
Chénier, André, I 45; III 29; V 271
Chénier, Marie Joseph, I 45; V 271, 353, 357, 361
Chennevières, François de, III 13, 286; IV 72
Cheselden, William, I 242
Chesterfield, Philip Dormer Stanhope, comte de, I 239-41; III 67; V 163
Chesterfield, Philip Stanhope, comte de, V 163
Chetwood, ou Chetwynd, I 223
Cheverny, Jean Nicolas Dufort, comte de, III 315
Chevigny, Anne Théodore de Chevignard, chevalier de, ambassadeur de France auprès du Corps helvétique, III 288, 346
Chevreuse, Marie Charles Louis d'Albert, duc de, IV 109
Chevrier, François Antoine, III 51
Chicaneau de Neuvillé, Didier Pierre, IV 210
Chimay, Gabrielle Françoise de Beauvau, princesse de, II 117, 313
Chimère du souverain bien, *De la*, III 281
Chiniac de La Bastide Du Claux, Pierre de, IV 235, 375
Chiquet, II 349
Chirol, Barthélemy, IV 207, 306
Chiron, Etienne, IV 156; V 110
Chodowiecki, IV 158
Choiseul, famille, II 94
Choiseul, César Gabriel de, V 16
Choiseul, Etienne François, comte de Stainville et duc de, II 96, 309, 331; III 263, 293, 353, 360, 363-64, 369; IV 15-17, 22, 23, 62, 72, 78, 85, 87-89, 94, 96, 98, 101, 109, 111, 146, 151, 155-57, 196, 199, 203-204, 208, 320, 324, 358, 369, 374, 381, 399, 400, 406, 409, 420-23, 425; V 6, 9, 10, 15-18, 19, 23, 24, 26, 27, 35, 43, 44, 79, 82, 90, 97, 98, 105, 111, 141, 178, 202, 206, 222, 232, 313
Choiseul, Louise Honorine Crozat Du Châtel, duchesse de, IV 109, 199, 235, 333, 387, 406, 409, 423; V 9, 10, 15-18, 23, 24, 177, 178
Choiseul-Beaupré, Claude Antoine Clariardus de, évêque de Châlons-sur-Marne, puis archevêque de Besançon, II 212
Choses utiles et agréables, *Les*, IV 77, 403
Choudens, Jacques Louis de, IV 41, 42
Choudin, Lucien, III 352; IV 22, 39, 55-62, 66; V 28, 94
Chouet, Jean Louis, III 358
Chrétien, abbé, V 227
Christian VII, roi de Danemark, III 39; IV 343; V 7, 47, 99
Christin, Charles Frédéric Gabriel, IV 376, 401, 418-20; V 9, 65, 106, 122, 132, 136, 138, 139, 176, 205, 346, 368
Christine, reine de Suède, III 328
Christophe, saint, V 301
Chubb, Thomas, IV 253
Cicéron, Marcus Tullius, I 40, 41, 304; II 388; III 8, 254; IV 190, 282, 354, 355, 366; V 31, 32, 37, 69, 82
Cideville, Pierre Robert Le Cornier de, I 53, 107, 159, 166, 264, 269, 274, 275, 282, 283, 287, 288, 312, 318, 322, 328, 338; II 1, 7, 8, 20, 28, 34, 46, 49, 50, 53, 54, 73, 79, 120, 121, 140, 144, 150, 154, 160, 199, 205, 221, 223, 235, 243, 274, 278, 282, 283, 303, 304, 323, 353, 358, 359, 362, 397; III 16, 55, 66, 68, 187, 196, 211, 279, 321, 325, 353; IV 63, 68, 69, 71, 73,

109, 115, 119, 144, 145, 169, 220, 221, 273, 360
Circé, III 207; IV 323
Clairaut, Alexis Claude, II 9, 26, 128, 146, 370; III 84; IV 36
Clairon, Claire Josèphe Hippolyte Leyris de Latude, *dite* Mlle, II 208, 336; III 5, 6, 7, 68, 250, 270, 301, 303, 304, 317; IV 38, 72, 77, 99, 100, 194, 356-58, 361, 362, 429; V 33, 76, 155, 218, 222
Claparède, David, IV 237
Claretie, Jules, V 363
Clarke, Samuel, I 246, 322; II 33, 37
Claustre, André de, IV 417, 418
Clavel de Brenles, Etiennette, III 269
Clavel de Brenles, Jacques Abram Elie Daniel, III 213, 226, 231, 246, 269, 295; IV 72, 247
Clémence, Joseph Guillaume, IV 283
Clément d'Alexandrie, IV 277; V 182
Clément le Romain, V 182
Clément XIII, pape, III 349; IV 6, 62, 147, 386
Clément XIV, pape, IV 196; V 162
Clément, Jacques, I 174, 176; II 25, 158; III 314; IV 383; V 58
Clément, Jean Marie Bernard, II 339; V 41, 123, 224, 302
Clément, Pierre, II 339; III 67, 101, 122
Cléopâtre, II 224
Clérambault, Louis Nicolas, I 24
Clermont, Louis de Bourbon-Condé, comte de, I 192, 282, 285, 298; II 9, 51; IV 14
Clermont-Tonnerre, Charles Henri Jules, comte de, V 77
Clermont-Tonnerre, Marie Julie Le Tonnelier de Breteuil, comtesse de, V 77
Clifton, III 125
Clogenson, J., I 21, 107
Clovis Ier, roi des Francs, IV 188; V 116
Clugny de Nuys, Jean Etienne Bernard, V 133, 193, 212, 213
Cobenzl, Johann Karl Philip von, comte, III 155; IV 80
Cocceji, Carl Ludwig von, III 31
Cocceji, Samuel von, baron, III 30, 31, 45, 58
Cocceji, Mme, épouse du précédent, III 30
Cocchius, III 78, 79
Cocuage, Le, I 90, 91; II 343; IV 180
Coderc, Jean-Pierre, I 251
Coëtlosquet, Jean Gilles de, IV 82
Coger, François Marie, IV 328, 329, 333, 344; V 42, 83
Coigny, François de Franquetot, comte de, III 187, 188
Coindet, François, V 288
Colardeau, Charles Pierre, V 192
Colbert, Jean Baptiste, I 30, 233, 298; III 63; IV 284, 414; V 114, 213
Colet, Louise, II 319
Coligny, amiral de, I 154
Colimaçons, Les, IV 129, 374-76
Colin, Jean, II 196
Collé, Charles, II 59, 95, 315, 336, 341, 371, 378; III 5, 46, 105; IV 87, 95, 340; V 202
Collection d'anciens évangiles, IV 402
Collet, IV 28, 29
Collini, Cosimo Alessandro, III 19, 32, 93, 94, 113, 118, 119, 123, 125, 127-30, 135, 137, 138, 140, 141, 151, 153, 158, 159, 162-67, 170, 171, 174, 175, 185, 189, 190, 198, 204, 205, 213, 214, 216-18, 221-23, 228, 229, 245, 246, 257, 259, 260, 262, 269-72, 282, 283, 288, 290-95, 366; IV 12, 72, 227, 429; V 1
Collins, Anthony, IV 216, 253
Colmont de Vaugrenant, IV 108
Colomb, Christophe, V 235
Colonna, astrologue, I 200
Colonna d'Istria, F., IV 251
Combes-Malavialle, J.-Fr., III 91
Commentaire historique sur les œuvres de l'auteur de la Henriade, I 10, 47, 48, 59, 70, 106, 131, 157, 158, 165, 203, 260; II 229; III 118; V 26, 205-207, 346
Commentaire sur l'Esprit des lois, V 139, 226, 233-36, 238
Commentaire sur le livre Des délits et des peines, III 315; IV 305, 306; V 238

Commentaires sur Corneille, IV 34, 73, 109-13, 120, 126, 180, 195, 334; V 157, 199, 200, 241
Comparet, Jean Antoine, IV 311
Comtesse de Givry, voir *Charlot*
Concini, Leonora Dori, *dit* Galigaï, IV 253, 401
Conclusion et examen, IV 268
Condé, Louis II de Bourbon, prince de, *dit* le Grand Condé, II 290
Condé, princesse de, épouse du Grand Condé, II 289
Condé, Louis Henri de Bourbon, duc de, I 170, 180, 183-85, 192, 193, 210, 218; II 18, 246
Condé, Louis Joseph de Bourbon, prince de, V 212, 214-17
Condillac, Etienne Bonnot de, III 214, 278; V 226
Condorcet, Marie Jean Antoine Nicolas de Caritat, marquis de, I 17, 19, 22, 52; II 238; III 310; IV 1, 8, 410; V 5, 6, 12, 26, 35, 85, 86, 96, 97, 101, 102, 106, 110, 114, 123, 127, 129, 130, 132, 133, 148-50, 156, 176, 177, 179, 183, 192, 211-13, 217, 225, 229, 234, 236, 237, 242, 250, 255, 256, 267, 268, 281, 312, 325, 329, 344, 347, 351
Conduit, Catherine Barton, Mrs, I 242, 249
Confucius, III 253; IV 190, 244, 388
Congreve, William, I 224, 247
Conlon, P.-M., III 37
Conring, Hermann, III 189
Conseils à M. Helvétius, voir *Discours en vers sur l'homme*
Conseils raisonnables à M. Bergier, IV 372, 373
Conspirations contre les peuples, Des, IV 268, 269
Constable, William, IV 408
Constant, Benjamin Constant de Rebecque, *dit* Benjamin, V 365
Constant de Rebecque, David Louis, seigneur d'Hermenches, III 269, 316-18, 335; IV 152, 155, 194, 302, 339, 359, 361; V 56, 98, 128, 142, 222
Constant de Rebecque, Françoise Charlotte, III 271, 292, 344; IV 62, 73, 75
Constant de Rebecque, Louise Anne Jeanne Françoise de Seigneux, dame d'Hermenches, III 269, 316, 340; IV 194, 339, 359, 361
Constant de Rebecque, Marc Samuel François, IV 69, 72
Constant d'Hermenches, *voir* Constant de Rebecque, David Louis
Constantin Ier le Grand, empereur romain, III 240; IV 373
Constantin, De, III 281
Consultation, V 149, 150
Contades, Louis Georges Erasme, marquis de, IV 14
Contant d'Orville, André Guillaume, II 62
Contes de Guillaume Vadé, I 91; IV 183-91
Conti, Louis François de Bourbon, prince de, I 102, 122, 123, 205, 298; II 8, 9, 204, 216
Conti, Louis François Joseph de Bourbon, comte de La Marche, prince de, IV 19, 43, 111; V 97, 111, 114, 129
Conti, Louise Elisabeth de Bourbon-Condé, princesse de, II 109; IV 80
Conversation de Lucien, Erasme et Rabelais, IV 254-55
Conversation de M. l'intendant des menus, IV 189, 191
Copernic, Nicolas, III 134; V 187, 189
Coqueley de Chaussepierre, Georges Charles, IV 95; V 129
Coras, Jacques de, I 106
Corbera, prête-nom de Voltaire, IV 373
Corbi, imprimeur, III 245
Cordier-Delaunay de Valéry, Louis Guillaume René, V 250
Corneille, Claude Etienne, IV 110
Corneille, Jean François, IV 103, 107-109
Corneille, Marie Françoise, *voir* Dupuits, Marie Françoise
Corneille, Marie Louise, née Rosset, IV 77

Corneille, Pierre, I 32, 54, 69, 70, 122, 123, 130, 174, 209, 297; II 24, 180, 210, 253, 374, 389; III 82; IV 34, 38, 63, 99, 100, 103, 104, 108, 110-13, 189, 195, 236, 337, 424; V 14, 80, 154, 155, 157, 158, 196, 198-200, 240, 241, 263, 264, 266, 289, 305, 311, 374
Corneille, Thomas, II 23, 24
Cornuaud, Isaac, IV 318, 320
Cortez, Fernand, II 14
Cosi-Sancta, I 86, 87, 89, 90, 117, 174; II 344
Coste, Pierre, II 85
Cotes, Roger, II 390
Cotin, Charles, IV 85
Couet, abbé, I 80, 199
Coulet, Henri, II 211, 254, 277
Coumourgi, Ali, grand-vizir, I 271
Couplet, Philippe, IV 276
Couprougli, Numan, grand-vizir, I 272
Courcillon, Philippe Egon, marquis de, II 166
Cournot, Michel, V 374
Court, Antoine, IV 132
Court de Gébelin, Antoine, IV 155, 292
Courteilles, Dominique Jacques Barberie, marquis de, IV 23, 44, 45, 72
Courtilz de Sandras, Gatien de, IV 284, 285
Courtin, abbé Honoré, I 57, 78, 99
Cousin, Jean, II 289
Couturier, prêtre, II 63
Couvrigny, le P. de, I 59
Covelle, Robert, III 248; IV 239, 307, 315, 316, 321-23
Coyer, Gabriel François, IV 316; V 194, 243
Coypel, Charles-Antoine, I 155
Crafton, Félicité, V 143
Cramer, les, III 2, 206, 207, 221, 223, 224, 243, 246, 253, 254, 258, 261, 262, 266, 268, 275, 277-80, 282, 296, 297, 305, 350, 361, 370, 371
Cramer, Claire, née Delon, III 292; IV 177, 388
Cramer, Gabriel, I 94; III 223, 224, 227-31, 242, 271, 283, 292, 312; IV 9, 12, 27, 29, 30, 72, 82, 90, 92, 105, 111, 118, 125, 152, 155, 171, 183, 194, 201, 216, 236, 241, 261-63, 266, 271, 276, 292, 313, 338, 357, 364, 399, 400, 402, 410-12, 414; V 8, 10-12, 23, 33, 35, 36, 82, 98, 101, 165, 176, 346
Cramer, Guillaume Philibert, père de Gabriel et Philibert, III 230
Cramer, Jean Isaac, médecin, III 229
Cramer, Jeanne Louise, née Tournes, III 230
Cramer, Jean, syndic, III 229
Cramer, Philibert, III 223, 227, 230, 231, 242, 271, 292; IV 421
Cranmer, Thomas, III 298
Crassus, V 31
Crébillon, Claude Jolyot de, fils, I 282; II 59
Crébillon, Claude Prosper Jolyot de, le fils, I 282; II 59; IV 302
Crébillon, Prosper Jolyot de, le père, I 52, 70, 122, 123, 136, 265, 298, 299; II 154, 176, 180, 215, 218, 254, 256, 277, 283, 290, 325, 333, 338, 339, 360, 363, 366, 372-74, 384, 388-90; III 4-8, 10, 56, 68, 75, 194, 212; IV 168, 195; V 82, 89, 154, 158, 159, 198
Crépet, brigadier, IV 24, 25
Créqui, Renée Caroline de Froulay, marquise de, II 225
Cretot, Etienne Philippe, colporteur, III 185
Crèvecœur, Louis Sébastien Castel, marquis de, IV 52
Cri des nations, *Le*, IV 270
Cri du sang innocent, *Le*, IV 304; V 150, 151
Crocheteur borgne, *Le*, I 86, 88-90, 117, 174; II 287, 344; IV 186
Croissy, Mme de, II 303
Croissy, comte de, ambassadeur auprès de Charles XII, I 271
Crommelin, Jean Pierre, IV 157, 158
Cromot Du Bourg, Jules David, V 208, 209, 213
Cromwell, Oliver, IV 251; V 84
Crousaz, Abraham de, III 320, 360-61
Crousaz, Frédéric de, III 316

Crousaz, Jean Pierre de, II 282; III 139
Crouslé, L., II 335
Crowley, F. J., III 86, 88, 138, 278
Croÿ, Emmanuel, duc de, V 302
Croze, horloger, IV 25
Crussol, François de, IV 135
Cubières-Palmézeaux, Michel de, V 150, 307
Cucufino d'Ascoli, IV 386
Cujas, Jacques, III 216
Cumberland, William Augustus, duc de, II 227
Curie, Marie Sklodowska, Mme, I 304
Cyprien, saint, II 63
Cyrano de Bergerac, Savinien de, II 344
Cyrille d'Alexandrie, saint, IV 391, 392; V 172
Cyrus II le Grand, IV 129; V 80
Czartoryski, famille, IV 127

Dacier, André, I 55, 71, 72, 120, 130, 297
Dacier, Anne Lefèvre, Mme, I 23, 304
Dadichi, Carolus Rali, I 243; V 78
Dainard, J. A., II 52
Dalayrac, Nicolas, V 307
Dallemant, le P., II 20
Damiens, Pierre, III 313-15
Damiens, Robert François, IV 145, 254, 299, 383, 401; V 156
Damilaville, Etienne Noël, I 18; IV 8, 35-37, 109, 112, 144, 146, 149, 152, 155, 158, 165-67, 172, 173, 183, 193, 198, 199, 202-204, 207, 216-18, 223, 228, 230-35, 239-41, 246, 247, 259, 260, 266, 271, 272, 274-76, 279, 293, 302-305, 310, 311, 313, 314, 317, 324, 329, 331, 333, 345, 349, 354, 360, 362, 363, 365, 367, 383, 384, 415; V 247
Danaé, III 13
Danchet, Antoine, I 55, 57, 70, 123
Dancourt, Florent Carton, I 24, 191
Dangeau, Philippe de Courcillon, marquis de, I 139, 304
Dangeville, Marie Anne, I 267; IV 94
Daniel, prophète, V 72-74
Daniel, le P. Gabriel, I 32, 175
Dante Alighieri, V 175
Daoust, Joseph, I 146
Daphné, V 74
Darboy, archevêque de Paris, V 362
Darget, Claude Etienne, II 386; III 4, 36, 37, 44-47, 49, 53, 71, 73, 101, 148, 187, 205, 244-46, 250, 334, 346
Darius Ier, roi de Perse, IV 283
Darnton, Robert, IV 9, 286
Dashkova, Ekaterina Romanovna, princesse, IV 122; V 54, 55
Daumart, Charles Hyacinthe, III 355, 358
Daumart, Nicéphore Symphorien, ou Sébastien, I 17, 27, 207
Daun, comte Leopold Joseph von, IV 6
Dauzat, Albert, IV 266, 275
Davenport, Richard, IV 316
David, roi d'Israël, III 310; IV 135, 218, 223, 322, 394; V 184
David le jeune, libraire, II 167
David, Jacques Louis, V 357
David, Jean Claude, II 396, 397
Davila, Enrico Caterine, I 47, 49
Davis, Charles, éditeur, I 321, 324
Dawson, R. L., III 42
Debidour, Antonin, IV 261
Debien, G., I 22
Debrus, Philippe, IV 146, 148, 149, 155, 292
Decker, Jean, libraire à Bâle, III 198
Décret de l'Inquisition de Rome, III 113-14; voir *Histoire du docteur Akakia*
Decroix, Jacques Joseph Marie, II 367; V 22, 264, 347-49
Decroze, Mlle, IV 31
Decroze, Ambroise, IV 28-33
Decroze, Joseph, IV 28-30, 59, 60
De Felice, Fortunato Bartolomeo, IV 303
Défense de Louis XIV, IV 414; V 142
Défense de milord Bolingbroke, III 97, 99-101, 115, 361
Défense de mon oncle, La, I 26, 36; IV 126, 256, 328, 331-36, 343
Défense du Mondain, II 50

Deidier, abbé, II 146
Déisme, Du, IV 201
Delattre, André, III 218; IV 42; V 1
Delille, Jacques, IV 62; V 41, 85, 161, 312
Delisle de Sales, Jean Baptiste Claude Isoard, V 128, 129, 227-29, 233, 239
Delmé, Peter, I 243
Deloffre, Frédéric, I 88; II 347, 381, 383; III 46, 192; IV 137, 144, 236, 341; V 163, 164, 166, 169, 187, 368
Delorme, Jean Louis, notaire, III 229-31
Delorme, Philibert, II 289
Delormel, Marguerite Lamesle, veuve, libraire, II 258
De Luc, Jacques François, IV 309, 311, 324
De Luc, Jean André, IV 311-13
Démocrite, IV 70
Démosthène, IV 73; V 52
Demoulin, homme d'affaires de Voltaire, I 163, 301, 302; II 10, 28, 29, 44, 45, 47, 48, 396, 397
Denina, Carlo, III 118, 212
Denis, saint, IV 374
Denis, Marie Louise, née Mignot, I 17, 23, 134, 221; II 1, 4, 90, 91, 144, 181, 198, 199, 201, 205, 206, 209, 212, 225, 233, 239-43, 246, 247, 252, 278, 279, 290, 291, 293-96, 302, 305, 306, 309, 311, 312, 326-28, 330, 356, 358, 360, 363, 365-68, 370, 373, 375, 387, 394, 395, 398, 399; III 3, 11, 16, 18, 34, 40, 47, 49, 50, 52, 54-56, 68, 69, 74, 84, 91, 101, 122, 124, 125, 128, 135, 153, 156-58, 164-75, 179-81, 184-88, 190-95, 199, 200, 203, 204, 206-15, 217-22, 226-28, 230, 231, 233, 239, 241, 243, 246, 247, 257, 259-60, 269-71, 282, 286-88, 290-95, 308, 316, 317, 321, 322, 327, 332, 334, 335, 341, 343, 347, 348, 355, 357, 358, 363; IV 3, 10, 13, 20, 22-25, 33, 34, 36, 38, 41, 42, 49-52, 55, 60, 63, 66, 69, 73, 76, 104, 108, 119, 194, 220, 304, 315, 337-40, 352, 356, 357, 359, 361, 363-69, 372, 375, 378, 379, 388, 389, 393, 399, 400, 403, 406-409, 419, 421; V 30, 36, 37, 66, 67, 104, 121, 122, 124, 125, 195, 196, 208, 220, 222, 223, 245, 248, 250, 253, 254, 256, 257, 259, 261, 263, 267, 268, 275-77, 279, 283, 285, 286, 292, 294, 295, 305, 313, 314, 316-18, 320, 322-24, 327, 328, 330, 335, 336, 341, 343, 346, 347
Denis, Nicolas Charles, II 90, 144, 198, 199, 241
Denon, Dominique Vivant, baron, V 123, 124
Denyau, bâtonnier, II 111
Denys de Syracuse, III 186, 193
Denys le Jeune, V 221
Déodati, famille, III 354
Deodati de Tovazzi, G. L., IV 112
Depéry, Jean Irénée, V 338-42
Dépositaire, Le, I 36, 49; IV 388, 424; V 8, 76
Deprez de Crassier, famille, IV 27; V 244, 249
Deprez de Crassier, Louis Amable, V 215
Deprun, Jean, IV 198
Dernières paroles d'Epictète, Les, IV 255
Deroy, Isidore Laurent, II 5
Désaguliers, Jean Théophile, I 240
Des Alleurs, Roland Puchot, I 188
Des Barreaux, Jacques Vallée, sieur, II 191; IV 253
Desbordes, Jacques, I 172, 298; IV 257
Des Buttes, prête-nom de Voltaire, IV 203
Descartes, René, I 162, 195, 196, 229, 275, 333; II 83, 85, 87, 89, 147; IV 205, 245, 382; V 42, 43, 189, 354, 356
Deschamps, Jean, II 56, 77
Deschamps de Chaumont, Joseph Nicolas, évêque d'Annecy, III 359; IV 21, 32-34, 58, 59, 366
Deschauffours, Etienne Benjamin, I 185
Desfontaines, Pierre François Guyot, I 15, 62, 172, 184-87, 255; II 24-27, 31, 33, 45-47, 49, 67, 73, 88, 92, 97-102, 106-15, 118, 139, 152, 164, 165, 222, 223, 225, 259, 262, 264, 265, 272, 343, 352, 363; III 242; IV 96, 268; V 41
Desforges, II 341
Desforges, Mme, II 326

Desforges, secrétaire de Camus de Pontcarré, I 268
Desforges-Maillard, Paul, I 293; II 165, 359
Desilles, officier breton, V 359
Desjardins, abbé, V 337
Desmahis, Joseph François Edouard Corsembleu, III 285, 311
Desmares, Christine Antoinette Charlotte, I 120, 121
Desmarest, Léopold, II 95, 99, 104-106, 122, 124
Desmarets de Saint-Sorlin, Jean, I 106
Desmolets, P. N., III 60
Desné, Roland, II 35; IV 198, 226
Desnoiresterres, Gustave, I 1, 2, 6, 7, 10-12, 22, 23, 25, 29, 47, 48, 59, 61, 64, 92, 94, 98, 99, 110, 111, 116, 120, 131, 132-34, 136, 139, 150, 151, 154, 157, 167, 186, 197, 198, 203, 262, 264, 285, 288, 293, 301, 302; II 153, 205, 206, 258, 306-308, 355, 367; III 3, 5, 7, 9, 10, 12, 22, 35, 46, 103, 127, 145, 153, 173, 175, 176, 210; IV 2, 26, 53, 81, 83, 95, 105, 158, 221, 304, 314, 318-20, 323, 324, 340, 358, 361, 363; V 22, 86, 91, 122, 253, 271, 272, 279, 281, 290, 298, 301, 303, 306, 314, 321, 326, 336, 338, 340, 342, 347, 355, 358, 360-62, 366, 376
Des Périers, Bonaventure, IV 253
Desprès, veuve, brocheuse, IV 272
Destouches, André, I 309
Destouches, Philippe Néricault, I 191; II 60, 252, 255
Des Touches Canon, chevalier de, III 301
Deux consolés, Les, III 281
Deux siècles, Les, V 41
Deux tonneaux, Les, III 74
Devaux, François Antoine, *dit* Panpan, I 147; II 52, 95, 96, 98, 103-105, 122, 125, 313-15, 386; III 50, 196
Devérité, L. A., IV 299, 300
Dévote, La, voir *La Prude*
Dialogue de Pégase et du vieillard, V 80, 161
Dialogue du douteur et de l'adorateur, IV 248
Dialogue entre Marc-Aurèle et un récollet, III 58
Dialogue entre Mme de Maintenon et Mlle de Lenclos, III 58
Dialogue entre un brahmane et un jésuite, III 85, 281
Dialogue entre un philosophe et un conseiller général, III 58
Dialogue entre un plaideur et un avocat, III 58
Dialogues chrétiens, IV 315
Dialogues d'Evhémère, V 187-89
Dialogues entre Lucrèce et Posidonius, III 282
Diane de Poitiers, I 66
Diatribe à l'auteur des Ephémérides, V 114, 115
Diatribe du docteur Akakia, voir *Histoire du docteur Akakia*
Dictionnaire philosophique, I 19, 39, 40, 112, 199, 245, 246; II 153; III 1, 94-96, 100, 102, 136, 282, 284, 302; IV 3, 175, 180, 200-12, 215, 217, 219, 222, 226, 233, 236, 247, 255, 256, 270, 271, 273, 274, 293, 296, 297, 301, 302, 310, 329, 339, 354, 411; V 2, 13, 14, 35, 39, 49
Diderot, Antoinette Champion, Mme, IV 304
Diderot, Denis, I 41, 130, 181, 242, 295; II 2, 384-86; III 1, 2, 10, 25, 58, 86, 89-91, 279, 284, 285, 300-303, 332, 338-40, 364, 365, 369; IV 4, 7, 12, 36, 38, 72, 78, 80, 84-86, 93, 95-97, 99, 104, 126, 159, 161, 164, 165, 174, 176, 199, 219, 226, 231-33, 238, 245, 246, 259, 272, 302-304, 315, 325-26, 335, 373, 377, 390, 410, 412, 413, 425; V 13, 32, 43, 44, 56, 76, 217, 300, 301, 356, 365
Didon, IV 323
Didot, François, II 164, 167, 168, 173
Dieterich, Johann Christian, libraire-imprimeur à Gotha, III 59
Dieu et les hommes, IV 411-12; V 12, 187
Dieu. Réponse au Système de la nature, IV 412, 427; V 10, 11, 45
Diffenbach, Johann Jacob, greffier, III 171, 172, 175

Dillon, famille, V 145
Dinard, précepteur du fils de Mme Du Châtelet, II 80
Dîner du comte de Boulainvilliers, Le, IV 369-71, 376, 377, 385, 386
Dioclétien, empereur romain, I 41
Dioclétien, De, III 281
Diodati, Antoine Josué, IV 41
Diodore de Sicile, IV 277, 335
Diogène le Cynique, I 336; III 291
Dion Cassius, IV 277
Discours aux confédérés catholiques de Kaminieck, IV 373
Discours aux Welches, IV 188-89
Discours de l'empereur Julien, IV 391-93
Discours de Me Belleguier, V 83, 84
Discours de réception, III 103
Discours en vers sur les événements de l'année 1744, II 204
Discours en vers sur l'homme, II 33, 43, 74, 75, 79, 92, 100, 108, 117, 238, 346, 383; III 154, 265
Discours sur la tragédie (*Discourse on tragedy*), 255, 265, 276
Dissertation sur la tragédie ancienne et moderne, II 333, 336
Dissertation sur les changements arrivés dans notre globe, II 2, 272; IV 281; voir aussi *Saggio*
Dodington, George Bubb, I 215, 247, 248, 286; III 271
Dodsley, R. et J., libraires de Londres, III 61
Dodwell, Henry, IV 247
Doigny Du Ponceau, René François Chauvin, V 266
Dominique, Dominique Biancolleli, *dit*, I 136, 152
Dompierre d'Hornoy, *voir* Hornoy, d'
Donato, Clorinda, IV 303
Donop, August Moritz, baron de, IV 42
Donop, Françoise Turrettini, baronne de, IV 42
Don Pèdre, V 160-62
Don Quichotte, IV 159, 419; V 243
Donvez, Jacques, I 187, 188, 259; II 11; V 243, 272
Dorat, Claude Joseph, II 337; IV 318; V 192
Dorn, secrétaire de Freytag, III 150, 163, 164, 166, 169-71, 174, 175, 177, 179, 182
Dostoïewski, Fiodor Mikhaïlovitch, I 180; V 370
Doutes sur la mesure des forces motrices et sur leur nature, II 146
Dow, Alexandre, V 175
Dreyfus, Alfred, V 364
Droit du seigneur, Le, IV 65, 75, 77, 92, 108, 192-93; V 271, 311, 344
Droits des hommes, Les, IV 270
Droysen, Hans, III 28, 48, 127, 148; V 149, 180
Dryden, John, I 223, 264, 299; III 280; IV 181, 184
Du Barry, Marie Jeanne Bécu, comtesse, IV 265, 407; V 15-17, 89-91, 94, 97, 98, 100, 144, 148, 272, 303
Dubi, IV 29
Du Bocage, Anne Marie Fiquet, II 305, 392; III 343, 347, 351; IV 381
Dubois, Guillaume, abbé, puis cardinal, I 108, 143, 144, 148-50, 152, 153, 165, 166, 168, 192; II 287; IV 401
Dubois, J., IV 275
Dubois-Daveluy, II 267
Dubois-Fontanelle, Joseph Gaspard, IV 385
Dubois-Goibaud, Philippe, IV 217
Dubos, Jean Baptiste, I 166; II 148; III 65
Dubourg, Anne, IV 253
Du Bret, Mlle, III 246, 247
Dubreuil, Germain Cassegrain, I 209, 258, 301; II 28
Dubut, prête-nom de Voltaire, IV 203
Ducas, Michael, IV 263
Duc d'Alençon ou les frères ennemis, Le, I 320; III 53, 80, 81
Duc de Foix, Le, I 320; II 387; voir aussi *Amélie*
Du Châtelet, chevalier, II 74
Du Châtelet, Emilie Le Tonnelier de Breteuil, marquise, I 28, 75, 105, 108, 158,

187, 203, 238, 302, 303-13, 316, 328, 329; II 1-6, 8-11, 15-20, 21-23, 25-29, 32-42, 44, 45, 47, 50-54, 58, 62-66, 68, 69, 73-85, 87-92, 93, 94, 96, 98-100, 102-10, 112-32, 134-44, 146-50, 152, 155, 160-66, 175-80, 183, 184, 187-89, 191-93, 195-201, 203, 204, 209, 212, 223, 225, 226, 231, 241, 243-47, 278-85, 288-98, 300, 302, 305-307, 310-12, 315-32, 337, 344-46, 348, 352, 354-58, 360-65, 367-71, 372, 375, 384-88, 390, 396, 398, 399; III 3, 4, 11-13, 34, 41, 50, 84, 103, 105, 106, 112, 234, 281; IV 55, 214, 220, 242, 268; V 246, 366

Du Châtelet, Florent Claude, marquis, I 305, 306, 308, 310; II 1, 2, 5, 6, 9, 10, 19, 20, 22, 23, 25-28, 34, 52, 65, 71, 80, 82, 92, 94, 97, 98, 107, 108, 116, 123, 124, 131, 198, 201, 279, 297, 310, 312, 322, 362, 364-66, 369, 372, 385-87, 392-95, 398; III 3; V 366

Du Châtelet, Françoise Gabrielle Pauline, II 98

Du Châtelet, Louis Marie Florent, comte, puis marquis et duc, fils de Mme Du Châtelet, I 306; II 53, 80, 212, 292, 312, 362; V 11

Du Châtelet-Clémont, gouverneur du château de Vincennes, II 385

Du Châtelet-Clémont, marquise, I 306, 307

Duché, I 28, 29, 34

Duchesne, Gui, V 158

Duchesne, Nicolas Bonaventure, IV 177

Ducis, Jean-François, I 276; V 156

Duckworth, Colin, IV 94, 96

Duclos, Charles Pinot, I 32, 96; II 59, 80, 215, 260; III 67, 278; IV 72, 74, 84, 95, 110, 112, 168; V 64, 85, 315

Duclos, Marie Anne de Châteauneuf, Mlle, actrice, I 69, 73, 74; V 275

Du Colombier, Pierre, II 289

Du Deffand, Marie de Vichy de Chamrond, marquise, I 8, 76, 225, 309, 310, 328, 339; II 22, 38, 50, 84, 147, 151-53, 202, 226, 281, 287, 288, 291; III 51, 138, 202, 301, 362; IV 38, 39, 69-71, 88, 89, 98, 107, 108, 111, 159, 179, 183, 184, 187, 199-201, 216, 226-28, 240, 245, 247, 271, 273, 274, 317, 348, 358, 368, 376, 387, 388, 390, 406, 426; V 5, 6, 9, 10, 16, 17, 23, 24, 33, 44, 48, 65, 68, 77, 79, 82, 88, 105, 112, 141, 145, 149, 176-79, 191, 207, 254, 261, 274, 275, 281, 286, 288, 304, 306

Du Faÿ, Charles François, I 293; II 83, 109

Dufour, II 375

Dufour, P., III 293

Dufour de Villeneuve, Jean François, IV 35, 45, 72, 75

Dufour de Villeneuve, Mme, épouse du précédent, IV 75

Dufour et Mallet, banquiers, IV 148

Dufresne, Abraham Alexis Quinault, I 121, 285, 288, 320; II 29, 59, 145, 162

Dufresne, Catherine Marie Jeanne Dupré, Mlle Quinault-Dufresne, ou Dufresne, I 320; II 30

Dufresny, Charles, II 106, 330

Du Halde, Jean Baptiste, III 251, 300; IV 276

Duhamel Du Monceau, Henri Louis, I 257

Duhan de Jaudun, Charles Egide, III 23

Du Hausset, Mme, IV 102

Duillier, Fatio, I 242

Dujarry, Laurent Juillard, I 66-69, 84

Du Jars, Mme, III 278

Dujonquay, François, V 136-38

Dulaurens, Henri Joseph, IV 370

Du Luc, Charles François de Vintimille, comte, I 197, 198

Du Maine, *voir* Maine

Dumarsais, César Chesneau, III 97; IV 216, 246, 338

Dumas d'Aigueberre, Jean, I 311, 313; II 172, 398, 399

Dumesnil, Marie Françoise Marchand, *dite* Mlle, II 172, 176, 324, 336; III 5, 6, 250, 303; V 222

Dumolard-Bert, Charles, IV 63

Dumont, David, banquier à Leipzig, III 233

Dunoquet, Louis Antoine, I 209, 219, 227

Dunoyer, Anne Marguerite Petit, Mme, I 60, 61, 63
Dunoyer, Catherine Olympe, *dite* Pimpette, I 55, 60-64, 117; III 124, 242
Dunstan, saint, IV 256
Du Pan, Jean Louis, I 23; III 218, 240, 246, 248, 265, 267, 268, 271, 273, 289, 292, 294, 321; IV 31, 75, 78, 232, 365, 370, 411, 427; V 66, 172, 183
Dupâquier, J., V 132
Dupaty, Charles Marguerite Jean Baptiste Mercier, V 12
Duperron de Castera, Louis Adrien, II 27
Dupeuty, V 362
Du Peyrou, Pierre Alexandre, IV 207, 408
Dupin, Claude, II 116, 398
Dupin, Louis Ellies, IV 218
Dupin, Louise Marie Madeleine de Fontaine, Mme, II 116, 151
Dupleix, Guillaume Joseph, seigneur de Bacquencourt, V 104, 215-17
Dupleix, Joseph François, marquis de, IV 15; V 140
Duplessis, officier, II 296
Duplessis de La Hauterive, IV 216
Du Plessis-Villette, Charles Michel, marquis de, IV 360, 362; V 139, 170, 171, 228, 244-49, 251, 256, 257-62, 265, 270, 271, 275-77, 283, 305, 307, 308, 313, 314, 318-20, 328, 331, 340-43, 353, 354, 356, 360, 361
DuPlessis-Villette, Charlotte, V 360, 361
DuPlessis-Villette, Pierre Charles, marquis, V 245, 246
Du Plessis-Villette, Reine Philiberte Rouph de Varicourt, marquise, *dite* Belle et Bonne, IV 428; V 139, 244, 245, 247-50, 256, 257, 259-62, 269, 275, 294, 295, 327, 328, 337-43, 354, 360, 361
Dupont, Sébastien, III 187, 188, 213, 223, 270, 271, 292, 295; IV 73, 378; V 193
Dupont de Nemours, Pierre Samuel, IV 422; V 107, 121, 127, 268
Dupont-Ferrier, Gustave, I 38, 43
Duport, ami de Rameau, II 201
Dupré de Saint-Maur, Nicolas François, IV 81
Dupront, Alphonse, IV 268
Du Puget, secrétaire du prince Henri de Prusse, III 42
Dupuis, Pierre, II 62
Dupuis Demportes, Jean Baptiste, II 342
Dupuits, Marie Françoise Corneille, Mme, IV 38, 63, 77, 103-13, 184, 194, 352, 359, 361, 363, 364, 428; V 126, 245, 249, 263
Dupuits, Marie Jeanne, *voir* Pajot de Vaux
Dupuits, Pierre Jacques Claude, IV 109, 362, 363, 389, 395; V 82, 121, 287
Dupuy, J.-P., II 40
Durancy, Magdelaine Céleste Fienzal de Froissac, *dite* Mlle, IV 340
Durand, abbé, IV 135
Durand, prête-nom de Voltaire, V 160
Duranton, Henri, I 207; III 196, 197
Duras, Emmanuel Félicité de Duras, duc de, III 225
Duras, Jean Baptiste de Durfort, duc de, V 196, 222, 251, 252, 254, 293
Du Resnel, Jean François Du Bellay, II 75, 80, 148
Durey de Mesnières, Jean Baptiste François de, II 22, 148, 163, 270
Durey de Mesnières, Octavie de, née Guichard, II 22; IV 69; V 305
Durey de Morsan, Joseph Marie, IV 406, 409; V 35-37
Durey de Verven, Sophie, V 36
Durival, Louise Elisabeth Dufrène, Mme Luton, II 313, 351
Durival, Nicolas Luton, II 351
Du Séjour, Dionis, IV 419
Dutertre, Jean Baptiste, V 242
Du Thil, Mlle, II 9, 231, 295, 356, 391; III 234
Du Tillet de Pannes, II 168
Dutrait, Maurice, II 180
Duval, policier, IV 296
Duval de Soicourt, *voir* Soicourt
Duvernet, Théophile Imarigeon, I 14, 19, 20, 22, 23, 25-27, 32, 34, 35, 45, 46, 48,

52, 56, 60, 63-65, 67, 93, 103, 113, 115, 135, 157, 168, 203-205, 207, 258, 260, 320; III 7, 119, 140; V 26, 69, 294, 297, 325, 326, 328, 329
Duvivier, François, *dit*, V 292, 335, 336, 343

East, visiteur anglais, III 271
Echange, ou quand est-ce qu'on me marie?, L', II 58, 98, 292
Eclaircissements historiques, IV 266; V 182
Ecossaise, L', IV 65, 92-98, 106, 165, 192, 201, 231
Ecouchard-Lebrun, *voir* Le Brun
Ecueil du sage, L', voir *Droit du seigneur, Le*
Edits de Sa Majesté Louis XIV, Les, V 134
Education d'une fille, L', IV 182, 184, 185
Education d'un prince, L', IV 182, 184
Eglon, roi des Maobites, IV 265
Egmont, Jeanne Sophie Elisabeth Du Plessis, comtesse d', I 328; V 11
Eguilles, Alexandre Jean Baptiste de Boyer, II 228
Ehrard, Jean, II 4; III 88; IV 7
Eichel, August Friedrich, III 180
Electeur palatin, *voir* Charles Théodore
Eléments de la philosophie de Newton, I 242, 250, 333; II 1, 33, 34, 63, 68, 69, 74, 77, 85-92, 97, 101, 306, 385, 391; III 268, 280; IV 114, 242
Elie, prophète, IV 215, 220, 394; V 177
Elie de Beaumont, Jean Baptiste Jacques, IV 151, 155, 220, 415-17, 419; V 150, 236, 307
Elisabeth Iere, reine d'Angleterre, I 154, 174, 175, 177, 251; III 299
Elisabeth Augusta, épouse de Charles Théodore, électeur palatin, III 183
Elisabeth Charlotte d'Orléans, duchesse de Lorraine, II 19, 93, 94, 96
Elisabeth Christine de Brunswick-Wolfenbüttel, épouse de Frédéric II, II 54; III 27, 32, 142
Elisabeth Farnèse, reine d'Espagne, II 248
Elisabeth Frédérique Sophie de Brandebourg-Bayreuth, duchesse de Wurtemberg, V 71
Elisabeth Petrovna, tsarine, II 225, 253; III 320, 325, 345, 365, 373; IV 5, 111, 114-16, 119, 120, 122; V 55
Elisée, prophète, II 37; IV 215
Eloge funèbre de Louis XV, V 99
Eloge historique de la raison, V 161, 162
Eloge historique de Mme la marquise Du Châtelet, I 304; III 84
Eluard, Paul, III 276
Embellissements de la ville de Cachemire, Des, III 281
Embellissements de Paris, Des, I 119; V 290
Encyclopédie, articles de Voltaire pour l', III 2, 207-209, 268, 280, 284-86, 300, 302, 319, 332
Encyclopédie, De l', V 161-62
Enfant prodigue, L', II 61, 62, 74, 77, 105, 300, 303; III 303, 317; IV 424
Engel, Samuel, III 273
Envieux, L', II 81
Enville, Louis Fréderic de La Rochefoucauld, duc d', IV 234
Enville, Marie Louise Nicole Elisabeth de La Rochefoucauld, duchesse d', IV 151, 234, 349; V 108, 149
Eon de Tissé, André Timothée, II 31
Epernon, Henri de Nogaret d', I 193
Ephraïm, banquier à Berlin, III 43
Epictète, IV 190, 255, 383; V 68
Epicure, III 239; IV 40, 244, 336; V 31, 32, 166
Epinay, Denis Joseph La Live, seigneur d', V 202
Epinay, Louise Florence Pétronille Tardieu d'Esclavelle, dame de La Live, marquise d', I 310; III 3, 278, 332, 341, 357, 365; IV 6, 8, 11, 24, 25, 36, 69, 71, 72, 80, 83, 91, 96, 98, 100, 107, 164, 165, 176, 177, 202, 205, 233; V 101, 173, 262, 268, 272, 313
Epipode, saint, IV 249
Epître à Algarotti, II 26-28, 32, 65
Epître à Boileau, I 15; IV 389; V 41

Epître à Horace, III 354, 355; V 41, 68
Epître à Julie, voir *Epître à Uranie*
Epître à l'auteur du livre des Trois imposteurs, IV 389-91
Epître à l'impératrice de Russie, V 53-54
Epître à la comtesse de Fontaines, I 57
Epître à Louis Racine, I 138
Epître à M. de Saint-Lambert, IV 389
Epître à M. le duc d'Aremberg, II 166
Epître à M. le duc de Richelieu sur la conquête de Mahon, III 305, 311
Epître à Mme Denis sur l'agriculture, IV 36-38
Epître à mon vaisseau, IV 380-81
Epître à Saint-Lambert, II 356, 357
Epître à un homme, V 134
Epître à Uranie, I 138, 153, 156-59, 162, 169, 195, 208, 210, 275, 280, 341; II 34, 65, 102, 113, 173, 236; IV 398; V 340, 370
Epître au roi de la Chine, V 7-8, 47
Epître aux Mânes de M. de Génonville, I 138
Epître aux Romains, IV 373, 378
Epître des Vous et des Tu, I 138
Epître écrite de Constantinople, IV 330
Epître en arrivant dans sa terre, III 239-40, 249, 334
Epîtres sur le bonheur, voir *Discours en vers sur l'homme*
Epître sur la calomnie, I 312; II 6
Epître sur la modération, voir *Discours en vers sur l'homme*
Epître sur la victoire de Lawfeld, II 290
Eprémesnil, Jacques Duval d', V 146, 351
Equivoque, L', V 22
Erasme, Didier, IV 254
Eriphyle, I 274, 275, 280, 283-85, 287, 296, 315, 322; II 282, 333, 334
Erlach, Albrecht Friedrich von, V 215
Ernout, A., V 31
Eschyle, I 223, 284; II 253; III 6; IV 227
Escobar y Mendoza, Antonio, I 69; IV 259
Esculape, IV 69, 279, 392
Esdras, IV 215
Eslinger, libraire à Francfort, III 123, 256-58
Esope, IV 381
Espagnac, Jean Baptiste Joseph Damarzit de Sahuguet, baron d', V 212
Essai historique et critique sur les dissensions des Eglises de Pologne, IV 128
Essai sur la nature du feu, II 1, 33
Essai sur la poésie épique, I 103, 275, 297, 322
Essai sur le siècle de Louis XIV, voir *Le Siècle de Louis XIV*
Essai sur les mœurs, I 41, 175, 200, 243, 273, 334; II 118, 148, 149, 157, 160, 162, 163, 283, 383; III 2, 59, 80, 117, 138, 184, 196, 198, 206, 207, 211, 212, 223, 224, 234, 237, 243, 265, 268, 274, 281, 283, 296, 298-300, 305, 309, 318, 320, 322-24; IV 35, 81, 129, 145, 153, 192, 205, 244, 255, 261-63, 265, 266, 268, 270, 275, 278, 283, 286, 287, 332, 334, 417; V 226, 234, 308, 365, 375
Essai sur les probabilités en fait de justice, V 137
Essai sur les révolutions de ce monde, III 138, 198; voir aussi *Essai sur les mœurs*
Essai sur l'histoire du siècle de Louis XIV, voir *Le Siècle de Louis XIV*
Essai sur l'histoire générale, III 296, 298; voir aussi *Essai sur les mœurs*
Essai sur l'histoire universelle, III 206, 211, 212; voir aussi *Essai sur les mœurs*
Essay upon the civil wars, I 230, 237, 247, 249, 252, 255
Essay upon the epick poetry, I 230, 237, 238, 247-50, 252, 255, 322
Estaing, comte d', II 397
Estienne, Henry, I 22
Estrades, comtesse d', II 216
Estrée, Paul d', I 109, 139, 187
Estrées, François Annibal, duc d', maréchal, IV 337
Estrées, Gabrielle d', I 77, 176, 177
Estrées, Louis Charles César Le Tellier, marquis de Courtanvaux, comte puis duc d', maréchal, IV 14
Etallonde, Jacques Marie Bertrand Gaillard

d', IV 294-97, 301, 302, 304, 385; V 107, 140, 142, 146-52
Eudoxie Theodora Lapoukin, épouse d'Alexis, tsarévitch, IV 123
Eugène de Savoie, prince, I 79, 144, 148, 157, 158, 180
Euler, Leonhard, II 83, 84, 134; III 104, 107, 108, 134
Euripide, I 71, 84, 85; III 6
Eusèbe de Césarée, IV 216, 249, 277
Evangile de la raison, L', IV 212
Evangile du jour, L', IV 284; V 182, 187
Eve, IV 37, 381; V 72
Evrard, L., V 373
Examen des lettres, III 113-14; voir *Histoire du docteur Akakia*
Examen important de milord Bolingbroke, L', II 33; III 97; IV 173, 212, 242-50, 254, 338; V 172-73, 185, 372
Extrait des sentiments de Jean Meslier, IV 197-99, 233, 235, 354
Eyles, sir John, I 223, 243, 255
Eyles, sir Joseph, I 243
Ezéchiel, IV 201, 224, 227, 249, 280, 316, 403; V 73, 338
Ezra, quaker de Norwich, I 255

Fabre, Jean, I 130; II 348; III 89; IV 328; V 58
Fabre, Marcel, I 61
Fabrice, Frédéric Ernest, baron, I 106, 243, 271
Fabricius, Johann Albert, IV 219, 249, 402
Fabry, Louis Gaspard, III 353; IV 19-26, 35, 44, 59, 60, 71, 75, 311, 313, 409, 420, 421, 423; V 27, 103, 121, 131, 132, 214-17
Faget, I 251
Fagnier, jésuite, III 204
Fagon, Louis, II 16
Faguet, Emile, I 338; IV 212
Fahmy, Jean Mohsen, V 256, 305
Falconet, Camille, III 191
Falconet, Etienne, IV 125; V 54
Falkenstein, comte de, *voir* Joseph II
Falvey, J., III 87
Fanatisme, Du, I 242; IV 201
Fangé, Augustin, III 208, 209
Fanime, III 304, 317, 318, 324, 335, 341; IV 64, 89, 92, 97; voir aussi *Zulime*
Faragou, IV 291
Fargès de Polizy, François de, IV 43, 51, 52
Farquhar, George, I 224
Fatema, prête-nom de Voltaire, IV 12
Fatio, III 358
Faure, Edgar, I 76; V 100, 101, 106, 109, 111, 113, 115, 126, 127
Favart, Charles Simon, III 344; IV 95, 187, 300
Favier, Jean Louis, II 342
Fawkener, sir Everard, I 213, 215-18, 219, 221, 222, 227, 231, 233, 243, 275, 293, 294, 334; II 227; III 61
Fawkener, William, I 243
Febvre, Lucien, III 63
Fehrman, Carl, IV 39
Fel, Marie, IV 73
Felix de Nole, saint, IV 373
Feller, Xavier de, V 338
Femme qui a raison, La, II 360; IV 92, 359
Fénelon, François de Salignac de La Mothe, I 44, 103, 152, 297, 337; IV 91, 188; V 85
Ferboz, Catherine, IV 307, 315, 322, 323
Ferdinand de Prusse, prince, III 17, 28, 48, 104, 110, 247
Ferdinand III de Habsbourg, empereur d'Allemagne, III 207
Féret, Jacques Tranquillain, I 257, 258
Ferguson, Adam, V 125
Feriol, Charles de, comte, III 83
Ferrand, Anne Bellinzani, la présidente, I 303; II 65
Ferrand, chevalier, I 186
Ferrier, J. P., IV 420
Ferrier-Caverivière, Nicole, III 63
Ferriol, Marie Angélique Guérin de Tencin, comtesse de, I 56, 93
Fessy, Joseph, III 359; IV 27, 28, 30, 31
Fête de Bélébat, La, I 194

Fêtes, Des, IV 189
Fêtes de Ramire, Les, II 239, 240; III 7
Feugère, Anatole, IV 265
Feydeau, Anne Marguerite, IV 294, 297, 299, 300, 302; V 149
Fez, imprimeur-libraire, IV 266
Fichard, Johann Carl von, III 163, 164, 173
Fierville, chargé d'affaires français, I 271
Fillon, Benjamin, I 20, 22
Firenzuola, IV 184
Fitzjames, Charles, duc de, IV 149
Flaubert, Gustave, I 9; IV 266
Fléchier, Esprit, II 56; V 99
Fleischauer, Charles, II 131; III 107
Fletcher, Dennis J., I 164; III 99
Fleurieux, *voir* La Tourette de Fleurieux
Fleury, Abraham Joseph Bénard, *dit*, III 303; V 361
Fleury, André Hercule, cardinal de, I 138, 154, 165, 169, 183, 184, 192, 193, 205, 206, 218, 240, 252, 258-60, 262, 294, 324, 328; II 2, 3, 9, 17, 18, 63, 68, 71-73, 84, 126, 138, 140, 145, 150, 151, 153, 154, 160, 161, 169, 172-74, 182, 219; III 66, 236, 369; IV 131
Fleury, André Hercule de Rosset, duc de, II 325, 340
Fleury, Claude, I 32; II 42; IV 218, 249, 268, 302, 389
Florenne, Yves, IV 53, 211
Florian, Jean Pierre Claris de, V 64, 140
Florian, Louise Bernarde Joly, marquise de, V 248
Florian, Lucrèce Angélique de Normandie, marquise de, V 64, 66, 248
Florian, Marie Elisabeth de Dompierre de Fontaine, née Mignot, marquise de, I 17, 221; II 90, 206, 212, 225, 243; III 11, 68, 170, 210, 245, 257, 258, 272, 278, 290, 294-95, 334, 343, 347, 358; IV 35, 62, 63, 67, 68, 71, 79, 273, 302, 352, 361, 364; V 20, 64, 123, 248, 268
Florian, Philippe Antoine de Claris, marquis de, III 294, 309, 343; IV 217, 273, 302, 312, 339, 361, 407; V 20, 64, 86, 95, 97, 123, 242, 248, 268
Fo, IV 153
Foisset, Th., V 7
Follion, colporteur, II 168
Foncemagne, Etienne Lauréault de, IV 285; V 7, 293
Foncet, Joseph, III 240
Fonseca, médecin de Charles XII, 271
Fontaine, abbé, II 79
Fontaine, Mme de, *voir* Florian
Fontaine, Nicolas Joseph de Dompierre de, II 90, 206, 243; V 20
Fontaine-Martel, comtesse ou baronne de, I 281-83, 294, 295, 297, 311, 318, 325; II 59, 148, 150; III 8
Fontaines, la comtesse de, I 57
Fontanes, Louis Jean Pierre de, V 307
Fonte, V 45
Fontenay-Trésigny, François Victor de Breteuil, marquis de, II 65
Fontenelle, Bernard Le Bovier de, I 19, 23, 24, 35, 44, 83, 85, 124, 137, 171, 265, 285, 297, 304, 321; II 19, 26, 27, 81, 84, 89, 90, 121, 124, 163, 172, 215, 253, 287, 288; III 51, 58, 59, 301; IV 37, 103, 191, 275, 276; V 256, 281
Fontius, Martin, II 345; III 59, 60, 70, 86, 135, 154, 196, 197
Forcalquier, Louis Bufile de Brancas, comte de, I 308, 313; II 16
Formey, Jean Henri Samuel, I 29, 36; II 126, 127, 162; III 23, 25, 45, 51, 67, 84, 85, 92, 99, 100, 104, 106, 113, 116, 121, 133, 136, 198, 273, 289, 323, 344; IV 72
Formont, Jean Baptiste Nicolas, I 166, 275, 282-84, 287, 288, 296, 321, 322, 328, 332, 338; II 12, 28, 29, 32, 42, 50, 68, 74; III 245
Foucault, Michel, III 315
Foucher, Paul, IV 331
Foulet, Lucien, I 206, 219, 220
Fouquet, Nicolas, surintendant des finances, I 77, 132; III 64
Fourmont, Etienne, I 163

Fournier, curé de Prégny, IV 366
Fournier, libraire, II 323
Fourqueux, Michel Bouvard de, V 212, 214
Fox, George, IV 247, 412; V 40
Fox, Henri, I 322
Fox, Stephen, IV 349
Fragment d'une lettre écrite de Genève, V 22
Fragment sur la justice, V 144
Fragment sur le procès criminel de Monbailli, V 144
Fragment sur l'histoire générale, IV 281; V 144
Fragments de Prométhée, III 225; voir *Pandore*
Fragments historiques sur l'Inde, V 76, 144, 145, 175
Fragments sur l'Inde, voir *Fragments historiques sur l'Inde*
Francheville, Joseph de Fresne de, fils, III 62, 94, 119, 125, 143
Francheville, Joseph de Fresne de, père, III 22, 62, 94, 117, 198
Francine, Jean-Nicolas Francini, *dit*, I 167
François d'Assise, saint, IV 37, 62; V 122
François de Sales, saint, IV 422
François, duc de Lorraine, I 261
François Ier, empereur d'Allemagne, IV 111
François Ier, roi de France, I 66; IV 399, 400; V 235
François Ier, empereur d'Allemagne, duc de Lorraine, grand-duc de Toscane, II 140, 141, 213, 214, 247; III 154, 155, 158, 307; V 367
François, Laurent, IV 283
François de Neufchâteau, Nicolas Louis François, *dit*, I 312; V 202, 269, 307
François-Xavier, saint, I 41
Francueil, Suzanne Bollioud de Saint-Julien, Mme Dupri de, IV 176
Franklin, Benjamin, IV 147, 353; V 85, 266-68, 312
Franklin, Benjamin, petit-fils, V 267, 268, 273
Franklin, William, V 267
Frédéric de Brandebourg-Bayreuth, II 188; III 18
Frédéric de Saxe-Cobourg, III 135
Frédéric, prince de Saxe-Gotha, III 281
Frédéric Ier, roi de Prusse, II 56, 298
Frédéric II, landgrave de Hesse-Cassel, III 139-40; IV 42, 149, 156, 246, 316, 321, 388; V 48, 65, 78, 87, 120, 165, 192, 193, 237, 244, 256, 266
Frédéric II, roi de Prusse, I 9, 180, 199, 332, 340; II 2-4, 30, 54-58, 63, 64, 67-69, 73-79, 81, 91, 92, 108, 112, 113, 117, 119, 120, 127-29, 131-42, 144, 145, 149-54, 157-63, 174, 176-79, 181-92, 194, 195, 198, 199, 213, 214, 227, 229, 244, 247, 251, 253, 284-86, 298, 326, 345, 357, 359, 366-68, 373-75, 386, 387, 389, 393, 398; III 1, 11-130, 132, 134, 138-77, 179-82, 184-86, 190-94, 197, 198, 200, 205, 207, 209, 211, 212, 244, 250, 270, 278, 286-88, 290, 307-309, 311, 320, 326-32, 346, 347, 364, 366-69, 373; IV 5, 6, 8, 11, 12, 14-17, 67, 71, 72, 74, 87, 107, 111, 116, 120, 121, 126-27, 149, 221, 230, 253, 293, 303, 324, 352, 371, 393, 426; V 7, 11, 33, 40, 41, 47-52, 58, 60, 61, 68, 69, 71, 79, 80, 100, 102, 103, 116, 125-27, 147-51, 163, 173, 176, 177, 182, 183, 193, 206, 229, 230, 237, 254, 279, 305, 308, 314, 315, 321, 326, 342, 343, 350, 351, 367, 370
Frédéric III, duc de Saxe-Gotha, III 135, 137, 342
Frédéric Guillaume, *dit* le Grand Electeur, III 22, 23, 328
Frédéric Guillaume Ier, roi de Prusse, I 341; II 54-56, 64, 77, 132; III 21, 23, 25-28, 35, 105, 132, 193
Frédéric Guillaume II, roi de Prusse, V 5, 10, 151
Frédérique, margrave d'Ansbach, sœur de Frédéric II, III 28, 142
Fredersdorff, Michael Gabriel von, III 115, 119, 125, 143, 146, 149, 150, 152, 153, 160, 162, 163, 166, 168, 169, 171, 172, 179, 180, 182, 205

Freind, John, V 166
Freisleben, Gottfried Christoph, III 135, 137
Frères ennemis, *Les*, *ou le Duc d'Alençon*, I 320
Fréret, Nicolas, II 74; IV 253, 369
Fréron, Elie Catherine, I 180; II 218, 259, 274, 342; III 12, 41, 50, 51, 67, 101, 130, 148, 213, 372; IV 11, 38, 63, 78, 80, 81, 85-87, 90-96, 98, 103-107, 110, 111, 113, 178, 188, 265, 268, 333, 334, 344, 381, 384, 391; V 7, 41, 42, 80, 123, 126, 218
Fréron, Thérèse Jacqueline Guyomar, Mme, IV 95; V 126
Freud, Sigmund, I 1, 126
Freudenreich, Abraham, III 246, 248, 268, 272-74, 289, 362; IV 365, 370; V 66, 215
Freudenreich, Suzanne Catherine, III 218, 268, 289
Frey, Johann Rudolf, V 71, 101
Freytag, Franz von, baron, I 5; III 18, 128, 145, 146, 149-61, 162-77, 178-82, 184, 186, 308, 366
Freytag, Mme von, III 170
Fromery, négociant, III 92
Fronsac, Louis Antoine Du Plessis, duc de, I 328
Froulay, Louis Gabriel, chevalier de, I 79; II 28, 65
Fulpius, Lucien, III 243
Furetière, Antoine, I 32
Fusée, de, neveu de l'abbé de Voisenon, V 341
Fuzelier, Louis, I 155
Fyot de La Marche, Claude Philippe, I 50, 51, 53, 56, 60, 64; IV 8, 23, 29, 50, 51, 69, 72, 74, 75, 78, 134, 143, 179, 197
Fyot de La Marche, Jean Philippe, IV 44, 49, 51, 52, 61, 72

Gabriel, archange, IV 387; V 42
Gacon, François, I 68
Gaiffe, Félix, V 352
Gaillard, prote chez Bowyer, I 324
Gaillard, Gabriel Henri, V 7, 293
Gaillard de Framicourt, Louis Jean Baptiste, V 147
Galaad, IV 269
Galiani, Ferdinando, IV 87, 221; V 268
Galiffe, J.-A., III 218
Galilée, Galileo Galilei, *dit*, II 84; III 255, 364; V 189
Galitzin, Fedor Nikolaevitch, V 46, 47, 71
Galland, Antoine, I 90; II 118, 347
Galland, Elie, IV 131, 132, 147, 288-92, 416, 417; V 8
Gallatin, Elisabeth, née Begon, III 228, 229, 358
Gallatin, Jacques, III 218
Gallatin, Suzanne Tronchin, épouse de Jacques, III 218; IV 34, 72, 388; V 65, 66, 71, 78, 87, 120, 125, 165, 171, 194, 256
Gallay, imprimeur, IV 310
Gallet, médecin, IV 290
Galliani, Renato, V 319
Gallien, empereur romain, IV 379
Galoches, peintre, I 155
Gal-Pomaret, Jean, IV 134; V 83
Gamaliel, V 184
Gando, fondeur de caractères, IV 205, 207, 310
Garasse, François, IV 11; V 38
Garcilaso de La Vega, II 14
Gargett, Graham, III 318; IV 315
Garnier, Sébastien, I 172
Garrick, David, III 263; IV 300
Garrigan, Jacques, libraire à Avignon, III 370
Gassendi, Pierre Gassend, *dit*, IV 242; V 42
Gaudet, directeur du bureau du Vingtième, IV 272
Gauffecourt, Jean Louis Vincent Capperonier de, III 217, 226, 271
Gaulard, IV 74
Gaullieur, E. H., IV 146; V 330
Gaulmin, Gilbert, IV 217, 247
Gaultier, Louis Laurent, V 267, 272-82, 325, 328-30, 336, 339, 341
Gaussin, Jeanne Catherine, I 290, 320; II 30,

32, 154, 197, 198, 244; III 68, 316, 340; IV 94
Gautier, Mlle, actrice, II 145
Gautier, J. A., III 216
Gaxotte, Pierre, V 16
Gay, Claude, IV 349, 350
Gay, John, I 40, 227; IV 353
Gay, Peter, IV 312
Gayot, III 187
Gayot de Pitaval, François, IV 418
Gédoyn, Nicolas, I 32, 36
Gemeaux, Charles Catherine Loppin, baron de, II 255
Gemmingen, Rheinhard von, baron, III 190-91
Genest, abbé, I 84, 85, 86
Geneviève, sainte, I 46
Génies, *Des*, III 281
Genlis, Caroline Stéphanie Félicité Ducrest de Mézières, comtesse de, V 194, 195, 233, 310, 369
Genonville, Gaston de, V 124
Génonville, *voir* La Faluère
Genséric, roi vandale d'Afrique, III 254
Gentils, Frédéric Philippe Alexandre, marquis de, III 316, 341
Gentils, Suzanne Angélique Alexandrine, marquise de, III 316, 341
Geoffrin, Marie Thérèse Rodet, Mme, II 216; III 11, 256; IV 84, 87, 293; V 203, 204, 218, 242
Geoffroy, apothicaire, II 44, 81
Geoffroy, Julien Louis, V 219
George Ier, roi d'Angleterre, I 143, 201, 212, 215, 228, 232, 236; III 26
George II, roi d'Angleterre, électeur de Hanovre, I 212, 232, 235, 250, 251; II 150, 177, 227; III 155; IV 14
Georges le Syncelle, IV 277
Georges Auguste de Mecklemburg-Strelitz, III 344
Gervasi, médecin, I 169, 305
Gessner, Salomon, V 191
Giannone, Pietro, III 236
Gibbon, Edward, IV 263, 356
Gide, André, I 181; II 245
Gielly, Louis, IV 428, 429; V 69, 124, 258
Giersberg, Hans Joachim, III 21
Giez, Mme, III 232, 291
Giez, Georges, III 226, 227, 231, 232, 264, 269, 333
Gilbert, Nicolas Joseph Laurent, V 296, 298
Gilly, Simon, II 11; III 342
Gilly de Montaud, Simon Arnail, III 342
Girard, le P. Gabriel, I 315
Girard, Jean Baptiste, IV 196
Girardin, René Louis, marquis de, V 363
Girod, notaire, IV 46, 47, 49, 408
Giry de Saint-Cyr, Odet Joseph de Vaux de, II 252; III 338; IV 80
Gisors, Louis Marie Fouquet, comte de, IV 252
Gjörwell, Carl Christoffer, IV 39
Gluck, Christoph Willibald, chevalier de, V 252-54, 265
Gobel, Jean Baptiste Joseph, V 361
Godschall, John, I 243
Godwin, Francis, II 344
Goësbriand, Louis Vincent, II 397
Goethe, Johann Wolfgang von, I 276; III 137; IV 102
Goezman, Gabrielle Julie Jamart, Mme, V 93, 94, 97
Goezman, Louis Valentin, V 91, 93, 94, 96, 97, 111, 348
Goldast, Melchior von Haimensfeld, III 189
Goldoni, Carlo, IV 80, 93, 204; V 269
Goldsmith, Oliver, III 271; IV 350
Goll, Mme, III 189, 211
Goltz, Bernard Wilhelm, baron, V 350
Gondrin, Louis de Pardaillan, marquis de, I 99
Gondrin, Mme de, épouse du précédent, I 98, 99, 101
Gontaut, marquis de, II 303
Görtz, Georg Heinrich, I 144, 145
Gosse, libraire, V 129
Gosse, Pierre, III 118
Gossec, François Joseph, V 357, 361
Gotter, Gustav Adolf, comte, III 191

Gottsched, Johann Christoph, III 37, 121, 122, 131, 134, 140
Gottsched, Luise Adelgunde Victoire, née Kulmus, III 132
Goubert, Pierre, IV 2
Goudar, Ange, IV 268
Gouffier, François Louis de, I 240, 241
Gouhier, Henri, I 340; II 240; III 50, 255; IV 163, 170, 177, 426
Gouvernement et de la divinité d'Auguste, *Du*, IV 268
Gouvernet, Charles Frédéric de La Tour Du Pin de Bourbon, marquis de, V 306
Gouvernet, Suzanne Catherine Gravet de Corsembleu de Livry, marquise de, I 99, 100, 113, 133, 135, 137, 138; II 281, 303; V 306
Graffigny, Françoise d'Issembourg de, I 147; II 22, 35, 52, 58, 60, 61, 90, 92-100, 102-107, 120-25, 127, 343; III 8, 37, 196, 278
Graffigny, François Huguet de, II 94
Grafton, Anne, duchesse de, IV 428
Grafton, Augustus Henry Fitzroy, duc de, IV 428
Grammont, Béatrix de Choiseul-Stainville, duchesse de, IV 109; V 16
Grammont, Louis, comte de, III 293
Grand Boursoufle, voir *Les Originaux*
Grand-Carteret, John, V 364
Granderoute, Robert, IV 296
Grandier, Urbain, IV 253
Grandval, François Charles Racot de, I 320; II 162, 336, 339; III 5, 81, 250
Grandval, Geneviève Dupré, *dite* Mlle, II 378
Grangé, Jean Augustin, libraire-imprimeur, II 167; III 59, 370
Grasset, François, III 2, 239, 245-48, 256, 258, 361-62; V 26, 237
Grasset, Gabriel, III 224; IV 202, 204, 207, 209, 234, 248, 271, 338, 341, 369; V 237
Grassi, Marie Claire, IV 219
Graun, Carl Heinrich, II 56, III 32, 49
Graun, frère du précédent, II 56
Gray, Thomas, I 255
Grécourt, Jean Baptiste Joseph Willart de, IV 296
Grégoire de Tours, saint, IV 216
Grégoire le Thaumaturge, saint, IV 239
Grégoire Ier le Grand, pape, IV 217
Grenier, acteur, IV 77
Gresset, Jean Baptiste Louis, II 62, 303; IV 90, 221; V 242
Gresvik, II 378
Grétry, André Modeste, IV 2; V 309
Greuze, Jean Baptiste, V 267, 307
'sGravesande, Willem Jacob, II 63, 66-68, 74, 134, 141
Grimm, Frédéric Melchior, I 309; II 35, 353; III 91, 135, 197, 199, 278, 279, 285, 311, 332, 340, 365; IV 6, 80, 84, 95, 96, 164, 165, 176, 183, 201, 204, 222, 230, 232, 233, 241, 245, 246, 251, 259, 283, 301, 302, 340, 359, 375, 384, 412, 425; V 8, 47, 76, 177, 179, 219, 347, 350
Grizel, Joseph, V 41
Gros, Pierre, curé de Ferney, III 358, 359; IV 58-60, 365, 366, 369, 371, 393-98, 409
Grosier, Jean Baptiste Gabriel Alexandre, V 219
Grosley, Pierre Jean, IV 26
Gross, Heinrich von, comte, III 46
Grotius, Hugo de Groot, *dit*, IV 217, 377
Grouvelle, Philippe Antoine, V 307
Gruner, Johan Rudolf, III 270, 273, 289
Guèbres, *Les*, IV 379, 380, 423; V 59, 192
Guébriant, comte de, I 306, 307, 310, 316; II 11, 311
Guédon, Jean-Claude, I 257
Guéhenno, Jean, V 2
Guénée, Antoine, IV 283; V 44, 45, 180-83
Guérin Du Rocher, Pierre Marie Stanislas, V 226
Guerre civile de Genève, *La*, IV 307, 315, 318, 321-24, 362
Guerre littéraire, *La*, III 2, 361-62
Guiard de Servigné, Jean Baptiste, II 379
Guibert, Jacques Antoine Hippolyte, comte de, V 78-80, 191

Guichardin, François, I 47
Guiche, duc de, I 99
Guiffrey, J. M. J., I 17
Guignard, complice de Châtel, III 314
Guignes, Joseph de, V 173, 174
Guiguer, Jean Georges, baron de Prangins, III 213, 221, 239
Guillaume VIII, landgrave de Hesse-Cassel, III 139
Guillemin, Henri, III 361 ; V 40, 365-71
Guimard, Mlle, V 309
Guimond de La Touche, Claude, V 155
Guines, Adrien Louis de Bonnières, comte puis duc de, V 133
Guise, Anne Marie Joseph de Lorraine, prince de, I 281, 328 ; II 11, 44, 123, 397 ; IV 365 ; V 28
Guise, Henri le Balafré, duc de, I 174, 175
Guise, Marie Louise Christine Jeannin de Castille, princesse de, I 281, 328 ; II 44
Guitton, Edouard, IV 257 ; V 298
Gury, Jacques, V 197, 199, 200, 219
Gustave III, roi de Suède, IV 149, 325, 343 ; V 47, 48, 60, 62, 99, 193
Gutenberg, Johannes Gensfleisch, *dit*, IV 235
Guyon, Claude Marie, IV 268, 396
Guyot, IV 29
Guyot de Merville, Michel, I 62, 172 ; III 242
Guys, Mme, III 303

Habacuc, prophète, IV 220
Haller, Albrecht von, III 110, 134, 269-72, 273, 274, 289, 292, 317, 323, 334, 338, 347, 358, 361, 362, 372 ; IV 38, 144, 159, 206, 283, 357 ; V 230, 263, 321
Hamel, Ernest, V 363
Hamilton, Anthony, IV 180
Hancarville, *voir* Hugues
Hanley, William, I 325
Hannibal, II 178 ; V 50
Happoncourt, François Henri d', II 94
Happoncourt, Marguerite Callot, Mme d', II 94
Hardenberg, Friedrich August von, baron, III 178
Hardenberg, Maria Anna Elisabeth von, baronne, III 178
Hardion, Jacques, II 252
Hardy, Alexandre, I 189
Hardy, Siméon Prosper, V 331
Harel, Elie, V 272-74, 302, 338, 342
Harel, Maximilien M., I 204
Haren, Willem van, II 181, 193
Harley, Nathaniel, frère du comte d'Oxford, I 217
Harnack, Adolf von, III 25, 107
Haroué, nom pris par une branche de la famille lorraine des Beauvau, I 261
Haroun al-Rachid, calife, IV 129
Hartsoeker, Nicolaus, I 333
Hartweg, F., III 23
Hasse, Johann Adolf, III 32
Haupt, Herman, III 127, 144, 146, 155, 156, 157, 165, 168, 171, 173, 176, 179-82
Haussmann, Georges Eugène, baron, I 12 ; III 3 ; V 291
Havard, J. d'Albanès, I 315
Hawkesworth, John, V 164
Hay, Charles, comte, II 219
Hébert, Mme Thomas Joachim, V 312
Hébert, Th. L., orfèvre, II 45
Heinzi, III 107
Hèle, Thomas d', V 250, 309
Hellegouarc'h, Jacqueline, I 11, 86, 89, 90 ; II 86, 87 ; III 192, 281, 336 ; IV 235, 341 ; V 375
Hellen, von, III 107
Helvétius, Claude Adrien, II 121, 148, 197, 209, 215, 284 ; III 278, 349, 350, 364 ; IV 27, 72, 87, 174, 222, 228, 233-35, 241, 260, 310, 317, 335, 351, 425 ; V 38, 43, 44, 47, 64, 239, 307-309
Hémery, Joseph d', lieutenant de police, III 51, 124, 370, 373 ; IV 272
Hénault, Charles Jean François, I 79, 85, 98, 111, 134, 165, 297 ; II 22, 137, 138, 151-53, 199, 200, 203, 225, 226, 249, 254, 276, 287, 288, 297, 310, 340, 360, 388 ;

III 10, 67, 69, 73, 84, 147, 207, 259; IV 68, 70, 71, 179, 181, 199, 274, 329, 386; V 5-6, 64
Hennin, Pierre Michel, résident de France à Genève, III 351; IV 311, 313, 314, 316, 317, 320, 321, 340, 362, 367, 388, 406, 407, 420, 421, 423, 428; V 11, 66, 67, 70, 77, 82, 103, 104, 120, 122, 161, 182, 223
Henning, Christian Friedrich, III 62, 73
Henri, libraire-imprimeur, II 167
Henri II, roi de France, II 289; IV 192
Henri III, roi de France, I 174, 178; II 158, 373; III 314; IV 401
Henri IV, roi de France, I 66, 71, 77, 103, 105, 106, 108, 111, 131, 132, 172, 174, 175, 177-80; II 119, 217, 381; III 85, 314, 353; IV 330, 358, 383, 387, 400, 401; V 21, 80, 101, 297, 298, 354
Henri de Prusse, prince, III 28, 31, 42, 72, 81, 104, 118, 129, 142, 185
Henriade, La, I 64, 71, 103, 106, 107, 111-13, 116, 128, 129, 137, 138, 140, 143, 144, 148, 151, 154, 155, 163, 165, 166, 170-81, 188, 200, 201, 203, 205, 212, 215, 227-29, 230, 232, 235, 237-39, 243, 245, 247-50, 252, 254, 256, 258, 265, 269, 278, 292, 293, 321, 322, 331, 334, 339-41; II 44, 55, 57, 67, 101, 119, 131, 158, 174, 209, 219, 271, 323; III 26, 27, 61, 76, 83, 219, 243, 276, 280, 282, 337, 373; IV 90, 110, 111, 114, 183, 265, 320, 393; V 21, 47, 80, 101, 195, 205, 230, 284, 298, 366, 369, 370
Hérard, Lucien, II 5
Hérault, René, lieutenant général de police, I 206-209, 255, 265, 327, 329; II 7, 8, 17, 28, 48-50, 109, 110, 112-14, 116; IV 8
Hérault de Séchelles, Marie Jean, V 300, 301
Herbelot de Molainville, Barthélemy d', II 347; III 274-75; IV 276
Hercule le Thébain, IV 333; V 11, 32, 67
Herder, Johann Gottfried, III 137
Hermand, J., III 21
Hermann, professeur à Bâle, III 107
Hermès Trismégiste, IV 343
Hérode et Mariamne, voir *Mariamne*
Hérodote, IV 129, 277, 278, 331; V 164
Hérouville, Antoine de Ricouart, comte d', V 305
Hertzberg, Arthur, IV 226
Hervart, Jacques Philippe d', III 226
Hervé, Jean, I 293
Hervey, Frederick Augustus, comte de Bristol, IV 349
Hervey, John, baron d'Ickworth, I 237, 286; II 148, 236
Hervey, Mary Leppel, baronne d'Ickworth, I 237
Hervey, William, I 333
Herz, Cornélius, V 364
Hesse-Cassel, *voir* Frédéric II, landgrave; Guillaume VIII, landgrave; Marie d'Angleterre
Hesse-Darmstadt, Georg Wilhelm de, V 122
Hesse-Darmstadt, Luise de, V 122
Hesse-Darmstadt, *voir* Caroline Henriette Christine de Deux-Ponts
Heurtaud, acteur, III 10
Hewett, William, IV 354, 355
Higginson, Edward, I 231, 232
Hirschel, Abraham, père et fils, III 24, 31, 33, 40, 42-45, 47, 58, 73, 79, 106, 193
Histoire de Charles XII, I 106, 144, 239, 243, 265, 267-75, 285, 293, 296, 298, 324-26, 342; II 101, 312; III 61, 62, 243, 261, 325, 371; IV 115, 117, 118; V 375
Histoire de Jenni, I 235, 237; V 163, 165-69, 170
Histoire de l'empire de Russie sous Pierre le Grand, III 320, 324-25, 333, 365; IV 35, 72, 114-21, 123-25; V 174
Histoire de l'esprit humain, voir *Essai sur les mœurs*
Histoire de l'établissement du christianisme, V 177, 184, 185
Histoire de la guerre de 1741, I 46; II 218, 219, 285, 359; III 19, 50, 80, 84, 117, 256, 259-61, 270, 296; IV 286

Histoire de la Russie sous Pierre le Grand, I 144
Histoire d'Elisabeth Canning, IV 151
Histoire des voyages de Scarmentado, III 203, 204, 281
Histoire du docteur Akakia, III 1, 22, 30, 33, 34, 54, 83, 100, 104, 106, 109, 110, 113-18, 120-22, 125, 133, 134, 142, 144, 145, 192; IV 5
Histoire d'un bon bramin, IV 182
Histoire du parlement de Paris, IV 27, 385, 388, 399-401; V 23, 145
Histoire universelle, voir *Essai sur les mœurs*
Hobbes, Thomas, IV 377
Hochstatter, III 96
Hoensbroeck, J. S., marquis de, II 116, 148, 297, 312, 319
Holbach, Paul Henry Thiry, baron d', II 35; III 86; IV 4, 216, 230, 232, 238, 239, 242, 245, 246, 253, 257, 259, 303, 304, 331, 332, 335, 377, 384, 390, 412, 413; V 10-12, 32, 42-45, 165, 166, 239
Holmes, prote chez Bowyer, I 324
Holstein, duchesse de, III 271
Holwell, John Zephaniah, IV 276; V 144, 174, 175, 186
Homélie du pasteur Bourn, IV 252, 374; V 167
Homélies prononcées à Londres, IV 250-52, 254
Homère, I 67, 68, 69, 106, 111, 171, 172, 242, 249, 304; II 153; III 12, 111; IV 227, 238, 321; V 52, 70, 80, 186, 201, 232, 295
Homme aux quarante écus, L', I 334; IV 2, 3, 312, 345-47, 385; V 121, 165
Honnêtetés littéraires, Les, IV 264, 267, 268, 316
Hoppe, III 152
Horace, I 41, 44, 56, 64, 67-69, 78, 209, 217, 304, 341; III 12, 354, 355; IV 189, 219, 388; V 41, 291
Hornoy, d', les héritiers de Voltaire, I 28
Hornoy, Alexandre Marie François de Paule de Dompierre d', III 294, 343; IV 302, 364, 365, 406, 418, 419, 422, 428; V 6, 21, 28, 30, 61, 104, 112, 122, 148, 151, 178, 179, 223, 250, 318, 320, 324, 326, 327, 331, 332
Horrible danger de la lecture, De l', IV 129
Hôte et l'hôtesse, L', V 208-209
Houdar de La Motte, Antoine, I 23, 66-69, 81, 123, 152, 153, 167, 171, 185, 297, 309; II 257, 287; V 155
Houdetot, Claude Constant César, comte d', V 202
Houdetot, Elisabeth Françoise Sophie de La Live de Bellegarde, comtesse de, V 169
Houdon, Jean Antoine, IV 428, 429; V 304, 307, 359, 364
Houtteville, Claude François, I 163; II 163; IV 216
Howarth, W. D., IV 192
Huber, Jean, III 292-93, 301; IV 107, 428, 429; V 68, 80, 124, 258, 304
Hubner, Johann, IV 268, 284
Huet, Hut, prête-nom de Voltaire, IV 354-55, 376
Huet, Pierre Daniel, I 44; IV 276, 279, 354; V 226
Hugo, Victor, I 173, 179, 181; III 74; V 366
Hugonet, Pierre, IV 399, 409
Hugues, Pierre François, *dit* d'Hancarville, III 83
Hugues Capet, III 209
Hume, David, IV 7, 73, 92, 172, 233, 315-17, 353
Huntingdon, Francis Hastings, comte de, V 163
Hus, Adelaïde Louise Pauline, III 303
Hus, Jan, IV 253
Husson, chirurgien, IV 290
Hutton, James, III 294
Huysmans, Georges Charles, III 315
Hyde, Thomas, III 300; IV 276; V 181
Hytier, Adrienne D., V 231

Idées républicaines, IV 312
Ignace de Loyola, saint, IV 27, 38, 267; V 43
Il faut prendre un parti, V 33, 34
Imbert, Barthélemy, V 307

Indiscret, L', I 183, 191, 192, 194, 283 ; II 58 ; III 183
Ingénu, L', I 37, 54, 111, 113 ; III 114, 177, 336 ; IV 2, 3, 256-59, 306, 330, 345 ; V 75, 77, 166
Instruction du gardien des capucins de Raguse à frère Pediculoso, IV 402, 403, 406
Instruction pastorale de l'humble évêque d'Alétopolis, IV 190-91
Instructions à Antoine-Jacques Rustan, III 97 ; IV 374
Io, V 74
Irène, I 119 ; V 204, 209-11, 220-23, 240, 250, 251, 254-56, 259, 261, 262, 264, 265, 271, 274, 275, 281, 284-89, 291, 295, 298, 301, 305, 310-12, 361
Irénée, saint, IV 277
Isaac, fils d'Abraham, III 88
Isabeau de Bavière, reine de France, II 94
Isaïe, prophète, II 37 ; IV 227, 280, 281 ; V 179
Iselin, Isaac, V 101
Ivan III Vassiliévitch le Grand, grand-prince de Moscou et de toute la Russie, IV 119
Ivan IV le Terrible, IV 119
Ivan VI Antonovitch, tsar de Russie, IV 114
Ivernois, François Henri d', IV 312

Jablonowska, *voir* Châtellerault
Jacob, fils d'Isaac, III 88 ; V 183
Jacques, *dit* le Mineur, saint, IV 258
Jacques Ier, roi d'Angleterre, I 238
Jacques II, roi d'Angleterre, II 195 ; V 140
Jacquet, manœuvre, IV 221, 398
Jacquier, François, II 279, 369
Jal, Augustin, I 17
Jallabert, Jean, III 220, 246, 293, 301
Jallasson, Samuel, I 249
James, E. D., IV 243
Janin, agent de douanes, IV 338
Janover, L. et M., V 373
Jansen, Paule, V 328
Janvier, saint, IV 381
Japhet, IV 284
Jaquin, maître d'école, IV 398
Jariges, Philipp Joseph von, III 45
Jaucourt, Charles-Léopold, *dit* marquis de, V 263
Jaucourt, Louis, chevalier de, II 66 ; V 209
Jauss, Hans Robert, I 276
Jeanmaire, François Louis, III 291 ; V 29
Jeanne d'Arc, I 314, 315, 318 ; III 204 ; IV 387
Jeanne Elisabeth de Schleswig-Holstein-Gottorp, princesse d'Anhalt-Zerbst, III 143 ; IV 125
Jeannot et Colin, IV 182, 184, 185, 187, 256
Jeffreys, James, I 243
Jéhova, IV 387
Jenner, Edward, V 99
Jephté, juge d'Israël, IV 214
Jérémie, prophète, IV 82, 224, 227 ; V 73, 179
Jérôme, saint, V 31
Jérôme de Prague, IV 253
Jésus-Christ, I 41, 69, 159, 161, 199, 232 ; II 35, 37 ; III 338 ; IV 62, 63, 134, 153, 173, 174, 176, 212, 214, 217, 219, 220, 224, 228, 236, 247, 248, 250, 252, 257, 372, 390, 412, 413 ; V 37, 38, 40, 83, 112, 139, 170, 172, 178, 184, 185, 282, 325, 339, 372
Ji Jun Xiang, III 251, 253
Job, IV 210, 211, 227, 228 ; V 177, 179
Johnson, Samuel, V 198
Joly de Fleury, Guillaume François, II 9, 15, 28, 154
Joly de Fleury, Omer, III 349, 352, 353, 372 ; IV 20, 74, 171, 173, 208, 223, 230, 296, 298, 300, 329 ; V 141, 350
Joly de Fleury, Omer Louis François, IV 74
Joly de Fleury de La Valette, Jean François, III 243, 352, 353 ; IV 20, 22, 24-26, 44, 45, 72, 74
Jonard, Norbert, V 239, 240
Jonas, prophète, IV 267 ; V 72, 73
Jonathan, fils de Saül, IV 214
Jonquet, Mlle, I 33

Jordan, Charles Etienne, I 302; II 55, 56, 77, 132, 136, 140, 162; III 36, 98, 126, 144
Jore, Claude, I 268
Jore, Claude François, I 268, 269, 274, 285, 293, 299, 312, 321, 322, 324-27, 329, 337; II 7, 8, 45-49, 58, 112
Josaphat, roi de Juda, V 179
Joseph, fils de Jacob, V 183
Joseph, père de Jésus, V 179
Joseph, Claude, IV 394, 395, 397, 398; V 278, 279
Joseph Ier, roi de Portugal, IV 10, 134, 197
Joseph II, empereur germanique, IV 129, 415; V 11, 49, 51, 52, 100, 163, 194, 229-32
Josèphe, Flavius, I 189; IV 217, 218, 277
Josse, François, I 326, 327, 331, 337; II 46, 47, 258
Josse, René, II 46
Josué, IV 237, 238, 278
Journal de ce qui s'est passé à Francfort, III 162, 167, 180
Jouvency, le P. Joseph de, I 42
Jovicevich, A., III 192; IV 363
Judas Iscariote, IV 165, 228, 317
Jugement des professeurs du Collège de la Sapience, III 113-14; voir aussi *Histoire du docteur Akakia*
Juifs, Des, III 281; IV 226
Julien, empereur romain, III 39, 89, 95, 130; IV 391-93; V 372
Julien, De, III 281
Jünger, Ernst, III 315
Junon, IV 387
Jupiter, III 13; IV 387
Jurin, James, II 146
Jusqu'à quel point on doit tromper le peuple, III 281
Jussieu, Bernard de, I 257
Justin, saint, IV 277
Justinien Ier, empereur romain, IV 325
Juvénal, I 44; IV 51

Kafka, Franz, III 162
Kaiserling, prête-nom de Voltaire, IV 373
Kangxi, empereur de Chine, IV 263
Katt, de, II 54
Katz, Jacob, IV 226
Kaunitz, Wenzel Anton, comte von, III 347
Keate, George, III 294; IV 55, 73, 219
Keill, John, II 279
Kepler, Johannes, II 85, 129; III 134
Kéralio, Louis Félix Guinement de, V 77
Kervan, Armel de, V 341, 342, 376
Keyserlingk, Dietrich von, II 55, 77, 79, 137, 298; III 12, 36
Khang-hi, empereur de Chine, IV 371
Kien-long, empereur de Chine, IV 351; V 7, 47, 174
Kircher, Athanasius, IV 276, 403
Kleinschmidt, John R., III 230
Klinglin, Christophe de, III 188
Klinglin, Philippe Xavier, chevalier de, III 188
Klüpfel, Emmanuel Christophel, III 137; IV 168
Knobelsdorf, Georg Wenzeslaus von, III 21
Knobelsdorf, Hans Georg, baron von, II 56
Knowlson, J. R., III 42
Koenigsmark, Aurore de, II 194
Kölving, Ulla, III 365; IV 127, 202, 271, 369, 375; V 76, 315
Komensky, von, dame d'honneur, II 54
Kominski, Léon, II 11
König, Samuel, II 116, 120, 124-30, 132; III 1, 25, 26, 86, 94, 100, 102, 104, 106-108, 110-13, 114, 118, 121, 122, 126, 131, 132, 134, 140, 147, 148, 154; V 367
Korff, Hermann August, III 132
Koser, Reinhold, III 127, 148; V 149, 150
Koslowski, Fedor Alexeievitch, IV 348
Krauss, Werner, III 25, 26
Krebs, R., III 23
Krieger, B., III 153
Krust, François Antoine, III 201, 202

La Barre, Jean François Lefebvre, chevalier de, III 213; IV 1, 3, 139, 241, 252, 259, 270, 293-306, 327, 329, 330, 339, 344,

385, 418, 419; V 8, 20, 96, 97, 112, 140-43, 146-50, 152, 238, 325, 360, 369
Labat, Jean Louis, III 227, 229, 230-33, 242, 342; IV 72
La Bâtie, David Vasserot, seigneur de, IV 42
La Baume-Montrevel, Elisabeth Charlotte de Beauvau-Craon, Mme de, II 313
La Beaumelle, Laurent Angliviel de, I 3, 61, 75, 112, 180; III 33, 67, 68, 75-79, 90, 96, 106, 113, 122-24, 133, 140, 141, 148, 186, 191, 205, 206, 256, 258, 284, 297-98, 308, 310-12; IV 106, 141, 178, 188, 264, 265, 414; V 38, 80-81, 90
La Beaumelle, Rose Victoire de Nicol Lavaysse, Mme de, IV 264
La Bellangerais, Claude Julien Pierre de, V 288, 290
La Blache, Alexandre Joseph Falcoz, comte de, V 93
La Bletterie, Jean Philippe René de, IV 374, 381; V 1
Laborde, Jean Benjamin de, III 225; IV 417, 418; V 90
Laborde, Jean François de, IV 417, 418
Laborde Desmartres, Marie Françoise de, IV 418
Labroue, Henri, IV 225
Labrousse, Ernest, IV 1, 2
La Bruyère, Jean de, I 4, 32, 82, 297; II 42, 210
La Cadière, Marie Catherine Cadière, *dite*, pénitente du P. Girard, I 315
La Caille, de, abbé, V 166
Lacépède, Bernard Germain Etienne de La Ville, comte de, V 307
La Chaise, François d'Aix, le P., I 37; IV 256
La Chalotais, Louis René de Caradeuc de, IV 257, 399; V 86
La Chastre, Louis, marquis de, V 280
La Chau, Géraud de, abbé, III 256
La Chaussée, Pierre Claude Nivelle de, I 331; II 59, 60, 61, 255, 289, 375, 376, 379; III 11, 51
La Chétardie, Joachim Jacques Trotti, marquis de, II 57
Lachèvre, Frédéric, V 272, 273
Lacombe, Jacques, libraire, IV 362, 424
La Condamine, Charles Marie de, I 259, 260, 293; II 128, 393; III 113, 191, 208; V 85, 86
La Cour, marquise de, I 150
La Cour, James de, III 157
La Croix, intendant de M. Du Châtelet, II 295
Lacroix, Paul, V 362
Lacroix, Pierre Firmin de, IV 416
La Croze, *voir* Veyssière de La Croze
Lactance, IV 217, 277
La Curne de Sainte-Palaye, Jean Baptiste, III 188; IV 100; V 293
La Dixmerie, Nicolas Bricaire de, V 271, 307
La Faluère, Nicolas Anne Lefèvre de, *dit* Génonville, I 113, 137, 138, 148, 168; III 320; V 306
La Fare, Charles Auguste, marquis de, I 57
La Faye, Jean François Lériget de, I 69, 78, 98, 165
La Fayette, Marie Madeleine Pioche de La Vergne, comtesse de, I 57; III 304
La Ferté-Imbault, Marie Thérèse Geoffrin, marquise de, V 203
La Feuillade, Louis d'Aubusson, duc de, I 129, 134
Lafitau, Joseph François, V 173
La Flotte, de, V 143
Lafont, domestiques de Mme Du Châtelet, III 50
La Fontaine, Jean de, I 33, 34, 81, 90, 148, 297; II 256, 383; III 242, 254, 321; IV 180, 188; V 374
La Force, duc de, I 218, 219
La Forest-Divonne, Gilbert de La Forest, comte de, V 121
Lafosse, Mme, I 196-98
La Fresnaye, marchand, II 371
Lafue, Pierre, III 178

La Galaizière, *voir* Chaumont de La Galaizière
La Grandville, intendant, II 145
La Grange, Agathe Truchis de, II 320
Lagrange-Chancel, François Joseph, I 104, 134
Lagrave, Henri, V 219, 251
Lagros, V 213, 216
La Harpe, Jean François de, I 31, 57, 81, 285; II 202; III 310; IV 106, 340, 359-62, 367, 385; V 41, 75, 85, 101, 115, 140, 154-56, 158, 160, 161, 176, 177, 191, 192, 201, 202, 205, 207, 211, 217, 224, 225, 227, 234, 239, 240, 252-55, 259, 260, 264, 288, 293-95, 305, 315, 317, 320, 326-28, 344, 346, 347, 361
La Harpe, Marie Marthe Monmayeu, Mme de, IV 340, 359, 361, 362; V 135
Laheuze, Hélène Elisabeth, comtesse de, V 143, 145
Lalande, André, IV 210
Lalande, Joseph Jérôme Le François de, I 240; V 165, 305, 308
Laleu, Guillaume Claude, III 43, 44, 199, 342; IV 76, 421, 425; V 28, 29, 85, 125
Lally, Thomas Arthur, baron de Tollendal, comte de, I 129; II 229; IV 15, 157, 159, 298, 301, 419; V 8, 20, 112, 140-46, 324, 369
Lally-Tollendal, Trophime Gérard, chevalier puis marquis de, IV 419; V 8, 140, 142-46, 324, 327
La Marck, Marie Anne Françoise de Noailles, comtesse de, III 256; IV 80, 88
Lamare, ou Lamarre, abbé de, I 337; II 74, 81, 102
Lamballe, *voir* Alamballa
Lambert, Anne Thérèse, marquise de, I 100
Lambert, Gary, V 124
Lambert, Jacques, libraire, II 234
Lambert, Michel, III 2, 51, 61, 69, 122, 131, 190, 199, 207, 211, 212, 223, 224, 261, 262, 268, 277, 278, 282, 296, 370; IV 12
Lamberty, Guillaume de, IV 124
Lamennais, Félicité Robert de, IV 132
La Mettrie, Julien Offray de, III 34-36, 42, 54, 56, 70, 78, 85-90, 91, 96-98, 126, 144, 194, 280, 362; IV 86, 251, 254, 257
Lamoignon, Guillaume Henri de, IV 105, 151; V 111, 139
La Montaigne, de, II 255
La Morlière, Charles Jacques Louis Auguste Roquette, chevalier de, II 336; III 259, 260
La Mothe-Fénelon, Gabriel Jacques de Salignac, marquis de, II 138
La Mothe Le Vayer, François de, III 101; IV 251, 253
La Motte-Fouqué, Heinrich August, baron de, II 55
La Mottraye, Aubry de, I 229, 296
Lancaster, H. Carrington, I 121, 122, 183
Lancret, Nicolas, II 44
Landes, juge, IV 289, 290, 292, 416
La Neuville, comte de, II 22
La Neuville, comtesse de, II 7, 9, 10, 22, 343; IV 180
Lange, Mme, III 187
Langues, Des, III 281
Languet de Gergy, curé de Saint-Sulpice, I 263; II 31
Languet de Gergy, Jean Joseph, évêque de Soissons, puis archevêque de Sens, II 31, 173-75, 230
Lanjuinais, Jean Denis, comte, V 355
Lannoy, comtesse de, II 280
Lannoy, Pierre, comte de, I 153
La Noue, Jean Baptiste Sauvé, II 144, 145, 154, 324, 329, 336; III 68
Lanson, Gustave, I 3, 212, 224, 231, 234, 241, 253, 322, 330, 334; II 36; V 376
Lantin, prête-nom de Voltaire, V 8, 157
Lantoine, Albert, I 329
La Paulze, Mme, V 66
Laplace, P. A., I 92; V 197
Laplace, Roselyne, V 259, 260
La Ponce, secrétaire de Choiseul, V 24
La Popelinière, Alexandre Jean Joseph Le Riche de, I 313; II 22, 29, 63, 200, 239, 293

La Popelinière, Mme de, née Deshayes, II 22, 121, 239, 240, 281
La Porte, Joseph de, II 339; IV 105
La Porte, Pierre de, III 297
Lapuchin, Mme, V 55
Larcher, Pierre Henri, IV 278, 283, 330-33, 335, 336, 344, 345; V 38, 42, 164
Larchevêque, Pierre, IV 396
Largillière, Nicolas de, I 28, 100, 151; V 306
La Rivaudaie, Mme de, I 287, 294
Larive, Jean Mauduit, *dit*, V 265, 309
La Roche-Aymon, Charles Antoine, duc de, V 85
La Rochefoucauld, François, duc de, II 50
La Rochefoucauld, Louis Alexandre, duc de La Roche-Guyon et de, V 149
La Rochefoucauld-Liancourt, François, duc de, V 356
La Roche-sur-Yon, Louise Adélaïde de Bourbon-Condé, *dite* Mlle de, II 330
Larousse, Pierre, IV 265
La Rue, Charles de, I 80
Las Casas, Bartolomé de, II 14
Las Cases, Emmanuel, comte de, I 10
La Servière, Joseph de, I 38
Lasserre, Pierre, IV 148
Las Vergnas, Raymond, V 217
La Taste, Louis Bernard de, II 173
La Touche, Charles Nicolas, chevalier de, III 30, 68, 118, 120, 122, 170, 181
La Tour, inspecteur général des domaines, V 171
La Tour, princesse de, I 154
La Tour, Maurice Quentin de, I 309, 310; IV 73
La Tour, Simon de, II 249, 250, 261, 266; III 10
La Touraille, Jean Chrysostome Larcher, comte de, IV 368, 375, 379; V 212
La Tour d'Auvergne, Henri Oswald de, II 229
La Tour Du Pin-Gouvernet, Philippe Antoine Gabriel Victor Charles, marquis de, V 108, 113, 170, 171
La Tourette de Fleurieux, Mme, III 257
La Tournelle, *voir* Châteauroux
La Tourrette, Marc Antoine Louis Claret de, IV 426
La Trimouille, Charles Armand René, duc de, I 192; II 30
Lattaignant, Gabriel Charles de, V 274, 323
Laugeois de Chastellier, IV 217
Laugier, Lucien, V 127
Laujon, Pierre, II 304
Launay, René Jourdan de, I 208
Lauraguais, Louis Léon Félicité de Brancas, comte de, II 336; III 364; IV 65, 97; V 247
Lauriol, Claude, III 75, 77, 123, 205, 256; IV 264
La Valette, jésuite, IV 10, 196
La Valette, *voir* Joly de Fleury de La Valette
La Vallière, Anne Julie Françoise de Crussol, duchesse de, II 202
La Vallière, Louis César de La Baume Le Blanc, duc de, I 99; II 202, 209, 216, 225, 226, 239, 297, 303; III 10, 245, 279, 310, 312, 348, 350, 370, 371, 373; IV 112, 151, 155, 183, 222; V 92, 161, 350
La Vallière, Louise Françoise de La Baume Le Blanc, duchesse de, II 202, 224; III 348, 350
La Vauguyon, Antoine Paul Jacques de Quélen, duc de, IV 80
Lavaur, François Louis de, V 141
Lavaysse, Gaubert, IV 136-41, 143, 148-50, 158, 264, 417
Lavergne, banquiers, V 323
Lavicka, Jan, III 97, 98
La Ville, Jean Ignace de, II 182, 186
Lavisse, Ernest, II 54, 56, 68; III 65, 105
La Vrillière, Louis Phélipeaux, comte de Saint-Florentin, marquis puis duc de, I 115, 304; III 18, 19; IV 106, 340, 359-62, 367, 385, 422; V 15
La Vrillière, Mme de, I 98
Law, John, I 1, 76, 139, 199; II 50, 72; V 38
Lazare, IV 220, 382; V 71, 112, 176
Le Baillif, chargé d'affaires, III 30, 68, 69, 84

Le Bault, Antoine Jean Gabriel, III 355, 359; IV 21, 28, 30-32, 34, 50, 52, 60, 72, 143, 220
Lebeau, Charles, IV 329
Le Bègue de Majainville, II 398
Lebel, Mme, II 246
Le Blanc, Claude, I 148, 150, 163, 168
Le Blanc, Jean Bernard, I 287, 301, 331, 332; II 44, 47, 48, 51, 62, 128, 129, 132, 154, 157, 249, 287, 289
Lebois, André, V 329, 335, 336
Le Bret, avocat général, II 271
Le Breton, André François, IV 78
Le Brigant, Jacques, IV 257; V 37, 38
Lebrun, abbé, I 94, 115
Le Brun, Charles, II 116
Le Brun, Ponce Denis Ecouchard, IV 63, 103-107; V 271
Lecarme, Jean, I 5
Lecerf, médecin, III 152
Le Chambrier, Jean, baron, ambassadeur de Prusse en France, II 153; III 18
Le Chapelain, Charles Jean Baptiste, III 338
Leclerc, Jean, I 156
LeClerc, Paul, II 180
L'Ecluze de Thilloy, Louis, IV 105
Lecomte, Louis, III 283, 298
Lecouvreur, Adrienne, I 73, 134, 135, 168, 182, 204, 207, 223, 262-64; II 166, 194; IV 162; V 270, 281
Ledet, Etienne, éditeur, I 264; II 63, 66, 69, 88, 128, 162, 272
Le Duigou, libraire, IV 257
Lee, J. Patrick, II 162
Leeuwenhoek, Antonie van, I 333
Lefebvre, espion de Maupertuis, III 115
Lefebvre de Villers, IV 297
Lefèvre, imprimeur à Nancy, II 350, 351
Lefèvre, protégé de Voltaire, I 301
Lefort, François, III 325
Lefranc de Pompignan, Jean Georges, IV 81, 190, 191; V 42, 351
Lefranc de Pompignan, Jean Jacques, marquis de, II 29, 30; IV 9, 48, 51, 52, 63, 74, 78, 81-84, 86, 88-90, 165, 190, 201, 234, 268, 333, 391; V 7, 41, 155
Le Gendre, Mme, V 82
Legouz de Gerland, Bénigne, V 7
Legrand, Marc Antoine, II 336
Lehndorff, E. A. Heinrich von, III 27, 117, 134, 142
Leibniz, Wilhelm Gottfried, I 162; II 76-78, 126-29, 146, 345, 346, 382, 384; III 24, 25, 84, 85, 105, 107, 109, 111, 112, 134, 268; IV 244
Leigh, R. A., I 336; II 13; IV 164, 171
Lejay, libraire, V 93
Lejay, le P. Gabriel, I 5, 41, 46, 49, 52
Lejeune, Mme, IV 235, 338, 339
Lekain, Henri Louis Cain, *dit*, I 320; II 337; III 9, 10, 68, 81, 233, 242, 244, 248-50, 263, 304; IV 13, 63, 72, 77, 99, 100, 195, 337, 340, 356, 362, 407, 424; V 87-90, 125, 153-55, 158, 160, 161, 194, 196, 203, 207, 220, 222, 254, 255, 259, 260, 264, 265, 305
Le Laboureur, I 106
Lemaire, abbé, chargé d'affaires au Danemark, III 76
Lemaire, J., V 308
Lemaistre de Sacy, Isaac, IV 221
Le Maître, Jean Henri, II 191
Lemarié, avocat, II 265
Le Maure, Catherine Nicole, chanteuse, II 202
Le Mercier de La Rivière de Saint-Médard, Pierre Paul, IV 345; V 11
Lémery, Nicolas, II 81, 82
Lemierre, Antoine Marin, V 155, 192, 307
Lemoine, J., III 154
Lemonnier, Anicet Charles Gabriel, V 203
Lemoyne, Jean Baptiste, V 290
Lemoyne, Pierre, I 106
Lenclos, Ninon de, I 26, 29, 35, 36, 47; III 51; IV 334, 335, 345, 424; V 280
Lenglet-Dufresnoy, Nicolas, IV 284
Le Noble, Eustache, III 304
Lenoir, Jean Charles Pierre, V 324, 326-28, 331

Lenoncourt, famille, II 94
Lenoncourt, Thérèse Angélique de Ligniville, marquise de, II 96, 313
Le Normant d'Etioles, Charles Guillaume, II 216; V 92
Le Normant de Tournehem, Charles François, II 215, 216, 246
Léon, Mme, III 185
Léopold Ier, duc de Lorraine, I 143, 328; II 19, 94
Léopold Joseph, duc de Lorraine, III 210
Lepan, Edouard Marie Joseph, I 59
Lepape, Pierre, V 301
Le Pelletier, Claude, II 25
Le Pelletier, Jean, IV 402-403
Le Pelletier-Desforts, Michel Robert, I 259, 260, 301; II 166, 257; V 367
Lépide, IV 195, 250, 270; V 82
Lépine, Jean Antoine, V 94
Lépine, Madeleine Françoise, V 94
Le Prieur, Pierre Alexandre, III 258-60
Leprotti, médecin, II 233
Le Ragois, Claude, II 293
Le Resche, Jean Pierre, III 273, 360, 361
Leriche, François Louis Henri, IV 218, 235, 385
Leroy, Georges, V 43, 44
Le Sage, IV 314
Lesage, Alain René, I 120, 146, 210; V 366
Lescure, A. M., II 226
Léseau, Ango, marquis de, III 341
Lespinasse, Jeanne Julie Eléonore de, III 301; IV 199, 200; V 79, 191, 192, 204
L'Esprit, libraire, V 12
Lessing, Gotthold Ephraïm, I 292; II 335; III 24, 26, 79, 80, 93, 122
Le Sueur, Achille, III 104
Le Sueur, Eustache, II 116
Le Tasse, Torquato Tasso, *dit*, I 106, 176
Le Tellier, Michel, I 37, 75; IV 11, 153, 253
Le Tourneur, Pierre Prime Félicien, V 196-99, 202, 218, 219, 241
Letters concerning the English nation, I 239, 254, 256, 321, 323, 324, 327, 330
Lettre [sur La Beaumelle], IV 264
Lettre à l'Académie française, V 197-202, 207, 218, 219, 241, 266, 268, 289
Lettre à M. D..., I 67
Lettre à M. Hume, IV 317
Lettre à MM. les auteurs des Etrennes de la Saint-Jean, III 51
Lettre à M. Roques, III 121
Lettre à un premier commis, I 299, 300
Lettre anonyme, IV 27
Lettre au docteur J. J. Pansophe, IV 316
Lettre civile et honnête, IV 236, 268
Lettre curieuse de M. Robert Covelle, IV 315
Lettre de Gérofle à Cogé, IV 329
Lettre de l'archevêque de Cantorbéry, IV 330
Lettre de M. Clocpitre [ou *Clocpicre*] *à M. Eratou*, IV 190-91
Lettre de M. Cubstorf, IV 190-91
Lettre du docteur Akakia au natif de Saint-Malo, III 133; voir *Histoire du docteur Akakia*
Lettre d'un avocat de Besançon au nommé Nonnotte, IV 267
Lettre d'un ecclésiastique, V 86
Lettre d'un jeune abbé, V 21
Lettre d'un quaker à Jean-Georges Lefranc de Pompignan, IV 190-91
Lettre d'un Turc, I 233; II 383, 384
Lettre pastorale à M. l'archevêque d'Auch, IV 267
Lettre sur le Dante, III 281
Lettre sur un écrit anonyme, V 44
Lettres à Messieurs de la noblesse de Gévaudan, V 138
Lettres anglaises, voir *Lettres philosophiques*
Lettres à S. A. Mgr le prince de ***, IV 236, 252-54, 256
Lettres chinoises, indiennes et tartares, V 174-76, 187
Lettres d'Amabed, Les, III 192; IV 388, 403-406
Lettres de M. de Voltaire à ses amis du Parnasse, IV 265
Lettres de Memmius, V 31-33
Lettres philosophiques, I 3, 6, 7, 116, 155,

156, 203, 212, 216, 217, 223, 224, 226, 229, 234, 235, 238, 239, 241-45, 247, 252-54, 265, 268, 269, 285, 286, 293, 294, 296, 298-300, 312, 318, 321-35, 337, 339, 341, 342; II 1, 2, 7, 8, 17, 34, 45, 46, 85, 88, 101, 113, 141, 155, 173, 195, 236, 240, 249, 250, 258, 261, 266, 333, 350; III 34, 224, 280-81, 371, 374; IV 242, 247; V 108, 167, 266, 367, 368, 375
Lettres secrètes de M. de Voltaire, IV 265
Lettres sur la Nouvelle Héloïse, IV 167-68
Lettres sur les miracles, voir *Questions sur les miracles*
Léturmy, Michel, V 187
Leuper, III 45
Le Vaillant, Mme, II 306
Levasseur, Marie Renoux, Mme, IV 164, 176, 177
Levasseur, Thérèse, III 226; IV 176, 177, 315, 317, 323
Le Vassor, Michel, III 283
Lever, Evelyne, V 231
Lever, Maurice, III 90
Lévesque de Burigny, Jean, II 111
Lévesque de Pouilly, Louis Jean, II 160, 395
Levi, Salomon, I 148, 149, 157
Le Viers, Charles, I 155, 165, 166
Lévis, Gaston de, V 132
Levy, David, V 183
Lézeau, Angot, marquis de, I 296, 302; II 11
Lézeau, marquis de, IV 365
L'Hospital, Michel de, IV 387
Lhuilière, Charles Joseph de, I 20
Liberda, Jean, III 97
Lichtenberger, A., III 154
Lichtenstein, princesse de, II 147
Liébault, Nicolas François Xavier, III 50
Ligne, Charles Joseph, prince de, IV 293, 349; V 270
Ligue, La, I 90, 155, 170-73, 176, 180, 185, 195, 242, 251, 268, 305, 325; II 107; III 242; voir aussi *La Henriade*
Lillo, George, V 198
Limojon de Saint-Didier, I 171
Linant, Michel, I 282, 287, 290, 301; II 1, 18, 20, 22, 23, 47, 53, 54, 74, 79-81, 126, 275
Linant, Mlle, sœur de Michel, II 54
Linguet, Simon Nicolas Henri, IV 298; V 37, 110, 136, 192, 217, 224, 228, 229, 263, 295, 297, 302
Lin Zhao-hua, III 253
Liotard, Jean Etienne, I 217; III 219, 293
Lisle, Jean Baptiste Nicolas de, V 75-77, 85, 96-98, 230, 254
Listenay, chevalier de, II 313
Listenay, Mme de, I 98
Littré, Maximilien Paul Emile, I 334; IV 188; V 316
Livry, Suzanne de, *voir* Gouvernet
Lixin, Henri Jacques de Lorraine, prince de, II 8
Lizé, Emile, IV 183; V 76, 242
Locke, John, I 162, 195, 196, 200, 201, 210, 242, 243, 299, 321, 323, 326, 331-33; II 27, 32, 35, 38, 78, 96, 102, 129, 141, 144, 210, 345, 346, 384; III 293, 349; IV 55, 153, 191, 242, 244, 253, 255, 353; V 42, 74, 84, 225
Locmaria, Jean Marie François Du Parc, marquis de, II 109
Locuste, V 95
Loichemol, Hervé, V 374
Loi naturelle, La, voir *Poème sur la loi naturelle*
Lois de Minos, Les, V 48, 58-60, 62, 71, 76, 88-90, 95
Loménie, Louis de, V 92, 348, 349, 351
Loménie de Brienne, Etienne Charles, IV 417
Lomonosov, Mikhaïl Vassilievitch, IV 116-19, 124
Lomont, comte de, frère du marquis Du Châtelet, II 116, 393, 394
Longchamp, Mlle, sœur de S. G. Longchamp, II 280
Longchamp, Sébastien G., I 18, 48, 111, 122, 131, 240, 309, 310, 314, 315; II 279-82, 295-97, 302, 306, 307, 336, 337, 342,

348, 350, 351, 355, 356, 359, 364, 365, 367, 370, 371, 387, 391-93, 396-98; III 9, 10, 14, 50, 198, 260
Longepierre, Hilaire Bernard de Roqueleyne, baron de, I 121, 122, 124; V 155
Loos, comte de, III 189
Lope de Vega, Felix Lope de Vega Carpio, III 251
Loppin de Gémeaux, IV 51, 52, 58
Lorenz, Jean Michel, III 189
Lorges, Louis de Dufort-Duras, comte de, III 210
Lorrain, Claude Gellée, *dit* le, IV 67
Lorraine, duc de, *voir* François Ier, empereur
Lorry, Anne Charles, V 275, 283, 329
Lortholary, Albert, V 54
Loth, neveu d'Abraham, IV 239, 372; V 74
Lottin, Alain, II 21
Louandre, F. C., IV 295
Lough, John, V 154
Louis, dauphin, fils de Louis XV, 169, 196, 214, 216-218, 283, 284; III 55, 349, 363; IV 80, 81, 83, 196
Louis VI, roi de France, V 139
Louis VIII, roi de France, V 139
Louis IX, ou Saint-Louis, roi de France, I 175, 176, 289; III 204; V 139
Louis XI, roi de France, IV 401; V 139
Louis XII, roi de France, IV 399, 400
Louis XIII, roi de France, I 94; II 381; III 283; IV 19
Louis XIV, roi de France, I 14, 17, 21, 25, 45, 57, 60, 65-67, 69, 72, 74, 75, 77, 80, 82, 90, 92-94, 101, 103, 125, 143, 156, 177, 179, 192, 210, 236, 285, 294, 297, 303, 304, 327; II 3, 42, 43, 72, 148, 149, 151, 202, 212, 219, 254, 275, 285, 381; III 23, 61-66, 69, 83, 123, 124, 196, 260, 283, 293, 297, 328; IV 11, 112, 126, 153, 188, 189, 256, 269, 285-87, 297, 315, 344, 358, 401, 414; V 21, 98, 116, 142, 198, 200, 219, 226, 235, 252, 298
Louis XV, roi de France, I 8, 75, 76, 93, 109, 113, 151, 154, 156, 165, 180, 183, 188, 192, 193, 195, 210, 250, 252, 273, 294, 306; II 3, 42, 71, 73, 84, 93, 150, 161, 164, 169, 172, 173, 175, 176, 182-84, 186, 190, 193-96, 201-205, 208, 209, 212-14, 216-20, 223, 225, 227, 233, 236, 238, 239, 247, 248, 254, 255, 275, 284, 285, 290, 303-305, 310, 313, 329, 338, 339, 341, 350, 352, 359, 373-75, 388, 389; III 5, 7, 13-15, 19, 50, 55, 60, 66, 68, 74, 75, 124, 130, 181, 186, 195, 199, 202-203, 205, 211, 214, 248, 260, 304, 308, 309, 312-14, 326, 327, 344, 346, 363, 367-69; IV 23, 67, 78, 80, 81, 83, 87, 109, 111, 131, 134, 144, 147-50, 152, 158, 189, 196, 208, 270, 271, 286, 299, 300, 303, 325, 328, 329, 345, 367, 368, 373, 399, 406, 407, 422, 427; V 15-17, 19, 21, 48, 60, 66, 85, 89, 91, 94, 97-101, 105, 111, 116, 134, 138, 139, 143, 148, 160-62, 226, 257, 284, 290, 367
Louis XVI, roi de France, I 77; III 14, 202, 225; IV 80, 129, 154, 330, 406, 423; V 3, 28, 97, 99, 100-106, 111, 116, 117, 130, 133, 134, 139, 140, 145, 150, 160, 163, 197, 202, 207, 209, 211, 223, 231-33, 257, 259, 263, 275, 284, 287, 291, 298, 299, 301-303, 308, 311, 314, 326, 342, 349, 352, 357, 358, 360, 368, 373
Louis XVIII, roi de France, I 264; IV 80; V 100, 139, 197, 202, 208, 209, 232, 256, 284, 356
Louis Eugène, prince puis duc de Wurtemberg, III 142; IV 206
Louis-Philippe Ier, roi des Français, V 353, 356
Louise Dorothée de Meiningen, duchesse de Saxe-Gotha, III 69, 117, 135-38, 139, 141, 146, 162, 179, 190, 191, 203, 207, 209, 212, 258, 272, 278, 281, 286, 294, 305, 308, 327, 335, 342, 345; IV 12, 15, 16, 71, 72, 115, 149, 198, 205, 273, 293, 299; V 64
Louise Elisabeth de France, Madame, II 120
Louise Ulrique, reine de Suède, II 188, 189, 199, 253, 304, 343; III 28, 29, 69, 83, 101, 304; IV 205; V 47

Loup moraliste, Le, I 34
Louvois, François Michel Le Tellier, marquis de, IV 285
Louzeau, François Philibert, II 236
Lowth, Robert, IV 227
Loys de Rochat, famille, III 226
Loyseau de Mauléon, Alexandre Jérôme, IV 151
Lubert, Louis Pierre de, II 122
Lubières, Charles Benjamin de Langes de Montmirail, baron de, III 293
Lublinski, V. S., V 115
Luc, saint, évangéliste, I 199; IV 224, 228, 248
Luca di Castri, II 233
Luchet, Jean Pierre Louis de La Roche Du Maine, marquis de, I 48; II 339; III 162, 164; V 192
Lucien de Samosate, III 58; IV 254-55
Luckau, E. de, II 335
Lucrèce, I 162, 304; IV 68; V 31, 32
Lugeac, Charles Antoine de Guérin, marquis de, II 142
Lulli, Jean Baptiste, IV 383; V 253, 254
Lullin, Pierre, IV 157, 158, 312, 313
Lullin de La Rive, III 293, 301
Lusignan, grand-oncle de Chénier, V 271
Lussé, de, intendant d'Alsace, III 188
Luther, Martin, I 7; III 61; IV 228, 260, 391, 405; V 372
Lüthy, H., III 210, 236
Lutzelbourg, Charlotte Catherine de Fargès, comtesse de, II 311, 313
Lutzelbourg, Marie Ursule de Klinglin, comtesse de, I 194; III 188, 305, 334, 345; IV 68, 71
Luxembourg, Charles François Frédéric, duc de Montmorency, puis de, II 216; IV 88
Luxembourg, Madeleine Angélique de Neuville-Villeroy, duchesse de Boufflers et de, II 94, 281; IV 176, 199
Luxembourg, Marie Sophie Colbert-Seignelay, duchesse de, II 152, 171, 172
Luynes, Charles Philippe d'Albert, duc de, II 173, 175, 202, 206, 217, 224, 239, 251, 298, 302, 304-306, 311, 340; III 7
Luynes, Marie Brulard de La Borde, duchesse de, II 340
Luynes, Paul d'Albert de, évêque de Bayeux, II 175; V 11
Luzac, Etienne, III 113, 117
Lycaon, V 74
Lycurgue, III 207

Mabillon, Jean, III 209
Mably, Gabriel Bonnot de, III 214, 278
Macartney, George, III 300; IV 351
Machault d'Arnouville, Jean Baptiste, II 379
Machaut, Louis Charles de, I 115, 133
Machiavel, Nicolas, II 131
Machuel, Robert, II 323, 350
Maffei, Francesco Scipione, marquis de, II 74, 169
Magdelaine, M., III 23
Magie, De la, III 281
Magnan, André, I 11; II 141, 191; III 14, 16, 18, 30, 36, 40, 41, 56, 71, 72, 96, 110, 117, 128, 140, 142, 192
Magne, Emile, I 36
Mahomet, le prophète Mohammed, *dit*, I 185, 291, 292; II 154-57; IV 268, 390, 412; V 13, 38, 52
Mahomet, I 291; II 4, 118, 119, 125, 128, 133, 137, 144, 145, 148, 154-60, 162, 163, 173, 174, 176, 180, 231-36, 249, 269, 284, 298, 335; III 7, 9, 10, 14, 55, 250, 344; IV 64, 65, 334, 424; V 87, 154
Mahomet II, *voir* Mehmet II
Mailhos, Georges, I 8
Maillebois, Jean Baptiste François Desmarets, marquis de, II 150, 151, 291, 327
Maillebois, Marie Yves Desmarets, comte de, II 327
Maillefeu, IV 304
Maillet, Benoît de, II 272; IV 281, 346; V 42, 43, 189, 371
Maillet Du Clairon, Antoine, V 332

Mailly, Louise Julie de Nesle, comtesse de, II 150, 152
Mailly, marquise de, II 281
Maine, Louis Auguste de Bourbon, duc du, I 82, 83, 87, 93, 103; II 287, 293
Maine, Louise Bénédicte de Bourbon-Condé, duchesse du, I 71, 81-89, 93, 102, 103, 143; II 32, 217, 287, 288-91, 296, 298, 302, 303, 342, 348, 350, 388; III 6-8, 11, 14, 75, 137
Maintenon, Françoise d'Aubigné, marquise de, I 82, 83, 93, 94, 120, 327; II 293; III 76, 297; IV 265
Mairan, Jean Jacques Dortous de, II 62, 84, 85, 89, 121, 124, 127, 146, 147, 215, 306; V 174
Mairault, II 258, 259
Mairet, Jean, V 8, 89, 156, 157
Maisons, Jean René de Longueil, marquis de, I 116, 144, 165, 168, 169, 208, 227, 258, 281
Maissonnat, V 283, 317
Malagrida, Gabriel, IV 11, 134, 197, 254
Malandain, Pierre, V 129, 229
Malapert, Pierre Adolphe d'Hervilly de, III 358
Malchov, von, chirurgien, II 54
Malcrais de La Vigne, Mlle, *voir* Desforges-Maillard
Malebranche, Nicolas de, I 162, 196, 210, 275, 323; II 84, 89, 306; III 255; IV 243, 252, 405; V 42, 225
Malesherbes, Chrétien Guillaume de Lamoignon de, III 69, 199, 206, 211, 244, 245, 257, 259, 282, 296, 338, 349; IV 95, 96; V 21, 121, 126, 132-34, 138, 176
Malettke, Klaus, III 138
Malézieu, Nicolas de, I 83-86, 102, 103, 171; II 249, 287, 288
Malherbe, François, I 78
Mallet, Edmé, III 319
Mallet, Gédéon, III 227
Mallet, Jean, *dit* Mallet-Genoud, III 354, 363; IV 56, 59
Mallet, Jean Jacques, III 227-31, 233, 241, 242
Mallet Du Pan, Jacques, V 192
Malraux, André, III 253
Mamachi, Pierre Daniel, V 78
Mamachi de Lusignan, Vincent, I 45; V 78
Mamaki, prête-nom de Voltaire, V 78
Manceron, Claude, V 330
Mandement du révérendissime père en Dieu Alexis, IV 255
Mandeville, Bernard, I 247; II 39-41, 47, 50, 99, 383
Mandron, entrepreneur de théâtre, III 9, 10
Mandrou, Robert, I 76; III 64, 66
Manéthon, historien égyptien, IV 277
Mangold, Wilhelm Julius, III 42-45
Manifeste du roi de France en faveur du prince Charles Edouard, II 228, 229
Mannory, Louis, II 256, 259, 260, 262, 264-68, 270-72, 282, 365
Mansion, abbé, I 100
Manteuffel, Ernest Christoff, comte de, II 57, 75
Marais, Mathieu, I 79, 150, 152, 167, 171, 189, 197, 198, 204-206, 269, 287, 307
Marat, Jean Paul, V 225-27, 356
Marc, saint, IV 220
Marc Antonin, III 15
Marc Aurèle, empereur romain, III 18, 39, 58, 72, 307, 343; IV 347, 383; V 52, 68, 101, 103
Marcassus, François de, I 32
Marcel, centurion, martyr, IV 267
Marcet de Mézières, Isaac Ami, IV 309
Marchand, Jacqueline, IV 223, 250; V 348
Marchand, Jean Henri, II 221; V 69
Marchand, Prosper, I 172; II 66
Marchant de La Houlière, Mathieu Henri, V 15, 21, 67, 331, 332
Marchant de Varennes, Philippe François, II 181, 397; V 223, 331, 332
Marcu, E., III 25
Maréchal, milord, *voir* Marishal, George Keith
Marguerite d'Anjou, IV 387

Mari, Jean Paul, V 376
Maria Augusta von Thurn und Taxis, duchesse de Wurtemberg, II 286
Maria Teresa, infante d'Espagne, épouse de Louis, dauphin, II 196, 200, 205, 206, 283
Mariamne, I 74, 166-69, 182, 183, 189-92, 194, 196, 199, 201, 223, 266, 293, 305, 306; III 303; IV 357, 407
Marie, mère de Jésus, IV 224; V 83, 170, 172, 178, 179
Marie d'Angleterre, landgrave de Hesse-Cassel, III 139
Marie Antoinette, reine de France, IV 423; V 28, 99, 100, 102, 105, 133, 145, 196, 197, 199, 207-209, 211, 231, 256, 259, 263, 269, 275, 284, 285, 287, 291, 298, 351, 360
Marie Antoinette de Saxe, III 69
Marie Josèphe de Saxe, dauphine, II 284, 304, 310
Marie Leszczynska, reine de France, I 193-95, 205, 254, 259, 274, 293, 306; II 93, 251, 276, 295-97, 305, 310, 340, 352; III 349; IV 80, 85, 158, 196, 365
Marie Madeleine, sainte, IV 382
Marie Thérèse d'Autriche, II 140, 141, 150, 151, 177, 181, 190, 213, 214, 247, 248; III 155, 270, 287, 297, 307, 308, 347, 373; IV 5, 67, 111, 325; V 49, 51, 60, 99, 163, 231
Marie Thérèse de Savoie, reine de France, V 90, 139, 197, 284
Marie Tudor, III 298, 299
Mariette, Pierre, IV 148, 151, 155, 156
Marin, François Louis Claude, IV 154, 241, 272, 284, 389, 395, 424; V 1, 10, 61, 67, 77, 78, 88, 94, 95, 97, 98, 101, 137, 143, 144, 161, 162, 224
Marion, Marcel, IV 21, 22, 44
Marischal, George Keith, *dit* milord Maréchal, III 29, 36, 52, 71, 145, 146, 148, 155-58, 181, 184, 186, 187, 205, 286, 309; IV 208
Maritain, Jacques, I 2
Marius, Caius Marius, IV 250, 270
Marivaux, Pierre Carlet de Chamblain de, I 118, 146, 151, 210, 331; II 19, 31, 61, 121, 163, 164, 215, 255, 284, 376, 379; III 51, 136, 301; IV 95, 184; V 191, 366
Marlborough, John Churchill, duc de, I 236
Marlborough, Sarah Jennings, duchesse de, I 227, 236
Marmontel, Jean François, I 57, 103, 180; II 197, 209, 241, 243, 244, 274-278, 306, 309, 384; III 4, 5, 6, 8, 10, 16, 303, 309; IV 74, 81, 84, 87, 89, 95, 187, 233, 315, 325-28, 330, 347, 362, 383, 425 V 33, 47, 55, 67, 83, 106, 155, 169, 179, 202, 217, 228, 229, 239, 252, 253, 262, 293
Marot, V 13
Marriott, James, V 267
Mars, dieu, IV 352, 387; V 53
Marschall, Friedrich Wilhelm von, baron, III 42, 50, 53, 60
Marseillois et le lion, Le, IV 381-82
Marsy, François Marie de, III 275; IV 334
Martène, Edmond, III 209
Marthe, abbé, V 274, 280
Martin, cultivateur, IV 418, 419; V 20
Martin, visiteur anglais, IV 352
Martinelli, Vincenzio, V 175
Marville, Claude Henri Feydeau de, lieutenant de police, II 154, 155, 162-164, 167, 168, 175, 180, 205, 252, 258, 262-64, 268, 282, 290
Marvitz, Mlle de, III 28-29
Marx, Jacques, III 100
Marx, Karl, I 1; V 372, 373
Mascov, Johann Jacob, III 131, 134
Masham, Abigail Hill, Mme, I 236; IV 253
Mason, Haydn, II 343; V 301
Massillon, Jean Baptiste, I 80; II 56; IV 112, 236, 388
Masson, André, II 252
Masson, Nicole, I 11, 24; III 320
Mathusalem, V 234
Matthieu, saint, IV 220, 224
Maubert de Gouvest, Jean Henri, III 247, 256, 258, 312

Maugras, Gaston, II 93, 311, 313, 314, 316; III 343, 348
Mauléon, prête-nom de Voltaire, IV 398
Maupeou, René Nicolas Charles Auguste de, IV 299, 339, 400, 417; V 11, 15, 19-24, 26, 41, 43, 44, 60, 82, 88, 89, 91-93, 96-98, 106, 111, 112, 134, 141, 143, 148
Maupertuis, Catherine Eleonora von Borcke, Mme de, II 279; III 104, 105
Maupertuis, Pierre Louis Moreau de, I 293, 308, 316, 322, 328, 333; II 7, 9, 10, 15-18, 26, 47, 62, 83-85, 87, 88, 92, 99, 114, 116, 120, 123-25, 128-30, 132, 134-37, 140, 141, 147, 164, 166, 225, 252, 255, 279, 317; III 1, 25, 26, 28, 34, 37, 45, 53, 59, 71, 72, 77-79, 93, 94, 100, 102-18, 121, 123-25, 129, 130-34, 140, 141, 144, 145, 147, 148, 150, 170, 177, 191, 194, 205, 208, 209, 212, 220, 345, 366; IV 81, 169, 257, 287, 304, 334; V 40-42, 189, 246, 367
Maupertusiana, III 126
Maurel, André, I 83, 85
Maurens, Jacques, III 260, 261
Maurens, Jean, II 213
Maurepas, Jean Frédéric Phélipeaux, comte de, I 193, 205-208, 232, 259, 307, 324, 328; II 8, 31, 48, 49, 63, 66, 68, 73, 84, 109, 110, 112, 126, 138, 154, 164, 166-69, 172, 173, 175, 177-80, 183, 184, 192, 193, 195, 196, 204, 205, 208, 213, 221, 223, 224, 226, 285, 297, 339, 340, 350, 352, 375; IV 151; V 104-106, 108, 111, 112, 115, 116, 131-32, 149, 211, 213, 327, 349
Maurois, André, I 1, 2, 3, 6, 8, 10
Mausier, Etienne, IV 396
Mauvillon, Eléazar, IV 117
Mauzi, Robert, I 11; II 244, 346
Maximilien II Emmanuel, électeur de Bavière, II 214
May, Beat Ludwig von, III 269-72, 289
May, Gita, IV 172
Mayence, électeur de, *voir* Ostein
Mayenne, duc de, I 174
Mead, John, I 243
Meckel, C., III 21
Médicis, famille, II 42, 149; III 65
Médime, IV 89, 92
Medina, IV 334
Mégère, IV 322
Mehmet II, sultan ottoman, IV 263
Meiningen, Anton Ulrich von, duc, III 156, 157, 160
Meister, Jacques Henri, IV 62, 369, 393; V 66, 76, 112, 122, 124, 138, 182, 202, 205-207, 212, 218, 219, 227, 230, 231, 233, 238, 240, 241, 243, 245, 246, 253, 260, 262, 263, 275, 286, 288, 294-96, 304, 308, 315, 317, 328, 329, 345
Meister, Paul, IV 177
Melpomène, V 223
Memmius, V 31
Memnon, voir *Zadig*
Memnon, ou la sagesse humaine, II 348, 366, 367, 381-83; III 78, 114; V 13
Mémoire de Donat Calas, IV 150-52
Mémoire mis à la tête de la nouvelle édition, IV 264
Mémoire pour le sieur de Voltaire contre François Jore, II 48
Mémoire sur le libelle, III 361
Mémoires, II 139, 172, 173, 177-79, 183, 185, 191, 214-16, 307; IV 362; V 206, 350, 351
Mémoires pour servir à la vie de M. de Voltaire, I 9, 304; III 11, 13, 17, 18, 47, 54, 55, 110, 175, 328, 331, 368
Menant, Sylvain, I 11; IV 181, 184; V 162, 375
Menant-Artigas, Geneviève, IV 198
Mendelssohn, Moses, III 24, 26
Mendès, V 75
Mendes da Costa, Anthony Jacob, I 201, 213, 214, 220, 244
Mendes da Costa, Catherine, épouse d'Anthony Moses da Costa, I 244
Mendes da Costa, John, I 201, 213, 214, 220
Ménès, roi de Thèbes, V 174
Meng Hua, III 251, 300

Menoux, Joseph de, II 307, 313, 389; III 202, 204, 343; IV 85
Mensonges imprimés, *Des*, IV 284-85
Menthon, de, V 214
Menzel, Adolf von, III 21
Menzikoff, Alexandre Danilovitch, I 273
Méprise d'Arras, *La*, V 25, 26
Mérat, Sébastien, III 201, 202
Mercadier, abbé, II 341
Mercier, Louis Sébastien, III 315; V 198, 201, 202, 211, 217, 252, 308
Mercier de Saint-Léger, Barthélemy, IV 331, 332
Mercy-Argenteau, Florimond Claude, comte de, V 231
Merian, Hans Bernardt, III 46, 104
Merle, Louis, I 21
Merlin, Joseph, IV 155, 235, 272, 284, 338
Mérope, II 74, 88, 100, 169-72, 178, 180, 195, 310, 324, 333; III 5, 270, 286, 287, 303, 328; IV 77, 93, 424; V 154, 284, 288, 297
Mervaud, Christiane, I 87, 341; II 3, 4, 58, 75, 136, 153, 190; III 1, 13, 28, 42, 95, 104, 142, 366; V 73, 151
Mervaud, Michel, III 132, 145
Meslier, Jean, II 35; III 98; IV 173, 197, 198, 254
Métaphysique de Newton, II 128
Métastase, II 238, 333; III 251
Mettra, banquier de Frédéric II à Paris, III 13
Mettra, Louis François, V 101, 205, 224, 228, 229, 265, 288, 300, 301, 311, 320, 329, 344
Meunier, dom, V 332
Mevius, Christian, libraire-imprimeur à Gotha, III 59
Meyer, E., I 159
Meyer, P. H., IV 226
Meynières, *voir* Durey de Meynières
Mézeray, François Eudes, *dit* de, II 42
Michaël, ange, IV 387, 394
Michaut, Gustave, II 203
Michée, prophète, IV 281
Michel, Charles François, banquier, II 130, 397
Michelet, Jules, I 179, 315; III 64-66, 315; V 375
Micheli, médecin, V 75
Micklewright, prote chez Bowyer, I 324
Micromégas, II 38, 99, 345, 346, 348; III 58-59, 135, 261, 337; IV 186, 205; V 169
Middleton, Conyers, IV 203, 247
Miège, Guy, I 208, 212, 215, 233
Mignot, rôtisseur, V 41
Mignot, abbé Alexandre Jean, I 34, 221; II 243, 295, 302; V 20, 30, 41, 104, 149, 222, 223, 278, 279, 326-28, 330-32, 334-36, 353
Mignot, Marie Marguerite Catherine, née Arouet, I 12, 17, 30, 32, 45, 141, 142, 163, 221; II 90; V 20
Mignot, Pierre François, I 17, 24, 30, 32, 141, 142; II 90, 206, 307
Millet, censeur, III 280
Millot, Claude François Xavier, V 226, 227, 293
Milton, John, I 164, 226, 238, 247-49, 253, 299; IV 205
Mimeure, Charlotte Madeleine, marquise de, I 55, 56, 72, 73, 86, 98, 132, 134, 139, 167
Minerve, déesse, IV 358, 381, 387
Minet, souffleur, II 162
Mirabaud, Jean Baptiste de, IV 412
Mirabeau, Honoré Gabriel Riqueti, comte de, V 202, 353, 356, 359
Mirabeau, Victor Riquetti, marquis de, III 355; IV 26, 36, 345
Mirbeck, Frédéric Ignace de, V 138
Mirepoix, Anne Marguerite Gabrielle de Beauvau-Craon, marquise de, II 313
Miromesnil, Armand Thomas Hue de, V 132, 148, 192, 287, 288, 302, 303
Missir, Livio, I 11
Missy, César de, II 161, 162, 347
Mithra, IV 393
Mitouard, apothicaire, V 331
Mitterand, H., IV 275

Modave, de, IV 261
Moïse, I 35; II 136; III 95, 140, 319; IV 81, 82, 190, 214, 215, 217, 218, 221-24, 233, 247, 276, 279, 280, 335, 390, 412, 427; V 44, 45, 74, 181
Moisnel, Charles François, IV 294, 296-98, 300, 304
Moland, Louis, I 299; II 323; III 145, 148; IV 209, 255
Molé, Bonne Félicité Bernard, Mme, IV 80, 104; V 265, 271
Molé, François René, IV 362; V 265, 271, 285, 305, 310, 311
Molière, Jean Baptiste Poquelin, *dit*, I 32, 36, 43, 65, 84, 118, 169, 193, 297; II 199, 300, 310, 383; III 105; IV 85, 91, 189, 368, 418; V 200, 304
Molières, Joseph Privat de, II 85, 88
Moloch, IV 412
Monbailli, Anne Thérèse, V 24-26, 360
Monbailli, François Joseph, V 24-26, 144
Monclar, Jean Pierre François de Ripert, baron de, V 83
Moncrif, François Augustin Paradis de, I 155, 217, 282, 283, 310, 313; II 59, 172, 202, 209, 251, 252, 276, 297, 303, 304; III 14; IV 69; V 7
Mondain, Le, II 50, 51, 54, 58, 62, 72, 383
Monde comme il va, Le, I 43, 247; II 346, 348, 381
Mondonville, Jean Joseph Cassanea de, V 307
Mondot, Jean, III 24
Monod, Charles, V 363
Monod, Louis, V 363
Monsieur de Voltaire peint par lui-même, IV 265
Monsieur du Cap-Vert, voir *Les Originaux*
Montagu, Elizabeth Robinson, Mme, V 241, 289
Montagu, Mary Wortley, lady, I 238, 239, 243, 333
Montaigne, Michel Eyquem de, II 40, 131, 383; IV 200, 205; V 234, 315
Montauban, Mme de, I 87
Montaudoin, Jean Gabriel, IV 380
Montazet, Antoine de Malvin de, archevêque de Lyon, IV 423
Montbarrey, Alexandre Marie Léonor de Saint-Mauris, prince de, V 138
Montesson, Charlotte Jeanne Béraud de Lahaie de Riou, marquise de, V 309, 310
Montbrun-Villefranche, Mme de, I 80
Montcalm, Louis, marquis de, IV 14
Montenero-Caraffa, duc de, II 163
Montespan, Françoise Athénaïs de Mortemart, marquise de, I 82
Montesquieu, Charles Louis de Secondat, baron de La Brède et de, I 41, 149, 204-206, 210, 211, 223, 238-41, 278, 297, 331; II 86, 173, 215, 252, 253, 284; III 1, 50, 65, 75, 78, 104, 161, 236, 237, 264, 285; IV 191, 219, 244, 262, 377, 404; V 19, 22, 38, 43, 53, 190, 226, 227, 234, 235, 238, 281
Montherlant, Henri de, I 167
Monthoux, François Guillet, baron de, IV 35, 72
Montigny, Charles François Jean Bidault de, II 338, 341
Montigny, *voir* Trudaine de Montigny
Montillet, *voir* Châtillard de Montillet-Grenaud
Montmartel, *voir* Pâris-Montmartel
Montmolin, François Guillaume de, IV 239
Montmoreau, Louis Benjamin Aunot, marquis de, IV 388
Montolieu, baron Louis de, III 245, 246, 248
Montperny, Théodore Camille, marquis de, III 170, 194
Montpéroux, Etienne Jean de Guimard, baron de, résident de France à Genève, III 220, 227, 229, 245-47, 368; IV 208, 311
Monvel, Jacques Marie Boutet, *dit*, V 254, 265, 275
Mora, José Pignatelli y Gonzaga, marquis de, V 191
Morand, Bernadette, III 170
Morand, Pierre, II 124; V 317, 318, 327-29

Morangiés, Pierre Charles de Molette, comte de, V 136-38, 144
Moreau, avocat du roi, II 268, 269, 282
Moreau, Jacob Nicolas, III 338, 365
Moreau le Jeune, Jean Michel, *dit*, V 285, 296, 298
Moreau de Séchelles, Jean, II 116, 227, 247
Morellet, André, IV 81, 82, 87-89, 214, 299, 305, 425; V 47, 83, 107, 115, 119, 129, 143, 203, 268
Moreri, Louis, I 32; III 320; IV 210, 276
Morgan, John, IV 351-53, 355
Morgan, lady, V 328, 340
Morin, Simon, IV 253
Morival, *voir* Etallonde, d'
Morize, André, II 50
Mornet, Daniel, I 181; III 67
Mort de César, La, I 224, 274-80, 285; II 24, 25, 27, 31, 47, 65, 66, 173, 176, 177, 179, 180, 184, 283, 320; III 8
Mort de Louis XV, De la, V 98
Mort de Mlle Lecouvreur, La, I 264, 275
Mortemart, duc de, I 193, 293
Mortier, Roland, I 44; III 365; IV 241, 244, 246, 247, 249; V 173, 234
Morville, Charles Jean Baptiste Fleuriau, comte de, I 215, 227
Mouchon, Antoine, II 337; V 87
Mouchon, Pierre, V 87
Mouhy, Charles de Fieux, chevalier de, II 74, 80, 81, 92, 101, 110, 114, 163, 171, 175, 198
Moultou, Paul Claude, IV 62, 72, 159, 163-65, 170, 217, 222, 233, 276, 279, 292, 309, 315, 369, 374, 393, 410; V 26, 33, 66, 112, 122, 124, 125, 138, 205, 212, 230, 231, 233, 241, 243, 245
Mounet-Sully, Jean 293
Moureau, François, V 328
Moureaux, José-Michel, I 9, 120, 126, 128, 129; IV 231, 232, 280, 331-32, 336, 369, 391-93
Mousnier, Roland, I 333
Moussinot, Mlle, II 45
Moussinot, Bonaventure, II 7, 11, 44, 45, 62, 80-82, 110, 111, 113, 119, 130, 131, 205, 397
Mucius Scaevola, III 298
Mule du Pape, La, I 91; II 343; IV 180
Muller, avocat à Colmar, III 202
Muller, Daniel, III 190
Müller, Gerhard Friedrich, IV 114, 119
Munch, baron, III 162
Mussard, Pierre, III 293
Musset, Alfred de, II 393
Mustapha III, sultan ottoman, IV 128, 129, 415; V 50, 52
Muy, Louise Elisabeth Jacqueline d'Alsace de Hénin-Liétard de Saint-Phal, marquise de, III 293
Muy, Louis Nicolas Victor de Félix, comte de, V 126
Myck, notaire, III 174
Mylius, Christlob, III 80, 111, 121, 122

Nabuchodonosor, V 72, 73
Nadal, Augustin, I 189
Naigeon, Jacques André, IV 216, 412; V 44, 202
Nakagawa, H., V 300
Nanine, II 360, 368, 375-79, 387, 388; III 11, 183, 273, 303; V 87, 296, 310, 343
Napoléon Ier, I 10, 124; V 62, 79, 123
Napoléon III, V 362
Nassau-Saarbruck, *voir* Sophia Christina Charlotta Edmunda von Erbach
Nathan, IV 394
Natoire, Charles Joseph, III 321
Nattier, Jean Marc, I 309
Naves, Raymond, I 130; II 342; III 85, 323; IV 209, 211, 215, 227
Néaulme, Jean, II 149; III 196-200, 206
Necker, Jacques, IV 147, 156, 157, 425; V 107, 113, 114, 123, 133, 134, 139, 140, 202, 209, 213, 216, 266, 289
Necker, Suzanne Curchod, Mme, IV 425-27; V 26, 33, 113, 134, 139, 202, 213, 249, 253, 266
Necker de Germagny, Louis, V 346

Needham, John Turberville, IV 238-40, 256, 287, 346, 375, 376; V 41, 189
Nègre, lieutenant-criminel, II 269
Neptune, V 14
Néron, empereur romain, I 34; IV 249, 250, 270
Nestorius, V 172
Newcastle, Thomas Pelham-Holles, duc de, I 215, 227; III 306
Newton, Isaac, I 196, 229, 242, 246, 249, 250, 253, 264, 309, 310, 316, 321, 322, 331-33; II 18, 20, 27, 32, 34, 38, 51, 67, 77, 81, 84-90, 96, 97, 120, 125, 127-29, 141, 146, 150, 165, 166, 244, 271, 279, 291, 292, 320, 345, 365, 368, 369, 384, 385; III 84, 268, 280, 294; IV 55, 244, 255, 353, 377; V 42, 84, 176, 189, 229, 371
Nicéphore III, 210
Nicéron, Jean Pierre, III 60
Nicod, Pierre François, IV 41
Nicolaï, Christoph Friedrich, III 26, 48, 138
Nicolaï, marquis de, premier président à la Chambre des comptes, I 142, 188
Nicolardot, Louis, II 396, 398
Nicolas, saint, IV 294
Nicole, Pierre, I 32
Nicolo, N., IV 225
Niderst, Alain, V 156
Nivat, Jean, III 130, 192
Nivernais, Louis Jules Barbon Mancini-Mazarini, duc de, II 303; IV 72
Noailles, Adrien Maurice, duc de, I 158; II 177, 223, 285; III 83, 84
Noailles, Anne Jules, duc de, maréchal, V 226, 293
Noailles, Françoise Charlotte Amable d'Aubigné, duchesse de, II 168
Noailles, Louis Antoine, cardinal de, I 94, 198
Nocé, Charles de, I 281
Noé, III 97; IV 279, 382
Nolhac, Pierre de, II 374
Nollet, Mlle, V 36
Nollet, Jean Antoine, IV 353; V 36
Non, Les, IV 82
Nonnotte, Claude François, I 116; IV 12, 233, 265-68, 284, 331, 381, 396; V 38, 41, 42, 182
Nourse, John, libraire à Londres, III 371; IV 111
Noury, Jean, II 323
Nouveau mémoire signifié pour le sieur de Voltaire, défendeur, contre François Jore, II 48
Nouveaux mélanges, IV 77, 236, 255; V 34, 77, 160, 163, 187
Nouvelle lettre à Mme Montagu sur Shakespeare, V 241
Nouvelle requête au roi en son conseil, V 9
Nouvelles considérations sur l'histoire, III 63; IV 284
Nouvelles probabilités en fait de justice, V 76, 137
Novi de Caveirac, Jean, III 338; IV 268
Numa Pompilius, I 35; V 39

Oberndorff, comte A. d', V 338
Ochozias, IV 394
Ochwadt, Curd, III 47
Octavie, II 340
Ode à sainte Geneviève, I 46, 48
Ode sur la mort de S. A. S. la princesse de Baireith, III 29, 366
Ode sur le fanatisme, II 126
Ode sur le vœu de Louis XIII, I 57, 66
Ode sur les affaires du temps, II 161
Ode sur les malheurs du temps, I 58
Odoacre, roi des Hérules, III 254
Œdipe, I 9, 55, 59, 63, 70-72, 74, 81, 86, 94, 100, 102, 103, 106, 115-22, 125, 126, 128-31, 133, 135-37, 140, 143-45, 152, 182, 189, 195, 223, 228, 262, 280, 283, 285, 288, 297, 305, 341; II 8, 56, 260; III 7, 55, 303; V 154, 288, 297, 361
Œuvres, éd. 1741-1742 (w42), II 164-68
Œuvres, éd. Cramer (w56), III 2, 243, 254-56, 262, 265, 268, 278, 280-83, 296; IV 236
Œuvres, éd. Cramer (w68), I 313; IV 236, 262, 402; V 139, 345

Œuvres, éd. Cramer (w75), IV 236; V 166, 345, 346, 348, 350
Œuvres, édition de Kehl, I 19, 29, 99, 102, 110, 253; II 38, 86, 299, 383; III 6, 56, 333, 350; IV 270; V 13, 69, 92, 95, 96, 173, 185, 345-52, 360
Œuvres, éd. Lambert (w51P), III 2, 51, 58, 59, 61, 262
Œuvres, éd. Lambert (w57P), III 256
Œuvres, éd. Ledet (w32), II 63, 68, 272
Œuvres, éd. Lequien, II 58
Œuvres, éd. Rouen (48R), III 41
Œuvres, éd. Rouen (50R), III 58, 61
Œuvres, éd. Walther (48D), III 61, 135, 225, 261; IV 284
Œuvres, éd. Walther (52D), III 61, 78, 131, 179, 261, 268, 281-82
Œuvres mêlées, voir *Œuvres*, éd. Cramer
Og, roi de Basan, IV 223
Ogny, d', *voir* Rigoley
Oldcorne, Edward, III 314
Oldfield, Ann, I 223, 264
Olivet, Nicolas d', II 263, 268
Olivet, Pierre Joseph Thoulier d', I 32, 39, 45, 120, 328; II 101, 254, 263-70, 282; IV 71, 108, 110, 112
Olympie, IV 65, 159, 193-95, 314, 357; V 160, 196, 208, 211, 285
Ombreval, Nicolas d', I 187
Onkélos, IV 334
Ooliba, IV 201, 224, 227, 280, 403; V 73
Oolla, IV 201, 224, 280, 403; V 73
Opalinska, Catherine, II 93, 94, 313
Oreilles du comte de Chesterfield, Les, V 163-66
Oreste, I 71, 84, 85, 102; II 4, 390, 398, 399; III 4-8, 12, 250, 261, 364; IV 37, 195, 334
Orieux, Jean, I 6; II 153; III 92; IV 2; V 330
Origène, III 209; IV 217, 277
Originaux, Les, II 58-60, 98, 105, 291, 292, 296; V 374
Origine des métiers, L', IV 182, 184
Orléans, Adélaïde de Bourbon-Penthièvre, duchesse d', V 310
Orléans, Louis Philippe de Bourbon, duc de Chartres, puis d', II 303; IV 423; V 99, 306-10, 358
Orlov, famille, IV 121
Orlov, Aleksei Grigorievitch, comte, IV 415
Orlov, Grigori Grigorievitch, comte, IV 126; V 5
Ormesson, d', président à mortier, IV 296-99
Ormesson de Noiseau, Anne Louis François de Paule Lefèvre d', V 360
Orose, Paul, IV 277
Orphelin de la Chine, L', I 293; III 10, 184, 211, 233, 242, 243, 248-53, 256-58, 261, 269, 270, 301, 30[illegible], 336; IV 92, 122, 166, 356; V 154, 203, 3[illegible]
Orry, Philibert, comte de Vignory, II 71, 119, 176, 177, 192, 208, 274
Orsoni, Jean, IV 135, 136, 138-40
Osborn, Mrs, sœur de Byng, III 306
Osée, prophète, II 37; IV 224
Osseville, Mme d', I 59
Ossolinska, Catherine Jablonowska, duchesse d', II 94
Ostein, Jean Frédéric Charles, comte d', électeur de Mayence, III 178
Osten, Jenny von der, III 135
Osterwald, Frédéric Samuel, V 36
Othon, empereur, III 328
Ottokefa, première épouse de Pierre le Grand, I 273
Otway, Thomas, I 223; IV 100
Oui, Les, IV 82
Outrey, Amédée, IV 317
Ovide, I 32, 101, 300; IV 219; V 74
Ovi[illegible], D', III 282
Oxford, Edward Harley, comte d', I 250

Pacôme, saint, IV 239
Pageau, avocat, II 111
Païens et des sous-fermiers, Des, IV 236
Paillet de Warcy, L., I 52, 59, 116
Paix perpétuelle, De la, IV 402
Pajot de Vaux, Marie Jeanne, née Dupuits, V 249
Palaprat, Jean, I 31

Palatine, Charlotte-Elisabeth de Bavière, princesse, I 83, 92, 93, 96, 131, 135
Palissot de Montenoy, Charles, I 180; III 245, 263, 293, 368; IV 9, 13, 48, 63, 70, 84-89, 91-97, 165, 201, 231, 268; V 7, 107, 202, 224, 252, 271, 344, 345
Palladio, Andrea, IV 54
Pallu, Bertrand René, I 259, 260; IV 222
Pallu, le P. Martin, I 51
Palmerston, Henry Temple, vicomte de, IV 349
Paméla, III 16-18, 34, 35, 39-41, 47, 53, 54, 117, 191-93, 195; IV 403
Panchaud, propriétaire de La Perrière, IV 43, 44
Panchaud, Jean François, III 226, 289
Panckoucke, Charles Joseph, I 88; IV 9, 410; V 122, 123, 179, 225, 226, 229, 234, 237, 345-51
Pandore, II 199; III 212, 224-25; IV 406, 417; V 360
Panégyrique de Louis XV, II 3, 341, 351, 389, 396
Paoli, Pascal, V 79
Paquier, banquier, II 46
Parabère, Louis, comte de, I 180
Parfaict, les frères, I 102
Paris, de, bourreau, IV 301
Pâris, les frères, I 137, 139, 147, 163, 259; II 11, 28, 213, 215, 216, 396
Pâris, François, diacre, I 327
Pâris-Duverney, Joseph, I 92, 184, 194, 195; II 396, 397; III 242, 291; V 92, 95, 348, 367
Pâris-Montmartel, Jean, II 177, 202, 214, 215, 224, 294, 339; III 233; IV 72
Parny, Evariste Désiré de Forges, vicomte de, V 307
Parrenin, Dominique, IV 263
Pascal, Blaise, I 51, 196, 210, 312, 326, 330, 331, 334, 341; II 15, 34, 147, 210, 211; IV 112, 284; V 68, 190, 235, 256, 326
Pascal, Jean Noël, V 191
Pasquali, libraire à Venise, III 371
Pasquier, Denis Louis, conseiller au parlement, III 213; IV 298, 299, 301, 303, 385, 386; V 141, 143, 324, 325
Passeran, prête-nom de Voltaire, IV 373
Passionei, Domenico, cardinal, II 233, 234, 250; IV 62
Pasteur, Abraham, IV 41, 42
Pastoret, Pierre, comte puis marquis de, V 356, 359
Patkul, Johann Rheinhold, I 272
Patouillet, Louis, IV 267, 284, 381; V 38
Patourel, Jean, IV 235
Patu, Claude Pierre, III 263, 264, 293; IV 86
Paul, saint, I 231, 232; IV 165, 215, 219, 224, 228, 248, 326, 373, 375, 378, 405; V 177, 184, 185
Paul de Thèbes, saint, IV 239
Paul Ier, tsar, IV 114, 122, 126
Pauli, III 37
Paulian, Aimé Henri, IV 208
Paulin, saint, IV 373
Paulmy, marquis de, *voir* Argenson, A. R. de Voyer d'
Pausanias, historien, IV 277
Pauvre diable, Le, IV 89-91, 96, 97
Pauw, Cornelius de, V 173, 174
Pavillard, Daniel, III 320, 360-61
Peacock, IV 348
Pégase, IV 428; V 80
Péguy, Charles, I 315; IV 113
Pellegrin, Simon Joseph, I 70, 123, 313
Pellisson, Paul, II 212
Pellon, Pierre ou Peter, I 248
Pellot, IV 298, 299
Pélopides, Les, V 8, 158-60
Pemberton, Henry, I 322; II 85
Penn, William, V 266
Pennant, Thomas, IV 352
Pensées sur l'administration publique, III 78, 281
Pensées sur le gouvernement, voir *Pensées sur l'administration publique*
Pépin le Bref, roi des Francs, IV 270, 284
Perdriau, Jean, IV 163
Péréfixe, Hardouin de, I 177

Père Nicodème et Jeannot, V 42
Perey, Lucien, III 343, 348
Pergen, Johann Baptist Anton von, comte, III 178, 180
Pergolèse, Jean Baptiste, III 317
Périclès, II 42
Perkins, J. A., III 86
Pernetti, Jacques, I 51; III 371
Pernety, Antoine Joseph, V 173
Pérol, Lucette, IV 190
Perrache, Antoine Michel, IV 62
Perrachon, Etienne, V 223
Perrault, officier de police, II 162
Perrault, Charles, I 106; IV 180
Perrault, Claude, I 84, 333
Perrault, Pierre Joseph, IV 59, 60
Perrod, Pierre Antoine, V 142, 146
Perroud, Cl., V 303
Perry, John, III 325
Perry, Norma, I 201, 202, 213, 214, 216-18, 220, 223, 227, 244, 248
Perse, poète latin, I 44
Persée, V 32
Pérusseau, le P., confesseur du roi, II 251
Pesne, Anne, née Du Buisson, II 56
Pesne, Antoine Frédéric, II 56; III 54
Pétau, Denis, IV 276
Peter, Marc, V 172
Peterborough, Charles Mordaunt, comte de, I 235-37, 239, 255, 256; V 166
Petit Boursoufle, Le, voir *Echange, L'*
Petit écrit sur l'arrêt du conseil, V 110
Petite digression sur les Quinze-Vingts, II 86
Petitpierre, Ferdinand Olivier, IV 219
Peuples aux parlements, Les, V 22, 23
Peyrefitte, Alain, III 300; IV 351
Peyronnet, Pierre, V 275
Pfeffel, Christian Friedrich, III 189
Phélizot, Baltazar Marie, II 262, 266
Philibert, Antoine, libraire-imprimeur, III 230
Philibert, Claude Christophe, III 200
Philibert, Claude, libraire-imprimeur, III 230
Philippe, duc de Parme, II 120
Philippe, duc d'Orleans, régent, I 75-77, 92-96, 100-105, 107-109, 113, 115, 116, 125, 131, 134, 140, 143, 147, 150, 156, 170, 180, 183, 192, 210; II 19, 71, 93, 194, 287; III 124
Philippe, roi de Macédoine, II 149; III 65
Philippe II, roi d'Espagne, II 293; III 196
Philippe V, roi d'Espagne, I 151, 192, 235; II 120, 248, 283; III 83; V 226
Philon, *dit* le Juif, IV 277
Philosophe ignorant, Le, IV 212, 240-47, 254
Philosophie de l'histoire, La, IV 255, 270-81, 331, 332, 336, 372; V 306
Phoebé, V 75
Picart, Bernard, I 155
Piccini, Nicolas, V 253, 265, 307
Pichon, Mme, secrétaire de Mme Denis, II 326
Pichon, Matthieu, III 321
Pictet, Charles, IV 171, 172, 309
Pictet, François Pierre, *dit* Pictet de Varambé, IV 30, 40, 64, 121, 122, 125, 126
Pictet, Françoise Charlotte, *voir* Constant Rebecque
Pictet, Marguerite, née Cramer, III 271, 292
Pictet, Pierre, III 228, 292
Pièces originales concernant la mort des sieurs Calas, IV 149-51
Pièces relatives à Bélisaire, IV 329
Pie IV, pape, IV 147
Pierre, saint, IV 224, 249, 270; V 52
Pierre l'Ermite, V 50
Pierre Ier, Pierre le Grand, tsar, I 145, 193, 270, 272, 273; II 229, 253; III 324-25, 365, 366; IV 114-21, 123-25, 128, 129, 153, 273, 343; V 53
Pierre II, tsar, IV 114
Pierre III, tsar, IV 120-22; V 55
Pierron, Alexis, I 41
Pigage, Nicolas de, III 183, 344
Pigalle, Jean Baptiste, IV 4, 56, 425-29; V 45, 364
Pilate, Ponce, IV 219, 224; V 179
Pilavoine, Maurice, I 37, 44, 47, 48; IV 67
Piller, M., III 217

Pindare, I 68
Pinto, Isaac, IV 226; V 180
Piron, Alexis, I 103, 154, 167, 239, 296; II 121, 134, 208, 215, 218, 223, 259, 284; III 7, 10, 12, 240, 325; IV 95, 293; V 155, 290
Pissot, Mme, I 259; II 7
Pitot, Henri, I 339; II 85, 147
Pitt, Andrew, I 245, 246, 334
Pitt, Thomas, III 294, 306
Pitt, William, III 306
Pixérécourt, René Charles Guilbert de, II 337
Pizarro, Francisco, II 14; III 158
Plaidoyer pour Ramponeau, Le, IV 89
Platon, II 344; IV 163, 190; V 68, 168, 189, 192, 221
Plaute, IV 189
Pline l'Ancien, IV 276, 277
Pluche, Noël Antoine, IV 241
Pluquet, François André Adrien, IV 201
Plutarque, IV 277
Podewils, Heinrich von, II 187; III 52, 142, 181, 182
Podewils, Otto Christof von, II 181, 187, 194-96
Poème de Fontenoy, voir *La Bataille de Fontenoy*
Poème sur la loi naturelle, III 85-90, 98, 138, 277-81, 302, 303; IV 161, 245; V 370
Poème sur le désastre de Lisbonne, III 268, 272-74, 276-80, 289, 302, 303, 310; IV 160
Poisson, François, II 215
Poisson, Mme, épouse du précédent, II 215, 216
Poisson, Georges, II 296
Poisson, Philippe, I 133, 163
Poitiers, Diane de, II 289
Poliansky, Basile, V 46
Polier de Bottens, Jean Antoine Noé, III 130, 226, 246, 247, 258, 269, 272, 273, 286, 319, 320, 324, 337, 360, 361, 364; IV 203; V 1
Polignac, Gabrielle de Polastron, comtesse de, V 263
Polignac, Melchior, cardinal de, I 83, 102, 103, 296, 297, 325; II 120, 151, 233, 288
Pöllnitz, baron Karl Ludwig von, III 34-37, 140
Poltrot, Jean de, sieur de Méré, III 314
Polybe, IV 277
Pombal, Sebastian José de Carvalho e Mello, marquis de, IV 197
Pomeau, René, I 4, 29, 37, 39, 42, 44, 45, 51, 52, 200; II 4, 10, 33, 36, 42, 127, 148, 344, 345, 382, 384; III 88, 132, 196, 300, 336; IV 145, 152, 166, 232, 262, 412, 413; V 76, 78, 93, 172, 273, 277, 279, 280, 298
Pomme, Pierre, V 178
Pompadour, abbé de, II 217
Pompadour, Jeanne Antoinette Poisson Le Normand d'Etioles, marquise de, II 3, 202, 214-17, 219, 223-27, 231, 239, 284, 297, 299, 303, 304, 310, 325, 338-41, 352, 366, 373-75, 388, 389; III 5, 7, 14, 50, 56, 57, 68, 69, 84, 122, 181, 199, 202, 212, 214, 245, 257, 259, 267, 279, 308-12, 330, 332, 338, 345, 346, 353, 363, 366-69, 373; IV 5, 15, 72, 87, 96, 101-102, 111, 149, 151, 196, 200, 255, 427; V 89, 90, 92, 116, 123, 161
Pompadour, marquis de, II 217
Pompée, Cneius Magnus, I 278, 279; V 31
Pompignan, *voir* Lefranc de Pompignan
Poncet, Jacques, IV 41
Poniatowski, Stanislas, comte, I 271
Poninska, comtesse, III 72, 73
Pons, G., III 104
Pontcallec, I 105
Pont-de-Veyle, Antoine Feriol, comte de, II 109, 124, 126, 138, 152, 199, 200, 207, 231, 309; III 5, 9, 61; IV 84, 245; V 125, 126
Pope, Alexander, I 40, 171, 180, 218, 225-29, 231, 235, 248, 299; II 39, 75, 144, 148, 244, 275, 345, 346; III 265, 268, 275, 280, 281; IV 82, 331, 353; V 198
Population de l'Amérique, De la, III 281, 283
Porée, le P. Charles, I 33, 42, 43, 46, 48,

49, 52, 72, 120, 175, 265, 276; II 29, 102; IV 184
Porquet, Pierre Charles François, II 313, 314
Porset, Charles, I 240; II 4; IV 243; V 307
Portatif, Le, voir *Dictionnaire philosophique*
Portefeuille nouveau ou mélanges choisis en vers et en prose, II 123
Posidonius, III 282
Possédés, Des, III 281
Potemkine, Grigori Alexandrovitch, IV 121
Potherat de Corbierres, prieur de Scellières, V 332-34
Potier, bibliothécaire, III 46
Pot-pourri, IV 173, 182, 236-37; V 40
Pouchkine, IV 118
Pougatchev, Emelyan Ivanovitch, V 55, 56
Pour, Les, IV 82
Pour et le contre, Le, I 153, 159; V 372
Poussot, gazetier, II 197
Powel, Samuel, IV 351-52, 355
Prades, Martin de, III 91-93, 111, 120, 122, 126, 127, 129, 140, 144, 148, 169, 172, 207, 286, 308
Praslin, César Gabriel de Choiseul, comte de Choiseul et duc de, II 309; IV 311, 313, 320, 351, 409, 423; V 16, 289, 314
Prault, Laurent François, II 80, 88, 126, 128, 223, 258, 350; III 370
Précis de l'Ecclésiaste, III 310
Précis du Cantique des cantiques, III 310
Précis du procès de M. le comte de Morangiés, V 138
Précis du siècle de Louis XV, I 46, 75, 76, 108, 184; II 194, 359; III 84, 261, 296, 315, 321; IV 252, 285-87; V 142, 143, 145
Prémare, Joseph Henri, III 251
Préservatif, Le, II 92, 97, 100, 101, 107, 109, 113, 114
Président de Thou justifié, Le, IV 268
Preuss, J. D. E., II 178; III 27; V 342
Préville, Mme, IV 94
Préville, Pierre Louis Dubus, *dit*, IV 94; V 255
Prévost, abbé Antoine Francois, *dit* d'Exiles, I 211, 222-24, 234, 243, 255, 327; II 32, 67, 89, 109, 130; III 12, 33, 165; V 167, 366
Prévost, Nicolas, I 249, 251, 252
Priape, IV 279
Prie, Agnès Berthelot de Pléneuf, marquise de, I 180, 183, 184, 186, 192-94, 205, 210; II 71
Prie, Louis, marquis de, I 153
Princesse de Babylone, La, III 19, 150; IV 2, 3, 340-44; V 162
Princesse de Navarre, La, I 22; II 199-201, 203-208, 216, 223, 225, 226, 239, 256, 342
Prior, Matthew, I 235; III 280-81
Prix de la justice et de l'humanité, Le, V 26, 233, 236, 237
Procès de Claustre, IV 417-18
Profession de foi des théistes, La, IV 371, 372; V 370
Prométhée, III 212; voir *Pandore*
Prophétie de la Sorbonne, La, IV 330
Proschwitz, Gunnar von, V 47, 48, 349, 351, 360
Proschwitz, Mavis von, V 349
Prost de Royer, Antoine, IV 77
Proust, Jacques, IV 78
Provence, comte de, *voir* Louis XVIII
Provence, Marie Joséphine Louise de Savoie, comtesse de, V 139, 197, 209, 284
Provost, parfumeur, II 44
Prude, La, II 296-303
Pucelle, La, I 91, 97, 314-16, 318; II 12, 18, 28, 29, 33, 57, 63, 67-69, 74, 77, 103, 104, 163, 286; III 2, 27, 29, 30, 50, 80, 83, 125, 136, 162, 198, 208, 213, 224, 233, 234, 237, 242, 244-49, 256-61, 269, 273, 291, 311, 312, 322, 353, 361; IV 106, 122, 180, 184, 188, 321; V 284, 347
Puisieux, Louis Philoxène Brulart, marquis de, III 30
Puisieux, Madeleine d'Arsant de, II 385
Punch, IV 247
Puymorin, de, directeur de la Monnaie, V 362

Pyrrhonisme de l'histoire, Le, IV 284
Pythagore, IV 190, 244, 261

Quand, Les, IV 82
Quarré de Quintin, Louis, IV 61, 72
Que, Les, IV 82, 89
Quemada, B., IV 210
Quéniart, Jean, I 166, 268, 327, 329
Quens, Charles de, I 59
Quérard, Joseph Marie, II 323; III 350
Quesnay, François, IV 26
Quesnel, Pasquier, IV 256
Questions de Zapata, Les, IV 212, 222-25, 237, 247, 402; V 45, 78
Questions sur l'Encyclopédie, I 73, 213, 214, 220, 226, 240; II 41; III 284, 315; IV 209, 212, 218, 269, 410-12; V 2, 3, 10, 12-15, 33-40, 45, 82, 106, 162, 177, 225, 266, 267, 308, 315, 365, 376
Questions sur les miracles, IV 212, 236-40, 247, 254, 256, 274, 302, 339
Queverdo, François Marie, IV 55
Qui, Les, IV 82, 89
Quignard, J., III 83
Quinault, Jean, II 59
Quinault, Philippe, II 270; IV 383; V 254
Quinault-Dufresne, Jeanne Françoise, *dite* Mlle Quinault, II 58-62, 66, 111, 119, 125, 126, 133, 145, 351
Quinte-Curce, IV 277
Quintilien, I 32
Quirini, Girolamo Angelo Maria, cardinal, II 233, 250, 333; III 101
Quirinius, IV 224, 248
Quoi, Les, IV 82, 89

Rabaut, Paul, IV 141, 156, 374; V 110
Rabaut de Saint-Etienne, Jean Paul, IV 206
Rabelais, François, I 22, 76, 227; IV 70, 253-55
Rabreau, Daniel, V 290
Racine, Jean, I 69, 70, 72, 74, 84, 120-23, 130, 135, 138, 152, 174, 209, 223, 276, 297; II 3, 56, 61, 62, 132, 180, 210, 212, 254, 321, 378, 389; III 10, 31, 136, 252, 254, 260, 303, 304, 335; IV 38, 99, 100, 108, 112, 113, 189, 194, 209, 383, 424; V 14, 154, 155, 196, 198-200, 211, 218, 241, 250, 256, 289, 293, 294, 301, 326
Racine, Louis, I 138, 153, 162; II 236
Racle, Léonard, V 195, 196
Radcliffe, Ralph, I 243
Radonvilliers, Claude François Lizarde de, V 84
Radziwill, prince, V 363
Raffo, notaire, IV 396-98
Raghib-pacha, grand vizir, IV 128
Rahab, de Jéricho, IV 214
Raimond, IV 272
Raison par alphabet, La, voir *Dictionnaire philosophique*
Ralph, Dr, prête-nom de Voltaire, V 78
Rameau, Jean Philippe, I 313, 314; II 16, 28, 86, 196, 200, 201, 203, 207, 225, 239-42; IV 186, 322; V 253
Ramond, Marianne Sirven, Mme, IV 132, 288, 290, 291, 292, 415, 417; V 8
Ramond, Paul Jean Pierre, IV 291
Ramsay, André Michel, chevalier de, I 337
Ramus (Pierre de La Ramée), V 38
Raphaël, archange, IV 387
Rapin-Thoyras, Paul, III 298-99
Rathéry, E. J. B., III 311
Ratillon, brocheuse, IV 272
Raucourt, Françoise Marie Antoinette Josèphe Saucerotte, *dite* Mlle, V 222, 247
Ravaillac, François, II 25; III 313; IV 254, 383; V 58, 169
Raynal, abbé Guillaume, II 243, 353, 374; III 106, 135, 365; IV 87, 425; V 351
Raynal, Guillaume, II 6
Raynaud, Jean Michel, I 6, 11, 24, 150, 153, 195, 197, 201, 205
Réaumur, René Antoine Ferchault de, II 83, 84, 124, 216; IV 375
Rébecca, épouse d'Isaac, V 183
Reclam, en relation avec Hirschel, III 44
Recueil de pièces fugitives, II 126; III 59
Recueil des facéties parisiennes, IV 9

Recueil nécessaire, IV 173, 212, 246, 248, 255, 338
Réfutation d'un écrit anonyme contre la mémoire de feu M. Joseph Saurin, III 360-61
Regnante puero, I 104-106, 109
Regnard, Jean François, I 42, 133, 297; II 361; III 136; IV 92
Regnault, médecin, II 391
Regnault, Noël, II 88, 89
Régnier, abbé, I 94, 115
Reibelt, résident de Mayence, III 157
Reichard, Heinrich August Ottokar, IV 274
Reiffstein, J. F., III 140
Reille, Isabelle, I 11
Reims, archevêque de, *voir* La Roche-Aymon
Reinach, Salomon, V 364
Relation de la maladie du jésuite Berthier, IV 9-11, 336
Relation de la mort du chevalier de La Barre, IV 294, 304, 305
Relation du bannissement des jésuites de la Chine, IV 370, 371, 376
Relation du voyage de frère Garassise, IV 9
Relation touchant un Maure blanc, II 2, 272
Religion naturelle, La, voir *Poème sur la loi naturelle*
Remarques pour servir de supplément à l'Essai sur les mœurs, IV 268
Remarques sur l'histoire, III 63; IV 284
Remarques sur le Siècle de Louis XIV, I 61
Remarques sur les Pensées de Pascal, III 313
Rembrandt, Harmenszoon van Rijn, III 219
Remontrances du corps des pasteurs du Gévaudan à A.-J. Rustan, IV 373, 374
Remontrances du pays de Gex, V 131
Remphan, IV 412
Remus, II 68
Rémy, Joseph Honoré, V 307, 347
Renan, Ernest, IV 257, 280, 281; V 40
Renaud, Jacques, I 15, 16, 20, 21, 31
Reni, Guido, IV 55
Renneville, Constantin de, I 112
Renwick, John, II 197, 274; III 4, 310; IV 74, 81, 307, 308, 314, 321, 325-28, 330; V 136
Repnine, prince Nicolaï Vasilievitch, IV 127
Réponse aux remontrances de la Cour des aides, V 21, 23
Réponse catégorique au sieur Cogé, III 310; IV 329
Réponse d'un académicien de Berlin à un académicien de Paris, III 102, 109
Représentations aux Etats Généraux de Hollande, II 228
Requête au roi pour les serfs de Saint-Claude, V 139
Rescrit de l'empereur de la Chine, IV 169
Resseguerre, Guillaume, IV 421
Rétat, Laudyce, IV 281
Rétat, Pierre, III 313; IV 209, 210; V 359
Retz, Paul de Gondi, cardinal de, IV 251
Révillon, médecin, V 67
Rey, Marc Michel, III 108, 370, 371; IV 145, 177, 245, 369; V 54, 147, 187
Riballier, Ambroise, IV 326, 328-30, 333, 344, 383
Ribaupierre, Daniel, III 221, 226
Ribaupierre, Marc Etienne, III 226
Ribote-Charron, Jean, IV 133, 134, 145, 148, 155, 156; V 6, 110
Riccoboni, Antoine François, IV 99
Riccoboni, Luigi, I 263, 331; II 31
Richard, Mlle, *dite* Aubry, II 8
Richardson, Samuel, II 375; III 16; IV 403, 404; V 198
Richelieu, Anne-Catherine de Noailles, duchesse de, I 59, 327
Richelieu, Armand, cardinal de, I 22, 109, 138, 140, 145, 152; II 253; III 283; IV 284, 285, 420; V 200
Richelieu, Armand Jean Du Plessis, duc de, V 366
Richelieu, Elisabeth de Guise, duchesse de, I 328; II 8, 15, 17, 18, 20, 65, 93, 94, 104, 105, 120, 122-124, 126, 132, 135
Richelieu, Louis François Armand, duc de, I 18, 22, 59, 109, 138, 183, 184, 208, 258, 259, 269, 282, 298, 301, 302, 306-308, 310,

314, 315, 317, 327, 329; II 8, 9, 11, 18-20, 22, 27, 28, 44, 46, 47, 52, 68, 98, 104, 105, 120-22, 132, 139, 163, 164, 169, 175, 177-79, 184, 188, 193, 195, 196, 198-202, 204, 209, 216, 219-21, 225, 226, 229, 239, 240, 255, 279, 284, 292, 321, 341, 343, 381, 392, 397; III 9, 10, 14, 55-57, 68-70, 84, 92, 199, 206, 213, 214, 220, 225, 233, 245, 250, 251, 254, 257, 259, 279, 283, 286, 293, 294, 305-12, 326, 327, 331; IV 14, 65, 71, 75, 77, 115, 133, 134, 159, 173, 362, 365, 423, 425, 427; V 7, 10, 11, 15, 21, 42, 55, 58, 66, 67, 69, 71, 88-91, 99, 136, 141, 144, 146, 176, 177, 202, 207, 222, 223, 232, 264, 265, 271, 293, 320, 321

Richier, secrétaire de Voltaire, III 72, 79, 80, 93

Richmond, Charles Lennox, duc de, I 239-41, 286

Ridgway, R., III 192

Rieu, Henri, IV 204; V 104, 305, 318, 322

Rigoley, Claude Jean, baron d'Ogny, V 27

Rigoley de Juvigny, Jean Antoine, II 259, 263, 265, 266, 268-70

Rilliet, Mme, *voir* Florian, Lucrèce Angélique

Ringard, Louis, II 124

Riquet de Bonrepos, Jean Gabriel Amable Alexandre de, IV 141, 142, 290, 416, 417

Rive, de, III 247

Rivière, Marc Serge, III 67

Robecq, Anne Marie de Luxembourg de Montmorency, princesse de, IV 80, 88, 89

Robert, avocat, II 48

Robert, François, IV 314

Robert, Paul, I 258

Robertson, Mysie E. I., I 222, 224

Robertson, William, V 125

Roberty, employé de poste à Berne, III 274

Robin, libraire à Paris, III 370

Roch, *voir* Rochmondet

Roch, saint, IV 411

Roche, Raphaël, IV 70; V 67, 125, 223, 269, 270, 276, 319, 331

Rochebrune ou Roquebrune, Guérin de?, 15, 22-25, 29; III 301; V 366

Rochefort, Marie Thérèse de Brancas, comtesse de, II 84, 303, 313

Rochefort d'Ally, chevalier Jacques de, IV 304, 317; V 6, 137, 303

Rochefort d'Ally, Jeanne Louise Pavée de Provenchères, V 6

Rochemonteix, Camille de, I 38, 41

Rochette, François, IV 1, 132-34, 139, 141, 145, 147

Rochmondet, Jean Bénédict, III 226

Rochon de Chabannes, Marie Antoine Jacques, V 202

Rocoule, Mme de, gouvernante de Frédéric II, 23

Rodin, Auguste, I 3

Rodinson, Maxime, II 154, 157

Rodolphe II de Habsbourg, empereur allemand, III 184

Rohan, Armand-Gaston, cardinal de, I 203, 206, 207; III 188

Rohan, Louis René Edouard, prince de, V 335, 342, 351

Rohan-Chabot, Guy Auguste, chevalier de, I 163, 180, 202, 203-207, 210, 220, 258, 265; II 352; V 206

Rollin, Charles, I 297; IV 275, 276

Romagnesi, Jean Antoine, II 31; III 317

Romain, saint, IV 284

Romain, Geneviève Gaillard, dame, V 136

Romano, Colonna, I 293

Rome sauvée, II 388, 390, 398; III 4, 5, 8, 10, 11, 30, 39, 42, 50-52, 55, 56, 68, 69, 75, 80, 112, 131, 194, 212, 250, 261, 364; IV 195, 424; V 344

Romulus, II 68; III 325; V 32

Ronsard, Pierre de, I 106, 172

Roque, pasteur à Hameln, III 226

Roquelaure, Jean Armand de Bossuejouls de, V 7

Roques, Jacques Emmanuel, III 84, 123

Rose, employé chez Racle, V 214-16

Rosé, Charles Henri Chrétien, V 29, 193, 223, 242

Rosély, Antoine François Raisouche-Montet, *dit*, II 303
Rosimond, Jean Nicolas Prévost, *dit*, IV 314, 323
Rossel, Frédéric, III 190
Rosset de Rochefort, Jean Alphonse, III 269
Rossini, Gioacchino, IV 102
Rotberg, Wilhelm de, III 137
Roth, Georges, III 25 ; IV 159 ; V 300
Rothelin, Charles, abbé de, I 297, 325
Rothenburg, Friedrich Rudolf von, II 182, 183, 192 ; III 45, 52, 70, 73
Roubaud, Pierre Joseph André, IV 422
Roucher, Jean Antoine, III 29 ; V 307
Rouelle, Guillaume François, I 257
Rougemont, Martine de, I 264 ; V 251
Rouillé, Hilaire Du Coudray, marquis de, I 264, 294, 298 ; II 7, 28, 46
Roulet, Louis Edouard, III 273, 360
Rouph de Varicourt, Gilberte Prospère, V 245
Rouph de Varicourt, Marc Etienne, V 121, 215
Rouph de Varicourt, Pierre Marin, V 245, 337, 338
Rousseau, André Michel, I 3, 11, 40, 111, 209, 212, 213, 215, 217, 223, 225-30, 234, 237-43, 246-48, 250, 252, 255, 269, 276-79, 322 ; II 228, 229 ; III 61, 294 ; IV 54, 73, 348 ; V 308
Rousseau, Jacques Auguste, III 136, 137
Rousseau, Jean Baptiste, I 4, 44, 47, 55, 56, 62, 69-71, 81, 93, 103, 105, 117, 122, 123, 125, 134, 135, 144, 145, 148, 150, 153, 154, 156-59, 162, 197, 230, 235, 247, 297, 304, 305, 321, 339 ; II 9, 31, 33, 47, 61, 67, 88, 97, 99, 102, 117, 118, 120, 175, 363 ; III 242, 320
Rousseau, Jean Jacques, I 2, 7-9, 13, 40, 43, 79, 285, 331, 332 ; II 12, 13, 68, 239, 240, 386 ; III 1, 7, 50, 137, 157, 214, 217, 226, 233, 235, 253-55, 258, 279, 280, 292, 302-303, 318, 334, 339, 341 ; IV 2, 4, 64, 66, 67, 74, 84, 85, 89, 91, 133, 134, 145, 160-78, 204, 206-208, 219, 228, 236, 237, 239, 246, 258, 268, 287, 303, 308-10, 312, 314-17, 322-24, 338, 357, 372, 381, 426 ; V 1, 7, 36, 41, 62, 97, 170, 172, 189, 191, 227, 355, 359, 362-64
Rousseau, Pierre, III 7, 318, 371, 373 ; IV 77
Rousset de Missy, Jean, III 154, 196, 198, 200, 325
Roustan, Antoine Jacques, III 302 ; IV 163, 170, 283, 373, 374
Rouzier, abbé, III 185
Rowe, Nicholas, V 198
Roy, Pierre Charles, I 68, 117, 206 ; II 172, 218, 222, 225, 236, 251, 252, 256, 259, 262, 264, 304
Royer, Joseph Nicolas Pancrace, III 225
Royou, Guillaume, IV 106
Ruault, Nicolas, V 346-48
Rubel, M., V 373
Ruchat, Abraham, III 239
Rucker, sénateur, III 150, 151
Ruffey, Germain Gilles Richard de, III 210, 214, 311 ; IV 27, 30, 49, 50, 53, 60, 69, 72, 74, 314
Ruffhead, William, I 226, 228, 229
Ruinart, Thierry, III 209 ; IV 217, 249 ; V 174
Rulhière, Claude Carloman de, V 55
Rumyantsev, Piotr Aleksanrevitch, V 50
Runckel, Henriette von, III 132
Runset, Ute van, II 4 ; III 28, 79
Rupelmonde, Marie-Marguerite d'Aligre de, I 151-53, 156, 157, 159, 161, 162
Rushdie, Salman, V 376
Russe à Paris, Le, IV 91, 112, 123
Ruth, Moabite, IV 227
Rutlidge, James, V 217-19, 239

Sackmann, Paul, III 190
Sade, Jacques François Paul Aldonce, de, I 299 ; II 6, 9, 34, 179
Sade, Jean Baptiste, comte de, I 240, 241
Saggio intorno ai cambiamenti avvenuti su'l globo della terra, II 233
Saïd-Effendi, IV 129
Saillant, libraire, V 128

Saint-Aignan, Paul Hippolyte de Beauvilliers, duc de, V 192
Saint-Aubin, Gabriel de, V 298
Saint-Aulaire, François Joseph de Beaupoil, marquis de, II 288, 297
Saint-Contest, Mme de, I 152
Saint-Contest, François Dominique Barberie, marquis de, III 130
Saint-Cyr, *voir* Giry de Saint-Cyr
Saint-Didier, prête-nom de Voltaire, IV 381
Sainte-Beuve, Charles Augustin, I 1; V 100, 194
Saint-Evremond, Charles de Marguetel de Saint-Denis, seigneur de, I 32, 297, 300; III 283; IV 216, 253
Saint-Fargeau, Michel Etienne Le Peletier, comte de, IV 385
Saint-Florentin, comte de, *voir* La Vrillière, duc de
Saint-Gérand, entrepreneur de spectacle, V 86, 87, 195, 196
Saint-Germain, Claude Louis, comte de, V 126
Saint-Hyacinthe, Hyacinthe Cordonnier, *dit* le chevalier de Thémiseul ou, I 255, 338; II 111, 259; IV 369
Saint-Julien, Anne Madeleine Louise Charlotte Auguste de La Tour Du Pin de, IV 317; V 89, 107, 108, 114, 120, 122, 137, 171, 194, 196, 203, 209, 214, 216, 223, 242, 245, 306, 313, 317, 318, 320, 336
Saint-Julien, François David Bollioud de, II 269; V 108, 337
Saint-Lambert, Jean François de, I 312; II 59, 95, 244, 313-19, 321-25, 328, 330, 331, 354-58, 361, 364, 365, 369-72, 386, 387, 390-92; IV 389, 425; V 11, 23, 41, 75, 202, 262, 293
Saint-Marc, Jean Paul André de Razins, marquis de, V 295-97, 302
Saint-Nicolas, curé de, ami d'Hérault, II 109
Saint-Pierre, Charles Irénée Castel, abbé de, II 125; IV 168, 169, 377, 402; V 38, 80
Saint-Pierre, Marguerite Thérèse Colbert de Croissy, duchesse de, I 308, 313; II 84; IV 214
Saint-Priest, Jean Emmanuel Guignard, comte de, IV 20, 74, 141, 288; V 143-45
Saint-Réal, César Vichard, abbé de, I 32; III 62
Saint-René Tallandier, III 176
Saint-Simon, Charlotte de L'Aubespine, duchesse de, I 27, 31
Saint-Simon, Louis de Rouvroy, duc de, I 31, 65, 78, 151, 192, 304, 338
Saint-Tropez, Joseph Jean Baptiste de Suffrens, marquis de, V 193
Saint-Val aînée, Marie Pauline Christine Alziari de Roquefort, *dite* Mlle de, V 222
Saint-Val cadette, Marie Blanche, *dite* Mlle de, V 222, 265, 271
Saladin, Jean Louis, III 323
Saladin, Michel Jean Louis, III 236
Saladin, Salâh al-Dîn Yûsuf, I 291
Sale, George, IV 278
Sallé, Marie, I 282, 323
Sallier, Claude, II 390; III 286
Salluste, I 270; III 356
Salmanasar, roi d'Assyrie, V 174
Salmon, médecin, II 391
Salomon, roi d'Israël, III 27; IV 218, 223; V 184
Salomon, A., III 189
Saltykov, Boris Mikhaïlovitch, comte, III 366; IV 122
Sammonocodom, IV 255
Samson, juge d'Israël, IV 267
Samson, I 313, 314; II 16, 28, 29; V 360, 361
Samson le fils, bourreau, V 141
Samuel, prophète, IV 223, 267; V 72, 181, 184
Sanchez, Tomas, IV 11, 224
Sanchoniathon, IV 277, 280, 335
Sand, Aurore Dupin, baronne Dudevant, *dite* George, II 194
Sanderson, Nicolas, III 339

Sara, femme d'Abraham, III 95; IV 224, 391; V 178
Sarasin, Jean, pasteur, III 323, 372
Sareil, Jean, I 56, 82, 100; II 153, 179, 215, 374, 375; III 141
Sarpi, Paolo, IV 262
Sarrazin, Pierre Claude, II 324, 336; III 250
Sars, Maxime de, II 72
Sartine, Antoine Raymond Jean Gualbert Gabriel de, IV 105, 155, 424; V 6, 94
Sartre, Jean Paul, I 4-7, 9; V 316
Saturne, dieu, IV 279
Saül, IV 222-23, 354
Saül, roi des Israélites, II 37; IV 214, 222, 223; V 72
Saulnier, V. L., II 352
Saumaise, Claude, I 297
Saunderson, Nicolas, II 384, 385
Saurin, Bernard Joseph, III 319-20, 360; IV 399, 409, 425; V 156, 161, 202, 222, 252, 293
Saurin, Joseph, I 69; III 2, 319-20, 360-62
Saussure, Judith de, V 66
Saussure, Nicolas de, V 66
Sautreau de Marsy, Claude Sixte, V 234
Sauvage de Verny, Jacques Philibert de, IV 366
Savary, Jacques, II 11
Saveuse, IV 297, 304
Savoye, imprimeur, II 167
Saxe, duchesse douairière de, III 27
Saxe, Maurice, comte de, II 194, 195, 213, 219, 220, 223, 248, 254, 279, 284, 387; III 17, 48, 271; IV 427
Saxe-Gotha, *voir* Frédéric III, duc; Frédéric, prince; Louise Dorothée, duchesse
Schaer, Friedrich Wilhelm, III 142
Schaumburg-Lippe, Albrecht Wolfgang von, comte, II 141, 191
Schaumburg-Lippe, Charlotte Frédérique Amélie de Nassau-Siegen, comtesse, II 142, 191
Schaumburg-Lippe, Georges von, comte, II 141
Schaumburg-Lippe, Guillaume von, comte, II 141
Scheffer, Karl Fredrik, baron, III 147; V 47
Schérer, Gaspard Henri, V 27-30, 222, 223, 242, 323
Scheyb, Franz Christoph, III 287
Schieder, Theodor, II 55
Schimberg, André, I 38
Schlobach, Jochen, III 139, 195
Schmidt, J. F., III 146, 149, 150, 154, 158-60, 163-66, 168, 170-75, 177, 179-82, 184, 366
Schmidt, Mme, III 163
Schnelle, Kurt, III 137
Schomberg, Gottlob Louis, IV 220, 425; V 9, 53
Schönaich, Christoph Otten von, baron, III 131, 132
Schönemann, III 31
Schöpflin, Johann Daniel, III 188, 189
Schöpflin, Josef Friedrich, III 189, 211, 213
Schoulepnikoff, Chantal de, III 222
Schuch, Franz, III 31
Schvedt, Henri de, II 54
Scipion, IV 190, 262, 354
Scott, J., éditeur à Londres, III 371
Scribe, Eugène, I 236
Scythes, Les, IV 333, 337-41, 358, 361, 362, 423; V 177, 285
Séance mémorable, III 118, 122, 144; voir aussi *Histoire du docteur Akakia*
Seckendorff, Friedrich Heinrich von, comte, III 131, 132
Seconde anecdote sur Bélisaire, IV 328
Seconde suite des mélanges, IV 168
Secousse, Daniel François, III 83
Sedaine, Michel Jean, IV 95; V 8, 192, 218, 252
Sédillot, IV 25, 26
Sédillot, fils, IV 26
Séguier, Antoine Louis, IV 105; V 11, 12, 23, 115, 129, 130
Séguier, Pierre, II 253
Seigneux, Gabriel de, seigneur de Correvon, III 269, 271, 272, 274, 275, 317, 318

Sélis, Nicolas Joseph, V 340
Sem, fils de Noé, III 97
Sémiramis, I 285; II 246, 277, 279, 282-84, 296, 303, 305, 309, 312, 321, 324, 325, 327-30, 333-43, 347, 348, 350, 352, 355, 358-60, 363, 375, 388; III 5, 11, 32, 101, 303, 304, 311; IV 65, 195, 284, 334, 362, 424; V 87, 154, 192, 211, 254
Sénac, Jean Baptiste, IV 35
Sénac de Meilhan, Gabriel Amable, III 293; IV 35, 72
Senaux, juge de Calas, IV 142
Senckenberg, Johann Christian von, III 152
Senckenberg, Johann Erasmus von, III 157, 165, 171, 173, 175, 179, 180
Sénèque, IV 219, 224
Sentiment des citoyens, IV 176, 177
Sentiments des six Conseils établis par le roi, V 22
Séran, Mme de, IV 325
Sermon des cinquante, II 4, 33; III 15, 96-98; IV 6, 171, 173, 176, 198, 199, 206, 215, 234, 235, 246, 309, 338, 384
Sermon du papa Nicolas Charisteski, V 57
Sermon du rabbin Akib, IV 197
Servan, Joseph Michel Antoine, IV 218, 280, 385, 410
Servet, Michel, III 314, 318, 322-24, 338, 340; IV 60, 253; V 371
Servien, abbé, I 57, 77, 78
Sésostris, roi d'Egypte, V 131
Sextus Empiricus, IV 277
Seytres, Hyppolyte de, II 210
Sgard, Jean, II 11; III 200, 247; IV 78; V 225, 336
Shackleton, Robert, I 116, 240
Shaftesbury, Anthony Ashley Cooper, comte de, II 384; IV 191, 247
Shakespeare, William, I 223-25, 234, 265, 266, 276, 277, 279, 284, 291; II 333; III 251, 263, 264; IV 4, 100, 349, 351; V 14, 156, 190, 191, 196-200, 202, 204, 207, 209, 217-20, 240, 241, 251, 253, 268, 289, 291, 301
Sheremetoff, général au service de Pierre le Grand, I 273
Shouvalov, Andrei Petrovitch, IV 274; V 51, 54
Shouvalov, Ivan Ivanovitch, III 324, 325, 333, 365, 366; IV 73, 115, 116, 118-20, 122, 123; V 46
Showalter, English, II 124, 125
Shun-Ching Song, III 300
Siècle de Constantin, Du, III 281
Siècle de Louis XIV, Le, I 3, 7, 66, 75, 197, 236, 296, 298; II 20, 33, 42, 43, 72, 77, 103, 118, 126, 148, 212; III 2, 26, 48, 50, 56, 59-67, 69, 73, 75, 76, 79, 80, 83, 94, 113, 122-23, 131, 135, 138, 185, 195, 197, 206, 223, 243, 261, 296-99, 319-21, 346; IV 2, 111, 261, 263, 264, 286, 427; V 21, 267, 375
Sievers, L., III 24
Sieyès, Emmanuel Joseph, V 356
Signac, Marcel, I 2
Signy, Jean, III 353; IV 55, 58, 62, 64
Silva, Jean Baptiste, II 109, 124
Siméon, fils de Jacob, IV 228; V 101
Simon, banquier à Londres, I 256
Simon, Richard, II 35; IV 217
Simon Barjone, *voir* Pierre, saint
Simon le Magicien, IV 249
Singularités de la nature, Des, I 300; IV 129, 212, 281, 375, 376
Sinner, Johann Rudolf, *dit* Sinner de Ballaigues, III 317; V 122
Sinsart, Benoît, abbé de Munster, III 208, 295
Sireuil, III 225
Sirven, famille, IV 141, 144, 154, 155, 227, 294, 328, 425; V 204, 304
Sirven, Antoinette Léger, Mme, IV 1, 132, 288-92, 415, 417
Sirven, Elisabeth, IV 132, 288, 289
Sirven, Jeanne, IV 132, 288, 290-92, 415, 417
Sirven, Pierre Paul, I 129; IV 1, 3, 126, 132, 141, 147, 159, 288-92, 298, 389, 415-19; V 8, 10, 20, 142, 360

Slodtz, les frères, II 335
Smelling, William, I 243
Smerdis, IV 283
Smith, Adam, IV 349
Smith, D. W., III 59, 349; IV 9
Šmurlo, Y. F., IV 119
Soanen, Jean, évêque de Senez, II 72
Soboul, Albert, IV 198; V 358
Socio, Giuseppe de, III 356
Socrate, II 142; IV 170, 173, 190, 252, 372; V 39
Socrate, III 307; IV 12, 13, 92, 94, 165
Socrate, De, III 282
Soicourt, Nicolas Pierre Duval de, IV 294, 295, 297, 300, 304; V 149, 151
Solis, Antonio, II 14
Solon, V 101, 103, 312
Soltikoff, *voir* Saltykov
Sommervogel, Carlos, I 39
Songe-creux, Le, V 69, 70
Songe de Platon, Le, I 90; II 38, 344, 345; III 281
Sontag, Otto, III 270
Sophia Christina Charlotta Edmunda von Erbach, princesse de Nassau-Saarbruck, IV 205
Sophie, margrave de Schwedt, sœur de Frédéric II, 28
Sophie Dorothée, reine-mère de Prusse, III 26, 27, 29, 32, 53, 326
Sophie Frédérique Wilhelmine, margrave de Bayreuth, II 54, 188; III 18, 26, 28, 29, 31, 32, 50, 116, 137, 140-41, 145, 146, 148, 165, 170, 181, 186, 191, 205, 212, 214, 286, 320, 326-28, 332; IV 115; V 71
Sophocle, I 71, 72, 84, 85, 96, 107, 123, 130; III 5, 6, 12; V 52, 241, 264, 286, 295, 312
Sophonisbe, V 8, 89, 156-58
Soranus, prête-nom de Voltaire, V 186
Sorel, Agnès, I 315
Sottise des deux parts, I 69
Soubise, Charles de Rohan, prince de, maréchal, II 202; III 326, 330, 331, 366
Soufflot, Germain, III 219; IV 65
Souvenirs de Mme de Caylus, Les, IV 265
Spallanzani, Lazzaro, IV 238, 239, 376; V 182
Spence, John, I 226
Spener, Jacob Carl, III 189
Spica, Jacques, I 11
Spinoza, Baruch, I 162; IV 217, 218, 243-45, 251, 252, 254, 405; V 42
Spon, Jacob, III 216
Staal, baron de, II 287
Staal-Delaunay, Marguerite Jeanne, baronne de, I 103; II 287-289, 291, 292, 302, 312
Stadion-Warthausen, famille, III 178
Staël, Germaine Necker, baronne de, V 357
Stahl, Georges Ernest, II 368
Stainville, François Joseph de Choiseul, marquis de, II 96
Stainville, Françoise Louise de Bassompierre, marquise de, II 96
Stainville, Jacques Philippe de Choiseul, comte de, V 16
Stair, John Dalrymple, comte de, I 143
Stanislas Ier Leszczynski, roi de Pologne, I 193, 194, 273; II 52, 93-96, 305-307, 310-16, 319-22, 324, 330, 331, 333, 337, 340, 350, 352, 355, 358, 360, 362, 365-67, 371, 381, 386, 389, 393; III 202, 290, 343-45; IV 80, 85, 87, 92, 118, 216
Stanislas II Auguste Poniatowski, IV 127-28, 228, 293, 343, 373; V 47, 48, 57-62, 176, 204
Starobinski, Jean, III 64, 255
Stavan, Henry A., III 135, 139, 182; V 193
Steele, Richard, I 247
Steiger, Friedrich, III 365
Steiger, Nicolas Frédéric, baron de Montricher, III 273, 289
Steinbock, comte, I 272, 273
Stelling-Michaud, Sven, III 131, 138, 140, 188
Stendhal, Henri Beyle, *dit*, I 118, 320
Stern, J., III 192; V 245-49, 261, 328, 338-40, 355, 361
Stern, S., III 24

Sterne, Laurence, V 225, 227
Stetten, von, maréchal, III 345
Stille, major, II 55
Stolberg, Friedrich Leopold, comte de, V 183
Stormont, David Murray, vicomte, V 268
Strabon, IV 277
Strahlenberg, baron Philip Johan Tabbeat von, III 325
Strauss, D. F., III 179
Struve, Burkhard Gotthelf, III 189
Studnitz, Hans Adam von, III 137
Suard, Amélie Panckoucke, Mme, V 122, 123, 125, 148, 191, 194, 195, 225, 236, 240, 346
Suard, Jean Baptiste, IV 424, 425; V 85, 191, 253, 255, 293, 347
Sudre, avocat, IV 141
Suétone, IV 277
Suhm, Ulrich Friedrich von, II 54, 77, 78
Sully, Maximilien de Béthune, baron de Rosny, duc de, I 64, 180; V 114
Sully, Maximilien Henri de Béthune, duc de, I 77, 98, 99, 110, 180, 203-205
Sulzer, Johann Georg, III 108, 116
Supplément au Siècle de Louis XIV, III 121-24, 131
Sur les contradictions de ce monde, II 346
Sur Mlle de Lenclos, IV 236
Swieten, Gottfried von, IV 80
Swift, Jonathan, I 227-29, 250; II 344; III 280, 281; IV 247, 353; V 225
Sylla, Lucius Cornelius, I 278; IV 250, 269
Syrinx, V 74
Systèmes, Les, V 42

Tabareau, Jean François René, V 224
Taboureau Des Réaux, Louis Gabriel, V 213, 216, 217
Tacite, I 270; IV 277, 374
Tactique, La, V 79-81, 161
Taine, Hippolyte, I 1; V 375
Talleyrand, Charles Maurice de Talleyrand-Périgord, V 357
Talma, François Joseph, I 264, 292
Talmont, Maria Jablonowska, princesse de, V 52, 57
Tancrède, I 119; II 214; III 364; IV 12, 64, 74, 92, 97-102, 192, 193, 334, 407, 424; V 154, 160, 196, 207, 221, 222, 256, 288, 343
Tanis et Zélide, I 297
Tanucci, Bernardo, marquis, IV 378
Tarteron, le P. Jérôme, I 44, 47
Täscher, III 351
Tasse, Le, III 255
Tassoni, Alessandro, IV 321
Tassulo, Carlo Antonio Pilati di, IV 378
Taulès, chevalier Pierre de, IV 314, 319
Taureau blanc, Le, V 2, 46, 71-78, 177
Tavernier, Jean Baptiste, II 118
Taylor, Owen R., I 171, 172, 174, 178, 180, 181
Taylor, S. S. B., IV 428; V 346
Teilhard de Chardin, Pierre, IV 336
Teissier, Philippe, V 332
Tell, Guillaume, I 250
Temple, comte, I 231
Temple de la Gloire, Le, I 297; II 225, 226, 236-39, 243, 256, 260, 264, 342; V 360
Temple de l'Amitié, Le, I 293, 297
Temple du Goût, Le, I 14, 24, 64, 78, 79, 81, 135, 233, 293, 297-99, 300, 318, 321, 325, 326, 341, 342; II 57, 101, 180, 220, 236; IV 220; V 254
Temple Patterson, H., II 38
Temps présent, Le, V 108
Tencin, bailli de, II 251
Tencin, Claudine Alexandrine Guérin, marquise de, I 56, 208, 285; II 65, 72, 121, 145, 151, 163, 164, 169, 174, 175, 178, 179, 184, 187, 188, 193, 195, 199-201, 208, 215, 216, 231, 247, 284, 293; III 301
Tencin, Pierre Guérin de, cardinal, II 72, 121, 162, 164, 169, 175, 178, 192, 193, 195, 201, 204, 228, 231, 247; III 66, 83, 214, 327, 332
Térence, IV 189
Terrasson, Jean, I 67, 68
Terray, Joseph Marie, IV 421; V 15, 16, 65,

82, 91, 97, 105, 106, 109, 110, 114, 118, 134
Tersac, de, curé, IV 368; V 273, 274, 277, 278, 282, 325-29, 331, 334-36, 339
Tertullien, IV 277
Textor, sous-lieutenant, III 166, 167
Thadden, R. von, III 23
Thamar, V 178
Thècle, sainte, IV 217
Thélème et Macare, IV 182-85
Thélusson, banquier, III 236
Thémis, V 63
Thémistocle, V 52, 180
Théodote, saint, IV 249, 284
Théophile de Viau, *voir* Viau
Théophraste, I 32
Thérèse, II 180
Théru, abbé, I 186
Thésée, III 325
Thévenin, François, V 319
Thibouville, Henri Lambert d'Herbigny, marquis de, III 39; V 88, 102, 158, 161, 179, 191, 209, 211, 220, 221, 250, 251, 254-56, 260, 265, 314
Thiébault, Dieudonné, III 35, 86, 92, 116, 117, 129
Thierry, médecin, V 329
Thiéry, Robert, V 363
Thiriot, marchand de drap, II 261
Thiriot, Nicolas Claude, I 23, 48, 64, 102, 135, 137, 140, 151, 153-55, 157, 159, 163, 165, 167, 169, 170, 184, 185, 187-89, 196, 201, 207-209, 218-22, 227-29, 252-55, 257-59, 275, 282, 285-87, 298, 301, 323-25, 327, 337, 338; II 23, 24, 26-29, 32, 35, 42, 46, 51, 58, 63, 68, 72, 74, 80, 88, 90-92, 101, 102, 106-15, 119, 121-23, 164, 166, 177, 200, 260, 261, 283, 326; III 41, 237, 244, 245, 263, 270, 272, 275, 278, 279, 283, 296, 297, 302, 308, 314, 318, 322, 323, 349, 361, 373; IV 8-10, 27, 35, 36, 58, 69, 71, 74, 77, 91, 103, 105, 112, 161, 167, 169, 219, 232, 395, 403, 424; V 64, 68, 158
Thomas, saint, apôtre, I 198, 199; IV 216
Thomas d'Aquin, saint, I 49; IV 155, 267; V 42
Thomas, Antoine Léonard, III 280; IV 87, 425; V 47, 202, 217, 293
Thomson, Anne, III 42, 86
Thomson, James, I 247
Thomyris, V 55
Thorel de Campigneulles, Charles Claude Florent de, III 373
Thormann, Franz, V 216
Thou, Jacques Auguste de, IV 387
Thuillier, Vincent, III 209
Thun, baron de, III 137
Thurot, capitaine, IV 339
Tibulle, V 249
Tickell, Thomas, I 247
Tietze, III 22
Tilladet, prête-nom de Voltaire, IV 405
Tiller, Johann Anton, maire de Berne, III 273
Tillotson, John, I 253
Timon, III 254-55
Tindal, Matthew, II 35, 36
Tinois, secrétaire de Voltaire, III 42, 72, 244, 246
Tissot, André David, III 317
Tissot, Samuel Auguste André David, V 67, 71
Tite-Live, I 48; IV 277; V 156, 157
Titien, Tiziano, *dit* Le, I 302
Titon Du Tillet, Evrard, IV 103
Titus, empereur romain, IV 223, 383
Tobari, Tomo, I 122
Tobie, IV 228; V 72, 177, 178
Tocsin des rois, Le, V 51-52
Toft, Mary, I 241
Toland, John, IV 253
Tolignan, abbé, II 231, 232
Tolomas, Charles Pierre Xavier, III 214
Tombeau de la Sorbonne, Le, III 122
Tompson, prête-nom de Voltaire, IV 12, 13
Tomyris, reine des Massagètes, IV 129
Torcy, Jean Baptiste Colbert, marquis de, I 45, 148; III 297

Toulouse, Marie Victoire Sophie de Noailles, comtesse de, II 169
Tournemine, le P. René Joseph, I 44, 62, 180, 276; II 89
Tourneux, Maurice, II 353
Tourton et Baur, banquiers, IV 148
Tout en Dieu, IV 405-406, 413
Towne, Richard, I 256
Townshend, Thomas, I 243
Traduction du poème de Jean Plokof, IV 415
Traité de métaphysique, II 11, 33-35, 37, 38, 40, 41, 68, 76-78, 272, 345; IV 200
Traité de paix conclu entre Monsieur le Président et Monsieur le Professeur, III 110, 131, 134
Traité sur la tolérance, IV 132, 152-55, 159, 163, 179, 180, 199, 233, 334; V 60, 267, 369, 371
Trajan, empereur romain, II 254; III 18; IV 190, 223, 383
Trapnell, W. H., III 59
Travenol, Antoine, II 262-66, 269
Travenol, Louis Antoine, II 258, 259, 262-72, 274, 276, 277, 279, 282, 323, 346, 348, 365
Travers, Mme, fripière, I 261-62
Trembley, Jean, syndic, III 240
Trenard, Louis, II 144
Trenck, Friedrich de, III 29
Très humbles et très respectueuses remontrances du grenier à sel, V 22
Tressan, Louis Elisabeth de La Vergne, comte de, III 286; IV 69, 118; V 128, 129, 150, 271
Tressé, maréchal de, I 235
Trichâteau, famille, II 92
Trichâteau, Marc Antoine Honoré, marquis Du Châtelet de, II 97, 116, 130, 144, 147
Triptolème, IV 34, 38
Trissino, Gian Giorgio, V 156
Tristan L'Hermite, François, I 189
Triumvirat, Le, IV 195; V 14, 82
Trois empereurs en Sorbonne, Les, IV 383
Trois manières, Les, IV 182, 184, 185
Tronchin, Anne, III 218
Tronchin, Antoine, III 218
Tronchin, Antoine, banquier, premier syndic, III 218
Tronchin, Elisabeth Boissier, épouse de Jean-Robert, III 218
Tronchin, François, I 148; III 216-20, 227-31, 236, 242, 246, 248, 249, 292, 301, 359; IV 23, 24, 61, 72, 176; V 3, 71, 210, 211, 269, 347
Tronchin, Henri, III 218, 219
Tronchin, Henry, IV 61; V 210
Tronchin, Jacob, III 218; IV 311, 312; V 291
Tronchin, Jean Robert, banquier à Lyon, III 218, 227, 228, 230, 233, 241, 242, 247, 249, 266, 270, 286, 290, 291, 316, 327, 341, 342, 357, 362, 365, 371; IV 23, 24, 26, 28, 34, 35, 40-42, 45, 66, 67, 71-73, 75, 76, 104, 147, 309; V 336
Tronchin, Jean Robert, procureur-général, III 218, 324; IV 60, 166, 170, 206, 207, 309, 321
Tronchin, Louis, III 218
Tronchin, Louis, pasteur, III 218, 249
Tronchin, Marie-Anne Fromaget, épouse de François, III 216
Tronchin, Pierre, membre du Conseil des Deux Cents, III 218
Tronchin, Théodore, médecin, III 218-20, 242, 248, 270, 272, 285, 292-94, 302, 306, 323, 324, 332, 337, 366; IV 60, 70, 72, 147, 149, 163, 176, 309, 322, 349, 383; V 68, 180, 208, 256, 260, 263-67, 269-72, 276, 277, 280, 284, 285, 291, 312, 314, 318-22, 324, 329, 336-39, 341
Trousson, Raymond, IV 172; V 355
Troy, Jean François de, I 155
Trublet, Nicolas Charles Joseph, II 89, 101, 109; III 240; IV 38, 90, 91, 333
Truchet, J., II 158, 378; III 63
Trudaine, Jean Charles de, IV 26, 155
Trudaine de Montigny, Jean Charles Philibert de, IV 25, 155; V 119, 131, 132, 138, 214, 252
Try, médecin, V 319, 331

Tscharner, Albrecht von, III 269
Tscharner, Mme, épouse du précédent, III 269
Tshiffeli, Johann Ludwig, III 273
Tucoo-Chala, Suzanne, V 347
Tuffet, Jacques, III 104, 108, 115, 134
Turckheim, Jean de, banquier, III 191, 233
Turenne, Henri de La Tour d'Auvergne, vicomte de, III 66; IV 387
Turgot, Anne Robert Jacques, IV 23, 25, 26, 72, 88, 327, 410; V 101, 105-10, 112-16, 119-23, 126-35, 138, 163, 165, 192, 193, 202, 212, 213, 216, 262, 267, 268, 272, 307, 325, 368
Turgot, Michel Etienne, I 12, 13, 14, 300
Turrettini, François Jean, IV 27
Turrettini, Jean Alphonse, III 337
Twiss, Richard, IV 349
Tyrconnel, Richard Talbot, comte, ambassadeur de France, III 18, 28-31, 46, 52, 68, 70, 79, 186, 194
Tyrconnel, Mme, épouse du précédent, III 53, 194

Ulfeld, Anton Cornificius von, comte, III 155
Ulysse, III 207
Un chrétien contre six juifs, I 39, 214, 220; V 2, 180-82
Urie, mari de Bethsabée, IV 223
Uriel, ange, IV 387
Ursule, sainte, IV 411
Ussé, Louis Sébastien, marquis d', I 29, 98, 101, 163
Uzès, Charles Emmanuel de Crussol, duc d', III 50, 279
Uzès, comte d', I 73

Vabelle, V 24
Vachat, Jean Louis, IV 28
Vadé, Antoine, prête-nom de Voltaire, IV 186, 188, 191
Vadé, Guillaume, IV 90, 183, 191, 334
Vadé, Jean Joseph, IV 183
Vaillot, René, I 105, 303, 306-308, 312, 316, 328; II 1, 2, 4, 278
Vaines, Jean de, V 107, 119, 122, 126, 128, 132, 150, 165, 176, 179, 184, 212, 234, 237, 242, 256, 257, 346
Vairinge, Philippe, II 20
Valade, Jacques François, V 60, 88, 94
Valenti Gonzaga, Silvio, cardinal, II 233
Valéry, Paul, I 2; II 368; III 65, 66; V 376
Valette, Siméon, IV 73, 90
Valincourt, Jean Baptiste Henri Du Trousset de, I 138; II 212
Valmy-Baisse, J., V 153
Valory, Guy Louis Henri, marquis de, II 141, 142, 144, 152, 199, 214; III 29, 36, 147
Valory, Jeanne Louise Caroline de, IV 100
Valory, Paul Frédéric Charles de, II 213
Valory, Raymond de, II 144
Valréal, II 284
Van Dale, Antonin, IV 276
Van den Heuvel, Jacques, II 75, 343-48, 381-83; III 99; IV 158, 248, 428
Van der Meulen, Adam Frans, III 345
Vandeul, Angélique Diderot, Mme, IV 272
Van Dijk, Suzanne, V 328
Van Duren, Jan, imprimeur à La Haye, II 132, 133, 135; III 157; V 12
Van Dyck, Antoine, III 345; IV 325
Vangardt, Daniel, IV 119
Vanhove, Charles Joseph, V 265
Vanini, Lucilio, IV 253; V 150
Vanité, La, IV 83
Van Loo, Charle André, *dit* Carle, II 241; III 4
Van Loo, Jean Baptiste, I 184
Van Musschenbroek, Jan, II 66
Van Musschenbroek, Petrus, II 66, 141
Varicourt, François de, V 354
Varicourt, *voir* Rouph de Varicourt
Varloot, Jean, IV 161; V 300
Varnhagen von Ense, Karl August, III 127, 144, 158, 159, 173, 175, 176
Varrentrapp, Franz, III 151, 155, 157, 179
Vartanian, A., III 89

Vasselier, Joseph, V 27, 33, 77, 98, 112, 114, 130, 176, 223
Vasserot de Châteauvieux, Jean, IV 41, 42, 72
Vatin, valet de Voltaire, III 45
Vaucanson, Jacques de, II 134
Vaudeuil, Pierre Louis Anne Drouyn de, IV 417
Vauvenargues, Luc de Clapiers, marquis de, II 209-211, 220, 254, 274-278, 283
Végobre, Charles de Manoël, sieur de, IV 148, 149, 156
Vendôme, duc de, I 57, 77
Vendôme, Philippe, grand-prieur de, I 57, 65, 77-79, 81, 82, 98
Vénus, IV 352, 358; V 164, 249
Vercruysse, Jeroom, II 67, 68; III 147, 153, 154, 185, 186, 245, 256-58; IV 194; V 35, 129, 315, 349
Verdun, comte de, I 167
Vergennes, Charles Gravier, comte de, IV 129; V 120, 122, 129, 231
Vernes, Jacob, I 7; III 282, 293, 301, 318, 337; IV 2, 61, 72, 162, 163, 174, 177, 197, 210, 233, 250, 261, 268, 316, 317, 323; V 83, 122, 288
Vernet, Claude Joseph, V 307
Vernet, Jacob, I 302; III 200, 219, 234-35, 267, 293, 301-302, 322, 323, 337, 360; IV 315, 322, 323, 350
Vernière, Paul, III 65; IV 244, 390
Véron, veuve, V 136-38
Véronèse, Paolo Caliari, *dit* le, IV 55
Verri, Alessandro, IV 305
Vertot d'Aubeuf, René Aubert de, II 288
Veselovski, Avram Pavlovitch, IV 115
Veselovski, Fedor Pavlovitch, III 324; IV 115
Vestris, Françoise Marie Rosette Gourgaud, Mme, IV 340; V 222, 264, 265, 275, 285, 295, 305
Veyssière de La Croze, Mathurin, III 27
Viau, Théophile de, IV 253; V 38
Vie à Paris et à Versailles, La, II 387
Vieillard du mont Caucase, voir *Un chrétien contre six juifs*
Vieussieux, Jacques, IV 313
Vigny, Alfred, comte de, V 365
Viguière, Jeanne, IV 135-41, 143, 158
Villarceaux, Barthélemy Louis de Rolland, seigneur de, V 313
Villars, Amable Gabrielle de Noailles, duchesse de, II 171, 251, 252, 340; III 294
Villars, Claude Louis Hector, maréchal duc de, I 144, 148, 150, 180, 206; II 44, 397; III 293
Villars, Honoré Armand, marquis puis duc de, IV 20, 64, 65, 74, 75, 77, 109, 146, 148
Villars, Jeanne Angélique Roque de Varengeville, maréchale de, I 132-34, 137, 168; II 171, 209
Villati, III 32
Villefort de Montjeu, P. d'Isarn de, II 51
Villégier, Jean Marie, IV 187
Villelongue, comte Robert La Cerda de, I 267, 271
Villemot, Philippe, II 85
Villeroi, François de Neuville, maréchal duc de, I 136, 149; II 205
Villette, marquise de, épouse de lord Bolingbroke, I 143, 163
Villette, *voir* Du Plessis-Villette
Villevielle, Philippe Charles François Joseph de Pavée, marquis de, IV 378; V 11, 201, 211, 247, 249, 250, 255, 256, 278, 279, 304, 328, 329, 341, 344
Vinache, médecin empirique, I 148
Vinci, Léonard de, I 2
Viret, Abraham, I 166, 168, 170, 172, 268
Viret, Louis, IV 283
Virgile, I 41, 64, 67-69, 106, 140, 164, 165, 171, 172, 176, 179, 209, 217, 304, 315; II 340; III 12, 239, 254; IV 37, 219, 274, 381; V 70, 301
Vision de Babouc, La, voir *Le Monde comme il va*
Vismes, Mme de, V 194
Vitriarius, Philipp Reinhart, III 189
Vitruve, IV 69, 277

Voisenon, Claude Henri de Fusée, de, I 312; II 29, 59, 202, 203, 226, 324, 394; V 79, 341
Voisine, Jacques, I 8, 331; III 137; IV 167, 168, 309
Voisins, Gilbert de, IV 328
Voiture, Vincent, I 152, 297
Voix du curé, La, V 139
Volanges, acteur, V 344
Volland, Sophie, IV 159, 231, 259
Voltairomanie, La (Desfontaines), 92, 100-102, 106, 109-111, 114, 115, 118, 121, 122, 268, 272
Vordaagh, Jacob, II 66
Voronej, IV 119
Vorontsov, Aleksandre Romanovitch, III 344; IV 121, 128
Voss, Jürgen, III 188
Voyage du baron de Gangan, Le, I 91; III 59, 337; voir aussi *Micromégas*
Voyer, Marc René d'Argenson, marquis de, III 355
Vuaillet, Claude Louis, IV 60

Wachs, Morris, III 140; V 366
Waddicor, Marc H., II 100
Wade, Ira O., I 112, 116, 117, 158, 159; II 33, 39-41, 85, 99; III 96; V 185
Wagenseil, Johann Christoph, IV 219
Wagnière, Jean-Louis, I 10, 18, 19, 48, 111, 122, 131, 240, 309, 310, 315; II 280; III 78, 222, 295, 310, 344, 348; IV 24, 25, 69, 362-65, 393-98, 427, 429; V 35, 66, 124, 125, 165, 184, 205, 208, 232, 247, 248, 256-59, 263, 267, 270-81, 283, 286, 291, 292, 294, 303, 304, 307, 310-14, 316-20, 322-24, 327-30, 336, 343, 346, 347
Waldner, Christian Friedrich Philipp, III 258
Waller, Richard, I 131
Walpole, Horace, I 215; II 229; IV 245, 284, 406; V 88, 261, 274, 275, 281, 286, 304, 306
Walpole, Robert, I 215, 228-30
Walther, Georg Conrad, II 294, 299, 306, 312, 353, 383; III 41, 59, 60-62, 78, 80, 83, 84, 123, 125, 130, 131, 196, 199, 206, 207, 224, 258, 261, 262, 268
Wangenheim, Friedrich von, III 137
Warburton, William, I 228; IV 203, 219, 253, 276
Warens, Louise Eléonore de La Tour Du Pin, baronne de, I 331, 340; II 13, 240
Washington, George, V 266
Watelet, Claude Henri, IV 67; V 293
Watteau, Antoine, I 151; II 52
Weil, Françoise, II 249
Wieland, Christoph Martin, III 137
Wilhelmine, margrave de Bayreuth, *voir* Sophie Frédérique Wilhelmine
Wilhelmine de Hesse-Cassel, princesse de Prusse, III 28
Wilkes, John, IV 349
Wilkins, Kathleen S., I 44
Willar, secrétaire au cabinet de l'empereur, à Vienne, I 148, 149
Williams, Sir Charles Hanbury, III 30, 33
Williams, David, IV 103, 111, 113
Wilson, Arthur M., IV 20; V 301
Windischgrätz, comte de, I 152
Wirz, Charles Ferdinand, II 234, 235; III 203, 226, 297
Witt, Johan de, II 149
Wolf, Christian Friedrich von, II 55-57, 76-78, 99, 127, 132, 134; III 25, 105, 121, 134, 135
Wolfe, James, IV 15
Woodman, James, I 251, 252
Woodward, John, II 272; IV 281
Woolf, Virginia, I 6
Woolston, Thomas, I 253; II 35, 36; IV 216, 253
Wurtemberg, *voir* Charles Eugène, duc; Frédérique Sophie, duchesse; Louis Eugène, prince
Wyart, Jean François, V 261
Wycherley, William, II 299, 303

Ximénès, Augustin Louis, marquis de, III 51, 74, 259; IV 47, 48, 167, 360, 363; V 202

Yong-zhen, empereur de Chine, IV 153, 263, 371
Young, Edward, I 229, 247, 248; V 197
Young-Tching, *voir* Yong-zhen
Ysabeau, commissaire de police, I 95, 108, 329
Yu, empereur chinois, V 173, 174
Yvon, Claude, III 95, 122

Zadig ou la Destinée, I 27, 86, 117; II 4, 38, 118, 209, 283, 285, 327, 341-55; III 59, 114, 280; IV 185, 205, 240, 311, 341, 342; V 169, 371
Zaïre, I 59, 215, 217, 264, 287-95, 297, 298, 302, 318, 319, 321, 322, 326, 331, 334, 338, 339, 340; II 1, 12, 14, 30, 61, 65, 95, 105, 106, 154, 164, 209, 215, 335, 347, 388; III 5, 7, 31, 55, 132, 183, 194, 209, 235, 242-43, 250, 303, 316, 318, 373; IV 97, 99, 100, 108, 122, 153, 334, 357-58, 424; V 154, 195, 210, 230, 240, 284, 288, 297, 312, 369, 374
Zaleucus, IV 190, 244
Zeus, IV 278, 332
Ziechmann, Jürgen, III 174
Zimmerman, III 99
Zimmermann, J. G. von, II 54, 55
Zoroastre, III 299; IV 186, 244, 279
Zosime, IV 277
Zulime, II 107, 113, 118, 119, 125, 126, 132, 133; III 11, 208, 250, 304, 317; IV 77, 89, 357; V 344

TABLE DES MATIÈRES

Note vi

Liste des abréviations vii

Note sur les monnaies viii

Introduction 1

Les biographes pressés d'enterrer leur auteur? Le problème de la sépulture. Le «vieil écrivain», enseveli dans sa gloire. Le sel voltairien des derniers écrits. Un dernier acte à sensation.

I. Défense de Dieu. Chute de Choiseul (juillet-décembre 1770) 5

Bulletins de victoire de Catherine II. D'Alembert et Condorcet à Ferney. L'horlogerie. Versoix. Disette. Le pain de pommes de terre de Voltaire (6). La candidature du président de Brosses à l'Académie barrée par Voltaire. L'*Epître au roi de la Chine*. Campagne pour les serfs du Mont-Jura. Inertie du pouvoir (10). *Dieu*: campagne par correspondance. «On aime froidement la vérité» (12). Les *Questions sur l'Encyclopédie*, à Genève et à Neuchâtel. Lien très lâche avec l'*Encyclopédie*. Originalité de l'œuvre (15). Choiseul affaibli. Son renvoi et son exil à Chanteloup. «Barmécide le juste». Voltaire perd un protecteur (18).

II. Les parlements Maupeou 19

Un coup d'Etat. Les nouveaux Conseils. Voltaire applaudit la réforme. «Le roi sera le maître» (21). Campagne en faveur de Maupeou. Une menace de poursuites annulée. Malgré ses efforts, Voltaire brouillé avec Chanteloup (24). L'affaire Monbailli. La mère Monbailli, ivrognesse, meurt d'apoplexie. Son fils et la femme de celui-ci accusés d'assassinat. Condamnés à mort. Monbailli exécuté. Sursis pour son épouse, enceinte. Voltaire intervient. *La Méprise d'Arras*. Le nouveau Conseil acquitte Mme Monbailli (26). Difficultés des horlogers de Ferney. Indifférence à Versailles. Campagnes de promotion de Voltaire. Les princes mauvais payeurs. Le duc de Wurtemberg. Les revenus de Cadix (30).

III. «J'ai encore bec et ongles» 31

Pourquoi Voltaire se répète. Son *Memmius* réfute d'Holbach. *Il faut prendre un parti*, suite de *Memmius* (34). Succès des *Questions sur l'Encyclopédie*. Le bohème Durey de Morsan. Voltaire le sait rémunéré par les éditeurs neuchâtelois des *Questions* (37). Les *Questions* et le journalisme. L'apparition de Paimpol. Les articles «*Quisquis*», «Raison», «Religion». Le songe de Voltaire: voyage initiatique. Dialogue avec Jésus (40). Un nouvel ennemi: Clément. Maîtrise de Voltaire dans un genre classique: épître et satire en vers. *Les Cabales*, contre les athées parisiens. Diderot apaise la querelle (44). Guénée et ses *Juifs*. La polémique du veau d'or. Consultation de Pigalle. «Fonte» annexé à «Dieu». Galitzin et *Le Taureau blanc*.

IV. Une diplomatie des Lumières 47

Les princes du nord protègent les philosophes. Gustave de Suède à Paris. Empêché de se rendre à Ferney par la mort du roi son père. Le coup d'Etat de Gustave III approuvé par Voltaire (48). La situation diplomatico-militaire. La tsarine se résigne à la paix sans avoir atteint tous ses objectifs. Voltaire souhaitait une «croisade» contre l'Infâme de Turquie. Appelle à une coalition européenne pour libérer la Grèce (53). Illusions d'une politique éclairée. Lucidité cependant. Le *Voyage en Sibérie* de l'abbé Chappe. Visite inutile de la princesse Dashkova. La révolte de Pougatchev (56). La Pologne. Catherine II y interviendrait par amour de la tolérance: l'attentat contre le roi Stanislas Auguste Poniatowski confirme Voltaire dans sa conviction. *Les Lois de Minos*. Pour sauver la Pologne: rétablir un pouvoir «suprême», mais non «arbitraire» (60). Le partage: Voltaire ne s'y attendait pas. Il approuve, sans gloire. Il se dit «attrapé comme un sot». La solution de Voltaire comparée à celle de Rousseau. Les grands principes et le jeu des intérêts (63).

V. «La mort sur le bout du nez» 64

Décès autour de Voltaire. Mme Gallatin. L'affriolante Judith de Saussure en tête-à-tête avec le vieil homme. Rumeurs. Février 1773: une crise de strangurie a failli l'emporter. Première manifestation d'un adénome ou d'un cancer (67). Réflexions sur la mort. Mourir gaiement? Immortalité de l'âme? L'anéantissement plus vraisemblable. *Le Songe-creux*. Voltaire, par intervalles, «Lazare ressuscité» (71). *Le Taureau blanc* révisé. Fantaisie de ce conte biblique. L'art poétique du conte. Les métamorphoses. La mascarade de la superstition (75). De Lisle à Ferney. Il remporte *Le Taureau blanc*, le confie à la *Correspondance littéraire*. Le périodique, sous la direction de Meister, désormais favorable à Voltaire. Des éditions pirates. Marin reçoit une version archaïque, et la publie (78). Guibert, ou la force militaire au service des Lumières. Visite à Ferney. *La Tactique*. *Dialogue de Pégase et du vieillard* (80).

VI. Fin de règne 82

Répression sous le «triumvirat». Les écrits de Ferney interceptés. Retour à l'intolérance. Le sujet latin de la Faculté de théologie: pataquès. *Discours de Me Belleguier* (84). L'incendie de l'Hôtel-Dieu et le «triomphe de la foi». L'Académie majoritairement «philosophe». Interventions du pouvoir. L'éloge de Fénelon par La Harpe «supprimé». La Condamine, mort sans sacrements. Retour des jésuites? (86) Le théâtre de Châtelaine. Lekain vient y jouer du Voltaire. Enthousiasme du pasteur Mouchon. Voltaire espère revenir à Paris par le succès des *Lois de Minos*. La trahison de Marin. La défection de Richelieu (89). Faire intervenir Mme Du Barry? Des baisers sur un médaillon. Envoi de montres. Mais Paris reste interdit (91). Les débuts de Beaumarchais, fervent admirateur de Voltaire. Les audiences du conseiller Goezman. Sur rapport de celui-ci, Beaumarchais ruiné, déshonoré. Contre-attaque par les *Mémoires*, envoyés à Voltaire. Celui-ci y découvre le vrai visage de Marin. Conquis par Beaumarchais, quoique mécontent du coup porté aux parlements Maupeou (97). Mort de Louis xv. Deux opuscules de Voltaire sur l'événement: pour l'inoculation et un *Eloge funèbre*. Une transition à ménager (99).

VII. Turgot: l'espoir 100

Enthousiasme pour les jeunes souverains. On ignore les faiblesses du nouveau roi. Voltaire partage l'illusion générale (101). Revenir à Paris? Jugement de Frédéric II sur Louis XVI. L'une des premières décisions du nouveau roi: instructions secrètes pour le décès de Voltaire, à Hennin par la voie hiérarchique. Embarras de Hennin: ses objections, leur effet (104). Les nouveaux ministres: Maurepas, un revenant. Mais aussi Turgot et à ses côtés Condorcet, de Vaines, Dupont de Nemours, Morellet. Mme de Saint-Julien agent de liaison (108). Turgot, comme Voltaire, croit à l'économie de marché. Le problème céréalier. La rigoureuse réglementation de Terray, abolie. Approbation chaleureuse de Voltaire, qui espère un élargissement: abolition des corvées, légalisation des mariages protestants (111). Louis XVI commet la faute de rétablir les anciens parlements. Voltaire «pleure sur Jérusalem» (112). Mauvaise récolte et pénurie en 1774. Emeutes en Ile de France, énergiquement réprimées par Turgot. Une *Diatribe* de Voltaire en attribue la responsabilité à des prêtres: fantasme. Sa *Diatribe* rapproche, contre Turgot affaibli, le clergé et le parlement (116). Le sacre, à Reims. Son archaïsme. Louis XVI touche les écrouelles. Ironies de Frédéric II et de Voltaire (117).

VIII. Voltaire libère le pays de Gex 118

Des douanes entre Gex et son débouché naturel, Genève. Exactions des douaniers. Monopole du sel, denrée de première nécessité. La «désunion des fermes générales», acceptée par Turgot. Marchandage sur l'indemnité à verser aux fermes. Le 12 décembre 1775, les Etats de Gex, sous la présidence de Voltaire, acceptent les mesures proposées. Liesse populaire. Voltaire et son escorte de dragons. Qui paiera les nouveaux impôts? (12). Les fêtes de 1775 à Ferney: en l'honneur de Mme Denis, de la Saint-Louis, de la Saint-François. Parades militaires, soupers, bals. Prospérité de Ferney. Visite de Mme Suard, suivie de Vivant Denon. La querelle des portraits. La Barbera. Une journée de Voltaire. Ses finances. Sa santé. «Tu mourras demain» (126). Projets lointains de Turgot. Malesherbes ministre. Le second train de réformes: suppression des corporations, des corvées. Voltaire «crie hosanna». Fortes résistances. L'affaire Delisle de Sales. L'affaire Boncerf. Sésostris (131). Trudaine en inspection au pays de Gex. Un coup de foudre: le renvoi de Turgot. Condorcet informe Voltaire. Imaginer Turgot réussissant (135).

IX. Dernières affaires 136

Morangiès ou la veuve Véron: de quel côté l'escroquerie? Hésitation des juges. Voltaire: *Les Probabilités en fait de justice*, plutôt favorable à Morangiès. Celui-ci finit par gagner son procès, grâce aux brochures de Voltaire. Ingratitude (138). Suite de la campagne pour les serfs du Mont-Jura. *Requête au roi*. On refuse de l'entendre en haut lieu. Pourtant l'opinion est saisie (140). Le comte de Lally, «diable de tête irlandaise», succède à Dupleix en Inde. Caractère violent, qui aggrave une situation désastreuse. Après trois ans de Bastille, Lally condamné à mort par le parlement pour trahison, accusation fausse. Exécution dans des conditions scandaleuses. Protestation de Voltaire (142). Lally-Tollendal, fils naturel de Lally, demande l'aide de Voltaire pour la réhabilitation de son père. *Fragments sur l'Inde*. Requête en cassation au Conseil du roi. Voltaire agonisant apprend l'arrêt de cassation (146). D'Etallonde-Morival, condamné par contumace pour le sacrilège d'Abbeville, officier dans l'armée prussienne. Veut obtenir des «lettres de grâce». S'adresse à Voltaire. Un congé d'un an accordé par Frédéric II, que d'Etallonde passe à Ferney. Voltaire voudrait une réhabilitation, par un nouveau procès. *Le Cri du sang innocent* à Louis XVI, sans résultat. *Divus Etallondus* obtient sa grâce en 1788 en reniant son protecteur (152).

X. De *Sophonisbe* à *Jenni* 153

La Comédie-Française aux Tuileries. Voltaire règne sur la scène sans concurrent. Deux millions de spectateurs, plus le public des tournées provinciales (155). Hommage par Mlle Clairon en son salon. *Roméo et Juliette*, pièce «visigothe» (156). La *Sophonisbe* moralisée de Mairet. Celle de Corneille non «cornélienne». Voltaire: retour aux «grands sentiments». Concession à la «barbarie anglaise» (158). *Les Pélopides*, corrigé d'*Atrée et Thyeste* du «visigoth nommé Crébillon». Simplifié par Voltaire, le sujet est vidé de sa substance. Pièce non jouée. *Don Pèdre* tragédie voltairienne de «série B», non jouée (161). Dernières fictions en prose: *De l'Encyclopédie*, *Aventure de la mémoire* (163). Voltaire et Chesterfield. *Les Oreilles du comte de Chesterfield*: récit encadrant des dialogues. L'*Histoire de Jenni* et la réaction de Voltaire au *Bon sens* de d'Holbach. *Jenni* construit pour deux dialogues: entre Freind et «un bachelier de Salamanque», entre Freind et l'athée coriace Birton. L'*Histoire de Jenni*, conte moral.

XI. Dieu, la Bible, Evhémère 170

Voltaire adorant le soleil levant. Autres manifestations comparables (173). Virulence voltairienne contre l'Incarnation. Le chanoine de Pauw et l'origine égyptienne des Chinois. L'astronome Bailly et son peuple primitif (176). La correspondance reste imprégnée de réminiscences bibliques. Jeu. Expression aussi des goûts et des inquiétudes du vieil homme (180). *Un chrétien contre six juifs*. Redites. Avalanche d'autorités: vérification impossible (182). *La Bible enfin expliquée*: à la manière de dom Calmet. Un grand sujet: *Histoire de l'établissement du christianisme*. Volonté de faire œuvre d'historien. Impression inachevée à la mort de Voltaire (185). Orientation théiste des derniers écrits. *De l'âme*: «une faculté accordée par le grand Etre». *Dialogues d'Evhémère*: ultime tour d'horizon philosophique (190).

XII. L'anti-Shakespeare 191

Mort de Julie de Lespinasse. La Harpe à l'Académie. Autre succès de la «philosophie»: les *Pensées diverses* du landgrave de Hesse-Cassel. Dépenses à Ferney: faire rentrer les fonds. Le village devient ville. Visite de Mme de Genlis (195). A quatre-vingt-deux ans, Voltaire fait construire un théâtre dans Ferney. Inauguration par Lekain. Le plaisir de Voltaire gâté: le «Gilles-Shakespeare» de Le Tourneur. *Lettre à l'Académie*, caricature du dramaturge anglais (200). D'Alembert admirable lecteur. Sa lecture de la *Lettre*: un «numéro» exceptionnel. Succès mondain, sans portée. Le roi mécontent. Les amis gênés par la violence de l'attaque (202). Voltaire déphasé. L'agonie de Mme Geoffrin. La «clique philosophique» interdite. Protestation. Indifférence de Voltaire (204).

XIII. Revenir à Paris? 205

Le *Commentaire historique*, brillant *curriculum vitae* pour un retour à Paris. Ombres et taches effacées. Les hautes relations, les bonnes œuvres (207). La reine favorable à Voltaire. Il envoie un divertissement pour une fête qui lui est offerte (209). *Alexis*, qui deviendra *Irène*. Que Voltaire n'a pas plagié François Tronchin. Trois actes seulement. *Sémiramis* triomphe devant le couple royal et la jeune cour (211). Vieillissement du patriarche. Renvoi du père Adam. Le pays de Gex réintégré dans la Ferme générale? Mais avènement de Necker. Protestations à Gex contre les nouveaux impôts. Compensation: un bénéfice sur le sel. Trafic de Fabry démasqué. Voltaire reprend l'opération à son compte. Dénoncé par Fabry. Semonce de l'intendant. Une dérogation cependant est accordée aux horlogers de Ferney (217). Shakespeare toujours. Rutlidge, ses *Observations*. Le public aspire à un renouveau: Shakespeare renovateur de la scène française (220).

XIV. Des mois bien remplis (janvier-octobre 1777) 221

Alexis en cinq actes. Nouveau projet: *Agathocle*, essayé sur le théâtre de Ferney, mais délaissé au profit d'*Alexis* (222). Une attaque d'apoplexie: quitte pour la peur. Difficultés financières. Controverse sur le peuple primitif. Voltaire journaliste, pour aider le périodique de La Harpe qui dépérit: cinq articles. Puis renonce, son anonymat n'étant pas respecté (227). Rebondissement de l'affaire Delisle: appel à Voltaire. Par crainte de son intervention, le parlement relaxe Delisle, qui se rend à Ferney (229). Joseph II après son séjour à Paris revient par Genève. Sa visite à Ferney attendue. Il passe sans s'arrêter. Volonté d'humilier le patriarche? L'empereur, en position de demandeur à Versailles, ne veut pas irriter Louis XVI. Peut-être indécis, une indiscrétion le décide à continuer sur Versoix. Compensation: la visite du prince de Beauvau et de sa femme (236). La nouvelle étiquette de Ferney. Le *Commentaire sur l'Esprit des lois*: relevé des erreurs, critique des vues systématiques (236). *Le Prix de la justice et de l'humanité*: le concours de la Société économique de Berne donne à Voltaire l'occasion de proposer son propre «Esprit des lois». Pour une justice à visage humain (239). Nouvelle offensive proshakespearienne: Baretti. Scène de cannibalisme dans la dernière tragédie par de Belloy. Apologie de Shakespeare par Mme Montagu. Voltaire va répondre.

XV. Le départ (octobre 1777-5 février 1778) 242

Des peines: décès, défaillances des débiteurs, certaines visites (M. Barthe et son *Homme personnel*). Des joies: la Saint-François du 4 octobre 1777. Dragons et bergères. Deux cents couverts. Illuminations. Danses. Voltaire dans la foule en liesse. Accès de colère pour deux pigeons (244). Reine Philiberte Rouph de Varicourt, condamnée au couvent, mais devient demoiselle de compagnie de Mme Denis: Belle et Bonne. Charles Michel, marquis de Villette: une réputation détestable, de vilaines affaires. Se réfugie à Ferney. Fils de Voltaire? Peu vraisemblable. Un nouveau scandale le conduit à Ferney, fin septembre 1777: il s'éprend de Belle et Bonne (247). Demande en mariage. Voltaire encourage cette union. Ses cadeaux de noce: une garniture de diamants et un livre de compte. Mariage à minuit, à l'église du château. «Dans deux mois nous serons tous à Paris» (250). Pour justifier le retour, une tragédie: plutôt qu'*Agathocle*, *Alexis*, rebaptisé *Irène*. Une leçon au parti Shakespeare (251). Crise à la Comédie-Française: sous la direction de Beaumarchais, les auteurs demandent un nouveau règlement. Voltaire à l'écart de cette action, comme de la querelle entre gluckistes et piccinistes (254). Lecture d'*Irène* aux acteurs. Deux incidents: Lekain renonce au rôle d'Alexis; Condorcet ose dire à Voltaire ce qu'il pense d'*Irène* (256). Voltaire: tout arrêter, jusqu'à son arrivée. Dans les archives, pas d'ordre écrit l'exilant de la capitale. 5 février 1778, départ: il reviendra bientôt (257).

XVI. Voltaire à Paris (février-mars 1778) 258

Voir Voltaire: afflux de la population à Nantua, à Dijon. Gaîté du voyageur. Reconnu à l'octroi de Paris. Sur les quais de la Seine, pris pour un personnage de carnaval. Retrouve d'Argental. Mort de Lekain (260). L'hôtel de Villette. L'appartement de Voltaire. Son retour fait sensation: tout Paris «aux pieds de l'idole» (261). 11 février: trois cents visiteurs. Cérémonial de la visite. Rumeurs et médisances (262). 12 février: visite des académiciens. Etonnement à Versailles. 14 février: une députation de la Comédie. Distribution d'*Irène*. Visites de Gluck, de Piccini (265). 16 février: visite de Franklin: *God and liberty*. Voltaire, d'abord réservé sur la cause des Insurgents, apparaît désormais comme l'un des partisans de l'indépendance américaine. Popularité conjointe des deux vieillards (269). 17-19 février: Voltaire malade: strangurie. «Glaires». Tronchin tarde à venir. Sourde hostilité du médecin. Un léger mieux: achève la distribution d'*Irène* (272). 20-21 février: l'abbé Gaultier propose ses services. Voltaire reçoit sa visite, en est «fort content». L'extravagant abbé Marthe. Répétition d'*Irène* (272). Exigences de Voltaire metteur en scène. Epuisement (275). 25 février-1er mars: crachements de sang. Alarme du malade et de l'entourage. L'abbé Gaultier, appelé, tarde à venir: on prépare la rétractation de Voltaire. A Wagnière, sa profession de foi véritable (278). 2 mars: tête-à-tête avec l'abbé Gaultier. Wagnière écoute derrière la porte. Déclaration qui n'est pas une rétractation. Absolution. Voltaire refuse la communion. L'abbé Gaultier désavoué par l'archevêque de Paris (280). Voltaire s'est conformé au «mot d'ordre»: faire le nécessaire pour éviter le refus de sépulture (282).

XVII. Le triomphe (30 mars 1778) 283

Voltaire en meilleure santé espère une réception à Versailles. Opposition de Louis XVI (284). On prépare la première d'*Irène*. Le décor. Le 16 mars, salle comble. Présence de la reine. Voltaire malade est absent. Les applaudissements s'adressent à lui plutôt qu'à la pièce (289). Réponse à Mme Montagu, sur Shakespeare, dans l'Epître dédicatoire d'*Irène*, modérée, approuvée par l'Académie. Promenade en voiture place Louis XV et aux Champs-Elysées, suivie par une foule d'admirateurs. Lettre de Tronchin prévoyant une fin terrible pour son malade. *Irène* poursuit sa carrière sans que Voltaire l'ait vue. Il s'aperçoit qu'on a modifié son texte. Fureur épouvantable. Encore M. Barthe (292). Rétabli, Voltaire va, le 30 mars, assister à la sixième représentation d'*Irène*. Habit de cérémonie. A l'Académie d'abord, qui le nomme directeur. Son éloge dans l'*Eloge de Boileau*, par d'Alembert. Puis en carrosse, à travers une foule immense, jusqu'à la Comédie, proche. Couronné dans sa loge. Coulisses envahies. Vingt minutes d'acclamations. Après la représentation, le buste de l'auteur couronné sur la scène (296). Sortie: Voltaire s'ouvre difficilement un passage à travers les spectatrices faisant la haie. Triomphe du parti des Lumières. Sur-théâtralité (297). Dans la rue, la manifestation populaire: artisans, ouvriers, regrattiers. Henri IV et les Calas, thèmes mobilisateurs. Un élément négatif: l'abstention du pouvoir royal (299).

XVIII. Le sursis (31 mars-10 mai 1778) 300

Visite de Diderot, de date inconnue. Plusieurs visites? Discussions sur Shakespeare, sur les ennemis des philosophes, mais non sur Dieu (301). Réactions hostiles, à Paris, à Versailles. La diatribe de l'abbé de Beauregard, excusée par Louis XVI. Voltaire chez un procureur qui ne le reconnaît pas. Brissot à l'hôtel de Villette (303). Le 6 avril à l'Académie. Attroupement. «Faites-moi des livres!» Des estampes popularisent la figure du grand homme. Houdon entreprend de le sculpter. Visites: à Sophie Arnould, à Mme Du Deffand, à la marquise de Gouvernet. Consternation des deux vieillards: «d'un bord du Styx à l'autre» (306). La loge des Neuf-Sœurs. Voltaire n'était pas franc-maçon. Pourquoi il accepte de le devenir. Sa réception le 7 avril. Impressionné par la cérémonie (309). Le même jour, chez le duc d'Orléans. *La Belle Arsène*. Revient le 9, le 11 avril. Revanche sur les dédains de Versailles. Propose de changer le nom de la Comédie-Française et le texte des annonces: refus du roi (311). Réveil du mal. Les «glaires». A l'Académie des sciences, acclamé avec Franklin. Achat d'une maison à Paris. «Je n'ai acquis que mon tombeau». Wagnière part pour Ferney. Un avertissement: si Voltaire retourne à Ferney, le roi lui interdira de revenir à Paris (314). A l'Académie, il veut imposer le projet d'un nouveau *Dictionnaire*. Réticences des académiciens (316).

XIX. La fin 317

Voltaire prépare un discours pour défendre son projet. Abus du café. Crise (10 ou 11 mai). Mme Denis contrôle le courrier du malade (319). Diagnostic d'après le rapport d'autopsie. Souffrances intolérables. Abus d'opium. Délire. Lettre confuse de Tronchin (27 juin), qui sera exploitée (322). Activité surprenante du mourant. Instructions pour Ferney. 80.000 francs bloqués par Mme Denis (323). Courage et santé mentale de l'agonisant. Réagit à la bonne nouvelle: la condamnation de Lally cassée. Tersac refusera la sépulture, à moins d'une rétractation franche. Un procès? (326) Le ministre Amelot arbitre: après sa mort, Voltaire sera transporté, «comme malade», à Ferney. Extrême épuisement du mourant (328). Lettre de l'abbé Gaultier. Mignot le conduit avec M. de Tersac au chevet de l'agonisant. La divinité de Jésus-Christ? «Laissez-moi mourir en paix!» Il expire vers onze heures du soir le 30 mai (330). Autopsie. Le corps est transporté, habillé, en carrosse, non vers Ferney, mais vers l'abbaye de Scellières, dont Mignot est abbé commendataire. Obsèques assez solennelles dans la chapelle du monastère délabré. La cérémonie terminée, arrive l'interdiction de l'évêque (333).

XX. Voltaire posthume 334

Le prieur se justifie devant l'évêque. A Paris, refus de l'office pour l'académicien défunt. Le mémoire de Duvivier: contre ce refus, contre les menaces d'exhumation (336). La lettre anonyme dans la *Gazette de Cologne* du 1er juillet: le «repas d'Ezéchiel». Son exploitation. La version de l'abbé Depéry (1835). Démenti de Mme de Villette. Autre thème apologétique: les diables emportant l'impie en enfer. Sur quels éléments de réalité ont proliféré les légendes (342). Frédéric II fait célébrer à Berlin une messe pour le repos de l'âme de Voltaire. Séance à la loge des Neuf-Sœurs. La fin de Ferney (343). Après une brève interruption, la Comédie-Française donne de nouveau du Voltaire (345). Comment éditer les Œuvres complètes pour la postérité? L'erreur de Palissot. Panckoucke avait fait approuver un projet en 1777. Après la mort de Voltaire, une équipe autour de Panckoucke commence le travail. Decroix (348). Rebuté par les risques de l'entreprise, Panckoucke la transmet à Beaumarchais. La correspondance de Voltaire, ses *Mémoires*. Oppositions. Souscrire à l'édition: péché mortel. Le mandement de Carême de 1785. Cependant entrée clandestine des volumes, par dizaines de quintaux. Les invendus dans les caves de Beaumarchais (352).

XXI. Le Panthéon 353

L'abbaye de Scellières vendue comme bien national. Reprise de *Brutus*. Villette fait applaudir le transfert des restes du grand homme à Paris (354). Décision de l'Assemblée nationale: il reposera à l'église de Sainte-Geneviève, encore inachevée. Mirabeau, décédé, est «panthéonisé» (356). Lien entre Voltaire et la Révolution, manifesté par une grande fête. Imprévu: la fuite de Louis XVI à Varennes et son pitoyable retour. Un «rendez-vous de l'Histoire». Exhumation, acheminement de commune en commune, jusqu'à Paris (359). Le 11 juillet 1791: composition du cortège. Stations. La plus émouvante devant l'hôtel de Villette. Devant le Théâtre de la Nation (l'Odéon) la pluie en trombes sur le cortège. A l'église de Sainte-Geneviève, l'évêque constitutionnel a refusé d'être présent pour accueillir Voltaire (361). Rumeurs au dix-neuvième siècle d'une violation des deux sépultures (Voltaire et Rousseau). La commission du sénateur Hamel procède à l'ouverture des deux cercueils (18 décembre 1897). La boîte cranienne sciée en deux à l'autopsie. Commentaires de la presse dans le contexte de l'affaire Dreyfus (364).

En guise de conclusion 365

La méthode de cette biographie. Le réquisitoire d'Henri Guillemin. Mises au point: finances, politique. La personnalité de Voltaire et ses campagnes contre la cruauté et l'injustice (370). La religion de Voltaire mesquinement interprétée. Un théisme newtonien. L'Infâme. Faiblesse du théisme. Les railleries blessantes du polémiste. Son action sur l'évolution religieuse ultérieure (373). Bilan de l'œuvre. Contes. Théâtre. Poésie. La perspective valable d'une histoire philosophique. Des découvertes à faire dans ses «mélanges». Un Voltaire idéal. Les nouveaux visages de l'Infâme: l'appel à Voltaire (377).

Bibliographie 379

Index cumulatif des noms de personnes et des œuvres de Voltaire dans les cinq tomes de *Voltaire en son temps* 387